Rechtliche Auswirkungen der Due Diligence
bei Unternehmensakquisitionen

Europäische Hochschulschriften
Publications Universitaires Européennes
European University Studies

Reihe II
Rechtswissenschaft

Série II Series II
Droit
Law

Bd./Vol. 3240

PETER LANG
Frankfurt am Main · Berlin · Bern · Bruxelles · New York · Oxford · Wien

Kathrin Knöfler

Rechtliche Auswirkungen der Due Diligence bei Unternehmensakquisitionen

PETER LANG
Europäischer Verlag der Wissenschaften

Die Deutsche Bibliothek - CIP-Einheitsaufnahme

Knöfler, Kathrin:

Rechtliche Auswirkungen der Due Diligence bei Unternehmensakquisitionen / Kathrin Knöfler. - Frankfurt am Main ; Berlin ; Bern ; Bruxelles ; New York ; Oxford ; Wien : Lang, 2001

(Europäische Hochschulschriften : Reihe 2, Rechtswissenschaft ; Bd. 3240)
Zugl.: Göttingen, Univ., Diss., 2001
ISBN 3-631-38371-1

D 7
ISSN 0531-7312
ISBN 3-631-38371-1

www.peterlang.de

Meiner Mami

Vorwort

Die vorliegende Arbeit wurde im Wintersemester 2000/2001 von der Rechtswissenschaftlichen Fakultät der Georg-August-Universität Göttingen als Dissertation angenommen. Rechtsprechung und Literatur konnten bis Mai 2001 berücksichtigt werden.

Herrn Professor Dr. Gerald Spindler, der das vorliegende Thema angeregt hat, möchte ich herzlich für die Betreuung der Arbeit und die Erstellung des Erstgutachtens danken.
Zu danken habe ich ferner Herrn Professor Dr. Dr. hc. Ulrich Immenga für die ausgesprochen zügige Erstellung des Zweitgutachtens.

Mein besonderer Dank gilt an dieser Stelle Frau Dr. Nicola Jansen und Herrn Professor Dr. Albrecht Frömling, die mir während der ganzen Zeit des Entstehens der Arbeit mit qualifiziertem Rat zur Seite standen und die mühevolle Arbeit des Korrekturlesens übernommen haben.
Ebenso danke ich Christian Kiefer, der mir wertvolle Anregungen bei der Fertigstellung der Arbeit gegeben hat, mit dem ich jederzeit über die Arbeit diskutieren konnte und dem ich es zu verdanken habe, daß ich die Arbeit in kurzer Zeit vollendet habe.

Für die Unterstützung in finanzieller Hinsicht möchte ich meinem Vater herzlich danken.

Der größte Dank aber gebührt meiner Mutter. Ohne ihre Unterstützung wäre es mir weder möglich gewesen, während des Studiums die Voraussetzungen für eine Promotion zu schaffen, noch die manchmal auch schwierigen Phasen während des Entstehens der Arbeit durchzustehen und sie zu einem erfolgreichen Abschluß zu bringen. Ihr widme ich diese Arbeit.

Berlin, im Mai 2001 Kathrin Knöfler

Inhaltsverzeichnis

Einleitung

Die in jüngerer Zeit gestiegene Anzahl von Unternehmensakquisitionen zeigt, daß der Unternehmens- und Anteilskauf in der Wirtschaft eine immer größere Rolle spielt. Der gemeinsame Markt Europas und die Internationalisierung der Geschäftstätigkeit lassen auch in Zukunft insgesamt einen ansteigenden Trend zu derartigen Transaktionen erwarten.

In den achtziger Jahren stellten Unternehmens- und Anteilskäufe vor allem in den USA ein bedeutendes Thema dar. Mittlerweile jedoch befindet sich Europa ebenfalls an der Schwelle eines Marktes für Unternehmensbeteiligungen und -übernahmen[1]. Insbesondere durch die Marktöffnung Osteuropas, die Liberalisierung gesetzlicher Vorschriften im Bereich des Gesellschaftsrechts und den immer größeren Konkurrenzdruck ist auch für Deutschland ein großes Potential im Bereich Mergers and Acquisitions[2] zu erwarten[3]. Allein im Jahr 1997 hat in Deutschland die Zahl der Transaktionen gegenüber dem Vorjahr um 30% zugenommen[4].

Die Entscheidung, ob eine Akquisition stattfindet oder nicht, wird anhand von Informationen getroffen, die das Käuferunternehmen von dem in Augenschein genommenen Akquisitionsobjekt erlangt[5]. Ergibt sich aus den Informationen, daß das Unternehmen über die vom potentiellen Käufer gewünschten Eigenschaften verfügt und das Profil besitzt, welches der Käufer erwerben wollte, so wird in der Regel eine positive Entscheidung gefällt. Wird hingegen anhand der Informationen deutlich, daß das Unternehmen nicht den Vorstellungen des Käufers entspricht, so wird die Entscheidung negativ ausfallen. Festzuhalten ist, daß die umfassende und zielorientierte Versorgung des Entscheidungsträgers mit Informationen über das Zielobjekt ein wesentliches Erfolgskriterium im Akquisitionsprozeß darstellt. Sie ist einerseits Voraussetzung für die Prüfung, ob die Zielgesellschaft geeignet ist, die strategischen Motive zu erfüllen, und sie dient andererseits der Vorbereitung der Integration in das Käuferunternehmen.

Die Informationen erlangt der Käufer durch die Prüfung des Kaufobjekts, also durch eine Durchleuchtung des zum Erwerb anstehenden Unternehmens[6]. Die

---

[1] Merkt, WiB 1996, 145 (148).

[2] Übersetzt: Fusionen und Übernahmen.

[3] Hölters/ Hölters, I, 3 ff.; Picot, Rn. 1; Klein-Blenkers, WiB 1997, 16 (16); Götze, ZGR 1999, 202 (202).

[4] Frankfurter Allgemeine Zeitung, 28. 10.1998.

[5] Beisel/ Klumpp, Rn. 36; Götze, ZGR 1999, 202 (203); Sebastian/ Niederdrenk/ Tesch, WISU 1998, 888 (889).

[6] Hölters/ Semler, VI, Rn. 14; Götze, ZGR 1999, 202 (204); Müller, Frankfurter Allgemeine Zeitung v. 30.05.2001, S. 30.

Phase innerhalb des Akquisitionsprozesses, in der diese Durchleuchtung stattfindet, wird mittlerweile auch in Deutschland als „Due Diligence“ bezeichnet. Mit diesem Institut, welches von zentraler Bedeutung innerhalb des Ablaufs eines Unternehmenskaufs ist, und seinen möglichen rechtlichen Auswirkungen befaßt sich die folgende Arbeit.
Im ersten Teil wird der Leser in die Thematik der Due Diligence eingeführt. Es werden der Begriff und die Bedeutung der Due Diligence erläutert, es werden Anlässe einer Due Diligence aufgezeigt, der Ablauf eines Unternehmenskaufs wird dargestellt und der Inhalt und mögliche Prüfungspunkte einer Due Diligence werden erörtert.

Eine umfassende Untersuchung möglicher Ansprüche des Käufers bei einem zustande gekommenem Unternehmenskauf und die Auswirkungen der Due Diligence auf diese Ansprüche sind Gegenstand des zweiten Teils der Arbeit. Auswirkungen der Due Diligence sind in vielerlei Hinsicht denkbar. Es lassen sich Überlegungen anstellen, inwieweit eine Due Diligence bei einem zustande gekommenen Unternehmenskauf Einfluß auf die Rechte des Käufers bei etwaigen Mängeln des gekauften Unternehmens hat. Für die Prüfung der Sekundäransprüche ist zunächst zu überlegen, wie ein Unternehmenskauf rechtlich zu behandeln ist. Bei etwaiger Einordnung als Sachkauf mit der Folge der Anwendbarkeit der §§ 459 ff. BGB ist die Kenntnis des Erwerbers der durch die Due Diligence erlangten Informationen bzw. die grob fahrlässige Unkenntnis des Erwerbers nach § 460 S. 2 BGB sowie der Haftungsumfang des Verkäufers problematisch[7]. Festzustellen ist, ob die Durchführung einer Due Diligence in Deutschland beim Unternehmenskauf eine Verkehrssitte darstellt, so daß bei einem Unterlassen dem Käufer grob fahrlässige Unkenntnis vorgeworfen werden könnte. Insoweit ist insbesondere fraglich, ob eine Verkehrssitte angenommen werden kann, obwohl das Management des Verkäuferunternehmens in der Regel einer Geheimhaltungspflicht unterliegt (vgl. etwa § 93 Abs. 1 AktG) und aus diesem Grund eigentlich nicht befugt ist, Unternehmensinterna weiterzugeben.
Des weiteren wird untersucht, welchen Einfluß die Due Diligence auf die anderweitigen Rechte des Käufers, culpa in contrahendo, positive Vertragsverletzung etc. hat. Hierbei interessiert insbesondere, wie sich die Due-Diligence-Praxis auf die Aufklärungspflichten des Verkäufers und auf ein etwaiges Mitverschulden des Käufers bei Unterlassen oder fehlerhafter Due Diligence auswirkt.

---

[7] Vgl. Wegen, WiB 1994, 291 (291).

Im dritten Teil der Arbeit werden die rechtlichen Folgen der Due Diligence für den Fall erörtert, daß der Käufer nach Durchführung einer Due Diligence von dem Unternehmenskauf absieht und die durch die Due Diligence erlangten Informationen mißbraucht. Insoweit soll untersucht werden, welche Ansprüche das ehemals veräußerungswillige Unternehmen gegen den Käufer geltend machen kann, zum einen, wenn eine Geheimhaltungsvereinbarung vorliegt und zum anderen, wenn keine derartige Abrede gegeben ist.

Im Rahmen des vierten Teils wird untersucht, inwieweit die in den beiden vorangegangenen Kapiteln festgestellten Haftungsregeln gelten, wenn der durchgeführte oder in Aussicht genommene Unternehmenskauf grenzüberschreitender Natur ist, wann also bei einem internationalen Unternehmenskauf deutsches Recht nach deutschem Internationalen Privatrecht berufen ist. Abgesehen davon, daß eine Differenzierung zwischen der Haftung des Veräußerers wegen Mängeln des Unternehmens und der Haftung des Käufers wegen der mißbräuchlichen Verwendung der im Rahmen der Due Diligence erlangten Informationen stattfindet, wird in der Untersuchung zwischen dem Fall des Vorliegens einer Rechtswahlklausel und dem Fall des Fehlens einer solchen unterschieden.

Gegenstand des fünften Teils der Arbeit sind die Haftungsansprüche gegen jene Dritte, die die Due Diligence durchgeführt haben. Es wird untersucht, welche Ansprüche der Käufer gegen Wirtschaftsprüfer, Investmentbanken, Steuerberater, Umweltgutachter und ähnliche Personen in dem Fall geltend machen kann, daß sie die Due Diligence fehlerhaft durchgeführt haben und der Käufer hierdurch das Unternehmen zu einem zu hohen Preis gekauft hat.

Im sechsten Teil wird überprüft, ob und welche Ansprüche unter dem Gesichtspunkt der pflichtwidrigen Zulassung der Due Diligence gegen das Management des Verkäuferunternehmens geltend gemacht werden können. Insoweit werden § 93 Abs. 1 AktG und § 43 Abs. 2 GmbHG ausführlich untersucht. Im Rahmen dieser Untersuchung wird die Relevanz der Due Diligence insbesondere bezüglich der Berufung auf die Einhaltung der im Verkehr erforderlichen Sorgfalt erörtert.

Die rechtliche Behandlung der aufgeführten Bereiche ist sowohl in der Wirtschaft als auch bei Juristen weitgehend ungeklärt[8]. Als Ursache hierfür kommt in Betracht, daß gerichtliche Auseinandersetzungen im Zusammenhang mit Unternehmenskäufen im Allgemeinen und der Due Diligence innerhalb des Unternehmenskaufs im Speziellen selten sind und eventuell bestehender späterer Streit vor allem vor Schiedsgerichten, also außergerichtlich, gelöst wird[9]. Einen Ansatzpunkt zur Lösung der Problematik im Bereich der Due Diligence soll die folgende Arbeit geben; sie soll jene relevanten Fragen beleuchten, die - wie eben aufgezeigt- bei der Due Diligence in rechtlicher Hinsicht relevant werden können.

---

[8] Harrer/ Erbacher, Schriften zum Kapitalmarkt, Band 2: Die Übernahme börsennotierter Unternehmen, 253 (256); Loges, DB 1997, 965 (965); Merkt, BB 1995, 1041 (1041); Pollanz, BB 1997, 1351 (1353); Wegen, WiB 1994, 291 (291).

[9] Hölters/ Hölters, I Rn. 134; Merkt, WiB 1996, 145 (145); Wegen, WiB 1994, 291 (291).

1. Teil: Grundlagen

Zunächst wird im Folgenden die Grundlage zum Verständnis der Due Diligence geschaffen werden. Es wird erläutert, welche Bedeutung der Begriff der Due Diligence hat, es werden potentielle Anlässe einer Due Diligence sowie der Anlaß, der Thema dieser Arbeit ist, der Unternehmenskauf, dargestellt, und schließlich wird erörtert, was genau den Inhalt einer Due Diligence ausmacht.

1. Kapitel: Begriff und Bedeutung der Due Diligence

Der Begriff „Due Diligence" entstammt dem anglo-amerikanischen Rechtskreis[10]. Wörtlich übersetzt bedeutet er „erforderliche, angemessene, gebührende Sorgfalt"[11]. Gemeint ist damit der Sorgfaltsmaßstab, der im Falle des Erwerbs eines Unternehmen von den beteiligten Parteien anzuwenden ist[12].

Obwohl die wörtliche Interpretation eigentlich keine andere Auslegung zuläßt, wird in der Praxis unter dem Begriff „Due Diligence" nicht nur der Sorgfaltsmaßstab verstanden, welcher bei der Prüfung des Unternehmens anzuwenden ist. Due Diligence gilt vielmehr als Schlagwort für die umfassende Prüfung des Kaufobjekts bei einer geplanten Transaktion[13]. In dieser Wortbedeutung beschreibt Due Diligence mithin eine mit einer bestimmten Funktion versehene Tätigkeit. Richtigerweise müßte diese daher „Due-Diligence-Untersuchung" oder ähnlich heißen; die abgekürzte Version hat sich aber zwischenzeitlich durchgesetzt und soll daher auch im Folgenden beibehalten werden.

Die Due Diligence stellt mithin die Phase innerhalb eines Unternehmenskaufs dar, in der Analysen und Prüfungen im Rahmen der Vorbereitung von geschäftlichen Übernahmen mit dem Ziel der Informationsversorgung des Entschei-

---

[10] Eschenbruch, Konzernhaftung, Rn. 4073; Hölters/ Hölters, I Rn. 133 ff.; Kiethe, NZG 1999, 976 (977); Merkt, BB 1995, 1041 (1041); ders., WiB 1996, 145 (145); Pollanz, BB 1997, 1351 (1353); Wegen, WiB 1994, 291 (291); Müller, Frankfurter Allgemeine Zeitung v. 30.05.2001, S. 30.

[11] Bihr, BB 1998, 1198 (1199); Ganzert/ Kramer, WPg 1995, 576 (576); Kiethe, NZG 1999, 976 (977); Krüger/ Kalbfleisch, DStR 1999, 174 (174); Loges, DB 1997, 965 (965); Pollanz, BB 1997, 1351 (1353); Müller, Frankfurter Allgemeine Zeitung v. 30.05.2001, S. 30.

[12] Eschenbruch, Konzernhaftung, Rn. 4073; Kiethe, NZG 1999, 976 (977); Krüger/ Kalbfleisch, DStR 1999, 174 (174); Loges, DB 1997, 965 (965); Merkt, WiB 1996, 145 (147); Pollanz, BB 1997, 1351 (1353); Werner, ZIP 2000, 989 (989).

[13] Hirte/ Schander, Schriften zum Kapitalmarkt, Band 2: Die Übernahme börsennotierter Unternehmen, 341 (346); Kiethe, NZG 1999, 976 (977); Krüger/ Kalbfleisch, DStR 1999, 174 (174); Meßmer/ Keßler, NVersR 2000, 110 (110); Pollanz, BB 1997, 1351 (1353); Süßmann, AG 1999, 162 (169); Werner, ZIP 2000, 989 (989).

dungsträgers vorgenommen werden[14]. Unter Due Diligence werden sämtliche Aktivitäten der Beschaffung, Verifizierung, Aufbereitung, Analyse und Dokumentation von Informationen über das zum Verkauf stehende Unternehmen verstanden.

Funktion der Due Diligence ist es hierbei, den Informationszustand des vermeintlichen Käufers zu verbessern und diesem so die Entscheidung über eine Akquisition zu erleichtern, sowie das Unternehmen zu bewerten, um im Falle der positiven Entscheidung eine Ausgangsbasis für den Kaufpreis zu haben[15]. Ferner soll durch den verbesserten Informationszustand die Qualität der Entscheidungen im Hinblick auf ihre Zielerreichung erhöht werden[16].

Zur Entscheidungsfindung erhält der Käufer innerhalb des Due-Diligence-Prozesses interne vergangenheitsbezogene Informationen über die finanzielle Entwicklung und strategische Erfolge und Mißerfolge des Unternehmens durch Blick in Aufsichtsratsunterlagen, Marktuntersuchungen etc. Zusätzlich bekommt der potentielle Käufer Zugang zu relevanten zukunftsorientierten Unterlagen wie Auftragsbestand, Kundenstruktur und ähnliches[17].

An der Bedeutung als Sorgfaltsmaßstab ändert der weitreichende Inhalt der Due Diligence nichts. Wenn jedoch in der Praxis von Due Diligence gesprochen wird, ist damit die umfassende Prüfung selbst gemeint und nicht nur die anzuwendende Sorgfalt. Auch der Gegenstand der folgenden Untersuchung wird jene umfassende Prüfung sein.

---

[14] Ganzert/ Kramer WPg 1995, 576 (577); Götze, ZGR 1999, 202 (204); Hirte/ Schander, Schriften zum Kapitalmarkt, Band 2: Die Übernahme börsennotierter Unternehmen, 341 (346 f.); Kiethe, NZG 1999, 976 (977).

[15] Götze, ZGR 1999, 202 (204); Harrer, DStR 1993, 1673 (1673); Harrer/ Erbacher, Schriften zum Kapitalmarkt, Band 2: Die Übernahme börsennotierter Unternehmen, 253 (261); Kiethe, NZG 1999, 976 (977); Merkt, WiB 1996, 145 (147).

[16] Berens/ Brauner, S. 13; Bihr, BB 1998, 1198 (1199).

[17] Wollny, Unternehmens- und Praxisübertragungen, Rn. 625; Müller, Frankfurter Allgemeine Zeitung v. 30.05.2001, S. 30.

2. Kapitel: Anlässe einer Due Diligence

Die Due Diligence wird immer dort eingesetzt, wo zwei oder mehr Parteien eine vertragliche Bindung eingehen, deren Konsequenzen aufgrund ungleicher Verteilung unvollständigen Wissens in Bezug auf Tatsachen und die Entwicklung zukünftiger Umweltzustände unsicher sind[18]. Die Funktion der Due Diligence ist es, die Informationsstände zu verbessern und damit die Qualität von Entscheidungen im Hinblick auf ihre Zielerreichung zu erhöhen. Neben der originären Anwendung im US-amerikanischen Recht im Rahmen der Prospektprüfung bei Wertpapieremissionen zu Informations- und Schutzzwecken der Anleger, kommt der Due Diligence überall dort Bedeutung zu, wo für Zwecke einer Unternehmensbewertung die entsprechende Datenbasis zur Verfügung zu stellen ist[19].

Den Anlaß einer Due Diligence kann zum einen die geplante Akquisition eines Unternehmens bilden. Ferner kann Grund für eine Due Diligence die geplante Vergabe von Krediten durch Banken oder die Börseneinführung des Unternehmens sein[20]. Des weiteren kommen als Anlässe für die Durchführung einer Due Diligence die Pacht oder Verpachtung von Unternehmen und der Eintritt von Gesellschaftern in Betracht[21].

Festzustellen ist, daß die möglichen Anlässe der Due Diligence ein breites Feld bilden. Aufgrund der Komplexität von Unternehmensakquisitionen ist hier jedoch das Interesse und auch die Notwendigkeit am größten, die Entscheidungsträger über Chancen und Risiken eines Unternehmenskaufs zu informieren und die Transaktion entsprechend zu strukturieren, um Vermögensnachteile nach dem Eigentumsübergang zu vermeiden[22]. Im Folgenden werden daher nur die Auswirkungen der Due Diligence innerhalb von Unternehmensakquisitionen als der Bereich untersucht, in dem die Due Diligence die größte Relevanz hat.

Um die Bedeutung der Due Diligence besser verstehen zu können, ist es erforderlich, den Prozeß zu kennen, innerhalb dessen die Due Diligence die größte Bedeutung hat. Aus diesem Grund soll der Vorgang des Unternehmenskaufs dargestellt werden.

---

[18] Berens/ Brauner, S. 13.

[19] Helbling, Unternehmensbewertung und Steuern, S. 77; Merkt, Rn. 611; zu Internet-Start-Ups vgl.: Schulte, DStR 2000, 1437 ff.

[20] Mertens, AG 1997, 541 (546); Wegmann/ Koch, DStR 2000, 1027 (1029).

[21] Mertens, AG 1997, 541 (546).

[22] Crilly, S. 1-02 und 2-03.

3. Kapitel: Ablauf eines Unternehmenskaufs

Grundvoraussetzung eines Unternehmenskaufs ist der Entschluß einer Person oder eines Unternehmens zum Kauf eines anderen Unternehmens.

Verschiedenartige Gründe können die Motivation zum Kauf eines Unternehmens ausmachen[23]. Vor allem die Ertragskraft des in Aussicht genommenen Unternehmens spielt für den interessierten Erwerber in der Regel eine Rolle[24]. Der Käufer will dann die Ertragskraft erwerben, die das Unternehmen in der Vergangenheit offenbart hat, um sich diese Ertragskraft zu eigen zu machen.

Es können aber auch Pläne zur Kapazitätserweiterung, zur Ausdehnung von Niederlassungen, zur Steigerung der Wettbewerbsfähigkeit durch Aufnahme neuer Produktionszweige, die Schaffung von Synergien oder auch der Erwerb von Management oder Kunden- oder Lieferantenbeziehungen, über die das Unternehmen verfügt, ursächlich für den Entschluß zum Kauf sein[25]. Möglich ist auch, daß der Erwerber vorrangig daran interessiert ist, eine eingerichtete Produktionsstätte zur Herstellung seiner eigenen Erzeugnisse zu erlangen, ohne daß er Interesse an der organisierten Struktur oder ähnlichem hat. Oftmals ist auch die Übernahme eines Unternehmens, das auf einem Spezialgebiet ein bestimmtes Know-how hat, billiger als die Aufwendungen im eigenen Betrieb für selbständige Entwicklungen[26].

Unabhängig von den Motiven ist als erste Stufe innerhalb eines Akquisitionsverlaufs die Ausgangssituation des Käuferunternehmens zu analysieren. Dieses Vorgehen ist erforderlich, um ein Soll-Profil eines eventuellen Kaufobjekts zu erstellen[27]. Darüber hinaus wird ein Akquisitionsplan erstellt[28].

Innerhalb der nächsten Stufe werden Unternehmen identifiziert, die als Akquisitionsobjekt geeignet erscheinen. Bezüglich dieser ausgesuchten Unternehmen wird eine sogenannte „pre Due Diligence“ vorgenommen. Inhalt dieser „Pre Due Diligence“ ist die Analyse des Markts und der anvisierten Unternehmen aufgrund der allgemein zugänglichen Daten[29].

---

[23] Beisel/ Klumpp, Rn. 6.

[24] Holzapfel/ Pöllath, S. 3; Lutter, FS für Schippel, 455 (455); Sebastian/ Niederdrenk/ Tesch, WiSu 1998, 888 (888).

[25] Beisel/ Klumpp, Rn. 7; Eschenbruch, Konzernhaftung, Rn. 4070; Helbling, Unternehmensbewertung und Steuern, S. 31; Martin, NZG 1999, 583 (583).

[26] Beisel/ Klumpp, Rn. 6; vgl. auch die Darstellung 1 B bei: Helbling, Unternehmensbewertung und Steuern, S. 31.

[27] Picot, Teil I Rn. 13.

[28] Picot, Teil I Rn. 12.

[29] Berens/ Brauner, S. 86 f.

Es folgt bei positiver Bilanz bezüglich eines bestimmten Unternehmens eine Kontaktaufnahme und eine Diskretionserklärung zwischen potentiellem Käufer und Verkäufer. Sowohl Verkäufer als auch Käufer können sich in der Suchphase durch einen Beauftragten vertreten lassen, um sowohl die zu Beginn der Verhandlungen notwendige Anonymität zu wahren als auch um von erfahrener und professioneller Seite unterstützt zu werden[30].
Bei gegebenem Interesse endet die Kontaktaufnahme schließlich in einem „letter of intent" des Käufers[31].
Der „letter of intent" stellt eine einseitige Erklärung des potentiellen Käufers dar, in der er die Absicht bekundet, auf Grundlage bereits erzielter Verhandlungen, jedoch unter dem Vorbehalt gewisser Abklärungen, Zustimmungen Dritter und Einigungen über noch offene Punkte, zum Vertragsschluß zu kommen[32].
Große Bedeutung hat der „letter of intent" insofern, als er für den potentiellen Verkäufer die Grundvoraussetzung für die Zulassung einer Due Diligence darstellt. Denn insoweit wird dem potentiellen Verkäufer eine ernste Absicht vermittelt, einen Kauf auch wirklich zu erwägen und nicht nur etwaige, durch die Due Diligence erlangte Informationen für die eigene Wettbewerbsfähigkeit auszunutzen[33]. Der „letter of intent" hat somit zumeist verhandlungstaktische Bedeutung, er soll beim Gegner Vertrauen in den Ernst der eigenen Vertragsabsichten wecken bzw. diese bekräftigen[34].
Rechtlichen Bindungswillen bezüglich der Akquisition weist der „letter of intent" jedoch, auch wenn er vom Empfänger bestätigt wird, grundsätzlich nicht auf[35]. Eine Wertung als eine Art Vorvertrag verbietet sich, da durch einen Vorvertrag beide Vertragsparteien zum Abschluß eines Hauptvertrages verpflichtet werden[36]. Auch kann der Letter of Intent nicht -vor dem Hintergrund der „Bestätigung" oder „Annahme"- als bindendes Angebot des Empfängers an den Absender mit dem von diesem im Schreiben fixierten Inhalt angesehen werden. Zwar bestünden gegen ein solches Verfahren keine rechtlich-technischen Be-

---

[30] Berens/ Brauner, S. 31.
[31] Ein Muster eines Letter of Intents in englischer Sprache befindet sich bei Kösters, NZG 1999, 623 (625 f.).
[32] Beisel/ Klumpp, Rn. 50 f; Helbling, Unternehmensbewertung und Steuern, S. 29; Lutter, Letter of Intent, S. 69; Blaurock, ZHR 147 (1983), 334 (334); Kösters, NZG 1999, 623 (623); Quack, ZGR 1982, 350 (357).
[33] Hölters/ Semler, VI Rn. 20; Kösters, NZG 1999, 623 (623).
[34] Holzapfel/ Pöllath, Rn. 7; Lutter, Letter o Intent, S. 11 f.
[35] Lutter, Letter of Intent, S. 22 f., 68; Picot, Teil I Rn. 37; Blaurock, ZHR 147 (1983), 334 (338 f.); Kösters, NZG 1999, 623 (623); Quack, ZGR 1982, 350 (356).
[36] Berens/ Brauner, S. 54; Beisel/ Klumpp, Rn. 51, 57 f.; Kösters, NZG 1999, 623 (623); Quack, ZGR 1982, 350 (356).

denken[37]. Jedoch fehlt es -jedenfalls in der typischen Erscheinung des Letter of Intent- an einer bestimmten oder bestimmbaren Festlegung *aller* essentialia des intendierten Vertrages[38]. Über diese ist eben typischerweise noch kein Konsens wenigstens in der Weise erzielt, daß sie in einem Angebot des Empfängers festgelegt werden könnten. In Ausnahmefällen kann der „letter of intent" zwar eine Selbstbindung des Absenders begründen[39]. Dies ist zum Beispiel der Fall, wenn der Käufer erklärt, keine Kaufverhandlungen mit anderen in Betracht kommenden Unternehmen aufzunehmen, wenn die Verhandlungen bis zu einem gewissen Zeitpunkt beginnen[40]. Durch die Selbstbindung wird die bloße Absichtserklärung zu einer einseitigen Verpflichtung[41]. Der Empfänger hat infolgedessen einen Anspruch auf Unterlassung von anderweitigen Verhandlungen gegen den Erklärenden. Im Regelfall weist der „letter of intent" jedoch keinen rechtlichen Bindungswillen auf, und es kann vor allem kein Bindungswille bezüglich einer Akquisition aus dem „letter of intent" gefolgert werden.

Nach dem „letter of intent", jedoch vor Durchführung der Due Diligence wird in der Regel eine Vertraulichkeits- und Geheimhaltungsvereinbarung zwischen Verkäufer und Käufer geschlossen. Diese soll für den Verkäufer das Risiko, das er mit der Weitergabe von Unternehmensinterna im Rahmen der Due Diligence eingeht, mindern[42].

Im Anschluß an die Geheimhaltungsvereinbarung folgt schließlich die Due Diligence, innerhalb derer eine weitgehende Durchleuchtung der Gesellschaft durch den Erwerber vorgenommen wird. Für die Einsichtnahme in die Unterlagen des Verkäufers gibt es verschiedene Verfahren: Entweder werden alle Dokumente in einen Raum des Zielunternehmens (dem sogenannten „Due Diligence Raum" oder „Data Room") bereitgestellt, und der Kaufinteressent kann für sich fotokopieren, was ihn interessiert. Eine andere Möglichkeit besteht

---

[37] Die Bindung an ein Vertragsangebot kann nicht nur nach § 148 BGB befristet werden, sondern auch unter eine Bedingung gestellt werden, vgl. Soergel/ Wolf, § 148 Rn. 5; Staudinger/ Bork, § 145 Rn. 29; s. hierzu auch die Lotteriefälle RGZ 48, 175 (179); 50, 191 (193); 59, 296 (298): Angebot zu Verkauf und Übereignung von Lotterielosen unter der Bedingung, daß bis zur Vertragsannahme das Los nicht gezogen werde.

[38] Lutter, Letter of Intent, S. 35.

[39] OLG Köln, OLG Report Köln 1994, 61 (61); Blaurock, ZHR 147 (1983), 334 (338 f.); Kösters, NZG 1999, 623 (623).

[40] Picot, Teil I Rn. 37; Turcon/ Zinner/ Sutter, S. 35; Kösters, NZG 1999, 623 (625).

[41] Beisel/ Klupp, Rn. 52; Kösters, NZG 1999, 623 (625).

[42] Harrer/ Erbacher, Schriften zum Kapitalmarkt, Band 2: Die Übernahme börsennotierter Unternehmen, 253 (260).

darin, daß dem Zielunternehmen oder dem Verkäufer eine Checkliste zugesandt wird und dieser die Photokopien angefertigt und welche dem Interessenten dann zugeleitet werden[43]. Häufig werden auch beide Verfahren kombiniert: der Kaufinteressent fordert zunächst eine Reihe von Unterlagen an und begibt sich dann in das Zielunternehmen, um aufgetretene Fragen zu besprechen und weitere Dokumente einzusehen[44].

Fast immer wird die Due Diligence durch spezialisierte Berater, insbesondere Investmentbanken, Wirtschaftsprüfer und Rechtsanwälte durchgeführt. Diese erstellen nach Beendigung der Prüfung in der Regel einen sogenannten Due-Diligence-Report für ihren Auftraggeber[45]. Innerhalb des Reports werden vorhandene Risiken der Akquisition und ungewöhnliche Faktoren und Vorgänge identifiziert. Auch weist der Report auf das Erfordernis einer weiteren Prüfung eines bestimmten Sachverhalts hin und definiert die Bereiche, die gegebenenfalls separat von Gewährleistungen und Zusicherungen erfaßt werden müssen[46].

Im Falle der Bewertung des Unternehmens als geeignetes Objekt für den Erwerber wird ein Preis-Methoden-Paket festgelegt. Ausgehend von einer grundsätzlich an zukünftigen Zielbeiträgen in Form von Einnahmeüberschüssen orientierten Wertfindung ist das Preis-Methoden-Paket die Summe der Mittel und Maßnahmen, um die teils divergierenden Forderungen und Beweggründe von Verkäufer und Käufer in Einklang zu bringen[47].

Schließlich wird der Vertrag durch beide Seiten unterzeichnet[48].

---

[43] Loges, DB 1997, 965 (965).

[44] Loges, DB 1997, 965 (965); vgl. zum Ablauf insgesamt auch: Wegmann/ Koch, DStR 2000, 1027 (1028).

[45] Picot, Teil I Rn. 41; Loges, DB 1997, 965 (965).

[46] Wegen, WiB 1994, 291 (291).

[47] Jung, S. 336.

[48] Der Unternehmenskaufvertrag ist grundsätzlich -wie jeder andere Vertrag über eine Sache oder Sachgesamtheit- formlos wirksam, vgl. Beisel/ Klumpp, Rn. 67; Holzapfel/ Pöllath, Rn. 900; Hopt/ Hess/ Fabritius, IV B 19 II; Münch. Hdb II/ Piehler, § 33 Rn. 24. In mehreren Fällen ist jedoch ein ohne Beachtung der Formvorschrift abgeschlossenes Kaufgeschäft über ein Unternehmen unwirksam. So bedarf der Verkauf eines Unternehmens mit sämtlichen Aktiva und Passiva, zu denen auch ein Grundstück zählt, einer notariellen Beurkundung (Beisel/ Klumpp, Rn. 68; Holzapfel/ Pöllath, Rn. 901; Münch. Hdb II/ Piehler, § 33 Rn. 26; der Verkauf eines Anteils einer Gesellschaft, zu der ein Grundstück gehört, bedarf hingegen jedenfalls nicht aufgrund des „Mitverkaufs" des Anteils an dem Grundstück einer notariellen Beurkundung. Denn durch die Zuordnungsänderung bei den Mitgliedschaftsrechten ändert sich nichts an der Eigentumsordnung bezüglich des Grundstücks. Es wird weder eine Auflassung noch eine rechtsändernde Eintragung im Grundbuch, nicht einmal eine Grundbuchberichtigung erforderlich, vgl. Staudinger/ Wufka, § 313 Rn. 40). Ebenso formbedürftig sind Verkauf

Der Übergang des Unternehmens schließlich findet durch ein sogenanntes „closing“ statt. Closing bezeichnet den Übergangsstichtag bei einem Unternehmenskauf[49]. Ab diesem Zeitpunkt soll der Übergang des Unternehmens auf den Käufer mit allen Nutzungen und Lasten stattfinden[50].
Oftmals liegen zwischen Vertragsschluß und Closing mehrere Monate. Aus diesem Grund ist es erforderlich, vertraglich zu vereinbaren, zu welchem bestimmten Stichtag der Wert des Unternehmens zu ermitteln ist. Die Verhältnisse am Bewertungsstichtag sind insbesondere im Hinblick auf spätere Auseinandersetzungen wie Minderung maßgebend[51].
Nach dem Closing ist zur Vervollständigung des Unternehmenskaufs endlich nur noch die Integration des übernommenen Unternehmens erforderlich.

Anhand des dargestellten Ablaufs wird deutlich, daß die Due Diligence die wichtigste Phase eines Unternehmenskaufs darstellt, weil sich mit ihr, also mit den durch sie erlangten Informationen, entscheidet, ob das in Augenschein genommene Unternehmen tatsächlich gekauft werden soll oder nicht. Über diese Prüfungspunkte einer Due Diligence, anhand derer der Due-Diligence-Report erstellt wird, der dann entweder eine Transaktion empfiehlt oder nicht, wird im Folgenden ein Überblick gegeben.

---

und Abtretung von Geschäftsanteilen einer GmbH (§ 15 Abs. 3 GmbHG), vgl. Staudinger/ Wufka, § 313 Rn. 40; Holzapfel/ Pöllath, Rn. 907, sowie der Verkauf des gesamten Vermögens gemäß § 311 BGB (vgl. Staudinger/ Wufka, § 311, Rn. 7, 14; Beisel/ Klumpp, Rn. 67ff; Hölters/ Semler, Rn. 74 ff.; Münch. Hdb II/ Piehler, § 33 Rn. 25.)

[49] Holzapfel/ Pöllat, Rn. 8; Turcon/ Zinner/ Sutter, S. 58.

[50] Picot, Teil I Rn. 67.

[51] Picot, Teil I Rn. 67.

4. Kapitel: Inhalt und einzelne Prüfungspunkte einer Due Diligence

Entsprechend ihres alle innerhalb des Unternehmenskaufs relevanten Bereiche einbeziehenden Prüfungsinhalts wird die Due Diligence in der Regel in mehrere, sich vielfach überlappende Untersparten aufgeteilt: „Commercial Due Diligence", Financial Due Diligence", „Legal Due Diligence", „Tax Due Diligence", „Enviromental Due Diligene"[52].

Die „Commercial Due Diligence" erstreckt sich in erster Linie auf den wirtschaftlichen Gehalt der Geschäftstätigkeit des Zielunternehmens[53]. Sie beschäftigt sich vor allem mit Fragen der derzeitigen Marktposition des Targets, seines Produktprogramms und seiner Vertriebswege, dem Personal, der Technik -hierbei speziell die Eigen- und Fremdkapazität-, dem Arbeitsvorgang des Unternehmens, der Fertigung, der Montage, Ressourcen, Forschung und Entwicklung, dem Qualitätsmanagement, der Informationsverarbeitung der übrigen Marktteilnehmer sowie denwirtschaftliche Auswirkungen des Erwerbers auf das Zielunternehmen, einschließlich der künftigen Entwicklungsmöglichkeiten des Zielunternehmens[54]. Die „Commercial Due Diligence" erfordert eine gründliche Marktkenntnis auf dem Tätigkeitsgebiet des Targets und ist in der Regel ein wesentlicher Teil des Entscheidungsprozesses des Käufers.

Die „Financial Due Diligence" besteht vornehmlich aus einer detaillierten Analyse des bestehenden Rechenwerks des Targets und umfaßt üblicherweise den Zeitraum der letzten drei abgeschlossenen Wirtschaftsjahre[55]. Zum einen dient sie der Erfassung möglicher Risiken im Rechenwerk (Leistungsfähigkeiten und Aussagekraft der Buchführung und Bilanzierung) sowie bilanzieller Besonderheiten wie Bestand und Bewertung von Anlage- und Umlaufvermögen, Abschreibungsmöglichkeiten, gruppeninternem Rechnungsverkehr, Geschäftsbeziehungen mit Gesellschaftern und nahestehenden Personen etc. Zum anderen hat sie die Normalisierung des verfügbaren Zahlenmaterials für Zwecke des Erwerbes durch Eliminierung bestehender ertragsrechtlicher

---

[52] Helbling, Unternehmenswert und Steuern, S. 59; Turcon/ Zinner/ Sutter, S. 38; Bihr, BB 1998, 1198 (1199); Götze, ZGR 1999, 202 (204); Hirte/ Schander, Schriften zum Kapitalmarkt, Band 2: Die Übernahme börsennotierter Unternehmen, 341 (346 in Fußnote 15); Krüger/ Kalbfleisch, DStR 1999, 174 (175); Pollanz, BB 1997, 1351 (1354 ff.); Schulte, DStR 2000, 1437 (1437); Werner, ZIP 2000, 989 (989).

[53] Das Zielunternehmen wird im Deutschen der anglo-amerikanischen Ausdrucksweise folgend auch „target" genannt.

[54] Berens/ Brauner, S. 269; Krüger/ Kalbfleisch, DStR 1999, 174 (175); Wegmann/ Koch, DStR 2000, 1027 (1027).

[55] Harrer/ Erbacher, Schriften zum Kapitalmarkt, Band 2: Die Übernahme börsennotierter Unternehmen, 253 (256 f.); Pollanz, BB 1997, 1351 (1356).

Sondereinflüsse und Berücksichtigung künftiger ertragsrelevanter Auswirkungen, sogenannter Synergieeffekte, sowie die Plausibilitätsüberprüfung vorgelegter Planzahlen im Verhältnis zu den Vergangenheitsangaben zum Gegenstand[56]. Ist der Käufer ein ausländisches Unternehmen, kann eine Überleitung des deutschen Rechenwerks auf die ausländische Rechtsordnung, z.B. US-GAAP, erforderlich sein, um eine Vergleichbarkeit der Aussagekraft der Jahresabschlüsse herzustellen. Wegen der teilweise kongruenten Zielsetzungen können „Financial" und „Commercial Due Diligence" unter Umständen miteinander kombiniert und durch ein gemeinsames Team durchgeführt werden.

Innerhalb der „Legal Due Diligence" wird die rechtliche Einbindung des Unternehmens untersucht. Daher bilden Gesellschaftsgrundlagen wie Satzungen, Gesellschaftsverträge und Stimmrechtsverhältnisse, öffentlich-rechtliche Anforderungen, wichtige Verträge des Unternehmens -etwa Vertriebs-, Miet-, Pacht-, Abnahme- und Lieferungsverträge-, Rechtsstreitigkeiten, gewerbliche Schutzrechte, Beteiligungen und Immobilien den Gegenstand der Überprüfung[57].

Ziel der „Tax Due Diligence" ist es in erster Linie, die steuerlichen Risiken des Zielunternehmens zu identifizieren, wobei zwischen endgültigen und temporären Steuereffekten zu differenzieren ist[58].
Oftmals wird die „Tax Due Diligence" in Verbindung mit der „Legal Due Diligence" durchgeführt. Bestehende rechtliche und steuerliche Verhältnisse des Zielunternehmens werden dann in einer gemeinsamen Untersuchung auf in den Verhältnissen möglicherweise ruhende Risikopotentiale untersucht[59].

Gehört zu den Wirtschaftsgütern des Targets ein Immobilienvermögen, so sollte und wird in der Regel auch eine „Environmental Due Diligence" durchgeführt werden. Dies gilt insbesondere dann, wenn das Zielunternehmen in einem umweltintensiven Geschäftsfeld, etwa der Produktion in der metallverarbeitenden oder chemischen Branche tätig ist. Neben dem Ziel, mögliche Risiken zu entdecken und zu quantifizieren, steht bei dieser Untersuchung die Dokumentation

---

[56] Wegmann/ Koch, DStR 2000, 1027 (1031)

[57] Helbling, Unternehmenswert und Steuern, S. 59; Berens/ Brauner, 271; Harrer/ Erbacher, Schriften zum Kapitalmarkt, Band 2: Die Übernahme börsennotierter Unternehmen, 253 (256); Krüger/ Kalbfleisch, DStR 1999, 174 (177); Meßmer/ Keßler, NVersZ 2000. 110 (111); Pollanz, BB 1997, 1351 (1355); Wegmann/ Koch, DStR 2000, 1027 (1030 f.); sehr ausführlich: Schulte, DStR 2000, 1437 (1438 ff.)

[58] Siehe zu einer ausführlichen Prüfung der steuerlichen Gesichtspunkte: Krüger/ Kalbfleisch, DStR 1999, 174 (178).

[59] Krüger/ Kalbfleisch, DStR 1999, 174 (176).

des Ist-Zustands im Vordergrund. Denn ohne eine präzise Aufnahme des Ausmaßes etwaiger umweltrechtlicher Schäden des Betriebsgeländes auf einen bestimmten Zeitpunkt, der dem beabsichtigten Stichtag der Übertragung möglichst nahe liegen sollte, ist eine spätere Zuordnung der Verursachungszusammenhänge erheblich erschwert, wenn nicht sogar unmöglich. Die hieraus resultierenden Unsicherheiten bei der Verfolgung von Gewährleistungsansprüchen des Käufers treffen beide Parteien in gleichem Maße. Die sachgerechte Durchführung einer „Environmentel Due Diligence" ist daher außerordentlich wichtig[60].

Festzustellen ist, daß der Inhalt der Due Diligence sehr weitreichend ist und viele unterschiedliche, bei einem Unternehmenskauf relevante Bereiche erfaßt. Die Durchführung einer Due Diligence allein durch den Käufer ist aufgrund der zur Durchführung erforderlichen Spezialkenntnisse mithin schwierig. Aus diesem Grund bedient man sich zur Durchführung der Due Diligence in der Regel des Sachverstandes Dritter. So werden Rechtsanwälte, Wirtschaftsprüfer, M&A-Berater, Sachverständige -etwa für die Bewertung von Umweltbelastungen und Altlasten- herangezogen, um die Prüfung fachgemäß und umfassend durchzuführen[61]. Die „Commercial" und die „Financial Due Diligence" werden in der Regel von Wirtschaftsprüfern, Investmentbanken und M&A-Beratern durchgeführt. Bei der „Tax" und „Legal Due Diligence" bedient sich der Käufer zumeist eines Steuerberaters bzw. eines Rechtsanwalts. Bei der „Environmental Due Diligence" werden Sachverständige, oft auch darauf spezialisierte Beratungsunternehmen herangezogen. Alle zusammen bilden in der Regel ein Due-Diligence-Team, welches bei der Prüfung zusammen arbeitet.
In der Praxis orientieren sich die Teams regelmäßig an sogenannten Due-Diligence-Listen, die in standartisierter Form alle wesentlichen Prüfungspunkte sowie alle Dokumente und Unterlagen enthalten, die von der Verkäuferseite bzw. von der Geschäftsleitung des Kaufobjekts vorzulegen sind[62]. Der Käufer bzw. von ihm beauftragte Dritte, können anhand der Liste Punkt für Punkt eine

---

[60] Vgl. ausführlich zur Environemental-Due-Diligence: Turiaux/ Knigge, BB 1999, 913 ff.
[61] Eschenbruch, Konzernhaftung, Rn. 4073; Harrer/ Erbacher, Schriften zum Kapitalmarkt, Band 2: Die Übernahme börsennotierter Unternehmen, 253 (260); Krüger/ Kalbfleisch, DStR 1999, 174 (175); Meßmer/ Keßler, NVersZ 2000, 110 (112); Wegen, WiB 1994, 291 (291).
[62] Beispiele solcher Listen bei: Eschenbruch, Konzernhaftung, Rn. 4074 ff.; Holzapfel/ Pöllath, Rn. 399 ff.; Hopt/ Hess/ Fabritius, VI B 1., S. 524 ff.; Jung, S. 342; Picot, Teil I Rn. 44; Harrer, DStR 1993, 1673 (1673 ff.); Harrer/ Erbacher, Schriften zum Kapitalmarkt, Band 2: Die Übernahme börsennotierter Unternehmen, 253 (261 ff.); Wegen, WiB 1994, 291 (291 ff.); Wegmann/ Koch, DStR 2000, 1027 (1028); speziell für Internet-Start-Ups: Schulte, DStR 2000, 1437 (1443).

Prüfung des Unternehmens vornehmen bzw. anhand der Liste kann der Käufer die ihm wichtigen Punkte aussondern und diese einer Prüfung unterziehen.

Nachdem auf den letzten Seiten ein Grundüberblick über die Problematik der Due Diligence gegeben wurde, sollen im Folgenden die im Zusammenhang mit der Due Diligence auftretenden rechtlichen Probleme behandelt werden.

2. Teil: Folgen und rechtliche Probleme der „Due Diligence" bei stattgefundenen Unternehmenskauf

Der folgende zweite Teil wird sich mit den Problemen beschäftigen, die sich bei einem stattgefundenen Unternehmenskauf ergeben können. Probleme können bei dieser Konstellation auftreten, wenn sich herausstellt, daß das Kaufobjekt fehlerhaft ist oder Eigenschaften nicht besitzt, die Gegenstand einer Zusicherung waren.

Gerade wenn ein Unternehmen in finanziellen Schwierigkeiten steckt, die Existenz des Unternehmens gefährdet ist und das Unternehmen stetig an Wert verliert, wird der Inhaber des Unternehmens alles daran setzen, schnell zum Abschluß zu kommen, um noch möglichst viel Geld für das Unternehmen zu erhalten. In einer solchen Situation kann es vorkommen, daß der Unternehmer die Situation, in der sich das Unternehmen befindet, besser darstellt, als sie ist. So ist es denkbar, daß er die zu erwartenden Umsätze erhöht, die Gewinn- und Verlustzahlen manipuliert oder Abschlüsse vorlegt, die den Regeln einer ordnungsgemäßen Buchführung nicht entsprechen.

Auch bei professionellen Prüfern des Unternehmens ist es möglich, daß Abschlüsse manipuliert werden, aufgrund derer die vom Käufer eingesetzten Wirtschaftsprüfer eine falsche Prognose des Unternehmens abliefern oder daß vergessen wird, bestimmte Unterlagen über das Unternehmen den Prüfern zur Verfügung zu stellen, durch die ersichtlich geworden wäre, daß das Unternehmen nicht den ermittelten Preis wert ist.

Fraglich ist, welche Rechte in einem Fall des Kaufs eines minderwertigen Unternehmens dem Käufer gegen den Verkäufer zustehen. Die Bewertung der Rechte des Käufers hängt davon ab, auf welche Art ein Unternehmen gekauft wurde, denn für die unterschiedlichen Arten des Kaufs sind unterschiedliche Vorschriften anwendbar.

Beim Unternehmenskauf ist zwischen zwei Arten zu differenzieren: Einerseits kann der Unternehmensrechtsträgers erworben werden, andererseits ist der Erwerb der zum Unternehmens gehörenden Sachen und Rechte denkbar.

Bei der Veräußerung des Unternehmens durch Übertragung des Unternehmensrechtsträgers im Wege des Anteils- bzw. Beteiligungserwerbs werden Geschäftsanteile an der Gesellschaft (Aktien, GmbH-Geschäftsanteile, Beteiligungen an Personengesellschaften) an den Erwerber abgetreten[63].

---

[63] Picot, Teil I, Rn. 14; Klein-Blenkers, NZG 1999, 185 (187); Merkt, ZVglRWiss 93 (1994), 353 (356).

Demgegenüber werden bei dem Unternehmensverkauf durch Übertragung der Aktiva und Passiva die zum Unternehmen gehörenden Wirtschaftsgüter vom bisherigen Unternehmensträger abgetrennt und auf den Unternehmenserwerber nach den dafür vorgesehenen Vorschriften übertragen[64]. Neben den Vermögenswerten sind dem Erwerber beim Unternehmenskauf im Wege der Gesamtübertragung insbesondere auch die „immateriellen" Geschäftswerte, die in der Regel nicht unerheblich zum wirtschaftlichen Wert des Unternehmens beitragen, zugänglich zu machen. Zu dieser Art der Geschäftswerte zählen etwa die betriebliche Organisation, die kaufmännischen, betriebswirtschaftlichen und technischen Erfahrungen und Geheimnisse des Unternehmens, die Bezugsquellen, Absatzmöglichkeiten sowie der Kundenkreis und der good will des Unternehmens[65].

Der Erwerb eines Anteil eines Unternehmens wird in US-Amerika als Share Deal, der Erwerb des gesamten Unternehmens als Asset Deal bezeichnet. Der anglo-amerikanischen Ausdrucksweise folgend wird im Folgenden der Erwerb des Unternehmens durch Übertragung des Anteils ebenfalls als Share Deal, der Unternehmenskauf durch Übertragung der einzelnen Vermögenswerte als Asset Deal bezeichnet.

Im Folgenden wird zunächst ein Überblick über das anglo-amerikanische Unternehmenskaufrecht gegeben. Hierfür bestehen eine Reihe von Gründen: Die Due Diligence wird im US-amerikanischen Raum bereits längere Zeit regelmäßig im Falle des Kaufs eines Unternehmens vorgenommen und für das Verständnis der Due Diligence im hiesigen Rechtsraum ist die Kenntnis der Bedeutung der Due Diligence in ihrem Herkunftsland erforderlich. Um die Bedeutung der Due Diligence im dortigen Rechtsraum widerrum begreifen zu können, ist das Verständnis des dort geltenden Gewährleistungssystems beim Unternehmenskauf erforderlich. Denn nur bei Kenntnis des US-amerikanischen Gewährleistungssystems ist es möglich, zu verstehen, welche Bedeutung die Untersuchung des Kaufobjekts Unternehmens im dortigen Rechtsraum hat. Darüber hinaus ist es nur bei Kenntnis des dortigen Rechtssystems möglich, Schlüsse für die Bedeutung der Due Diligence im deutschen Rechtsraum zu ziehen.

Dem Überblick über das US-amerikanische Recht folgen wird eine umfassende Untersuchung der Ansprüche, die der Käufer im Falle des Auftretens von Män-

---

64 Beisel/ Klumpp; Rn. 137; Holzapfel/ Pöllath, Rn. 131; Picot, Teil I, Rn. 13; Klein-Blenkers, NZG 1999, 185 (186); Merkt, ZVglRWiss 93 (1994), 353 (357).

65 MüKo/ Westermann, § 433 Rn. 8; Palandt/ Putzo, § 433 Rn. 3; Staudinger/ Honsell, § 459 Rn. 8; Merkt, ZVglRWiss 93 (1994), 353 (362).

geln im deutschen Recht hat. Ebenso wie im amerikanischen Recht werden hierbei der Asset und der Share Deal selbständig auf Ansprüche, die dem Käufer im Falle des Auftretens von Mängeln zustehen, untersucht.

1. Kapitel: Überblick über die Gewährleistungsregeln in US-Amerika

Ausgangspunkt für die Gewährleistung beim Unternehmenskauf im US-amerikanischen Recht ist der allgemein im Kaufrecht des „common law" geltende Grundsatz des „caveat emptor"[66]. Danach ist die Kaufsache grundsätzlich vor dem Kauf vom Käufer zu untersuchen und zu beurteilen. Der Käufer hat Mängel der Kaufsache herauszufinden, um eine Haftung des Verkäufers erreichen zu können. Der redliche Verkäufer haftet im Grundsatz nicht für Mängel und Fehler der Kaufsache[67]. Eine verschuldensunabhängige Einstandspflicht für Mängel der Kaufsache kennt das amerikanische Gewährleistungsrecht nicht. Das anglo-amerikanische Gewährleistungsrecht ist somit im Bereich des Unternehmenskaufs vom Grundsatz her verkäuferfreundlich eingestellt[68]. Wegen des Nichtvorhandenseins einer gesetzlichen Regelung trägt allein der Käufer das Risiko im Falle des Auftretens von Mängeln[69]. Der Käufer muß auf entsprechende vertragliche Regelungen hinwirken, wenn der Verkäufer für bestimmte Eigenschaften des Kaufobjekts einstehen soll[70].

Dieses Prinzip bildet die Grundlage der Beurteilung der Vorbereitung und Durchführung eines Unternehmenskaufs im US-amerikanischen Recht. Die konkrete Reichweite des Prinzips des „caveat emptor" beim Unternehmenskauf erfährt jedoch im Falle des Share Deals und im Falle des Asset Deals eine unterschiedliche Behandlung. Die einzelnen Arten der Unternehmenskäufe sollen daher gesondert dargestellt und einer Untersuchung der für sie geltenden Gewährleistungsregeln unterzogen werden.

A. Share Deal

Beim Share Deal ist zur Bewertung gewährleistungsrechtlicher Ansprüche eine Differenzierung zwischen der kaufrechtlichen Gewährleistung nach dem Uniform Commercial Code (UCC) und der Haftung nach dem Wertpapierrecht („securities law") erforderlich[71].

---

[66] Nachweise bei Corpus Juris Secundum, Band 77, 1952 mit Cumulative Annual Pocket Part 1993, „sales" § 315; Elsing, S. 76.

[67] Corpus Juris Secundum, § 315; Müller, Frankfurter Allgemeine Zeitung v. 30.05.2001, S. 30.

[68] Merkt BB 1995, 1042 (1042).

[69] Valdosta Milling Co. V. Garreston, 217 F. 2d 625 (C.A.Fla. 1954).

[70] Krüger/ Kalbfleisch, DStR 1999, 174 (174); Loges, DB 1997, 965 (965); Werner, ZIP 2000, 989 (990)..

[71] Turcon/ Zinner/ Sutter, S. 42, 47; Merkt, BB 1995, 1041 (1041).

Der UCC stellt ein von allen Staaten Amerikas angenommenes[72] Modellgesetzbuch dar, welches wichtige Teile des Vertragsrechts, so auch die kaufrechtliche Gewährleistung, regelt. Die nahezu einheitliche Geltung des UCC ist von daher beachtlich, als daß alle Staaten Amerikas grundsätzlich eigene Gesetze haben, die nur innerhalb ihres Landes gelten, so daß eine rechtliche Beurteilung grundsätzlich nur für einen einzelnen Staat und nicht für die gesamten Vereinigten Staaten vorgenommen werden kann. Zwar gilt der UCC in den einzelnen Staaten zum Teil in modifizierter Form, so daß die Einheitlichkeit des UCC nicht vollständig ist. Doch handelt es sich bei den Abweichungen in der Regel nur um Details, so daß insgesamt von einer einheitlichen Geltung des UCC gesprochen werden kann[73].

Gemäß der kaufrechtlichen Bestimmungen des Sec. 8 UCC gilt, daß der Verkäufer eines verbrieften Anteils („certificated security") im Falle der Übertragung dieses Anteils zusichert („warrants"), daß die Übertragung des Anteils wirksam und rechtmäßig ist („effective and rightful"), daß die verbriefte Urkunde echt und nicht verfälscht ist („genuine and not materielly altered") und daß ihm, dem Verkäufer, nichts bekannt ist, was die Gültigkeit („validity") des Anteils beeinträchtigen könnte[74]. Dasselbe gilt dann, wenn der Verkäufer Anteile in unverbriefter Form im Wege der Ausgabe sogenannter „instructions" erhält („uncertified securities") oder der Kauf durch sogenannte „intermediaries" vermittelt wurde[75].
Darüber hinausgehende kaufrechtliche Zusicherungen, insbesondere in Bezug auf das betroffene Unternehmenskaufobjekt an sich, existieren innerhalb des UCC und damit außerhalb des Bereichs vertraglicher Regelungen nicht[76].

Die wesentlichen gesetzlichen Bestimmungen für die Gewährleistung im Falle des Unternehmenskaufs per Anteilserwerb sind in den sogenannten „securities laws" (Wertpapiergesetzen) geregelt.
Grundsätzlich ist zwar zu beachten, daß jeder Staat sein eigenes security law besitzt, welches nur innerhalb des jeweiligen Staates gilt und aus diesem Grund keinerlei Auswirkungen auf die anderen Einzelstaaten hat[77]. Jedoch existiert,

---

[72] Eine Ausnahme bildet Louisiana, das ihn nur zum Teil angenommen hat, vgl. Merkt, US-amerikanisches Gesellschaftsrecht, Rn. 182; Reimann § 9/ 2.; Turcon/ Zinner/ Sutter, S. 47.
[73] Reimann, § 9/ 2.
[74] Section 8-306 (2) UCC.
[75] Section 8-306 (5)-(9) UCC.
[76] Merkt, BB 1995, 1041 (1042).
[77] Turcon/ Zinner/ Sutter, S. 48.

abgesehen von den einzelstaatlichen Regelungen, der sogenannte „securities exchange act“ des Bundes[78]. Dieser findet immer dann Anwendung, wenn der Anteilserwerb, wie in der Praxis sehr häufig, unter Benutzung zwischenstaatlicher Einrichtungen (Bundespost, bundesweite Telefonnetze etc.) erfolgt[79].
Die zu dem Securities Exchange Act gehörenden Rules and Regulations regeln in Rule 10 b-5 (2), daß es unzulässig ist, in betrügerischer Weise unrichtige Angaben im Zusammenhang mit dem Verkauf von Beteiligungen zu machen bzw. wesentliche Angaben in betrügerischer Absicht zu unterlassen[80].
Eine Haftung ist zwar bei Verstoß gegen diese Vorschrift nicht gesetzlich geregelt. Auch sollte die Vorschrift lediglich eine Lücke innerhalb der vor Betrug schützenden Regelungen des Security Exchange Act of 1934 schließen[81]. Jedoch hat die Rechtsprechung entschieden, daß die Verletzung dieser Vorschrift ein individuelles Klagerecht des Verletzten zur Folge hat („implied private right of action“)[82], so daß jedenfalls für betrügerische Handlungsweisen des Verkäufers ein Anspruch des Käufers besteht[83].
Anzumerken ist, daß im Unterschied zum deutschen Recht[84] die dargestellten Grundsätze auch dann gelten, wenn alle oder ein Großteil der Anteile am Rechtsträger des Unternehmens gekauft werden[85]. Das höchste Gericht, der US-Surpreme Court, hat es ausdrücklich abgelehnt, der sogenannten „sale of business-doctrine“ zu folgen, nach der der Erwerb nahezu aller Anteile an einer Gesellschaft in Wirklichkeit kein Share Deal, sondern vielmehr ein Asset Deal sei, was zur Unanwendbarkeit des „federal securities law“ geführt hätte und zur Anwendung der bezüglich des Asset Deals geltenden Regelungen geführt hätte[86]. Auch für den Fall der vollständigen Übernahme eines Unternehmens durch Anteilskauf gelten somit die eben genannten Grundsätze.

Festzustellen ist, daß beim Share Deal gesetzlich nur in geringem Maße eine Haftung in Bezug auf das zugrunde liegende Unternehmen geregelt ist. Ledig-

---

[78] Securities Exchange Act of 1934, 15 USC §§ 78 a-78 II und dazu die Rules and Regulations under the Securities Exchange Act of 1934, 17 CFR § 240.
[79] Hüttermann, S. 76; Merkt, US-amerikanisches Gesellschaftsrecht, Rn. 194.
[80] Hüttermann, S. 75; Merkt, US-amerikanisches Gesellschaftsrecht, Rn. 776.
[81] Hüttermann, S. 79 m.w.N.
[82] Kardon v. National Gypsum Co., 69 F. Supp. 512 (512-515, 1946); J I Case Co. V. Borak, 377 U.S. 426 (1964); Superindentend v. Bankers Life, 404 U.S. 6 (1971).
[83] Bromberg, Securities Law, 10 b-5 in Operation, S. 86; ausführlich zu den Voraussetzungen einer derartigen Klage: Merkt, US-amerikanisches Gesellschaftsrecht, Rn. 785 ff.
[84] Siehe hierzu Ausführungen unten unter 2. Teil, 2. Kapitel, A I 3.
[85] Merkt, BB 1995, 1041 (1042).
[86] Landreth Timber Co. V. Landreth, 471 U.S. 681 (1985).

lich bezüglich der wirksamen Übertragung des Anteils sowie bezüglich in betrügerischer Weise gemachter Angaben kann eine Haftung des Verkäufers vorliegen. Darüber hinaus besteht keine Haftung des Verkäufers. Folglich kommt den vertraglichen Gewährleistungsbestimmungen zwischen Verkäufer und Käufer zentrale Bedeutung zu, denn nur durch sie kann der Käufer eine umfassende Haftung des Verkäufers erreichen. Nur mit ihr ist es dem Unternehmenskäufer im Wege des Share Deals möglich, abzusichern, daß er für den Anteil einen angemessenen Preis zahlt.

B. Asset Deal

Im Unterschied zum Share Deal wird der Asset Deal durch die Veräußerung der einzelnen Vermögensgüter charakterisiert[87]. Bei der Bewertung US-amerikanischer Gewährleistungsvorschriften in Bezug auf den Asset Deal ist daher zwischen den einzelnen Vermögensgegenständen, also den Mobilien („goods“) und Immobilien („real property“) zu unterscheiden.

I. Mobilien

Die Gewährleistung beim Kauf beweglicher Sachen richtet sich nach Sec. 2 UCC. Danach werden Zusicherungen in Bezug auf eine Mobilie in drei Kategorien unterteilt:

a) ausdrückliche Zusicherungen („express warranties“),
b) Zusicherungen in Bezug auf das Eigentumsrecht („warranties of title“) und
c) konkludente Zusicherungen („implied warranties“).

Wann welche Kategorie der Zusicherung erfüllt wird, ist im UCC explizit aufgeführt. Danach liegt eine „express warranty“ vor, wenn entweder der Verkäufer gegenüber dem Käufer Eigenschaften des Produkts erklärt oder Versprechungen bezüglich des Produkts gemacht hat, der Verkäufer dem Käufer eine Produktbeschreibung[88] übergeben hat oder wenn der Verkäufer dem Käufer ein Muster oder Modell ausgehändigt hat[89]. Bei der „express warranty“ gibt der Verkäufer dem Käufer insgesamt gewissermaßen eine Zusicherung bezüglich der Eigenschaften des Kaufobjekts.

Für das Vorliegen einer „express warranty“ ist es weder erforderlich, daß der Verkäufer Worte wie „Zusicherung“ oder „Garantie“ bei den Verkaufsgesprächen verwendet, noch daß der Wille des Verkäufers besteht, eine derartige Erklärung abzugeben, Sec. 2-313 (2) UCC. Allerdings wird an die Bejahung einer Zusicherung gemäß Sec. 2-313 (1) UCC die Voraussetzung gestellt, daß die be-

---

[87] Dürig, S. 25; Turcon/ Zinner/ Sutter, S. 41.

[88] Diese kann auch durch technische Spezifikationen, Pläne, Entwürfe oder ähnliches vorgenommen werden, vgl. Sec 2-313 Ucc, official Comment 5.

[89] Elsing, S. 78; Hüttermann, S. 166.

treffende Angabe zum Bestandteil der Grundlage des Geschäfts geworden ist („part of the basis of the bargain")[90]. Dies ist der Fall, wenn der Käufer auf die Richtigkeit der Angabe des Verkäufers vertraut hat. Die bloße Wertangabe („affirmation merely of the value of the goods") oder eine Meinungsäußerung oder Empfehlung seitens des Verkäufers („statement purporting to be merely the seller's opinion or commendation") erfüllt diese Voraussetzung nicht und ist daher nicht als Zusicherung zu werten. Ob eine Äußerung des Verkäufers bezüglich der Vermögensgegenstände im Einzelfall eine Zusage darstellt, die eine vertragliche Gewährleistung des Verkäufers begründet oder lediglich eine Meinungsäußerung ist, muß vom Horizont des Erklärungsempfängers unter der Berücksichtigung der Umstände des jeweiligen Einzelfalls beurteilt werden[91].

Bei der konkludenten Zusicherung ist zwischen der „warranty of merdiatibility" nach Sec. 2-314 UCC und der „warranty of fitness for particular purpose" nach Sec. 2-315 UCC zu differenzieren[92].
Erstere ist die konkludent übernommene Gewähr dafür, daß die Kaufsache von durchschnittlicher Qualität und für den normalen Gebrauch geeignet ist. Diese Art der konkludenten Zusicherung ist jedoch nur dann möglich, wenn der Verkäufer in Bezug auf die Kaufsache Kaufmann („merchant") ist, das heißt von Berufs wegen Handel mit Sachen dieser Art betreibt oder sich sonst als Fachmann in Bezug auf den Verkauf solcher Sachen ausgibt, Sec. 2-104 (1) UCC[93].
Die zweite Art der konkludenten Zusicherung ist die Gewährleistung der Geeignetheit der Kaufsache für einen bestimmten Gebrauch („warranty of fitness for particular purpose"). Sie wird nur dann angenommen, wenn der Verkäufer den bestimmten Gebrauchszweck kannte und der Käufer sich auf die fachmännische Wahl der Kaufsache seitens des Verkäufers verließ[94].
Hinsichtlich der konkludenten Zusicherung läßt sich insgesamt feststellen, daß diese Art der Zusicherung selten beim Unternehmenskauf denkbar ist und daher diesbezüglich keine wesentliche Rolle spielt[95]. Nicht verwundernswert ist deshalb, daß sich die Rechtsprechung zur Gewährleistung beim Unternehmenskauf ausschließlich mit „express warranties" beschäftigt[96]. Die Gerichte selbst wei-

---

[90] Hüttermann, S. 168.
[91] McKinney's NY Anm., UCC, § 2-313, S. 239.
[92] Elsing, S. 77; Hüttermann, S. 162 ff.
[93] Merkt BB 1995 1041 (1042).
[94] Hüttermann, S. 164; Merkt BB 1995, 1041 (1042).
[95] Zahn, S. 96.
[96] Wikoff v. Vanderveld, 897 F. 2d 232 (C.A. Ill. 1990); Land v. Roper Corp., 531 F. 2d 445 (C.A. Kan. 1976); Kazerouni v. De Satnick, 279 Cal. Rptr. 74 (2d Dist. 1991); Jackson v. Russell, 498 N. E. 2d 22 (Ind. 1986); Seibert v. Mock, 510 N.E. 2d 1371 (Ind. 1987);

sen ferner regelmäßig darauf hin, daß sich der Unternehmenskäufer gegen die Unbilligkeiten, die aufgrund des dem US-amerikanischen innewohnenden Grundsatzes des „caveat emptor" entstehen, nur schützen kann, indem er „warranties" vertraglich vereinbart[97].

II. Immobilien

Bei dem Kauf von Immobilien, die den zweiten Teil der Gegenstände bei einem Unternehmenskauf im Sinne des Asset Deals ausmachen, enthält der Vertrag über den Verkauf von Immobiliarvermögen („contract of sale of real property") grundsätzlich eine „implied warranty". Inhalt dieser „implied warranty" ist, daß der Verkäufer dem Käufer einen frei verkäuflichen Eigentumstitel („markable title") überträgt, also die Immobilie zweifelsfrei unbelastetes Eigentum des Verkäufers ist[98]. Darüber hinausgehende warranties wie etwa bezüglich der Beschaffenheit der Immobilie, sind im Common Law nicht geregelt. Der dem amerikanischen Recht zugrunde liegende Grundsatz des „caveat emptor" kommt mithin im Bereich des Immobilienkaufs ohne Einschränkung zur Geltung[99]. Aus diesem Grund empfiehlt die Rechtsprechung auch für den Immobilienkauf, daß der Käufer den auch hier mit der caveat-emptor-Regel verbundenen Unbilligkeiten durch Vereinbarung von „warranties" begegnet[100].

III. Zwischenergebnis

Auch bei dem Asset Deal ist insgesamt festzustellen, daß die gesetzlichen Gewährleistungsregeln dürftig sind. Nur bezüglich der Mobilien ist eine Haftung für die Beschaffenheit gegeben. Diese ist jedoch an hohe Voraussetzungen (Vorliegen einer ausdrücklichen Zusicherung sowie die Qualifizierung der betreffenden Zusage als Geschäftsgrundlage) geknüpft. Bezüglich Immobilien hingegen fehl jede Art der Beschaffenheitshaftung; der Verkäufer hat lediglich für die Übertragung des frei veräußerbaren, unbelasteten Eigentumstitels einzustehen.

C. Ergebnis

Die vorangegangene Untersuchung der Gewährleistungsregeln in US-Amerika hat in ihrer Kürze gezeigt, daß im US-amerikanischen Recht beim Unterneh-

---

Shambaugh v. Lindsay, 445 N .E. 2d 124 (Ind. 1983); CBS, Inc. V. Ziff-Davis Pub. Co., 553 N.E. 2d 997 (N.Y. 1990); Garner v. Kearns, 125 S. E: 2d 390 (N.C. 1962).

[97] Vgl. nur Seibert v. Mock, 510 N. E. 2d 1373 (Ind. 1987).

[98] Merkt, BB 1995, 1041 (1043).

[99] Westwood Pharmaceuticals, Inc. V. National Fuel Gas Distribution Corp., 737 F. Supp. 1272 (W.D.N.Y. 1990; Futura Reality v. Lone Star Bldg. Centers (Eastern). Inc., 591 So. 2d 181 (Fla. App. 1991) jeweils mit weiteren Nachweisen.

[100] Etwa Hope v. Brannan, 557 So. 2d 1208 (Ala. 1989); vgl. zu typischen Unternehmenskaufsklauseln in US-Amerika: Turcon/ Zinner/ Sutter, S. 59 ff.

menskauf sowohl im Wege des Share Deals als auch im Wege des Asset Deals die gesetzlichen Regelungen zur Erfassung sämtlicher Fälle von fehlerhaften Unternehmenskäufen nicht ausreichen und vom Käufer deshalb eine vertragliche Regelung initiiert werden muß. Ohne eine solche Gewährleistungsvereinbarung ist der Käufer durch die wenig effektive gesetzliche Regelung nur in unzureichender Weise geschützt. Die Ausarbeitung eines vertraglichen Gewährleistungsregimes, das auf die Besonderheiten und Bedürfnisse des Einzelfalls zugeschnitten ist, ist daher von besonderer Wichtigkeit.

Ein in sich geschlossenes und schlüssiges Gewährleistungsregime wiederum setzt eine genaue, käuferseitige Untersuchung des Kaufgegenstandes voraus. Die Untersuchung muß für jeden einzelnen Punkt des Kaufobjekts klären, ob und in welchem Umfang und mit welcher konkreten Haftungsfolge für das Fehlen oder Vorliegen bestimmter Umstände gehaftet wird. Nur so, das heißt nur durch eine Prüfung des Kaufobjekts in jedem einzelnen Punkt, kann der Käufer ein Haftungsinstitut ausarbeiten, das jedes mögliche Risiko des betreffenden Unternehmenskaufs abdeckt.

Es versteht sich von selbst, daß die Erarbeitung vor Abschluß des Kaufvertrages durchgeführt werden muß. Denn die Gewährleistungsvereinbarungen sind Bestandteile des Kaufvertrags und vom Umfang der Gewährleistung hängt einerseits der Entschluß zum Abschluß des Kaufvertrags und andererseits der Kaufpreis ab.

Die Due Diligence spielt bei der Ausarbeitung des Haftungsregimes die zentrale Rolle. Sie bildet die Grundlage für die Konstitution des Gewährleistungsregimes. Die durch sie erlangten Informationen[101] werden Punkt für Punkt in das Haftungsregime eingearbeitet. So entsteht eine in sich geschlossene und schlüssige Gewährleistungsvereinbarung mit für beide Vertragsparteien abschätzbaren Risiken.

Festgehalten werden muß, und dies wird an späterer Stelle noch von Bedeutung sein, daß die Due Diligence im Rahmen des US-amerikanischen Unternehmenskaufs mangels gesetzlicher Verankerung der Gewährleistungsrechte des Käufers als Voraussetzung für vertragliche Gewährleistungsvereinbarungen von essentieller Bedeutung ist. Die Vertragsparteien werden gezwungen, gesetzgeberische Versäumnisse durch eigene Umsicht zu kompensieren. Ein Unternehmenskauf ohne vorherige Durchführung einer Due Diligence wird in US-Amerika daher selten vorkommen.

---

[101] Zumeist niedergelegt in einem Due-Diligence-Report.

2. Kapitel: Gewährleistungsregeln beim Unternehmenskauf in Deutschland

Im Folgenden werden nun die beiden Arten des Unternehmenskaufs nach deutschem Recht auf Ansprüche untersucht werden, die dem Käufer im Falle des Auftretens von Mängeln zustehen. Spezielles Augenmerk wird hierbei auf die Auswirkungen der Due Diligence innerhalb der Haftungsregelungen gelegt.

A. Asset Deal

Als Anspruchsgrundlagen des Käufers, der ein Unternehmen im Wege des Asset Deals übernommen hat, kommen im deutschen Recht bei Auftreten von Mängeln des Unternehmens Ansprüche aus Sachmängelgewährleistungsrecht, also § 459 ff. BGB, aus culpa in contrahendo, positiver Forderungsverletzung, Anfechtung und Wegfall der Geschäftsgrundlage in Betracht.

I. §§ 459 ff. BGB

1. Anwendbarkeit § 459 BGB

Damit der Käufer in einem solchen Fall einen Anspruch aus § 459 Abs. 1 BGB hat, müßte es sich bei dem Unternehmen als Kaufgegenstand entsprechend dem Gesetzeswortlaut um eine Sache handeln, die zur Zeit des Gefahrübergangs mit Fehlern behaftet ist, die den bestimmungsgemäßen Gebrauch nicht nur unerheblich mindern.

Fraglich ist zunächst, ob ein Unternehmen eine Sache im Sinne des § 459 BGB ist.

Eine Sache ist gemäß der Definition des § 90 BGB jeder körperliche Gegenstand. Zweifelhaft ist, ob diese Definition auf ein Unternehmen paßt, also was genau ein Unternehmen ist[102].

Der BGH bezeichnete in einer kartellrechtlichen Entscheidung das Unternehmen als ein „Gebilde, das institutionell und funktionell ein Unternehmen im hergebrachten Sinne darstellt“[103]. Dies erscheint jedoch als Definition von daher wenig hilfreich, weil zum einen ein „Gebilde“ nicht zum Vertragsgegenstand erhoben werden kann und zudem nicht gleichzeitig definiert wird, was ein Unternehmen „im hergebrachten Sinne“ ist[104].

Um zu sachgerechten Abgrenzungen zu gelangen, sollte der Begriff des „Unternehmens“ im bürgerlich-rechtlichen Sinne an den betriebswirtschaftli-

---

[102] Die Gesetzgeber des Bürgerlichen Gesetzbuchs und des HGB glaubten, ohne Definition des Unternehmensbegriffs auskommen zu können und verzichteten auf eine genaue Beschreibung, vgl. Beisel/ Klumpp, Rn. 16 m.w.N. Aus diesem Grund besteht die Problematik der Definition und Einordnung des Komplexes „Unternehmens“.

[103] BGHZ 74, 359 (364).

[104] So auch: Beisel/ Klumpp, Rn. 11.

chen Unternehmensbegriff anknüpfen. Danach stellt ein Unternehmen eine ökonomische Einheit der Gesamtwirtschaft dar, die von einem Unternehmer auf eigene Rechnung und Gefahr betrieben werden[105]. Das Unternehmen wird hierdurch nicht nur als eine Zusammenfassung von Vermögenswerten gesehen. Vielmehr werden von diesem Verständnis richtigerweise auch die Vielzahl der von dem Unternehmen geführten Beziehungen, also jene Funktionszusammenhänge erfaßt, die für das Unternehmen in seinem Ablauf und Funktionieren relevant sind.

Ein Unternehmen ist so gesehen eine Wirtschaftseinheit und besteht neben dem eigentlichen Unternehmensvermögen (Sachen und Rechten, wie Grundstücken, Fabrikgebäuden, Maschinen, Lagervorräten, Forderungen und Warenzeichen) auch aus Immaterialgüterpositionen (Betriebsgeheimnissen, Know-how, Urheberrechten etc), vor allem jedoch aus vielfach rechtlich kaum einzuordnenden Beziehungen zur Außenwelt (Image, good will, Kundenstamm, Lieferantenbeziehungen)[106]. Diese individuellen unkörperlichen Geschäftswerte sind es häufig, die zum Erwerb gerade dieses Unternehmens anreizen[107].

Bezüglich der Qualifizierung des Unternehmens als Sache im Sinne des § 90 BGB ist somit festzustellen, daß einem Unternehmen zwar grundsätzlich einige Sachen im Sinne des § 90 BGB angehören, daß ein Unternehmen jedoch keine „Sache" im ursprünglichen Sinne darstellt. Eine direkte Anwendung der Gewährleistungsregeln der §§ 459 ff. BGB scheidet somit aus. Der Käufer eines Unternehmens kann weder einen Anspruch aus § 459 BGB direkt geltend machen, wenn das von ihm gekaufte Unternehmen Fehler aufweist, noch kann er den Verkäufer wegen Fehlens einer zugesicherten Eigenschaft in Anspruch nehmen, weil auch dies die Anwendbarkeit der §§ 459 ff. BGB voraussetzt.

2. Anwendbarkeit § 459 BGB analog

Obwohl § 459 BGB mangels Sacheigenschaft nicht auf Unternehmen anwendbar ist, besteht Einigkeit darüber, daß im Falle der Fehlerhaftigkeit des Unternehmens dem Käufer Ansprüche zustehen sollen. Denn es würde ein unbilliges Ergebnis darstellen, dem Käufer einer einzelnen Sache Ansprüche zu gewähren, nicht jedoch dem Käufer eines gesamten Unternehmens, dem in der Regel ein viel größeres Schutzbedürfnis zukommt.

---

[105] Handwörterbuch der Betriebswirtschaft I/ 1, 551.

[106] Palandt/ Putzo, § 433 Rn. 3; Soergel/ Huber, § 433 Rn. 29; Staudinger/ Honsell, § 459 Rn. 8; Beisel/ Klumpp, Rn. 13 ff.; Hommelhoff, Sachmängelhaftung beim Unternehmenskauf, S. 6; Hölters/ Semler, VI, Rn. 29; Holzapfel/ Pöllath, Rn. 130.

[107] Hommelhof, Sachmängelhaftung beim Unternehmenskauf, S. 6.

Fraglich ist jedoch, welche Ansprüche dem Käufer eines Unternehmens in concreto zustehen. Dies wird in Literatur und Rechtsprechung unterschiedlich beurteilt.

a) Rechtsprechung

Die Rechtsprechung[108] wendet auf den Unternehmenskauf das Sachgewährleistungsrecht gemäß §§ 459 ff BGB analog an.

Die grundlegende Entscheidung der Rechtsprechung hinsichtlich der Einordnung des Unternehmenskaufs stellt das sogenannte Fischladen-Urteil des Reichsgerichts vom 13. März 1906 dar[109]. Erstmalig erörterte das Reichsgericht hier, ob die Vorschriften des BGB über den Kauf überhaupt und wie genau, d.h. unmittelbar oder analog anzuwenden sind[110]. Obwohl es eine direkte Anwendung aufgrund des Wortlauts ablehnte, gelangt das Reichsgericht unter Heranziehung der Protokolle zum BGB[111] zu dem Schluß, daß der Gesetzgeber mit der Formulierung des Tatbestands eine Erfassung anderer als der in § 433 BGB bezeichneten Gegenstände nicht ausschließen wollte[112]. Vielmehr können auch andere Werte als Sachen und Rechte und somit auch ein Unternehmen Gegenstand eines Kaufs sein. Zudem verlange die Verkehrsanschauung und das Verkehrsbedürfnis eine analoge Anwendung des Sachmängelgewährleistungsrechts auf den Kauf des Unternehmens.

In folgenden Entscheidungen hat sich das Reichsgericht nicht mehr mit der rechtlichen Einordnung der Unternehmensveräußerung befaßt, jedoch eine Anwendung des Kaufrechts und speziell der Gewährleistungsrechte bei Unternehmenskäufen im Einzelfall bejaht[113]. Dementsprechend sah das Reichsgericht Quantitäts- oder Qualitätsmängel bei einzelnen Wirtschaftsgütern als Fehler des Unternehmens an und bejahte einen Anspruch nach § 459 BGB analog [114]. Falsche Angaben über Umsätze, Erträge oder vergleichbare Vergangenheitsangaben hingegen stellten dem Reichsgericht zufolge keine Fehler dar, könnten jedoch Gegenstand einer Zusicherung im Sinne des § 459 Abs. 2 BGB analog sein und dadurch dieselben Rechtsfolgen ausüben[115].

---

[108] RGZ 63, 57 (60); 98, 289 (292); 138, 354 (357); BGHZ 65, 246 (248); NJW 1979, 33 (33); BB 1991, 496 (496).

[109] RGZ 63, 57ff.

[110] RGZ 63, 57 (58 ff.).

[111] Protokoll II, 2; S. 51, 52.

[112] RGZ 63, 57 (61).

[113] RGZ 67, 86 (87); 69, 429 (431); 86, 146 (148); 88, 103 (107); 98, 289 (292); 133, 113 (113 f.); 138, 354 (357).

[114] RG JW 1930, 3730 (3740); RGZ 138, 354 (357); 146, 120 (121 f.).

[115] RGZ 67, 87 (87)

Der BGH ist der Rechtsprechung des Reichsgerichts gefolgt und hat die analoge Anwendbarkeit des Kaufrechts auf Unternehmenskäufe grundsätzlich für möglich gehalten[116]. Zwar sei das Erwerbsgeschäft eine unkörperliche Sache. Diese stelle aber nach allgemeiner Verkehrsauffassung ein handelbares Objekt dar. Daher müsse sie auch juristisch als Kaufgegenstand angesehen werden.

Die Rechtsprechung versucht jedoch, im Interesse des Fortbestehens des Unternehmens die Wandlungsbefugnis einzuschränken, indem sie den Fehler- und Eigenschaftsbegriff des § 459 BGB bewußt restriktiv auslegt und auf Umstände, die nicht als Fehler oder zusicherungsfähige Eigenschaft qualifiziert werden, die Regeln der culpa in contrahendo anwendet.

Im Gegensatz zum Reichsgericht, das bereits Umstände, die „das gute Funktionieren des Unternehmens beeinträchtigen", als Fehler des Unternehmens ansah[117], verlangt der BGH, daß der Fehler so schwer ist, daß dadurch die wirtschaftliche Grundlage des Unternehmens erschüttert wird[118]. So können nur Fehlbestände an Gegenständen, die für den Betrieb des Unternehmens von grundlegender Bedeutung sind, einen Fehler des Unternehmens darstellen, wie etwa ein erheblicher Fehlbestand an Gerüsten beim Kauf eines Gerüstbauunternehmens[119] oder das fehlende Leergut beim Kauf eines Getränkegroßhandels. Ebenso sei ein Unternehmensmangel anzunehmen, wenn das wesentliche Produkt des Unternehmens technisch unbrauchbar ist[120]. Jedenfalls aber muß der Fehler schwer im Gesamtbild des Unternehmens wiegen[121].

Kompliziert stellt sich die Bewertung der Rechtsprechung in Bezug auf Ertragsangaben des Unternehmens für die vergangene Zeit dar.

Ebenso wie nach Ansicht des Reichsgerichts stellen nach Auffassung des BGH unrichtige Angaben des Verkäufers über Umsätze und Erträge des Unternehmens in der Vergangenheit grundsätzlich keine Fehler im Sinne des § 459 BGB dar[122]. Als Begründung hierfür dient der Rechtsprechung der Wortlaut des § 459 Abs. 1 BGB, wonach Voraussetzung eines Anspruch die Behaftung der Sache mit einem Fehler ist. Ein Fehler liegt vor, wenn die Ist-Beschaffenheit

---

[116] BGH LM Nr. 31 zu § 433 BGB; BGHZ 65, 246 (248); BGH NJW 1977, 1538 (1538); NJW 1979, 33 (33).

[117] RG 98, 289 (289): Fehlbestand des Inventars.

[118] BGH WM 1979, 102 (104).

[119] BGH NJW 1979, 33 (33).

[120] BGH WM 1978, 59 (60).

[121] BGH, NJW 1970, 556 (556): „Fehler an einzelnen Gegenständen der veräußerten Unternehmensmasse machen keineswegs zwangsläufig das gesamte Unternehmen mangelhaft".

[122] BGHZ 69, 53 (55); BGH WM 1974, 51 (51); NJW 1977, 1536 (1537); WM 1988, 1700 (1701 f.); NJW-RR 1993, 377 (378).

von der vertraglich vorausgesetzten Soll-Beschaffenheit in negativer Weise abweicht[123].
Die Beschaffenheit mitbestimmen kann ein Umstand jedoch nur dann, wenn er der Sache für eine bestimmte, wenn auch nur kurze Dauer anhaftet. Der bisherige Umsatz, der Ertrag, beziehungsweise der Verlust, erneuern sich jedoch augenblicklich und haften mithin dem Unternehmen nicht auf Dauer und damit nicht als Sacheigenschaft an, sondern lassen allenfalls mittelbare Schlüsse auf den Wert des Unternehmens zu[124]. Demgemäß stellen falsche Ertragsangaben oder eine unrichtige Bilanz keinen Fehler des Unternehmens im Sinne des § 459 Abs. 1 BGB dar.

Parallel zu dem Fehlerbegriff wird auch der Begriff der zugesicherten Eigenschaft restriktiv ausgelegt. Als zusicherungsfähige Eigenschaft im Sinne des § 459 Abs. 2 BGB kann nur ein solcher wertbildender Faktor zu verstehen sein, der der Kaufsache auf Dauer anhaftet und in ihr selbst begründet ist. Umsätze, Erträge etc. haften dem Unternehmen jedoch nicht auf Dauer an, sondern stellen lediglich mittelbare Indikatoren für die Unternehmensbewertung dar[125]. Ferner wurden die bis zum Verkaufszeitpunkt erzielten Umsätze und Erträge erheblich beeinflußt durch dem Unternehmen selbst nicht innewohnende Faktoren, wie beispielsweise den Einsatz und das Geschick des Unternehmers oder die konjunkturelle Entwicklung und sind daher auch nicht in dem Unternehmen selbst begründet[126]. Aus diesem Grund stellen Erträge und ähnliches auch keine Eigenschaft des Unternehmens dar.
Eine Ausnahme bilden jedoch nach ständiger Rechtsprechung die sogenannte Ertragsfähigkeit und unter Umständen auch die Jahresumsätze, d.h. bisher getätigte Erträge, wenn sie sich über einen längeren, mehrjährigen Zeitraum erstrekken und deshalb einen verläßlichen Anhalt für die Bewertung der Ertragsfähigkeit und somit des Unternehmenswertes geben[127]. Eine Zusicherung im Sinne des § 459 Abs. 2 BGB dieser Faktoren ist dann ausnahmsweise möglich. Ansonsten scheidet eine Haftung des Verkäufers für Ertragsangaben nach §§ 459 ff. BGB analog aus.

---

[123] BGH NJW-RR1995, 364 (364); Palandt/ Putzo, § 459 Rn. 8, jeweils m.w.N.
[124] BGH NJW 1970, 653 (655); NJW-RR 1993, 377 (378).
[125] BGH NJW 1977, 1536 (1537); NJW-RR 1989, 306 (307); NJW 1990, 1658 (1659).
[126] BGH NJW 1995, 1547 (1548).
[127] BGH NJW 1977, 1536 (1537); NJW-RR 1989, 306 (307); NJW 1990, 1658 (1659); NJW 1995, 1547 (1547).

Der BGH wendet somit grundsätzlich §§ 459 ff. BGB analog bei Auftreten von Mängeln beim Unternehmenskauf an, jedoch in restriktiver Auslegung und unter Nichteinbeziehung der Ertragsangaben der Vergangenheit.

b) Herrschende Lehre

Auch die herrschende Meinung in der Literatur[128] bejaht eine analoge Anwendbarkeit der §§ 459 ff. BGB bei Leistungsstörungen eines Unternehmenskaufs. Daß auf den Unternehmenskauf die Regeln über den Kaufvertrag anwendbar seien, indiziere bereits, nach welchen Regeln die Leistungsstörungen zu behandeln seien[129]. Die Betrachtung der den §§ 459 ff. BGB zugrundeliegenden Interessenlage führe zum gleichen Ergebnis: Ziel des Sachmängelgewährleistungsrechts sei es, mögliche Störungen schnell und sicher zu beseitigen. In diesem Sinne obliege es dem Käufer, zur Wahrung seiner Rechte wachsam zu sein und seine Rechte binnen kurzer Zeit -gemäß § 477 BGB in sechs Monaten- geltend zu machen, wobei dem Käufer als Korrelat dafür die verschuldensunabhängige Einstandspflicht des Verkäufers gegenüber stehe[130]. Auch bei einem Unternehmenskauf sind nach dieser Ansicht derartige Wertungen zur schnellen und sicheren Abwicklung und im Sinne einer Interessengerechtigkeit erforderlich, so daß es gerechtfertigt sei, die Sachmängelgewährleistungsvorschriften im Fall des Unternehmenskaufs eingreifen zu lassen[131].

c) Ansicht Canaris

Canaris[132] will die Probleme im Falle des Auftretens von Fehlern beim Unternehmenskauf mit Hilfe der Lehre von der Geschäftsgrundlage lösen. Die Heranziehung der §§ 459 ff. BGB ist nach Ansicht von Canaris ein dogmengeschichtliches Relikt aus der Zeit, in der weder die Lehre von der Geschäftsgrundlage noch das Institut der c.i.c. als geltendes Recht anerkannt waren[133].

---

[128] Baumbach/ Hopt, Einl v § 1 Rn. 46; Ermann/ Grunewald, § 459 Rn. 17; MüKo/ Westermann, § 459 Rn. 44 ff.; RGRK/ Mezger, § 459 Rn. 12; Soergel/ Huber, § 433 Rn. 30, § 459 Rn. 258 f.; Beisel/ Klumpp, 215 ff.; Flume, Eigenschaftsirrtum und Kauf, S. 190; Hommelhoff, Sachmängelhaftung beim Unternehmenskauf, S. 19 ff.; Hölters/ Semler, VI, Rn. 104; Hopt/ Hess/ Fabritius, IV. B 6 Anm. 9; Larenz, Schuldrecht II/ 1 § 45 II a, S. 167 ff.; Münch. Vertragshandbuch II/ Günther, II.1. Anm. 86; Wollny, Rn. 931; Grunewald, ZGR 1981, 622; Hiddemann, ZGR 1982, 435; Hommelhoff, ZHR 150 (1986), 254 (277); Huber, ZGR 1972, 395 ff.; Martin, NZG 1999, 583 (584); Noll, WM 1985, 341 (341); Turiaux/ Knigge, BbG 1999, 913 (918); Westermann, ZGR 1982, 45; Willemsen, AcP 182 (1982), 515 ff.

[129] Hommmelhoff, Sachmängelhaftung beim Unternehmenskauf, S. 19.

[130] Schaumburg, MDR 1975, 105 (110).

[131] Hommelhoff, ZHR 140, 271 (276).

[132] Canaris, ZGR 1982, 395 ff.

[133] Canaris, ZGR 1982, 395 (433).

Ausgangspunkt nach Canaris ist, daß mit der Lehre von der Geschäftsgrundlage ähnliche Probleme wie mit § 459 Abs. 1 BGB kuriert würden, die Lehre von der Geschäftsgrundlage jedoch in dem Fall des Unternehmenskaufs das bessere Instrument darstelle.

Daß ähnliche Probleme gelöst würden, werde anhand eines Vergleichs der Tatbestände deutlich. Bei der Anwendung des § 459 Abs. 1 BGB hafte man für die Beeinträchtigung des Wertes und der Gebrauchstauglichkeit. Darin sei eine Parallele zu jenen Fallgruppen zu sehen, die mit der Lehre von der Geschäftsgrundlage gelöst würden. Denn im Anschluß an die grundlegende Lehre von Larenz[134] greife die Lehre von der Geschäftsgrundlage ein, wenn eine Äquivalenz- oder Zweckstörung vorliege. Eine solche Äquivalenz- oder Zweckstörung sei gerade auch bei den Fällen des § 459 BGB gegeben. Ebenfalls erinnere die Anknüpfung des § 459 Abs. 1 BGB an den „gewöhnlichen" und den „nach dem Vertrag vorausgesetzten Gebrauch" an die Kategorien der objektiven und subjektiven Geschäftsgrundlage.

Dies gelte insbesondere dann, wenn man wie Canaris § 459 Abs. 1 BGB nicht als Sanktion für die Nichterfüllung einer vertraglichen Pflicht sieht, sondern als einen von Nichterfüllungsgesichtspunkten unabhängigen Rechtsbehelf[135]. Die Mangelfreiheit der Sache sei dann nämlich nicht Schuldinhalt, sondern Voraussetzung und damit Grundlage des Vertrages, so daß § 459 Abs. 1 BGB geradezu die gesetzliche Regelung eines Geschäftsgrundlagenproblems darstelle.

Zwar unterscheiden sich die Lehre von der Geschäftsgrundlage und § 459 Abs. 1 BGB sowohl auf Tatbestands- als auch auf Rechtsfolgenseite in einigen Punkten. Beispiel hierfür sei nur, daß bei der Lehre von der Geschäftsgrundlage die Vertragsanpassung grundsätzlich Vorrang vor der Auflösung des Vertrages hat, wohingegen § 462 BGB dem Käufer die freie Wahl zwischen Wandlung und Minderung eröffne. Gerade dies stelle beim Unternehmenskauf jedoch eine fragwürdige und oft kritisierte Lösung dar und sei von daher sowieso nicht wünschenswert[136]. Durch die Anwendung der Lehre vom Wegfall der Geschäftsgrundlage soll dem Käufer vielmehr die Wahlmöglichkeit zwischen Wandelung und Minderung bewußt genommen werden, um damit eine Gefährdung des Unternehmens, die durch die in das Belieben des Käufers gestellte Wahlmöglichkeit entstehen kann, zu vermeiden.

---

[134] Larenz, Geschäftsgrundlage und Vertragserfüllung, S. 53, 78 ff., 91 ff., 147 ff., 150 ff., 185.

[135] Canaris, ZGR 1982, 395 (396); Larenz,II/ 1, § 41 Abs. 2 e m. w. N.

[136] Canaris, ZGR 1982, 395 (397).

Tatbestandlich ist nach Canaris zu beachten, daß unter Geschäftsgrundlagengesichtspunkten nur „schwere“ Äquivalenz- und „schwere“ Zweckstörungen für die Geltendmachung eines Anspruchs aufgrund des Wegfall der Geschäftsgrundlage relevant seien. Zwar scheine es durch dieses Erfordernis so, als ob das Sachmängelgewährleistungsrecht weniger streng sei als die Lehre von der Geschäftsgrundlage, da es gemäß § 459 Abs. 1 S. 2 BGB eine nicht nur „unerhebliche Minderung des Wertes oder der Tauglichkeit genügen lasse[137]. Zu bedenken sei jedoch, daß auch nach der herrschenden Lehre und der Rechtsprechung nicht jeder Mangel eines Einzelgegenstandes als Unternehmensmangel zu qualifizieren sei, sondern auch hier strengere Anforderungen gestellt werden[138]. Somit seien an einen Mangel im Sinne der herrschenden Meinung ähnliche Voraussetzungen zu stellen wie an eine Äquivalenz- oder Zweckstörung mit der Folge, daß die Lehre von der Geschäftsgrundlage nicht strengere Voraussetzungen stelle als das Gewährleistungsrecht.
Zudem stellt sich durch die Lehre von der Geschäftsgrundlage nicht das Problem der kurzen Verjährung des § 477 BGB und der Anwendbarkeit der c.i.c. neben den §§ 459 ff. BGB. Mit der Lehre von der Geschäftsgrundlage könnten somit insgesamt die passenden Ergebnisse erreicht werden.

d) Ansicht Baurs

Baur[139] lehnt ebenfalls die Anwendung des Sachmängelgewährleistungsrechts ab, will aber im Gegensatz zu Canaris die Problematik des Auftretens von Fehlern beim Unternehmenskauf ausschließlich mit Hilfe der culpa in contrahendo lösen. Eine Anwendung der § 459 ff. BGB komme nicht in Betracht.
Die Rechtsprechung enge nach Ansicht Baurs[140] richtigerweise die Anwendbarkeit der §§ 459 ff. BGB zunehmend ein und löse die wichtigsten Probleme ebenfalls nicht mehr mit Hilfe der §§ 459 ff. BGB, sondern vielmehr durch ein Zurückgreifen auf die c.i.c. Diese Einschränkung des Anwendungsbereichs des Sachmängelrechts sollte nach Ansicht Baurs zu einer alleinigen Anwendung der c.i.c. führen. Denn durch eine lediglich partielle Anwendung der §§ 459 ff. BGB würde das innere Gleichgewicht des Sachmängelgewährleistungsrechts gestört und durch Anpassung an die Besonderheiten des Unternehmenskaufs -etwa restriktive Auslegung des Fehlerbegriffs- bleibe vom Sachgewährleistungsrecht selbst nicht viel übrig.

---

[137] Canaris, ZGR 1982, 395 (406).
[138] Canaris, ZGR 1982, 395 (407).
[139] In: BB 1979, 381 ff.
[140] Baur, BB 1979, 381 (383).

Den ersten Ansatzpunkt für die Ablehnung der §§ 459 ff. BGB sieht Baur in der Verjährungsregelung des § 477 BGB. Der Käufer eines Unternehmens könne dies nicht so begutachten wie der Käufer einer Sache dies kann, da Mängel des Unternehmens oft erst viel später -etwa am Bilanzierungsstichtag- erkennbar seien. Der Verkäufer laufe ferner durch eine Anwendung der culpa in contrahendo nicht so leicht Gefahr, nach Abwicklung des Geschäfts wegen vollzogener Wandelung das Unternehmen zurücknehmen zu müssen, denn der Schadensersatzanspruch aus c.i.c. gehe in der Regel auf das Vertrauensinteresse. Der Käufer könne Rückzahlung des Kaufpreises und Entlassung aus der Verantwortung für das Unternehmen daher nur verlangen, wenn nach den gesamten Umständen davon auszugehen sei, daß der Käufer bei Kenntnis der Umstände das Geschäft nicht abgeschlossen hätte. Sei eine Rücknahme des Unternehmens durch den Verkäufer darüber hinaus aus rechtlichen oder tatsächlichen Gründen nicht möglich, so befreit § 251 Abs. 1 BGB den Verkäufer von der Verpflichtung zur Rücknahme. Doch schuldet er dann Geldersatz[141].
Im Regelfall jedoch, also wenn der Käufer bei Kenntnis der Umstände das Geschäft zwar abgeschlossen, aber mit einem geringeren Kaufpreis bezahlt hätte, erschöpfe sich der Anspruch in dem Rückzahlungsverlangen des zuviel gezahlten Kaufpreises[142].

Der Anspruch der c.i.c. weist nach Ansicht Baurs -abgesehen von den eben erwähnten Vorteilen- in Tatbestand und Rechtsfolge die erforderliche Elastizität auf, um die komplexe Materie der Haftung des Verkäufers für Mängel des Unternehmens bewältigen zu können[143]. Mit den Merkmalen „Pflichtverletzung" und „mitwirkendes Verschulden des Geschädigten" könnten die Besonderheiten des Einzelfalls in besonderem Maße berücksichtigt werden. Im Sinne der c.i.c. bestehe eine Aufklärungspflicht des Verkäufers, wenn die Beschaffenheit des Unternehmens bei den Vertragsverhandlungen eine bestimmte Rolle gespielt habe, sich beispielsweise der Käufer eindeutig nach den Umsätzen erkundigt hat oder der Verkäufer davon ausgehen muß, daß die Kenntnis eines bestimmten Umstandes von allgemeiner Bedeutung ist[144].
Nur unter diesen Voraussetzungen sei eine Haftung des Verkäufers in Betracht zu ziehen. Allein der Umstand, daß der Verkäufer eine Bilanz vorgelegt habe, reiche für die Begründung einer Pflichtverletzung nicht aus.

---

[141] Baur, BB 1979, 381 (386).
[142] Baur, BB 1979, 381 (386).
[143] Baur, BB 1979, 381 (386).
[144] Bspl. BGH NJW 1970, 653 (655).

§ 254 BGB bildet nach dieser Meinung das Korrektiv des Anspruchs aus c.i.c. Demgemäß trifft den Käufer etwa ein Mitverschulden für den Fall, daß er es unterlassen hat, dem Verkäufer den Mangel anzuzeigen und hierdurch der Schaden größer ausfällt, als er ausgefallen wäre, wenn der Käufer seiner Anzeige- und Schadensminderungspflicht nachgekommen wäre[145].

e) Stellungnahme
Gegen eine Analogie der §§ 459 ff. BGB und für eine alternative Lösung spricht, daß eine Einstandspflicht für die Mangelfreiheit eines Unternehmens, also für die Fehlerlosigkeit des Ergebnisses einer Tätigkeit, etwas anderes ist, als eine solche für die Mangelfreiheit einer Sache. Es könnte ein Indiz der Intention des Gesetzgebers darstellen, daß das geltende Recht zum Beispiel im Dienstvertragsrecht keine Gewährleistungshaftung kennt. Zwar gibt es diese im Werkvertragsrecht, jedoch betrifft die Einstandspflicht dort nicht einen nur grob umgliederten Tätigkeitsbereich, sondern ein konkretes, fest umrissenes Werk.

Des weiteren spricht gegen eine Anwendung von § 459 BGB, daß ein Unternehmen als Inbegriff von Gegenständen weitaus komplexer als eine Sache ist und sich überdies als lebendiger sozialer Organismus in ständiger Veränderung befindet. Folge ist, daß die Feststellung von Fehlern für den Verkäufer bei einem Unternehmen weitaus schwieriger ist als bei einer Sache.

Der ausschließlichen Anwendung der c.i.c. stehen andererseits von daher Bedenken entgegen, als daß ein auf c.i.c. gestütztes Urteil das normale Prozeßrisiko erheblich übersteigt. Denn die Kausalität der falschen Abschlußangaben für den vereinbarten Kaufpreis ist beweispflichtig. Regelmäßig wird der Verkäufer hier erwidern, daß, selbst wenn der Käufer die richtige Angabe gekannt hätte, der Kaufpreis nicht niedriger gewesen wäre. Der Käufer sei vielmehr sehr stark am Erwerb des Unternehmens interessiert gewesen, und der Verkäufer hätte es dem Käufer auch nicht, wie diesem von Anfang an bekannt, billiger überlassen. Im Gegensatz hierzu braucht bei §§ 459 ff. BGB nur das Vorhandensein eines Fehlers nachgewiesen zu werden, ohne daß es auf Kausalitätserwägungen ankäme. Durch die alleinige Anwendung der c.i.c. würde der Käufer mithin ohne zwingenden Anlaß um die verschuldensunabhängige Haftung nach §§ 459 ff. BGB gebracht werden[146].

---

[145] Baur, BB 1979, 381 (386).
[146] Vgl. Westermann, ZGR 1982, 45 (49).

Für eine Anwendung der c.i.c. oder der W.G.G. spricht widerrum, daß die Wandelung innerhalb des ius variandi erhebliche Probleme auslösen kann und die Institute der W.G.G. und der c.i.c. eine Rückabwicklung des Vertrages nur im Ausnahmefall kennen. Fraglich ist jedoch, ob dieses Problem überhaupt im Falle der analogen Anwendung der §§ 459 ff. BGB besteht.
Im Falle einer Analogie wird die betroffene Rechtsvorschrift, entsprechend einer Analogie, nur sinngemäß angewandt, das heißt, soweit und solange es paßt[147]. Die Rechtsfolge der Wandlung, die eine völlige Rückabwicklung des Rechtsgeschäfts gemäß §§ 346 ff. BGB fordert, stellt sich beim Unternehmenskauf als sehr problematisch dar. Denn in der Regel ändert sich ein Unternehmen bei Übernahme durch eine andere Person innerhalb kürzester Zeit erheblich, insbesondere tritt es in neue Rechtsbeziehungen ein und aus alten aus. Die Rückgabe des Unternehmens paßt somit nicht auf den Unternehmenskauf. Im Sinne einer Analogie kommt daher die Wandlung beim Unternehmenskauf nicht grundsätzlich, sondern nur als ultima ratio in Betracht. Minderung und Nachbesserung sind die dem Käufer nach §§ 459 ff. BGB in erster Linie zur Verfügung stehenden Rechtsfolgen, die Wandlung ist nur ausnahmsweise zulässig. Eine Anwendung der c.i.c. und der Lehre von der Geschäftsgrundlage zur Umgehung der Rechtsfolge Wandlung ist daher nicht erforderlich.

Für die Anwendung von c.i.c. und der Lehre von der Geschäftsgrundlage spricht jedoch, daß die bei der Sachmängelgewährleistung geltende Verjährungsfrist von sechs Monaten gemäß § 477 BGB bei einem kompliziertem Gebilde wie einem Unternehmen als zu kurz erscheint. Fehler eines Unternehmens können oftmals erst nachdem sich das Unternehmen für einige Zeit in der Hand des Übernehmers befindet, sichtbar werden. Dies ist nicht selten erst nach Ablauf von sechs Monaten der Fall.
Diese kurze Frist, Mängel zu entdecken, erscheint für den Käufer auf den ersten Blick sehr gefährlich und daher nicht interessengerecht. Zu beachten ist jedoch, daß nur durch eine strikte Anwendung der sechs-Monats-Frist die rechtssichernde Funktion der Verjährung eingehalten wird. Weiterhin ist zu bedenken, daß sich ein Unternehmen in kurzer Zeit sehr stark wandeln kann, so daß ursprünglich bestehende Fehler sehr schlecht nachgewiesen werden können und der ehemalige Unternehmer mit einem Unternehmen konfrontiert wird, welches seine ursprünglichen Eigenschaften nicht mehr besitzt, sondern vielmehr völlig umgewandelt ist. Dem Verkäufer nach einer längeren Zeit als sechs Monate mit dem veränderten Unternehmen und Ansprüchen aufgrund von schlecht nach-

---

[147] Schmidt, HandelsR § 6 II b.

weisbaren Fehlern dieses Unternehmens zu konfrontieren, erscheint nicht interessengerecht.
Zu beachten ist ferner, daß die problematischen Fälle unrichtiger Information etwa bezüglich unrichtiger Ertragsangaben von der Rechtsprechung und der herrschenden Lehre durch restriktive Auslegung des Fehler- und Eigenschaftsbegriffs gerade nicht über §§ 459 ff. BGB, sondern über c.i.c. gelöst werden und hier die 30jährige Verjährungsfrist nach § 195 BGB gilt. Ferner kann die kurze Verjährungsfrist gemäß § 477 Abs. 1 S. 2 durch Vertragsregelung verlängert werden.

Festzustellen ist somit, daß die analoge Anwendung der §§ 459 ff. BGB inklusive der Anwendung der kurzen Verjährung einen interessengerechten Ausgleich zwischen Käufer und Verkäufer ermöglicht. Einerseits steht dem Käufer durch die §§ 459 ff. BGB analog ein verschuldensunabhängiges Instrument zur Verfolgung seiner Interessen zur Verfügung, andererseits trägt der Verkäufer dieses Haftungsrisiko nur sechs Monate. Somit werden sowohl die Interessen des Käufers als auch des Verkäufers berücksichtigt.
Zu beachten ist ferner, daß die §§ 459 ff. BGB nur analog, mithin nur sinngemäß angewandt werden. Durch die nur sinngemäße Anwendung ist es möglich, die §§ 459 ff. BGB nicht starr, sondern sehr flexibel anzuwenden, nämlich dort, wo die Anwendung paßt. Die große Flexibilität von c.i.c. und W.G.G. im Gegensatz zu den §§ 459 ff. BGB kann somit als Argument für deren vorzugswürdige Anwendung nicht gelten.
Darüber hinaus ist zu bedenken, daß das Rechtsinstitut der W.G.G. nur in Ausnahmefällen zur Anwendung kommen soll, nämlich dann, wenn einer Person kein anderes Rechtsmittel zur Verfügung steht, die Gewährung eines Anspruchs jedoch aufgrund der Umstände des Einzelfalls sachgerecht erscheint und keine andere Lösung zugemutet werden kann[148]. Ein solches Institut für die gesamte Problematik des Unternehmenskaufs zu verwenden, erscheint nicht vom Gesetzgeber gewollt.
Auch handelt es sich bei Anwendung der Lehre vom Wegfall der Geschäftsgrundlage um eine Verlagerung der Probleme, die im Rahmen der §§ 459 ff. BGB bei der Fehlerbestimmung auftreten, auf das Gebiet der Geschäftsgrundlage.
Schließlich spricht für eine analoge Anwendung der §§ 459 ff. BGB, daß sie eine gesetzliche Regelung darstellen. Es ist im Interesse der Rechts- und Verkehrssicherheit, eine positiv-rechtliche Regelung für die Geltendmachung von Ansprüchen zu haben. Eine alleinige Anwendung von c.i.c. und W.G.G. ist so-

---

[148] Vgl. Staudinger/ Schmidt, § 242 Rn. 948.

mit abzulehnen. Im Ergebnis ist der Auffassung der Rechtsprechung und der herrschenden Lehre zu folgen. Die Sachmängelgewährleistungsvorschriften finden daher grundsätzlich auf den Unternehmenskauf analoge Anwendung.

3. Anwendbarkeit der §§ 459 ff. BGB analog als Folge der ausnahmsweisen Gleichstellung von Share und Asset Deal

Im Folgenden sollen die Voraussetzungen der §§ 459 ff. BGB mit den speziellen Auswirkungen auf das Kaufobjekts „Unternehmen" untersucht werden. Zunächst soll jedoch noch geklärt werden, ob und gegebenenfalls wann, der Unternehmenskauf im Wege des Anteilskaufs einem Unternehmenskauf im Wege des Erwerbs des gesamten Unternehmens gleichgestellt wird, also wann auf einen Share Deal die Regeln der §§ 459 ff. BGB, die in diesem Teil behandelt werden, Anwendung finden.

Dieses Problem, also ob und unter welchen Voraussetzungen auf den Kauf von Mitgliedschaftsrechten an einer Gesellschaft nicht die Vorschriften über die Rechtsmängelhaftung (§§ 437 ff. BGB), sondern in entsprechender Heranziehung der §§ 459 ff. BGB die Regeln über die Sachmängelhaftung anzuwenden sind, wenn das von der Gesellschaft betriebene Unternehmen Mängel aufweist, ist seit langem in Rechtsprechung und Schrifttum umstritten.

a) Rechtsprechung

Das Reichsgericht hat zunächst den Kauf von Mitgliedschaftsrechten als reinen Rechtskauf angesehen und die Gewährleistung ausschließlich nach den §§ 437 ff. BGB bemessen[149]. Die Haftung für die Bonität des Unternehmens wurde mithin vom Reichsgericht abgelehnt[150]. Später hat es dann die Vorschriften über die Sachmängelhaftung entsprechend für die Fälle herangezogen, in denen sämtliche Mitgliedschaftsrechte an der Gesellschaft veräußert werden und sich dabei der Erwerb dieser Rechte bei wirtschaftlicher Betrachtungsweise als Erwerb des Unternehmens selbst darstellt[151].

Der Bundesgerichtshof hat diese Rechtsprechung in seinem Urteil vom 16. Oktober 1968[152] übernommen und in einer weiteren Entscheidung[153] die entsprechende Anwendung der §§ 459 ff. BGB auch für diejenigen Fälle gebilligt, in

---

[149] RGZ 59, 240 (240); 86, 146 (146).

[150] Von §§ 437 ff. BGB wird lediglich die Haftung bezüglich des Bestands des Rechts erfaßt, nicht jedoch die Haftung bezüglich der von dem Recht betroffenen Sache; vgl. hierzu aber im Einzelnen Ausführungen unten unter 2. Teil, Kapitel 2, A.

[151] RGZ 98, 289 (289); 100, 200 (200); 120, 283 (283); 122, 378 (378); 150, 397 (397).

[152] BGH NJW 1969, 184 (184).

[153] BGH WM 1970, 819 (819).

denen bei sonst vollständigem Erwerb der Mitgliedsschaftsrechte durch den Käufer zwar ein kleiner Rest -im damals entschiedenen Fall 0,2 bzw. 0,25 % der Geschäftsanteile einer GmbH- von der Übertragung ausgeschlossen ist, der Wille der Vertragspartner jedoch auf den Verkauf des Unternehmens an sich gerichtet ist und der Käufer mit dem Erwerb der Mitgliedschaftsrechte die beherrschende Stellung in dem Unternehmen erlangt[154]. Vom BGH wird folglich die Anwendbarkeit der §§ 459 ff. BGB bei einem Anteilskauf bejaht, wenn der Anteilkauf dem Erwerber eine beherrschende Position im Unternehmen verschafft und die bei dem Verkäufer oder einem Dritten verbleibenden Anteile so geringfügig sind, daß sie die Verfügungsbefugnis des Erwerbers über das Unternehmen nicht entscheidend beeinträchtigen[155]. Als Richtschnur für diese Beurteilung kann die Frage dienen, ob der Anteilserwerb nach dem Willen der Parteien auf den Erwerb unternehmerischer Leitungsmacht zielt[156].
Ab welcher genauen Prozentzahl eine solche Leitungsmacht gegeben ist, ist indes unklar geblieben. Der BGH hat hierzu noch nicht abschließend Stellung bezogen. Jedoch muß der Erwerber in der Lage sein, satzungsändernde Beschlüsse zu erlassen und damit den Gegenstand des Unternehmens zwecks Anpassung an neue wirtschaftliche Gegebenheiten ändern können[157]. Dies ist der Fall, wenn die Bestimmungsbefugnis von dem Veräußerer auf den Erwerber übergeht.
Der BGH hat in diesem Sinne die Sachmängelgewährleistung explizit beim Kauf von weniger als 50 %[158] bzw. auch bei 60 %[159] der Anteile der Gesellschaft abgelehnt. Ferner hat er in einer Entscheidung bezüglich des Kaufs von Anteilen an einer GmbH klargestellt, daß bei einer GmbH wegen § 53 Abs. 2 GmbHG in der Regel 75 % der Anteile, also die satzungsändernde Mehrheit, erworben werden müssen, damit eine Gleichbehandlung gerechtfertigt erscheint[160]. Allerdings kann, wenn mehrere Anteilskäufe zu einem Rahmenvertragswerk verbunden werden, der Hinzuerwerb von nur 50 % im Zusammenhang mit schon erworbenen 50 % aus einem Anteilkauf einen Unternehmenskauf machen[161].

---

[154] Zur Entwicklung des BGH sehr ausführlich: BGHZ 65, 246 ff.
[155] BGH NJW 1967, 1326 (1327); WM 1970, 818 (818); BGHZ 65, 246 (251); BGH NZG 1998, 593 (594).
[156] Hommelhoff, ZHR 140 (1976), 238 f.; Schmidt, GesR, § 6 II 1.
[157] BGH ZIP 1980, 549 (549); NZG 1998, 593 (594).
[158] BGHZ 65, 246 (251).
[159] BGH NJW 1980, 2408 (2409).
[160] BGH NJW 1980. 2408 (2408); OLG München, NZG 1998, 593 (594).
[161] BGH WM 1980, 284 (284); Picot, I Rn. 106.

b) Literatur

Nach der früher wohl herrschenden Lehre[162] soll die Gleichbehandlung von Asset und Share Deal auf die Fälle des vollständigen oder nahezu vollständigen Anteilserwerbs beschränkt bleiben. Ähnlich wie die frühere Rechtsprechung argumentiert sie, nur in diesem Fall könne die Leitungsmacht überhaupt übertragen werden, so daß nur dann wirtschaftlich gesehen ein Unternehmenskauf vorliege.

Die mittlerweile herrschende Meinung in der Literatur[163] nimmt die Wertung ähnlich wie die Rechtsprechung vor. Danach ist auf den Beteiligungskauf Sachmängelgewährleistungsrecht anwendbar, wenn sich der Anteilserwerb bei wirtschaftlicher Betrachtungsweise als Kauf des Unternehmens darstellt. Kriterium hierfür ist auch nach dieser Ansicht, daß durch den Anteilskauf unternehmerische Leitungsmacht verschafft wird[164].

c) Mindermeinung

Eine andere Ansicht[165] will auf Grundlage des subjektiven Fehlerbegriffs allein den durch Auslegung zu ermittelnden Vertragszweck über die Anwendung der §§ 459 ff. BGB entscheiden lassen. Auf die Höhe der Anteilsquote komme es nicht, so daß eine Anwendung der Sachmängelgewährleistungsvorschriften auch dann in Betracht kommt, wenn nur eine geringe Anteilsquote übertragen wird und damit grundsätzlich auch kein Unternehmen den Vertragsgegenstand darstellt.

Ausgangspunkt dieser Meinung ist, daß der Käufer auch für den Fall Ansprüche geltend machen können soll, daß er -ohne eine förmliche Garantieabrede zu erhalten- einverständlich mit dem Verkäufer von einer bestimmten Beschaffenheit des Unternehmens ausgegangen ist. Wenn die Parteien sich über bestimmte Eigenschaften des Unternehmens oder der in ihm enthaltenen Wirtschaftsgüter formlos geeinigt hätten, dann müsse der Verkäufer, auch wenn er nur einen Teil

---

[162] Hachenburg/ Schilling, § 13 Rn. 8; RGRK/ Mezger, § 433 Rn. 8f; Staub/ Heinichen, § 377 Rn. 5; Enneccerus/ Lehmann, SR, 15. Auflage, § 108 IV,2; Larenz, Band II, § 45 I; Lieb, FS für Gernhuber, S. 259 (269 f.); Wiedemann, FS für Nipperdey, 815 (836).

[163] Baumbach/ Hopt, Einl v § 1, Rn. 46, § 105 Rn. 73; Jauernig/ Vollkommer, § 437 Rn. 4; Palandt/ Putzo, Vor § 459 Rn. 17; RGRK/ Mezger, § 433 Rn. 9; Soergel/ Ballerstedt, § 433 Rn. 61; Schlegelberger/ Hefermehl, § 377 Rn. 6; Staub/ Brüggemann, § 381 Rn. 38; Staudinger/ Honsell, § 459 Rn. 17; Grunewald, Grenzziehung, S. 113 ff.; Hopt/ Hess/ Fabritius, IV. B 6. Anm. 9; Münch. Vertragshandbuch II/ Günther, II.1. Anm. 86; Hommelhoff, ZHR 140 (1976), 271 (283 ff.); Martin, NZG 1999, 583 (584); Turiaux/ Knigge, BB 1999, 913 (917 f.).

[164] Palandt/ Putzo, Vor § 459 Rn. 18; Schlegelberger/ Hefermehl, § 377 Rn. 6; Münch. Vertragshandbuch II/ Günther, II.1. Anm. 86; Hommelhoff, ZHR 140 (1976), 271 (283).

[165] Ermann/ Weitnauer, § 459 Rn. 15; Flume, Eigenschaftirrtum und Kauf, S. 177 ff., 187 ff., 190; Huber, ZGR 1972, 395 (403 f. m.w.N); Müller, BB 1980, 1393 (1395).

der Gesellschaftsanteile verkauft habe, nach den Regeln der Sachmängelgewährleistung für die Beschaffenheit des Unternehmens einstehen. Würde man in einem solchen Fall die analoge Anwendung des § 459 Abs. 1 BGB verneinen, so würde man den Käufer benachteiligen, der sich einfach auf die Erklärungen des Verkäufers verläßt, ohne sich eine förmliche Zusage auszubedingen. Dies sei gemäß Huber bei der Aufstellung des § 459 Abs. 1 BGB jedoch gerade nicht gewollt gewesen[166]. Dieselben Erwägungen, die den Gesetzgeber dazu veranlaßt haben, beim Sachkauf formlose Übereinstimmungen über die Qualität der Sache für verbindlich zu erklären, sollen auch beim Unternehmenskauf gelten, soweit die Parteien sich formlos über eine bestimmte Beschaffenheit der Kaufsache geeinigt haben. Das die §§ 459 ff. BGB beherrschende Äquivalenzprinzip erfordere auch beim Kauf kleinerer Beteiligungsquoten eine Haftung des Anteilsverkäufers für Sachmängel des Unternehmens[167]. Denn berechneten die Parteien den Anteilswert anhand der Geschäfsunterlagen des Unternehmens, so sollten die Eigenschaften des Gewerbebetriebes nach Übereinkunft der Personen im Zweifel auch tatsächlich vorhanden sein -und zwar ohne Rücksicht auf die Höhe der zum Kauf stehenden Beteiligungsquote[168]. Entscheidend ist mithin nach dieser Ansicht allein, ob die Parteien eine bestimmte Sollbeschaffenheit des Unternehmens vorausgesetzt hätten, von der die tatsächliche Beschaffenheit abweicht. Auf die Höhe der jeweilig verkauften Beteiligung kommt es indes nicht an. Dieser Ansicht zufolge findet daher Sachgewährleistungsrecht auch bei kleineren Beteiligungen Anwendung.

d) Stellungnahme

Für eine Anwendung des Sachmängelgewährleistungsrechts auch beim Kauf kleinerer Beteiligungen spricht, daß dadurch ein größerer Schutz des Käufers möglich ist. Der BGH will ferner nicht, wie sein Hinweis auf die Garantieabrede in einem Urteil über die Behandlung von Anteilskäufen[169] zeigt, den Parteien die Möglichkeit nehmen, eine bestimmte Unternehmensbeschaffenheit vertraglich abzusichern. In diesem Sinne könnte man es als inkonsequent betrachten, wenn die Parteien nicht auch eine andere Vereinbarung treffen können sollten, etwa eine Beschaffenheitsübereinkunft nach § 459 Abs. 1 BGB.

Zu beachten ist jedoch, daß die Fehlerhaftung nach § 459 Abs. 1 BGB keine vertragliche, sondern eine gesetzliche Einstandspflicht ist. Zwar können die Parteien eine bestimmte Beschaffenheit der Kaufsache verbindlich festlegen. Dann tritt an die Stelle der normalen Beschaffenheit der Kaufsache die verein-

---

[166] Huber, ZGR 1982, 395 (415).

[167] Flume, Eigenschaftsirrtum und Kauf, S. 188 ff.; Huber, ZGR 1972, 395 (399).

[168] Huber, ZGR 1972, 399 (401 ff.).

[169] BGHZ 65, 246 (252).

barte Beschaffenheit. Jedoch bleibt sie bloßes Tatbestandsmerkmal. Alles weitere der Haftung beruht auf der Anordnung des Gesetzes. Das Gesetz bestimmt, daß die Beschaffenheitsabweichung sanktioniert ist und wie die Sanktion im einzelnen ausgestaltet ist. Ist eines der gesetzlichen Tatbestandsmerkmale nicht erfüllt, wird etwa ein Recht verkauft, dann können die Rechtsfolgen der Sachmängelhaftung nicht eintreten. Denn die Parteien haben sich nur über die Beschaffenheit geeinigt, nicht hingegen darüber, daß der Verkäufer auch ohne Verschulden bei Abweichungen haften solle. Folglich kann der Käufer, der nur einen geringen Teil der Gesellschaftsanteile erwirbt, den Verkäufer nicht wegen Unternehmensmängeln nach § 459 Abs. 1 BGB analog in Anspruch nehmen, selbst wenn eine bestimmte Beschaffenheit des Unternehmens vereinbart wurde.
Ferner ist fraglich, ob überhaupt das zwingende Bedürfnis besteht, dem Käufer einer geringen Unternehmensbeteiligung Ansprüche aus §§ 459 ff. BGB analog zu gewähren, um ihn rechtlich zu schützen. Zu beachten ist in diesem Zusammenhang, daß der Käufer, abgesehen von Rechten, die er aus einer besonderen Garantieabrede geltend machen könnte, neben der Anfechtung der Verträge wegen einer arglistigen Täuschung eine Anfechtung aufgrund des Irrtums über verkehrswesentliche Eigenschaften nach § 119 Abs. 2 BGB vornehmen könnte - eine Befugnis, die ihm im Rahmen der Gewährleistung beim Rechtskauf gerade nicht verschlossen ist. Dasselbe gilt schließlich für die Inanspruchnahme des Verkäufers bei schuldhaft unrichtigen Angaben unter dem Gesichtspunkt des Verschuldens bei Vertragsschluß; auch dieses Rechtsinstitut ist mangels Spezialität des Rechtsmängelrechts im Falle des Anteilserwerbs nicht ausgeschlossen. Der Käufer von Anteilen einer Gesellschaft ist mithin nicht rechtlos gestellt, wenn ihm die Berufung auf eine entsprechend anzuwendende Sachmängelhaftung verwehrt ist; das zwingende Bedürfnis der Anwendung der Sachmängelgewährleistungsvorschriften zum Schutz des Käufers besteht mithin nicht.

Für eine Gleichbehandlung von Anteils- und Unternehmenskauf nur im Falle der Erlangung der beherrschenden Stellung des Erwerbers im Unternehmen spricht ferner, daß dasselbe wirtschaftliche Ziel, die Erlangung der Leitungsmacht über das Unternehmen, ausschließlich entweder durch Erwerb des Unternehmens selbst oder durch Erwerb der Anteilsmehrheit am Unternehmensträger realisiert werden kann[170]. Erlangt der Erwerber eine derartige Anteilsmehrheit, so muß er auch in diesem Fall die Möglichkeit haben, Ansprüche wegen Mängeln des von der Gesellschaft betriebenen Unternehmens geltend zu machen. Ist

[170] Vgl. § 23 Abs. 2 GWB.

der Anteil hingegen geringer, so kann grundsätzlich keine Leitungsmacht über das Unternehmen ausgeübt werden; dies widerrum steht einer Gleichstellung mit dem Fall des Erwerbes eines gesamten Unternehmen im Wege des Asset Deals entgegen.

Zu bedenken ist darüber hinaus, daß in einem solchen Fall der Sachmangel nicht den einzelnen Mitgliedschaftsrechten als Kaufgegenstand anhaftet, sondern vielmehr dem von der jeweiligen Gesellschaft betriebenen Unternehmen insgesamt, an dem der Käufer auch mit Erwerb der Mitgliedschaftsrechte kein unmittelbares Recht erworben hat, sondern auf das er vielmehr nur im Rahmen der ihm durch Gesetz und Satzung eingeräumten Befugnisse als Gesellschafter Einfluß nehmen kann. Der Kaufgegenstand an sich spricht mithin gegen eine grundsätzliche Bejahung der analogen Anwendbarkeit der §§ 459 ff. BGB auf den Kauf von Beteiligungen. Eine andere Bewertung erscheint nur dann als gerechtfertigt, wenn sich der käufliche Erwerb von Mitgliedschaftsrechten an einer Gesellschaft als Kauf des von der Gesellschaft betriebenen Unternehmens darstellt, wenn also der Kauf bei wirtschaftlicher Betrachtung als Unternehmenskauf und damit als Sachkauf anzusehen ist. Dies ist nicht zu bejahen, wenn lediglich irgendeine Beteiligung erworben wird, sondern nur, wenn es sich bei der betroffenen Beteiligung um eine wesentliche Beteiligung handelt. Ferner würde durch die Anwendung der §§ 459 ff. BGB der Grundsatz, daß der Käufer eines Rechts nicht für die Bonität des verkauften Rechts haftet, relativiert.

Die Sachmängelgewährleistungsvorschriften sollten daher im Anschluß an die Rechtsprechung und die herrschende Literatur auf den Kauf von Beteiligungen nur dann Anwendung finden, wenn der Käufer durch die Anteilsübernahme eine beherrschende Stellung innerhalb des Unternehmens erhält und die übrigen am Unternehmen verbleibenden Anteile so geringfügig sind, daß sie die Verfügungsbefugnis des Erwerbers über das Unternehmen nicht entscheidend beeinträchtigen. Im Falle des Kaufs einer geringeren Beteiligung finden die Vorschriften der Sachmängelgewährleistung keine Anwendung.

Im Folgenden werden schließlich die Voraussetzungen der §§ 459 ff. BGB für den Fall untersucht, daß Gegenstand des Kaufs ein Unternehmen ist, wobei besonderes Augenmerk auf die Auswirkungen der Due Diligence hinsichtlich der Kenntnis des Käufers im Sinne des § 460 BGB gelegt werden soll.

4. Voraussetzungen der §§ 459 ff. BGB
Erforderlich für eine Haftung aus Sachmängelgewährleistungsrecht ist zunächst ein Mangel, also ein Fehler im Sinne des § 459 Abs. 1 BGB oder das Nichtvorliegen einer zugesicherten Eigenschaft im Sinne des § 459 Abs. 2 BGB.

a) Fehler im Sinne des § 459 Abs. 1 BGB
Ein Fehler liegt vor, wenn die Ist-Beschaffenheit von der vertraglich vereinbarten Soll-Beschaffenheit in negativer Weise abweicht[171]. Bei einem Unternehmenskauf faßt die herrschende Meinung in restriktiver Auslegung unter diesen Begriff nur Quantitäts- und Qualitätsmängel. Falsche Angaben über Umsätze, Erträge und die Ertragskraft eines Unternehmens stellen nach der herrschenden Meinung hingegen keine Fehler nach § 459 Abs. 1 BGB dar[172]. Mängel einzelner Gegenstände des Unternehmens stellen ferner nur einen Mangel des gesamten Unternehmens dar, wenn der Mangel im Gesamtbild des Unternehmens schwer wiegt[173].

b) Zugesicherte Eigenschaft im Sinne des § 459 Abs. 2 BGB
Zugesichert ist eine Eigenschaft des Unternehmens, wenn der Verkäufer eine verschuldensunabhängige Einstandspflicht für das Vorhandensein oder Fehlen der Eigenschaft übernommen hat[174]. Eine Eigenschaft ist grundsätzlich jeder wertbildende Faktor, der in der Sache selbst begründet ist und ihr auf Dauer anhaftet[175]. Bei einem Unternehmenskauf wird jedoch parallel zu dem Fehlerbegriff die zusicherungsfähige Eigenschaft restriktiv ausgelegt. Es können zwar bei einem Unternehmen bloße wirtschaftliche Bezüge genügen, sofern sie ihren Grund in der Sache selbst haben[176]. Jedoch stellen etwa die wirtschaftliche Si-

---

171 BGH WM 1979, 102 (104); Alternativkommentar/ Reich, § 459 Rn. 1; Ermann/ Weitnauer, § 459 Rn. 3; Jauernig/ Vollkommer, § 459 Rn. 3; MüKo/ Westermann, § 459 Rn. 7 f.; RGRK/ Mezger, § 459 Rn. 7.

172 BGH NJW 1970, 653 (655); WM 1974, 51 (51); NJW 1977, 1536 (1537); NJW 1990, 1658 (1659); Baumbach/ Hopt, Einl v § 1 Rn. 46; Soergel/ Huber, § 459 Rn. 279; Staub/ Heinichen, § 377 Rn. 5; Staudinger/ Honsell, § 459 Rn. 68; Hölters/ Semler, VI Rn. 123; Holzapfel/ Pöllath, Rn. 320; Münch. Vertragshandbuch II/ Günther, II.1. Anm. 86; Picot, Teil I Rn. 82; vgl. hierzu auch die Ausführungen oben unter 2. Teil, 2. Kapitel, A I 2 a.

173 MüKo/ Westermann, § 459 Rn. 50; Staudinger/ Honsell, § 459 Rn. 86; Hölters/ Semler, VI Rn. 111; Münch. Vertragshandbuch II/ Günther, II.1. Anm. 86; Hommelhoff, Sachgewährleistung beim Unternehmenskauf, S. 41 ff.

174 Jauernig/ Vollkommer, § 459 Rn. 28; RGRK/ Mezger, § 459 Rn. 21; Soergel/ Huber, § 459 Rn. 129 f.; Staudinger/ Honsell, § 459 Rn. 124.

175 Alternativkommentar/ Reich, § 459 Rn. 7; Ermann/ Weitnauer, § 459 Rn. 18; Jauernig/ Vollkommer, § 459 Rn. 7; Palandt/ Putzo, § 459 Rn. 20; Soergel/ Huber, § 459 Rn. 142; Staudinger/ Honsell, § 459 Rn. 107.

176 Stengel/ Scholderer NJW 1994, 158 (159).

tuation des Unternehmens oder wirtschaftliche Kennzahlen wie Umsatz, Gewinn oder die Bilanzen in der Regel keine zusicherungsfähige Eigenschaft dar, weil sie dem Unternehmen nicht auf Dauer anhaften, sondern vielmehr ständig wandelbar und mit der Person des Inhabers verbunden sind[177]. Auch der bloße Wert von Beteiligungen und die Ertragsfähigkeit des Unternehmens lösen aus demselben Grund grundsätzlich keine Haftung im Sinne der §§ 459 ff. BGB aus[178].
Etwas anderes gilt lediglich, wenn sich Angaben des Verkäufers zur Ertragsfähigkeit über mehrere Jahre hinwegziehen[179]. In diesem Fall kann auch die Ertragsfähigkeit eine zugesicherte Eigenschaft darstellen und eine Haftung nach §§ 459 ff. BGB begründen[180].

c) Ausschluß der Gewährleistung nach § 377 HGB

Neben dem Vorliegen eines Fehlers des Unternehmens oder des Fehlens einer zugesicherten Eigenschaft ist für das Eingreifen der Sachmängelhaftung erforderlich, daß diese nicht ausgeschlossen ist. Ein Ausschluß der Sachmängelhaftung kommt zunächst nach § 377 Abs. 1 HGB in Betracht. Danach kann der Käufer keine Rechte geltend machen, wenn der Unternehmenskauf im Rahmen eines beiderseitigen Handelsgeschäfts als Handelskauf im Sinne der §§ 373 ff. BGB einzustufen ist und der Käufer die Ware nicht unverzüglich nach Ablieferung durch den Verkäufer untersucht und wenn sich ein Mangel zeigt, dem Verkäufer unverzüglich Anzeige gemacht hat. Fraglich ist daher, ob ein Unternehmenskauf im Rahmen eines beiderseitigen Handelsgeschäfts einen Handelskauf im Sinne des § 377 Abs. 1 HGB darstellt.

Anerkannt ist, daß der Unternehmenskauf als beiderseitiges Handelsgeschäft zu werten ist[181]. Denn sowohl Verkauf und als auch Kauf eines Unternehmens gehören zum Betrieb eines Handelsgewerbes. Zwar deckt sich dieses Geschäft nicht mit dem üblichen Erscheinungsbild der Geschäfte im laufenden Betrieb des Unternehmens; dennoch zählt die Veräußerung als der letzte Akt der ge-

---

[177] Vgl. hierzu: BGH NJW-RR 1989, 306 (307); NJW 1980, 1658 (1659); NJW 1995, 1547 (1548); Baumbach/ Hopt, Einl v § 1 Rn. 46; Soergel/ Huber, § 459 Rn. 37, 280; Staub/ Heinichen, § 377 Rn. 5; Staudinger/ Mezger, § 459 Rn. 115, Holzapfel/ Pöllath, Rn. 309; Hölters/ Semler, VI Rn. 113; Münch. Vertragshandbuch II/ Günther, II.1. Anm. 86 und die näheren Ausführungen oben unter 2. Teil, 2. Kapitel, A I 2 a).

[178] Siehe hierzu Ausführungen oben unter 2. Teil, 2. Kapitel, A I 2 a).

[179] Siehe hierzu Ausführungen oben unter 2. Teil, 2. Kapitel, A I 2 a).

[180] BGH NJW 1995, 1547 (1547).

[181] Hommelhoff, Sachmängelhaftung beim Unternehmenskauf, S. 118 f.; Wollny, Unternehmens- und Praxisübertragungen, S. 170, 181, 210.

werblichen Tätigkeit des Veräußerers noch zu dessen Handelsgeschäften[182]. Ebenso ist der Erwerb des Unternehmens für den Käufer als ein Handelsgeschäft zu werten und zwar auch dann, wenn er erst durch den Erwerb zum Kaufmann werde[183]. Zum Betrieb des Handelsgewerbes sind nämlich nicht nur seine laufenden Geschäfte zu zählen, sondern auch die Geschäfte, die der Vorbereitung des Handelsgewerbes dienen. Diese hängen so wesentlich mit dem Geschäftsbetrieb zusammen, daß nur mit ihrer Hilfe ein laufender Geschäftsbetrieb möglich ist[184]. Der Unternehmenskauf ist daher ein beiderseitiges Handelsgeschäft.

Darüber hinaus muß es sich aber bei dem Unternehmenskauf um einen Handelskauf handeln, damit eine Prüfungsobliegenheit des Käufers angenommen werden kann. Ein Handelskauf liegt vor, wenn der jeweilige Kauf auf eine Ware gerichtet ist. Dies und damit die Einordnung des Unternehmenskaufs als Handelskauf ist abzulehnen[185]. Zwar gehören zu einem Handelsgeschäft gewöhnlich auch Warenvorräte. Diese sind jedoch nur unselbständige Bestandteile eines einheitlich verkauften Organismus, zu dem als materielle Werte Forderungen, Grundstücke, Geschäftsinventar, Kundschaft und Geschäftsbeziehungen gehören. § 377 Abs. 1 HGB ist vom Wortlaut und Sinn dagegen auf die von einem Kaufmann im Betrieb seines Handelsgeschäfts geschlossenen Warenumsatzgeschäfte zugeschnitten, nicht auf den Verkauf eines Unternehmens an sich[186]. Eine Qualifizierung eines Unternehmenskaufs als Handelskauf ist daher abzulehnen. Mithin besteht keine Rügeobliegenheit des Käufers eines Unternehmens nach § 377 Abs. 1 HGB.

d) Ausschluß der Gewährleistung nach § 377 Abs. 1 HGB analog

In Betracht kommt jedoch eine analoge Anwendung des § 377 Abs. 1 HGB im Hinblick auf die Erwägung, daß die Sicherheit des Geschäftsverkehrs es verlange, daß der Verkäufer bald weiß, ob der Unternehmenskauf in Ordnung gehe[187]. Eine analoge Anwendung des § 377 Abs. 1 HGB ist jedoch abzulehnen[188]. Die Mängelrügevorschriften sind ganz auf den Handelsverkehr zugeschnitten, der

---

[182] Schlegelberger/ Hefermehl, § 343 Rn. 17; Hommelhoff, Sachmängelgewährleistung beim Unternehmenskauf, S. 118.

[183] RGZ 72, 434 (436 f.); Schlegelberger/ Hefermehl, § 343 Rn. 25.

[184] Hommelhoff, Sachmängelhaftung beim Unternehmenskauf, S. 118 ff.

[185] Ebenso: Schlegelberger/ Hefermehl, § 377 Rn. 6; Hommelhoff, Sachmängelhaftung beim Unternehmenskauf, S. 119.

[186] Schlegelberger/ Hefermehl, § 377 Rn. 6; Staub/ Brüggemann, § 377 Rn. 5.

[187] Staub/ Heinichen, § 377 Rn. 5 m. w. N.

[188] So auch: Schlegelberger/ Hefermehl, § 377 Rn. 6; Staub/ Brüggemann, § 377 Rn. 5; Hommelhoff, Sachmängelhaftung beim Unternehmenskauf, S. 126.

auf schnellen Warenumsatz angelegt ist[189]. Die Veräußerung des Handelsgeschäfts im Ganzen liegt außerhalb dieses Rahmens. Die Ablieferung, die Pflicht zur sofortigen Untersuchung, zur sofortigen spezifischen Rüge, die Unterscheidung zwischen offenen und verdeckten Mängeln, all dies läßt sich nicht mit den Besonderheiten des Unternehmenskaufs vereinbaren[190]. Zudem passen auch die übrigen Sondervorschriften über den Handelskauf weder ihrem Zweck nach noch in ihren Konsequenzen auf den Unternehmenskauf. Gerät der Käufer etwa in Annahme-, also Gläubigerverzug, so ist dem Verkäufer mit dem für den Handelskauf geltenden Rechtsbehelf des § 373 HGB nicht gedient. Da sich dieser nur gegen die einzelnen Bestandteile des Unternehmens richtet, würde der Verkäufer, der von ihm Gebrauch macht, sein Geschäft zerstören, mithin sinnwidrig verfahren.
Ein Ausschluß der Gewährleistung kann sich bei einem Unternehmenskauf folglich weder aus § 377 Abs. 1 HGB direkt noch aus § 377 Abs. 1 HGB analog ergeben.

e) Ausschluß der Gewährleistung nach § 460 BGB analog

Ein Ausschluß der Sachmängelhaftung kommt jedoch gemäß § 460 BGB für den Fall in Betracht, daß der Käufer den Mangel des Unternehmens kennt (S.1) bzw. er den Mangel infolge grober Fahrlässigkeit nicht kennt (S.2).
Zu differenzieren ist, abgesehen von der unterschiedlich festgesetzten Art der Kenntnis in S. 1 und S. 2, bezüglich des Anwendungsbereichs. Während § 460 S. 1 BGB sowohl auf Fehler als auch auf Eigenschaften Anwendung findet, ist S. 2 nur auf Fehler im Sinne des § 459 Abs. 1 BGB bezogen[191]. Im Folgenden wird nun im Einzelnen untersucht, welche Auswirkung die oftmals durchgeführte Due Diligence auf die Kenntnis des Käufers und damit auf den eventuellen Ausschluß von Gewährleistungsrechten hat.
Aufgrund der unterschiedlichen Anforderungen der beiden Ausschlußgründe sind diese getrennt zu behandeln und auf die Auswirkungen der Due Diligence zu untersuchen.

aa) Auswirkungen der Due Diligence auf die Kenntnis im Sinne des § 460 S. 1 BGB

Ausschlußgrund des § 460 S. 1 BGB ist die Kenntnis des Käufers vom Fehler oder der zugesicherten Eigenschaft. Kenntnis bedeutet positives Wissen um den Mangel in seiner Erheblichkeit, einschließlich der Tatsache, daß an sich bei Ge-

---

[189] Schlegelberger/ Hefermehl, § 377 Rn. 6; Hommelhoff, Sachmängelhaftung beim Unternehmenskauf, S. 120.
[190] Staub/ Brüggemann, § 377 Rn. 5.
[191] Staudinger/ Honsell, § 460 Rn. 7.

fahrübergang die Sachmängelhaftung greifen würde[192]. Dringender Verdacht genügt nicht[193].

Fraglich ist, wie sich die Durchführung einer Due Diligence auf die Kenntnis des Käufers auswirkt.
Das Problem, welche Folgen es für die Pflichten der Parteien eines Unternehmenskaufvertrags hat, wenn der Käufer eine Due Diligence durchführt, ist in der Literatur noch weitgehend ungeklärt[194]. Auch die Rechtsprechung hat hierzu noch nicht ausdrücklich Stellung genommen[195]. Es finden sich lediglich einzelne Entscheidungen, welche erkennen lassen, daß die Prüfung eines Unternehmens durch den Käufer im Einzelfall berücksichtigt wurde[196].
Mögliche Ursache der Nichtbehandlung ist -wie bereits oben erwähnt-, daß gerichtliche Auseinandersetzungen im Zusammenhang mit dem Unternehmenskauf im Allgemeinen und der Due Diligence im Speziellen in der Praxis selten vorkommen. Streitigkeiten werden vielmehr in erster Linie außergerichtlich, etwa durch vertrauliche Schlichtungsmaßnahmen von Schiedsgerichten, beigelegt[197].
Fest steht jedoch, daß wenn dem Käufer durch die Durchführung einer Due Diligence Mängel oder andere nachteilige Umstände offengelegt werden, gesetzliche Gewährleistungs- und Schadensersatzansprüche wegen dieser Mängel oder nachteiligen Umstände ausgeschlossen sind. Denn in einem solchen Fall hat der Käufer Kenntnis von den Mängeln und im Falle der Kenntnis ist die Gewährleistung gemäß § 460 S. 1 BGB ausgeschlossen. Wenn also der Käufer aufgrund der von ihm durchgeführten Due Diligence von Mängeln Kenntnis hat, kann der Käufer den Verkäufer nicht mehr in Anspruch nehmen.

Zu beachten ist jedoch, daß die Prüfung des Unternehmens meist nicht von dem Käufer selbst durchgeführt wird, sondern vielmehr von Dritten, die von dem Käufer für die Durchführung der Prüfung eingesetzt wurden. Derartige Dritte sind in der Regel Wirtschaftsprüfer, Steuerberater, Rechtsanwälte, Unternehmensberatungen oder Investment-Banken,[198]. Wenn diese Dritten Kenntnis von

---

192 MüKo/ Westermann, § 460 Rn. 4; Palandt/ Putzo § 460 Rn. 6; Staudinger/ Honsell, § 460 Rn. 2.
193 RGRK/ Mezger, § 460 Rn. 1.
194 So auch Merkt, BB 1995, 1042 (1046); Wegen, WiB 1994, 291 (291).
195 In einer Juris-Recherche vom 17. Dezember 1999 findet sich in keiner einzigen Gerichtsentscheidung der Begriff Due Diligence.
196 OLG Hamburg, WM 1994, 1378 (1378).
197 Hölters/ Semler, I Rn. 134; Merkt, WiB 1996, 145 (145); Wegen, WiB 1994, 291 (291).
198 Wollny, Rn. 625.

Mängeln durch die von ihnen durchgeführte Due Diligence erlangt haben, stellt sich die Frage, wie sich diese Kenntnis auf die Kenntnis des Käuferunternehmens auswirkt, speziell, ob das Wissen dieser Dritten dem Käufer zugerechnet wird.

Grundsätzlich gilt für die Zurechnung von Wissen § 166 BGB[199]. Danach wird, soweit die rechtlichen Folgen einer Willenserklärung durch Willensmängel oder -und dies ist in der gegebenen Konstellation relevant- durch die Kenntnis oder das Kennenmüssen gewisser Umstände beeinflußt werden, nicht auf die Person des Vertretenen, sondern die des Vertreters abgestellt. Denn wer sich im Rechtsverkehr bei Abgabe einer Willenserklärung eines Vertreters bedient, muß im schutzwürdigen Interesse des Adressaten hinnehmen, daß die Kenntnis des Vertreters als eigene Kenntnis zugerechnet wird -auf Unkenntnis seiner Person kann er sich nicht berufen[200]. Diese Wertung gilt nach heute allgemein anerkannter Ansicht auch bezüglich § 460 BGB, d.h. auch die Kenntnis oder grob fahrlässige Unkenntnis eines Vertreters vom Mangel der gekauften Sache im Sinne des § 460 BGB wird gemäß § 166 Abs. 1 BGB dem Vertretenen zugerechnet, wenn der Vertreter den Kaufvertrag abgeschlossen hat[201].

---

[199] RGZ 101, 64 (73); 131, 343 (357); BGHZ 83, 293 (296); BGH NJW 1965, 1174 (1174); NJW 1989, 2879 (2881); NJW 1992, 899 (900); NJW 1992, 1099 (1100); MüKo/ Schramm, § 166 Rn.17; RGRK/ Steffen, § 166 Rn. 12; Staudinger/ Schilken, § 166 Rn. 7; Beisel/ Klumpp, Rn. 1010; Richardi, AcP 169 (1969), 385 (387); Schultz, NJW 1990, 477 (478).

[200] BGH NJW 1989, 1792 (1793); NJW 1989, 2879 (2881).

[201] RGZ 131, 343 (353 ff.); BGH WM 1974, 312 (313); MüKo/ Schramm, § 166 Rn. 27; RGRK/ Steffen, § 166 Rn. 16; Soergel/ Leptien, § 166 Rn. 12; Soergel/ Huber, § 460 Rn. 8; Staudinger/ Schilken, § 166 Rn. 7; Richardi, AcP 169 (1969), 385 (390); anders (Anwendung von § 278 BGB) noch: Soergel/ Ballerstedt, § 460 Rn. 3 und Münch. Vertragshandbuch II/ Günther, II.1. Anm. 86; mit Recht ist von Huber (Soergel/ Huber, § 460 Rn. 8) diese Ansicht aber mit der Begründung abgelehnt worden, daß die Anwendbarkeit des § 278 BGB nicht nur mit der Regel des § 166 Abs. 1 BGB, sondern auch mit dem Sinn des § 460 BGB und den praktischen Erfordernissen unvereinbar sei. Es geht bei § 460 BGB darum, daß derjenige, der einen Kauf abschließt, nachdem er auf Mängel aufmerksam gemacht worden ist, sich inzwischen mit der Beschaffenheit der Sache einverstanden erklärt hat und daß derjenige, der es überhaupt ablehnt oder unterläßt, die Sache zu untersuchen, obwohl ihm die Untersuchungsmöglichkeit geboten wird und eine Untersuchung nach den Umständen naheliegt, dadurch zu erkennen gibt, daß er die Sache kauft, wie sie ist (weitere Beispiele vgl. Soergel/ Huber, § 460 Rn. 8). In all diesen Punkten kann nur auf die Person des Vertreters ankommen. Die Gestalt des Erfüllungsgehilfen paßt insoweit nicht. Hieran ändert es auch nichts, daß man von einer „Obliegenheit" des Käufers spricht (so Ballerstedt a.a.O.). § 166 Abs. 1 BGB bestimmt eben, daß soweit bei Vertragsschluß bestimmte Verbindlichkeiten bestehen, für die Erfüllung dieser Obliegenheiten das Verhalten des Vertreters maßgeblich ist. Aus diesen Gründen richtet sich die Wissenszurechnung nach § 166 Abs. 1 BGB.

Bei der Due Diligence ist somit die Kenntnis der Berater, die diese über das Unternehmen im Rahmen der Due Diligence erlangt haben, dem Kaufinteressenten nach § 166 Abs. 1 BGB zuzurechnen. Daß die Berater in der Regel nicht das Geschäft abschließen, also nicht als Vertreter anzusehen sind, steht dem nicht entgegen. Denn auch auf Hilfspersonen, die bei der Vorbereitung des Geschäfts tätig gewesen sind -und als solche sind die Dritten, die für den Käufer eine Due Diligence durchführen anzusehen- kann § 166 Abs. 1 BGB entsprechend angewendet werden[202]. Zwar ist hierfür erforderlich, daß die Hilfsperson erstens ähnlich wie ein Vertreter erkennbar als für den Geschäftsherrn handelnd in Erscheinung getreten, zweitens mit Wissen und Wollen des Geschäftsherrn tätig gewesen und drittens mit eigener Verantwortung und einer gewissen Selbständigkeit ausgestattet gewesen ist[203]. All diese Merkmale treffen jedoch auf einen mit der Durchführung einer Due Diligence beauftragten Berater zu: Er tritt bei der Anforderung der Unterlagen oder bei der Auswertung der Unterlagen im Data-Room erkennbar als für den Kaufinteressenten handelnd dem Unternehmensverkäufer gegenüber (andernfalls würde der Unternehmensverkäufer gar keine Unterlagen zur Verfügung stellen), er wird mit Wissen und Wollen des Kaufinteressenten tätig und zudem ist er mit eigener Verantwortung und Selbständigkeit ausgestattet.

Wenn also ein Unternehmen Mängel aufweist, welche bei der Due Diligence von den Dritten entdeckt wurden, so kann der Käufer aufgrund der Zurechnung der Kenntnis nach § 166 Abs. 1 BGB und des daraus folgenden Gewährleistungsausschlusses nach § 460 S. 1 BGB keine Ansprüche gegen den Verkäufer geltend machen[204].
Hieran wird deutlich, daß eine lückenlose Kommunikation zwischen der jeweiligen Vertragspartei, ihren Beratern und den leitenden Mitarbeitern von höchster Wichtigkeit ist[205]. Nur so kann ein Anspruch gegen den Verkäufer etwa durch Vereinbarung einer eigenen vertraglichen Gewährleistungsabrede aufrecht erhalten werden, bzw. ein geringerer Kaufpreis vereinbart werden. Zwar

---

[202] BGHZ 83, 293 (296); BGH WM 1994, 312 (313); BGH NJW 1989, 1792 (1793); NJW 1992, 899 (900); NJW 1992, 1099 (1100); OLG Koblenz, NJW-RR 1993, 180 (180); Ermann/ Brox, § 166 Rn. 5; MüKo/ Schramm, § 166 Rn. 23; RGRK/ Steffen, § 166 Rn. 11; Soergel/ Leptien, § 166 Rn. 6; Staudinger/ Schilken, § 166 Rn. 4; Holzapfel/ Pöllath, Rn. 339; Schultz, NJW 1990, 477 (478).
[203] BGH WM 1974, 312 (313); BGH NJW 1992, 1099 (1100); OLG Koblenz, NJW-RR 1993, 180 (180); MüKo/ Schramm, § 166 Rn. 23; RGRK/ Steffen, § 166 Rn. 11; Soergel/ Leptien, § 166 Rn. 6.
[204] BGH WM 1974, 312 (313); WM 1984, 475 (475); Holzapfel/ Pöllath, Rn.112.
[205] Merkt, BB 1995, 1041 (1047).

kommen im Falle der Nichtweitergabe von Informationen über entdeckte Mängel oder nachteilige Umstände Ansprüche gegen die Berater, Wirtschaftsprüfer oder Investmentbanken in Betracht[206]. Oftmals können sich die betroffenen Dritten jedoch auf eine vereinbarte Freizeichnung berufen. Um so wichtiger erscheint daher die lückenlose Kommunikation zwischen Berater und Käufer.
Bezüglich der Auswirkungen der Due Diligence auf § 460 S. 1 BGB ist somit festzustellen, daß der Käufer nach § 460 S. 1 BGB seine Rechte verliert, wenn er oder die von ihm eingesetzten Berater bei der Due Diligence Umstände entdecken, die einen Mangel des Unternehmens begründen.

bb) Grob fahrlässige Unkenntnis im Sinne des § 460 S. 2 BGB

Für das Eingreifen des Ausschlußgrundes des § 460 S. 2 BGB ist die grob fahrlässige Unkenntnis des Käufers Voraussetzung: Ist dem Käufer ein Mangel infolge grober Fahrlässigkeit unbekannt geblieben, haftet der Verkäufer, abgesehen von zwei Ausnahmen (Zusicherung der Mangelfolgehaftung bzw. Arglist des Verkäufers), nicht[207].
Grobe Fahrlässigkeit ist die besonders schwere Vernachlässigung der im konkreten Fall erforderlichen Sorgfalt[208]. Eine solche Vernachlässigung wird unter anderem dann angenommen, wenn den Käufer eine Pflicht zur Untersuchung der Kaufsache trifft, er dieser Pflicht aber nicht nachgekommen ist[209]. Fraglich ist mithin, ob den Käufer eines Unternehmens die Pflicht trifft, das Kaufobjekt „Unternehmen“ zu prüfen, also eine Due Diligence durchzuführen.

Grundsätzlich ist im deutschen Rechtssystem die Untersuchung der Kaufsache weder Pflicht noch Obliegenheit des Käufers[210]. Zu prüfen ist jedoch, ob ausnahmsweise etwas anderes gilt, wenn als Kaufsache ein Unternehmen vorliegt.

aaa) Pflicht zur Durchführung einer Due Diligence aufgrund § 377 Abs. 1 HGB

Eine Untersuchungspflicht des Käufers könnte aus § 377 Abs. 1 HGB resultieren. Abgesehen jedoch davon, daß an dieser Stelle eine Prüfungsobliegenheit

---

[206] Nähere Untersuchung hierzu siehe unten im Teil 5.
[207] Sorgel/ Huber, § 460 Rn. 21 f.; Staudinger/ Honsell, § 460 Rn. 2; Köhler, JZ 1989, 761 (767); Merkt, WiB 1996, 145 (147).
[208] RGZ 131, 343 (355); BGHZ 10, 14 (16); Palandt/ Putzo § 460 Rn. 11; Köhler, JZ 1989, 761 (767).
[209] Die grobe Fahrlässigkeit muß dem Käufer nicht gerade im Augenblick des Vertragsschlusses zur Last fallen; vielmehr reicht es aus, wenn er vorher aus grober Fahrlässigkeit von den Mängeln der Kaufsache keine Kenntnis erlangt hat, vgl. nur RGZ 131, 343 (353).
[210] RGZ 131, 343 (353); OLG Celle, BB 1957, 910 (910 f.); Staudinger/ Honsell, § 459 Rn. 181; Köhler, JZ 1989, 761 (765).

des Käufers nach § 377 Abs. 1 HGB von daher keine Relevanz entfalten könnte, als daß § 377 Abs. 1 HGB eine auf den speziellen Fall des Handelskaufs zugeschnittene Modifikation des § 460 BGB darstellt, ergibt sich aus dieser Regelung auch keine Prüfungsobliegenheit des Käufers für den Fall des Unternehmenskaufs, die zu einem Pflichtverstoß im Sinne des § 460 BGB führen könnte. Die Vorschrift des § 377 HGB ist vielmehr auf den Fall des Unternehmenskaufs schon gar nicht anwendbar[211].

bbb) Pflicht zur Durchführung einer Due Diligence wegen des Bestehens einer Verkehrssitte der Durchführung der Due Diligence bei Unternehmenskäufen

Anerkanntermaßen können jedoch im Einzelfall auch besondere Umstände nach Treu und Glauben eine Untersuchungspflicht des Käufers begründen, deren Vernachlässigung den Tatbestand der groben Fahrlässigkeit erfüllt[212].

Derartige Umstände sind etwa gegeben, wenn besondere Sachkunde des Käufers vorliegt, die dem Verkäufer fehlt, zum Beispiel beim Gebrauchtwagenkauf eines KFZ-Händlers von einem Nichtkundigen[213].

Eine weitere Fallgruppe, bei der ausnahmsweise eine Prüfungspflicht des Käufers bejaht wird, stellt der Kauf von Gegenständen dar, bei denen eine eingehende Prüfung der Kaufsache eine Verkehrssitte darstellt; dies ist insbesondere bei Gebäuden, Kunstwerken, Antiquitäten und ähnlichem der Fall[214]. Wird hier die Untersuchung trotz Bestehens der Verkehrssitte einer Prüfung unterlassen, bzw. entspricht sie nicht der Verkehrssitte, kann der Vorwurf grober Fahrlässigkeit erhoben werden mit der Folge, daß der Gewährleistungsanspruch des Käufers entfällt[215]. Dabei ist dem Käufer der Einwand des Mitverschuldens aufgrund der Unanwendbarkeit des § 254 BGB im Rahmen der Gewährleistung verwehrt[216].

Fraglich ist, ob die kaufvorbereitende Due-Diligence-Untersuchung eines Unternehmens in Deutschland in diesem Sinne eine Verkehrssitte darstellt, so daß die fahrlässige Unkenntnis des Käufers wegen unterlassener Prüfung zu einem Haftungsausschluß des Verkäufers nach § 460 S. 2 BGB führt.

---

[211] Vgl. hierzu Ausführungen oben unter 2. Teil, 2. Kapitel, A 4 c.

[212] RGZ 131, 343 (353); MüKo/ Westermann, § 460 Rn. 8; Palandt/ Putzo, § 460 Rn. 12; Staudinger/ Honsell, § 460 Rn. 7.

[213] BGH BB 1972, 857 (857); Celle, NdsRpfl 1974, 83 (83); Staudinger/ Honsell, § 460 Rn. 9; Köhler, JZ 1989, 761 (767).

[214] RGZ 131, 343 (353); Palandt/ Putzo, § 460 Rn. 12; Staudinger/ Honsell, § 460 Rn. 8; Köhler, JZ 1989, 761 (768).

[215] Staudinger/ Honsell, § 460 Rn. 8 b; MüKo/ Westermann, § 460 Rn. 9.

[216] Merkt, Rn. 631.

Eine Verkehrssitte ist die in den betreffenden Kreisen herrschende tatsächliche, billigenswerte Übung, also die im Verkehr übliche Handlungsweise[217]. Eine solche übliche Handlungsweise liegt vor, wenn im Rechtsverkehr in einer größeren Anzahl von Fällen gleichartig verfahren worden ist[218]. Es genügt hierbei, wenn sich in bestimmten Gruppen entsprechende Übungen gebildet haben, sofern die zu beurteilenden Rechtsverhältnisse solche von Gruppenangehörigen sind[219]. Die Verkehrssitte ist dabei nur allgemeine Übung, sogenannte consuetudo, nicht dagegen Gewohnheitsrecht, also Rechtsnorm[220]. Das zweite für die Begründung des Gewohnheitsrechts erforderliche Element der opino iuris, also die allgemeine Anerkennung der Übung als Recht, fehlt bei der Verkehrssitte[221].

Festzustellen ist, ob die Due-Diligence-Untersuchung eine innerhalb des Unternehmenskaufs übliche Handlungsweise und damit eine Verkehrssitte darstellt.
Im amerikanischen Raum wird die Durchführung einer Due Diligence innerhalb eines Unternehmenskaufs regelmäßig vorgenommen[222]. Auch in Deutschland wird innerhalb der Unternehmenskaufpraxis die kaufvorbereitende Due-Diligence-Untersuchung immer häufiger durchgeführt und als wichtig angesehen[223]. Dies gilt auch bei rein innerdeutschen Unternehmenskäufen ohne jeglichen Auslandsbezug[224].
Ein häufiges Vorkommen reicht jedoch zur Begründung einer Verkehrssitte nicht aus. Vielmehr muß es sich bei diesem häufigen Vorkommen um die im Verkehr übliche Handlungsweise handeln.
Fraglich ist, ob dies für die Due Diligence beim Unternehmenskauf in Deutschland zu bejahen ist. Um diese Frage beantworten zu können, soll zunächst untersucht werden, ob in US-Amerika als dem Herkunftsland der Due Diligence nach deutschem Verständnis eine Verkehrssitte der Due Diligence besteht.

---

[217] RGZ, 49, 157 (162); 55, 375 (377); 110, 47 (48); 118, 139 (140); 135, 339 (345); BGH NJW 1952, 257 (257); WM 1973, 677 (677); Erman/ Hefermehl, § 157 Rn. 7; MüKo/ Mayer-Maly, § 157 Rn. 15; Palandt/ Heinrichs, § 133 Rn. 21; Soergel/ Teichmann, § 242 Rn. 42; Staudinger/ Schmidt, § 242 Rn. 144; Creifelds, S. 1370 f.; Deutsches Rechts-Lexikon, Band 3 S. 963; Enneccurus-Nipperdey, § 41.

[218] RGZ JW 1909, 720 (720); Staudinger/ Schmidt, § 242 Rn. 145.

[219] RGZ 114, 9 (12); 135, 339 (345); MüKo/ Mayer-Maly, § 157 Rn. 21 ff.; Palandt/ Heinrichs, § 133 Rn. 21; Soergel/ Wolf, § 157 Rn. 65 f.; Staudinger/ Schmidt, § 242 Rn. 148;

[220] Deutsches Rechts-Lexikon, Band 3, S. 963; Enneccerus/ Nipperdey, § 41.

[221] Enneccerus/ Nipperdey, § 41.

[222] Harrer, DStR 1993, 1673 (1673).

[223] Baker/ Jillson/ Vorbrugg, S. 205; Harrer, DStR 1993, 1673 (1673); Merkt, WiB 1996, 145 (148).

[224] Harrer, DStR 1993, 1673 (1673); anders Wegen, WiB, 1994, 291 (291), der der Due Diligence nur beim internationalen Unternehmenskauf Relevanz zuschreibt.

Zweck dieser Untersuchung ist, die Beurteilung der Verkehrssitte in Deutschland durch Abgrenzung zu amerikanischen Verhältnissen zu erleichtern.

(1) Due Diligence als Verkehrssitte in US-Amerika

Wie bereits erörtert, sind in US-Amerika die gesetzlichen Regelungen zur Haftung im Falle der Fehlerhaftigkeit des Unternehmens unzureichend, um einen befriedigenden Schutz des Käufers zu gewährleisten. Die Ausarbeitung eines vertraglichen Gewährleistungsregimes ist für den Schutz des Erwerbers unerläßlich. Aus diesem Grund kommt ein Unternehmenskauf ohne die Statuierung eines vertraglichen Gewährleistungsregimes in den Vereinigten Staaten selten vor. Die Ausarbeitung einer Haftungsvereinbarung wiederum ist in effizienter Weise nur auf der Grundlage einer Due Diligence möglich, die zuvor Klarheit darüber geschaffen hat, an welcher Stelle eine Gewährleistung erforderlich ist. Nur mit Hilfe einer Due Diligence ist es daher in US-Amerika möglich, einen umfassenden Schutz des Erwerbers eines Unternehmens zu erreichen.
Ein Unternehmenskauf in den Vereinigten Staaten ist folglich insgesamt ohne die Durchführung einer Due Diligence kaum vorstellbar. Die Durchführung einer Due Diligence stellt vielmehr in US-Amerika einen innerhalb des Unternehmenskaufs selbstverständlichen Vorgang und damit die im Verkehr übliche Handlungsweise dar[225]. Die Durchführung einer Due Diligence ist somit in den Vereinigten Staaten als Verkehrssitte zu qualifizieren.

(2) Due Diligence als Verkehrssitte in Deutschland

Fraglich ist, ob für Deutschland dieselbe Wertung wie für US-Amerika getroffen werden kann, d.h. ob auch in Deutschland eine Verkehrssitte der Durchführung einer Due Diligence bei Unternehmenskäufen besteht und, wenn dies bejaht wird, welchen Inhalt sie hat.

(a) Bestehen einer Verkehrssitte

Für die Bejahung einer Verkehrssitte müßte es im deutschen Rechtsverkehr unter Unternehmenskäufern üblich sein, eine Due Diligence durchzuführen.
Für eine solche allgemein vorherrschende Übung spricht, daß auch in Deutschland die Anzahl der Unternehmen, die eine Due Diligence durchführen, stetig wächst, eigene Unternehmen in diesem Bereich gegründet werden und mittlerweile eigene M&A-Abteilungen für die Durchführung einer Due Diligence innerhalb von Geschäftsbanken, Unternehmensberatungen, Wirtschaftsprüfungs- und Anwaltskanzleien eingerichtet wurden[226]. Ferner sind ausländische Investmentbanken zunehmend in Deutschland mit eigenen Niederlassungen oder

---

[225] Vgl. Turcon/ Zinner/ Sutter, S. 38; Harrer, DStR 1993, 1673 (1673).
[226] BHF-Bank/ Frankfurt Consult GmbH; Bankhaus Delbrück & Co./ Mandatus GmbH und andere.

Tochtergesellschaften, die auf Due Diligence spezialisiert sind, präsent[227]. Aus dieser Entwicklung läßt sich schließen, daß auch die Nachfrage nach Due-Diligence-Untersuchungen gestiegen ist, denn ohne Nachfrage wäre eine solche Entwicklung nicht denkbar.

Zur Beurteilung soll jedoch vor allem auch die Gesetzeslage in Deutschland herangezogen werden. Diese gibt zum einen den Rahmen für die Beurteilung der Verkehrssitte vor, zum anderen kann anhand von ihr ein Schluß darauf gezogen werden, inwieweit der Käufer -ähnlich wie in US-Amerika- mangels ihn schützender Regelungen zur Durchführung einer Due Diligence gezwungen ist.
In Deutschland existieren, wie oben festgestellt, gesetzliche Regelungen, die im Falle der Fehlerhaftigkeit des Unternehmens greifen. Auch ohne die Durchführung einer Due Diligence kann der Käufer eines Unternehmens in Deutschland mithin Rechte geltend machen und ist nicht rechtsmittellos gestellt.
Gegen eine Bejahung einer Verkehrssitte könnte somit ein Vergleich der rechtlichen Ausgangssituation von Deutschland zu US-Amerika sprechen. In US-Amerika stellt die Due Diligence -wie bereits erwähnt- vor allem deshalb eine im Verkehr übliche Handlungsweise dar, weil ohne die Durchführung einer Due Diligence der Käufer im Falle des Auftretens von Mängeln beim Unternehmenskauf so gut wie keine Rechtsmittel in der Hand hätte. Nur unter Zuhilfenahme einer Due Diligence kann dort ein Haftungsregime festgelegt werden. Ohne die Durchführung einer Due Diligence wäre der Unternehmenskäufer in Anglo-Amerika rechtlos gestellt.
Deutsche Unternehmenskäufer werden nicht wie in US-Amerika aufgrund der sonst gegebenen Untragbarkeit der Situation gezwungen, tätig zu werden und eine Due Diligence durchzuführen. Vielmehr bestehen in Deutschland gesetzliche Regelungen, die eine Haftung des Verkäufers im Falle der Fehlerhaftigkeit des Unternehmens begründen, zudem kann in Deutschland die Due Diligence für den Käufer in gewährleistungsrechtlicher Hinsicht sogar nachteilige Folgen haben.
Dies ist etwa der Fall, wenn die Due Diligence nicht vollständig durchgeführt wird und sich die unterlassene Prüfung bezüglich bestimmter Bereiche als grob fahrlässig darstellt und daher den Ausschluß der Haftung des Verkäufers nach § 460 S. 2 BGB zur Folge hat. Eine solche unvollständige Prüfung kommt nicht selten vor. Speziell, wenn der Käufer das Unternehmen wegen bestimmter Geschäftsfelder erwirbt und andere Teile gezwungenermaßen mitkauft, wird er, auch aus Kostengründen, diese Teile einer nicht so sorgfältigen Prüfung unter-

---

[227] Citicorp. Venture Capital GmbH; Salomon Brothers AG, vgl. Koch, NJW 1990, 158 (165).

ziehen[228]. Ursache für eine unvollständige Due Diligence kann jedoch auch sein, daß der Käufer schlicht vergißt, bestimmte Teile einer sorgfältigen Prüfung zu unterziehen.
Abgesehen von den Fällen unvollständiger Prüfung und der dann nachteiligen Folgen nach § 460 S. 2 BGB ist jedoch auch denkbar, daß die Nichtdurchführung einer Due Diligence aus dem Grund für den Käufer günstiger ist, als er von dem Verkäufer weitreichende Garantieversprechen und Zusicherungen erreichen kann, weil der Käufer nicht bereit sein wird, bei Unkenntnis der Unternehmensdaten das Unternehmen ohne Eingeständnisse des Verkäufers zu übernehmen[229].
Die Durchführung einer Due Diligence hat somit in Deutschland nicht grundsätzlich nur positive Folgen für den Käufer. Die im US-amerikanischen Recht fehlenden gesetzlichen Haftungsregeln sind in Deutschland gegeben. Die in Anglo-Amerika bestehende Motivation, eine Due Diligence durchzuführen, um überhaupt ein Haftungsregime ausarbeiten zu können, liegt in Deutschland nicht vor. Im Gegenteil kann die Durchführung einer Due Diligence sogar negative Auswirkungen haben. Die Notwendigkeit einer Due Diligence stellt sich somit nicht in dem gleichen Maße wie in Amerika, was gegen die Entwicklung einer Verkehrssitte der Due Diligence innerhalb eines Unternehmenskaufs in Deutschland spricht.

Nicht außer acht zu lassen ist jedoch andererseits -trotz des Bestehens gesetzlicher Regelungen und der daraus folgenden Motivation- die tatsächliche Entwicklung. In Deutschland wird eine Due Diligence immer häufiger durchgeführt und als wichtig angesehen[230]. Auch wenn in Deutschland Vorschriften für eine Haftungsbegründung des Verkäufers eines Unternehmens existieren, wird auch hier eine Due Diligence oftmals durchgeführt, um ein Haftungsregime auszuarbeiten, welches die Interessen von Verkäufer und Käufer auf bestmögliche Weise in Ausgleich bringt[231]. So ermöglichen nach Durchführung einer Due Diligence Garantiezusagen des Verkäufers, daß der Käufer für die Bereiche, die er

---

[228] Loges, DB 1997, 965 (968).
[229] Loges, DB 1997, 965 (968).
[230] Eschenbruch, Konzernhaftung, Rn. 4073; Hopt/ Hess/ Fabritius, IV.B.1. Anm., S. 532; Harrer/ Erbracher, Schriften zum Kapitalmarkt Band 2: Die Übernahme börsennotierter Unternehmen, 253 (253); Harrer, DStR 1993, 1673 (1673); Loges, DB 1997, 965 (968); Merkt, BB 1995, 1041 (1046); Sebastian/ Niederdrenk/ Tesch, WISU 1998, 880 (880); Baker/ Jillson/ Vorbrugg, S. 215 ff.; vgl. im Einzelnen zu der Zunahme der Due Diligence in der letzten Zeit die ausführliche, empirische Untersuchung bei Marten/ Köhler, Finanz Betrieb 1999, 337 ff.
[231] Krämer/ Baudisch, WM 1998, 1161 (1171); Loges, DB 1997, 965 (965); Schroeder, DB 1997, 2161 (2161).

als relevant ansieht, Sicherheiten erlangt, auch wenn nach dem Gesetz eine Haftung für diese Bereiche nicht möglich wäre. Andererseits ermöglicht die Due Diligence dem Verkäufer durch vertragliche Vereinbarung seine grundsätzliche Haftung nach §§ 459 ff. BGB in bestimmten Bereichen auszuschließen und auf diese Weise in jenen Bereichen nicht mehr in die Gefahr einer Haftung zu kommen.
Dieser durch die Ausarbeitung eines eigenen Haftungsregimes ermöglichte gerechte Interessenausgleich führt in der Praxis zu einer vermehrten Durchführung einer Due Diligence. Zu einer derartigen vertraglichen Gewährleistungsvereinbarung hat auch der BGH geraten[232].
Darüber hinaus wird eine Due Diligence deshalb öfter durchgeführt, weil mit ihr rechtzeitig besondere Risiken erkannt und ein angemessener Kaufpreis ermittelt werden kann[233]. Ferner ist zu beachten, daß nur die Due Diligence es dem potentiellen Käufer eines Unternehmens ermöglicht, Aufschlußdaten über das Kaufobjekt zu erlangen, welche die Grundlage der Entscheidung über das „Ob“ eines Unternehmenskaufs darstellen. Zumindest bei großen Unternehmen, die mehrere Kaufobjekte in Betracht ziehen, wird eine Due Diligence bei einem Unternehmenskauf regelmäßig durchgeführt und stellt damit die in Unternehmenskreisen tatsächliche billigenswerte Handlungsweise, mithin die Verkehrssitte dar. Ein Unternehmenskauf innerhalb von Großunternehmen ist ohne die Durchführung einer Due Diligence kaum denkbar. Der Kauf eines Unternehmens würde sich aufgrund der unübersichtlichen Einbindungen des Unternehmens als unzumutbares Wagnis darstellen, welches kein am Kauf interessiertes Unternehmen eingehen würde, insbesondere, wenn der Unternehmenskauf internationale Aspekte aufweist.
Zumindest für die großen Unternehmen läßt sich daher die Durchführung einer Due Diligence als Verkehrssitte bezeichnen[234].

Im Fall des Verkaufs kleinerer Unternehmen, Familienbetrieben oder Ein-Mann-GmbHs erscheint es dagegen zweifelhaft, ob auch innerhalb dieser Bereiche eine Due Diligence regelmäßig vorgenommen wird und daher eine Verkehrssitte darstellt. Insbesondere die Kosten einer Due Diligence sprechen gegen eine solche Annahme. Des weiteren ist der Kauf kleinerer Unternehmen nicht mit so großen Risiken verbunden wie der Kauf eines großen Unterneh-

---

[232] BGHZ 65, 246, (252) unter Bezug auf RGZ 146, 120 (120).
[233] Lutter, ZIP 1997, 613 (613); Schroeder, DB 1997, 2161 (2161).
[234] Anders Werner, ZIP 2000, 989 (990), der die Annahme einer Verkehrssitte der Due Diligence allein unter Hinweis auf die bestehenden Auseinandersetzungen bezüglich des „Ob“ und die Zulässigkeit insgesamt ablehnt.

mens, denn die übernommene Kapitalmenge, die Bindung des Unternehmens an Verbindlichkeiten und ähnliche Aspekte sind leichter überblickbar. Darüber hinaus existieren vor allem Berater, die Prüfungen großer Unternehmen vornehmen, weil diese Prüfungen für sie einen höheren Gewinn einbringen. Prüfungen von kleineren Unternehmen sind -gerade wegen der geringen zu prüfenden Kapitalmenge- eher selten.
Zwar können auch bei kleineren Unternehmen der potentielle Erwerber und der Veräußerer ein Interesse daran haben, etwa den Wert des Unternehmens und die mit dem Erwerb verbundenen Risiken zu ermitteln. Der Veräußerer will schließlich -unabhängig von der Größe des Unternehmens- regelmäßig einen möglichst hohen Ertragswert des Unternehmens erzielen, der Erwerber sich ein eigenes Bild machen und die finanziellen, steuerlichen und rechtlichen Risiken im Rahmen der Due Diligence überprüfen[235]. Insgesamt jedoch findet eine Due Diligence bei kleineren Unternehmen nicht häufig statt. Das Vorhandensein einer Verkehrssitte der Vornahme einer Due Diligence bei dem Kauf kleinerer Unternehmen ist daher zu negieren.

Aus den vorstehenden Ausführungen ergibt sich, daß das Bestehen einer Verkehrssitte der Durchführung einer Due Diligence bei dem Kauf von Unternehmen in Deutschland nicht einheitlich bewertet werden kann. Vielmehr ist eine Differenzierung zwischen kleineren und größeren Unternehmen vorzunehmen.
Bei kleineren Unternehmen ist die Durchführung einer Due Diligence bei einem Unternehmenskauf nicht als allgemein üblich und daher nicht als Verkehrssitte anzusehen. Rechtliche Folge hiervon ist, daß die Nichtdurchführung einer Due Diligence bei dem Kauf eines kleineren Unternehmens nicht als grobe Außerachtlassung der im Verkehr erforderlichen Sorgfalt anzusehen ist. Der Vorwurf grober Fahrlässigkeit im Sinne des § 460 S. 2 BGB kann daher im Falle der unterbliebenen Prüfung nicht erhoben werden.
Eine andere Bewertung ist beim Kauf großer Unternehmen zu treffen. Die Due-Diligence-Prüfung stellt hier die im Verkehr übliche Handlungsweise und damit eine Verkehrssitte dar. Wird daher eine Due Diligence beim Kauf eines großen Unternehmens unterlassen, so begründet dies den Vorwurf grober Fahrlässigkeit, weil hier die Verkehrssitte der Prüfung besteht. Gemäß § 460 S. 2 BGB sind infolgedessen sämtliche Gewährleistungsansprüche nach §§ 459 ff. BGB ausgeschlossen.

---

[235] Mertens, AG 1997, 541 (541).

(b) Zwischenergebnis

Im Ergebnis läßt sich im Hinblick auf die Verkehrssitte einer Due Diligence feststellen, daß ein Ausschluß der Gewährleistungsrechte nach § 460 S. 2 BGB beim Unternehmenskauf durch Unterlassen einer Due Diligence nur für den Fall in Betracht kommt, daß es sich bei dem betreffenden Unternehmenskauf um den Kauf eines großen Unternehmens handelt. Für diesen Fall, und nicht allgemein bei Unterlassen einer Due Diligence, können somit die Gewährleistungsrechte des Käufers ausgeschlossen sein.

Um beurteilen zu können, wann insofern eine Pflicht zur Prüfung besteht, muß festgelegt werden, wann ein Unternehmen als „großes" Unternehmen anzusehen ist. Für diese Beurteilung sollen die Kriterien herangezogen werden, die im Rahmen des § 267 Abs. 3 S. 1 HGB zur Abgrenzung großer von mittelgroßen und kleinen Unternehmen verwendet werden[236]. Große Unternehmen sind gemäß § 267 Abs. 3 S. 1 HGB solche, die mindestens zwei der in Absatz 2 bezeichneten Merkmale überschreiten. Merkmale des Absatzes 3 sind:

-die Bilanzsumme von einundzwanzig Millionen zweihundertvierzigtausend Deutsche Mark,

-Umsatzerlöse von zweiundvierzig Millionen vierhundertachtzigtausend Deutsche Mark

-und die durchschnittliche Arbeitnehmerzahl von zweihundertfünfzig.

Maßgeblich als Bilanzsumme ist gemäß § 267 Abs. 2 Nr. 1 HGB die nach §§ 264 ff. HGB auf den betreffenden Abschlußstichtag aufgestellte Bilanz, vermindert um einen auf der Aktivseite ausgewiesenen Fehlbetrag im Sinne von § 268 Abs. 3 HGB[237]. Die Umsatzerlöse richten sich nach der Gewinn- und Verlustrechnung gemäß § 275 Abs. 2 Nr. 1 oder den in Abs. 3 Nr.1 HGB aus-

---

[236] Generell sind die Merkmale, die im Rahmen des § 267 HGB zur Abgrenzung der einzelnen Unternehmensgrößen herangezogen werden, die Bilanzsumme, die Umsatzerlöse und die durchschnittliche Arbeitnehmerzahl. Für die Zuordnung zu einer der Größenklassen reicht es aus, wenn jeweils zwei der drei Größenmerkmalen erfüllt sind. Zu beachten ist, daß für die Einstufung des Unternehmens im vorliegenden Fall nicht § 267 Abs. 3 S. 2 HGB herangezogen werden soll, wonach ein Unternehmen grundsätzlich als groß gilt, wenn es sich bei der Rechtsform des Unternehmens um eine Aktiengesellschaft handelt und die Aktiengesellschaft zudem börsennotiert ist. Diese Einstufung paßt auf den vorliegenden Fall nicht, vielmehr soll rechtsformunabhängig anhand der Kriterien beurteilt werden, ob das Unternehmen als großes Unternehmen anzusehen ist.

[237] Vgl. auch Heidelberger Kommentar/ Niedner, § 267 Rn. 2; Koller/ Roth/ Morck/ Morck, § 267 Rn. 5.

gewiesenen Beträgen[238]. Bei der Ermittlung der durchschnittlichen Zahl der Arbeitnehmer wird gemäß § 267 Abs. 5 HGB auf die Zahlen an den Quartalsenden abgestellt; Auszubildende sowie Gesellschafter, Organe und Leiharbeitnehmer i.S.d. AÜG bleiben unberücksichtigt[239].

Das im Einzelfall zu veräußernde Unternehmen ist auf das Vorliegen der genannten Merkmale hin zu überprüfen. Sind keine zwei Merkmale erfüllt, so ist die Durchführung einer Due Diligence allein Sache des Käufers; rechtliche Konsequenzen aus einer Nichtdurchführung ergeben sich nicht. Wird hingegen festgestellt, daß mehr als zwei der genannten Kriterien erfüllt sind, so ist das Unternehmen als großes Unternehmen anzusehen. Folge ist, daß eine Durchführung der Due Diligence aufgrund der hier bestehenden Verkehrssitte erforderlich ist, um nicht dem Vorwurf grob fahrlässiger Unkenntnis im Sinne des § 460 S. 2 BGB ausgesetzt zu sein.

5. Der Verkehrssitte entgegenstehende Überlegungen: Offenlegungsverbote

Zu beachten ist jedoch in diesem Zusammenhang, daß das Bestehen einer Verkehrssitte grundsätzlich im Zusammenspiel mit den anderen gesetzlichen Vorschriften zu beurteilen ist. Im Folgenden muß daher untersucht werden, ob die Annahme einer Verkehrssitte grundsätzlich ohne Vorbehalt gelten kann oder ob insbesondere aufgrund von Geheimhaltungsvorschriften eine andere Beurteilung erforderlich ist.

Das Vorstehende könnte etwa beim Kauf von Aktien dadurch modifiziert sein, daß der Veräußerer von Rechts wegen gar keine umfassende Kenntnis über das Unternehmen hat und der Veräußerer und die Aktiengesellschaft dem Käufer eine solche umfassende Kenntnis nur unter Beachtung der gesetzlichen Schutzvorschriften, insbesondere der §§ 93 Abs. 1 S. 2, Abs. 2; 404 Abs. 1 Nr. 1 AktG und § 38 Abs. 1 Nr. 2 i.V.m. § 14 Abs. 1 Nr. 2 WpHG, verschaffen können. Die zentrale Frage in diesem Zusammenhang ist, inwieweit der Vorstand der Aktiengesellschaft aufgrund dieser Verbote befugt ist, vertrauliche Informationen über das Unternehmen der Aktiengesellschaft an den Käufer weiterzuleiten[240]. Denn grundsätzlich kann niemand aus allgemeinen Rechtsgedanken zu etwas verpflichtet werden, was rechtlich unmöglich ist[241].

---

[238] Vgl. zu dieser Voraussetzung und der Berechnung ausführlich: Koller/ Roth/ Morck/ Morck, § 267 Rn. 5; aber auch Heidelberger Kommentar/ Niedner, § 267 Rn. 2.

[239] Vgl. auch hierzu wieder Heidelberger Kommentar/ Niedner, § 267 Rn. 2; ausführlicher: Koller/ Roth/ Morck/ Morck, § 267 Rn. 7.

[240] Holzapfel/ Pöllath, Rn. 15; Müller, Frankfurter Allgemeine Zeitung v. 30.05.2001, S. 30.

[241] Vgl. Staudinger/ Schmidt, § 242 Rn. 759 und 791.

Voranzustellen ist, daß derartige Verbote unproblematisch sind, wenn der Verkäufer Einzelunternehmer oder Alleingesellschafter einer GmbH oder faktischer Alleingesellschafter einer GmbH & Co.KG ist. In einem derartigen Fall kann er frei entscheiden, welche Angaben er dem Kaufinteressenten über das Unternehmen macht, weil allein sein Vermögen betroffen ist und ihm diesbezüglich die Verfügungsbefugnis zusteht[242]. Anders verhält es sich jedoch -und diese Fälle sind Gegenstand der folgenden Untersuchung- wenn in der Ausgangssituation eine mehrgliedrige Gesellschaft gegeben ist. Will hier beispielsweise ein Großaktionär, eine Aktionärsgruppe, bei der GmbH ein Mehrheitsgesellschafter oder bei der Kommanditgesellschaft ein Kommanditist die Gesellschaftsanteile veräußern, können bei der Durchführung der Due Diligence schwierige Rechtsfragen auftauchen.

Im Folgenden soll in diesem Sinne rechtsformspezifisch untersucht werden, inwieweit bestehende gesetzliche Weitergabeverbote der Annahme einer Verkehrssitte der Due Diligence -und damit einer Pflicht, deren Vernachlässigung grob fahrlässig im Sinne des § 460 S. 2 BGB ist- entgegenstehen.

a) Informationsordnung innerhalb der Aktiengesellschaft, bestehende Geheimhaltungspflichten bei der Aktiengesellschaft sowie Anforderungen zur Durchbrechung der Geheimhaltungspflicht im Rahmen des Aktiengesetzes

Problematisch stellt sich bezüglich des Vorgangs der Informationsbeschaffung bei einer Aktiengesellschaft dar, daß Erwerber und Veräußerer zur Wert- und Risikoermittlung im Rahmen der Durchführung einer Due Diligence auf Informationen angewiesen sind, die sie sich aus eigener Kraft regelmäßig nicht verschaffen können bzw. die der Veräußerer nicht ohne Zustimmung des Vorstands weiterleiten kann[243]. Zwar kann der Erwerbsinteressent unkritische Informationen, die der Öffentlichkeit oder den Beteiligten schon bekannt sind, mit mehr oder weniger großer Mühe erlangen. Bei den für die Due Diligence relevanten Informationen geht es jedoch um solche Unternehmensinterna, die grundsätzlich der Allgemeinheit nicht zugänglich sind, wie etwa betriebswirtschaftliche Kenndaten, Produktentwicklungen, geheime Know-Hows, stille Reserven oder Liefer- oder Leistungsbeziehungen[244].

Auch der verkaufswillige Aktionär selbst kann die maßgeblichen Informationen nicht zum Zweck der Durchführung einer Due Diligence zur Verfügung stellen. Zwar haben Aktionäre ein allgemeines Informationsrecht aus § 131 AktG, durch das sie in der Hauptversammlung Informationen über das Unternehmen

---

[242] Bihr, BB 1998, 1198 (1199); Lutter, ZIP 1997, 613 (614).

[243] Mertens, AG 1997, 541 (541).

[244] Lutter, ZIP 1997, 613 (613); Mertens, AG 1997, 541 (541); Müller, NJW 2000, 3452 (3453).

erfragen können und zu deren Beantwortung grundsätzlich eine Pflicht besteht. Dieses reicht jedoch zur Erlangung der für die Due Diligence relevanten Informationen nicht aus. Denn zum einen besteht das individuelle Fragerecht nur auf der Hauptversammlung, so daß die Due Diligence grundsätzlich nur zu einem bestimmten Zeitpunkt, nämlich kurz nach der Hauptversammlung, wenn der Aktionär die Informationen gerade erhalten hat, vorgenommen werden kann[245]. Zum anderen ist allgemein anerkannt, daß der Vorstand Fragen zu „sensiblen" Daten, wie sie in einem solchen Fall gerade vom Aktionär gesucht werden, nicht beantworten muß, sondern die Beantwortung der Frage vielmehr nach § 131 Abs. 3 AktG ablehnen kann[246]. Darüber hinaus gehende Auskunfts- und Einsichtsrechte stehen den Aktionären nicht zu[247].

Zu beachten ist, daß Großaktionäre oftmals über besondere Informationskanäle verfügen, über die sie faktisch auch in den Besitz von Unternehmensgeheimnissen gelangen können. Ein derartiger Informationskanal ist etwa gegeben, wenn der Aktionär durch ein Aufsichtsratsmitglied repräsentiert ist und wenn zwischen dem Aktionär und der Gesellschaft zumindest ein faktisches Konzernverhältnis besteht. Nach herrschender Meinung ist der Vorstand des abhängigen Unternehmens zu umfassender Informationserteilung gegenüber dem Vorstand des herrschenden Unternehmens berechtigt, soweit diese Erteilung zum Zwecke der einheitlichen Konzernleitung erfolgt[248]. Ebenso ist es den vom herrschenden Unternehmen entsandten Aufsichtsratsmitgliedern erlaubt, Informationen im Konzerninteresse an dieses weiterzuleiten[249]. Schließlich kann das herrschende Unternehmen über § 294 Abs. 3 S. 4 HGB in der Konzernkonsolidierung Unternehmensinterna erfahren. Die genannten Informationsquellen sind jedoch teleologisch an die Konzernleitungsfunktion gebunden[250]. Die in diesem Rahmen erlangten Informationen dürfen daher ohne Zustimmung der abhängigen Gesellschaft nur zum Zwecke der Konzernleitung, nicht aber zu Verkaufszwek-

---

[245] Da eine Due Diligence in der Praxis grundsätzlich bei dem Verkauf eines Anteils und nicht nur nachdem eine Hauptversammlung stattgefunden hat, möglich sein muß, erscheint die Heranziehung des § 131 AktG als Anspruchsgrundlage des Aktionärs zur Erlangung der für die Due Diligence erforderlichen Daten wenig geeignet.

[246] Kölner Kommentar/ Zöllner, § 131 Rn. 47 ff.; Lutter, ZIP 1997, 613 (616).

[247] Mertens, AG 1997, 541 (543); Müller, NJW 2000, 3452 (3453).

[248] Lutter, ZIP 1997, 613 (618).

[249] Kölner Kommentar/ Mertens, § 116 Rn. 39; Lutter, Information und Vertraulichkeit im Aufsichtsrat, S. 151 ff.

[250] Nur im Hinblick auf diese Art der Verwendung der Information ist auch ein Auskunftsanspruch anderer Gesellschafter im Sinne des § 131 Abs. 4 AktG ausgeschlossen.

ken genutzt werden[251]. Ein generelles Informationsrecht ergibt sich nicht hieraus.
Selbst wenn also der verkaufswillige Aktionär auf diese Weise in Besitz der relevanten Informationen gelangt wäre, könnte er eigenständig den Informationswünschen des potentiellen Erwerbers nicht entsprechen, ohne seinerseits gegen eine Geheimhaltungspflicht zu verstoßen.
Festzustellen ist somit, daß Veräußerer und Erwerber von Aktienpaketen auf die Mitarbeit des Vorstands angewiesen sind, wenn sie eine Due Diligence durchführen wollen. Ob und unter welchen Voraussetzungen ein Vorstand berechtigt ist, die unternehmerischen Informationen weiterzugeben, soll im Folgenden zunächst hinsichtlich der Vorschriften des Aktiengesetzes und dann bezüglich der Vorschriften des Wertpapierhandelsgesetzes untersucht werden.

aa) Beurteilung nach den aktienrechtlichen Vorschriften

Den Ausgangspunkt für aktienrechtliche Beurteilung stellt die gesetzliche Schweigepflicht der Vorstandsmitglieder einer Aktiengesellschaft nach § 93 Abs. 1 S. 2 AktG dar, die sich gleichzeitig aus der allgemeinen organschaftlichen Treuepflicht ergibt[252]. Gemäß § 93 Abs. 1 S. 2 AktG haben die Vorstandsmitglieder über vertrauliche Angaben und Geheimnisse der Aktiengesellschaft Stillschweigen zu bewahren. Das Vorstandsmitglied macht sich im Falle der Verletzung der Schweigepflicht nach § 93 Abs. 2 AktG schadensersatzpflichtig. Ferner wird brisanterweise in § 404 Abs. 1 Nr. 1 AktG die Weitergabe von Gesellschaftsgeheimnissen durch den Vorstand strafrechtlich bedroht[253]. Zu prüfen sind im Folgenden die Voraussetzungen des § 93 Abs. 1 S. 2 AktG.

§ 93 Abs. 1 S. 2 AktG müßte zunächst grundsätzlich anwendbar sein. Denn soweit § 93 Abs. 1 S. 2 AktG dispositiv wäre, könnte diese Regelung nach Parteiwillen geändert werden, so daß der Einzelfall und die im Einzelfall getroffene Regelung relevant für die Beurteilung der konkreten Schweigepflicht wären. Die Schweigepflicht des § 93 Abs. 1 S. 2 AktG ist jedoch eine abschließende

---

[251] Lutter, ZIP 1997, 613 (616 f.); Mertens, AG 1997, 541 (543).
[252] Geßler/ Hefermehl, § 93 Rn. 15, 21; Kölner Kommentar/ Mertens, § 93 Rn. 57; Henn, Rn. 593; Münch. Hdb. IV/ Wiesner, § 25 Rn. 27; Wellkamp, S. 196; Schander/ Posten, ZIP 1997, 1534 (1535).
[253] Dies gilt jedoch nur für die Weitergabe von Geheimnissen. Die Weitergabe von vertraulichen Angaben ist nicht nach § 404 Abs. 1 Nr. 1 AktG strafbedroht. Kein Verstoß gegen die strafrechtliche Norm des § 404 Abs. 1 Nr. 1 AktG bei Weitergabe von Geheimnissen liegt vor, wenn die Befugnis zur Weitergabe der Informationen bestand, die Weitergabe also gerechtfertigt war. Hierzu vgl. die folgenden Ausführungen.

Regelung[254]. Sie kann nach § 23 Abs. 5 AktG weder durch Satzung oder durch Erlaß einer Geschäftsordnung[255] noch durch Beschluß oder Anstellungsvertrag geändert werden[256]. Mithin ist eine Änderung durch Parteivereinbarung nicht möglich, § 93 Abs. 1 S. 2 AktG gilt zwingend und für alle Fälle der Zulassung einer Due Diligence durch den Vorstand.

Damit das Schweigegebot für die Vorstandsmitglieder gilt, müßten jedoch auch die Voraussetzungen der Schweigepflicht erfüllt sein, wenn der Vorstand interne Unternehmensinformationen im Rahmen einer Due Diligence weitergibt.
Die Schweigepflicht des § 93 Abs. 1 S. 2 AktG erstreckt sich inhaltlich auf Geheimnisse und vertrauliche Angaben. Geheimnisse sind Tatsachen, die nicht offenkundig sind, die nach dem Willen des Vorstands geheimgehalten werden sollen und für die ein objektives Geheimhaltungsbedürfnis besteht[257]. Das Gesetz unterscheidet zwischen Betriebs- und Geschäftsgeheimnissen. Der Schutz des Betriebsgeheimnisses bezieht sich dabei auf Informationen aus dem technischen Bereich, zum Beispiel Modelle, Fabrikationsverfahren, Erfindungen, Konstruktionszeichnungen und Rezepturen[258]. Als Geschäftsgeheimnisse werden Informationen aus dem kaufmännischen Bereich geschützt, wie etwa Kalkulationsunterlagen, Preisberechnungen, Absatzpläne, Einkaufs- und Bezugsquellen, Zahlungsbedingungen[259].
Lediglich um vertrauliche Angaben handelt es sich bei Informationen, die Vorgängen im persönlichen Lebensbereich oder Organbereich von Vorstand und Aufsichtsrat oder sonstigen im Unternehmensbereich liegenden Vorkommnissen zuzuordnen sind und deren Mitteilung sich für die Gesellschaft nachteilig auswirken kann, mögen sie auch allgemein bekannt und daher keine Geheimnisse sein[260]. Hierzu zählen etwa das Abstimmungsverhalten und der Verlauf

---

254 Henn, Hdb. des AktienR, Rn. 594; Meincke, WM 1998, 749 (750); Schroeder, DB 1997, 2161 (2161).
255 BGHZ 64, 325 (327).
256 Münch. Hdb. IV, § 25 Rn. 32; Gaul, GmbHR 1986, 296 (299); Meincke, WM 1998, 749 (750); Schroeder, DB 1997, 2161 (2161).
257 BGHZ 64, 325 (329); Hüffer, § 93 Rn. 7; Münch. Hdb. IV/ Wiesner, § 25 Rn. 29; Müller, NJW 2000, 3452 (3453); Roschmann/ Frey, AG 1996, 449 (450); das subjektive Merkmal ablehnend: Kölner Kommentar/ Mertens, § 116 Rn. 43; Lutter, Information und Vertraulichkeit im Aufsichtsrat, S. 136; v. Stebut, S. 3 ff.; Wellkamp, S. 196.
258 Münch. Hdb. IV/ Wiesner, § 25 Rn. 30; Säcker, NJW 1986, 803 (804).
259 Münch. Hdb. IV/ Wiesner, § 25 Rn. 30; vgl. auch zur ausführlichen Erörterung des Begriffs des Geschäfts- und Betriebsgeheimnisses: v. Stebut, S. 50 ff.
260 Geßler/ Hefermehl, § 93 Rn. 16 f.; Hüffer, § 93 Rn. 7; Kölner Kommentar/ Mertens, § 116 Rn. 45; Münch. Hdb. IV/ Wiesner, § 25 Rn. 31; Wellkamp, S. 196; hierzu auch wieder ausführlich: v. Stebut, S. 58 ff.

einer Diskussion im Vorstand oder Aufsichtsrat[261], Personalangelegenheiten von leitenden Angestellten und persönliche Daten von Kandidaten für ein Vorstands- oder Aufsichtsratsamt[262]. Der Tatbestand der vertraulichen Angabe überschneidet sich mit dem Geheimnisbegriff in der Hinsicht, daß vertrauliche Angaben zugleich Geheimnisse sein können, aber nicht müssen[263].

Die Tatsachen, die der verkaufsinteressierte Aktionär bei einer Due Diligence erfährt, stellen Unternehmensinterna dar, die den Tatbestand des Geheimnisses erfüllen: Es sind Tatsachen, die nicht offenkundig sind, nach dem Willen des Vorstands auch nicht offenkundig werden sollen und für die ein im Unternehmensinteresse liegendes Geheimhaltungsbedürfnis besteht.
Im Hinblick auf die Weitergabe von Unternehmensgeheimnissen können daher im Rahmen der Due-Diligence-Prüfung kritische Situationen entstehen. So kommt bei Weitergabe von Unternehmensinterna durch den Vorstand ein Verstoß gegen die dem Vorstand obliegende Geheimhaltungspflicht aus § 93 Abs. 1 S. 2 AktG in Betracht.
Bei Annahme einer Verkehrssitte würden somit zwei ambivalente Handlungsweisen vom Gesetz gefordert werden: Einerseits soll der Käufer eine Due Diligence durchführen, um seine Gewährleistungsansprüche zu behalten, andererseits würde der Veräußerer bzw. der Vorstand der Gesellschaft des veräußerungswilligen Aktionärs bei Weitergabe der für die Due Diligence relevanten Informationen praktisch zum Gesetzesverstoß verpflichtet. Aus diesem Grund könnte der Annahme einer Verkehrssitte die rechtliche Unmöglichkeit der Durchführung der Due Diligence entgegenstehen. Das wäre nur dann nicht der Fall, wenn die Pflicht zur Geheimhaltung in bestimmten Fällen entfallen würde. Fraglich ist daher, ob und gegebenenfalls wann die Pflicht zur Geheimhaltung entfallen kann.
Eine ausdrückliche Befugnis, allgemein oder im Einzelfall Geheimnisse zu offenbaren, steht nach dem Aktiengesetz weder der Gesellschaft noch Vorstands- oder Aufsichtsratsmitgliedern zu. Lediglich für einen Sonderfall enthält § 394 S. 1 AktG eine Einschränkung der Verschwiegenheitspflicht: Aufsichtsratsmitglieder, die auf Veranlassung einer Gebietskörperschaft in den Aufsichtsrat gewählt oder entsandt worden sind, unterliegen hinsichtlich der Berichte, die sie der Gebietskörperschaft zu erstatten haben, keiner Verschwiegenheitspflicht[264]. Ein derartiger Fall ist bei der Due Diligence nicht gegeben. Aus

[261] BGHZ 64, 325 (332).
[262] Münch. Hdb. IV/ Wiesner, § 25 Rn. 28.
[263] Münch. Hdb. IV/Wiesner, § 25 Rn. 29 ff.; v. Stebut, S. 60 f.
[264] Vgl. hierzu Hüffer, § 394 Rn. 1 sowie ausführlich: v. Stebut, S. 89 f.

dem Wortlaut der Geheimnisschutznormen im Aktienrecht ist jedoch zu schließen, daß auch im übrigen eine Offenbarungsbefugnis bestehen kann; denn § 404 Abs. 1 AktG bedroht nur die „unbefugte" Offenbarung von Geheimnissen mit Strafe. Nicht jede Offenbarung eines Geheimnisses ist also nach dieser Vorschrift unbefugt und daher verboten. Zwar ist in § 93 Abs. 1 S. 2 AktG kein ausdrücklicher Hinweis auf eine mögliche Offenbarungsbefugnis enthalten. Dennoch ist insgesamt an der Regelung des § 404 Abs. 1 AktG[265] zu erkennen, daß die Schweigepflicht des Vorstands nicht absolut gilt. Die Schweigepflicht ist vielmehr nur die eine Ausprägung seiner organschaftlichen Treue- und Sorgfaltspflicht und muß im Zusammenhang mit dem gesamten, innerhalb der Aktiengesellschaft bestehenden Regelungsgefüge gesehen werden[266]. Die andere Ausprägung seiner Treue- und Sorgfaltspflicht, die ihren Niederschlag in § 76 AktG gefunden hat und die mit der Geheimhaltungspflicht in Ausgleich zu bringen ist, ist, daß der Vorstand die Gesellschaft gemäß § 76 Abs. 1 AktG unter eigener Verantwortung zu leiten, seine Entscheidungen am wohlverstandenen Unternehmensinteresse auszurichten[267] und im Interesse des Unternehmens die Belange des Unternehmens wahrzunehmen hat[268]. Auch aus dieser Pflicht heraus muß der Vorstand jedoch Informationen und Tatsachen geheimhalten, wenn ihre Weitergabe für die Interessen des Unternehmens nachteilig wäre. Andererseits geht jedoch die Schweigepflicht nicht über die unternehmerischen Interessen der Gesellschaft hinaus. Denn § 93 Abs. 1 S. 2 AktG stellt gerade keine gesetzliche Vermutung für ein umfassendes absolutes Geheimhaltungsbedürfnis auf[269]. Das Interesse der Gesellschaft an der Geheimhaltung ist vielmehr mit den unternehmerischen Interessen der Gesellschaft in Ausgleich zu bringen, wobei das unternehmerische Interesse die immanente Grenze der Schweigepflicht darstellt[270]. Wo das Unternehmensinteresse es gebietet zu reden, hört mithin die Schweigepflicht auf.

---

[265] Und auch an der Regelung des § 168 Abs. 1 S. 2 AktG, der nur die „unbefugte" Verwertung von Geschäfts- und Betriebsgeheimnissen sanktioniert.

[266] BGHZ 64, 325 (327); Geßler/ Hefermehl, § 93 Rn. 22; Hüffer, § 93 Rn. 6; Kiethe, NZG 1999, 976 (976); Kittner, ZHR 136 (1972), 208 (220).

[267] Hüffer, § 76 Rn. 12; van Aubel, S. 58 f.; Wellkamp, S. 4; Meincke, WM 1998, 749 (750); Schander/ Posten, ZIP 1997, 1534 (1535); Müller, Frankfurter Allgemeine Zeitung v. 30.05.2001, S. 30.

[268] Geßler/Hefermehl, § 93 Rn. 14; Hüffer, § 76 Rn. 12; Münch Hdb./ Wiesner, § 19 Rn. 15; van Aubel, S. 58; Kiethe, NZG 1999, 976 (976); Schaefer/ Missling. NZG 1998, 441 (442).

[269] BGHZ 64, 325 (330); v. Stebut, S. 89 f.; Müller, NJW 2000, 3452 (3453); Müller, Frankfurter Allgemeine Zeitung v. 30.05.2001, S. 30.

[270] Allgemeine Ansicht, vgl. nur BGHZ 64, 325 (327); Geßler/ Hefermehl, § 93 Rn. 22; Großkommentar zum AktG/ Schilling, § 93 Rn. 11; Hüffer, § 93 Rn. 8; Kölner Kommentar/ Mer-

Der Vorstand hat in diesem Sinne die Aufgabe, abzuwägen, ob eine Tatsacheninformation Geheimnisschutz und damit die Schweigepflicht erfordert oder ob die Tatsache vielmehr im Interesse des Unternehmens offenbart werden muß[271]. Insofern besteht Einigkeit. Unterschiedlich beurteilt wird jedoch, ob und unter welchen Voraussetzungen im Einzelnen das Unternehmensinteresse eine Weitergabe von nach § 93 AktG eigentlich geheimzuhaltenden Informationen rechtfertigen kann, wenn die Informationen zur Durchführung einer Due Diligence im Rahmen einer geplanten Unternehmensakquisition verwendet werden sollen.

aaa) Ansicht Lutters

Lutter[272] bejaht zwar grundsätzlich das Bestehens einer Entscheidungsprärogative des Vorstands. Er ist jedoch der Auffassung, der Grundsatz des Bestehens eines eigenen Entscheidungsspielraums des Vorstands könne nur für Informationsweitergaben im Rahmen bestimmter unternehmerischer Interessen der Gesellschaft gelten, z.B. bei Kooperationen mit dritten Unternehmen, wenn typischerweise nur sektorale und selektive Informationen weitergegeben würden, die ausschließlich Teile des Unternehmens betreffen.

Beim Unternehmenskauf sei ein derartiger Entscheidungsspielraum des Vorstands abzulehnen. Denn hier gehe es dem Großaktionär und dem potentiellen Erwerber darum, globale Daten über das gesamte Unternehmen zu erhalten. Eine derartige umfassende Weitergabe sei grundsätzlich nicht, sondern allenfalls dann gestattet, wenn ein überragendes, anders nicht erreichbares, eigenes unternehmerisches Interesse der Gesellschaft vorliegt, gewissermaßen eine einmalige und unwiederbringliche unternehmerische Chance. Nach Ansicht Lutters ist dies sehr, sehr selten, also nur in Extremsituationen der Fall, etwa wenn der Gesellschaft der Konkurs droht.

Im Regelfall ist nach Lutter eine Informierung des potentiellen Erwerbers durch den Vorstand im Rahmen der Due Diligence nicht möglich. Zulässig sei allenfalls eine mittelbare Information über einen neutralen und zur Verschwiegenheit verpflichteten sachverständigen Dritten, wobei das Ergebnis der Due Diligence -sofern ein Unternehmensvertrag oder ein Abhängigkeitsverhältnis nicht vorliegt- sofort publiziert werden müsse[273].

---

tens, § 93 Rn. 82, § 116 Rn. 38; Lutter, Information und Vertraulichkeit im Aufsichtsrat, 134; Münch. Hdb. IV/ Wiesner, § 25 Rn. 28 f.; v. Stebut, S. 92; Meyer-Landrut, AG 1964, 325 (327); Roschmann/ Frey, AG 1996, 449 (452); Schander/ Posten, ZIP 1997, 1534 (1535); Schroeder, DB 1997, 2161 (2162).

[271] Kiethe, NZG 1999, 976 (979); Meincke, WM 1998, 749 (750); Werner, ZIP 2000, 989 (990); Müller, Frankfurter Allgemeine Zeitung v. 30.05.2001, S. 30.

[272] ZIP 1997, 613 (617).

[273] Lutter, ZIP 1997, 613 (618).

bbb) Herrschende Meinung

Nach der herrschenden Lehre[274] wird die umfassende Herausgabe von Geheimnissen -bei Beachtung bestimmter Formalien und unterschiedlicher Schwerpunktsetzung- im Prinzip schon dann rechtlich für zulässig gehalten, wenn die Herausgabe vom allgemeinen unternehmerischen Interesse gedeckt ist. Welche Formalien hierbei im Speziellen eingehalten werden müssen und welcher Schwerpunkt gesetzt werden muß, wird allerdings unterschiedlich beurteilt.

Schroeder[275] zufolge hat der Vorstand bei der Entscheidung über die Weitergabe von Unternehmensinteressen einen weiten Interessenspielraum. Relevant sei vor allem, daß der Vorstand eine Gesamtabwägung vornehme, in die er die in Aussicht gestellten Vorteile der Akquisition und das Ausmaß der Gefahr zweckwidriger Verwendung der im Zuge der Due Diligence erlangten Informationen gegenüber stellt [276]. Er habe hierbei alle wichtigen Aspekte einzubeziehen und müsse wesentliche Erkenntnisquellen ausschöpfen und Entscheidungsalternativen überdenken. Ferner müßten ein Letter of Intent des interessierten Erwerbers und eine Vertraulichkeitsvereinbarung zwischen Veräußerer und Erwerber vorliegen, wobei für den Fall des Scheiterns der Erwerbsverhandlungen eine Rückgabepflicht bzw. eine Vernichtung der erhaltenen Unterlagen vorgesehen werden sollte.

Nach Mertens[277] müssen an das erforderliche unternehmerische Interesse strenge, aber nicht extreme Anforderungen gestellt werden. Die Gefahr des Mißbrauchs, die dem unternehmerischen Interesse an der Informationsweitergabe entgegenstehen kann, muß seiner Ansicht nach ebenfalls durch Aufstellung bestimmter Kriterien gehemmt werden: Zum Zeitpunkt der Bekanntgabe müssen die Verhandlungen schon fortgeschritten sein, der potentielle Erwerber muß auch nach Ansicht Mertens durch Unterzeichnung eines Letter of Intents seine

---

[274] Kölner Kommentar/ Mertens, § 93 Rn. 82 f.; Bihr, BB 1998, 1198 (1188); Gaul, GmbHR 1986, 296 (299); Harrer/ Erbacher, Schriften zum Kapitalmarkt, Band 2: Die Übernahme börsennotierter Unternehmen, 253 (256); Mertens, AG 1997, 541 (546 f.); Müller, NJW 2000, 3452 (3454); Roschmann/ Frey, AG 1996, 449 (452); Schroeder, DB 1997, 2161 (2163); Werner, ZIP 2000, 989 (990); Müller, Frankfurter Allgemeine Zeitung v. 30.05.2001, S. 30; ohne die Forderung jegliche Einschränkungen, aufgrund der aus den fehlenden Einschränkungen resultierenden Gefährlichkeit des Mißbrauchs aber abzulehnen: Kiethe, NZG 1999, 976 (979); ebenso Meßmer/ Keßler, NVersZ 2000, 110 (111), die lediglich eine Vertraulichkeitsvereinbarung ale Zulässigkeitskriterium fordern.

[275] Schroeder, DB 1997, 2161 (2162 f.).

[276] Schroeder, DB 1997, 2161 (2163).

[277] Mertens, AG 1997, 541 (546 f.).

Erwerbsabsichten manifestiert haben und zwischen Verkäufer und Erwerber müßten Geheimhaltungsvereinbarungen getroffen worden sein[278]. Ferner sei eine Gesamtabschätzung der Risiken durch den Vorstand erforderlich.

Roschmann/ Frey[279] fordern für die Möglichkeit der Herausgabe von Unternehmensinterna, daß ein Vorstandsbeschluß über die Weitergabe der Informationen vorliegt und daß ein sachlich objektives Unternehmensinteresse an der Offenbarung von Geheimnissen bejaht werden kann. Ferner sollten die Personen, welchen die Informationen offenbart werden, einer Schweigepflicht unterliegen, wofür gegebenenfalls entsprechende Geheimhaltungsvereinbarungen abzuschließen sind. Seien diese Faktoren gegeben, sei die Herausgabe der Informationen vom allgemeinen Unternehmensinteresse gedeckt, die Befugnis zur Herausgabe läge vor.

ccc) Eigener Ansatz

Der von Lutter angesetzte strenge Maßstab erscheint auf den ersten Blick plausibel und die logische Konsequenz der strengen Geheimhaltungspflichten des Vorstands zu sein. Da Unternehmenskäufe häufig zwischen potentiellen Wettbewerbern stattfinden, ist Lutter zuzugeben, daß aufgrund des größeren Umfangs der Due Diligence bezogen auf das Gesamtunternehmen jedenfalls im Prinzip eine größere Wahrscheinlichkeit dafür besteht, daß der Empfänger der Information sie gegen das Unternehmen verwendet. Ein derartiger Mißbrauch kann durch Voraussetzung der Kriterien Lutters so gut wie nie vorkommen, was dafür spricht, der Ansicht Lutters zu folgen und extrem strenge Voraussetzungen an die Weitergabe von Informationen zu stellen.

Fraglich ist jedoch, ob diese Sichtweise das im Gesetz angelegte Spannungsverhältnis zwischen eigenverantwortlicher Unternehmensleitung und Geheimhaltung nicht zu einseitig interpretiert.

Die Folge der Ansicht Lutters ist eine erhebliche Beschränkung des Handlungsrahmens des Vorstands. Der Vorstand muß jedoch in der Wahrnehmung seiner Pflichten einen Spielraum unternehmerischer Handlung haben[280]. Durch die Kriterien, die Lutter an die Durchbrechung der Schweigepflicht stellt, wird dem Vorstand eben jene Möglichkeit genommen, eigenständig im Unternehmensinteresse zu entscheiden und im Einzelfall durch die Durchführung einer Due Diligence die Grundlage dafür zu schaffen, daß die für das Unternehmen vorteil-

---

278 Mertens, AG 1997, 541 (544).

279 Roschmann/ Frey, AG 1996, 449 (452); ebenso: Müller, NJW 2000, 3452 (3453 ff.); Müller, Frankfurter Allgemeine Zeitung v. 30.05.2001, S. 30.

280 So ausdrücklich: BGH ZIP 1997, 883 (883) (2. Leitsatz); Kölner Kommentar/ Mertens, § 76 Rn. 10; Horn, ZIP 1997, 1129 (1133 ff.); Thümmel, DB 1997, 1117 (1119).

hafte Transaktion stattfindet. Ob eine derartige Beschneidung des Entscheidungsspielraums des Vorstands der heutigen Bedeutung von Unternehmens- und Anteilskäufen gerecht wird bzw. ob sie als praktikabel anzusehen ist, erscheint zweifelhaft.

Zu bedenken ist zunächst, daß das Unternehmen durchaus ein starkes Interesse daran haben kann, daß der Anteil des verkaufswilligen Aktionärs seinen Inhaber zu angemessenen Konditionen wechselt. Denn die Konditionen des Erwerbs einer wesentlichen Beteiligung bleiben den Marktteilnehmern oftmals nicht verborgen. Sie stellen für die anderen Marktteilnehmer einen wichtigen Indikator für die Feststellung des Unternehmenswertes dar. Tritt der Fall ein, daß es bei einer börsenorientierten Aktiengesellschaft zu einer wesentlichen Beteiligungsveräußerung weit unter dem anteiligen Börsenwert kommt, hat dies entsprechend negative Auswirkungen. Der Börsenwert des Unternehmens und der Kurs der Aktie sind in erheblicher Gefahr. Grundsätzlich handelt der Vorstand einer Aktiengesellschaft daher im Interesse des Unternehmens, wenn er eine Veräußerung zu ungünstigen Konditionen zu vermeiden sucht. Derartige ungünstige Konditionen können bestehen, wenn ein Anteil ohne vorherige Durchführung einer Due Diligence veräußert wird. Denn die Nichtdurchführung einer Due Diligence stellt grundsätzlich einen preisreduzierenden Faktor im Rahmen der konkret zu beurteilenden Transaktion dar, weil der Käufer ohne Durchführung einer Due Diligence grundsätzlich mit dem Kauf des Unternehmens ein nicht einschätzbares Risiko eingeht und daher einen niedrigeren Erwerbspreis als Ausgleich für dieses Risiko verlangen wird[281].

Eben dieses muß vom Vorstand im Hinblick auf die Börsenentwicklung bei seiner Abwägung gewürdigt und berücksichtigt werden. Diese Würdigung muß dabei aus der Perspektive des Unternehmens erfolgen und nicht etwa aus der Sicht des verkaufenden Aktionärs. Es geht nicht darum, diesem einen möglichst günstigen Vertrag zu verschaffen. Vielmehr ist die Erhaltung des Börsenwertes im Zuge der Veräußerung von erheblicher Bedeutung und liegt sowohl im Interesse des Unternehmens als auch der übrigen Aktionäre. Ein Paketerwerb sollte daher möglichst kursschonend, also mit Durchführung einer Due Diligence erfolgen, insbesondere auch deshalb, weil sich der Verkauf andernfalls auf die künftige Kapitalbeschaffung extrem negativ auswirken kann.

---

[281] Nicht bezweifelt werden soll hierdurch, daß auch ohne die Durchführung einer Due Diligence ein hoher Erwerbspreis erzielt werden kann und auch der Kurs der Aktie bei Lautwerden von Akquisitionsgerüchten steigt. Voraussetzung hierfür ist allerdings, daß Verkäufer und Käufer vom Markt als erfolgsversprechendes Gespann eingeschätzt werden, was in der Mehrzahl der Akquisitionskonstellationen nicht der Fall sein wird. Vgl. insoweit zu Bankenfusionen: Frankfurter Allgemeine Zeitung v. 20.12.1999, S. 31.

Ferner kann, wie Lutter selbst einräumt[282], in bestimmten anderen Konstellationen eine Beteiligungsveräußerung ohne die Durchführung einer Due Diligence nicht zustande kommen. Ein Beispiel hierfür stellen die Privatisierungen dar. Von der öffentlichen Hand wird beim Verkauf unternehmerischer Beteiligungen neben einem möglichst hohen Kaufpreis angestrebt, keine Gewährleistungen in den Kaufvertrag aufzunehmen. Ein variabler Kaufpreis kommt ebenfalls nicht in Betracht, weil der endgültige Zufluß des Kaufpreises für die öffentliche Hand sichergestellt werden soll. Ohne Gewährleistungen und variablem Kaufpreis ist ein Verkauf zu einem profitablen Preis jedoch nur möglich, wenn eine Due Diligence durchgeführt wird und der Erwerber auf diese Weise die Möglichkeit hat, Stärken und Schwächen des Unternehmens zu untersuchen. Oftmals hängt der Erfolg der Akquisition bei Privatisierungen auch deshalb extrem von der Durchführung einer Due Diligence ab, weil der Erwerbsinteressent ohne die intensive Untersuchung der rechtlichen und wirtschaftlichen Beziehungen den Erwerb im Hinblick auf die bisherige Instrumentalisierung des Unternehmens zur Wahrnehmung öffentlicher und politischer Interessen ablehnen würde[283].

Darüber hinaus spricht für die Zulassung der Due Diligence unter geringeren Voraussetzungen als Lutter sie fordert, daß das Interesse des Unternehmens selbst an der Transaktion erheblich sein kann. Derartige Situationen bestehen etwa, wenn durch die Transaktion ein anderes Unternehmen als Investor an der Gesellschaft beteiligt werden kann und dadurch gegenwärtig bestehende Kooperationen und strategische Allianzen begründet werden können. Ebenfalls besteht ein solches Interesse, wenn der Erwerber im Gegensatz zum Veräußerer bereit und in der Lage ist, eine Expansion oder eine Restrukturierung durch Einbringung von Kapital und/ oder Know-How zu unterstützen.
Aus den vorstehenden Überlegungen ergibt sich, daß das Interesse des Unternehmens an der Akquisition und mithin auch an der für die Akquisition erforderlichen Due Diligence groß sein und sich eine Nichtdurchführung sehr zum Nachteil der Gesellschaft auswirken kann. Die Durchführung einer Due Diligence sollte daher nicht nur bei Vorliegen eines herausragenden Grundes und damit lediglich in Ausnahmefällen, sondern leichter möglich sein, um es dem Vorstand zu ermöglichen, für das Unternehmen günstige Transaktionen in die

---

[282] Lutter, ZIP 1997, 613 (620).
[283] Vor allem muß die Wettbewerbstauglichkeit des Unternehmens auf dem freien Markt untersucht werden. Denn oftmals werden öffentliche Unternehmen sehr stark vom Staat subventioniert, mit der Folge, daß der erste von dem Unternehmen gewonnene Eindruck verfälscht ist.

Bahnen zu leiten. Auch der BGH hat in neuerer Entscheidung[284] eine entsprechende Position bezogen und das Erfordernis eines herausragendes Interesse für die Weitergabe von Unternehmensinterna abgelehnt.

Festzustellen ist, daß die Position Lutters, nach der eine Weitergabe von Informationen nur in extremen Ausnahmefällen gerechtfertigt ist, den heutigen Anfordernissen an die Leitung eines Unternehmens durch den Vorstand nicht mehr gerecht wird. Eine Fokussierung ausschließlich auf die Geheimhaltungsverpflichtungen erscheint nicht interessengerecht, eine derartig umfassende Schweigepflicht wäre ein Hindernis für die pflichtgemäße Ausübung des Amtes des Vorstands. Es ist vielmehr erforderlich, daß der Vorstand eines Unternehmens in bestimmten Situationen eigenständig entscheiden kann, ob das Unternehmensinteresse die Durchbrechung der ihm eigentlich obliegenden Schweigepflicht rechtfertigt. Zwar ist grundsätzlich bei der Weitergabe von Informationen Vorsicht angebracht. Diese sollte jedoch in der Praxis nicht dazu führen, daß der Handlungsspielraum des Vorstands im Hinblick auf die Beteiligung und Förderung des Unternehmens auf Null reduziert wird. Um einem Mißbrauch vorzubeugen, sollten vielmehr bestimmte Anforderungen gestellt werden, die jedoch nicht einen so beträchtlichen Einschnitt in die Handlungsfähigkeit des Vorstands zur Folge haben, wie die Ansicht Lutters.
Als interessengerechte Lösung für das im Aktiengesetz angelegte Spannungsverhältnis zwischen Unternehmensinteresse auf der einen und Geheimhaltungspflicht auf der anderen Seite kommt vielmehr eine Kombination der drei Gegenansichten Lutters in Betracht.
Auf der einen Seite ist Mertens in dem Ansatzpunkt zu folgen, daß eine Rechtfertigung des Bruchs der Schweigepflicht nur dann in Betracht kommt, wenn ein fortgeschrittenes Verhandlungsstadium zwischen Veräußerer und Erwerber vorliegt[285]. Je weiter fortgeschritten die Verhandlungen sind, um so größer ist die Möglichkeit der tatsächlichen Übernahme und desto geringer ist die Gefahr des Scheiterns der Akquisition und daher des Mißbrauchs. Im Gegenzug dazu besteht bei noch nicht fortgeschrittenen Verhandlungen die Gefahr, daß der Erwerber nur zur Ausnutzung eigener Wettbewerbsvorteile die Due Diligence

---

[284] BGH AG 1997, 465 (466).

[285] Fortgeschritten ist dabei in Bezug auf die Intensität zu verstehen, nicht in Bezug auf die Dauer und Länge der Vertragsverhandlungen. Dies gilt deshalb, weil bestimmte Arten der Unternehmensakquisitionen möglichst schnell verlaufen müssen, damit die Gefahr der Kenntniserlangung der Öffentlichkeit von der geplanten Übernahme gering gehalten wird und auf diese Weise Kursschwankungen verhindert werden.

durchführt. Das Kriterium des fortgeschrittenen Verhandlungsstadiums ist daher grundsätzlich zu fordern.

Des weiteren stellen Mertens und Schroeder an die Befugnis zur Weitergabe von Informationen die Anforderung, daß ein Letter of Intent und eine Geheimhaltungsvereinbarung vorliegen. Ein Letter of Intent stellt zwar grundsätzlich nur eine Absichtserklärung dar und offenbart keinen rechtlichen Bindungswillen; jedoch erfordert eine Absichtserklärung Zeit und Arbeit, was widerrum eine ernste Absicht des Erwerbers indiziert und aus diesem Grund für die Durchbrechung der Schweigepflicht gefordert werden sollte. Die Geheimhaltungsvereinbarung stellt eine wichtige weitere Voraussetzung dar, weil mit ihr der Erwerbsinteressent in schriftlicher Form daran erinnert wird, daß die Informationen nicht mißbräuchlich verwendet werden dürfen und eine Weitergabe einen Pflichtverstoß darstellt, der Schadensersatzforderungen zur Folge haben kann[286].

Roschmann/ Frey setzen als Kriterium für die Rechtfertigung der Weitergabe von Unternehmensinterna einen Vorstandsbeschluß und ein sachlich objektives Interesse voraus. Der von ihnen geforderte Vorstandsbeschluß stellt eine Anforderung für die Weitergabe der Informationen dar, die ebenfalls grundsätzlich erfüllt werden sollte. Die Weitergabe von Unternehmensinterna ist ein sehr empfindliches Gebiet. Die Entscheidung darüber sollte von allen Vorstandsmitgliedern gemeinsam getroffen werden, um die Abwägung so effektiv wie möglich vorzunehmen. Je mehr Für und Wider in Betracht gezogen werden, um so eher werden die Vorteile der Weitergabe der Informationen erkannt und die Gefahr eines Mißbrauchs aufgedeckt[287].

---

[286] Insbesondere in Bezug auf eine Vertragsstrafenregelung erscheint die Geheimhaltungsabrede relevant, weil hierdurch der oftmals diffizile Nachweis eines Schadens nicht geführt zu werden braucht; vgl. hierzu im Einzelnen aber unten unter 3. Teil, 1. Kapitel.

[287] Der Vorstand und nicht die Hauptversammlung ist zur Entscheidung über die Due Diligence befugt. Zum einen ist die Zuständigkeit der Hauptversammlung über die Entscheidung der Zulassung der Due Diligence aus zeitlicher Hinsicht abzulehnen; denn ein Hauptversammlungsbeschluß nimmt in der Regel eine lange Zeit in Anspruch, wohingegen eine Due Diligence gerade dadurch gekennzeichnet ist, daß sie schnell durchgeführt werden muß, weil bei längerer Dauer die Gefahr des Bekanntwerdens der Akquisitionsabsicht gegeben ist; das Bekanntwerden der Akquisitionsabsicht soll jedoch gerade vermieden werden, um Kursschwankungen u.ä. zu verhindern.

Zum anderen spricht die Kompetenzordnung in der Aktiengesellschaft gegen eine Bejahung der Entscheidungsbefugnis der Hauptversammlung. Denn die Hauptversammlung ist nach gesetzlichen Vorschriften nicht zur Weitergabe befugt. Ferner wäre eine Herbeiführung des Hauptversammlungsbeschlusses grundsätzlich nach § 119 Abs. 2 AktG möglich; die vor dem Beschluß der Hauptversammlung erforderliche Informierung der Aktionäre über den Beschlußgegenstand ist jedoch von daher problematisch, als daß für Aktionäre grundsätzlich

Das andere Kriterium Roschmann/ Freys, welches auch von Schroeder und Mertens in der Hinsicht gefordert wird, als daß zu einer von ihnen vorausgesetzten ordnungsgemäßen Abwägung ein sachlich objektives Unternehmensinteresse an der Weitergabe der Informationen gehört, ist als wichtigste Forderung an die Durchbrechung der Geheimhaltungspflichten des Vorstands zu sehen. Der Vorstand hat eine Gesamtabwägung vorzunehmen, in die er alle für den Unternehmenskauf wichtigen Aspekte einzubeziehen und das Interesse an der Akquisition als höherwertig einzustufen hat. Als abwägungsrelevante Gesichtspunkte in dieser Hinsicht kommen zunächst das Ausmaß der betrieblichen, finanziellen, personellen, technischen, wettbewerbsstrategischen oder sonstigen Vorteile der Anteilsübernahme durch den Erwerbsinteressenten für die Gesellschaft und andererseits die finanzielle Ausstattung, die geschäftliche Erfahrung, das unternehmerische Konzept, kurz: die Seriösität des Erwerbsinteressenten, in Betracht. Ferner ist in die Überlegungen die Wichtigkeit der erbetenen Informationen für die Ermittlung des Unternehmenswertes und etwaiger Geschäftsrisiken sowie das Ausmaß des drohenden Schadens bei einem mißbräuchlichen Bekanntwerden dieser Informationen einzubeziehen[288].
Insgesamt hat der Vorstand das im Einzelfall konkrete Risiko der Informationsweitergabe einzuschätzen und dieses mit den mit der Informationsweitergabe verbundenen Vorteilen abzuwägen. Hierbei kann es auch vorkommen, daß der Ermessensspielraum des Vorstands auf Null reduziert ist und dem Vorstand aufgrund begründeter Anhaltspunkte keine andere Entscheidung bleibt, als die Due Diligence abzulehnen. Dies wird etwa der Fall sein, wenn die Untersagung des Aktienerwerbs durch die Kartellbehörde offensichtlich ist, der Aktienerwerb durch einen Mitbewerber offensichtlich der Verdrängung des Unternehmens vom Markt dient oder eine hochgradig kreditfinanzierte Übernahme zur Zerschlagung wesentlicher Teile des Unternehmens führen wird[289]. Überwiegt jedoch bei der Abwägung das Unternehmensinteresse, ist die Weitergabe der Informationen möglich, der Verstoß gegen die Geheimhaltungspflicht aufgrund der bestehenden Befugnis des Vorstands gerechtfertigt.

---

keine gesetzlich geregelte Schweigepflicht besteht und daher die Gefahr gegeben ist, daß die Aktionäre Informationen über die in Aussicht genommene Akquisition weitergeben; vgl. hierzu im Einzelnen auch v. Stebut, S. 96 ff.

[288] Vgl. zu Kriterien bei der Abwägung im Rahmen der GmbH: Götze, ZGR 1999, 202 (229).

[289] Inwieweit die Akquisition aufgrund der Bildung eines faktischen Konzerns gegen den Schutz der Aktionäre verstößt und daher unzulässig ist, kann an dieser Stelle aufgrund der umfassenden Problematik nicht erörtert werden. Vgl. hierzu aber: Hirte, Bezugsrechtsausschluß und Konzernbildung, S. 158 ff. und Wahlers, Kozernbildungskontrole durch die Hauptversammlung der Obergesellschaft, S. 94 f.

Wenn im Einzelfall das Interesse der Gesellschaft an der Akquisition besonders groß ist, jedoch Zweifel bezüglich der nachteiligen Verwendung der Informationen bestehen, kann trotz des Risikos eine Due Diligence durch Einschaltung neutraler Berater durchgeführt werden, die weder mit der Gesellschaft noch mit dem potentiellen Erwerber in einem laufenden Mandatsverhältnis stehen. Diese werden gemeinsam von der Gesellschaft und dem Kaufinteressent beauftragt. Ferner werden sie angewiesen, die ausgewerteten Informationen und Unterlagen nicht an den potentiellen Erwerber weiterzugeben. Sie erstellen vielmehr einen abgekürzten Due-Diligence-Bericht, der sich auf die Auswertung der Prüfungsergebnisse beschränkt. Der ausführliche Due-Diligence-Bericht hingegen wird zu Beweiszwecken in den Akten behalten oder notariell hinterlegt.
Das zuvor Gesagte gilt jedoch nur bei Vorliegen von Anhaltspunkten für das Bestehen großer Mißbrauchsgefahr. Andernfalls reichen die zuvorderst genannten Kriterien für die Rechtfertigung der Durchbrechung der Schweigepflicht aus.

Die vorstehenden Überlegungen haben gezeigt, daß die Schweigepflicht des Vorstands aus § 93 Abs. 1 S. 2 AktG die Durchführung einer Due Diligence nicht grundsätzlich hindert. Vielmehr ist eine Weitergabe von Unternehmensinterna möglich, soweit eine Befugnis des Vorstands zur Weitergabe besteht; eine Befugnis wiederum besteht, wenn bestimmte Voraussetzungen eingehalten werden. So hat der Verhandlungszeitpunkt fortgeschrittener Natur zu sein, ein Letter of Intent und eine Geheimhaltungsvereinbarung für den Fall des Scheiterns der Akquisition müssen vorliegen und darüber hinaus muß der Vorstand nach Abwägung des konkreten Einzelfalls und unter Beachtung des erforderlichen überwiegenden Unternehmensinteresses über die Weitergabe beschließen. Sind diese Voraussetzungen erfüllt, steht das Verbot der Weitergabe von Unternehmensinterna aus § 93 Abs. 1 S. 2 AktG der Durchführung einer Due Diligence nicht entgegen, weil eine Befugnis des Vorstands zur Weitergabe gegeben ist.

bb) Auswirkungen der bestehenden aktienrechtlichen Regelungen auf die Bewertung der Due Diligence als Verkehrssitte

Fraglich ist, welche Folgen die vorstehende Feststellung für die Annahme einer Verkehrssitte der Durchführung einer Due Diligence beim Kauf großer Unternehmen hat. Bestünde ein grundsätzliches, absolutes Verbot der Weitergabe von Unternehmensinterna, so könnte eine Verkehrssitte nicht angenommen werden; denn ein Handeln, durch welches der Vorstand grundsätzlich gegen ein gesetzliches Verbot verstoßen würde, ist als allgemeine Übung nicht denkbar.

Jedoch verhält es sich bei der Geheimhaltungspflicht des Vorstands einer Aktiengesellschaft anders, ein gesetzliches absolutes Verbot der Weitergabe von Informationen besteht gerade nicht. Eine Weitergabe von Informationen ist vielmehr gerechtfertigt bzw. unter Umständen sogar geboten, wenn bestimmte Voraussetzungen vorliegen. Diese Voraussetzungen sind erforderlich, um das Bestehen einer Befugnis bewerten zu können und um zu gewährleisten, daß die weitergegebenen Informationen nicht mißbräuchlich verwendet werden. Sie sind jedoch nicht so streng, daß die Durchführung einer Due Diligence unpraktikabel wird.

Die vom Käufer zu erfüllenden Voraussetzungen -das Inbetrachtziehen einer Due Diligence erst zu einem fortgeschrittenen Verhandlungszeitpunkt, ein Letter of Intent sowie das Treffen von Geheimhaltungsvereinbarungen- sind ihm in vollsten Umfang zuzumuten und hindern die Annahme einer Verpflichtung seinerseits zur Durchführung einer Due Diligence nicht. Auf der anderen Seite erscheinen die vom Vorstand zu erfüllenden Voraussetzungen -eine umfassende Abwägung mit folgendem positiven Vorstandsbeschluß- auch nicht so unerreichbar, daß sie einer Annahme der Verkehrssitte entgegenstünden.

Falls im übrigen die Durchführung einer Due Diligence untersagt wird und der Verkaufsinteressent die Beteiligung trotz Nichtdurchführung einer Due Diligence -aufgrund der Weigerung des Vorstands zur Bewilligung derselben- erwirbt, kann sich das Unternehmen im Falle des Minderwerts der Aktien nicht darauf berufen, daß grob fahrlässige Unkenntnis des Käufers gemäß § 460 S. 2 BGB von den den Minderwert begründenden Umständen bestand. Ein derartiges Verhalten des Vorstands des Unternehmens erscheint treuwidrig und würde den Tatbestand der unzulässigen Rechtsausübung im Sinne des § 242 BGB erfüllen. Denn der Vorstand hat bei Ablehnung der Durchführung einer Due Diligence eben die erforderliche Untersuchung abgelehnt. Ein Berufen im Nachhinein, daß eben diese Untersuchung unterlassen wurde, erscheint nicht zuletzt wegen der faktischen Unmöglichkeit der Durchführung der Due Diligence mißbräuchlich.

Die Verpflichtung des Käufers zur Durchführung einer Due Diligence beim Kauf eines großen Unternehmens ist im Ergebnis daher trotz des grundsätzlich bestehenden gesetzlich Verbots in § 93 Abs. 1 S. 2 AktG zu bejahen. Der Annahme einer Verkehrssitte einer Due Diligence steht die Geheimhaltungspflicht aus § 93 Abs. 1 S. 2 AktG nicht entgegen.

cc) Beurteilung nach den Vorschriften des Wertpapierhandelsgesetzes

Als weitere Vorschriften, welche der Annahme einer Verkehrssitte der Durchführung der Due Diligence beim Kauf großer Unternehmen entgegenstehen

könnten, kommen bei börsennotierten Aktiengesellschaften die Regeln des Wertpapierhandelsgesetzes (WpHG), insbesondere § 14 WpHG, in Betracht. Grundsätzlicher Zweck der Vorschriften des 1994 erlassenen WpHG ist es, die Funktionsfähigkeit der Wertpapiermärkte innerhalb der Europäischen Union sowie der EWR-Vertragsstaaten zu schützen[290]. Eine der zentralen Regelungen des Gesetzes betrifft das Insiderverbot des § 14 WpHG. Durch diese Vorschrift soll der Mißbrauch von Insiderinformationen im Interesse des Anlegerschutzes strafrechtlich bekämpft werden[291].
Im Folgenden werden nunmehr die Voraussetzungen der betroffenen Vorschriften des WpHG speziell in Bezug auf die Frage untersucht, ob die Weitergabe von Informationen innerhalb einer Due Diligence gegen dem WpHG immanente Verbote verstößt bzw. gegebenenfalls unter welchen Voraussetzungen ein etwaig in Betracht kommender Verstoß gerechtfertigt sein kann.

Ein Verbot der Weitergabe der für die Due Diligence relevanten Informationen könnte zunächst § 14 Abs. 1 Nr. 2 WpHG enthalten. Danach ist es einem Primärinsider verboten, eine Insidertatsache einem anderen unbefugt mitzuteilen oder zugänglich zu machen.
Damit der Vorstand einer Aktiengesellschaft dem Verbot unterfällt, müßte der Vorstand einer Aktiengesellschaft ein „Insider" im Sinne der Vorschrift ist. Wer Insider ist, ergibt sich aus § 13 Abs. 1 Nr. 1 WpHG. Danach ist Primärinsider, wer als Mitglied der Geschäftsführungs- oder Aufsichtsorgans des Emittenten, also aufgrund seines Berufes, seiner Tätigkeit oder seiner Aufgabe, bestimmungsgemäß Kenntnis von einer nicht öffentlich bekannten Tatsache hat, die sich auf Insiderpapiere bezieht[292].
Der Vorstand einer Aktiengesellschaft ist das Geschäftsführungsorgan der Aktiengesellschaft. Jede Aktiengesellschaft widerrum ist gemäß § 13 Abs. 1 WpHG Emittent von Insiderpapieren, wenn ihre Aktien -auch nur zum Teil- zum Bör-

---

290 BT-Drucks. 12/ 6679, 45; Richtlinie der Europäischen Gemeinschaften vom 13.11.1989 (89/ 592/ EWG), Einleitung; vgl auch Schäfer/ Schäfer, Vor § 12 Rn. 15; Claussen, Insiderhandelsverbot und Ad-Hoc-Publizität, Rn. 6; Kümperl, 14.86 ff.; Siebold, Das neue Insiderrecht, S.96 f.; Mennicke, S. 480; Roschmann/ Frey, AG 1996, 449 (452).
291 Vgl. Begr. zur Regierungserklärung, BT-Drucksache 12/ 6679, S. 34 f.
292 Vgl. auch ausführlich zu diesem Kriterium: Schäfer/ Schäfer, § 13 Rn. 4 ff.; Claussen, Insiderhandelsverbot und Ad-Hoc-Publizität, Rn. 9; Schimansky/ Lwoski/ Bunte/ Hopt, § 107 Rn. 9; Siebold, Das neue Insiderrecht, S. 128 ff.; Assmann, AG 1994, 237 (239); Hopt, AG 1995, 353 (354); Weber, BB 1995, 157 (158); Weimann, DStR 1998, 1556 (1558).

senhandel zugelassen sind[293]. Folglich ist der Vorstand einer Aktiengesellschaft Organ eines Emittenten und damit Primärinsider im Sinne des § 13 Abs. 1 Nr. 1 WpHG[294]. Der personale Anwendungsbereich des § 14 Abs. 1 Nr. 1 WpHG ist somit bezüglich des Vorstands einer Aktiengesellschaft eröffnet.

Darüber hinaus müßte der sachliche Anwendungsbereich greifen, d.h. es müßte sich bei einer Aktie um ein Insiderpapier im Sinne des WpHG handeln. Nach § 12 Abs. 1 Nr. 1 WpHG sind Insiderpapiere unter anderem Wertpapiere, die an einer inländischen Börse oder im Freiverkehr zugelassen sind.

Eine Aktie ist ein Wertpapier im Sinne des § 2 WpHG und erfüllt mithin das erste Erfordernis eines Insiderpapiers im Sinne des § 12 Abs. 1 Nr. 1 WpHG[295]. Zweite Voraussetzung für die Bejahung der Eigenschaft als Insiderpapier ist, daß das betreffende Wertpapier an einer inländischen Börse zum Handel oder im Ausland an einem staatlich überwachten, regelmäßig stattfindenden Markt, der der Öffentlichkeit direkt oder indirekt offensteht, zugelassen ist[296]. Unter den Begriff „Börse" ist hierbei in Deutschland neben dem Amtlichen Handel (§ 36 BörsG) und dem Geregelten Markt (§ 78 BörsG) auch der Freiverkehr zu subsumieren, da auch in diesem Marktsegment das Insiderhandelsverbot zur Vertrauensbildung beitragen soll[297].

---

[293] Schäfer/ Schäfer, § 13 Rn. 9; Claussen, Insiderhandelsverbot und Ad-Hoc-Publizität, Rn. 9 f.; Siebold, Das neue Insiderrecht, S. 129; Kiethe, NZG 1999, 976 (980); Müller, NJW 2000, 3452 (3456); Schroeder, DB 1997, 2161 (2163); Weimann, DStR 1998, 1556 (1558).

[294] Assmann/ Schneider/ Assmann, § 13 Rn. 7; Schäfer/ Schäfer, § 13 Rn. 10; Becker, Das neue Wertpapierhandelsgesetz, S. 59 f.; Schimansky/ Lwoski/ Bunte/ Hopt, § 107 Rn. 9; Schweizer, Insiderrecht, S. 124; Siebold, Das neue Insiderrecht, S. 129; Weber, BB 1995, 157 (158); insgesamt ist anzumerken, daß das deutsche Recht den Begriff des Insiders sehr weit faßt; grundsätzlich ist jeder, der über Informationen verfügt, Insider im Sinne des § 14 WpHG, auch wenn er sie gar nicht benutzt. Die Differenzierung zwischen Primär- und Sekundärinsider ist von Bedeutung hinsichtlich der verschiedenen Verbotstatbestände. Da hier jedoch der Begriff des Primärinsiders erfüllt ist, soll nicht weiter auf die Differenzierung eingegangen werden.

[295] Becker, Das neue Wertpapierhandelsgesetz, S. 68; Claussen, Insiderhandelsverbot und Ad-Hoc-Publizität, Rn. 28; Schweizer, Insiderrecht, S. 126; Siebold, Das neue Insiderrecht, S. 224; Claussen, DB 1994, 27 (30).

[296] Assmann/ Schneider/ Assmann, § 12 Rn. 2; Schäfer/ Schäfer, § 12 Rn. 3; Claussen, Insiderhandelsverbot und Ad-Hoc-Publizität, Rn. 28; Schimansky/ Lwoski/ Bunte/ Hopt, § 107 Rn. 29; Schweizer, S. 126; Siebold, Das neue Insiderrecht, S. 225; Claussen, DB 1994, 27 (30); Weber, BB 1995, 157 (164).

[297] Assmann/ Schneider/ Assmann, § 12 Rn. 2; Schäfer/ Schäfer, § 12 Rn. 4; Becker, Das neue Wertpapierhandelsgesetz, S. 67; Claussen, Insiderhandelsverbot und Ad-Hoc-Publizität, Rn. 28; Schimansky/ Lwoski/ Bunte/ Hopt, § 107 Rn. 29; Schweizer, S. 126; Siebold, Das neue Insiderrecht, S. 127 f., 225 f.; Caspari, ZGR 1994, 530 (533); Claussen, DB 1994, 27 (30).

Ein Verstoß gegen das WpHG durch Weitergabe von Informationen im Rahmen einer Due Diligence kann als Folge dieser Erfordernisse nur dann vorliegen, wenn die Aktien der betroffenen Zielgesellschaft, an der eine Beteiligung verkauft wird, börsennotiert sind, also auf den Kapitalmärkten gehandelt werden[298]. Andernfalls handelt es sich bei der Aktie nicht um ein Insiderpapier und das Verbot des § 14 Abs. 1 Nr. 2 WpHG steht der Annahme einer Verkehrssitte nicht entgegen[299].

Um den Tatbestand des § 14 WpHG zu erfüllen, müßte es sich darüber hinaus bei den im Sinne der Due Diligence relevanten Tatsachen um Insidertatsachen handeln. Eine Insidertatsache ist gemäß § 13 Abs. 1 WpHG jede nicht öffentliche Tatsache, die sich auf einen oder mehrere Emittenten von Insiderpapieren oder auf Insiderpapiere selbst bezieht und die geeignet ist, im Falle ihres öffentlichen Bekanntwerdens den Kurs der Aktie erheblich zu beeinflussen[300]. Als Insidertatsachen anerkannt sind insbesondere Gesellschaftsinformationen wie Umsatz und Ertrag, Mitteilungen über Dividenden und Kapitalerhöhungen, Bezugsrechtsausschlüsse, Maßnahmen über Kapitalverwässerung und Übernahmeangebote[301]. Gerüchte, Werturteile, Ansichten und Rechtsauffassungen sind hingegen keine Tatsachen im Sinne dieser Vorschrift und unterfallen daher keiner Haftung aus § 14 WpHG[302].

Bei der Due Diligence erhält der Erwerber -jedenfalls zum Teil- wichtige Informationen über das Unternehmen, an dessen Gesellschaft Anteile veräußert werden sollen, so etwa Daten über Erträge oder Umsätze der Gesellschaft und

---

[298] Schimansky/ Lwoski/ Bunte/ Hopt, § 107 Rn. 29; Roschmann/ Frey, AG 1996, 449 (452).

[299] Bezüglich der dann dennoch einzuhaltenden Voraussetzungen hinsichtlich des § 93 Abs. 1 S. 2 AktG sei auf oben verwiesen.

[300] Vgl. zu diesem Merkmal ausführlich: Assmann/ Schneider/ Assmann, § 13 Rn. 32; Schäfer/ Schäfer, § 13 Rn. 35 ff.; Becker, Das neue Wertpapierhandelsgesetz, S. 65; Claussen, Insiderhandelsverbot und Ad-Hoc-Publizität, Rn. 26; Deutsche Börse AG, Insiderhandelsvebote, S. 11; Kümpel, 14. 96; Siebold, Das neue Insiderrecht, S. 231 ff.; Caspari, Insiderrecht und Ad-hoc-Publizität, 65 (68 f.); Claussen, DB 1994, 27 (30); Kiethe, NZG 1999, 976 (980); Roschmann/ Frey, AG 1996, 449 (453); Weber, BB 1995, 157 (162 f.); Weimann, DStR 1998, 1556 (1558).

[301] Claussen, Insiderhandelsverbot und Ad-Hoc-Publizität, Rn. 21; Siebold, Das neue Insiderrecht, S. 233; Claussen, DB 1994, 27 (30); Roschmann/ Frey, AG 1996, 449 (453).

[302] Assmann/ Schneider/ Assmann, § 13 Rn. 33f ff.; Schäfer/ Schäfer, § 13 Rn. 39; Caspari, Insiderrecht und Ad-hoc-Publizität, 65 (68); Kümpel, 14.97; Schimansky/ Bunte/ Lwoski/ Hopt, BankrechtHd. § 107 Rn. 21; Siebold, Das neue Insiderrecht, S. 108; Assmann, AG 1994, 237 (241); 1997, 50 (50); Weber, BB 1995, 157 (163).

ähnliches[303]. Diese Informationen können sowohl positiv als auch negativ sein. Auf jeden Fall jedoch sind sie in der Regel geeignet, den Kurs der Aktie nach oben, aber auch nach unten zu beeinflussen, wenn sie bekanntwerden.
Jedoch ist nicht lediglich erforderlich, daß die Tatsache den Kurs der Aktie überhaupt beeinflussen kann. Vielmehr ist maßgeblich, daß die Tatsache geeignet ist, den Kurs der Aktie im Falle ihres öffentlichen Bekanntwerdens „erheblich“ zu beeinflussen[304]. Rechtsprechung, wann eine Kursbeeinflussung erheblich ist, existiert bislang noch nicht. Im Schrifttum wird überwiegend eine erhebliche Kursbeeinflussung angenommen, wenn eine Kursausschlag von 5-10 % zu erwarten ist[305]. Einigkeit besteht jedoch auch darin, daß die Prognose der erheblichen Kursbeeinflussung aufgrund der Würdigung der Umstände des Einzelfalls beurteilt werden muß[306].
Bezüglich der Due Diligence läßt sich folgendes sagen: Die Due Diligence hat typischerweise das Ziel, wesentliche Risiken und wertbildende Faktoren des Unternehmen der Zielgesellschaft zu ermitteln, um diese der Kaufentscheidung und Vertragsgestaltung zugrunde zu legen. Wenn Informationen ausschlaggebend für eine Kaufentscheidung sind, so sind sie in der Regel auch geeignet, Kursschwankungen von 5-10 % auszulösen. Informationen, die im Zuge der Due Diligence offengelegt werden, können somit -ihre Veröffentlichung unterstellt- zu erheblichen Kursbeeinflussungen führen[307]. Insgesamt können sie daher -wobei hier grundsätzlich eine Beurteilung für den Einzelfall zu treffen ist- das Tatbestandsmerkmal der Insidertatsache erfüllen.

Weitere Voraussetzung einer Haftung nach § 14 Abs. 1 Nr. 2 WpHG ist, daß die Vorstandsmitglieder die Information „unbefugt“ weitergegeben haben, ihnen also die Berechtigung zur Weitergabe fehlte.

---

[303] Kiethe, NZG 1999, 976 (980); Schroeder, DB 1997, 2161 (2164).
[304] Vergleiche der eindeutige Wortlaut des § 13 Abs. 1 WpHG.
[305] Schimansky/ Bunte/ Lwowski/ Hopt, Bankhdb. § 107 Rn. 25; Caspari, Insiderrecht und Ad hoc-Publizität, 65 (74); Schweizer, Insiderverbot, S. 123; Claussen, Insiderhandelsverbot und Ad hoc-Publizität, Rn. 35; Deutsche Börse AG, Insiderhandelsverbot, S. 24; Kümpel, 14.128 ff; Assmann, ZGR 1994, 494 (515); Caspari, ZGR 1994, 530 (541); Kiethe, NZG 1999, 976 (980); Kümpel, WM 1994, 2137 (2141); Müller, NJW 2000, 3452 (3456); Schroeder, DB 1997, 2161 (2164); Weber, BB 1995, 157 (164); ausführlich zu den vertretenen Auffassungen: Schäfer/ Schäfer, § 13 Rn. 60.
[306] Assmann/ Schneider/ Assmann, § 13 Rn. 61; Kümpel, WM 1994, 2137 (2139); Weber, BB 1995, 157 (164).
[307] So auch: Kiethe, NZG 1999, 976 (980); Schroeder, DB 1997, 2161 (2164).

Anders als in dem vergleichbaren Straftatbestand des § 404 AktG[308] ist das Merkmal „unbefugt“ im Sinne des § 14 Abs. 1 Nr. 2 WpHG nicht als allgemeines Verbrechensmerkmal, sondern vielmehr als Tatbestandsmerkmal zu betrachten[309]. Denn einerseits enthält die Tathandlung der Mitteilung oder Zugänglichmachung einer nicht öffentlichen Tatsache an sich noch keinen Unrechtsgehalt[310], und andererseits hätte es nahegelegen, würde es sich lediglich um das allgemeine Merkmal der Rechtswidrigkeit handeln, dies auch in den beiden anderen Insiderverboten des § 14 Abs. 1 WpHG -etwa durch Aufnahme des Merkmals „unbefugt“ in den Obersatz- hervorzuheben[311].

Die Eigenschaft als Tatbestandsmerkmal hat zur Folge, daß die Weitergabe der Information nicht die Rechtswidrigkeit indiziert ist und das Handeln nur durch spezielle Rechtfertigungsgründe gerechtfertigt wird. Vielmehr ist von vorne herein nur die Weitergabe tatbestandsmäßig, die unter Umständen geschieht, die die Tat des § 14 Abs. 1 Nr. 2 WpHG als Unrecht erscheinen lassen. Als Unrecht widerrum ist die Weitergabe dann zu werten, wenn die Befugnis zur Weitergabe fehlt. Fraglich ist daher, wann Vorstandsmitglieder im Sinne des § 14 Abs. 1 Nr. 2 WpHG zur Weitergabe befugt sind.

Gesetzlich ist dies nicht näher definiert. Zu berücksichtigen ist aber bei der Auslegung, daß die Vorschriften des WpHG die sogenannte Insiderrichtlinie[312], die dem Schutz des Anlegers und der Funktionsfähigkeit der Kapitalmärkte dient, in nationales Recht umzusetzen. Der im Falle der Due Diligence betroffene § 14 Abs. 1 Nr. 2 WpHG geht zurück auf Art. 3 lit. a der Richtlinie[313]. Diese Vorschrift untersagt Personen die Weitergabe von Insiderinformationen, soweit dies nicht in einem normalen Rahmen in Ausübung ihrer Arbeit oder ihres Berufes oder in Erfüllung einer Aufgabe geschieht. Da der Begriff richtlinienkonform ausgelegt werden muß, besteht Einigkeit darüber, daß Insider Informationen nur dann befugt weitergeben dürfen, wenn dies eben im normalen Rahmen in Ausübung ihrer Arbeit, ihres Berufes oder in Erfüllung ihrer Aufgaben ge-

---

[308] Insoweit vergleichbar, als daß auch § 38 Abs. 1 i.V.m. § 14 Abs. 1 Nr. 2 WpHG einen Straftatbestand darstellt.

[309] Assmann/ Schneider/ Assmann/ Cramer, § 14 Rn. 47; Schäfer/ Schäfer, § 14 Rn. 19; Caspari, ZGR 1994, 530 (545); Götz, DB 1995, 1949 (1949); Roschmann/ Frey, AG 1996, 449 (452); Schmidt-Diemitz, DB 1996, 1809 (1810); Süßmann, AG 1999, 162 (163).

[310] Becker, Das neue Wertpapierhandelsgesetz, S. 55; Caspari, ZGR 1994, 530 (545).

[311] Schäfer/ Schäfer, § 14 Rn. 19; Götz, DB 1995, 1949 (1949).

[312] RL 89/ 592/ EWG, ABlEG Nr. L 334/ 30 v. 18.11.1989.

[313] Assmann/ Schneider/ Assmann/ Cramer, § 14 Rn. 48; Schäfer/ Schäfer, § 14 Rn. 19; Schimanski/ Beute/ Lwowski/ Hopt, § 107 Rn. 40; Kiethe, NZG 1999, 976 (980).

schieht[314]. Entscheidend ist mithin, was man unter Berücksichtigung des Interesses an der Geringhaltung des Insiderkreises als „normale" aufgaben-, tätigkeits- oder berufsberechtigte Weitergabe versteht.

Feststeht, daß die Vorstandsmitglieder der Zielgesellschaft grundsätzlich dann in Erfüllung ihrer Aufgaben handeln, wenn die Weitergabe der Informationen innerhalb der Due Diligence unter Beachtung ihrer Anstellungsverträge und der gesetzlichen Vorschriften erfolgt. Feststeht insoweit ferner, daß in zwei Fallkonstellationen die Weitergabe grundsätzlich als befugt anzusehen ist: Das ist einmal der Fall, wenn die Weitergabe innerbetrieblichen Erfordernissen entspricht, zum Beispiel bei der Mitteilung der Informationen von dem Vorstand an den Aufsichtsrat wegen eines Geschäftes, das der Zustimmung des Aufsichtsrates nach § 111 Abs. 4 AktG bedarf[315]. Zum anderen soll die Weitergabe von Insidertatsachen befugt sein, wenn sie an Anwälte, Notare, Wirtschaftsprüfer, Kreditinstitute, Unternehmensberater oder sonst externe Berater erfolgt[316]. Diese stellen Personen dar, die die Informationen zur Ausübung ihrer Arbeit oder ihres Berufes oder zur Erfüllung ihrer Aufgaben benötigen. Vor derartigen Handlungen soll und muß der Anleger nicht durch § 14 WpHG geschützt werden, eine Weitergabe ist zulässig.

Etwas anderes muß allerdings gelten, wenn die Weitergabe der Insidertatsache die konkrete Gefahr des Mißbrauchs begründet und daher der Wertpapierhandel gefährdet ist. Aufgabe des Tatbestandsmerkmals „unbefugt" ist es, insoweit die Grenze zwischen erlaubter und verbotener Mitteilung einer Insidertatsache zu ziehen.

Fraglich ist, wo genau diese Grenze liegt und welche Kriterien zur Grenzziehung herangezogen werden können. Dies wird im Schrifttum unterschiedlich beurteilt.

---

[314] Assmann/ Schneider/ Assmann/ Cramer, § 14 Rn. 48; Schäfer/ Schäfer, § 14 Rn. 19; Claussen, Insiderhandelsverbot und Ad hoc-Publizität, Rn.43; Deutsche Börse AG, Insiderhandelsverbote, S. 14; Schimansky/ Lwoski/ Bunte/ Hopt, § 107 Rn. 40; Schweizer, Insiderrecht, S. 133; Benner-Heinacher, DB 1995, 765 (766); Kiethe, NZG 1999, 976 (980); Süßmann, AG 1999, 162 (169).

[315] Assmann/ Schneider/ Assmann/ Cramer, § 14 Rn. 49; Kümpel, Rn. 14.198; Schmidt-Diemitz, DB 1996, 1809 (1810).

[316] Assmann/ Schneider/ Assmann/ Cramer, § 14 Rn. 56; Schmidt-Diemitz, DB 1996, 1809 (1810).

aaa) Erste Ansicht

Nach einer Ansicht[317] soll eine Abwägung zwischen den Interessen des Insiders an seiner Berufsausübung und den Zielen des Insiderrechts vorzunehmen sein[318]. Der Begriff der „normalen" aufgaben-, tätigkeits- oder berufsbedingten Weitergabe müsse nicht objektiv-empirisch, sondern vielmehr normativ gedeutet werden. Dies ergebe sich daraus, daß „normal" aus zwei Gründen nicht im Sinne von „üblich" verstanden werden dürfe: Zum einen müsse nach Erlaß des Insiderrechts auch bis dahin übliches Verhalten unter der Zielsetzung des Gesetzes neu betrachtet werden; zum anderen muß aber auch nach dem Erlaß das als befugt gelten, was zwar nicht üblich, aber als aufgaben-, tätigkeits- oder berufsbedingt geboten und damit als gerechtfertigte Weitergabe anzusehen ist. An dieser Stelle komme die normative Deutung des Begriffs zum Tragen.

Die normative Bedeutung des Begriffes hat zur Folge, daß nicht generell eine Befugnis des Vorstands zur Weitergabe abzulehnen ist, sondern vielmehr per Interessenabwägung zwischen den Zielen des Insiderrechts und den Interessen desjenigen, der im Rahmen seines Berufes, seiner Tätigkeit oder seiner Aufgabe Insidertatsachen weitergibt, zu entscheiden ist, ob eine Befugnis zur Weitergabe besteht. Eine derartige Befugnis bestehe, wenn die Weitergabe in Wahrnehmung berechtigter und sich gegenüber den Zielen des Insiderrechts durchsetzender Interessen erfolge.

Erforderlich für eine berechtigte Weitergabe im Einzelfall ist daher nach dieser Ansicht, daß eine ordnungsgemäße Interessenabwägung vorliegt, die im Ergebnis das Interesse an der Weitergabe als höherwertig gegenüber der absoluten Geheimhaltung der Informationen ansieht. Darüber hinaus müsse durch Vereinbarung einer Schweigepflicht die Mißbrauchsgefahr in bestmöglichem Maße eingedämmt werden.

bbb) Zweite Ansicht

Eine andere Ansicht hingegen legt das Merkmal der Befugnis im Sinne des § 14 Nr. 2 WpHG restriktiv aus[319]. Der Vorstand sei generell nicht berechtigt, außer in den genannten Ausnahmegruppen, Insiderinformationen an Dritte weiterzugeben. Der Kreis derjenigen, die Kenntnis von Insidertatsachen haben, solle so klein wie eben möglich gehalten werden, um das Risiko des Insidergeschäfts zu

---

[317] Assmann/ Schneider/ Assmann/ Cramer, § 14 Rn. 48 d und 88 a ff.; Schimanski/ Beute/ Lwowski/ Hopt, § 107 Rn. 61; Assmann, AG 1997, 50 (56); Kiethe, NZG 1999, 976 (980); Roschmann/ Frey, AG 1996, 449 (453); Schroeder, DB 1997, 2161 (2165).

[318] Ohne das Fordern bestimmter Voraussetzungen die Befugnis zur Weitergabe bejahend: Müller, NJW 2000, 3452 (3456).

[319] Kümpel, Rn. 14.192 ff.; Weimann, DStR 1998, 1556 (1560 f.).

minimieren[320]. Eine Weitergabe ist somit nur in wenigen Ausnahmefällen möglich, keinesfalls zur Durchführung einer Due Diligence. Eine Abwägung passe in diesem Zusammenhang nicht, da mit ihr das Ziel des Insiderrechts, die Eindämmung der Gefahr des Mißbrauchs von Insiderinformationen, nicht gewährleistet sei.

ccc) Eigener Ansatz

Schutzzweck der Insiderrichtlinie und der Insidervorschriften des WpHG, speziell § 14 WpHG, ist die Aufrechterhaltung der Funktionsfähigkeit des Wertpapierhandels und der Schutz der Anleger. Dies sei voranzustellen und grundsätzlich bei allen Überlegungen vor Augen zu führen.

Für das Vertrauen der Anleger ist maßgeblich, daß diese gleichbehandelt werden und gegen die unrechtmäßige Verwendung von Insiderinformationen geschützt werden. Durch die Weitergabe von Insiderinformationen an einen Unternehmenskäufer erhält dieser einen Informationsvorsprung gegenüber anderen Anlegern, da die mitgeteilten Insiderinformationen gewiß ausschlaggebend für dessen Kaufentscheidung sind. Durch die Durchführung einer Due Diligence wird der Kaufinteressent mithin gegenüber den Kapitalmarktteilnehmern ungleich behandelt, denen solche Informationen nicht offenstehen, so daß theoretisch der Schutzzweck des WpHG betroffen ist. Für die restriktive Auslegung des Begriffes der unbefugten Weitergabe spricht, daß durch sie eine solche Situation verhindert wird und ein umfassender Schutz von Insiderinformationen möglich ist. Die Gefahr des Mißbrauchs kann durch diese Art der Auslegung in hohem Maße eingedämmt werden.

Fraglich ist jedoch, ob man nicht auch auf anderem Wege an dieses Ziel gelangt, auf einem Weg, der unter Umständen dabei in Bezug auf die Handlungsfähigkeit der Gesellschaft weniger einschneidend ist. Die Aufrechterhaltung der Handlungsfähigkeit des Vorstands ist bei der Überlegung der Befugnis nicht außer acht zu lassen. Durch eine restriktive Auslegung wird der Handlungsspielraum, der dem Vorstand nach § 76 AktG zusteht, erheblich eingeschränkt. Die Möglichkeit der Interessenwahrnehmung für die Gesellschaft wird dem Vorstand auf diese Weise entzogen. Ein Corporate Governement ist nicht mehr möglich. Dies kann unter Umständen eine Gefahr für die Gesellschaft in sich bergen, etwa wenn das Interesse der Gesellschaft an der Weitergabe wegen der sonst scheiternden Akquisition groß ist[321].

Ferner erscheint unwahrscheinlich, daß der Gesetzgeber durch eine neu geschaffene Vorschrift, die vor allem nicht in das die Befugnisse des Vorstands

---

[320] Kümpel, Rn. 14.195.

[321] Siehe hierzu Ausführungen oben unter 2. Teil, 2. Kapitel, A I 3.

grundlegend regelnde Aktiengesetz eingefügt wurde, die Befugnisse des Vorstands gänzlich neu definieren wollte. Die Vorschrift muß vielmehr in das bestehende Regelungssystem eingefügt werden und muß im Zusammenspiel mit den geltenden Grundsätzen des Aktienrechts gesehen werden. Insbesondere gilt dies, wenn man die zur Diskussion stehende Auslegungsgrundlage des Begriffes „unbefugt" heranzieht. Danach ist eine Weitergabe befugt, soweit sie im normalen Rahmen der Ausführung der Arbeit oder des Berufes oder in Erfüllung der Aufgaben geschieht. Wird daher eine Information vom Vorstand ohne Verstoß gegen § 93 Abs. 1 S. 2 AktG weitergegeben und entspricht sie den normalen Verfahrensabläufen einer Due Diligence, so ist die Weitergabe als befugt anzusehen, soweit gewährleistet ist, daß der Gefahr eines Mißbrauchs mit bestmöglichen Voraussetzungen Abhilfe geleistet wurde.
Ist eine Einhaltung des Schutzzwecks des WpHG daher ohne erhebliche Einschränkungen der Handlungsfreiheit des Vorstands möglich, findet sich also ein alternativer Weg, der ebenfalls dem Schutzzweck des WpHG nachkommt, so sollte dieser gewählt werden.
Als ein solcher Weg kommt eine Abwägung der sich im Einzelfall gegenüber stehenden Interessen in Betracht, wie ihn die erste Ansicht vorschlägt. Sollte im Einzelfall das Interesse der Gesellschaft an der Weitergabe überwiegen, muß eine Due Diligence möglich sein. Der Mißbrauch der Informationen sollte durch Aufstellung bestimmter, grundsätzlich zu fordernder Kriterien verhindert werden. So darf die Due Diligence nur in fortgeschrittenen Verhandlungsstadium durchgeführt werden, die Ernsthaftigkeit des Erwerbsinteresses muß im konkreten Fall immer einer Prüfung unterzogen werden, wobei sich das Erwerbsinteresse in einem Letter of Intent manifestiert haben muß; ferner ist unerläßliche Voraussetzung der Zulässigkeit der Due Diligence das Vorliegen einer Geheimhaltungsvereinbarung.
Liegen diese Voraussetzungen vor, so ist die Gefahr des Mißbrauchs eingedämmt und daher die Funktionsfähigkeit des Wertpapiermarktes gesichert. Auf diese Weise kann mithin alternativ zum völligen Weitergabeverbot das Ziel des WpHG erreicht werden. Diese Alternative stellt darüber hinaus ein milderes Mittel dar, weil auf diese Weise die Handlungsfreiheit des Vorstands und die Möglichkeit der effektiven Aufgabenwahrnehmung gesichert werden kann. Zudem ist zu beachten, daß durch das Insiderverbot des § 14 Abs. 1 Nr. 2 WpHG der Kreis der Sachverhalte, die unter das Insiderverbot fallen nicht weiter als erforderlich gezogen werden sollte, um dem Informanten die Ausübung von Beruf, Tätigkeit oder Aufgabe im üblichen Rahmen zu ermöglichen.

Nicht außer acht zu lassen ist ferner, daß der Erwerber einer wesentlichen Beteiligung in der Regel unternehmerischen Einfluß auf die Gesellschaft ausüben will. Hierzu muß er bereits im Vorfeld seiner Erwerbsentscheidung in die Lage versetzt werden, die Erfolgsaussichten seiner unternehmerischen Beteiligung beurteilen zu können. Soweit dann bei der Weitergabe der Information Mißbräuche verhindert werden, insbesondere die Voraussetzungen eingehalten werden, unter denen eine Weitergabe nach § 93 Abs. 1 S. 2 AktG möglich ist, wird das Vertrauen der Anleger in die Funktionsfähigkeit der Kapitalmärkte nicht beeinträchtigt.

Darüber hinaus ist zu bedenken, daß es zur Due-Diligence-Prüfung -jedenfalls soweit eine typische Konstellation vorliegt- nur in den Fällen kommt, in denen der Erwerbsvorgang außerhalb des amtlichen Börsenhandels stattfindet. Hierin ist ein wichtiger Unterschied zu dem Anleger zu sehen, der Aktien über den Kapitalmarkt bezieht; ein Einschnitt in die Funktionsfähigkeit der Kapitalmärkte wird mithin gerade nicht vorgenommen[322].

Für eine Weitergabe von Insiderinformationen im Rahmen einer Due Diligence hat der Vorstand einer Aktiengesellschaft somit die Befugnis und verstößt damit nicht gegen § 14 Abs. 1 Nr. 2 WpHG, wenn er -genauso wie bei der Rechtfertigung des Verstoßes gegen die Schweigepflicht des Vorstands aus § 93 Abs. 1 S. 2 AktG- eine Interessenabwägung zwischen den sich gegenüberstehenden Interessen vorgenommen hat und zudem durch Voraussetzung bestimmter Kriterien eine Gefahr des Mißbrauchs der Informationen minimiert ist.

dd) Auswirkungen der bestehenden wertpapierrechtlichen Regelungen auf die Bewertung der Due Diligence als Verkehrssitte

Im Ergebnis läßt sich auch bezüglich des in § 14 Abs. 1 Nr. 2 WpHG geregelten Verbots der Weitergabe von Insiderinformationen feststellen, daß dieses nicht absolut gilt, sondern vielmehr eine Weitergabe unter bestimmten Voraussetzungen als befugt anzusehen ist. Das Verbot des § 14 Abs. 1 Nr. 2 WpHG steht daher der Annahme einer Verkehrssitte nicht entgegen. Der Käufer eines Anteils einer Aktiengesellschaft hat somit eine Due Diligence durchzuführen, um dem Vorwurf der groben Fahrlässigkeit nach § 460 S. 2 BGB im Falle des Auftretens von Fehlern zu entgehen.

---

[322] So auch die RegE zu § 14 Abs. 1; vgl. ferner Schimansky/ Lwowski/ Bunte/ Hopt, § 107 Rn. 61; Kiethe, NZG 1999, 976 (980) Müller, NJW 2000, 3452 (3453); Werner, ZIP 2000, 989 (992).

b) Informationsordnung innerhalb der GmbH, bestehende Geheimhaltungspflichten bei der GmbH sowie Anforderungen zur Durchbrechung der Geheimhaltungspflicht

Fraglich ist, ob für die Rechtsform der GmbH ebenfalls eine derartige Feststellung getroffen werden kann oder ob vielmehr bei der GmbH gesetzliche Verbote der Annahme einer Verkehrssitte entgegen stehen. Festgestellt werden muß hierfür zunächst, von wem der Interessent die für die Due Diligence erforderlichen Informationen erhalten kann, also ob die Informationsweitergabe durch den veräußerungswilligen Gesellschafter oder den Geschäftsführer einer GmbH erfolgt. Darüber hinaus wird untersucht, ob und wenn ja unter welchen Voraussetzungen eine Informationsweitergabe zulässig ist.

aa) Informationsweitergabe durch den grundsätzlich zu § 51 a GmbHG berechtigten veräußerungswilligen Gesellschafter

Die Informationsordnung in der GmbH differiert zu der in der Aktiengesellschaft und stellt sich bezüglich der Erlangung von Informationen für den Gesellschafter[323] günstiger dar[324]. Während bei der Aktiengesellschaft die Aktionäre nur während der Hauptversammlung Fragen an den Vorstand stellen können, erlaubt es § 51 a GmbHG dem Gesellschafter, jede Frage an die Geschäftsführung zu stellen, unabhängig davon, welche Größe sein Anteil hat. Zu beachten ist hierbei, daß der Gesellschafter einer GmbH nicht nur Fragen und Rückfragen stellen kann und diese notfalls auch gemäß § 51 b GmbHG durchsetzen kann[325]. Der Gesellschafter kann nach § 51 a Abs. 1 GmbHG vielmehr auch selbst Einsicht in die Bücher und Schriften der Gesellschaft nehmen und auf diese Weise seinen Wunsch nach Informationen befriedigen[326]. Soweit hierbei sein fachliches Wissen nicht ausreicht, kann er einen Sachverständigen oder einen speziell mit der Wertfeststellung beauftragten Wirtschaftsprüfer an seine Seite nehmen und als seinen Gehilfen Einsicht vor Ort nehmen lassen[327]. Hierbei muß es sich

---

[323] Informationsrechte des Kaufinteressenten selbst kommen nicht in Betracht, vgl. Götze, ZGR 1999, 202 (206).

[324] Bihr, BB 1998, 1198 (1199)

[325] Vgl. BGH, WM 1988, 121 (122); OLG Karlsruhe, GmbHR 1985, 362 (363); OLG Hamburg, GmbHR 1987, 480 (480); BayObLG, GmbHR 1989, 204 (205); OLG Frankfurt, GmbHR 1991, 577 (577); OLG Saarbrücken, GmbHR 1994, 474 (475):

[326] Roth/ Altmeppen, § 51 a Rn. 8; Scholz/ Schmidt, § 51 a Rn. 15, 27; Lutter, FS für Schippel, 455 (459); v. Bitter, ZIP 1981, 825 (826); Müller, GmbHR 1987, 87 (87); Oppenländer, GmbHR 2000, 535 (537).

[327] BayObLG, GmbHR 1989, 204; Baumbach/ Hueck/ Zöllner, § 51 aRn. 19; Hachenburg/ Hüffer, § 51 a Rn. 15, 45 m.w.N.; Lutter/ Hommelhoff, § 51 a Rn. 4; Scholz/ Schmidt, § 51 a Rn. 15, 27; v. Bitter, ZIP 1981, 825 (828); Bihr, BB 1998, 1198 (1199); Goerdeler, FS für Stimpel, 125 (126 ff.); Bremer, GmbHR 2000, 176 (177); Hirte, BB 1985, 2208 (2209).

jedoch in der Regel um einen Sachverständigen handeln, der der beruflichen Schweigepflicht unterliegt.

aaa) Inhalt des Anspruchs

Gegenstand der Informationen sind die Angelegenheiten der Gesellschaft[328]. Zu solchen gehören zunächst alle das Gesellschaftsvermögen oder die Unternehmensführung betreffenden und alle für die Gewinnermittlung und -verwendung wesentlichen Tatsachen, aber auch sonst alle rechtlichen und wirtschaftlichen Verhältnisse innerhalb der GmbH oder gegenüber Dritten[329]. Angelegenheiten der Gesellschaft sind etwa der Vermögensbestand und die Anlage des Gesellschaftsvermögens, Erwerbs- und Veräußerungsabsichten, unternehmerische Planungen und Maßnahmen, Rechtsverhältnisse gegenüber Behörden und privaten Dritten, Geschäftsverbindungen, Beteiligungen und geplante Beteiligungen, die wirtschaftliche Lage von Geschäftspartnern und ähnliches[330]. Eben jene Fakten machen den Inhalt einer Due Diligence aus, so daß ein Gesellschafter theoretisch mit Hilfe des § 51 a GmbHG die für die Durchführung einer Due Diligence erforderlichen Informationen erlangen kann.

bbb) Einschränkungen des Anspruchs

Zu beachten sind jedoch etwaige Einschränkungen dieses an sich weiten Informationsanspruchs. Der Grund der Frage spielt zwar in diesem Zusammenhang keine Rolle. Das Informationsrecht nach § 51 a GmbHG ist zwar an kein „berechtigtes Anliegen" etwa nur zur Kontrolle der Geschäftsführung, zur Vorbereitung zu einer Beschlußfassung, zur Gewinnausschüttung oder Kapitalerhöhung geknüpft, sondern steht im freien Ermessen des Gesellschafters, ohne daß dieser sein Anliegen zu begründen oder zu rechtfertigen hätte[331].

---

[328] Hachenburg/ Hüffer, § 51 a Rn. 21; Meyer-Landrut/ Miller/ Niebus/ Meyer-Landrut, § 51 a Rn. 2; Rowedder/ Koppensteiner, § 51 a Rn. 6; Scholz/ Schmidt, § 51 a Rn. 19; Tietze, Informationsrechte, S. 9 f.; Götze, ZGR 1999, 202 (206).

[329] Hachenburg/ Hüffer, § 51 a Rn. 22; Rowedder/ Koppensteiner, § 51 a Rn. 6; Scholz/ Schmidt, § 51 a Rn. 19; Tietze, Informationsrechte, S. 9; v. Bitter, ZIP 1981, 825 (827); Oppenländer, GmbHR 2000, 535 (537).

[330] Baumbach/ Hueck/ Zöllner, § 51 a Rn. 10; Hachenburg/ Hüffer, § 51 a Rn. 21 f.; Lutter/ Hommelhoff, § 51 Rn. 8; Meyer-Landrut/ Miller/ Niebus/ Meyer-Landrut, § 51 a Rn. 3; Rowedder/ Koppensteiner, § 51 a Rn. 6; Scholz/ Schmidt, § 51 a Rn. 19 f.

[331] OLG Stuttgart, BB 1983, 677 (677); LG Düsseldorf, DB 1989, 1077 (1077); Hachenburg/ Hüffer, § 51 a Rn. 57; Lutter/ Hommelhoff, § 51 a Rn. 2; Rowedder/ Koppensteiner, § 51 a Rn. 12; Tietze, Informationsrechte, S. 18 f.; Lutter, FS für Schippel, 455 (458); v. Bitter, ZIP 1981, 825 (827); Grunewald, ZHR 146 (1982), 211 (222); Lutter, ZGR 1982, 1 (4); Martens, GmbHR 1984, 265 (270); Müller, GmbHR 1987, 87 (89); a.A. Scholz/ Schmidt, § 51 a Rn. 8 und Baumbach/ Hueck/ Zöllner, § 51 a Rn. 20, nach denen ein Informationsbedürfnis des Gesellschafters Voraussetzung eines Anspruchs aus § 51 a GmbHG ist; diese Ansicht geht je-

(1) § 51 a Abs. 2 GmbHG

Im Rahmen des § 51 a GmbHG ist jedoch dessen Absatz 2 zu beachten. Danach kann die Information dem Gesellschafter verweigert werden, wenn die Gefahr der gesellschaftsfremden Verwendung besteht und die Gesellschaft hierdurch einen nicht unerheblichen Nachteil erleiden würde. Es genügt hierbei, daß für den Schadenseintritt ein gewisser Grad an Wahrscheinlichkeit gegeben ist[332]. Ausweislich der Regierungsbegründung[333] ist § 51 a Abs. 2 GmbHG abweichend von § 131 Abs. 3 S. 1 AktG formuliert. Im Rahmen des § 51 a GmbHG soll es daher nicht auf die objektive Möglichkeit der Schadenszufügung ankommen, sondern darauf, ob Tatsachen vorliegen, die in Abweichung von der normalerweise vorauszusetzenden Interessenlage den Verdacht begründen, der Information begehrende Gesellschafter könnte bereit sein, seiner eigenen Gesellschaft zu schaden[334].

Wichtiger als die Möglichkeit des Schadenseintritts ist für die Verweigerung nach § 51 a Abs. 2 GmbHG allerdings, daß die Weitergabe der Information gesellschaftsfremd ist. Gesellschaftsfremd sind solche Verwendungszwecke, die außerhalb ordnungsgemäßen mitgliedschaftlichen Verhaltens liegen[335]. Gesellschaftsfremd ist etwa die Verwertung der Information für ein Konkurrenzunternehmen[336], die Verwendung für private, mit der Mitgliedschaft nicht zusammenhängende Zwecke (Familienarchiv, Prozeß gegen Mitgesellschafter aus nicht gesellschaftsbezogenen Gründen)[337], ferner die Verwendung für Presseinformationen, die Denunziation von Mitgesellschaftern oder Geschäftsführern[338]. Fraglich ist, ob die Gefahr gesellschaftsfremder Verwendung vorliegt, wenn der Gesellschafter veräußerungswillig ist und die Absicht hat, mit den erlangten Informationen eine Due Diligence des potentiellen Erwerbers zuzulassen.

---

doch gegen den eindeutigen Gesetzeswortlaut; ferner bewirkt dieses Einschränkungsmerkmal lediglich, daß eine gerade vor kurzem erteilte Auskunft nicht erteilt wird, denn andernfalls ist es dem Gesellschafter in der Regel ein leichtes, ein Informationsbedürfnis nachzuweisen, vgl. Grunewald, ZHR 146 (1982), 211 (222); Lutter, ZGR 1982, 1 (4).

332 Meyer-Landrut/ Miller/ Niebus/ Meyer-Landrut, § 51 a Rn. 14; Tietze, Informationsrechte, S. 93.

333 BT-Drucksache 8/ 1347.

334 Meyer-Landrut/ Miller/ Niebus/ Meyer-Landrut, § 51 a Rn. 14; Roweddder/ Koppensteiner, § 51 a Rn. 17.

335 Scholz/ Schmidt, § 51 a Rn. 39; Tietze, Informationsrechte, S. 62 ff; Bremer, GmbHR 2000, 176 (177); Müller, GmbHR 1987, 87 (88); Oppenländer, GmbHR 2000, 535 (537).

336 OLG Karlsruhe, GmbHR 1985, 362 (363); Rowedder/ Koppensteiner, § 51 a Rn. 18; Scholz/ Schmidt, § 51 a Rn. 59; Tietze, S. 76; Grunewald, ZHR 146 (1982), 211 (228).

337 Scholz/ Schmidt, § 51 a Rn. 39; Müller, GmbHR 1987, 87 (88).

338 Scholz/ Schmidt, § 51 a Rn. 39.

Angesichts der Vorschrift des § 15 Abs. 1 GmbHG läßt sich nicht bezweifeln, daß sich die Veräußerung einer Beteiligung an sich grundsätzlich im Rahmen ordnungsgemäßen mitgliedschaftlichen Verhaltens bewegt, auch wenn sie den letzten Akt desselben darstellt. Nach der Konzeption des Gesetzes, welches ein Austrittsrecht des Gesellschafters nicht vorsieht, ist die Beteiligungsveräußerung sogar die einzige Möglichkeit des Gesellschafters, sich aus seiner Stellung zu lösen[339].
Hieraus ist zu folgern, daß wenn der veräußerungswillige Gesellschafter Auskunft mit dem Ziel begehrt, die eingeholten Informationen für sich selbst als Grundlage für eine genauere Einschätzung des Anteilswertes und des vertraglichen Gewährleistungsrisikos zu nutzen, ohne daß ihre Weitergabe an den potentiellen Käufer beabsichtigt wäre, diese Auskunft nicht sub specie des § 51 a Abs. 2 GmbHG verhindert werden darf[340].

Bei einer beabsichtigten Due Diligence will der Gesellschafter die Informationen allerdings nicht zur eigenen Anteilsbewertung benutzen, sondern die Informationen vielmehr dem potentiellen Käufer zur Verfügung stellen. Fraglich ist, ob sich die Beurteilung im Falle der intendierten Weitergabe der Informationen vom Gesellschafter an einen potentiellen Anteilserwerber ändert.

(a) Herrschende Ansicht: Qualifizierung der Weitergabe als gesellschaftsfremd im Falle der intendierten Weitergabe an Dritte

Die herrschende Ansicht[341] sieht bei Vorliegen einer derartigen Intention einen erheblichen Unterschied zu dem Fall, in dem der Gesellschafter die Informationen zur reinen Anteilsbewertung beansprucht. Jede Weitergabe von Informationen an nicht gesellschaftsangehörige Dritte durch den Gesellschafter ist nach dieser Ansicht grundsätzlich unzulässig. Bei der Gefahr der Weitergabe an einen kaufinteressierten Dritten bestehe die Besorgung gesellschaftsfremder Ver-

---

339 Zwar steht nach heute allgemeiner Ansicht jedem Gesellschafter ein zwingendes außerordentliches Austrittsrecht für den Fall zu, daß ihm der Verbleib in der Gesellschaft nicht länger zuzumuten ist. Jedoch wird dieses Recht in der Regel nur virulent, wenn eine Veräußerung des Geschäftsanteils keine Abhilfe schaffen kann; vgl. Scholz/ Winter, § 15 Rn. 114 ff. m. w. N.

340 So etwa KG ZIP 1988, 714 (714): Verkaufsabsichten für sich allein rechtfertigen eine Auskunftsverweigerung nicht; vgl. auch Hachenburg/ Hüffer, § 51 a Rn. 7; Tietze, Informationsrechte, S. 63 f.; Bihr, BB 1998, 1198 (1199); Götze, ZGR 1999, 202 (208); Grunewald, ZHR 146 (1982); 211 (218); Lutter, ZIP 1997, 613 (614); Müller, GmbHR 1987, 87 (88); Oppenländer, GmbHR 2000, 535 (537).

341 Hachenburg/ Hüffer, § 51 a Rn. 11; Tietze, Informationsrechte, S. 81; Bihr, BB 1998, 1198 (1199); Grunewald, ZHR 146 (1982), 211 (227); Lutter, ZGR 1982, 1 (13).

wendung. Folge sei, daß die Weitergabe von Informationen nach § 51 a Abs. 2 GmbHG in einem solchen Fall verweigert werden könne.
„Geborenes" Auskunftsorgan der Gesellschaft gegenüber außenstehenden Dritten seien auch nicht die Gesellschafter selbst, sondern die Geschäftsführung[342]; bei Negierung der gesellschaftsfremden Verwendung würde daher die Entscheidung über die Weitergabe einem Organ bzw. einer Person überlassen, die nicht dafür verantwortlich sei. Dies widerspräche der Grundordnung der GmbH. Falls mithin der Gesellschafter intendiert, die Informationen im Rahmen einer Due Diligence weiterzugeben, so kann die Information nach herrschender Meinung wegen der Gefahr der gesellschaftsfremden Verwendung verweigert werden.

(b) Ansicht Götzes: Ablehnung der Gesellschaftsfremdheit im Falle der intendierten Weitergabe an Dritte

Götze[343] hingegen verneint im Gegensatz zur herrschenden Ansicht die Gefahr der gesellschaftsfremden Verwendung, wenn der veräußerungswillige Gesellschafter die Intention besitzt, die durch § 51 a Abs. 1 GmbHG erlangten Informationen an einen erwerbsinteressierten Dritten weiterzugeben[344].
Mit der Weitergabe von Informationen an einen erwerbsinteressierten Dritten würde kein gesellschaftsfremder Zweck verfolgt, was erkennbar sei, wenn man dem Zweck der Weitergabe in vollem Umfang Beachtung schenken würde. Denn die Weitergabe von Informationen sei kaum Selbstzweck, sondern vielmehr Mittel zur Erreichung eines anderen Ziels. Der Auskunftstransfer an sich sei daher zweckneutral; die Frage, ob er gesellschaftsfremden Zwecken dient, lasse sich sinnvoll nur beurteilen, wenn jenes eigentliche Ziel im Auge behalten würde. Das Ziel in einem solchen Fall sei -ähnlich wie auch die Informierung von sachverständigen Dritten, die der Gesellschafter zur eigenen Wahrnehmung des eigenen Informationsanspruchs heranzieht,- nicht in erster Linie gesellschaftsbezogen, sondern diene lediglich der effizienten Wahrnehmung mitgliedschaftlicher Rechte. Der Gesellschafter verfolge nämlich mit der Weitergabe alleine den -nicht gesellschaftsfremden- Zweck, die Veräußerung seiner Beteiligung vorzubereiten. Es sei der direkte funktionale Bezug zur Verwirklichung seiner aus der Gesellschafterstellung fließenden Befugnis zur Veräußerung der Geschäftsanteile, der es verbiete, die Informationsweitergabe an den Erwerbsinteressenten als der Gesellschaftssphäre entzogene Privatangelegenheit des

---

[342] Grunewald, ZHR 146 (1982), 211 (227).
[343] ZGR 1999, 202 ff.
[344] In dieselbe Richtung jetzt auch: Bremer, GmbHR 2000, 176 (177); Oppenländer, GmbHR 2000, 535 (537); Werner, ZIP 2000, 989 (992), die nur eine Herausgabe an Konkurrenten ablehnen.

Veräußerers zu betrachten und aus diesem Grund eine Informierung des Gesellschafters aus der Besorgnis gesellschaftsfremder Verwendung abzulehnen[345]. Zwar sei auf der anderen Seite die Sorge, daß die erlangten Informationen mißbräuchlich benutzt werden könnten, verständlich[346]. Doch sollte man ihr nicht mittels einer allein dem gewünschten Ergebnis verpflichteten Auslegung des § 51 a Abs. 2 GmbHG begegnen. Vielmehr ergäben sich Einschränkungen der Informationsrechte des Gesellschafters durch die ihm obliegende Treuepflicht, deren Reichweite durch eine Abwägung der widerstreitenden Interessen zu bestimmen sei.

(c) Stellungnahme

Zuzustimmen ist Götze in seiner Grundaussage, daß die Veräußerung einer Gesellschaftsbeteiligung an sich nicht gesellschaftsfremd ist, sondern sich im Rahmen ordnungsgemäßen mitgliedschaftlichen Verhaltens bewegt. Richtig ist auch, daß die Vornahme der Due Diligence der Vorbereitung des mitgliedschaftlichen Verhaltens der Veräußerung des Anteils dient. Jedoch leitet Götze aus diesem Gesichtspunkt falsche Folgen her und mißachtet insbesondere den Wert des Gutes der Information.

Die Falschheit des Ansatzpunktes von Götze ergibt sich zunächst einmal daraus, daß die Veräußerung des Anteils und die Vornahme der Due Diligence eine völlig unterschiedliche Bedeutung und gänzlich unterschiedliche Folgen für die Gesellschaft haben: Die Veräußerung des Anteils ist von daher bedeutsam, als sie die Umstrukturierung der Gesellschaft zur Folge hat; die Gefahr eines Mißbrauchs, der erhebliche finanzielle Nachteile in sich birgt und unter Umständen nicht voraussehbare Konsequenzen mit sich bringt, besteht im Falle der Veräußerung des Anteils jedoch nicht. Eben eine solche Gefahr besteht jedoch im Falle der Durchführung einer Due Diligence.

Dies macht deutlich, daß trotz des funktionalen Zusammenhangs zwischen Anteilsveräußerung und Durchführung der Due Diligence beide einzelnen Schritte ein unterschiedliches Gefahrpotential in sich bergen. Verschiedene „Gefahrpotentiale“ ohne Differenzierung gleich zu werten, und über dem Umweg des funktionalen Zusammenhangs das Merkmal der gesellschaftsfremden Verwendung zu umgehen, erscheint gefährlich und nicht unterstützenswert.

Durch die grundsätzliche Ablehnung des Verweigerungsrechts im Falle der Weitergabe an einen Gesellschafter, der die Intention besitzt, die Informationen an einen interessierten Käufer weiterzugeben, wird ferner die vom Gesetzgeber

---

345 Götze, ZGR 1999, 202 (210).

346 Zu bedenken sei, daß genaugenommen nicht die Gefahr bestehe, daß der Gesellschafter selbst die Informationen zweckwidrig nutze, sondern vielmehr der Erwerbsinteressent dies tue.

vorgegebene Schranke der gesellschaftsfremden Verwendung mißachtet. Denn wenn eine gesellschaftsfremde Verwendung bereits vorliegt, wenn die Information für private, nicht mit der Mitgliedschaft zusammenhängende Zwecke -etwa ein Familienarchiv- benutzt werden soll, so ist erst recht die Besorgung gesellschaftsfremder Verwendung im Falle der intendierten Weitergabe an Erwerbsinteressenten angebracht, zumal die Anzahl der Erwerbsinteressenten groß sein kann.

Die beabsichtigte Informationsweitergabe an einen Erwerbsinteressenten stellt mithin in der Regel -entgegen der Ansicht Götzes- eine Verwendung zu gesellschaftsfremden Zwecken dar. Dies gilt insbesondere deshalb, weil im Falle der Weitergabe der Information an einen die Weitergabe intendierenden Gesellschafter nicht sicher ist, daß eine zuverlässige Einhaltung der Verschwiegenheitspflicht gewährleistet ist. In einem solchen Fall muß daher das Informationsrecht des Gesellschafters zurückstehen, eine Information kann nach § 51 a Abs. 2 GmbHG verweigert werden[347]. Soll in diesem Sinne eine Information aufgrund der Besorgnis der gesellschaftsfremden Verwendung verweigert werden, so bedarf dies eines Gesellschafterbeschlusses, wobei der betroffene Gesellschafter bei der Abstimmung gemäß § 47 Abs. 4 GmbHG nicht stimmberechtigt ist[348].

(2) Schweigepflicht des Gesellschafters

Abgesehen von der Regelung des § 51 Abs. 2 GmbHG ist im Rahmen des § 51 a GmbHG zu beachten, daß die grundsätzlich weite Lösung des § 51 a Abs. 1 GmbHG[349] unter der Prämisse steht, daß eine Interessenidentität zwischen Gesellschaft und Gesellschafter besteht, also daß die Information beim Gesellschafter genauso sicher aufgehoben ist wie bei der Gesellschaft selbst[350]. Der Gesellschafter ist mithin, wenn ihm bestimmte Informationen nicht aufgrund der Gefahr der gesellschaftsfremden Verwendung verweigert werden[351], zur Wahrung der Interessen der Gesellschaft und der anderen Gesellschafter verpflichtet und daher gehalten, die vom Kaufinteressenten gewünschten und von ihm über § 51 a GmbHG ermittelten internen Informationen gerade nicht

---

[347] OLG Köln, WM 1986, 761 (763); KG, GmbHR 1988, 221 (222).

[348] Meyer-Landrut/ Miller/ Niebus/ Meyer-Landrut, § 51 a Rn. 15; Rowedder/ Koppensteiner, § 51 a Rn. 20; Scholz/ Schmidt, § 51 a Rn. 42.

[349] Abgesehen von der eben erläuterten in § 51 a Abs. 2 GmbHG beinhalteten Einschränkung.

[350] Lutter, FS für Schippel, 455 (459).

[351] Etwa, weil die konkrete Gefahr der gesellschaftsfremden Verwendung sich erst nach Zulassung der Due Diligence eröffnet.

weiterzugeben[352]. Denn mit diesen Informationen verfügt der Gesellschafter über ein der Gesellschaft gehörendes Gut, das ihm das Gesetz für seine eigenen Interessen als Gesellschafter und Miteigentümer anvertraut, nicht jedoch zu beliebigem Gebrauch und rein eigeninteressierter Weitergabe an Dritte[353].
Die Grundlage hierfür stellt die gesellschafterliche Treuepflicht dar, deren selbstverständlicher Inhalt es ist, daß jeder Gesellschafter grundsätzlich im Hinblick auf das Wohlergehen der Gesellschaft handeln muß und daher nicht eigene Informationsrechte zum Nachteil der Gesellschaft ausnutzen darf[354]. Wäre es anders, wäre die Rechtsform der GmbH nicht tragfähig, denn die Mißbrauchsgefahr durch Weitergabe der Unternehmensinterna durch Gesellschafter, die andere Interessen verfolgen als die gemeinsamen der Gesellschaft, wäre erheblich.
Die verstärkte Verschwiegenheitspflicht stellt mithin das Korrelat des weiten Informationsrechts des Gesellschafters dar[355]. Die Weitergabe von Interna jeglicher Art durch einen Gesellschafter an gesellschaftsfremde Dritte ist daher grundsätzlich pflichtwidrig, und zwar ohne Rücksicht auf ihren Inhalt und ohne Rücksicht darauf, welche Zwecke mit der Verbreitung der Kenntnis verfolgt werden. Insbesondere gelten die voran stehenden Überlegungen, wenn es sich bei dem Kaufinteressenten um einen Konkurrenten der Gesellschaft handelt, denn in seinen Händen würden die betroffenen Informationen zweifellos zum Schaden der Gesellschaft. Der Gesellschafter, der durch § 51 Abs. 1 GmbHG Informationen erhalten hat, darf daher keine Informationen an einen Erwerbsinteressenten weitergeben. Aufgrund dieser Überlegung ist klar, daß die Informationsrechte des Gesellschafters nicht dazu geschaffen sind, die Grundlage für die Due Diligence des Kaufinteressenten darzustellen.

---

[352] Nach Hachenburg/ Hüffer, § 51 a, Rn. 11; Grunewald, ZHR 146 (1982), 211 (227) ist die Weitergabe unabhängig vom verfolgten Zweck unzulässig. Nach anderer Ansicht ist die Weitergabe von Informationen an gesellschaftsfremde Dritte jedenfalls dann unzulässig, wenn sie an nicht zur Verschwiegenheit verpflichtete Dritte erfolgt oder zu gesellschaftsfremden Zwekken weitergegeben wird, vgl. Lutter/ Hommelhoff, § 51 a Rn. 24; Roth/ Altmeppen, § 51 a Rn. 22; Rowedder/ Koppensteiner, § 51 a, Rn. 16; Scholz/ Schmidt, § 51 a Rn. 6. Diese Meinungsdivergenz kann hier jedoch außer Betracht bleiben, weil nach beiden Ansichten die Weitergabe unzulässig ist; denn die Weitergabe zur Durchführung einer Due Diligence stellt auf jeden Fall einen gesellschaftsfremden Zweck dar.

[353] Lutter/ Hommelhoff, § 51 a Rn. 24; Roth, § 51 a Rn. 3.1.2.; Rowedder/ Koppensteiner, § 51 a, Rn. 16; Scholz/ Schmidt, § 51 a Rn. 6; Grunewald, ZHR 146 (1982), 211 (227).

[354] Oppenländer, GmbHR 2000, 535 (537).

[355] Lutter/ Hommelhoff, § 51 a Rn. 24; Scholz/ Schmidt, § 51 a Rn. 6; Volhard/ Weber, FS für Semler, 387 (413).

Götze vertritt an dieser Stelle erneut eine andere Auffassung, die auf seinem Ansatzpunkt basiert, daß eine Information des veräußerungswilligen Gesellschafters, der eine Weitergabe der Unternehmensinterna an einen Erwerbsinteressenten intendiert, grundsätzlich nicht gesellschaftsfremd sei[356]. Auch das nach der herrschenden Meinung zweite Merkmal des Treuepflichtverstoßes, das zur Einschränkung des weiten Informationsrechts des § 51 a Abs. 1 GmbHG notwendig ist, ist nach Ansicht Götzes nicht grundsätzlich erfüllt, wenn Informationen an einen Erwerbsinteressenten zur Durchführung einer Due Diligence weitergegeben würden. Vielmehr könne die Treuepflicht ein an den veräußerungswilligen Gesellschafter gerichtetes Auskunftsverweigerungverbot nur unter den Voraussetzung rechtfertigen, daß eine zusätzliche Abwägung zwischen dem Interesse der Gesellschaft an Vertraulichkeit einerseits und dem Interesse des Gesellschafters am Datentransfer andererseits ein Übergewicht des Geheimhaltungsinteresses ergibt[357]. Die Konturen dieses Abwägungsvorgangs ließen sich aus dem Verhältnismäßigkeitsprinzip gewinnen. Demgemäß sei zu überprüfen, ob ein legitimer Informationszweck und ferner die Geeignetheit, Erforderlichkeit und Zumutbarkeit der Weitergabe der Informationen vorlägen. Die Weitergabe solcher Daten an Konkurrenten der Zielgesellschaft etwa sei nicht zumutbar, wenn diese nach Art und Umfang im konkreten Fall geeignet seien, den Konkurrenten einen Wettbewerbsvorteil zu verschaffen[358]. Derartige Daten seien Detailinformationen über geheimes Know-How und ähnliches. Allgemein gehaltene Geschäftsinformationen wie Geschäftsordnungen, arbeitsrechtliche Fragen etc. könnten hingegen weitergegeben werden. Zu fragen wäre mithin nach Götzes Ansatz im Einzelfall, ob nach dem Verhältnismäßigkeitsgrundsatz eine Weitergabe gerechtfertigt wäre.

Die Ansicht Götzes ist jedoch abzulehnen. Zum einen mißachtet er durch seine Sichtweise erneut die Kompetenzordnung innerhalb der Gesellschaft und billigt einzelnen Gesellschaftern Rechte zu, die ihnen nicht zustehen: Auskunftsorgan der Gesellschaft ist der Geschäftsführer, nicht die einzelnen Gesellschafter selbst. Ihnen derartige Rechte zuzubilligen, öffnet dem Mißbrauch das Tor. Zum anderen schenkt er der zweistufigen Kontrolle -einmal die Schranke der gesellschaftsfremden Verwendung, andererseits die Schranke der Treuepflicht-, die aufgrund der Relevanz des Gutes der Information gerechtfertigt und vom Gesetzgeber gewählt ist, um einen Mißbrauch vorzubeugen, keine Beachtung. Eine derartige Sichtweise ist ersichtlich nicht vom Gesetzgeber gewollt.

---

[356] Vgl. hierzu Ausführungen oben unter 2. Teil, 2. Kapitel, A I 5 b aa bbb (1) (b).

[357] Götze, ZGR 1999, 202 (213).

[358] Götze, ZGR 1999, 202 (214);); nach Oppenländer, GmbHR 2000, 535 (538), ist sie ferner bei einem Erwerb von weniger als 10 % unangemessen.

Festzustellen ist somit, daß der verkaufswillige Gesellschafter einer GmbH dem Erwerbsinteressenten nicht durch Weitergabe der von ihm selbst mit Hilfe des § 51 a GmbHG erlangten Informationen eine Due Diligence ermöglichen kann. Zum einen brauchen Fragen, die den potentiellen Inhalt der Due Diligence betreffen, aufgrund der Gefahr der gesellschaftsfremden Verwendung nicht beantwortet zu werden. Zum anderen würde der Gesellschafter durch eine Weitergabe einmal erlangter Informationen gegen die ihm obliegende Verschwiegenheitspflicht verstoßen. Die Informationsordnung der GmbH stellt sich somit zwar für den Gesellschafter auf den ersten Blick günstiger als für den Aktionär einer Aktiengesellschaft dar. Jedoch gilt dies nicht gleichfalls, wenn mit den Informationen einem Dritten eine Due Diligence ermöglicht werden soll. In einem solchen Fall kann auch der Gesellschafter einer GmbH die Informationen nicht für den Kaufinteressenten besorgen.

bb) Informationsweitergabe durch den Geschäftsführer der GmbH

Fraglich ist daher, ob der interessierte Erwerber die für die Due Diligence relevanten Informationen vom Geschäftsführer erlangen kann.

Grundsätzlich ist der Geschäftsführer einer GmbH verpflichtet, gegenüber Außenstehenden über vertrauliche Angaben und Geheimnisse der Gesellschaft Stillschweigen zu bewahren.[359]. Im GmbHG fehlt zwar eine § 93 Abs. 1 S. 2 AktG entsprechende Vorschrift. Die Verschwiegenheitspflicht wird jedoch aus der allgemeinen Treuepflicht[360] bzw. aus § 93 Abs. 1 S. 2 AktG analog[361] hergeleitet[362]. Bei Verletzung dieser Treuepflicht können sich die Gesellschafter nach § 43 Abs. 2 GmbHG schadensersatzpflichtig, bzw. nach § 85 Abs. 1 GmbHG auch strafbar machen[363].

Die Erteilung von Auskünften durch den Geschäftsführer an Dritte ähnelt auf den ersten Blick der Informationserteilung durch den Vorstand bei der Aktiengesellschaft. Jedoch ist der Geschäftsführer einer GmbH stärker als der eigen-

---

[359] Außenstehende Dritte sind die Geschäftspartner, Behörden oder die Presse, je nach Funktion auch die Arbeitnehmer, nicht dagegen die Gesellschafter und Mitglieder eines Aufsichtsrats oder Beirats, soweit sie im Rahmen ihrer Informationsrechte unterrichtet werden, vgl. Lutter/ Hommelhoff, § 43 Rn. 8; Scholz/ Schneider, § 43 Rn. 115.

[360] BGH WM 1975, 678 (678); Baumbach/ Hueck/ Zöllner, § 35 Rn. 21; Hachenburg/ Hüffer, § 51 a Rn. 2; Scholz/ Schneider, § 43 Rn. 115 ff.; Bremer, GmbHR 2000, 176 (176); Oppenländer, GmbHR 2000, 535 (536).

[361] Lutter/ Hommelhoff, § 43 Rn. 8; Meincke, WM 1998, 749 (752).

[362] Auch enthält § 85 GmbHG eine Strafvorschrift, die das Offenbaren von Geschäftsgeheimnissen pönalisiert und damit von dem Bestand einer entsprechenden Verpflichtung ausgeht.

[363] Götze, ZGR 1999, 202 (225).

verantwortlich handelnde Vorstand der Aktiengesellschaft an die Weisungen der Gesellschafter gebunden, denen er grundsätzlich Folge zu leisten hat[364].

aaa) Zulässigkeit der Weitergabe bei Vorliegen von Gesellschafterweisungen

Die Gesellschafter einer GmbH können Geschäftsführerentscheidungen durch Beschluß beeinflussen oder sogar an sich ziehen, §§ 37 Abs. 1, 45 GmbHG[365]. Auch ist ihre Weisungsbefugnis nicht auf die Grundlagen der Unternehmenspolitik beschränkt, nur darf sie nicht jede eigene Geschäftsführungsbefugnis beseitigen[366]. Der Bereich, innerhalb dessen für Geschäftsführer die unmittelbare Dispositionsbefugnis über Informationen, also ein eigenes Recht zur Auskunftserteilung in Betracht kommt, wird mithin grundsätzlich durch das Weisungsrecht der Gesellschafterversammlung beschränkt.

Die Gesellschafterversammlung kann den Geschäftsführer zur Verschwiegenheit in einzelnen Angelegenheiten gegenüber Dritten anweisen[367]. An diese Weisung ist der Geschäftsführer gebunden, auch wenn objektiv fraglich ist, ob das Gesellschaftsinteresse die Vertraulichkeit überhaupt erfordert[368]. Liegt eine Weisung zur Verschwiegenheit vor, darf der Geschäftsführer diese daher nicht auf die Voraussetzungen der Geheimhaltung überprüfen, sondern muß der Weisung folgen; andernfalls verletzt er seine Verschwiegenheitspflicht[369].

Umgekehrt können die Gesellschafter den Geschäftsführer anweisen, Dritten eine unter die Geheimhaltung fallende Information zu erteilen. Entsprechend der GmbH-rechtlichen Organkompetenzen ist der Geschäftsführer auch an eine solche Weisung gebunden[370]. Bei dieser Weisung besteht allerdings eine Prüfungspflicht des Geschäftsführers, wobei diese darauf beschränkt ist, die offensichtlichen Fehler einer Weisung zu überprüfen, etwa ob das Geheimhaltungsinteresse erkennbar das Offenbarungsinteresse überwiegt oder ob der Beschluß aus formellen Gründen unwirksam ist[371]. Abgesehen von derartigen Konstellationen darf der Geschäftsführer jedoch bei Weisung durch die Gesellschafterversammlung die gewünschten Informationen erteilen und ist von jeder Haftung

---

[364] Volhard/ Weber, FS für Semler, 387 (492).

[365] Dies kann die Hauptversammlung einer Aktiengesellschaft im Gegensatz hierzu nicht.

[366] H. M., vgl. nur: Baumbach/ Hueck/ Zöllner, § 46 Rn. 60; Hachenburg/ Mertens, § 37 Rn. 8; Scholz/ Schneider, § 37 Rn. 30 ff.; a.A. Hommelhoff, ZGR 1978, 117 (129).

[367] Für einen derartigen Weisungsbeschluß bedarf die Gesellschafterversammlung gemäß § 47 GmbHG der einfachen Mehrheit.

[368] Hachenburg/ Mertens, § 43 Rn. 44; Scholz/ Schneider, § 43 Rn. 117.

[369] Volhard/ Weber, FS für Semler, 387 (393).

[370] Zur Bindung an anweisende Gesellschafterbeschlüsse vergleiche allgemein: Zöllner, ZGR 1977, 319 (324); Hachenburg/ Schilling, § 37 Rn. 3 f.; Roth/ Altmeppen, § 45 Rn. 5.

[371] Volhard/ Weber, FS für Semler, 387 (393); Bihr, BB 1998, 1198 (1199).

sowohl gegenüber der Gesellschaft als auch gegenüber Minderheitsgesellschaftern, die die Weisung zur Informationserteilung nicht getragen haben, befreit.

bbb) Zulässigkeit der Weitergabe bei Nichtvorliegen von Gesellschafterweisungen

Juristisch eindeutig sind somit die Fälle, in denen eine Weisung der Gesellschafterversammlung vorliegt. Problematisch stellt sich jedoch die Situation dar, wenn keine Weisung der Gesellschafterversammlung vorliegt und daher ein eigenverantwortlicher Entscheidungsspielraum des Geschäftsführers in Betracht kommt. Fraglich ist, ob in einem solchen Fall eine eigene Zuständigkeit des Geschäftsführers zur Zulassung einer Due Diligence aufgrund einer geplanten Anteilsveräußerung zu bejahen ist oder ob der Geschäftsführer vielmehr die Gesellschafterversammlung über die geplante Due Diligence aufgrund der Veräußerung informieren und darüber hinaus eine Entscheidung derselben abwarten muß. Die Beurteilung dieser Frage hängt grundsätzlich von der Zuständigkeitsordnung in der GmbH ab, so daß diese betrachtet werden muß.

Die Befugnis des Geschäftsführers, in eigener Zuständigkeit über Geschäftsangelegenheiten zu entscheiden, ergibt sich für den gewöhnlichen Geschäftsbereich aus der umfassenden Kompetenz, alle unternehmerischen Entscheidungen für die Gesellschaft im Rahmen der §§ 35 ff. GmbHG zu treffen[372]. Über wesentliche Entwicklungen oder Planungen hat der Geschäftsführer die Gesellschafter jedoch grundsätzlich zu informieren, insbesondere, wenn damit gerechnet werden muß, daß die Gesellschafter mit der Problematik befaßt werden wollen. Dies wiederum ist speziell dort der Fall, wo die Gesellschafterversammlung ein Weisungsrecht besitzt. Da der Gesellschafterversammlung -wie oben festgestellt- das Weisungsrecht hinsichtlich der Offenbarung von Geheimnissen zusteht, hat der Geschäftsführer im Regelfall vor der beabsichtigten Weitergabe von Unternehmensinterna an Dritte im Zusammenhang mit einem geplanten Gesellschafterwechsel die Gesellschafter hierüber zu unterrichten.

Problematisch ist jedoch, ob den Geschäftsführer über die Pflicht der Information hinaus die Pflicht trifft, eine Entscheidung der Gesellschafterversammlung abzuwarten oder herbeizuführen, bevor er die Informationen an den Erwerbsinteressenten weitergibt, oder ob er vielmehr selbst über das Geheimhaltungsinteresse der Gesellschaft verfügen kann.

---

[372] So auch, Baumbach/ Hueck/ Schulze-Osterloh, § 85 Rn. 11; Hachenburg/ Kohlmann, § 85 Rn. 45; Meyer-Landrut/ Miller/ Niebus/ Meyer-Landrut, § 85 Rn. 4; Roth/ Altmeppen, § 43 Rn. 9; a.A. Scholz/ Tiedmann, § 85 Rn. 9, 20.

Anzumerken ist, daß eine Pflicht zur Entscheidungsfindung der Gesellschafterversammlung sich nicht bereits aus § 51 a Abs. 2 S. 2 GmbHG ergibt. Denn diese Zuständigkeitsregelung betrifft nur die Information von Gesellschaftern, nicht die von Dritten.
Zu prüfen ist daher, in welchen Fällen der Geschäftsführer einer GmbH generell einen Beschluß der Gesellschafterversammlung herbeizuführen hat; auf diese Art kann festgestellt werden, ob bei einer Due Diligence ein Gesellschafterbeschluß erforderlich ist.

Zur Einberufung der Gesellschafterversammlung ist der Geschäftsführer außer in ausdrücklich bestimmten Fällen gemäß § 49 Abs. 2 GmbHG grundsätzlich verpflichtet, wenn dies im Interesse der Gesellschaft erforderlich erscheint. Erforderlich ist die Einberufung, wenn die Gesellschafter für die Entscheidung ausschließlich zuständig sind und daher daneben nicht eine eigene Zuständigkeit des Geschäftsführers besteht[373]. Eine eigene Zuständigkeit des Geschäftsführers wiederum besteht nicht, wenn Maßnahmen vorliegen, die außerhalb des Rahmens des gewöhnlichen Geschäftsbetriebes liegen[374]. Folglich bedarf alles, was nicht im Rahmen des gewöhnlichen Geschäftsbetriebs liegt, also eine außergewöhnliche Maßnahme darstellt, der Zustimmung der Gesellschafterversammlung.

Fraglich ist, ob die Weitergabe von Informationen an einen Erwerbsinteressent zur Durchführung einer Due Diligence eine derartige außergewöhnliche Maßnahme darstellt und damit in den Zuständigkeitsbereich der Gesellschafter fällt oder ob es sich dabei vielmehr um Maßnahmen im Rahmen des gewöhnlichen Geschäftsbetriebes handelt, so daß die Geschäftsführer zuständig sind.
Wer über das Geheimhaltungsinteresse der Gesellschaft verfügen kann, wird in der Literatur unterschiedlich beurteilt.

(1) Erste Ansicht

Nach der herrschenden Meinung[375] stellt die Entscheidung über die Offenbarung von Geschäftsgeheimnissen im Zusammenhang mit einer geplanten An-

---

[373] Hachenburg/ Hüffer, § 49 Rn. 20; Rowedder/ Koppensteiner, § 49 Rn. 12.

[374] Hachenburg/ Mertens, § 37 Rn. 10; Lutter/ Hommelhoff, § 37 Rn. 10; Rowedder/ Koppensteiner, § 37 Rn. 10; Scholz/ Schneider, § 37 Rn. 12 ff.; a.A. Baumbach/ Hueck/ Zöllner, § 37 Rn. 6 a.

[375] Baumbach/ Hueck/ Schulze-Osterloh, § 85 Rn. 11, der auch ausdrücklich den Fall der Due Diligence behandelt; Baumbach/ Hueck/ Zöllner, § 35 Rn. 21; Lutter/ Hommelhoff, § 85 Rn. 4; Scholz/ Tiedemann, § 85 Rn. 20; Götze, ZGR 1999, 202 (225 f.); Koppensteiner, ZHR 1991, 97 (100); Oppenländer, GmbHR 2000, 535 (539).

teilsveräußerung eine außergewöhnliche Maßnahme dar und liegt damit nicht im Zuständigkeitsbereich des Geschäftsführers. Vielmehr hätten die Gesellschafter die Entscheidung über die Weitergabe von Unternehmensinterna an Dritte zu treffen. Sie und nicht die Geschäftsführer seien für die Entscheidung über die Zulassung der Due Diligence verantwortlich. Folglich hätte der Geschäftsführer grundsätzlich einen Beschluß der Gesellschafterversammlung herbeizuführen, bevor er Informationen offenbart. Durch eine Offenbarung ohne ausdrückliche Zustimmung der Gesellschafter würde der Geschäftsführer seine Verschwiegenheitspflicht verletzen.

(2) Zweite Ansicht

Nach einer anderen Ansicht[376] liegt die Entscheidung über die Offenbarung von Geschäftsgeheimnissen im Rahmen des gewöhnlichen Geschäftsbetriebes, die Geschäftsführer seien folglich für die Entscheidung über die Offenbarung zuständig. Der Geschäftsführer selbst könne mithin darüber entscheiden, ob ein Geheimhaltungsbedürfnis bestehe, also ob er Geschäftsgeheimnisse im Zusammenhang mit einer geplanten Anteilsübereignung weitergeben kann. Einer Entscheidung der Gesellschafter bedürfe es nicht, so daß in einer Weitergabe ohne Zustimmung der Gesellschafterversammlung kein Verstoß gegen Geheimhaltungspflichten zu sehen ist.

(3) Dritte Ansicht

Volhard/ Weber[377] lehnen eine pauschale Zuweisung der Zuständigkeit ab und wollen vielmehr eine differenzierte Betrachtung vornehmen. Eine differenzierte Betrachtung entspräche eher den weitreichenden Gestaltungsmöglichkeiten bei der Abgrenzung von Rechten und Pflichten des Geschäftsführers gegenüber den Gesellschaftern. Als Differenzierungskriterien böten sich aufgrund des engen Zusammenhangs zwischen der Veräußerung von Geschäftsanteilen und der damit verbundenen Offenbarung die zu § 15 Abs. 5 GmbHG entwickelten Fallgruppen an. Danach kann unter anderem die grundsätzlich freie Abtretung der Anteile unter anderem von der Genehmigung der Gesellschafter abhängig gemacht werden. In diesem Fall muß vor Verkauf der Geschäftsanteile durch den Geschäftsführer eine positive Entscheidung der Gesellschafter eingeholt werden.

---

[376] Hachenburg/ Kohlmann, § 85 Rn. 45; Meyer-Landrut, § 85 Rn. 4; Roth/ Altmeppen, § 43 Rn. 9; van Venrooy, GmbHR 1993, 609 (612 f.); Baumbach/ Hueck/ Schulze-Osterloh, § 85 Rn. 11 bejaht diese grundsätzlich, negiert diese jedoch ausnahmsweise für den Fall der Due Diligence.

[377] Volhard/ Weber, FS für Semler, 387 (394 f.).

Bei Bestehen einer derartigen Regelung im Gesellschaftsvertrag muß nach der Ansicht Volhard/ Webers auch die mit der Zustimmung zur Anteilsveräußerung unmittelbar zusammenhängende Entscheidung über die Offenbarung von Geschäftsgeheimnissen im Rahmen der Due Diligence an den Erwerbsinteressenten durch Gesellschaftsbeschluß erfolgen[378]. Sofern die Satzung ferner die Zustimmung eines anderen Organs der Gesellschaft vorsieht -etwa des Aufsichtsrats- darf der Geschäftsführer erst dann tätig werden, wenn ein Einverständnis auch dieses Organs vorliegt[379].

Ein eigener Entscheidungsspielraum des Geschäftsführers besteht hingegen nach dieser Ansicht, wenn der Gesellschaftsvertrag vom Erfordernis eines Gesellschafterbeschlusses ausdrücklich absieht oder der Anteil frei abtretbar ist. In diesen Fällen hat der Geschäftsführer selbst zwischen der Gefahr der Schädigung der Gesellschaft durch Offenbarung von Interna und dem Interesse der Gesellschaft an der Weitergabe der Informationen abzuwägen.

(4) Eigener Ansatz

Für die Bejahung der Zuständigkeit des Geschäftsführers für die Entscheidungen über die Due Diligence spricht, daß der Geschäftsführer -wie auch über andere Güter der Gesellschaft- über das Geschäftsgeheimnis disponieren können muß, wenn er das Unternehmen eigenständig leiten soll.

Andererseits erscheint ein sehr weiter Ermessensspielraum angesichts des wichtigen Gutes der Information gefährlich. Die Voraussetzung des Beschlusses der Gesellschafter über die Weitergabe vermag die Gefahr des Mißbrauchs der Information zu hemmen, weil die Entscheidung per Beschluß in einer Diskussion herbeigeführt wird und somit eine ausführliche Abwägung stattfindet.

Jedoch ist zu beachten, daß auch nach der zweiten Ansicht das Ermessen des Geschäftsführers eingeschränkt ist und somit einem Mißbrauch auch hier vorgebeugt wird. Bei der Entscheidung über die Weitergabe von Informationen hat der Geschäftsführer sich nämlich -wie auch sonst- im Rahmen der Sorgfalt eines ordentlichen Geschäftsmannes zu halten, §§ 43 Abs. 1, 71 Abs. 4 GmbHG. Er hat das Interesse der Gesellschaft an der Weitergabe der Information gegen die Gefahr eines Mißbrauchs abzuwägen und dabei jegliche Überlegung einzubeziehen, um nicht gegen seine Pflicht aus § 43 GmbHG zu verstoßen und demgemäß einem Schadensersatzanspruch ausgesetzt zu sein. Hält der Geschäftsführer im Einzelfall nicht die dementsprechende Sorgfalt ein, so ist ferner die gegen diese Schranken verstoßende Offenbarungsentscheidung unwirksam[380].

---

[378] Volhard/ Weber, FS für Semler, 387 (396).
[379] Volhard/ Weber, FS für Semler, 387 (397).
[380] Van Venrooy, GmbHR 1993, 603 (613).

Die vorstehenden Überlegungen sprechen für eine Zuständigkeit des Geschäftsführers, denn auch durch die Sorgfaltspflicht des Geschäftsführers erscheint die Sicherung des Interesses der Gesellschaft und eine Vorbeugung des Mißbrauchs der Informationen möglich. Darüber hinaus ist zu beachten, daß durch eine Zuständigkeit des Geschäftsführers die Entscheidung über die Zulassung der Due Diligence sehr viel schneller möglich ist, als wenn erst eine Entscheidung der Gesellschafter einzuholen ist. Durch eine Zuständigkeit des Geschäftsführers für derartige Entscheidungen würde mithin die Mobilität der Gesellschaft, die gerade im Fall des Verkaufs von Beteiligungen großen Wert hat, erhalten.
Auf der anderen Seite ist zu bedenken, daß das primäre Willensbildungsorgan der GmbH die Gesellschafter sind[381]. Sie sind im Gegensatz zur Aktiengesellschaft, bei der der Vorstand insoweit die entscheidende Rolle spielt, für alle ungewöhnlichen Entscheidungen der Gesellschaft zuständig. Zwar ist es richtig, den Geschäftsführern einer GmbH eine gewisse Eigenmacht zur Wahrnehmung ihrer Aufgaben einzuräumen. Jedoch betreffen gerade Entscheidungen über derartige Güter wie Informationen einen Bereich, der äußerst relevant für die GmbH ist. Die Gefahr eines Mißbrauchs der durch die Due Diligence erlangten Informationen ist erheblich, wenn nicht gründlich geprüft wird, ob es sich etwa bei dem Interessenten um eine seriöse Person handelt. Ferner kann auch der durch den Mißbrauch mögliche Schaden erheblich sein.
Gerade aufgrund dieser Mißbrauchsgefahr sollten die Gesellschafter daher als die für die wesentlichen Entscheidungen zuständigen Organe darüber delegieren können, ob eine Due Diligence durchgeführt werden darf oder nicht. Die Gesellschafter müssen hierbei untereinander das Für und Wider der Weitergabe erörtern und die Gefahr des Mißbrauchs der Informationen gegen das Interesse der Gesellschaft an der Weitergabe abwägen, was bei mehreren Personen zu mehr Argumenten und damit zu einem besser abgewogenen Ergebnis führt. Für eine Zuständigkeit der Gesellschafter spricht ferner, daß sie Inhaber der Gesellschaft sind und mithin bei der Entscheidung über ihr eigenes finanzielles Wohlergehen disponieren. Bei einer Entscheidung über eigene Belange widerrum wird grundsätzlich mehr Vorsicht angewandt als bei Entscheidungen über fremde Belange.

Das zeitliche Argument der Entscheidungsfindung, also die schnellere Handlungsmöglichkeit bei Zuständigkeit des Geschäftsführers, ist an sich richtig. Jedoch ist eine Entscheidungsfindung bei der GmbH nicht mit einem derartigen Zeitaufwand verbunden wie eine Entscheidung der Aktionäre einer Aktiengesellschaft. Von einer Lahmlegung der Gesellschaft kann daher nicht die Rede

[381] Vgl. Scholz/ Tiedemann, § 85 Rn. 20.

sein. Ferner sind schnelle Entscheidung oftmals weniger durchdacht und damit risikoreicher.

Der dritten Ansicht ist zuzugeben, daß sie den engem Zusammenhang zwischen der Anteilsveräußerung und der vorher erfolgenden Due Diligence in besonderer Weise Beachtung schenkt. Zu bedenken ist jedoch, daß trotz des engen Zusammenhangs die Anteilsveräußerung und die Informationserteilung nicht gleichgesetzt werden können. Bei der Due Diligence erlangt der Interessent in höchstem Maße sensible Informationen über das Unternehmen der GmbH, die Gefahr des Mißbrauchs ist groß und diese Gefahr betrifft alle Gesellschafter. Bei der Anteilsveräußerung verändert sich hingegen zwar die Gesellschaftsstruktur. Insbesondere für die personalistisch strukturierte GmbH ist die Identität der Gesellschafter von wesentlicher Bedeutung, eine Lösung aus der Gesellschaft wegen des Hinzutritts unerwünschter Gesellschafter ist schwieriger als bei der Aktiengesellschaft. Die Gefahr hat jedoch trotzdem ein anderes Ausmaß als die Weitergabe von Informationen. Das Wohlergehen der Gesellschaft ist oftmals davon abhängig, daß kein anderes Unternehmen, insbesondere kein Konkurrenzunternehmen, die Interna des Unternehmens kennt und für sich das nutzen kann, was unter Umständen den Erfolg des betroffenen Unternehmens ausmacht. Bei der Anteilsveräußerung kann die veränderte Struktur ebenfalls unerwünscht sein. Jedoch ist die Gefahr hier nicht grundsätzlich groß, insbesondere auch deshalb, weil das Stimmgewicht des neu eintretenden Gesellschafter von der Größe seines Anteils abhängt. Die bestehenden Gefahren bei der Anteilsveräußerung und bei der Offenbarung von Unternehmensinterna können somit nicht gleichgesetzt werden. Eine Regelung der Zuständigkeit in Anknüpfung an die Anteilsveräußerung erscheint daher nicht angebracht.
Ferner wird für den Fall der Nichtregelung eines Genehmigungserfordernisses die Entscheidung über die Weitergabe der Unternehmensinterna dem Geschäftsführer zugeordnet. Dies erscheint jedoch -wie bereits oben ausgeführt- angesichts der Wichtigkeit der Entscheidung über das Gut der Information nicht interessengerecht.
Entscheidungsträger über das „Ob“ der Weitergabe sollten daher grundsätzlich, also ohne eine differenzierte Betrachtung, die Gesellschafter sein.

Zu beachten ist, daß die Gesellschafterversammlung zur praktischen Vereinfachung bereits im Vorfeld die Entscheidung über die Geheimhaltung in den Zuständigkeitsbereich der Geschäftsführer verschieben kann[382]. Auf diese Weise würde die Stellung der GmbH-Gesellschafter als „Herren der Verträge“ erhal-

---

[382] Meincke, WM 1998, 749 (752).

ten. Grundsätzlich, also bei Fehlen einer derartigen Regelung, obliegt jedoch die Entscheidung über die Weitergabe von Unternehmensinterna bei der GmbH den Gesellschaftern.

Aus den vorangegangenen Überlegungen ergibt sich, daß der Geschäftsführer die für die Due Diligence erforderlichen Informationen dem Kaufinteressent nur im Falle eines diesbezüglichen positiven Gesellschaftsbeschlusses weitergeben darf. Andernfalls verletzt er die ihm grundsätzlich obliegende Schweigepflicht. Ebenso ist für die Durchbrechung der Schweigepflicht des Geschäftsführers wie bei der Aktiengesellschaft zu fordern, daß ein fortgeschrittenes Verhandlungsstadium, ein Letter of Intent und eine Geheimhaltungsvereinbarung vorliegen. Diese Kriterien sind -abgesehen von dem Gesellschafterbeschluß- erforderlich, um der Gefahr des Mißbrauchs der Informationen durch den Kaufinteressenten effektiv vorzubeugen; dem Geschäftsführer obliegt die Pflicht, das Vorliegen dieser Voraussetzungen vor einer Weitergabe gesellschaftsinterner Informationen zu prüfen.

cc) Auswirkungen der bestehenden GmbH-rechtlichen Regelungen auf die Bewertung der Due Diligence als Verkehrssitte

Festzustellen ist somit, daß bei der Rechtsform der GmbH der Annahme einer Verkehrssitte hinsichtlich der Durchführung einer Due Diligence grundsätzlich zwar die Geheimhaltungspflicht des Geschäftsführers entgegensteht, die Weitergabe von Informationen jedoch gerechtfertigt ist, wenn die vom Geschäftsführer zu überprüfenden Grundvoraussetzungen einer Weitergabe vorliegen und darüber hinaus ein positiver Beschluß der Gesellschafterversammlung gegeben ist oder dem Geschäftsführer die Entscheidung durch den Gesellschaftsvertrag übertragen wurde . Bei dem Beschluß haben die Gesellschafter -insoweit sei auf die Ausführungen zur Aktiengesellschaft verwiesen- zwischen dem Interesse und dem Nutzen der Gesellschaft an der Weitergabe von Unternehmensinterna und der damit verbundenen in Aussicht gestellten Anteilsveräußerung und der Gefahr des Mißbrauchs abzuwägen[383].

---

[383] Götze, ZGR 1999, 202 (212 ff.), will in diesem Zusammenhang dem Interesse des Gesellschafters an der Veräußerung seines Anteils ein erhebliches Gewicht zusprechen, weil andernfalls das Gesellschaftsinteresse einseitig bevorzugt würde. Der Verfasser scheint jedoch zu übersehen, daß das Gesellschaftsinteresse in der Regel höher einzustufen ist und daher mehr Beachtung innerhalb einer Abwägung findet, als das Interesse des einzelnen Gesellschafters, der nur Glied der Gesellschaft ist. Ferner ist seine Auffassung an dieser Stelle nicht so relevant, als daß sie auf seiner Grundauffassung basiert, daß die Weitergabe der Information an einen Gesellschafter, der intendiert, die Informationen an einen erwerbsinteressierten Dritten weiterzugeben, nicht gesellschaftsfremd sei.

Fällt die Entscheidung negativ aus und kauft der Interessent die Beteiligung dennoch, so sind für die GmbH die gleichen Feststellungen wie für die Aktiengesellschaft zu treffen: Eine aufgrund eines negativen Beschlusses der Gesellschafter unterbliebene Due Diligence kann dem Käufer im Falle des Auftretens von Mängeln des Unternehmens der GmbH nicht gemäß § 460 S. 2 BGB entgegengehalten werden und somit zum Ausschluß der Gewährleistungsrechte führen. Dies würde sich vielmehr als unzulässige Rechtsausübung des Verkäufers der Beteiligung darstellen, denn die Durchführung der Due Diligence war dem Käufer aufgrund des Beschlusses nicht möglich.
Der Annahme einer Verkehrssitte der Durchführung einer Due Diligence beim Kauf großer GmbH-Unternehmen stehen somit- wie auch bei der Aktiengesellschaft unter den dort genannten Voraussetzungen- keine absoluten Geheimhaltungsvorschriften entgegen. Das Bestehen einer Verkehrssitte kann somit bejaht werden.

c) Informationsordnung innerhalb der KG, bestehende Geheimhaltungspflichten bei der KG sowie Anforderungen zur Durchbrechung der Geheimhaltungspflicht

Ebenso wie für die Rechtsformen der Aktiengesellschaft und der GmbH wird im Folgenden auch für die Rechtsform der Kommanditgesellschaft festgestellt, ob Weitergabeverbote der Annahme einer Verkehrssitte der Due Diligence entgegenstehen. Untersucht werden muß hierfür jedoch zunächst, von wem der Kaufinteressent bei der Kommanditgesellschaft die für die Due Diligence erforderlichen Informationen erhalten kann, also ob er die Informationen von dem veräußerungswilligen Gesellschafter oder der Gesellschaft selbst, vertreten durch den Geschäftsführer, bekommen kann.

aa) Informationserlangung durch den veräußerungswilligen Gesellschafter

Während das Informationssystem in der Aktiengesellschaft und der GmbH, wenn auch gänzlich umstritten, einigermaßen überschaubar ist, fehlt es in der Kommanditgesellschaft völlig. Gerade § 164 HGB, der seit 150 Jahren unverändert ist, beruht auf alten restriktiven Vorstellungen und hat die Entwicklung der letzten 50 Jahre zur Mitgliedschaft und den aus ihr fließenden Rechten, zumindest vom Wortlaut her, nicht nachvollzogen[384]. Gerade hier ist es daher besonders schwierig, sichere Aussagen zu den Informationsrechten des verkaufswilligen Kommanditisten und den entsprechenden Informationspflichten der Gesellschaft zu treffen[385].

---

[384] Schmidt, Informationsrechte, S. 67 m.w.N. zur geschichtlichen Entwicklung.
[385] So auch Lutter, ZIP 1997, 613 (618).

aaa) Informationsanspruch des Gesellschafters aus § 166 HGB

Als Anspruchsgrundlage des Kommanditisten für die Erlangung der Unternehmensinterna kommt in erster Linie § 166 HGB in Betracht. Danach ist der Kommanditist berechtigt, die abschriftrechtliche Mitteilung des Jahresabschlusses zu verlangen und seine Richtigkeit unter Einsicht der Bücher und Papiere zu prüfen. Der Kommanditist soll durch § 166 HGB die Möglichkeit haben, die Rechnungslegung zu kontrollieren (Abs. 1) und mit Hilfe des Gerichts weitere Kontrollen der Geschäftsführung durchführen können (Abs. 3). Die Vorschrift ist ihrer Struktur nach -und mithin anders als im GmbH-Recht § 51 a GmbHG- nicht vom Zweck gelöst: Sie soll Kontrolle ermöglichen, nicht die Feststellung von Werten[386]. Der Informationsanspruch des § 166 HGB ist folglich kein genereller, alle Gesellschaftsangelegenheiten umfassender Auskunftsanspruch. Er ist vielmehr funktionsgebunden an die Kontrolle der Geschäftsführung[387]. Zur Feststellung des Wertes des Anteils des Kommanditisten wegen einer geplanten Veräußerung kann § 166 HGB nicht benutzt werden. Eine Benutzung des § 166 HGB zur Durchführung einer Due Diligence ist deshalb erst recht nicht denkbar.

Darüber hinaus unterliegt der Auskunftsanspruch immanenten Ausübungsschranken. So kann die Auskunft grundsätzlich verweigert werden, wenn die Gefahr besteht, daß der Kommanditist sie zu gesellschaftsfremden Zwecken verwendet und dadurch der Gesellschaft einen nicht unerheblichen Nachteil zufügt[388]. Ferner ist der Kommanditist auch bezüglich der durch § 166 HGB erlangten Informationen nicht berechtigt, diese weiterzugeben. Eine Verwendung etwaig erlangter Informationen scheidet somit aus.
Abgesehen von den vorstehenden Überlegungen kann der Kommanditist durch § 166 Abs. 1 HGB auch nur bestimmte Informationen herleiten, nämlich solche, die zur Prüfung der Richtigkeit des Jahresabschlusses nötig sind[389]. Andere für die Due Diligence relevante Informationen wie Produktionsmethoden, Patente, Lieferbeziehungen und ähnliches können durch § 166 HGB nicht erlangt werden. Die Regelung des § 166 HGB hilft mithin an dieser Stelle nicht weiter.

---

386 BGH WM 1979, 1061 (1062); Baumbach/ Duden/ Hopt, § 166 Rn. 1; Heymann/ Horn, § 166 Rn. 1; Schlegelberger/ Martens, § 166 Rn. 39; Münch. Hdb II/ Weipert, § 11 Rn. 5; Schmidt, GesR, § 53 III 3.; Sudhoff, Gesellschaftsvertrag der Personengesellschaften, S. 205; Huber, ZRG 1982, 539 (539); Schiessl, GmbHR 1985, 109 (109); Schneider, ZGR 1975, 253 (290).

387 Lutter, ZIP 1997, 613 (619).

388 Schlegelberger/ Martens, § 166 Rn. 20.

389 Heidelberger Kommentar zum HGB/ Stuhlfelner, § 166 Rn. 1; Staub/ Schilling, § 166 Rn. 2; Sudhoff, Gesellschaftervertrag bei Personengesellschaften, S. 204 f.

bbb) Informationsanspruch des Gesellschafters aus allgemeinen Erwägungen

Fraglich ist jedoch, ob ein Informationsrecht des Kommanditisten, also Auskunft durch die Gesellschaft und Einsicht in die Bücher und Schriften der Gesellschaft, aus allgemeinen Erwägungen bejaht werden kann. Dies kommt insofern in Betracht, als daß heute allgemeine Ansicht ist, daß der Auskunftsanspruch elementarer Bestandteil eines jeglichen Mitgliedschaftsrecht ist und deshalb auch dem Kommanditisten zustehen muß[390]. § 166 HGB erfüllt in diesem Zusammenhang nach heutigem Verständnis lediglich die Erfordernisse der Kontrolle des Kapitalgebers im Verhältnis zur Geschäftsführung. Dem Vermögensinteresse ist hierdurch jedoch nicht entsprochen. Um dem Vermögensinteresse gerecht zu werden, wird daher ein entsprechendes mitgliedschaftliches Recht auf Auskunft und Einsicht angenommen[391]. Andernfalls wäre der Kommanditist bei Verkauf seiner Beteiligung auch zur Hinnahme eines niedrigen Preisangebots gezwungen, weil ihm eigene und konkrete Wertvorstellungen fehlen. Festzustellen ist somit, daß ein Auskunftsrecht des Kommanditisten aus allgemeinen Erwägungen besteht; aus diesem Auskunftsrecht könnte der Kommanditist mithin die für die Due Diligence erforderlichen Informationen für den Kaufinteressenten ziehen.

Zu beachten ist jedoch, daß für das Auskunftsrecht des Kommmanditisten wegen der Gefahr des Mißbrauchs der Informationen dieselben Kautelen wie im GmbH-Recht gelten müssen[392]. Dies bedeutet zum einen, daß im Falle des Bestehens der Gefahr der gesellschaftsfremden Verwendung der Information die Auskunft verweigert werden kann. Liegt die Gefahr vor, daß der betroffene Gesellschafter die Information an einen Dritten weitergibt, so ist eine Verweigerung der Information möglich. Ferner darf der Kommanditist, auch wenn er die Information erhalten hat, diese seinerseits nicht an den interessierten Erwerber weitergeben, sondern unterliegt vielmehr der Schweigepflicht als Ausprägung seiner Treuepflicht gegenüber der Gesellschaft[393]. Insgesamt nützt folglich dem

---

[390] Schlegelberger/ Martens, § 166 Rn. 18; Schmidt, Informationsrechte, S. 68 f.; Lutter, ZIP 1997, 613 (619); mit Darstellung der geschichtlichen Entwicklung: Schiessl, GmbHR 1985, 109 (111).

[391] BGH ZIP 1983, 935 (936); NJW 1992, 1890 (1891); Heidelberger Kommentar zum HGB/ Stuhlfelner, § 166 Rn. 2; Schlegelberger/ Martens, § 166 Rn. 18; Staub/ Schilling, § 166 Rn. 1; Münch. Hdb II/ Weipert, § 11 Rn. 31; Schmidt, Informationsrechte, S. 68 f.; Immenga, ZGR 1974, 385 (414 f.); Lutter, ZIP 1997, 613 (619); Schiessl, GmbHR 1985, 109 (111 f.); Schneider, ZGR 1975, 253 (290 f.); sehr eingeschränkt: Heymann/ Horn, § 166 Rn. 18 f.

[392] Schlegelberger/ Martens, § 166 Rn. 20; Lutter, ZIP 1997, 613 (619); Schiessl, GmbHR 1985, 109 (111).

[393] Schmidt, GesR, § 53 III 1.

Kommanditisten das aus der Rechtsfortbildung entstandene Informationsrecht zwar zur Bewertung der eigenen Beteiligung. Die vom potentiellen Erwerber gewünschte -bzw. bei großen Unternehmen auch grundsätzlich wegen des andernfalls erfolgenden Verlusts der Gewährleistungsrechte durchzuführende- Due Diligence hat jedoch nicht die Grundlage in diesem Informationsanspruch. Da anderweitige Informationsrechte des Gesellschafters nicht in Betracht kommen und der Gesellschafter ferner gegebenenfalls erlangte Informationen gar nicht weitergeben dürfte, ist festzustellen, daß eine Erlangung der für die Due Diligence erforderlichen Informationen durch den Gesellschafter ausscheidet.

bb) Informationserlangung durch den geschäftsführungsbefugten Gesellschafter

Fraglich ist daher, ob der verkaufswillige Interessent von der Gesellschaft selbst, also vom geschäftsführungsbefugten Gesellschafter, die für die Due Diligence relevanten Informationen erlangen kann.

Grundsätzlich unterliegt der Geschäftsführer einer Kommanditgesellschaft der Schweigepflicht als Ausprägung seiner Treue- und Förderpflicht[394]. Mithin darf er in der Regel keine Unternehmensinterna an den Kaufinteressenten der Beteiligung des Kommanditisten weitergeben. In bestimmten Fällen, wenn das Interesse der Kommanditgesellschaft an der Offenbarung der Unternehmensinterna die Gefahr der mißbräuchlichen Verwendung der Informationen überwiegt, muß eine Weitergabe jedoch möglich sein.

Erforderlich für eine Weitergabe ist grundsätzlich eine Entscheidung über die Zulassung der Due Diligence nach Abwägung der Umstände des Einzelfalls. Festzustellen ist jedoch, wer in der Kommanditgesellschaft zur Entscheidung über die Durchbrechung der Geheimhaltungspflicht berechtigt ist. Anknüpfungspunkt dieser Beurteilung ist die Kompetenzordnung in der Kommanditgesellschaft, insbesondere der Umfang der Geschäftsführungsbefugnis des geschäftsführenden Gesellschafters.

Der Umfang der Geschäftsführungsbefugnis ist in § 116 HGB geregelt. Danach erstreckt sich die Befugnis des Geschäftsführers auf alle Handlungen, die der gewöhnliche Betrieb des Handelsgewerbes der Gesellschaft mit sich bringt, § 116 Abs. 1 HGB. Zur Vornahme außergewöhnlicher Geschäfte ist dagegen ein Beschluß sämtlicher Gesellschafter erforderlich, § 116 Abs. 2 HGB. Wie auch schon bei der Kompetenzordnung in der GmbH ist somit auch hier der Begriff der außergewöhnlichen Geschäfts von grundlegender Bedeutung, weil sich nach ihm die Entscheidungsbefugnis über die Informationsweitergabe richtet[395].

---

[394] Schlegelberger/ Martens, § 114 Rn. 29; Schmidt, GesR, § 20 IV 2.

[395] Vgl. allgemein zur Geschäftsführungskompetenz Schmidt, GesR, § 47 V.

Außergewöhnliche Geschäfte nach § 116 Abs. 2 HGB liegen vor, wenn das betroffene Geschäft über den gewöhnlichen Betrieb des Handelsgewerbes hinausgeht oder sein Zweck dem Gewerbe fremd ist[396]. Entscheidend ist mithin auch hier, ob die Weitergabe von Informationen mit dem Ziel der Durchführung einer Due Diligence, also die Durchbrechung der bestehenden Geheimhaltungspflichten, innerhalb des Rahmens der gewöhnlichen Geschäfte liegt und damit in den Zuständigkeitsbereich des Geschäftsführers fällt oder ob die Weitergabe vielmehr über den gewöhnlichen Betrieb des Unternehmens hinausgeht bzw. dem Zweck des Unternehmens fremd ist.

Eine Offenbarung von Unternehmensinterna stellt kein alltägliches Geschäft des Unternehmens der Kommanditgesellschaft dar. Vielmehr ist aufgrund des innerhalb der Unternehmenspolitik wertvollen Gutes der Information eine Weitergabe der Kerndaten des Unternehmens äußerst selten, denn die Gefahr des Mißbrauchs dieses Gutes ist groß und kann für das jeweilige Unternehmen negative Folgen haben. Dies spricht dafür, daß die Due Diligence als außergewöhnliche Maßnahme qualifiziert werden muß und daher die Gesellschafter für die Entscheidung zuständig sind. Darüber hinaus spricht für eine Zuständigkeit der Gesellschafter, daß ihr Vermögensinteresse betroffen ist, weil mit der Zulassung der Due Diligence eine Gefahr bezüglich des Vermögens der Gesellschafter geschaffen wird. Ferner ist es in der Regel dem Zweck des Unternehmens fremd, die Informationen über die Kerndaten des Unternehmens an gesellschaftsfremde Dritte weiterzugeben.
Die Weitergabe der für die Due Diligence relevanten Informationen hält sich insgesamt daher nicht mehr im Rahmen des gewöhnlichen Betriebs des Unternehmens, sondern stellt ein außerordentliches Geschäft dar, welches nicht mehr in die Zuständigkeit des Geschäftsführers fällt, sondern gemäß § 116 Abs. 2 HGB eines Beschlusses aller Gesellschafter bedarf[397].
Zwar sollte der geschäftsführungsbefugte Gesellschafter einen Ermessenspielraum haben und eigenständig die Geschäfte des Unternehmens wahrnehmen können. Dies gilt jedoch nur bezüglich der alltäglichen, gewöhnlichen Geschäfte der Gesellschaft, in deren Wahrnehmung der Tätigkeitsschwerpunkt des Geschäftsführers liegt, zu dem die Offenbarung von Unternehmensinterna je-

---

[396] Heymann/ Emmerich, § 116 Rn. 3 ff.; Schlegelberger/ Martens, § 116 Rn. 11 f.; Staub/ Fischer, § 116 Rn. 2 a); Schmidt, GesR mit Verweis auf Art. 103 Abs. 1 ADHGB; Sudhoff, Gesellschaftsvertrag der Personengesellschaften, S. 178.
[397] Vgl. zu der Qualifizierung des Zulassung der Due Diligence als außergewöhnliches Geschäft die umfassenden Ausführungen zur GmbH.

doch nicht gehört. Dispositionsbefugt bezüglich der Geheimnisse innerhalb der Kommanditgesellschaft sollten somit die Gesellschafter sein.
Für die rechtmäßige Durchbrechung der Geheimhaltungspflicht durch den Geschäftsführer ist daher ein Beschluß der Gesellschafter über die Zulassung der Due Diligence erforderlich. Als weitere Voraussetzungen einer rechtmäßigen Weitergabe von Informationen im Rahmen der Due Diligence sind auch bei der Kommanditgesellschaft ein fortgeschrittener Verhandlungszeitpunkt sowie ein Letter of Intent und eine Geheimhaltungsvereinbarung zu fordern. Hierdurch wird gesichert, daß die Gefahr des Mißbrauchs auf das kleinste Maß reduziert wird, was für die Weitergabe der Informationen unerläßlich ist[398].

cc) Auswirkungen der bestehenden KG-rechtlichen Regelungen auf die Bewertung der Due Diligence als Verkehrssitte

Feststellen läßt sich für die Kommanditgesellschaft, daß zwar grundsätzlich der Durchführung einer Due Diligence bei dieser Rechtsform des Unternehmens die Geheimhaltungspflicht des geschäftsführungsbefugten Gesellschafters entgegensteht. Eine Durchbrechung der Geheimhaltungspflicht ist jedoch gerechtfertigt, wenn ein Beschluß aller Gesellschafter vorliegt, dem eine sorgsam vorgenommene Gesamtabwägung aller für den Beschluß relevanten Umstände, insbesondere die Gefahr des Mißbrauchs und der Nutzen der Gesellschaft an der Durchführung der Due Diligence, vorausgegangen ist.

Die Annahme einer Verkehrssitte einer Due Diligence beim Kauf großer Unternehmen hindern mithin auch bei der Kommanditgesellschaft keine gesetzlichen Verbote. Vielmehr muß der verkaufswillige Interessent grundsätzlich auch bei der jeweiligen Kommanditgesellschaft eine Due Diligence durchführen, um sich im Sinne des § 460 BGB seine Gewährleistungsrechte zu erhalten. Im Falle der Unmöglichkeit der Durchführung der Due Diligence aufgrund des negativen Beschlusses der Gesellschaft bleiben dem Käufer die Gewährleistungsrechte jedoch erhalten, weil die Berufung des Unternehmens der Kommanditgesellschaft auf die Unterlassung einer Due Diligence sich als unzulässige Rechtsausübung darstellt[399].

---

398 Ebenso wie bei der GmbH hat auch der Geschäftsführer der Kommanditgesellschaft darauf zu achten, daß diese Voraussetzungen vorliegen, bevor er eine Due Diligence zuläßt.

399 Vgl. hierzu dieselben Überlegungen zur Aktiengesellschaft bzw. GmbH unter den jeweiligen Prüfungspunkten.

d) Gesamtergebnis zur Prüfung der der Verkehrssitte entgegenstehenden Geheimhaltungspflichten

Insgesamt läßt sich im Ergebnis feststellen, daß der Annahme einer Verkehrssitte der Durchführung einer Due Diligence bei dem Kauf großer Unternehmen bei keiner Rechtsform absolute gesetzliche Verbote entgegenstehen. Zwar sind bei sämtlichen Rechtsformen bestimmte Voraussetzungen an die Durchbrechung der Schweigepflicht des jeweiligen geschäftsführungsbefugten Organs zu stellen. Soweit jedoch das Interesse der Gesellschaft an der mit der Due Diligence in Aussicht genommen Akquisition die Gefahr des Mißbrauchs der Informationen überwiegt, wird in der Regel eine Zustimmung des Willensbildungsorgans der Gesellschaft zustande kommen und eine Due Diligence zugelassen werden. Eine Verkehrssitte kann somit angenommen werden.

e) Umfang der Verkehrssitte

Untersucht wird im Folgenden, welchen Umfang die Untersuchungspflichten des Käufers eines großen Unternehmens haben, was also der Käufer eines Unternehmens im Einzelnen zu prüfen hat, um seiner Pflicht im Sinne des § 460 S. 2 BGB nachzukommen. Um dies feststellen zu können, ist es erforderlich zu wissen, was regelmäßig den Inhalt der Due Diligence ausmacht, also was Inhalt der Verkehrssitte ist.

Es wird vertreten, daß bei Unternehmen, deren Träger eine Kapitalgesellschaft ist, die übliche Due-Diligence-Prüfung eine interne Bilanzanalyse (Prüfung des Jahresabschlusses, sowie Hinzuziehung von Kostenrechnung und Kalkulation, kurzfristige Erfolgsrechnung, Betriebsstatistik, gegebenenfalls der Berichte der Außendienstmitarbeiter sowie der Gutachten zur Markt- und Konkurrenzsituation usw.) beinhalte[400]. Beschränke sich der Käufer auf die bloße externe Bilanzanalyse (Prüfung lediglich des Jahresabschlusses) und weiche infolgedessen etwa der tatsächliche Umfang versteckter Verbindlichkeiten, das technische oder organisatorische Know-How oder die technologische Reife der Produkte von dem im Vertrag Vorgesehenen oder Vorausgesetzten ab, dann könne unter Umständen wegen § 460 S. 2 BGB der Gewährleistungsanspruch vollständig entfallen[401].

Zweifel, ob diese Ansicht den üblichen Inhalt einer Due Diligence zu definieren vermag, ergeben sich zunächst daraus, daß eine interne Bilanzanalyse nur Teile des möglichen Umfangs einer Due Diligence erfaßt. In der internen Bilanzana-

---

[400] Merkt, BB 1995, 1041 (1047); ders., WiB 1996, 141 (148).
[401] Merkt, BB 1995, 1041 (1047); ders., WiB 1996, 141 (148).

lyse werden vorrangig rechnerische Daten ausgewertet; Produktionsweisen, Patente und ähnliches, die oftmals einen großen Teil des Wertes des Unternehmens ausmachen und die in der Regel als wichtiger Teil der Due Diligence zu qualifizieren sind, werden nicht in die interne Bilanzanalyse einbezogen.
Ferner erscheint zweifelhaft, ob generell überhaupt ohne Berücksichtigung des Einzelfalls ein einheitlicher, allgemeiner Inhalt einer Due Diligence festgelegt werden kann. Zu bedenken ist insoweit zunächst, daß bei einer Due Diligence der Käufer den Verlauf und Inhalt der Due Diligence grundsätzlich selbst bestimmt, die Festlegung des Umfangs durch den Käufer also üblich ist[402]. Gerade, wenn die Akquisition -wie im Regelfall- wegen bestimmter Bereiche des Unternehmens vom Käufer vorgenommen wird, wird der Käufer vor allem jene Bereiche prüfen und keinen allgemein üblichen Prüfungsrahmen einhalten. Welche Bereiche im Einzelfall geprüft werden und daher als Verkehrssitte anzusehen sind, ist aufgrund der Vielfältigkeit des möglichen Prüfungsinhalts mithin schwer pauschal feststellbar. Deutlich wird die Vielfalt des möglichen Prüfungsinhalts, den der Käufer auswählen kann, auch an den unterschiedlichen Due-Diligence-Checklisten, die den Beratern helfen sollen, die Due Diligence umfassend durchzuführen. In jeder dieser Checklisten ist -unterteilt in verschiedene Unterpunkte- eine Vielzahl von Prüfungspunkten aufgeführt, die von Liste zu Liste differieren[403]. Jeder potentielle Käufer erachtet andere dieser Punkte für sich als wichtig, so daß jede Due Diligence individuell ausgerichtet ist. Eine allgemeine, pauschale Festlegung des üblichen Prüfungsinhalts einer Due Diligence, welche durch eine interne Bilanzanalyse vorgenommen wird, scheint daher nicht angebracht.
Fraglich ist jedoch, wie auf andere Weise eine Aussage über den üblichen Inhalt einer Due Diligence getroffen werden kann, wie also der mögliche weite Inhalt beschränkt werden kann.
Als mögliche Eingrenzung des Inhalts der Due Diligence kommt grundsätzlich die wirtschaftliche Ausrichtung der Due Diligence in Betracht. Kosten -in Verbindung mit der zur Verfügung stehenden Zeit- sind grundsätzlich faktisch geeignet, den Umfang einer Due Diligence zu begrenzen. Jedoch ist die Herleitung eines einheitlichen Prüfungsmaßstabs aus diesen Faktoren nicht möglich. Allenfalls kann die Feststellung getroffen werden, daß der Umfang der Due Diligence so gering wie möglich gehalten wird, um Kosten und Zeit zu minimie-

---

402 Harrer/ Erbacher, Schriften zum Kapitalmarkt, Band 2: Die Übernahme börsennotierter Unternehmen, 253 (261).

403 Vgl. hierzu nur die Listen bei: Picot, Teil I Rn. 28; Harrer, DStR 1993, 1673 (1673 f.); Wegen, WiB 1994, 291 (291 f.).

ren; dies sagt jedoch nichts über den tatsächlichen Umfang der Due Diligence aus.

Kriterien zur Feststellung des Umfangs der Due Diligence könnten sich jedoch aus dem Verhältnis des Akquisiteurs zur Zielgesellschaft und aus dem Akquisitionsobjekt selbst gewinnen lassen. Das Ausmaß der Unterschiedlichkeit zwischen Akquisiteur und Zielgesellschaft sowie die -bei geringer Ähnlichkeit- dadurch bedingte geringere Kenntnis des Geschäfts derselben, können die Intensität einer Due Diligence erhöhen[404]. Erfolgt etwa mit der Akquisition eine Diversifikation in neue Produkte oder geographische Märkte oder unterscheiden sich Unternehmenskulturen und Unternehmensorganisationen sowie Geschäftsabläufe von Käuferunternehmen und Zielgesellschaft wesentlich, wird die Durchführung einer Due Diligence um so notwendiger, beziehungsweise, ihre Intensität um so größer sein[405].
Das Akquisitionsobjekt stellt in diesem Zusammenhang ein weiteres Kriterium zur Bestimmung des Umfangs der Due Diligence dar. Die im Akquisitionsobjekt liegenden Risiken korrelieren mit der Branchenzugehörigkeit. So sind Produkthaftungsrisiken abhängig vom Produktprogramm und der Art und Zuverlässigkeit der Produktentwicklung und der Qualitätskontrolle. Die Art der Produktionsanlagen etwa beeinflußt die Beurteilung von Risiken aus der Verletzung von Umweltschutzauflagen.
Darüber hinaus hängt der Detaillierungsgrad der Untersuchung vom Risiko des Empfangs falscher, halbwahrer oder irrelevanter Informationen durch die Auskunftspersonen ab, weshalb der Verläßlichkeit der Auskunftsperson besondere Bedeutung zukommt[406].

Mit Hilfe der genannten Kriterien kann generell festgestellt werden, daß bei Vorliegen bestimmter Umstände eine Due Diligence üblicherweise intensiver erfolgt als in anderen Fällen. Nicht gefolgert werden kann hingegen aus diesen Kriterien, was im Konkreten grundsätzlich regelmäßig geprüft wird.
Eine Bestimmung des allgemein üblichen Inhalts der Due Diligence könnte jedoch durch Heranziehung des Faktors der Wesentlichkeit der Prüfungspunkte möglich sein. Anders als bei der Jahresabschlußprüfung, bei der zur Bestimmung von relevanten Prüfungspunkten auf die Informationsbedürfnisse eines normierten, anonymen Informationsadressaten abgestellt wird, kann im Rahmen der Due Diligence unmittelbar an die Entscheidungsfindung des Käufers ange-

---

[404] Berens/ Brauner, S. 92.
[405] Vgl. Theiss, M & A 1993, 34 (35).
[406] Berens/ Brauner, S. 93; Götze, ZGR 1999, 202 (204).

knüpft werden und für ihn festgestellt werden, was von seinem Standpunkt aus als wesentlich anzusehen ist.

Ausgangspunkt ist die Überlegung, daß für den Entscheidungsträger grundsätzlich nur solche Informationen Relevanz haben, die für seine Kaufentscheidung wesentlich sind, also die seine Entscheidung über den Kauf in bestimmten Umfang beeinflussen. Jene Informationen wird der Kaufinteressent in der Regel einer Prüfung unterziehen, weil sie für ihn einen prüfungsrelevanten Stellenwert haben. Als derartige Informationen kommen zum einen die Aspekte in Betracht, wegen der der potentielle Käufer Interesse am Unternehmen hat, also etwa Produktionsstätten, Patente, mögliche Synergieeffekte und ähnliches.

Zum anderen wird der Kaufinteressent üblicherweise die Daten prüfen, die den Wert des Unternehmens zum Großteil ausmachen, die also für die Berechnung des Kaufpreises des Unternehmens wesentlich sind. Für die Beurteilung, wann eine Information als wesentlich anzusehen ist, sind durch Bestimmung von Wesentlichkeits-Grenzen Werte festzulegen, deren Überschreiten zu einer eingehenden Prüfung der betreffenden Sachverhalte führen, so beispielsweise:

-Arbeits-, Liefer- oder Abnahmeverträge mit einer *bestimmten* Laufzeit oder einem bestimmten Volumen

-anhängige Prozesse, Garantiefälle ab einer geschätzten Schadens*höhe* oder *Wahrscheinlichkeit* der Inanspruchnahme

-Produktionsanlagen ab einem *bestimmten Prozentsatz* am Gesamtvermögen

-Produkte ab einem *bestimmten Prozentsatz* am Gesamtumsatz.

Der potentielle Käufer des Unternehmens hat im Vorfeld der Due Diligence die für ihn relevanten diesbezüglichen Werte zu bestimmen. Ebenso ist er verpflichtet, festzulegen, aus welchen Aspekten Interesse an dem Kauf des Unternehmens hat, also welche Umstände für ihn entscheidend für den Kauf sind und er aus diesem Grund einer Prüfung unterzieht.

Die Bestimmung der relevanten Gründe hat schriftlich zu erfolgen, damit im Nachhinein überprüfbar ist, bezüglich welcher Kriterien dem Unternehmenskäufer eine Pflicht zur Prüfung oblag. Die schriftliche Fixierung ist insbesondere von daher wichtig, als daß sie dem Käufer im Prozeßfall die Möglichkeit nimmt, die Entscheidungsrelevanz bestimmter Kriterien abzustreiten.

Auf den ersten Blick scheint die schriftliche Fixierung dem potentiellen Unternehmenskäufer eine große Last aufzubürden, weil er auf diese Weise seine Motive des Kaufs preisgeben muß. Auf der anderen Seite ist jedoch zu bedenken, daß das in Aussicht genommene Unternehmen durch Zulassung der Due Diligence wesentlich mehr offenbart als das andere Unternehmen. Ferner muß der Kaufinteressent zur Durchführung der Due Diligence sowieso festlegen, welche Aspekte des Unternehmens er prüfen will, damit ihm jene Unterlagen in dem

Data-Room zur Verfügung gestellt bzw. zugesandt werden können. Eine schriftliche Fixierung erscheint mithin gerechtfertigt.

Festzustellen ist, daß kein einheitlicher Umfang der Prüfungsobliegenheit des Käufers festgelegt werden kann. Der Inhalt der Verkehrssitte für die Beurteilung des Umfangs der Prüfungspflicht variiert vielmehr von Fall zu Fall und ist abhängig von den im Einzelfall bestehenden Intentionen des Käufers.
Jedoch läßt sich ein Grundschema zur Begrenzung des Inhalts der Due Diligence feststellen, welches durchgeführt werden muß, um dem Vorwurf unsorgfältiger Prüfung zu entgehen: Der Käufer muß im Einzelfall durch die schriftliche Festlegung der wesentlichen Gesichtspunkte bestimmen, was den Prüfungsumfang ausmachen soll. Zum einen muß er festlegen, welche besondere Eigenschaften des Unternehmens für seine Kaufentscheidung relevant sind und daher grundsätzlich einer Prüfung unterzogen werden sollen. Zum anderen hat der Käufer allgemein zu statuieren, inwieweit Umstände aufgrund der Relevanz für den Kaufpreis zu untersuchen sind. Hierfür sind vom Käufer Wesentlichkeitsgrenzen festzulegen, bei deren Überschreiten im Einzelfall eine Prüfungspflicht des Käufers angenommen wird[407].

6. Weitere Prüfungspunkte innerhalb der gesetzlichen Gewährleistung

a) Rechtsfolge, insbesondere Wandlung

Ist unter Berücksichtigung der dargelegten Punkte entweder ein Mangel des Unternehmens (§ 459 Abs. 1 BGB) oder das Fehlen einer zugesicherten Eigenschaft (§ 459 Abs. 2 BGB) zu bejahen und ist der Anspruch nicht nach § 460 BGB ausgeschlossen, stehen dem Käufer die Gewährleistungsrechte nach §§ 459 ff. BGB zu.
Die Ansprüche auf Minderung und Schadensersatz bringen über die Fragen der Bewertung hinaus keine besonderen Schwierigkeiten mit sich. Problematisch

---

[407] Durch die Anwendung dieses Beurteilungsgrundsatzes werden alle wesentliche Punkte des Kaufobjekts geprüft. Wesentlich in diesem Sinne sind alle jene Gebiete des Prüfungsobjekts, die geeignet sind, die Entscheidung über den Kauf und die Kaufpreishöhe in bestimmten Umfang zu beeinflussen.
Diese Bereiche, die dementsprechend entscheidungsrelevant sind, sollten mithin im jeweiligen Einzelfall geprüft werden, wobei sich hier -dies sei abschließend festzustellen- anhand der Größe des Unternehmens und der Branche ein jeweils auf den konkreten Fall bezogener Inhalt der Due Diligence ergibt.

stellt sich jedoch der Wandelungsanspruch dar, der nach der Rechtsprechung dem Käufer des Unternehmens ebenfalls zusteht[408].

Gemäß der bei einer Wandelung einschlägigen Vorschriften der §§ 467, 346 BGB haben die Parteien einander die empfangenen Leistungen zurückzugewähren. Der Unternehmenskäufer hat folglich dem Verkäufer das Unternehmen zurückzuerstatten. Eine Rückübertragung erscheint bei einem Unternehmen jedoch deshalb problematisch, weil das Unternehmen fortlaufend Änderungen erfährt und häufig schon nach verhältnismäßig kurzer Zeit in der Hand des Erwerbers weitgehend umgestaltet ist[409].

Aufgrund dieser Schwierigkeiten will ein Teil der Literatur die Wandelung beim Unternehmenskauf nur als ultima ratio zulassen[410]. Diesem Ansatzpunkt ist zuzustimmen. Denn im Zeitpunkt der durchzuführenden Wandelung ist oftmals ein erheblicher Teil der erworbenen Gegenstände nicht mehr vorhanden. Gegenstände des Anlage- oder Umlaufvermögens, die vom Käufer nicht mehr benötigt werden, können etwa veräußert oder Forderungen können eingezogen sein[411]. Wenn der Käufer das Unternehmen wegen bestimmter Bereiche gekauft hat, ist es auch möglich, daß die übrigen Bereiche von ihm weiterverkauft wurden. Ferner können vom Erwerber auch Neuinvestitionen getätigt worden sein, Verpflichtungen, die das Unternehmen betreffen und die vom Erwerber übernommen wurden, können erfüllt worden sein, organisatorische Veränderungen können vorgenommen worden sein und vom Käufer können neue Vermögensgegenstände erworben worden sein[412].

Zwar hindern die genannten Veränderungen laut Gesetz gemäß §§ 467, 346 ff. BGB die Wandelung an sich nicht[413]. Jedoch erschweren die genannten Veränderungen die Rückabwicklung eines Unternehmenskaufs in erheblichem Maße. Insbesondere gilt dies im Falle eines Streits der Parteien über die Berechtigung

---

[408] Hiddemann, ZGR 1982, 435 (437); indizent RGZ 138, 354 (358); dagegen aus der Lehre, den Wandelungsanspruch ablehnend, Hommelhoff, ZHR 140 (1976), 271 (299 f.); Huber, ZGR 1972, 395 (416 ff.).

[409] Beisel/ Klumpp, Rn. 972; Hölters/ Semler, VI Rn. 117.

[410] Soergel/ Huber, § 459 Rn. 251; Beisel/ Klumpp, Rn. 973 ff.; Schmidt, HandelsR, § 6 II 3 b; Lieb, FS für Gernhuber, 259 (278 f.); Mössle, BB 1983, 2151 (2151).

[411] Hölters/ Semler, VI Rn. 117.

[412] Hölters/ Semler, VI Rn. 117.

[413] Anders verhält es sich bei einem dem Käufer zuzurechnenden Untergang, bei wesentlicher Verschlechterung oder Unmöglichkeit der Herausgabe (§ 351 BGB) oder wenn das Unternehmen durch grobe Mißwirtschaft zugrunde gerichtet wurde, vgl. Huber, ZGR 1972, 395 (418).

des Wandelungsbegehrens. Denn dann besteht die Gefahr, daß das Unternehmen durch die Zeit der Auseinandersetzung langfristig gelähmt ist[414].
Die Problematik der Durchführung einer Wandelung zeigt sich auch in der Praxis. Hier sind die Schwierigkeiten, eine Wandelung durchzuführen so groß, daß Käufer nur selten eine Wandelung begehren. In der an sich reichhaltigen Rechtsprechung zum Gewährleistungsrecht beim Unternehmenskauf existieren nur wenige Fälle, in denen der Käufer tatsächlich eine Wandelung verlangte[415].
Aus den genannten Gründen ist die Wandelung beim Unternehmenskauf nur als ultima ratio zu werten, d. h. sie kommt nur dann in Betracht, wenn sich das erworbene Unternehmen als nicht existenzfähig erweist oder eine wirtschaftliche Sanierung unzumutbar erscheint. Grundsätzlich wird die Wandelung jedoch durch die Nachbesserungs- oder Minderungsrechte verdrängt[416].

b) Verjährung nach § 477 BGB analog

Weitere Voraussetzung für die Geltendmachung eines Anspruchs des Käufers eines mangelhaften Unternehmens ist, daß dem Anspruch nicht die Einrede der Verjährung entgegensteht.
Gemäß § 477 Abs. 1 S. 1 BGB verjähren Ansprüche nach §§ 459 ff. BGB bei beweglichen Sachen nach 6 Monaten und bei Grundstücken nach einem Jahr. Der Käufer muß daher sein Recht auf Schadensersatz, Minderung oder Wandelung innerhalb dieser Zeit geltend gemacht haben, andernfalls steht dem Anspruch die rechtshemmende Einwendung der Verjährung entgegen.
Ob die kurze Verjährung auf den Unternehmenskauf paßt und daher uneingeschränkt anzuwenden ist, wird in Rechtsprechung und Literatur unterschiedlich beurteilt[417]. Der kurzen Verjährung des § 477 BGB sollte jedoch uneingeschränkte Anwendung zukommen. Sie stellt einen gerechten Interessenausgleich zwischen Verkäufer- und Käuferinteressen dar. Einerseits steht dem Käufer ein verschuldensunabhängiges Haftungsinstitut zur Verfolgung seiner Interessen zur Verfügung, andererseits ist der Verkäufer diesen Risiken nur sechs Monate ausgesetzt. Auch wird nur durch die strikte Anwendung der Sechs-Monats-Frist die rechtssichernde Funktion der Verjährung eingehalten. Ferner ist zu beachten, daß durch die restriktive Anwendung der §§ 459 ff. BGB die c.i.c. mit einer Verjährungsfrist von dreißig Jahren beim Unternehmenskauf die dominierende Rolle spielt. Aus der Sachmängelhaftung kann der Unterneh-

---

[414] Hölters/ Semler, VI Rn. 119.
[415] RGZ 67, 86 (88); BGH NJW RR 88, 744 (745).
[416] Dies ergibt sich auch -wie bereits erwähnt- daraus, daß die §§ 459 ff. BGB beim Unternehmenskauf nur analog angewandt werden, also nur soweit es paßt. Die Wandelung paßt beim Unternehmenskauf aus den genannten Gründen jedoch gerade nicht.
[417] Siehe hierzu Ausführungen oben unter 2. Teil, 2. Kapitel, A I 1 e).

menskäufer somit seine Rechte gemäß § 477 BGB nur innerhalb von sechs Monaten geltend machen.

II. culpa in contrahendo

Im Folgenden werden das aufgrund der restriktiven Anwendung der §§ 459 ff. BGB im Rahmen des Unternehmenskaufs wichtige Rechtsinstitut der c.i.c. und die Auswirkung der Due Diligence auf dieses Rechtsinstitut untersucht.

1. Anwendbarkeit

Voraussetzung für das Bestehen eines Anspruchs des Unternehmenskäufers aus culpa in contrahendo ist, daß dieses Rechtsinstitut überhaupt anwendbar ist.
Seit der Entscheidung im Seegrundstückfall[418] ist ständige Rechtsprechung des BGH und herrschende Literaturmeinung, daß für eine Haftung aus culpa in contrahendo -wegen fahrlässiger Falschangaben in Bezug auf die Eigenschaften der Kaufsache- dort kein Raum ist, wo die Spezialregelungen der kaufrechtlichen Gewährleistung eingreifen[419]. In den Fällen, in denen bestimmte Umstände einen Fehler im Sinne des § 459 Abs. 1 BGB oder eine zugesicherte oder zusicherungsfähige Eigenschaft im Sinne des § 459 Abs. 2 BGB darstellen, kommt daher eine Haftung des Verkäufers aus culpa in contrahendo nicht in Betracht[420].
Indem die Rechtsprechung des BGH den Fehler- und Eigenschaftsbegriff des § 459 BGB beim Unternehmenskauf jedoch restriktiv auslegt, eröffnet sie der c.i.c. einen breiten Anwendungsraum[421]. Eine Haftung aus c.i.c. greift etwa, wenn es nicht um Umstände geht, die mit der Substanz der Kaufsache zusammenhängen, sondern um rein wirtschaftliche Wertfaktoren[422].
Allerdings wird allgemein vertreten -und diese Regeln gelten auch für den Unternehmenskauf-, daß der Vorrang der Mängelhaftung vor der Haftung aus culpa in contrahendo nur bei Fahrlässigkeit, nicht dagegen bei Vorsatz des Käufers gilt[423]. Die Ausschlußwirkung der §§ 459 ff. BGB gilt mithin nur für die Fälle,

---

[418] BGHZ 60, 379 (379).

[419] BGHZ 69, 53 (56); BGH WM 1988, 124 (125); NJW 1991, 1223 (1223); Paulusch, WM Sonderbeilage I, 1995, 49; Staudinger/ Honsell, Vorbem. zu § 459 Rn. 56 ff.; MüKo/ Westermann, § 459 Rn. 89 sowie § 463 Rn. 36 ff.; Hölters/ Semler, VI Rn. 14; Müller, ZIP 1993, 1045 (1045); Stengel/ Scholderer, NJW 1994, 158 (159).

[420] BGHZ 88, 130 (134); BGH BB 1991, 496 (497); Hopt/ Hess/ Fabritius, IV.B 6. Anm. 9; Münch. Vertragshandbuch II/ Günther, II.1. Anm. 86; Picot, Teil I Rn. 88; Paulusch, WM Sonderbeilage I, 1995, 49.

[421] MüKo/ Emmerich, Vorb. § 275 Rn. 115; Soergel/ Wiedemann, Vor § 275 Rn. 277; Stengel/ Scholderer, NJW 1994, 158 (159).

[422] BGHZ 114, 264 (266); Stengel/ Scholderer, NJW 1994, 158 (159).

[423] BGH NJW RR 1988, 10 (10); WM 1990, 1210 (1212); NJW 1991, 1223 (1223); NJW 1992, 2564 (2566); Staudinger/ Honsell, § 459 Rn. 56; Hölters/ Semler, VI Rn. 14 und 132;

in denen der Verkäufer fahrlässig Falschangaben gemacht bzw. fahrlässig eine Aufklärung des Käufers bezüglich solcher Umstände unterlassen hat, die einen Mangel im Sinne des § 459 BGB ausmachen. Bei Vorsatz hingegen greift die Haftung aus c.i.c. trotz Bestehen der spezialrechtlichen Gewährleistung neben §§ 459 ff. BGB.

2. Voraussetzungen einer Haftung aus culpa in contrahendo und Auswirkungen der Due Diligence auf diese Voraussetzungen

Abgesehen von der erforderlichen Anwendbarkeit ist Voraussetzung einer Haftung aus culpa in contrahendo zunächst eine vorvertragliche Pflichtverletzung des Unternehmensverkäufers.

a) Pflichtverletzung im Sinne der culpa in contrahendo

Eine Pflichtverletzung im Sinne der culpa in contrahendo liegt unter anderem -und diese Fälle kommen bei einem Unternehmenskauf in Betracht- vor, wenn der Verkäufer entweder vorsätzlich oder fahrlässig Falschangaben macht oder aber eine gebotene Aufklärung durch den Verkäufer unterbleibt[424].

aa) Falschangaben

Zum einen haftet der Verkäufer eines Unternehmens für Falschangaben, die er über das Unternehmen gemacht hat. Der Haftung des Verkäufers aus culpa in contrahendo für Falschangaben kommt dort besondere Bedeutung zu, wo fehlerhafte Angaben des Verkäufers zum Unternehmen nicht als Fehler im Sinne des § 459 Abs. 1 BGB oder als Zusicherung einer Eigenschaft im Sinne des § 459 Abs. 2 BGB gewertet werden können[425]. Insbesondere Auskünfte über die bisherige Vermögens- und Ertragslage des Unternehmens, die wie festgestellt, in der Regel weder einen Fehler noch eine zusicherungsfähige Eigenschaft darstellen, unterfallen einer Haftung aus culpa in contrahendo[426]. Auch sonstige Unrichtigkeiten des bei den Vertragsverhandlungen vorgelegten Zahlenwerks können einen Anspruch aus culpa in contrahendo begründen[427]. So führt etwa die Vorlage einer Bilanz, die nicht dem Gesetz und dem Grundsatz ordnungsgemäßer Buchführung entspricht, zu einer Haftung aus c.i.c.[428].

Emmerich, JuS 1991, 600 (601); Hagen, WM Sonderbeilage VII, 1989, 14; Müller, ZIP 1993, 1045 (1045); Stengel/ Scholderer, NJW 1994, 158 (159).

[424] Picot, I Rn. 89.

[425] BGHZ 65, 246 (253); 69, 53 (56); NJW 1977, 1536 (1537); NJW 1980, 2408 (2409); NJW-RR 1989, 306 (307).

[426] Merkt, Rn. 646; Münch. Vertragshandbuch II/ Günther, II.1. Anm. 86; Klein-Blenkers, NZG 1999, 185 (187); Turiaux/ Knigge, BB 1999, 913 (918).

[427] BGH DB 1974, 231 (231).

[428] BGH BB 1974, 152 (152); NJW-RR 1988, 744 (744 f.); WM 1994, 1378 (1387); Soergel/ Huber, § 459 Rn. 265.

Die Bedeutung der Due Diligence innerhalb des Bereichs der Haftung für Falschangaben ist offensichtlich. Anknüpfungspunkt einer Haftung stellt die Weitergabe von Unternehmensinformationen im Rahmen der Due Diligence dar: Bei der Due Diligence werden dem Käufer die Daten, die er zur Untersuchung des Unternehmens braucht bzw. die der Verkäufer dem Käufer zur Verfügung stellen will, übergeben. Mit der Übergabe der Daten zur Durchführung der Due Diligence gibt der Veräußerer dem Käufer Auskünfte über das Unternehmen; im Falle ihrer Unrichtigkeit wird eine Haftung des Verkäufers für Falschangaben begründet.

Festzustellen ist, daß durch die Dokumentation des Bestands des Unternehmens durch den Verkäufer innerhalb einer Due Diligence eine weitreichende Haftung des Veräußerers aus culpa in contrahendo entsteht. Der Veräußerer hat für die Richtigkeit sämtlicher Angaben im Rahmen der Due Diligence einzustehen. Die Due Diligence bildet mithin einen wichtigen Bereich für die Haftung aus culpa in contrahendo bei Falschangaben. Durch die Durchführung einer Due Diligence wird der Bereich der Haftung des Verkäufers aus c.i.c. erheblich erweitert[429].

bb) Unterlassen einer gebotenen Aufklärung

Des weiteren wird eine Haftung aus culpa in contrahendo ausgelöst, wenn der Verkäufer eine gebotene Aufklärung des Käufers unterläßt. Es gilt zwar der Grundsatz, daß derjenige, der einen Vertrag abschließt, sich selbst vergewissern muß, ob der Vertrag für ihn von Vorteil ist[430]. Wenn den Verkäufer jedoch eine Offenbarungspflicht bezüglich bestimmter Tatsachen trifft, hat er den Käufer über jene Tatsachen aufzuklären[431]. Festzustellen ist daher, wann eine derartige Offenbarungspflicht des Veräußerers besteht.

Allgemein anerkannt ist, daß eine Offenbarungspflicht besteht, wenn das Verschweigen einer Tatsache gegen Treu und Glauben verstoßen würde[432]. Gegen Treu und Glauben verstößt der Verkäufer durch Verschweigen, wenn der Käufer die Mitteilung der verschwiegenen Tatsache nach der Verkehrsauffassung erwarten darf[433]. Nach der Verkehrsauffassung wiederum erwarten darf eine

---

429 So auch Merkt, Rn. 646.

430 BGH WM 1988, 1566 (1568); NJW 1989, 763 (764); WM 1989, 26 (28); WM 1994, 1378 (1386); MüKo/ Emmerich, Vorbemerk. § 279 Rn. 79; Hölters/ Semler, VI Rn. 14; Stengel/ Scholderer, NJW 1994, 158 (160).

431 BGH NJW 1983, 2493 (2494); NZG 1998, 593 (594); Picot I, Rn. 90.

432 BGHZ 96, 302 (311); DB 1978, 979 (979); WM 1989, 26 (28) mit weiteren Nachweisen; Emmerich, JuS 1991, 600 (600).

433 BGH BB 1954, 360 (360); NJW 1967, 1022 (1022); NJW 1970, 653 (654 f.); Hölters/ Semler, VI Rn. 14; Holzapfel/ Pöllath, Rn. 328; Merkt, BB 1995, 1041 (1047).

Person eine Mitteilung dann, wenn offensichtlich ist, daß bestimmte Umstände maßgeblich für den Entschluß des Käufers sind. Denn grundsätzlich ist im Rahmen des Zumutbaren jede Partei verpflichtet, den Gegner über sämtliche Umstände aufzuklären, die für dessen Entschluß zum Vertrag maßgebend sind, sofern diese Umstände nur ihr bekannt sind und auch nur ihr bekannt sein können[434]. Entscheidend für die Bewertung sind grundsätzlich die Umstände des Einzelfalls[435]. Anerkannt ist jedoch, daß bestimmte Aspekte grundsätzlich geeignet sind, eine Aufklärungspflicht des Veräußerers zu begründen.
Einen derartiger Aspekt stellt die Intensität der Vertragsverhandlungen dar[436]. Der BGH hat klargestellt, daß der Umfang rechtlich gebotener Aufklärung vom Verlauf der Vertragsverhandlungen abhängt[437]. Danach können Aufklärungspflichten vor Abschluß eines Kaufvertrags bestehen, wenn sich die Vertragsverhandlungen über einen längeren Zeitraum hinziehen, ein gewisses Vertrauensverhältnis zwischen den Vertragspartnern entstanden ist und seitens des Verkäufers im Rahmen dieser Verhandlungen Angaben gemacht werden, die für die Kaufentscheidung erkennbar von wesentlicher Bedeutung sind, deren tatsächliche Grundlagen aber noch vor Vertragsschluß entfallen und sich damit als unrichtig herausstellen[438].

Die Due Diligence entfaltet innerhalb des Gesichtspunktes der Intensität der Vertragsverhandlungen von daher Relevanz, als dem potentiellen Erwerber eine Due Diligence grundsätzlich nur dann gestattet wird, wenn intensive, fortgeschrittene Vertragsverhandlungen zwischen Erwerber und Veräußerer vorliegen und ein Vertrauensverhältnis zwischen ihnen zu bejahen ist. Den Verkäufer trifft mithin bei der Durchführung einer Due Diligence grundsätzlich eine Aufklärungspflicht. Soweit er im Rahmen der Due Diligence Angaben gemacht hat, ist er verpflichtet, den Käufer über die sich nachträglich herausstellende Unrichtigkeit der Angaben aufzuklären. Dies gilt hier auch insbesondere, wenn der beim Käufer erweckte Eindruck von vorne herein nicht der Wahrheit entspricht.

Des weiteren wird eine Aufklärungspflicht für die Fälle angenommen, in denen eine Partei bei der anderen -auch unabsichtlich- einen Irrtum erregt hat, und die

---

[434] MüKo/ Emmerich, Vorbem. § 275 Rn.79.
[435] BGH WM 1994, 1378 (1386).
[436] MüKo/ Emmerich, Vorbem. § 275 Rn. 81.
[437] BGH NJW 1964, 811 (811); NJW 1983, 2493 (2494).
[438] BGH NJW 1983, 2493 (2494); Soergel/ Wiedemann, Vor. § 275 Rn. 153; Stengel/ Scholderer, NJW 1994, 158 (162).

andere Partei erkennbar unter Einfluß dieses Irrtums zum Vertragsschluß schreitet[439].

Auch an dieser Stelle kommt der Due Diligence besondere Bedeutung zu. Übermittelt der Verkäufer dem Käufer Unterlagen, anhand derer der Käufer eine Due Diligence durchführt und unterliegt der Käufer hinsichtlich solcher Umstände, die das Unternehmen betreffen, einem Irrtum, dessen Inhalt ausschlaggebend für den Vertragsschluß ist, so darf der Verkäufer es nicht zulassen, daß der Käufer unter dem Einfluß des Irrtums den Vertrag schließt. Vielmehr muß der Verkäufer, um den Fehlvorstellungen des Käufers Abhilfe zu leisten, dem Käufer die wahren Tatsachen offenbaren. Ihm obliegt mithin für den Fall des Bestehens eines Irrtums des Käufers eine Aufklärungspflicht, deren Vernachlässigung eine Pflichtwidrigkeit im Rahmen der c.i.c. begründet[440]. Die Herbeiführung von Irrtümern stellt somit einen weiteren Abwägungsfaktor für das Bestehen einer Aufklärungspflicht dar.

cc) Generelle Auswirkungen des Bestehens der Verkehrssitte der Due Diligence auf die Aufklärungspflicht im Sinne der culpa in contrahendo

Nach der grundsätzliche Darstellung der Abwägungsfaktoren zur Beurteilung des Bestehens einer Aufklärungspflicht und der Feststellung der Bedeutung der Due Diligence innerhalb der Aufklärungspflicht, soll im Folgenden untersucht werden, wie sich die vermehrt durchgeführte Due-Diligence-Untersuchung insgesamt auf die Erklärungspflicht des Verkäufers auswirkt, also welche Auswirkungen das Bestehen der Verkehrssitte der Due Diligence bei großen Unternehmen generell auf die Aufklärungspflicht des Verkäufers im Rahmen der culpa in contrahendo hat. Auswirkungen sind in zweierlei Hinsicht denkbar. Zum einen könnte sich die Aufklärungspflicht des Verkäufers durch die Due-Diligence-Praxis reduzieren[441], zum anderen könnte die Due-Diligence-Praxis dazu führen, daß eine Offenlegung bestimmter Umstände von dem Verkäufer erwartet werden darf, daß also eine Erweiterung der Aufklärungspflicht des Verkäufers Folge der vermehrten Durchführung der Due Diligence ist[442].

Für eine Reduktion der Offenbarungspflicht spricht, daß der Käufer bei der Durchführung einer Due Diligence die Aufklärung und mithin auch das Maß und die Tiefe der Aufklärung selbst in der Hand hat. Er selbst bestimmt durch die Wahl eines bestimmten Verfahrens und durch eigenständiges Setzen von

---

439 MüKo/ Emmerich, Vorbem. § 275 Rn. 94; Rädler/ Pöllath, S. 223.

440 Stengel/ Scholderer, NJW 1994, 158 (162).

441 So Hölters/ Semler, VI Rn. 14; Picot, Teil I Rn. 29.

442 Maßstab der Bewertung ist das im Normalfall vom Verkäufer geschuldete Maß an Aufklärung; Reduktion und Erweiterung sind Abweichungen von diesem Maßstab nach unten bzw. nach oben.

Schwerpunkten, in welchen Bereichen er Wert auf Information legt, was insbesondere von daher als relevant erscheint, als daß je nach Intention des Kaufinteressenten eine Vielzahl unterschiedlicher Aspekte bei der Prüfung in Betracht kommen: Umsatz/ Umsatzentwicklung, Ertrag/ Ertragsentwicklung, Marktchancen, Beteiligungen, Stellung im Markt, Eigenkapitalquote, cash flow, Zukunftsperspektiven, Bilanzen, aber auch Auswirkungen auf die eigene Stellung im Markt und eigene Marktchancen. Dadurch, daß der Käufer es in der Hand hat, den Gang der Untersuchung zu bestimmen, erscheint er weniger schutzwürdig. War dem Käufer ein bestimmter Umstand anläßlich der vorvertraglichen Überprüfung des Unternehmens im Rahmen der Due Diligence erkennbar, könnte insoweit die Aufklärungspflicht des Verkäufers entfallen. Denn der Verkäufer darf darauf vertrauen, daß der Erwerber den erkennbaren Sachverhalt im Rahmen der Due Diligence bemerkt hat. Demgemäß könnte der Schluß auf eine Verminderung der Aufklärungspflichten bei Durchführung einer Due Diligence gezogen werden[443].

Auf der anderen Seite ist zu beachten, daß die Prüfung des Unternehmens vorrangig im Interesse des Käufers durchgeführt wird. Der Käufer will sich durch die Durchführung einer Due Diligence schützen, indem er das Unternehmen ausgiebig prüft, bevor er sich zum Kauf entscheidet. Der Käufer will durch die Due Diligence seine Rechtsposition gerade nicht verschlechtern, was aber der Fall wäre, würde man eine Reduktion der Aufklärungspflichten des Verkäufers bei Durchführung einer Due Diligence bejahen[444].

Des weiteren ist zu berücksichtigen, daß der Käufer -was der Verkäufer weiß- durch noch so intensive Prüfungen nicht in der Lage ist, jedem versteckten Problem auf die Spur zu kommen, über das Aufklärung geschuldet sein kann.

Darüber hinaus gibt der Käufer durch die detaillierte Prüfung zu erkennen, daß für ihn die verschiedenen Einzelheiten der Unternehmenssituation oder des Unternehmensvermögens für die Kaufpreisentscheidung bestimmend sein können. Hierdurch offenbart der Käufer gerade ein gesteigertes Aufklärungsinteresse. Dies spricht dafür, daß nicht die Aufklärungspflichten durch die Praxis der Due Diligence reduziert werden, sondern vielmehr die Aufklärung des Käufers durch den Verkäufer in bestimmten Punkten erwartet werden kann, ohne daß der Käufer sich nach ihnen erkundigt.

---

[443] Hölters/ Semler, VI Rn. 14; Picot, Teil I Rn. 29.

[444] Stengel/ Scholderer, NJW 1994, 158 (164).

Im Rahmen dieser Erwägung ist jedoch zu beachten, daß es keinen einheitlichen und allgemeingültigen Maßstab für eine Unternehmenseinschätzung gibt[445] und damit fraglich ist, was konkret der Verkäufer zu offenbaren hat. Je nach seiner Intention wird der Kaufinteressenten unterschiedliche Aspekte prüfen. Die Berücksichtigung, Gewichtung und eventuelle Prüfung dieser Punkte ist für den Käufer durch einfaches Nachfragen und Untersuchen möglich, für den Verkäufer hingegen nur schwer zu bewerkstelligen. Dies gilt insbesondere in Bezug auf den erläuterten Wesentlichkeitsgrundsatz, der eine Prüfung jener Punkte verlangt, die für den Käufer bei dem Kauf des Unternehmens im Einzelfall relevant sind. Da dies für den Käufer individuell zu beurteilen ist, kann eine pauschale Bewertung des erforderlichen Inhalts der Due Diligence nicht getroffen werden, so daß die Offenlegung „bestimmter" Umstände schon mangels Möglichkeit der Auswahl vom Verkäufer nicht erwartet werden kann.

Zudem ist zu beachten, daß dem Käufer -zumindest bei großen Unternehmen[446]- die Pflicht zur Prüfung obliegt. Würde nun auf der anderen Seite den Verkäufer aufgrund der Due-Diligence-Praxis eine Pflicht zur Offenbarung treffen, so wären beiden Parteien Pflichten auferlegt, die denselben Zweck verfolgen: die Information des Käufers. Folge wäre eine von beiden Seiten erforderliche Tätigkeit, die denselben Inhalt hätte. Der Käufer prüft bei der Due Diligence die für ihn relevanten Umstände. Über eben diese müßte der Verkäufer den Käufer widerrum aufklären. Wer jedoch von beiden aktiv werden muß, um diesen Zweck zu erreichen, ist anhand der gegenteiligen Pflichten schwer zu beurteilen und würde somit Rechtsunsicherheit schaffen.
Daß die Due-Diligence-Praxis die Auswirkung hat, daß eine Erweiterung der Aufklärungspflicht des Verkäufers entsteht, ist mithin abzulehnen.

Allerdings könnte die Due-Diligence-Praxis eine Reduktion der Aufklärungspflichten des Verkäufers bewirken. Hierfür spricht -wie bereits erwähnt-, daß der Käufer durch die Festlegung der Prüfungskriterien die Umstände auswählt, die für ihn von besonderer Bedeutung sind und über die er Informationen besitzen will. Der Käufer hat im Rahmen der Due Diligence ausreichend Gelegenheit, die ihm wichtigen Umstände des Unternehmens zu prüfen und insofern die Verhältnisse des Unternehmens zu durchleuchten[447]. Durch diese Möglichkeit kann der Käufer sich selbst schützen. Eine umfassende Aufklärung durch den

---

[445] BGH WM 1994, 1378 (1386); Hopt/ Hess/ Fabritius, Vertrags- und Formularhdb., IV B XIII 3; vgl. hierzu auch Ausführungen oben unter 2. Teil, 2. Kapitel, A I 5 e).
[446] Siehe hierzu Ausführungen oben unter 2. Teil, 2. Kapitel, A I 4 e bb aaa.
[447] Vgl. Hölters/ Semler, VI Rn. 14; Stengel/ Scholderer, NJW 1994, 158 (164).

Verkäufer ist nicht mehr erforderlich. Der Verkäufer muß vielmehr darauf vertrauen können, daß der Erwerber den betreffenden Sachverhalt bei der Durchführung der Due Diligence bemerkt hat. Mithin reduziert sich die Aufklärungspflicht des Verkäufers bei Durchführung einer Due Diligence darauf, daß er dem Käufer -abgesehen von den Informationen, die er dem Käufer innerhalb der Due-Diligence-Prüfung gibt- die Umstände offenbaren muß, die für ihn objektiv erkennbar von grundlegender Bedeutung sind und nicht schon durch die Due Diligence offengelegt wurden. Der Verkäufer ist mithin zu einer Aufklärung jener Umstände verpflichtet, die der Käufer nicht aus den vorgelegten Unterlagen erkennen konnte[448]. Wenn also der Verkäufer dem Käufer die Prüfung des Unternehmens ganz überläßt, ist der Verkäufer nur ausnahmsweise zur Aufklärung verpflichtet.

Feststellen läßt sich somit, daß die Praxis der Due Diligence -bei großen Unternehmen- zu einer Reduktion der Offenbarungspflichten des Verkäufers führt[449]. Im Rahmen der culpa in contrahendo ist daher eine Haftung des Verkäufers wegen gebotener, aber unterlassener Aufklärung nur ausnahmsweise möglich bzw. mit Zunahme der Praxis der Due Diligence rückläufig -im Gegensatz zu der Haftung des Verkäufers für Falschinformationen, die durch die Due Diligence zunimmt.

Wenn jedoch eine Aufklärungspflicht bejaht werden kann und der Verkäufer die Aufklärung unterlassen hat bzw. wenn der Verkäufer dem Käufer Falschinformationen gegeben hat, so kommt eine Haftung des Verkäufers nach culpa in contrahendo in Betracht, soweit außer der Pflichtverletzung die weiteren Voraussetzungen der c.i.c. vorliegen.

b) Verschulden, Schaden und Kausalität

Weitere Voraussetzung einer Haftung aus c.i.c. ist zunächst ein Verschulden des Verkäufers. Der Verkäufer muß mithin fahrlässig oder vorsätzlich Falschangaben gemacht oder eine gebotene Aufklärung unterlassen haben[450]. Darüber hinaus ist für eine Haftung aus c.i.c. das Vorliegen eines Schadens sowie die Kausalität zwischen Pflichtverletzung und Schaden erforderlich.

Liegen diese Voraussetzungen vor, so steht dem Käufer ein Schadensersatzanspruch zu.

---

448 Vgl. Keil, S. 143.

449 So auch Holzapfel/ Pöllath, Rn. 331.

450 Beisel/ Klumpp, Rn. 942; Hölters/ Semler, VI Rn. 133; Holzapfel/ Pöllath, Rn. 331; Münch. Vertragshandbuch II/ Günther, II.1. Anm. 86.

c) Rechtsfolge

Der Käufer kann als Rechtsfolge des Anspruchs aus culpa in contrahendo entweder Herabsetzung des Kaufpreises oder Rückgängigmachung des Vertrags wählen[451], wobei die Ansprüche des Käufers im Regelfall gemäß § 195 BGB nach 30 Jahren verjähren[452].

Klagt der Käufer auf Rückzahlung des ganzen Kaufpreises Zug um Zug gegen Rückübertragung des Unternehmens, so muß er nach allgemeinen Grundsätzen sowohl die Unrichtigkeit der Angaben und die Verletzung einer gebotenen Verhaltenspflicht als auch das Verschulden des Verkäufers sowie den Schaden und die Kausalität darlegen und beweisen[453]. Darüber hinaus muß er darlegen, daß er bei Kentnnis der falschen Angaben den Unternehmenskaufvertrag nicht, beziehungsweise nicht so, abgeschlossen hätte. Es ist jedoch Sache des Verkäufers, die Behauptungen des Käufers zu widerlegen. Die Beweislast trägt mithin im Ergebnis der Verkäufer[454].

Gelingt die Beweisführung des Verkäufers nicht, so geht das negatives Interesse des Käufers bei der culpa in contrahendo grundsätzlich dahin, so gestellt zu werden, als hätte er den Kauf überhaupt nicht abgeschlossen. Der Verkäufer hat mithin nicht nur den Kaufpreis insgesamt zurückzuzahlen und die fehlgeschlagenen Aufwendungen zu ersetzen[455]. Er muß den Käufer darüber hinaus auch aus der Gesamtverantwortung für das Unternehmen entlassen und einer Rückübertragung der übertragenen Wirtschaftsgüter zustimmen[456].

Zweifelhaft ist jedoch, ob die Rechtsfolge der Rückabwicklung auf den Unternehmenskauf paßt. Entgegen stehen die Erwägungen, die bereits innerhalb der §§ 459 ff. BGB zu einer Qualifizierung der Wandelung als ultima ratio geführt haben: Ein Unternehmen kann durch einen Wechsel des Eigentümers innerhalb kürzester Zeit erhebliche Änderungen erfahren und seine Identität sehr stark verändert haben. Dies hindert zwar seine Rücknahme an sich nicht, macht diese jedoch zu einem mit vielfältigen Problemen belasteten Prozeß. Dies spricht dafür, auch bei der culpa in contrahendo die Rechtsfolge der Rückabwicklung des Vertrags nur in Ausnahmefällen, d.h. als ultima ratio zuzulassen. Ferner ist für eine derartige Wertung anzuführen, daß widersprüchlich es wäre, innerhalb des Sachmängelgewährleistungsrechts die Wandelung nur als ultima ratio zuzulas-

---

[451] Beisel/ Klumpp, Rn. 944; Hölters/ Semler, VI Rn. 133.

[452] Baumbach/ Hopt, Einl v § 1 Rn. 47; Münch. Vertragshandbuch II/ Günther, II.1. Anm. 86; Turiaux/ Knigge, BB 1999, 913 (918).

[453] Picot, Rn. 94.

[454] BGH WM 1988; 124 (125); Müller, ZIP 1993, 1045 (1047); Picot, Rn. 80.

[455] BGH NJW 1974, 849 (852).

[456] Beisel/ Klumpp, Rn. 944.

sen, innerhalb der culpa in contrahendo jedoch keinerlei Einschränkungen bezüglich der Befugnis zur Rückabwicklung des Unternehmenskaufvertrags zu machen. Auch bei der culpa in contrahendo sollte daher eine Rückgängimachung des Kaufvertrags nur in Ausnahmefällen möglich sein, also dann, wenn für den Käufer der Erhalt des Unternehmens unzumutbar ist[457]. Andernfalls ist der Käufer vorrangig darauf verwiesen, eine Herabsetzung des Kaufpreises zu verlangen. Der Kaufpreis ist dann auf den Betrag herabzusetzen, der bei Zugrundelegung der wirklichen Verhältnisse unter Berücksichtigung der von den Vertragsparteien vorgenommenen Bewertungen „angemessen" gewesen wäre[458]. Dementsprechend wird der Käufer als Schadensersatz den merkantilen Minderwert fordern[459].

d) Mitverschulden des Käufers

Zu beachten ist, daß im Rahmen der culpa in contrahendo § 254 BGB Anwendung findet[460]. Gemäß § 254 Abs. 1 BGB hängt, wenn der Beschädigte bei der Entstehung des Schadens mitgewirkt hat, die Verpflichtung zum Ersatz sowie der Umfang des zu leistenden Ersatzes von den Umständen und insbesondere davon ab, inwieweit der Schaden vorwiegend von dem einen oder dem anderen Teil verursacht wurde. Der Erwerber muß sich mithin sein eigenes Mitverschulden grundsätzlich im Rahmen der culpa in contrahendo anrechnen lassen[461].

Im Zusammenhang mit § 254 Abs. 1 BGB könnte eine mangelnde oder unsorgfältige Überprüfung eines Unternehmens im Rahmen einer Due Diligence an Bedeutung gewinnen. So könnte dem Käufer ein Mitverschulden angerechnet werden, wenn er die Prüfung des Unternehmens schuldhaft unterlassen oder lediglich nachlässig durchgeführt hat. Folge wäre, daß der Anspruch des Käufers um sein eigenes Mitverschulden zu kürzen wäre. Fraglich ist, ob ein Unterlas-

---

[457] Schwerwiegende Fälle, die eine derartige Unzumutbarkeit begründen, sind etwa das Fehlen oder der plötzliche Verlust betriebsnotwendiger Wirtschaftsgüter oder Rechte, die drohende Insolvenz oder die überraschende Realisierung von bisher nicht gekannter oder ausgeschlossener Haftungsrisiken (§ 419 BGB).

[458] BGH NJW 1977, 1536 (1537); NJW 1989, 1792 (1793); Tiedtke, JZ 1989, 569 (569).

[459] BGH NJW 1977, 1536 (1537); NJW 1989, 1792 (1793).

[460] BGH NJW 1992, 2564 (2565); Beisel/ Klumpp, Rn. 942; Ermann/ Sirp, § 254 Rn. 21; Fikentscher, Rn. 568; Larenz, AT § 31 I a); Münch. Vertragshandbuch II/ Günther, II.1. Anm. 86.

[461] Der in § 254 Abs. 1 BGB benutzte Ausdruck „Verschulden" ist weit zu verstehen. Er bedeutet soviel wie ein persönlich zurechenbares Verhalten, das geeignet ist, eine Mitverantwortlichkeit des Geschädigten für den Schaden zu begründen. Geeignet in dieser Hinsicht ist ein Verhalten dann, wenn es zumindest fahrlässig ist, vgl. Larenz, AT § 31 I a).

sen einer Prüfung oder eine lediglich nachlässige Prüfung durch den Käufer derartige Auswirkungen hat.

Die Rechtsprechung ist in diesem Bereich äußerst zurückhaltend. So steht der Verkäuferhaftung nach Ansicht der Rechtsprechung nicht entgegen, daß der Käufer es unterließ, ihm übergebene Bilanzen durch seine Revisionsabteilung oder seinen Steuerberater prüfen zu lassen[462]. Übergibt vielmehr der Verkäufer dem Käufer eine Aufstellung der Abschlußangaben (Bilanz, Status), aus dem der Erwerber eine Unternehmensbewertung entwickeln läßt, so darf der Erwerber auf die Richtigkeit der Aufstellung vertrauen und braucht sie nicht zu prüfen[463]. Ebensowenig schadet es dem Erwerber, wenn er zwar zu Beginn der Verhandlungen nach Umsatzzahlen fragt, später aber nicht mehr auf einer Antwort beharrt[464].
Die Rechtsprechung, soviel ist aus den vorstehend erwähnten Entscheidungen zu erkennen, lehnt mithin eine Auswirkung der Unterlassung einer Prüfung oder nur der fehlerhaften Prüfung auf die Ansprüche des Käufers ab.

Jedoch ist zu beachten, daß seit der letzten Entscheidung des BGH zu dieser Problematik über 20 Jahre vergangen sind und sich die Praxis des Unternehmenskaufs seitdem erheblich weiterentwickelt und gewandelt hat. Die Durchführung einer Due Diligence stellt -jedenfalls nach der hier vertretenen Ansicht- bei großen Unternehmen eine Verkehrssitte dar, ein Unterlassen der Prüfung in einem solchen Fall führt mittlerweile -im Gegensatz zu früher- gemäß § 460 S. 2 BGB zum Ausschluß der Haftung des Verkäufers nach §§ 459 ff. BGB. In Anbetracht dieser Wertung im gesetzlichen Gewährleistungssystem und aufgrund einer sonst zu beklagenden Inkonsequenz kann und darf auch für die Haftung des Verkäufers aus culpa in contrahendo ein Unterlassen der Due Diligence aufgrund der mittlerweile vorherrschenden Praxis der Untersuchung des Unternehmens nicht ohne Folgen für den Käufer bleiben.
Den Ansatzpunkt für die Beurteilung des Mitverschuldens stellt das Bestehen einer Verkehrssitte der Durchführung einer Due Diligence beim Kauf eines Unternehmens dar. Wird in sonstigen Bereichen, in denen eine Verkehrssitte der Prüfung und damit eine Prüfungsobliegenheit des Käufers besteht (Gebrauchtwagenkauf, Antiquitäten und ähnliches) eine Prüfung unterlassen, so trifft den Käufer im Rahmen der culpa in contrahendo ein Mitverschulden, wel-

---

[462] BGH NJW 1977, 1536 (1538).
[463] BGH NJW 1977, 1536 (1537).
[464] BGH NJW 1970, 653 (655).

ches dazu führt, daß der Anspruch des Käufers reduziert wird[465]. Auch in sonstigen allgemeinen Bereichen[466], in denen eine Person eine Obliegenheit trifft, führt eine Verletzung der Obliegenheit zur Annahme eines Mitverschuldens[467]. So stellt es etwa eine Obliegenheit auch eines wenig gebildeten und geschäftlich unerfahrenen Menschen dar, daß er Schriftstücke nicht unbesehen unterzeichnet, sondern vorher vom Inhalt Kenntnis nimmt. Sofern es dies nicht tut, trifft ihn ein Verschulden, weil er die Möglichkeit des Eintritts des Erfolges erhöht hat[468]. Es ist ihm dann verboten, den selbst verschuldeten Schaden im Widerspruch zu seinem Verhalten auf den Verkäufer abzuwälzen.
Parallel hierzu ist die Wertung bezüglich der Due Diligence zu treffen. Der geschädigte Unternehmenskäufer setzt durch die Unterlassung oder nur mangelhafte Prüfung des Unternehmens eine Bedingung, die objektiv geeignet ist, die Möglichkeit des Schadenseintritts zu erhöhen. Hätte der Unternehmenskäufer das Unternehmen geprüft bzw. vollständig geprüft, so hätte er die nachteiligen Umstände erkannt, die jetzt den Schaden ausmachen. Durch die dann aufgrund der Erkenntnisse mögliche Vereinbarung eines niedrigeren Kaufpreises hätte der Schaden verhindert werden können. Die Voraussetzungen eines Mitverschuldens liegen mithin im Fall der mangelhaften bzw. völlig unterlassenen Prüfung beim Unternehmenskauf vor.

Des weiteren ist bei der Bewertung der Auswirkungen der unterlassenen Due Diligence auf ein Mitverschulden des Käufers noch das Zusammenspiel der culpa in contrahendo mit den Gewährleistungsansprüchen zu sehen. Das Unterlassen der Prüfung hat auf die Gewährleistungsrechte des Käufers gemäß § 460 S. 2 BGB die Auswirkung, daß eine Haftung des Verkäufers ausgeschlossen ist.
Es würde ein rechtliches Ungleichgewicht darstellen, wenn einerseits eine Haftung des Verkäufers nach § 459 BGB bei Unterlassen der Prüfung gemäß § 460 S. 2 BGB ausgeschlossen ist, andererseits der Käufer jedoch für Umstände, die nicht unter §§ 459 ff. BGB fallen, Haftungsansprüche gegen den Verkäufer aus culpa in contrahendo auch dann geltend machen kann, wenn der Käufer eine ihm obliegende Prüfung unterlassen hat. Aus diesem Grund muß ein Unterlassen der Due Diligence im Bereich der culpa in contrahendo dazu führen, daß dem Käufer ein Mitverschuldensvorwurf mit der Folge der Anspruchsminde-

---

[465] OLG Köln zum Autokauf, Urt. V. 17.11.1989 20 U 65/ 89, n.v.
[466] Gemeint mit sonstigen Bereichen sind die Bereiche, in denen nicht konkret eine *Prüfungs*obliegenheit, sondern vielmehr eine allgemeine Obliegenheit besteht.
[467] Staudinger/ Schiemann, § 254 Rn. 30; Medicus, FS für Niederländer, 329 (337).
[468] BGHZ 33, 293 (301).

rung gemacht werden kann. Andernfalls würde die Wertung, die durch die Bejahung einer Verkehrssitte vorgenommen wird, innerhalb der Haftung aus culpa in contrahendo umgangen.
Im Ergebnis ist somit festzustellen, daß eine unterlassene oder unsorgfältig durchgeführte Due Diligence ein Mitverschulden des Käufers nach § 254 S. 1 BGB begründet.

III. Positive Forderungsverletzung

Als weiteres Rechtsinstitut, mit welchem der Käufer eines Unternehmens im Falle des geringeren Werts des Unternehmens seine Ansprüche verfolgen kann, kommt die positive Forderungsverletzung in Betracht.
Voraussetzung eines Anspruchs des Käufers aus positiver Forderungsverletzung ist zunächst, daß diese -insbesondere neben dem Sachmängelgewährleistungsrecht- anwendbar ist.

1. Anwendbarkeit der positiven Forderungsverletzung

Die Anwendung der positiven Forderungsverletzung ist durch das Gewährleistungsrecht nicht grundsätzlich ausgeschlossen[469]. Soweit sich jedoch die Pflichtverletzung des Verkäufers gerade auf die schuldhafte Schlechtleistung bezieht, also ein Mangelschaden vorliegt, kann der Käufer keinen Anspruch aus positiver Forderungsverletzung geltend machen; in diesem Fall wird der Schaden vielmehr nach §§ 459 ff. BGB abgewickelt.
Eine Anwendung der positiven Forderungsverletzung kommt jedoch für den Ersatz des Mangelfolgeschadens in Betracht. Was im einzelnen zum Mangelfolgeschaden und zum Mangelschaden zu rechnen ist, kann in den Grenzbereichen zweifelhaft sein. Grundsätzlich zählt zum Mangelfolgeschaden jedoch derjenige Schaden, der dem Käufer an seinen Rechtsgütern außerhalb der Kaufsache -etwa an Gesundheit, Leben, Eigentum, aber auch an sonstigem Vermögen- entstanden ist[470], zum Mangelschaden hingegen der Schaden, der unmittelbar durch die mangelhafte Lieferung verursacht worden ist, also die fehlende oder eingeschränkte Gebrauchstauglichkeit der Kaufsache, der verbleibende Minderwert, Nutzungsausfall und Gewinnentgang[471].
Überträgt man diese Grundsätze auf den Unternehmenskauf, ergibt sich hieraus, daß ein Anspruch des Käufers eines Unternehmens aus positiver Vertragsverletzung etwa dann in Betracht kommt, wenn sich das gekaufte Unternehmen als fehlerhaft erweist und die Fehlerhaftigkeit zu einem Schaden an anderen Rechtsgütern des Unternehmenskäufers geführt hat. Von der Positiven Ver-

---

[469] BGH NJW 1980, 1950 (1950); Ermann/ Weitnauer, § 459 Rn. 47.
[470] BGH NJW 1980, 1950 (1951).
[471] Vgl. dazu etwa BGH WM 1972, 558 (559 f.); NJW 1978, 2241 (2242).

tragsverletzung ersetzt werden können somit etwa zur Beseitigung der Fehler gemachten Sanierungsaufwendungen des Erwerbers, die zu Verlusten in seinem Vermögen geführt haben[472].

2. Voraussetzungen der positiven Forderungsverletzung und Auswirkungen der Due Diligence auf diese Voraussetzungen

Im Folgenden sollen die Voraussetzungen der positiven Forderungsverletzung dargestellt werden, wobei besonderes Augenmerk auf etwaige Auswirkungen der Due Diligence auf die positiven Forderungsverletzung gerichtet werden soll.

a) Pflichtverletzung

Erste Voraussetzung für eine Haftung aus positiver Forderungsverletzung ist, daß der Schuldner eine sich aus dem betreffenden Schuldverhältnis ergebende Pflicht verletzt hat[473]. Als derartige Pflichten im Sinne einer positiven Forderungsverletzung gelten einmal die Schlechterfüllung, d.h. die nicht ordnungsgemäße Erfüllung einer Haupt- oder Nebenleistungspflicht, zweitens die Vertragsuntreue des Schuldners, d.h. der Fall, daß der Schuldner durch sein Verhalten den Zweck des Schuldverhältnisses in Frage stellt oder gefährdet, und drittens die Schutzpflichtverletzung, d.h. wenn der Schuldner im Zusammenhang mit dem Schuldverhältnis andere Rechtsgüter des Gläubigers schädigt oder gefährdet[474].

b) Einfluß der Due Diligence auf Informationspflichten im Sinne der p.V.V.

Im Zusammenhang mit der Due Diligence kommt den beiden letzten Fallgruppen wenig Bedeutung zu. Weder ist denkbar, wie der Schuldner durch die Due Diligence den Zweck des Schuldverhältnisses gefährden kann, noch ist vorstellbar, wie der Veräußerer durch die Durchführung der Due Diligence andere Rechtsgüter des Gläubigers schädigen kann.

Einfluß könnte die Due Diligence jedoch auf die erste Fallgruppe haben. Nach dieser Fallgruppe haftet ein Schuldner aus positiver Forderungsverletzung, wenn er eine vertragliche Nebenpflicht verletzt. Nebenpflichten dienen der Vorbereitung, Durchführung und Sicherung der Hauptleistungspflichten. Sie sind auf die Herbeiführung des Leistungserfolges bezogen und ergänzen die Hauptleistungspflicht[475]. Als Nebenleistungspflichten gelten etwa Verpackungspflichten, Anleitungspflichten, Beratungspflichten, Informations- und Aufklärungspflichten[476].

---

[472] Staudinger/ Honsell, Vorb. § 459 Rn. 28; Hölters/ Semler, VI Rn. 135.
[473] Palandt/ Heinrichs, § 276 Rn. 107, 112 ff.
[474] Staudinger/ Löwisch, Vor. §§ 275 ff., Rn. 23.
[475] MüKo/ Kramer, § 241 Rn. 13 ff; Palandt/ Heinrichs, Einl. v. § 241 Rn. 6.
[476] Staudinger/ Löwisch, Vor. §§ 275 ff. , Rn. 33.

Bedeutung könnte die Due Diligence bezüglich der Informations- und Aufklärungspflichten haben. So könnte die Due Diligence -etwa ähnlich wie im Rahmen der culpa in contrahendo- auch innerhalb der positiven Forderungsverletzung eine Erweiterung oder Reduktion der Informationspflichten des Käufers zur Folge haben. Ein derartiger Einfluß der Due Diligence auf die Rechte des Käufers erscheint insoweit möglich, als es sich bei den Informationspflichten des Verkäufers ebenso wie bei Aufklärungspflichten im Sinne der culpa in contrahendo um Pflichten handelt, die eine Tatsachenweitergabe vom Verkäufer an den Käufer in bestimmten Situationen fordern.

Zu beachten ist jedoch der zeitliche Anwendungsbereich der positiven Vertragsverletzung. Die positive Vertragsverletzung umfaßt nur solche Pflichtverletzungen, die stattfinden, wenn ein vertragliches Schuldverhältnis bereits besteht. Keine Anwendung findet die positive Vertragsverletzung hingegen bei Pflichtverletzungen, die vor Bestehen eines Vertragsverhältnisses vorgenommen werden[477].
Die Due Diligence wird regelmäßig im Vorfeld eines Vertrages durchgeführt, von ihr hängt der Vertragsschluß grundsätzlich überhaupt ab. Ein Einfluß der Due Diligence auf die Aufklärungspflichten im Rahmen der positiven Vertragsverletzung erscheint daher aus zeitlicher Sicht nicht denkbar. Zwar kann ein Unternehmensverkäufer auch nach Vertragsschluß gegen Pflichten im Sinne der positiven Vertragsverletzung verstoßen; die Due Diligence hat hierauf jedoch keinen Einfluß. Ein haftungsbegründender oder haftungserweiternder Einfluß der vermehrt durchgeführten Due Diligence auf die positive Vertragsverletzung ist daher nicht anzunehmen. Ein Einfluß der Due Diligence auf die Informationspflichten des Verkäufers im Sinne der p.V.V. ist vielmehr insgesamt abzulehnen.

c) Weitere Voraussetzungen der positiven Vertragsverletzung

Weitere Voraussetzungen eines Anspruchs aus positiver Forderungsverletzung sind -dies sei der Vollständigkeit halber erwähnt- abgesehen von der erläuterten Pflichtverletzung ein Verschulden des Verkäufers im Sinne des § 276 BGB sowie ein Schaden des Käufers. Die Rechtsfolge eines Anspruchs aus positiver Forderungsverletzung richtet sich nach § 249 ff. BGB[478].

---

[477] Dieser Bereich wird vielmehr von der culpa in contrahendo erfaßt.

[478] Ist die positive Forderungsverletzung jedoch so schwerwiegend, daß dem Gläubiger ein weiteres Festhalten am Vertrag nicht zugemutet werden kann, so ist der Käufer über die analoge Anwendung der §§ 280, 286 Abs. 2, 325, 326 BGB berechtigt, vom Vertrag zurückzutreten, vgl. Staudinger/ Löwisch, Vor. §§ 275 ff. Rn. 48.

Wegen des mangelnden Einflusses der Due Diligence auf die positive Forderungsverletzung soll jedoch nicht näher auf die übrigen Voraussetzungen und die Rechtsfolge der positiven Forderungsverletzung eingegangen werden[479].

IV. Anfechtung nach §§ 119 ff. BGB

Dem Käufer eines Unternehmens könnte im Falle des Vorliegens eines Mangels des Unternehmens die Möglichkeit der Anfechtung des Kaufvertrags zustehen. Dazu müßten zunächst die Regeln der Anfechtung neben denjenigen über die Gewährleistungshaftung anwendbar sein. Ob dies der Fall ist, ist bezüglich § 119 BGB und § 123 BGB unterschiedlich zu beurteilen.

1. Anfechtung nach § 119 BGB

Grundsätzlich wird die Anwendbarkeit der §§ 119 ff. BGB neben §§ 459 ff. BGB für möglich gehalten[480]. Etwas anderes gilt jedoch, wenn sich der Irrtum auf einen Sachmangel oder eine Eigenschaft der Kaufsache im Sinne von § 459 BGB bezieht[481]. Ausgeschlossen ist daher eine Anfechtung wegen Irrtums über verkehrswesentliche Eigenschaften der Kaufsache (§ 119 Abs. 2 BGB) insoweit, als es sich dabei um solche Eigenschaften handelt, die zugleich Gewährleistungsfälle darstellen[482]. Denn ließe man die Anfechtung nach § 119 Abs. 2 BGB im Fall des Fehlens einer zugesicherten Eigenschaft zu, so könnte der

---

[479] Anzumerken sei noch, daß der Schadensersatzanpruch aus positiven Forderungsverletzung grundsätzlich der Regelverjährung von 30 Jahren unterliegt. Etwas anderes kann gelten, wenn für andere Ansprüche aus dem Schuldverhältnis ausdrücklich kürzere Verjährungsfristen gelten. Dann gelten auch für die positive Forderungsverletzung die kürzeren Verjährungsfristen. Im Fall des Unternehmenskaufs gelten nach herrschender Meinung die Regeln der §§ 459 ff. BGB inklusive der kurzen Verjährung von sechs Monaten nach § 477 Abs. 1 BGB, (vgl. BGH 107, 249 (252); NJW 1972, 1195 (1195); Ermann/ Grunewald, § 477 Rn. 4 f.; Soergel/ Huber, § 477 Rn. 12, Vorbem. 67 ff. zu §§ 459 ff.). Infolgedessen ergeben sich Auswirkungen auch für die Verjährung der positiven Forderungsverletzung: In den Fällen, in denen die positive Forderungsverletzung einen Mangel der Kaufsache verursacht hat oder der entstandene Schaden in unmittelbarem Zusammenhang mit einem Mangel oder einer die Verwendungsfähigkeit beeinflussenden Eigenschaft der Kaufsache steht, gilt auch für die positive Vertragsverletzung die kurze Verjährung des § 477 BGB (vgl. BGHZ 47, 312 (319); 60, 9 (12); 66, 208 (214.); 77, 215 (219); 87, 88 (93); 107, 249 (252); 107, 331 (338)). Bei allen anderen Fällen der positiven Forderungsverletzung, die nicht in unmittelbarem Zusammenhang mit der Kaufsache oder mit einer die Verwendungsfähigkeit beeinflussenden Eigenschaft der Kaufsache stehen, gilt hingegen, mangels dann konkurrierender Ansprüche mit speziellen Verjährungsregeln, die Regelverjährung des § 195 BGB.

[480] BGHZ 34, 32 (38); 65, 246 (253); Staudinger/ Dilcher, § 119 Rn. 62; Münch. Vertragshandbuch II/ Günther, II.1. Anm. 86.

[481] MüKo/ Westermann, § 459 Rn. 85; Staudinger/ Honsell, Vorb. § 459 Rn. 27.

[482] BGHZ 34, 32 (38); 63, 369 (376); NJW 1979, 160 (161); Soergel/ Huber, Vor §§ 459 Rn. 187 ff.

Käufer beim Spezieskauf praktisch in jedem Fall die gesetzlichen Grenzen der Sachmängelhaftung -etwa § 477 BGB- durch Rückgriff auf die Irrtumsanfechtung umgehen[483].
Gerade die insofern nicht mögliche Umgehung des § 460 S. 2 BGB hat für den Unternehmenskauf und die Due Diligence Konsequenzen. Denn wenn der Käufer eine Due Diligence unterlassen hat und daher Ansprüche aus Gewährleistungsrecht wegen § 460 S. 2 BGB ausgeschlossen sind, so ist es ihm wegen der Unanwendbarkeit der §§ 119 ff. BGB nicht möglich, nach Anfechtungsregeln vorzugehen. Ist vielmehr ein Anspruch nach § 460 S. 2 BGB wegen unterlassener Due Diligence ausgeschlossen, ist auch ein Anspruch des Käufers aus §§ 119 ff. BGB ausgeschlossen.

Soweit sich der Irrtum jedoch nicht auf einen Sachmangel bezieht und die Gewährleistungsvorschriften deshalb nicht greifen, so kommt eine Anfechtung des Käufers nach §§ 119 ff. BGB in Betracht. Im Einklang mit diesem anerkannten Grundsatz hat der BGH die Anfechtung gemäß § 119 Abs. 2 BGB beim Unternehmenskauf für Fälle unrichtiger Abschlußangaben eröffnet, die wegen des im Unternehmenskaufrechts geltenden engen Fehlerbegriffs nicht unter § 459 BGB subsumiert werden können[484].
Aufgrund der restriktiven Auslegung des Fehler- und Eigenschaftsbegriffs hat die Anfechtung beim Unternehmenskauf eine größere Bedeutung. Sehr große praktische Relevanz ist der Irrtumsanfechtung jedoch dennoch von daher nicht zuzusprechen, als die Ausübung des Anfechtungsrechts zur Rückabwicklung des Geschäfts führt, was innerhalb des Unternehmenskaufrechts unerwünscht ist. Überdies wird eine Schadensersatzverpflichtung des Käufers als der anfechtenden Partei nach § 122 BGB begründet. Da jedoch eine Anfechtung des Unternehmenskaufvertrages dennoch vorkommen kann, werden im Folgenden die Voraussetzungen der Anfechtung dargestellt.

Voraussetzung für eine Anfechtung des Käufers nach § 119 Abs. 2 BGB ist ein Irrtum über eine verkehrswesentliche Eigenschaft. Darüber hinaus muß der Irr-

---

[483] Insbesondere gilt dies für die kurze Verjährungsfrist des § 477 BGB (vergleiche demgegenüber § 122 BGB, die kaufmännische Rügepflicht nach § 377 HGB); den Ausschluß der Wandelung im Fall der öffentlichen Pfandversteigerung (§ 461 BGB); den Ausschluß der Wandelung bei schuldhaften Verlust oder erheblicher Verschlechterung der Kaufsache (§ 467 S. 1 i.V.m. § 351 BGB) und schließlich den Ausschluß der Haftung, wenn der Käufer den Mangel grob fahrlässig übersehen hat (§ 460 S. 2 BGB), vgl. Ermann/ Brox, § 119 Rn. 19; MüKo/ Kramer, § 119 Rn. 26; Staudinger/ Honsell, Vor §§ 459 ff. Rn. 28.
[484] BGHZ 65, 246 (253); Ermann/ Brox, § 119 Rn. 42 ff.; Jauernig/ Jauernig, § 119 Rn. 4; MüKo/ Kramer, § 119 Rn. 89 f.

tum für die Erklärung ursächlich gewesen sein, d.h. der Erklärende dürfte die Willenserklärung bei Kenntnis der Sachlage und verständiger Würdigung des Falles nicht abgegeben haben[485]. Voraussetzung des Anfechtungsanspruchs ist somit, abgesehen von dem Vorliegen eines Irrtum, also dem Auseinanderfallen von Vorstellung und Realität[486], daß der Anfechtungsberechtigte die wahren Tatsachen nicht kannte. Bei Kenntnis der den Irrtum begründenden Umstände scheidet ein Recht des Käufers auf Anfechtung aus.
An diesem Punkt erlangt die Due Diligence Bedeutung. Führt der Käufer eines Unternehmens eine Due Diligence durch und erlangt er Kenntnis über bestimmte Umstände, kann er den Kaufvertrag nicht anfechten, soweit jene Umstände die Eigenschaft im Sinne des § 119 Abs. 2 BGB begründen. Im Gegensatz zur Gewährleistung ist das Anfechtungsrecht des Käufers jedoch nicht ausgeschlossen, wenn grobe Fahrlässigkeit des Käufers in Bezug auf die Erkennung von Mängeln vorliegt, also wenn der Käufer durch die Due Diligence den Mangel hätte erkennen können. Eine dem § 460 S. 2 BGB entsprechende Regelung fehlt innerhalb der Anfechtungsvorschriften. Auf das Bestehen einer Verkehrssitte der Durchführung einer Due Diligence bei dem Kauf großer Unternehmen, deren Unterlassen den Vorwurf grober Fahrlässigkeit begründet, kommt es insoweit nicht an.

Weitere Voraussetzung einer Irrtumsanfechtung ist eine Anfechtungserklärung des Käufers gemäß § 143 Abs. 1 BGB, die gegenüber dem richtigen Anfechtungsgegner, also hier dem Unternehmensverkäufer abgegeben wird[487].
Ferner muß die Anfechtung des Kaufvertrages gemäß § 121 Abs. 1 BGB unverzüglich, d.h. ohne schuldhaftes Zögern erfolgen, nachdem der Anfechtungsberechtigte vom Anfechtungsgrund Kenntnis erlangt hat. Die Frist beginnt mit Kenntnis des Anfechtungsgrundes, bloßes Kennenmüssen reicht nicht[488]. Auch bei Unkenntnis von Anfechtungsgründen ist die Anfechtung jedoch gemäß § 121 Abs. 2 BGB ausgeschlossen, wenn seit dem Abschluß des Kaufvertrags 30 Jahre vergangen sind[489].

2. Anfechtung nach § 123 BGB

Als weitere Möglichkeit der Geltendmachung von Rechten beim Unternehmenskauf kommt eine Anfechtung des Käufers nach § 123 BGB in Betracht.

---

[485] Jauernig/ Jauernig, § 459 Rn. 126 ff.; Palandt/ Heinrichs, § 119 Rn. 31.
[486] Ermann/ Brox, § 199 Rn. 41; Soergel/ Hefermehl, § 119 Rn. 1.
[487] MüKo/ Mayer-Maly, § 143 Rn. 12 ff.; Staudinger/ Dilcher, § 143 Rn. 8.
[488] Ermann/ Brox, § 121 Rn. 2; MüKo/ Kramer, § 121 Rn. 6; Palandt/ Heinrichs, § 121 Rn. 2.
[489] Ermann/ Brox, § 121 Rn. 6; MüKo/ Kramer, § 121 Rn. 10; Palandt/ Heinrichs, § 121 Rn. 5.

Die Anfechtung wegen arglistiger Täuschung oder Drohung ist anwendbar neben sonstigen Rechtsbehelfen[490]. Insbesondere ist sie nicht durch das Sachmängelgewährleistungsrecht ausgeschlossen[491].
Voraussetzung einer Anfechtung nach § 123 BGB ist das Vorliegen einer arglistigen Täuschung oder einer Drohung. Täuschung ist die Einwirkung auf das Vorstellungsbild eines anderen, um einen Irrtum zu erregen oder aufrechtzuerhalten. Die Täuschung kann durch positives Tun oder durch Unterlassen, soweit eine Aufklärungspflicht besteht, begangen werden[492]. Drohung ist das Inaussichtstellen eines künftigen Übels, auf das der Täuschende Einfluß zu haben vorgibt[493].
Der Anfechtungsberechtige muß ferner durch die Täuschung oder die Drohung zur Abgabe der Willenserklärung bestimmt worden sein[494]. Das ist der Fall, wenn der Getäuschte oder Bedrohte ohne die Täuschung die Willenserklärung überhaupt nicht, mit einem anderen Inhalt oder zu einem anderen Zeitpunkt abgegeben hätte[495]. Ferner muß der Täter im Falle der Täuschung arglistig, also zumindest mit dolus eventualis, gehandelt haben[496].

Der Due Diligence kommt innerhalb des § 123 BGB im Rahmen der Täuschungshandlung Bedeutung zu. So kann die Übergabe von falschen Unterlagen, soweit der Unternehmensverkäufer die Unrichtigkeit der Unterlagen kannte und diese bewußt falsch übergeben hat, die Täuschung ausmachen und somit ein Anfechtungsrecht des Käufers nach § 123 BGB begründen. Die Bedeutung der Due Diligence im Rahmen des § 123 BGB kann somit haftungsbegründender Art sein.

---

[490] Ermann/ Brox, § 123 Rn. 3 ff; Hölters/ Semler, VI Rn. 136; Münch. Vertragshandbuch II/ Günther, II.1. Anm. 86.
[491] BGHZ 53, 144 (144 ff.); 57, 137 (137); 110, 220 (222); Ermann/ Brox, § 123 Rn. 6; MüKo/ Westermann, § 459 Rn. 86; Staudinger/ Honsell, Vor § 459 Rn. 43; Münch. Vertragshandbuch II/ Günther, II.1. Anm. 86.
[492] Jauernig/ Jauernig, § 123 Rn. 2; Palandt/ Heinrichs, § 123 Rn. 3 ff; Soergel/ Hefermehl, § 123 Rn. 6 ff.; Staudinger/ Dilcher, § 123 Rn. 7.
[493] Jauernig/ Jauernig, § 123 Rn. 3; Palandt/ Heinrichs, § 123 Rn. 15.
[494] Ermann/ Brox, § 123 Rn. 23 ff.; Palandt/ Heinrichs , § 123 Rn. 24; Soergel/ Hefermehl, § 123 Rn. 20.
[495] BGHZ 2, 299 (299); NJW 1964, 811 (811).
[496] Ermann/ Brox, § 123 Rn. 27; Staudinger/ Dilcher, § 123 Rn. 22.

Weitere Voraussetzung des § 123 BGB sollen an dieser Stelle nicht dargestellt werden; vielmehr sei insoweit auf die Ausführungen zum § 119 BGB verwiesen[497].

V. Wegfall der Geschäftsgrundlage

Des weiteren kann ein Unternehmenskäufer einen Anspruch auf Anpassung oder Auflösung des Unternehmenskaufvertrags wegen des Wegfalls der Geschäftsgrundlage nach § 242 BGB haben.
Da das Rechtsinstitut des Wegfalls der Geschäftsgrundlage gesetzlich nicht geregelt ist und von der Rechtsprechung aus § 242 BGB abgeleitet wird, findet es nur Anwendung, wenn das jeweilige Problem nicht durch speziellere gesetzliche Regelungen erfaßt wird. Insbesondere ist es ausgeschlossen, wenn Gewährleistungsrecht Anwendung greift[498]. Kommen jedoch weder die kaufrechtlichen Gewährleistungsvorschriften noch die Grundsätze der culpa in contrahendo zur Anwendung, kann der Kaufvertrag bei einem Wegfall der Geschäftsgrundlage gemäß § 242 BGB anzupassen sein[499].

Die Geschäftsgrundlage besteht in den nicht zum eigentlichen Vertragsinhalt erhobenen, bei Vertragsschluß jedoch sichtbar gewordenen gemeinsamen Vorstellungen eines Vertragspartners von dem Vorhandensein oder dem künftigen Eintritt bestimmter Umstände, auf denen der Geschäftswille des Vertragspartners aufbaut[500]. Ist ein Umstand nach dieser Definition zur Geschäftsgrundlage geworden und schließlich entfallen, kommt ein Anspruch des Käufers wegen des Wegfalls der Geschäftsgrundlage in Betracht.
Innerhalb des Unternehmenskaufs ist als wichtiger Anwendungsfall des Rechtsinstituts des Wegfalls der Geschäftsgrundlage der durch unverschuldete Falschangaben des Verkäufers zur Ertragskraft des Unternehmens herbeigeführte beiderseitige Motiv- bzw. Kalkulationsirrtum und die dadurch entstandene gravierende Störung des Leistungsgleichgewichts anzusehen[501]. Ebenfalls ein Anwendungsfall des Wegfalls der Geschäftsgrundlage liegt vor, wenn bei der Fest-

---

[497] Anzuführen ist an dieser Stelle lediglich noch, daß der Rechtsbehelf des § 123 BGB regelmäßig mit Ansprüchen konkurriert, die im Gegensatz zum § 123 BGB Schadensersatz umfassen -etwa mit Verschulden bei Vertragsschluß oder mit dem Schadensersatzanspruch gemäß §§ 823 Abs. 2 BGB, 263 StGB. Aus diesem Grund dürfte für den Käufer die Geltendmachung letzterer Rechtsbehelfe interessanter sein.
[498] BGHZ 60, 319 (321); 98, 100 (103); NJW 1992, 1384 (1385); NJW-RR 1992, 267 (267).
[499] Klein-Blenkers, WiB 1997, 16 (20).
[500] RGZ 135, 339 (341); BGH 25, 391 (392); 34, 32 (34 ff.); 128, 230 (236); NJW-RR 1994, 807 (809); NJW-RR 1995, 413 (414); NJW 1997, 320 (323).
[501] Hommelhoff/ Schwab, FS für Zimmerer, 267 (288) m.w.N.

stellung einer Bilanz ein Teil der vorhandenen Gegenstände überhaupt nicht angesetzt und dann auf dieser unzutreffenden Grundlage ein Vertrag über den Erwerb der Geschäftsanteile geschlossen wird[502]. Ein Fortfall der Geschäftsgrundlage kann ferner gegeben sein, wenn die Vertragspartner bei Abschluß des Aktienkaufvertrags beabsichtigen, daß noch vor der Übertragung der Aktien eine Kapitalerhöhung beschlossen wird, die Kapitalerhöhung jedoch scheitert[503].

Im Rahmen der Lehre des Wegfalls der Geschäftsgrundlage wirkt sich die Due Diligence aus, wenn der Verkäufer unverschuldet durch falsche Angaben zur Ertragskraft innerhalb der Due Diligence einen beiderseitigen Motiv- bzw. Kalkulationsirrtum herbeiführt und auf diese Weise eine wesentliche Störung des Leistungsgleichgewichts bewirkt. Anderweitige Aspekte, innerhalb derer die Due Diligence Relevanz haben kann, sind innerhalb des Rechtsinstituts des Wegfalls der Geschäftsgrundlage nicht denkbar.
Die Due Diligence kann mithin innerhalb der Haftung wegen des Wegfalls der Geschäftsgrundlage nur haftungsbegründende Wirkung entfalten. Durch sie bzw. durch die Zurverfügungstellung der Unterlagen kann der Anknüpfungspunkt für eine Herleitung der Haftung geschaffen werden.

VI. Selbständige Regelung von Gewährleistungsansprüchen

Eine weitere Haftungsgrundlage, die bei einem Unternehmenskauf Bedeutung erlangen kann, stellt die vertragliche Haftungsvereinbarung dar[504]. Auch hier hat die Due Diligence Relevanz, jedoch nicht in der Hinsicht, daß die Due Diligence sich auf bestehende Regelungen auswirkt. Vielmehr ist der Due Diligence in diesem Bereich von daher Bedeutung zuzusprechen, als daß sie die Grundlage für ein eigenständiges Gewährleistungsinstituts bilden kann und in der Regel bildet.

---

[502] BGH NJW-RR 1995, 413 (413).

[503] LG Berlin, WiB 1994, 687 (687) mit Anmerkung von Marquardt. Hingegen scheidet eine Anpassung des Vertrages nach den Grundsätzen des Wegfalls der Geschäftsgrundlage aus, wenn sich nur eine voraussehbare Entwicklung verwirklicht hat, selbst wenn die Parteien irrtümlich davon ausgegangen sind, daß sich dieses Entwicklungsrisiko nicht realisieren werde, vgl. OLG Naumburg, NJW-RR 1995, 799 (802).

[504] Siehe dementsprechende Klauselvorschläge: bei Beisel/ Klumpp, 254 ff., 261; Hölters/ Semler, 466 f., 484 ff.; Rädler/ Pöllath, 262, 266 ff.; Wessing, ZGR 1982, 457 (460 ff.); sehr ausführlich zu den einzelnen Fallgruppen der Verkäufergarantien: Münch. Vertragshandbuch II/ Günther, II.1. Anm. 90 ff.

1. Vorteile eines selbständigen Gewährleistungsregimes

Vorteil einer selbständigen Garantieabrede ist zum einen, daß Gegenstand eines selbständigen Garantievertrags auch Umstände sein können, die nicht von den gesetzlichen Gewährleistungsvorschriften erfaßt werden, so etwa auf die Zukunft bezogene Umstände oder die Ertragskraft eines Unternehmens[505]. Auch können die gesetzlichen Haftungsvorschriften, soweit ihre Wertung nicht von den Vertragspartners gewünscht ist, modifiziert werden. Ferner kann durch eine vertragliche Vereinbarung die Rechtsunsicherheit bei der rechtlichen Wertung von Mängeln vermieden werden. Dies ist insbesondere deshalb als positiv anzusehen, weil trotz der kontinuierlichen Rechtsprechung des Bundesgerichtshofs in den letzten Jahren die Meinungsvielfalt zur rechtlichen Behandlung des Unternehmenskaufs nicht eingedämmt werden konnte.

Zum anderen ist zu bedenken, daß im Fall der vertraglichen Regelung eines Gewährleistungsregimes das aus der Beweislast resultierendes Prozeßrisiko nicht besteht. Ein solches ist hingegen bei Prozessen gegeben, die sich mit der gesetzlichen Gewährleistung beschäftigen. Denn der Bundesgerichtshof hat durch die Ausweitung der Anwendung der culpa in contrahendo im Rahmen des Unternehmenskaufs[506] die Unvorhersehbarkeit von Prozessen von daher wesentlich erhöht, als ein auf culpa in contrahendo gestütztes Urteil das normale Prozeßrisiko erheblich übersteigt: Erstens ist im Rahmen der culpa in contrahendo die Kausalität der falschen Abschlußangaben für den vereinbarten Kaufpreis darzulegen; dies wird in der Regel schwierig sein, weil der Verkäufer im Prozeß erwidern wird, daß selbst wenn der Käufer die richtige Angabe gekannt hätte, der Kaufpreis nicht niedriger gewesen wäre, weil der Käufer sehr stark am Unternehmen interessiert gewesen sei und er, der Verkäufer, es dem Käufer nie -wie diesem auch von Anfang an bekannt- preisgünstiger abgegeben hätte. Zweitens hat der Käufer für eine Inanspruchnahme des Verkäufers die fahrlässige Unkenntnis des Verkäufers unter Beweis zu stellen. Dies wird ihm zumindest dann nicht gelingen[507], wenn sich eine gestundete Forderung bei Fälligkeit als unerbringlich erweist, weil der Schuldner schon zum Zeitpunkt des Closing unerkannt überschuldet war, oder wenn der Unternehmenskäufer wegen eines

---

[505] BGHZ 65, 246 (252); Beisel/ Klumpp, Rn. 955; Hölters/ Semler, VI Rn. 123 ff.; Holzapfel/ Pöllath, Rn. 340, 390; Picot, Teil I Rn. 99.

[506] Diese Anwendung wird vom BGH -wie bereits oben erwähnt- vorgenommen, weil das Instrument der culpa in contrahendo in mancher Hinsicht besser geeignet sei als das Gewährleistungsrecht geeignet, Leistungsstörungen beim Unternehmenskauf flexibler zu erfassen und zu bewältigen, vgl. Hiddemann, ZGR 1982, 435 (436 f.).

[507] Nicht immer liegen die Dinge so nahe wie beim Verkäuferbetrug in den Fällen BGHZ 69, 53 (53); BGH NJW 1977, 1538 (1539).

Produktmangels in Anspruch genommen wird, dessen unerkannte Wurzel schon vom Verkäufer gesetzt worden war.

Eine privatautonome Regelung der Mängelhaftung ist daher auch aus den Gründen der Prozeßsicherheit allen Parteien eines Unternehmenskaufs zu empfehlen[508]. Zu dem Abschluß einer vertraglich selbständigen Regelung eines eigenständigen Haftungsregimes etwa durch Abschluß eines selbständigen Garantievertrages rät selbst der BGH[509].

2. Potentieller Inhalt und Rechtsfolgen eines vertraglichen Gewährleistungsregimes

Im Folgenden wird untersucht, was Inhalt einer vertraglichen Gewährleistungsregimes sein kann und welche Anforderungen erfüllt sein müssen, damit eine derartige Regelung angenommen werden kann.

a) Inhalt und Anforderungen

Inhalt eines vertraglichen Gewährleistungsregimes können zunächst Garantieabreden sein.

Erforderlich für die Annahme einer vertraglichen Garantie ist ein entsprechender Wille des Verkäufers und das Vorliegen einer ausdrücklichen und eindeutigen Vereinbarung. Der Verkäufer muß über die gesetzliche Gewährleistung hinaus für das Vorhandensein bzw. Fehlen bestimmter Umstände verschuldensunabhängig einstehen und den Käufer im Falle der Risikoverwirklichung schadlos halten wollen[510]. Derartige Anforderungen sind erforderlich, weil der Garantievertrag nicht nur eine Modifikation der Risikoverteilung der §§ 459 ff. BGB enthält, sondern als selbständiger zweiseitiger Vertrag neben den Erfüllungsanspruch auch eine selbständig zu erfüllende Vertragspflicht begründet[511].

Ob im Einzelfall eine Erklärung in einem Unternehmenskaufvertrag ein Garantieversprechen enthält, ist durch Auslegung zu ermitteln[512]. Worte wie „versichern“ oder „garantieren“ beinhalten nicht notwendig ein Garantiever-

---

[508] So auch: Hölters/ Semler, VI Rn. 121; Münch. Vertragshandbuch II/ Günther, II.1. Anm. 87; Picot, Teil I Rn. 78; Wessing, ZGR 1982, 457 (458).

[509] BGHZ 65, 246 (252).

[510] BGH NJW 1960, 1567 (1567); OLG München, NJW 1967, 1326 (1327); Staudinger/ Honsell, § 459 Rn. 171; Beisel/ Klumpp, Rn. 355; Holzapfel/ Pöllath, Rn. 341; Picot, Rn. 98; Buchwaldt, NJW 1994, 153 (157).

[511] Soergel/ Huber, § 459 Rn. 286; Staudinger/ Honsell, § 459 Rn. 172; Beisel/ Klumpp, Rn. 955; Holzapfel/ Pöllath, Rn. 341; Buchwaldt, NJW 1994, 513 (516 f.).

[512] BGH NJW 1960, 1567 (1567); Picot, Teil I Rn. 98.

sprechen und genügen daher den Anforderungen nicht grundsätzlich[513]. Geachtet werden sollte aus diesem Grund auf eine eindeutige Formulierung durch Kennzeichnung der Erklärung als „Garantieversprechen“ oder „Garantievertrag“. Soweit ferner einfache Gewährleistungen wie Zusicherungen in das Gewährleistungsregime aufgenommen werden, sollten die Garantieabreden getrennt von diesen in den Vertragstext aufgenommen werden, weil so eine Vermengung vermieden werden kann.

Inhalt einer selbständigen Garantieabrede können zum einen -wie bereits erwähnt- Merkmale eines Unternehmens sein, die als Mängel im Sinne des § 459 BGB ausscheiden. Im Gegensatz zu der gewährleistungsrechtlichen Zusicherung kann sich ein Garantieversprechen zum Beispiel nicht nur auf Eigenschaften des Unternehmens im Sinne der Sachmängelhaftung beziehen, die im Zeitpunkt des Vertragsschlusses vorliegen, sondern auf alle gegenwärtigen und zukünftigen Umstände[514]. So können etwa die zukünftige Leistungsfähigkeit, der Nichteintritt von hemmenden oder störenden Ereignissen oder das Eintreten von vorteilhaft wirkenden Verhältnissen, die weder als Fehler noch als Eigenschaft im Sinne des § 459 Abs. 1 BGB angesehen werden, innerhalb eines selbständigen Garantievertrags durch eine Verpflichtung des Verkäufers einer Haftung unterzogen werden. In Betracht kommen ferner Garantieabreden für Angaben über gesellschaftsrechtliche Verhältnisse[515] und sonstige Rechtsverhältnisse, die zum Teil nicht bilanzierungsfähig sind, aber unter Umständen erhebliche wirtschaftliche Auswirkungen haben können[516]. Darüber hinaus können in Garantieabreden Angaben über die Abwesenheit von Verfügungsbeschränkungen oder öffentlich-rechtlichen Einschränkungen, namentlich solchen des Umweltschutzes und des Baurechts, gemacht werden. Sehr häufig und empfehlenswert für den Käufer sind auch Bilanzgarantien[517]. Durch sie wird die Richtigkeit aller Bilanzzahlen oder jedenfalls einzelner wichtiger Zahlen einer Bilanz garantiert[518]. Ferner sollte für die körperschaftssteuerliche Eigenkapitalgliederung

---

[513] BGH NJW 1960, 1567 (1567); OLG München, NJW 1967, 1326 (1327); Hölters/ Semler, VI Rn. 122; Holzapfel/ Pöllath, Rn. 341.

[514] OLG München, NJW 1967, 1326 (1327).

[515] Etwa gesellschaftsrechtliche Bindungen der Anteile, Verträge mit dem Inhaber, mit Gesellschaftern oder mit Organmitgliedern.

[516] Miet-, Liefer- oder Lizenzverträge, Wettbewerbsverbote, Ausschließlichkeitsvereinbarungen.

[517] Soergel/ Huber, § 459 Rn. 281; Beisel/ Klumpp, Rn. 970; Hölters/ Semler, VI Rn. 126; Holzapfel/ Pöllath, Rn. 392.

[518] Es existieren zwei unterschiedliche Arten der Bilanzgarantie: Zum einen kann die Übereinstimmung zwischen dem Bilanzausweis und dem tatsächlichen Sachverhalt garantiert werden

einer gekauften Kapitalgesellschaft eine Garantie vereinbart werden[519]. Denn im Falle einer Ausschüttung von Rücklagen macht es einen erheblichen Unterschied, ob aus versteuerten[520] oder aus nichtversteuerten Rücklagen[521] ausgeschüttet werden kann.

Gegenstand einer eigenständigen Garantieabrede kann aber abgesehen von gesetzlich nicht erfaßten, das Unternehmen betreffenden Umständen auch das Vorhandensein bestimmter Eigenschaften oder die Freiheit von bestimmten Fehlern sein. Die über die Eigensschaftszusicherung hinausgehende Bedeutung der Garantiezusage liegt in diesen Fällen namentlich darin, daß sie die kurze Verjährungsfrist gemäß § 477 BGB überlagert, da für selbständige Garantieverträge die dreißigjährige Verjährungsfrist des § 195 BGB gilt[522].

b) Ausschluß des § 460 BGB

Da ein selbständiges Gewährleistungsregime den Vertragsparteien die Möglichkeit bietet, den Unternehmenskauf nach ihren individuellen Bedürfnissen zu gestalten, ist für den Käufer interessant, inwieweit die für ihn ungünstige Wertung des § 460 BGB durch vertragliche Vereinbarung modifiziert werden kann. Grundsätzlich ist die Regelung des § 460 BGB aufgrund ihres dispositiven Charakters abdingbar, d.h. ein Ausschluß ist möglich[523]. Allerdings muß hierfür eine Vereinbarung zwischen Verkäufer und Käufer vorliegen, ein einseitiger Vorbehalt des Käufers genügt insoweit nicht, weil durch einen Ausschluß des § 460 BGB die Sachmängelhaftung des Verkäufers über das gesetzliche Maß

(Garantie der objektiven Richtigkeit). In einem solchen Fall führt schon die objektive Abweichung zu Ausgleichsansprüchen des Erwerbers, d.h. der Verkäufer haftet zum Beispiel für den unterlassenen Ausweis einer Verbindlichkeit auch dann, wenn er den Fehler bei der Bilanzerstellung oder Bilanzvorlage gar nicht erkennen konnte. Zum anderen -und dies wird der Veräußerer regelmäßig nur garantieren wollen- kann garantiert werden, daß die Bilanz nach den Grundsätzen ordnungsgemäßer Buchführung und Bilanzierung (GoB) und unter Anwendung der gebotenen Sorgfalt nach dem damaligen Erkenntnisstand richtig war (Garantie der subjektiven Richtigkeit). Vgl. hierzu und wie ein Erwerber den aus der zweiten Art der Bilanzgarantie entstehenden Nachteilen begegnen kann: Holzapfel/ Pöllath, Rn. 394 und 411; Picot, Teil I Rn. 100 f.; Buchwaldt, NJW 1994, 153 (157).

519 Hölters/ Semler, VI Rn.128; Holzapfel/ Pöllath, Rn. 397; Picot, Teil I Rn. 100.

520 In einem solchen Fall erfolgt eine Steuererstattung durch „ Herabschleusen“ bei Herstellen der Ausschüttungsbelastung von 50 % bzw. 45 % auf 36 % bzw. 30 %.

521 In diesem Fall erfolgt ein „Heraufschleusen“ bei Herstellen der Ausschüttungsbelastung von 0 % auf 36 % bzw. 30 %. Vgl. hierzu im Eizelnen: Holzapfel/ Pöllath, Rn. 258 ff.

522 Allgemeine Meinung, vgl. nur: BGH NJW 1982, 1809 (1809); Staudinger/ Honsell, § 459 Rn. 172; Hölters/ Semler, VI Rn. 122.

523 Jauernig/ Vollkommer, § 460 Rn. 2; MüKo/ Westermann, § 460 Rn. 2; Palandt/ Putzo, § 460 Rn. 3; Soergel/ Huber, § 460 Rn. 12; Staudinger/ Honsell, § 460 Rn. 14.

hinaus erweitert werden soll und dies nur durch vertragliche Vereinbarung möglich ist[524].

Soweit eine derartige Vereinbarung vorliegt, ergeben sich für den Käufer positive Folgen: Zum einen ist die Haftung des Verkäufers aus §§ 459 ff. BGB nicht ausgeschlossen, wenn der Käufer im Rahmen der Due Diligence Kenntnis von Mängeln des Unternehmens erlangt hat und auch ein fahrlässiges Übersehen von Fehlern im Rahmen der Due Diligence führt nicht zu einem Ausschluß der Haftung nach § 460 S. 2 BGB. Zum anderen kann, soweit § 460 S. 2 BGB abbedungen worden ist, trotz der bestehenden Verkehrssitte der Durchführung einer Due Diligence bei großen Unternehmen eine unterlassene Due Diligence dem Käufer nicht nach § 460 S. 2 BGB als grob fahrlässiger Unkenntnis zum Vorwurf gemacht werden, ein Ausschluß der Haftung des Verkäufers wegen grob fahrlässigen Unkenntnis kommt nicht in Betracht.

Um einen möglichst weitgehenden Schutz zu erlangen, sollte der Käufer somit grundsätzlich darauf dringen, die Regelung des § 460 BGB auszuschließen.

c) Rechtsfolge eines vertraglichen Gewährleistungsregimes

Gesetzliche Rechtsfolge eines selbständigen Garantieversprechens ist in erster Linie der Erfüllungsanspruch des Käufers. Der Verkäufer hat den Zustand herzustellen, der bestehen würde, wenn das Garantieversprechen erfüllt worden wäre. Bei einer Bilanzgarantie etwa heißt das, daß der Zustand hergestellt werden muß, der bestehen würde, wenn die Bilanz von Anfang an dem Gesetz und den Grundsätzen ordnungsgemäßer Buchführung entsprochen hätte; erforderlich ist einem derartigen Fall daher die Auffüllung der Bilanz[525]. Nur wenn die Herstellung des garantierten Zustandes nicht möglich ist, hat der Käufer einen Anspruch auf Schadensersatz[526].

Da sich die gesetzlich vorgesehene Rechtsfolge in vielen Fällen nicht als interessengerecht und praktikabel erweist, empfiehlt es sich, neben den selbständigen Garantien zugleich ihre Rechtsfolgen detailliert zu regeln.

Als vertragliche Rechtsfolgen kommen neben dem Erfüllungs- oder Schadensersatzanspruch auch der Anspruch auf Minderung oder Rücktritt vom Vertrag in Betracht[527]. Des weiteren können im Einzelfall auch Vertragsstrafen vereinbart werden.

---

524 MüKo/ Westermann, § 460 Rn. 2; Palandt/ Putzo, § 460 Rn. 3; Soergel/ Huber, § 460 Rn. 12; Staudinger/ Honsell, § 460 Rn. 14.

525 BGHZ 69, 53 (58); Buchwaldt, NJW 1994, 153 (157).

526 Picot, Teil I Rn. 102.

527 Picot, Teil I Rn. 103; Buchwaldt, NJW 1994, 153 (157).

aa) Vertraglicher Schadensersatzanspruch

Haben die Parteien einen Schadensersatzanspruch vereinbart, so geht dieser auf das Erfüllungsinteresse des Käufers[528]. Der Käufer ist so zu stellen, wie er gestanden hätte, wenn die garantierten Tatsachen, Sachverhalte oder Eigenschaften gegeben gewesen wären. Im Gegensatz zum Erfüllungsanspruch muß der Verkäufer hier direkt an den Käufer zahlen, ohne die Möglichkeit der Erfüllung an die Gesellschaft zu haben.

Problematisch stellt sich grundsätzlich im Rahmen des vertraglichen Schadensersatzanspruchs die Bestimmung der Höhe des Schadens dar, wenn der Garantiefall nicht bestimmte, ersetzbare Vermögensgegenstände betrifft, sondern Umstände, deren Wert für das Unternehmen nicht ohne weiteres festgestellt werden kann, z.B. gewerbliche Schutzrechte, Verträge mit Geschäftspartnern oder qualifiziertes Personal. Im Gegensatz zur culpa in contrahendo ist in diesem Fall nicht die Bedeutung dieser Umstände für die Ermittlung des Kaufpreises entscheidend, sondern ihre Auswirkungen auf den Wert des Unternehmens selbst[529]. Der Wert des Unternehmens selbst wiederum hängt jedoch -wie bereits festgestellt- von unterschiedlichsten Kriterien ab, so daß eine Aufnahme einer detaillierten Regelung für die Schadensbemessung dringend zu empfehlen ist. Hilfreich bei der Erstellung dieser Regelung ist die Due Diligence, schließlich werden mit ihr eine Vielzahl der Kriterien, die für den Wert des Unternehmens entscheidend sind, bewertet. Daß die Due Diligence grundsätzlich der Feststellung des Kaufpreises dient, ändert an ihrer hilfreichen Funktion für die detaillierte Regelung einer Schadensbemessung nichts, denn gerade die nicht bestimmten Vermögensgegenstände wie Verträge und ähnliches werden bei der Due Diligence einer Untersuchung unterzogen.

bb) Minderung

Ähnliche Wertungen wie für den Schadensersatzanspruch gelten für die Minderung. Zwar mag eine Bewertung des Minderwerts im Falle einer Eigenkapitalgarantie unproblematisch sein, da eine Unterschreitung des garantierten Betrages bei der Kaufpreisbemessung bzw. nachträglich durch eine Kaufpreisanpassung berücksichtigt werden kann. Da jedoch der Garantiefall ebenfalls nicht ohne weiteres feststellbare Umstände betreffen kann, empfiehlt sich auch hier die vertragliche Festlegung der Auswirkungen des Nichtvorhandenseins der jeweiligen Umstände auf den Kaufpreis. Wie bereits bei der Regelung der Schadensbemessung bei einem vertraglichen Schadensersatzanspruch ist auch hierfür die Due Diligence für die vertragliche Festlegung hilfreich, weil in der Re-

---

528 Palandt/ Heinrichs, Vorbem § 249 Rn. 16; Picot, Teil I Rn. 103; Buchwaldt, NJW 1994, 153 (157).

529 BGH WM 1988, 1700 (1702).

gel jene schwer feststellbaren Umstände, die bei die Bewertung der Minderung Schwierigkeiten bereiten, innerhalb der Due Diligence geprüft werden.

cc) Vereinbarung eines Rücktrittsrechts

Letztlich besteht theoretisch noch die Möglichkeit, ein Rücktrittsrecht des Käufers zu vereinbaren. Wie bereits oben[530] festgestellt, paßt diese Art der Rechtsfolge jedoch aufgrund der ständigen Fortentwicklung und Veränderung eines Unternehmen grundsätzlich bei einem Unternehmenskauf nicht. Aus diesen Gründen ist das Rücktrittsrecht auch vertraglich nur in Ausnahmefällen bei schweren Verletzungen von Garantieversprechen, die ein Festhalten am Vertrag für den Käufer nicht mehr zumutbar erscheinen lassen, als sachgerecht anzusehen.

d) Bedeutung der Due Diligence innerhalb des vertraglichen Gewährleistungsregimes

Die Bedeutung der Due Diligence tritt bei der Erstellung einer vertraglichen Gewährleistungsabrede hervor. Die Due-Diligence-Untersuchung bildet in der Regel den Ausgangspunkt eines selbständigen Gewährleistungsregimes. Der auf der Grundlage der vom Käufer festgesetzten Schwerpunkte erstellte Due-Diligence-Bericht gibt dem Käufer Auskunft darüber, wo die gewährleistungsrechtlichen Probleme liegen, insbesondere bezüglich welcher Punkte der Käufer noch weitergehende Informationen benötigt. Der Bericht bildet ebenfalls die Grundlage für die Entscheidung des Käufers, in welchen Punkten er Gewährleistungsvereinbarungen braucht und in welchen Punkten keine Gewährleistung des Verkäufers erforderlich ist[531]. Ferner ist die Due Diligence -wie bereits erwähnt- für die vertragliche Festlegung der Rechtsfolgen des Verstoßes gegen eine Garantieabrede wichtig. Sie bildet in derartigen Fällen einen Ausgangspunkt für die Festschreibung der Höhe des Schadens bzw. der Minderung.

Insgesamt kann somit mit Hilfe der Due Dilgence ein Gewährleistungsprogramm gebildet werden, was allein auf den Einzelfall zugeschnitten ist und damit in idealer Weise die Interessen von Verkäufer und speziell Käufer regelt. Auch in diesem Bereich hat die Due Diligence mithin Relevanz, wenn auch in anderer Weise als bei der Beeinflussung der gesetzlichen Haftungsansprüche bei einem Unternehmenskauf.

Mit der Untersuchung dieser Anspruchsgrundlage ist die Prüfung der Ansprüche, die dem Käufer eines Unternehmens im Wege des Asset Deals zustehen,

---

[530] Vgl. hierzu Ausführungen oben unter 2. Teil, 2. Kapitel, A I 4.

[531] Krämer/ Baudisch, WM 1998, 1161 (1171); Merkt, BB 1995, 1042 (1046); Werner, ZIP 2000, 989 (990).

wenn das Unternehmen Mängel aufweist, abgeschlossen. Gegenstand der folgenden Untersuchung werden nunmehr die zweite Art des Unternehmenskaufs und die hier bei Mangelhaftigkeit des Unternehmens möglichen Ansprüche sein.

B. Share Deal

Die zweite Art des Unternehmenskaufs ist, wie bereits oben erwähnt, der Erwerb von Anteilen an einem Unternehmen, der sogenannte Share Deal. Im Folgenden werden die möglichen Ansprüche des Käufers eines solchen Unternehmensanteils für den Fall untersucht, daß der Anteil des Unternehmens mit Mängeln behaftet ist.

Als mögliche Anspruchsgrundlagen des Käufers in einem derartigen Fall kommen die Rechtsmängelhaftung nach §§ 437 ff. BGB, die culpa in contrahendo, positive Vertragsverletzung, Anfechtung und Wegfall der Geschäftsgrundlage in Betracht.

I. §§ 437 ff. BGB

Untersucht wird zunächst der Anspruch aus §§ 437 ff. BGB. Anwendbar ist § 437 BGB bei dem Kauf von Forderungen und Rechten. Der Beteiligungskauf ist Rechtskauf[532], eine Anwendbarkeit des § 437 BGB auf den Unternehmenskauf ist daher zu bejahen.

1. Vorliegen eines Rechtsmangels

Voraussetzung einer Haftung aus § 437 BGB ist das Vorliegen eines Rechtsmangels. Ein Rechtsmangel im Sinne des § 437 BGB liegt vor, wenn ein der Art nach mögliches Recht aus einem tatsächlichen oder rechtlichen Grunde nicht entstanden oder bereits erloschen ist, es dem Verkäufer nicht gehört oder das Recht nicht den Inhalt oder Umfang ausweist, wie er im Kaufvertrag festgelegt wurde[533]. Erfaßt wird von der Erfüllungspflicht nach § 437 BGB mithin die rechtliche Existenz des Rechts (Verität) und die Möglichkeit der Geltendmachung eines als solches überhaupt existenzfähigen Rechts; nicht erfaßt hingegen ist seine effektive Durchsetzbarkeit (Bonität)[534]. Dies verdeutlicht auch § 438 BGB, der eine Haftung des Verkäufers einer Forderung für die Zahlungsfähigkeit eines Schuldners nur im Falle einer entsprechenden Garantie vorsieht.

Für den Kauf von Gesellschaftsanteilen bedeutet dies, daß der Verkäufer eines Anteils grundsätzlich nach § 437 BGB dafür haftet, daß das Anteilsrecht besteht, und zwar in der entsprechenden Größe, und daß kein Verfahren schwebt,

---

[532] BGH NJW 1967, 1326 (1327); NZG 1998, 593 (594); OLG München, NZG 1998, 593 (594); Palandt/ Putzo, § 437 Rn. 10; Huber, ZGR 1972, 395 (396); Klein-Blenkers, NZG 1999, 185 (190).

[533] BGH NZG 1998, 593 (594); Staudinger/ Köhler, § 437 Rn. 5.

[534] BGH NJW 1963, 1971 (1971 f); BGH NJW 1967, 1326 (1327); BGHZ 65, 246 (252 f.); BGH NZG 1998, 593 (594); MüKo/ Westermann, § 437 Rn. 2; Palandt/ Putzo, § 437 Rn. 10; Soergel/ Huber, § 437 Rn. 5; Beisel/ Klumpp, Rn. 929; Hölters/ Semler, VI Rn. 16; Lieb, FS für Gernhuber, 259 (275); Prölss, ZIP 1981, 337 (338).

um es zu beseitigen[535] und ferner die Gesellschaft selbst existiert, sich nicht in Konkurs oder Liquidation befindet[536]. Darüber hinaus haftet der Verkäufer dafür, daß das Recht so besteht, wie er es angegeben hat und wie es Gegenstand des Kaufvertrages geworden ist[537]. Macht der Verkäufer daher Angaben über die rechtliche Ausstattung des Beteiligungsrechts, so müssen diese Angaben richtig sein[538]. So besteht etwa eine Haftung, wenn Angaben des Verkäufers über die Gewinnbeteiligung, das Entnahmerecht und das Stimmrecht nicht zutreffend sind[539].
Für den wirtschaftlichen Wert des Anteils haftet der Verkäufers eines Anteils hingegen nach § 437 BGB nicht[540]. So führt die bloße Überschuldung der Gesellschaft nicht zur Haftung nach § 437 BGB, da der rechtliche Inhalt des Anteils unverändert bleibt und nur sein wirtschaftlicher Wert gemindert ist[541]. Der Verkäufer einer Aktie haftet auch nicht dafür, daß ihre Ertragsfähigkeit oder ihr Kurs auch in Zukunft bestehen bleiben[542]. Ebenfalls haftet der Verkäufer nach § 437 BGB nicht, wenn einzelne Bestandteile des Unternehmens der Gesellschaft Mängel aufweisen[543], also die Beschaffenheit des Unternehmens mangelhaft ist[544] oder in der Bilanz Verbindlichkeiten nicht ausgewiesen sind[545].

Festgestellt wird im Folgenden, wie sich die Durchführung der Due Diligence auf die Haftung des Verkäufers auswirkt. Wie oben festgestellt, haftet der Veräußerer eines Anteils für die Richtigkeit der Angaben über die rechtliche Ausstattung seines Beteiligungsrechts, weil jene Beschaffenheit des Rechts Vertragsgegenstand geworden ist. Bezüglich dieser Angaben kommt eine Relevanz

---

535 Baumbach/ Hueck, § 15 Rn. 6; Palandt/ Putzo, § 437 Rn. 10; Soergel/ Huber, § 437 Rn. 14; Hölters/ Semler, VI, Rn. 16; Wiedemann, FS für Nipperdey, 815 (826).

536 RGZ 59, 240 (242); 92, 73 (76); Ermann/ Grunewald, § 437 Rn. 5; MüKo/ Westermann, § 437 Rn. 17.

537 Staudinger/ Köhler, § 437 Rn. 16.

538 MüKo/ Westermann, § 437 Rn. 17.

539 Baumbach/ Hueck, § 15 Rn. 6; MüKo/ Westermann, § 437 Rn. 17; Palandt/ Putzo, § 437 Rn. 10; Scholz/ Winter, § 15 Rn. 112; Soergel/ Huber, § 437 Rn. 16; Huber, ZGR 1972, 395 (396).

540 LG Berlin, NJW-RR 1994, 807 (808); Baumbach/ Hueck, § 15 Rn. 6; Palandt/ Putzo, § 437 Rn. 10; Staudinger/ Köhler, § 437 Rn. 17.

541 MüKo/ Westermann, § 427 Rn. 17.

542 BGH WM 1980, 2408 (2409); Palandt/ Putzo, § 437 Rn. 15; RGRK/ Mezger, § 437 Rn. 15; Soergel/ Huber, § 437 Rn. 22.

543 OLG Köln, NJW-RR 1990, 1145 (1145).

544 Vgl. auch RGZ 100, 200 (200 f.); Beisel/ Klumpp, Rn. 929; Larenz, SchuldR II/ 1, § 45 I.

545 BGH NJW 1980, 2408 (2408); Baumbach/ Hueck, § 15 Rn. 6; Scholz/ Winter, § 15 Rn. 113.

der Due Diligence insofern in Betracht, als die Bestimmung des Vertragsgegenstands durch die Due Diligence denkbar ist. Innerhalb der Due Diligence wird regelmäßig unter anderem die Prüfung der rechtlichen Ausstattung des Unternehmens, die sogenannte Legal Due Diligence, vorgenommen. Insoweit könnte man daran denken, daß durch die Angaben über die Rechtsverhältnisse der Gesellschaft, die der Verkäufer innerhalb der Legal Due Diligence macht, eine Haftung des Verkäufers nach § 437 BGB begründet wird.

Hiergegen läßt sich jedoch vorbringen, daß bei der rechtlichen Due Diligence nicht die rechtliche Ausstattung des Beteiligungsrechts, sondern vielmehr die rechtlichen Beziehungen der Gesellschaft geprüft werden. Denn vorrangig interessiert den Erwerber, in welche konkreten Verträge die Gesellschaft eingebunden ist. Auf der anderen Seite ist jedoch zu beachten, daß aus den Unterlagen der Gesellschaft auch hervorgehen kann, welche Beteiligungsrechte existieren, insbesondere, ob das im konkreten Fall betroffene Beteiligungsrecht existiert und ob rechtsvernichtende Einwendungen entgegenstehen. In diesem Sinne kann die Due Diligence, soweit der Verkäufer dem Käufer die für die Untersuchung erforderlichen Unterlagen zur Verfügung stellt, zur Begründung einer Haftung des Verkäufers nach § 437 BGB führen.

Festzustellen ist somit, daß der Due Diligence innerhalb des Anspruchs aus § 437 BGB haftungsbegründende Funktion zukommen kann. Sind die Unterlagen des Verkäufers unrichtig, so haftet er nach § 437 BGB, soweit rechtliche Eigenschaften seines Gesellschaftsanteils betroffen sind und die weiteren Voraussetzungen der Haftung aus § 437 BGB vorliegen.

2. Verschulden

Verschulden des Veräußerers ist für die Begründung einer Haftung aus § 437 BGB nicht erforderlich. Der Verkäufer haftet vielmehr allein aufgrund des Vertragsschlusses ohne Rücksicht auf sein Verschulden[546]. Der Grund hierfür ist, daß das Gesetz den Käufer einer Forderung für besonders schutzwürdig hält, weil er keine sichtbaren Rechte erwirbt und deshalb auf die Redlichkeit und Einstandspflicht des Verkäufers angewiesen ist.

3. Ausschluß der Haftung nach § 439 BGB

Ferner darf für die Geltendmachung des Anspruchs aus § 437 BGB die Haftung des Veräußerers nicht nach § 439 BGB ausgeschlossen sein. Gemäß § 439 Abs. 1 BGB kommt ein Ausschluß der Haftung des Verkäufers in Betracht, wenn der Käufer eines Rechts den Rechtsmangel desselben kennt. Beim Anteilskauf ist folglich die Haftung gemäß § 439 Abs. 1 BGB ausgeschlossen, wenn der Käu-

---

[546] BGHZ 8, 222 (234); Ermann/ Weitnauer, § 437 Rn. 1; RGRK/ Mezger, § 437 Rn. 22; Soergel/ Huber, § 437 Rn. 4; Prölss, ZIP 1981, 337 (337, 340).

fer des Anteils Kenntnis von dem Rechtsmangel hat, wobei es nicht darauf ankommt, ob sich der Käufer die Kenntnis zufällig oder gezielt verschafft hat[547]. Bloßes Kennenmüssen genügt insoweit nicht, auch wenn es auf grober Fahrlässigkeit beruht[548]. Hierin liegt ein erheblicher Unterschied zur Sachmängelhaftung, bei der ein Ausschluß der Haftung nach § 460 S. 2 BGB auch bei Kennenmüssen, also bei grober Fahrlässigkeit, begründet wird.

Wichtig ist dieser Unterschied gerade in Bezug auf das Unterlassen einer Due Diligence. Bei der Sachmängelhaftung begründet das Unterlassen einer Due Diligence, soweit es sich um den Kauf eines großen Unternehmens handelt, den Vorwurf grober Fahrlässigkeit[549]; denn die Durchführung einer Due Diligence bei großen Unternehmen stellt eine Verkehrssitte dar und wenn einer Verkehrssitte nicht nachgekommen wird und dadurch ein Mangel nicht erkannt wird, so stellt dies eine grob fahrlässige Unkenntnis des Käufers dar. Innerhalb der Rechtsmängelhaftung kann eine derartige Wertung nicht getroffen werden. Vielmehr schadet hier nur die Kenntnis der durch die Due Diligence in Erfahrung gebrachten Rechtsmängel; auf das Bestehen einer Verkehrssitte der Due Diligence kommt es hier nicht an. Folglich kann grundsätzlich nur die durchgeführte Due Diligence und die dadurch dem Erwerber tatsächlich bekannten Umstände zu einem Ausschluß der Haftung nach § 439 BGB führen.

Fraglich ist indessen, inwieweit die bloße Einsicht in Umstände, die den Schluß auf das Vorhandensein von Rechtsmängeln zwingend nahelegen, der Kenntnis vom Rechtsmangel gleich steht.

Grundsätzlich muß der Käufer aus den ihm bekannten Umständen die rechtlichen Folgen richtig abgeleitet haben; andernfalls kann von einem Verzicht auf Gewährleistungsrechte nicht ausgegangen werden[550]. Hält der Käufer daher einen Rechtsmangel lediglich für möglich, so steht dies der positiven Kenntnis nicht gleich[551]. Anders ist der Fall jedoch zu beurteilen, wenn der Käufer eines Unternehmensanteils mit dem Vorliegen des Rechtsmangels rechnet und das damit verbundene Risiko bewußt in Kauf nimmt, etwa in der Erwartung, daß es schon gutgehen werde. In diesem Zusammenhang nehmen Staudinger/ Köhler die Abgrenzung zwischen der Bejahung und der Negierung der Kenntnis mit Hilfe der Grenze zwischen grober Fahrlässigkeit und bedingtem Vorsatz im

---

547 RGZ 52, 273 (276).

548 BGH NJW 1960, 720 (721); NJW 1970, 556 (557); MüKo/ Westermann, § 439 Rn. 1; Soergel/ Huber, § 437 Rn. 26; Staudinger/ Köhler, § 437 Rn. 35.

549 Siehe hierzu Ausführungen oben unter 2. Teil, 2. Kapitel, A I 4 e bb.

550 BGHZ 13, 341 (345 f.); MüKo/ Westermann, § 439 Rn. 4; RGRK/ Mezger, § 439 Rn. 3; Staudinger/ Köhler, § 439 Rn. 3.

551 Soergel/ Huber, § 439 Rn. 38; Staudinger/ Köhler, § 439 Rn. 11.

Strafrecht vor[552]. Danach soll bei bedingtem Vorsatz, also wenn der Käufer den Rechtsmangel für möglich hält und ihn billigend in Kauf nimmt[553], die Kenntnis des Käufers bejaht werden[554]. Vertraut der Käufer hingegen darauf, daß ein Rechtsmangel nicht vorliegt, obwohl er ihn für möglich hält, so liegt bewußte Fahrlässigkeit vor; ein Ausschluß der Haftung des Verkäufers kann dann nicht angenommen werden.

Anhand dieser Abgrenzung ist eine Differenzierung gut möglich. Rechtsunsicherheit kann aufgrund der klaren Kriterien vermieden werden. Dies gilt gerade im Hinblick auf die lange Rechtsprechung im Strafrecht zu dieser Abgrenzungsproblematik. Diese Art der Abgrenzung ist daher grundsätzlich auch zur Beurteilung dieser Problematik heranzuziehen.

4. Mitverschulden des Käufers nach § 254 BGB

Grundsätzlich gilt innerhalb der Wertungen der Rechtsmängelhaftung -wie bereits oben erörtert-, daß fahrlässige Unkenntnis zur Begründung eines Haftungsausschlusses im Sinne des § 439 BGB nicht ausreicht. Die vom Käufer unterlassene Due Diligence oder auch das Übersehen eines Rechtsmangels durch den Käufer hat insoweit keinerlei Auswirkungen. Fraglich ist jedoch, ob § 254 BGB im Rahmen der Rechtsmängelhaftung Anwendung findet und aus diesem Grund die fahrlässige Unkenntnis des Käufers beachtlich ist.

Einige Stimmen in der Literatur[555] wollen § 254 S. 1 BGB im Rahmen des § 439 BGB anwenden. Ansatzpunkt dieser Ansicht ist, daß § 439 Abs. 1 BGB keine abschließende Regelung enthalte, denn die Frage der Fahrlässigkeit hier nicht angesprochen sei [556]. Im Falle der Unterlassung der Due Diligence oder der nicht sorgfältig durchgeführten Due Diligence müßte sich der Käufer mithin seine schuldhafte Unkenntnis entgegenhalten lassen, sein Schadensersatzanspruch würde um eben jenes Verschulden gekürzt. Eine nicht sorgfältig durchgeführte bzw. unterlassene Due Diligence beim Kauf großer Unternehmen würde folglich, wenn auch nicht im Rahmen des § 439 BGB, so doch innerhalb des § 254 BGB bei der Rechtsmängelhaftung Bedeutung erlangen.

---

[552] § 439, Rn. 11.

[553] So die herrschende eingeschränkt objektiv-subjektive Theorie, vgl. nur Tröndle/ Fischer, § 15 Rn. 11 ff.; Lackner/ Kühl, § 15 Rn. 23; Schönke/ Schröder/ Cramer, § 15 Rn. 84; Roxin, § 12 Rn. 61; Wessels/ Beulke, Rn. 223 ff. m.w.N.

[554] So auch BGH NJW 1990, 1106 (1108); ZIP 1990, 315 (318).

[555] MüKo/ Westermann, 2. Auflage, § 439 Rn. 4; RGRK/ Mezger, § 439 Rn. 4; Walter, § 4 III 2 e).

[556] Die Rechtslage ist insofern anders als im Fall der Sachmängelhaftung, in dem § 460 BGB die Frage der Fahrlässigkeit des Käufers abschließend regele, vgl. BGH ZIP 1990, 315 (318); Soergel/ Huber, § 439 Rn. 32.

Zweifelhaft ist jedoch, ob eine Anwendung des § 254 BGB im Rahmen der Rechtsmängelhaftung mit der gesetzlichen Systematik und dem Willen des Gesetzgebers zu vereinbaren ist.
Systematisch erscheint ein derartiger Schluß durchaus zulässig. Denn im Gegensatz zur Sachmängelgewährleistung ist bei der Rechtsmängelhaftung keine der Sachmängelhaftung gleichkommende systematische Geschlossenheit gegeben, § 440 Abs. 1 BGB verweist vielmehr relativ pauschal auf die Rechte nach den Vorschriften der §§ 320-327 BGB[557].
Auf der anderen Seite ist jedoch das Gesamtgefüge der Rechtsmängelhaftung zu sehen. Bei Annahme eines Mitverschuldens würde ein nicht interessengerechter Widerspruch des Anspruchs auf Schadensersatz im Vergleich zu den anderen möglichen Ansprüchen des Käufers eintreten. Denn bei der Geltendmachung des Schadensersatzanspruchs würde die schuldhafte Unkenntnis des Käufers eine negative Folge im Sinne der Kürzung der Ansprüche haben. Hingegen wäre die schuldhafte Unkenntnis des Käufers bei der möglichen Rechtsfolge des Rücktritts ohne Belang. Dies stellt eine nicht zu rechtfertigende Ungleichbehandlung innerhalb der möglichen Rechtsfolgen einer Rechtsmängelhaftung aus § 437 BGB dar. Es ist bei dieser Rechtslage nicht einleuchtend, aus welchem Grund der Käufer sich gerade beim Schadensersatzanspruch -und nur bei ihm- ein diesen Anspruch kürzendes Verschulden zurechnen lassen müßte, wenn er aus leichter oder grober Fahrlässigkeit von dem Rechtsmangel keine Kenntnis gehabt hat. Ferner kann der Käufer eine Anrechnung des eigenen Verschuldens umgehen, indem er die Rechtsfolge des Rücktritts geltend macht.
Unabhängig von diesen Überlegungen fügt sich die in § 254 Abs. 1 BGB getroffenen Regelung, die auf eine Abwägung der beiderseitigen Mitverursachung an dem eingetretenen Schaden und damit auf eine Entscheidung nach den Besonderheiten des Einzelfalls abstellt, nicht in die in § 439 BGB getroffene Regelung ein. Als Sonderregelung des Rechtsmängelrechts löst § 439 BGB den Konflikt zwischen der Haftung des Verkäufers und der Frage, inwieweit sich der Käufer seine Kenntnis von dem Haftungsgrund zurechnen lassen muß, im Interesse der Rechtssicherheit und einer möglichst raschen und klaren Abwicklung von Leistungsstörungen im Bereich der Sachmängelhaftung nach weitgehend typisierten und von der besonderen Lage des Einzelfalls losgelösten Maßstäben.
Dem Käufer soll ganz allgemein und ohne Prüfung seiner Schutzwürdigkeit im Einzelfall ein uneingeschränkter Schadensersatzanspruch zustehen, wenn er aus leichter oder grober Fahrlässigkeit den Rechtsmangel nicht erkannt hat. Der Verkäufer hat nach § 437 BGB für den rechtlichen Bestand des erkauften

---

[557] So auch BGH NJW 1990, 1106 (1108).

Rechts in einer Art Garantiehaftung einzustehen, die nur durch Kenntnis des Käufers vom Mangel aufgehoben wird[558]. Im Rahmen einer derartigen Garantiehaftung ist für die Heranziehung des § 254 Abs. 1 BGB, der gerade umgekehrt auf eine Interessenabwägung nach den Besonderheiten des Einzelfalls aufbaut, kein Platz. Eine Abwägung beiderseitigen Verschuldens bei der Entstehung des Schadens nach § 254 Abs. 1 BGB kann im Rahmen der Rechtsmängelhaftung mithin wegen der in ihr liegenden Garantiefunktion nicht in Betracht kommen[559].

Infolgedessen führt das Unterlassen einer Due Diligence bei großen Unternehmen bzw. das Übersehen eines Rechtsmangels innerhalb einer Due Diligence mangels Anwendbarkeit des § 254 Abs. 1 BGB im Rahmen der §§ 437 ff. BGB nicht zu einer Minderung des Schadensersatzanspruchs des Käufers um sein eigenes Mitverschulden.

5. Rechtsfolge einer Haftung aus § 437 BGB

Der Inhalt der Haftung des Veräußerers bestimmt sich nach §§ 440 Abs. 1, 320, 327 BGB. Der Käufer kann folglich mit der Einrede des nicht erfüllten Vertrages (§ 320 BGB) die Zahlung des Kaufpreises verhindern, er kann sich gemäß § 323 BGB auf Unmöglichkeit berufen mit der Folge, daß seine Zahlungspflicht erlischt und ein etwaig gezahlter Kaufpreis zurückzuerstatten ist. Ferner kann er vom Vertrag zurücktreten oder Schadensersatz wegen Nichterfüllung verlangen. Der Schadensersatzanspruch berechnet sich hierbei nach §§ 249 S. 1, 252 BGB[560]. Der Käufer ist daher so zu stellen, wie er stünde, wenn die Forderung ordnungsgemäß bestanden hätte. Der maßgebliche Zeitpunkt für die Berechnung des Schadens ist der der Geltendmachung der Forderung, im Streit der Zeitpunkt der letzten mündlichen Verhandlung[561].

II. §§ 459 ff. BGB analog

Darüberhinaus kann der Käufer eines Beteiligungsrechts bei Vorliegen von Mängeln des dem Beteiligungsrechts zugrundeliegenden Unternehmens einen Anspruch aus §§ 459 ff. BGB analog haben. Ein derartiger Anspruch kommt insbesondere deshalb in Betracht, weil nach § 437 BGB nicht für die Beschaffenheit des Unternehmens gehaftet wird, sondern nur für Rechtsmängel des Unternehmensrechts.

---

[558] OLG Hamburg, MDR 1954, 298 (299).

[559] Vgl. Ermann/ Grunewald, § 439 Rn. 5; MüKo/ Westermann, 3. Auflage, Rn. 4; Soergel/ Huber, § 439 Rn. 32; Schilling, JZ 1954, 162 (162).

[560] RGRK/ Mezger, § 437 Rn. 9; Soergel/ Huber, § 437 Rn. 11.

[561] Soergel/ Huber, § 437 Rn. 11; Staudinger/ Köhler, § 437 Rn. 31.

Oben wurde bereits dargelegt, daß eine Haftung für Sachmängel des Unternehmens nur dann angenommen werden kann, wenn der Käufer des Beteiligungsrechts den beherrschenden Anteil des Unternehmens erwirbt und die bei dem Verkäufer oder einem Dritten verbleibenden Anteile so geringfügig sind, daß sie die Verfügungsbefugnis des Erwerbers des Unternehmens nicht entscheidend beeinträchtigen[562]. In diesem Fall erwirbt der Anteilskäufer nicht nur die Beteiligung, sondern vielmehr nach wirtschaftlicher Betrachtungsweise auch das Unternehmen an sich.

Zielt der jeweilige Kauf daher nach dem Willen der Parteien auf den Erwerb unternehmerischer Leitungsmacht ab, so richtet sich die rechtliche Behandlung nach den oben zur Sachmängelgewährleistung vorgenommenen Ausführungen. Andernfalls scheidet bei einem Share Deal eine Haftung des Verkäufers nach § 459 ff. BGB analog aus.

III. culpa in contrahendo

Im Falle des Kaufs einer Beteiligung an einer Gesellschaft kommt als weiterer Anspruch des Käufers die culpa in contrahendo in Betracht.

Erforderlich für einen derartigen Anspruch des Erwerbers ist zunächst, daß die culpa in contrahendo überhaupt neben den Rechtsmängelgewährleistungsrechten anwendbar ist.

Die Regelung des § 440 BGB hat keinen abschließenden Charakter[563]. Ferner besteht aufgrund der regulären Verjährung der Rechtsmängelhaftung kein Bedürfnis, die Anwendbarkeit der culpa in contrahendo zu beschränken, um eine Umgehung der kurzen Verjährung der §§ 459 ff. BGB zu verhindern[564]. Die culpa in contrahendo ist daher grundsätzlich neben den §§ 437 ff. BGB anwendbar[565].

Anders ist der Fall lediglich zu beurteilen, wenn der betreffende Share Deal aufgrund der Erlangung der Leitungsmacht über das Unternehmen einem Unternehmenskauf im Sinne des Asset Deals gleichzustellen ist und daher der Sachmängelhaftung aus §§ 459 ff. BGB unterfällt. In diesem Fall sind die Vorschriften der Sachmängelgewährleistung als Spezialvorschriften anzusehen, eine Inanspruchnahme des Verkäufers gleichzeitig aus culpa in contrahendo ist nicht möglich[566].

---

562 Siehe hierzu Ausführungen oben unter 2. Teil, 2. Kapitel, A I 3 d).

563 BGHZ 65, 246 (252 ff.); Staudinger/ Honsell, Vorb. § 459 Rn. 39.

564 Soergel/ Huber, § 440 Rn. 58.

565 BGHZ, 65, 246 (253); BGH NJW 1985, 2697 (2698); NJW 1991, 2700 (2700); NJW-RR 1992, 91 (91 f.).

566 Vgl. hierzu auch die Ausführungen oben unter 2. Teil, 2. Kapitel, A II 1.

Die Voraussetzungen der culpa in contrahendo sind bereits oben dargestellt worden; eine nähere Ausführung ist daher an dieser Stelle wegen der übereinstimmenden Ergebnisse nicht erforderlich[567].

IV. Anfechtung nach §§ 119 ff. BGB

Des weiteren kann ein Käufer eines Unternehmensanteils im Falle des Vorliegens von Fehlern des Unternehmens einen Anspruch auf Anfechtung des Unternehmenskaufvertrages mit dann möglicher Rückabwicklung des Vertragsverhältnisses nach § 812 Abs. 1 S. 1 Alt. 1 BGB haben.
Voraussetzung hierfür ist die Anwendbarkeit der Anfechtungsregeln. Auch hier gilt -ähnlich wie bezüglich der Anwendbarkeit der culpa in contrahendo- daß im Gegensatz zum Sachmängelgewährleistungsrecht die Anwendung der §§ 119 ff. BGB neben der Rechtsmängelhaftung grundsätzlich möglich ist[568].
Wenn jedoch der Erwerber einer Beteiligung den Verkäufer aufgrund der Erlangung der beherrschenden Stellung nach Sachmängelgewährleistungsrecht gemäß §§ 459 ff. BGB in Anspruch nehmen kann, ist eine derartige Wertung nicht möglich. Auch hier ist dann vielmehr eine Anfechtung des Vertrages nach §§ 119 ff. BGB nicht ausgeschlossen, weil die Vorschriften der Sachmängelgewährleistung spezieller sind.
Bezüglich der Voraussetzungen der Anfechtung sei insoweit auch an dieser Stelle auf oben verwiesen[569].

V. Positive Forderungsverletzung; Wegfall der Geschäftsgrundlage; vertragliche Regelung

Darüber hinaus kann ein Käufer eines Unternehmensanteils Ansprüche aus positiver Forderungsverletzung, Wegfall der Geschäftsgrundlage und vertraglicher Abrede haben. Zur Frage der Anwendbarkeit dieser Anspruch sowie zu den Voraussetzungen sei jedoch an dieser Stelle ebenfalls aufgrund der identischen Problematik dieser Ansprüche beim Asset und beim Share Deal auf die Ausführungen zum Asset Deal verwiesen[570].

---

[567] Vgl. hierzu Ausführungen oben unter 2. Teil, 2. Kapitel, A II 1.
[568] BGHZ 34, 32 (32); BGH BB 1976, 11 (13).
[569] Siehe hierzu Ausführungen oben unter 2. Teil, 2. Kapitel, A IV.
[570] Siehe hierzu Ausführungen oben unter 2. Teil, 2. Kapitel, III, V und VI.

3. Teil: Ansprüche der ehemaligen Veräußererseite im Falle des Scheiterns des Unternehmenskaufs bei Mißbrauch der durch die Due Diligence erlangten Unternehmensinterna

Im Laufe der Due Diligence gewinnt der Käufer erhebliche Einblicke in Unternehmensinformationen, die nicht öffentlich zugänglich sind, etwa Geschäftsgeheimnisse, Patente, betriebliches Know-How und ähnliches. Für den Veräußerer bedeutet die Kenntnis des Kaufinteressenten ein hohes Risiko. Zum einen besteht im Falle des Scheiterns der Transaktion die Gefahr, daß der Kaufinteressent die durch die Due Diligence erlangten Informationen unbefugterweise an Dritte weitergibt. Zum anderen ist die Gefahr der mißbräuchlichen Verwendung der Informationen im eigenen Unternehmen in einem solchen Fall groß, insbesondere wenn es sich bei dem ehemaligen Kaufinteressenten um einen Konkurrenten der Gesellschaft handelt[571].

Abgesehen von der grundsätzlichen Gefahr des Mißbrauchs -sei es durch eigene unbefugte Verwendung oder durch Weitergabe an Dritte- kann das Ausmaß des Schadens im Falle des Mißbrauchs erheblich sein, weil Unternehmensinformationen wertvolle Güter sind und auf ihnen oftmals der Erfolg des bestimmten Unternehmens beruht; auch dies macht das für den Verkäufer bestehende Risiko aus.

Im folgenden Teil wird untersucht, welche Ansprüche die ehemalige Verkäuferseite gegen den Kaufinteressenten im Fall eines Mißbrauchs der durch die Due Diligence erlangten Informationen geltend machen kann. Unterschieden wird bei der Untersuchung zwischen dem Fall, in dem eine vertragliche Vertraulichkeitsvereinbarung bezüglich der Informationen zwischen Verkäufer- und Käuferseite vorliegt und dem Fall, in dem es an einer solchen Regelung mangelt.

1. Kapitel: Anspruch der Verkäuferseite bei Bestehen einer individuellen vertraglichen Regelung

A. Allgemeines

Um eine vom Veräußerer nicht gewollte mißbräuchliche Verwendung der innerhalb des Vorgangs der Due Diligence gewonnenen Informationen im Falle des Fehlschlags der Transaktion zu vermeiden, wird in der Regel vor Durchführung einer Due Diligence eine weitreichende Geheimhaltungsvereinbarung getroffen[572]. In dieser Vereinbarung wird dann ein Verbot jeglicher Verwendung der während der Durchführung der Due Diligence gewonnenen Informationen statuiert sowie für den Fall des Fehlschlagens des Unternehmenskaufs eine

---

[571] Hopt/ Hess/ Fabritius, IV B 2. (S. 534).

[572] Hölters/ Semler, VI Rn. 13; Lutter, Letter of Intent, S. 48 f.; Harrer/ Erbacher, Schriften zum Kapitalmarkt, Band 2: Die Übernahme börsennotierter Unternehmen, 253 (258, 260).

Vernichtung der Unterlagen vorgesehen[573]. Um eine umfassende Vertraulichkeit zu gewährleisten, wird ferner innerhalb einer derartigen Vertraulichkeitsklausel auch eine Vereinbarung bezüglich der Haftung des Erwerbsinteressenten für die Vertraulichkeit der von ihm eingeschalteten Mitarbeiter getroffen[574].
Abgesehen von der Gewährleistung des Schutzes des Veräußerers im Falle des Scheiterns der Vertragsverhandlungen, soll eine derartige Vereinbarung den Parteien ihre heikle Situation vergegenwärtigen und ihnen vor Augen führen, daß sowohl die geplante Weitergabe der Informationen als auch eine eventuelle mißbräuchliche Verwendung negative Konsequenzen haben können[575].

Klaren, individuellen Vereinbarungen über die betroffene vorvertragliche Phase und allen damit verbundenen Haftungsfragen kommt innerhalb von Geheimhaltungsabreden erhebliche Bedeutung zu. Ist in derartigen Klauseln genauestens vereinbart, was im Falle des Bruches der durch Vereinbarung auferlegten Schweigepflicht für rechtliche Folgen entstehen, so erscheint die Lösung der etwaig auftretenden Probleme einfach. Die ehemals zu verkaufende Gesellschaft kann die vereinbarten rechtlichen Folgen geltend machen und den Kaufinteressenten daraus in Anspruch nehmen. Was genau Inhalt des Anspruch ist und wofür im Einzelfall gehaftet wird, läßt sich jedoch nicht pauschal sagen, sondern richtet sich nach der jeweils konkreten Regelung. Es empfiehlt sich aber, Art, Umfang und Rechtsfolge der gewünschten Vertraulichkeit genauestens festzulegen. Insbesondere wird hierdurch das nachträglich auftretende Probleme der Beurteilung der Reichweite der Regelung vermieden[576].

B. Problem der Beweisführung

Problematisch stellt sich innerhalb einer Vertraulichkeitsvereinbarung -auch wenn die Voraussetzungen klar erscheinen- die Beweisfrage dar. Im Falle des Mißbrauchs der Information im eigenen Unternehmen ist es grundsätzlich schwer für den Veräußerer nachzuweisen, daß der Kaufinteressent die Informationen zur Steigerung des eigenen Gewinns ausgenutzt hat und inwieweit durch die Verletzung ein Schaden entstanden ist. Ebenfalls schwierig stellt sich die

---

[573] Harrer, DStR 1993, 1673 (1674); Harrer/ Erbacher, Schriften zum Kapitalmarkt, Band 2: Die Übernahme börsennotierter Unternehmen, 253 (260); Merkt, WiB 1996, 147 (149); ein Formular für eine derartige Vertraulichkeitsabrede findet sich bei Hopt/ Hess/ Fabritius, IV B 2. (S. 532 ff.).

[574] Eine derartige Vereinbarung begründet ferner bereits vorher die Pflicht, im eigenen unternehmerischen Bereich die erforderlichen Vorkehrungen für eine entsprechend vertrauliche Handhabe zu treffen, vgl. Lutter, Letter of Intent, S. 48.

[575] Hopt/ Hess/ Fabritius, IV B 2. (S. 534).

[576] Kösters, NZG 1999, 623 (624).

Beweisführung im Rahmen des Anspruchs wegen der unbefugten Weitergabe der Informationen an Dritte dar. Der Inhaber des Unternehmens hat nämlich dreierlei nachzuweisen: Zum einen, daß ein Dritter überhaupt über die Interna seines Unternehmens informiert worden ist, zum anderen, daß der Dritte seine Informationen gerade vom Erwerbsinteressenten erhalten hat, dieser also seine Geheimhaltungspflicht verletzt hat, und ferner, daß und in welcher Höhe durch die Verletzung der Verpflichtung ein Schaden entstanden ist[577].
Die Darlegung und der Nachweis der genannten Haftungskriterien ist nur schwer zu bewerkstelligen[578]. Im Falle der unberechtigten Weitergabe der Informationen an Dritte etwa wird sich der ehemalige Erwerbsinteressent grundsätzlich darauf berufen, daß der Dritte die Informationen nicht von ihm erhalten hat, sondern entweder die Information eigenständig herausgefunden oder vielmehr von einer anderen dritten Person erhalten hat. Auch die mißbräuchliche Verwendung der Informationen durch Verwertung der Informationen im eigenen Betrieb ist nur schwer zu beweisen. Schließlich kann der Kaufinteressent einwenden, er habe das bestimmte Know-How selbständig entwickelt und bereits seit einem gewissen Zeitraum an seiner Erarbeitung gefeilt.
Ferner ist der Beweis eines Schadens durch die Verletzung der Geheimhaltungspflicht schwer zu führen, weil nie sicher sein kann, daß nicht auch ohne die Weitergabe der Information das Unternehmen einen Umsatzrückgang erlitten oder der Dritte nicht auch ohne die Informationen ein gutes Ergebnis erzielt hätte. Allerdings kann dem zuletzt genannten Nachweisproblem durch die Vereinbarung einer Vertragsstrafe Rechnung getragen werden[579]. Die Vertragsstrafenregelung reduziert die Beweispflicht des geschädigten Unternehmens auf den Nachweis der Verletzungshandlung, d.h. auf den Nachweis der Verletzung der vereinbarten Vertraulichkeit. Auf den Schadensnachweis kommt es für die Zahlung der Vertragsstrafe nicht an, da die Vertragsstrafe unabhängig von einem Schadensnachweis zu zahlen ist[580].
Wird keine derartige Vertragsstrafe vorgesehen, so haftet der Erwerber bei Verletzung der Vertraulichkeitspflicht nur für den vom Veräußerer bewiesenen Schaden[581]. Da dieser -wie bereits erwähnt- regelmäßig nur mit großen Schwierigkeiten verifizierbar sein wird, ist auf jeden Fall zu empfehlen, bei der Vereinbarung einer Vertraulichkeitsabrede für den Fall des Mißbrauchs der Information eine vom Schadensnachweis unabhängige Vertragsstrafe zum Inhalt der

---

[577] Hölters/ Semler, VI Rn. 13; Hommelhoff, ZHR 150 (1986), 254 (257).
[578] Krüger/ Kalbfleisch, DStR 1999, 174 (176).
[579] Palandt/ Heinrichs, § 276 Rn. 55, Vor. § 339 Rn. 1; Hölters/ Semler, VI Rn. 13.
[580] Palandt/ Heinrichs, § 276 Rn. 55; Hopt/ Hess/ Fabritius, IV B 2. (S. 534).
[581] Hopt/ Hess/ Fabritius, IV B 2. (S. 534).

Vereinbarung zu machen. Zwar ändert dies nichts an der ebenfalls schwer zu beweisenden Verletzungshandlung; immerhin der Beweis des Schadens wird dem Veräußerer aber abgenommen.

2. Kapitel: Anspruch der Verkäuferseite ohne vertragliche Regelung

Obwohl eine Vertraulichkeitsvereinbarung grundsätzlich vor Durchführung einer Due Diligence getroffen werden und als erforderliche Voraussetzung einer Due Diligence erachtet werden sollte[582], kommen Fälle vor, in denen es an einer derartigen Vereinbarung fehlt. Gerade für jene Situationen, in denen es an individuellen Vereinbarungen fehlt und ein Mißbrauch der durch die Due Diligence erlangten Informationen gegeben ist, stellt sich die Frage, ob und in welchem Umfang die bloße Tatsache einer Due Diligence vorvertragliche Rechtsbeziehungen mit entsprechenden Ansprüchen begründet.

A. Anspruch aus culpa in contrahendo wegen Abbruchs der Vertragsverhandlungen

Ansprüche in derartigen Konstellationen könnten sich zunächst einmal aus dem Gesichtspunkt ergeben, daß der potentielle Käufer zu einem Zeitpunkt nach Durchführung der Due Diligence den Kauf des Unternehmens ablehnt und damit die Vertragsverhandlungen mit dem Verkäufer beendet.

Zwar ist grundsätzlich jeder Vertragspartner beim Unternehmenskauf -wie bei jedem anderen Kauf- bis zum endgültigen Vertragsschluß berechtigt, ohne jegliche Rechtsfolgen vom Vertragsschluß Abstand zu nehmen[583]. Denn es liegt im Wesen der Vertragsverhandlungen, daß sie jederzeit abgebrochen werden können, ohne daß dies irgendwie begründet werden müßte[584].

In zwei Konstellationen ist jedoch eine Haftung des Kaufinteressenten bei Abbruch der Vertragsverhandlungen möglich, die sich auf ein Verschulden bei Vertragsverhandlungen stützt[585]: Zum einen kommt ein Anspruch aus culpa in

---

[582] Vgl. zumindest die hier vertretene Ansicht oben unter „. Teil, 2. Kapitel, A I 5 a ccc).

[583] BGH WM 1982, 1436 (1436); OLG Köln 1975, 51 (51); Palandt/ Heinrichs, § 276 Rn. 72; Soergel/ Wiedemann, Vor. § 275 Rn. 130; Staudinger/ Löwisch, Vor § 275 Rn. 66; Beisel/ Klumpp, Rn. 38; Emmerich, Recht der Leistungsstörungen, § 5 III 3 a); Hölters/ Semler, VI Rn. 10; Wollny, Unternehmens- und Praxisübertragungen, Rn. 630; Ermann, AcP 139 (1934), 273 (276); Stoll, FS für Flume, 741 (754); Kösters, NZG 1999, 623 (624).

[584] Eine andere Annahme widerspräche auch der Praxis der Wirtschaft und des allgemeinen Handelslebens, denn wenn eine Person Vertragsverhandlungen mit einer Vielzahl von Personen führt, würde sie danach an sämtliche Vertragsparteien gebunden sein. Zur Erhaltung der Freiheit des Wirtschaftslebens ist daher erforderlich, daß Vertragsverhandlungen grundsätzlich keine Bindungswirkung entfalten. Vgl. hierzu auch: Stoll, FS für v. Caemmerer, 435 (445).

[585] Der Grund für die Annahme dieser zwei Fallgruppen liegt nicht darin, daß einer der potentiellen Vertragspartner die Vertragsverhandlungen an sich abgebrochen hat. Der Grund der Haftung liegt vielmehr in dem Verschulden, daß der eine Vertragspartner im anderen das berechtigte Vertrauen auf den Vertragsschluß erweckt hat und ihn dadurch zu unnützen Auf-

contrahendo für den Fall in Betracht, daß ein Vertragspartner bei dem anderen schuldhaft ein besonderes Vertrauen in den späteren Vertragsschluß weckt oder diesen ausdrücklich oder konkludent als sicher darstellt, obwohl die Aussicht zum Vertragsschluß nicht oder nicht ausreichend sicher vorhanden ist[586]. Zum anderen kann ein Anspruch aus culpa in contrahendo gegeben sein, wenn fortgeschrittene Verhandlungen ohne triftigen oder mit nur vorgetäuschten Grund oder aus sachfremden Erwägungen abgesagt werden, obwohl zuvor Vertrauen in den zukünftigen Vertragsschluß geschaffen wurde[587].

Im Folgenden wird untersucht, ob die genannten Fallgruppen auf die Konstellation des Abbruchs der Vertragsverhandlungen nach Durchführung einer Due Diligence passen, also in diesem Fall Bedeutung entfalten.

I. Vorgetäuschte Wahrscheinlichkeit des Vertragsschlusses

Die erste genannte Fallgruppe der culpa in contrahendo entfaltet in derartigen Konstellationen Bedeutung: Der potentielle Erwerber darf grundsätzlich die Due Diligence nicht lediglich aus dem Grund der Informationserlangung durchführen; wenn er nämlich den Vertragsschluß als sicher darstellt und Vertrauen der anderen Seite provoziert, obgleich die Aussicht auf den Vertragsschluß aus seiner Sicht nicht sicher gegeben ist oder von Anfang an nicht bestand, so begeht er eine Pflichtverletzung im Sinne der culpa in contrahendo.
Bei der Durchführung einer Due Diligence ist im Sinne dieser Fallgruppen auch davon auszugehen, daß bereits besonderes Vertrauen zwischen den Verhandlungspartnern bestand und die Aussicht auf den Vertragsschluß bereits hinreichend gegeben war, der Kaufinteressent also besonderes Vertrauen in den Vertragsschluß geweckt hat. Andernfalls würde ein Unternehmen seine Interna nie an eine andere Person bzw. ein anderes Unternehmen weitergeben. Hat der Kaufinteressent nun dieses Vertrauen geweckt, obwohl bei ihm die Aussicht auf den Vertragsschluß nicht ausreichend vorhanden ist, so kann er gemäß der vor-

---

wendungen veranlaßt hat, vgl. Grundlagen des Vertrags- und Schuldrechts/ Wolf, § 9 II 1 b); Nirk, FS für Möhring, 385 (392).

586 Vgl. hierzu BGH NJW 1967, 2199 (2199); OLG Köln, MDR 1975, 51 (51); Soergel/ Wiedemann, Vor § 275 Rn. 112; Gernhuber, § 8 II 6 a) (S. 185); Picot, Teil I Rn. 85; Stoll, FS für v. Caemmerer, 435 (447); ders., FS für Flume, 741 (754); Kösters, NZG 1999, 623 (624).

587 BGH WM 1969, 595 (595, 599); NJW 1970, 1840 (1840); WM 1972, 772 (772); WM 1974, 508 (508); NJW 1978, 1802 (1804); NJW 1980, 1683 (1684); WM 1981, 787 (788); ZIP 1988, 89 (90); NJW-RR 1988, 288 (289); MüKo/ Emmerich, Vor § 275 Rn. 161; Palandt/ Heinrichs, § 276 Rn. 72; Soergel/ Wiedemann, Vor § 275 Rn. 130; Staudinger/ Löwisch, Vor § 275 Rn. 66; Beisel/ Klumpp, Rn. 39; Gernhuber, Das Schuldverhältnis, § 8 II 6; Grundlagen des Vertrags- und Schuldrechts/ Wolf, § 9 II 1 a); Stoll, FS für Flume, 741 (754); Kösters, NZG 1999, 623 (624).

stehend genannten Ausnahme vom Grundsatz der Nichthaftung der Vertragsparteien wegen des Abbruchs der Vertragsverhandlungen dem Verkäufer aus culpa in contrahendo haften; eine Pflichtverletzung jedenfalls ist in einem solchen Fall gegeben.

II. Abbruch der Vertragsverhandlungen ohne triftigen Grund

Zum anderen kann der Kaufinteressent wie bereits erwähnt einer Haftung aus culpa in contrahendo wegen Abbruchs der Vertragsverhandlungen unterliegen, soweit er den Vertragsschluß aus sachfremden Gründen abgelehnt hat. Zwar ginge es zu weit, jede Person, die eine Due Diligence durchführt, zum Vertragsschluß verpflichten. Die Due Diligence würde dann eine Bindungswirkung entfalten, die der eines Vorvertrages ähnelte und für ein Instrument wie die Due Diligence gerade nicht gewollt ist[588]. Daher muß der Kaufinteressent, etwa wenn die Struktur des Unternehmens nicht zu der eigenen paßt oder in Aussicht genommene Synergien nicht ausreichend vorhanden sind, einen Vertragsschluß ablehnen können. Werden jedoch sachfremde Gründe vorgeschoben bzw. besteht kein triftiger Grund zum Abbruch der Vertragsverhandlungen, so ist der Abbruch der Vertragsverhandlungen ohne rechtliche Folgen nicht möglich. Vielmehr haftet der ehemalige Kaufinteressent dem Verkäufer dann ausnahmsweise aus culpa in contrahendo, soweit in einem solchen Fall die übrigen Voraussetzungen der culpa in contrahendo vorliegen.

III. Verschulden im Sinne der culpa in contrahendo

Weitere Voraussetzung der culpa in contrahendo ist grundsätzlich ein Verschulden des Anspruchsgegners im Sinne des § 276 BGB[589].

Allerdings ist im Rahmen der Haftung aus culpa in contrahendo wegen des grundlosen Abbruchs von Vertragsverhandlungen umstritten, ob Verschulden als Voraussetzung einer Haftung anzusehen ist.

Die Rechtsprechung diesbezüglich ist uneinheitlich. Während in einer Reihe von Urteilen zum Teil unter Benutzung der Analogie zu § 122 BGB auf Verschulden verzichtet wurde[590], halten andere ausdrücklich am Verschuldenserfordernis fest[591].

Für eine Negierung des Verschuldenserfordernisses spricht, daß durch das Erfordernis des triftigen Grundes die Voraussetzung des Verschuldens quasi über-

---

[588] Schließlich soll mit der Due Diligence gerade geprüft werden, ob das Unternehmen ein geeignetes Kaufobjekt darstellt.

[589] Palandt/ Heinrichs, § 276 Rn. 70; Larenz, SchuldR AT, § 9 I.

[590] BGH WM 1969, 595 (597); WM 1974, 508 (508 f.); aus der Literatur: Kösters, NZG 1999, 623 (624).

[591] BGH WM 1972, 772 (772); NJW 1975, 43 (43); WM 1982, 1436 (1436 f.); Stoll, FS für Flume, 741 (755); ders., FS für v. Caemmerer, 435 (449).

flüssig wird. Andererseits würde das Rechtsinstitut der culpa in contrahendo, welches grundsätzlich einen verschuldensabhängigen Rechtsbehelf mit langen Verjährungsfristen darstellt, durch Negierung des Verschuldenserfordernisses mit Wertungen konfrontiert, die dem Wesen der culpa in contrahendo nicht entsprechen. Ferner ist zu bedenken, daß wenn schon bei vertraglicher Bindung an das gegebene Wort grundsätzlich nur im Falle schuldhafter Nichterfüllung gehaftet wird, dies bei einer bloßen Vertrauensbindung keinesfalls zu einer schärferen Haftung führen kann. Insgesamt ist daher ein Verschulden im Sinne des § 276 BGB im Rahmen der culpa in contrahendo bei Abbruch der Vertragsverhandlungen für erforderlich zu erachten[592].

IV. Rechtsfolge

Die Rechtsfolge eines Schadensersatzanspruchs aus culpa in contrahendo wegen des Abbruchs von Vertragsverhandlungen ist die Zahlung eines Schadensersatzes in Höhe des negativen Interesses begrenzt durch das positive Interesse. Ein Ersatz des positiven Interesses hingegen wird nicht gewährt[593]. Der vertrauende Partner hat daher keinen Anspruch auf die in Aussicht gestellte Leistung, den Vertragsschluß[594]. Eine derartige Annahme liefe auf einen Kontrahierungszwang aus culpa in contrahendo hinaus, welcher gerade nicht gewollt ist[595].

Der Verkäufer ist daher im Falle des Abbruchs der Vertragsverhandlungen im Rahmen der culpa in contrahendo so zu stellen, wie er stünde, wenn er die Vertragsverhandlungen nicht aufgenommen hätte[596]. Hätte der Verkäufer dem Käufer die Möglichkeit der Due Diligence nicht eröffnet, hätte dieser die Informationen nicht erlangt und hätte diese nicht zu eigenen Zwecken, etwa der Steigerung des Gewinns durch Anwendung bestimmter aus der Due Diligence erlangten Produktionsweisen ausnutzen bzw. die Informationen nicht an einen Dritten weitergeben können, der diese zur Steigerung seines Gewinns ausnutzt.

---

592 Bezüglich der Art des Verschuldens ist hierbei wegen der unterschiedlichen rechtlichen Folgen zu differenzieren: Bei lediglich fahrlässiger Weitergabe der Informationen beschränkt sich die Haftung des Verkäufers auf einen Anspruch aus culpa in contrahendo. Hingegen kommen im Falle der Bekundung von Interesse, um Informationen zu erlangen und diese weiterzugeben oder selbst auszunutzen über den Anspruch aus culpa in contrahendo noch weitere Ansprüche, zum Beispiel § 823 Abs. 2 BGB i.V.m. § 263 Abs. 1 StGB, in Betracht. Zur Behandlung dieser Ansprüche vgl. unten unter 3. Teil, 2. Kapitel, H.

593 Ermann, AcP 139 (1934), 273 (331) m. w. N.

594 BGH WM 1969, 595 (598); Stoll, FS für Flume, 741 (754).

595 BGH WM 1981, 787 (788) NJW-RR 1988, 288 (289); MüKo/ Emmerich, Vor § 275 Rn. 165; Staudinger/ Löwisch, Vor § 275 Rn. 75.

596 BGHZ 18, 248 (252 f.); Soergel/ Wiedemann, Vor § 275 Rn. 181; Fikentscher, § 29 V 3.; Larenz, SchuldR AT, § 9 I 3.

Der Verkäufer kann daher vom Käufer den entgangenen Gewinn des eigenen Unternehmen verlangen.

B. Anspruch aus culpa in contrahendo wegen Weitergabe oder der mißbräuchlichen Verwendung der durch die Due Diligence erlangten Informationen

Die vorangegangenen Überlegungen helfen nicht endgültig, das Problem des Informationsmißbrauchs ohne vertragliche Vertraulichkeitsvereinbarung zu bewältigen, wenn der Abbruch der Verhandlungen nicht ausnahmsweise in eine der beiden zuvor erläuterten Fallgruppen einzuordnen ist. Es ist daher zu fragen, welche Anspruchsgrundlage in Betracht kommt, wenn der Kaufinteressent die Vertragsverhandlungen mit berechtigtem Grund abbricht und dann die durch die Due Diligence erlangten Informationen weitergibt oder diese im eigenen Unternehmen mißbräuchlich verwendet. Den Ansatzpunkt für diese Bewertung könnte dieselbe Überlegung wie eben bilden: Die Haftung aus Verschulden bei Vertragsschluß, die Vertrauenshaftung.

I. Allgemeine Pflichten im Rahmen des vorvertraglichen Verhältnisses

Die Aufnahme von Vertragsverhandlungen schafft nach allgemeiner Ansicht ein gesetzliches Schuldverhältnis, das sich letztlich auf die Inanspruchnahme gewährten Vertrauens zurückführen läßt[597]. Derjenige, der mit einem anderen geschäftliche Beziehungen aufnimmt, erwartet regelmäßig, es mit einem redlich denkenden, sich loyal verhaltenen Partner zu tun zu haben; diese allgemeine Redlichkeitserwartung wird von der Rechtsordnung geschützt, weil ohne sie ein reibungsloser Geschäftsverkehr nicht möglich wäre[598].

Im Falle der Durchführung der Due Diligence haben Kauf- und Verkaufsinteressent bereits Vertragsverhandlungen aufgenommen und einander Vertrauen gewährt. Denn andernfalls würde der verkaufswillige Gesellschafter bzw. die Gesellschaft des Unternehmens nie die Herzdaten seines Unternehmens an die gesellschaftsfremde Person herausgeben[599]. Ein gesetzliches Schuldverhältnis

---

[597] BGH 6, 330 (333 f.); Soergel/ Wiedemann, Vor § 275 Rn. 102; Staudinger/ Schmidt, § 242 Rn. 1450; Emmerich, Recht der Leistungsstörungen, § 5 I 1; Grundlagen des Vertrags- und Schuldrechts/ Wolf, § 9 I 3; Larenz, SchuldR AT, § 9 I; Ballerstedt, AcP 151 (1930/31), 501 (503, 506); Stoll, FS für v. Caemmerer, 435 (435).

[598] Staudinger/ Emmerich, Vor. § 275 Rn. 54; Grundlagen des Vertrags- und Schuldrechts/ Wolf, § 9 I 2; Ermann, AcP 139 (1934), 273 (275); Larenz, FS für Ballerstedt, 397 (414).

[599] Die Tatsache, daß die Due Diligence gesteigertes Vertrauen in die Person des Partners voraussetzt, ist aufgrund der allgemeinen Kenntnis der Wichtigkeit von Unternehmensinterna zumindest in Unternehmens- bzw. Handelskreisen auch bekannt. Jeder Person, die eine Due Diligence durchführt oder durchführen läßt, ist daher klar, daß sie gesteigertes Vertrauen in Anspruch nimmt.

ist damit begründet worden. Aus dem Bestehen eines gesetzlichen Schuldverhältnisses ergeben sich nach allgemeiner Ansicht bestimmte Pflichten, deren Maßstab das Prinzip von Treu und Glauben ist[600] und deren Verletzung zu Schadensersatzansprüchen führen kann. So sind die Verhandlungspartner einander zu billiger Rücksichtnahme und zu sorgfältigem Verhalten verpflichtet mit der Folge, daß bei schuldhafter Verletzung dieser Pflicht der verantwortliche Teil dem geschädigten Partner den auf enttäuschten Vertrauen beruhenden Schaden zu ersetzen hat[601]. Dies gilt insbesondere für Fälle, in denen der eine Verhandlungspartner dem anderen gesteigertes Vertrauen entgegenbringt; ein solches Vertrauen kann denjenigen, der es weckt oder in Anspruch nimmt, zu erhöhter Sorgfalt oder Loyalität verpflichten.

Infolge der durch die Vertragsverhandlungen begründeten rechtlichen Sonderverbindung entstehen zwar keine Leistungspflichten, jedoch spezielle Verhaltenspflichten. Diese umfassen sowohl Schutz- pflichten als auch Loyalitätspflichten, insbesondere Aufklärungs-, Mitteilungs- und Diskretionpflichten[602]. Schutzpflichten ergeben sich, wenn der eine Teil im Verlauf der Kontaktaufnahme seine Güter, insbesondere Gesundheit und Eigentum, der Einwirkungsmöglichkeit des anderen aussetzt[603].

Die Loyalitätspflicht hingegen verpflichtet die Vertragspartner, loyal miteinander umzugehen[604]. Loyal bedeutet insofern fair, anständig, redlich, die Interessen anderer achtend[605]. Die Geschäftspartner haben folglich die Interessen des anderen zu achten, also sich so zu verhalten, daß der Partner keinen vom Vertrag unabhängigen Vermögensschaden erleidet[606]. Insbesondere gilt dies, wenn zwischen den Parteien ein besonderes, gegenüber normalen Maßstäben qualifiziertes Vertrauensverhältnis besteht, weil in einem solchen Fall den Parteien auch gesteigerte Pflichten obliegen[607].

---

600 Fikentscher, § 20 II 2.; Larenz, SchuldR AT, § 9 I; Larenz, FS für Ballerstedt, 397 (415).

601 Soergel/ Wiedemann, Vor § 275 Rn. 104 f.; Esser/ Schmidt, AT/ Teilband 2, § 29 II 1; Larenz, SchuldR AT, § 9 I.

602 Larenz, FS für Ballerstedt, 397 (414).

603 So etwa Bananenschalenfall, BGH LM Nr. 13 zu § 276 BGB, wo der Besucher eines Warenhauses über eine auf dem Boden liegende Bananenschale zu Fall gekommen war; Staudinger/ Löwisch, Vorb. zu §§ 275; Esser/ Schmidt, AT/ Teilband 2, § 29 II 3.; Fikentscher, § 20 III 1.

604 MüKo/ Emmerich, Vor. § 275 Rn. 158; Soergel/ Diedrichsen, Vor. § 275 Rn. 128; Emmerich, Recht der Leistungsstörungen, § 5 III; Gernhuber, Das Schuldverhältnis, § 8 II 6.

605 Meyers Enzyklopädisches Lexikon.

606 Ermann, AcP 139 (1934), 273 (325 f.); Stoll, FS für v. Caemmerer, 435 (453).

607 Fikentscher, § 20 II 2; Larenz, SchuldR AT, § 9 I ; Larenz, FS für Ballerstedt, 397 (415).

II. Verletzte Pflicht bei Mißbrauch der durch die Due Diligence erlangten Informationen

Bei mißbräuchlicher Verwendung der durch die Due Diligence erlangten Informationen verstößt der Kaufinteressent zwar nicht gegen eine ihm aufgrund des vorvertraglichen Verhältnisses obliegende Schutzpflicht; denn er gefährdet weder die Gesundheit noch andere derartige Rechtsgüter seines Vertragspartners. In Betracht kommt jedoch ein Verstoß des Kaufinteressenten gegen die ihm obliegende Loyalitätspflicht. Die Loyalitätspflicht verlangt -wie bereits erwähnt- ein loyales Verhalten des Vertragspartners im Vorfeld der Vertragsbeziehungen. Dazu gehört, Informationen, die der Privat- oder Geheimsphäre des Partners angehören und die durch Verhandlungen der anderen Partei bekannt geworden sind, geheimzuhalten und nicht mißbräuchlich zu verwenden[608].

Verwendet der Kaufinteressent die durch die Due Diligence erlangten Informationen oder gibt er diese an einen Dritten weiter, so verstößt er gegen diese Pflichten und mißachtet damit die Interessen des anderen Vertragspartners. Ein illoyales Verhalten liegt vor.

Ferner ist das Vertrauen des Veräußerers, das er dem Kaufinteressenten entgegenbringt und welches dieser mißbraucht, in der Regel als qualifiziertes Vertrauen einzustufen; denn zum einen werden im unternehmerischen Bereich Informationen über unternehmensbezogene Daten, die nicht allgemein und leicht für jeden Dritten zugänglich sind, stets zu vertraulicher Handhabung gegeben[609]. Zum anderen wird speziell eine Due Diligence grundsätzlich nur dann durchführt werden, wenn der Veräußerer dem Erwerber ein hohes Maß an Vertrauen entgegenbringt.

Aufgrund dieses gesteigerten Vertrauens erscheint der Pflichtverstoß um so schwerwiegender. Denn wer gesteigertes Vertrauen in Anspruch nimmt, ist in besonderem Maße aufgrund der vorvertraglichen Pflicht des loyalen Verhaltens dazu verpflichtet, es nicht zu enttäuschen[610].

Es läßt sich folgendes feststellen: Der potentielle Erwerber eines Unternehmens darf auch ohne vertragliche Geheimhaltungsvereinbarung die durch die Due Diligence erlangten Informationen weder weitergeben noch mißbräuchlich verwenden. Ein derartiges Verhalten erfüllt vielmehr das Tatbestandsmerkmal der Loyalitätspflichtverletzung im Sinne der culpa in contrahendo.

---

[608] Soergel/ Wiedemann, Vor § 275 Rn. 175; Beisel/ Klumpp, Rn. 39; Hölters/ Semler, VI Rn. 12; Lutter, Letter of Intent, S. 48 f.; Ballerstedt, AcP 151 (1950/1951), 501 (520); Larenz, FS für Ballerstedt, 397 (415); Stoll, FS für v. Caemmerer, 435 (453).

[609] Lutter, Letter of Intent, S. 49.

[610] Larenz, SchuldR AT, § 9 I.

Im System der durch Fallgruppen geprägten culpa in contrahendo[611] eröffnet sich somit ein neuer Unterfall der Verletzung der Loyalitätspflicht: Das Spezifikum der mißbräuchlichen Verwendung[612] von Informationen, die Unternehmensinterna des Verhandlungspartners darstellen und die durch eine Due Diligence bekannt geworden sind. Gerade in Bezug auf die steigende Zahl der Unternehmensakquisitionen und der damit verbundenen Due Diligence wird diese Fallgruppe auch gerade deshalb an Bedeutung gewinnen, weil nicht in jedem Fall einer Due Dilgence bei einem Unternehmenskauf eine Vertraulichkeitsvereinbarung getroffen wird.

III. Weitere Voraussetzungen der culpa in contrahendo

Verletzt der Kaufinteressent diese ihm obliegende Pflicht, so ist die erste Voraussetzung der culpa in contrahendo gegeben. Liegen darüber hinaus ein Verschulden des Käufers und ein Schaden vor, so sind die weiteren Voraussetzungen der culpa in contrahendo erfüllt und der Käufer ist dem Verkäuferunternehmen gegenüber schadensersatzpflichtig.

1. Schaden

a) Schadensposition des entgangenen Gewinns

Als Schadensposition der Gesellschaft bei der mißbräuchlichen Verwendung der Informationen kommt entgangener Gewinn in Betracht. Dieser wird gemäß § 252 BGB als Schaden erfaßt. Zum hypothetisch schadensfreien Zustand gehören nämlich auch Werte, die der Geschädigte vorher noch nicht gehabt hat, die ihm aber ohne das schädigende Ereignis zugeflossen wären[613]. Auch Vermögensvorteile, mit denen im Zeitpunkt der Schädigung noch nicht zu rechnen war, die aber bei historischer Betrachtung der Schadensentwicklung ohne das schädigende Ereignis angefallen wären, sind hierbei zu ersetzen[614].

Im Falle der mißbräuchlichen Verwendung von Informationen, die der Kaufinteressent im Rahmen der Due Diligence erlangt hat, steigert der Kaufinteressent mit Hilfe dieser Informationen den eigenen Gewinn und fügt auf diese Weise dem betroffenen Unternehmen einen Schaden zu, weil dem Unternehmen Umsatz und damit Gewinn entgeht. Produziert der ehemalige Kaufinteressent etwa

---

611 Vgl. zu den einzelnen Fallgruppen auch: Esser/ Schmidt, Recht der Leistungsstörungen, AT/ Teilband 2, § 29 II 2.

612 Sowohl durch Weitergabe an Dritte als auch durch unbefugte Verwendung im eigenen Unternehmen.

613 BGH NJW 1983, 758 (758); NJW-RR 1989, 981 (982); Palandt/ Heinrichs, § 252 Rn. 1; Staudinger/ Schiemann, § 252 Rn. 1.

614 BGH NJW-RR 1989, 981 (982); Soergel/ Mertens, § 252 Rn. 1.

unter Verwendung der erlangten Informationen ein Konkurrenzprodukt und geht durch den Verkauf des Konkurrenzprodukts der Umsatz des Verkäuferunternehmens zurück, so liegt in diesem Umsatzrückgang der entgangene Gewinn. Auch wenn mit den in dem Umsatz liegenden zukünftigen Vermögensvorteilen noch nicht fest zu rechnen war, so wären sie doch ohne das Konkurrenzprodukt angefallen.

Dieses Ergebnis ergibt sich vor allem auch aus § 252 S. 2 BGB. Danach ist vom Schädiger der Gewinn zu ersetzen, der nach dem gewöhnlichen Lauf der Dinge erwartet werden konnte. Zwar verstehen manche[615] die Vorschrift als materiellrechtliche Beschränkung des Schadensersatzes mit der Folge, daß der Ersatz für entgangenen Gewinn enger begrenzt sei als der sonstige Schadensersatz. Die Ersatzvoraussetzung in dieser Hinsicht soll sein, daß der Gewinn im Zeitpunkt des schädigenden Ereignisses nach dem Urteil eines sachkundigen Beobachters mit Wahrscheinlichkeit zu erwarten war. Jedoch ist mit der herrschenden Meinung[616] die Vorschrift des § 252 S. 2 BGB nur als eine Beweiserleichterung zu sehen. § 252 BGB ist schließlich nur ein Anwendungsfall der Totalreparation und nichts spricht dafür, die beiden gesetzlich geregelten Arten des positiven Schadens und des entgangenen Gewinns in dieser Hinsicht zu unterscheiden.

Aufgrund der Funktion des § 252 S. 2 BGB als Beweiserleichterung muß das geschädigte Unternehmen in der Konstellation der mißbräuchlichen Verwendung der Informationen durch den ehemaligen Kaufinteressenten zwar die konkreten Ausgangs- und Anknüpfungstatsachen für die Wahrscheinlichkeit einer Gewinnerwartung darlegen und beweisen[617]. Jedoch sind an die Darlegung und den Beweis der die Erzielung eines Gewinns wahrscheinlich machenden Umstände entsprechend dem Gedanken des § 252 S. 2 BGB vom Richter keine hohen Anforderungen zu stellen[618]. Das geschädigte Unternehmen kann sich vielmehr darauf berufen, daß nach dem gewöhnlichen Lauf der Dinge oder den besonderen Umständen ein höherer Umsatz erzielt worden wäre; die Tatsachen,

---

615 Sog. Materiellrechtliche Theorie, vgl. Giesen, VersR 1979, 389 (392 f.); Steinhoff, AcP 158 (1959/60), 431 (462).

616 Sog. Beweiserleichterungslehre, vgl. BGHZ 29, 393 (397 ff.); 74, 221 (224); BGH NJW 1979, 865 (866); NJW 1983, 758 (758); Ermann/ Sirp, § 252 Rn. 4; MüKo/ Grunsky, § 252 Rn. 8 f.; Palandt/ Heinrichs, § 252 Rn. 2; Soergel/ Mertens, § 252 Rn. 1; Staudinger/ Schiemann, § 252 Rn. 5; Esser/ Schmidt, AT/ Teilband 2 § 32 II 3 a).

617 BGHZ 54, 45 (55 f.); 77, 16 (19 f.); BGH NJW 1988, 3016 (3017); BGH GRUR 1993, 757 (758); MüKo/ Grunsky, § 252 Rn. 1; Heil/ Roos, GRUR 1994, 26 (27).

618 BGH WM 1990, 281 (282).

die zum gewöhnlichen Verlauf der Dinge zu rechnen sind, bedürfen hierbei keines Beweises[619].

Die Vermutung der Wahrscheinlichkeit eines Gewinns kann vom Schädiger - hier also vom Kaufinteressenten- widerlegt werden. Jedoch reicht in diesem Sinne der Nachweis einer ernsthaften Möglichkeit, der Gewinn könne nicht entstanden sein, nicht aus[620].

Die dargelegte Beweiserleichterung stellt insbesondere wegen der schon schwierigen Beweisführung bezüglich der Pflichtverletzung des potentiellen Käufers eine Hilfe dar. Jedoch ist zu beachten, daß § 252 S. 2 BGB lediglich eine Beweiserleichterung enthält und daher die dem Schaden zugrundeliegenden Umstände trotz der Erleichterung der Anforderungen bewiesen werden müssen.

b) Bestimmung des Schadens parallel zu der Schadensbestimmung bei Verletzung von Immaterialrechtsgütern

Es ist naturgemäß schwierig, bei der widerrechtlichen Ausnutzung fremder Geheimnisse oder anvertrauter Unterlagen, bestimmte Geschäftsabschlüsse zu bezeichnen, die dem Verletzten infolge der Rechtsgutverletzung entgangen sind. Die Geltendmachung entgangenen Gewinns steht jedoch nicht nur vor Beweisproblemen im Hinblick auf hypothetische Geschehensabläufe, sondern zwingt den Geschädigten unter Umständen auch zu der unliebsamen und mitunter nachteiligen Offenlegung seiner Bücher[621].

Fraglich ist daher, ob in einer Fallkonstellation wie der vorliegenden nicht noch andere Möglichkeiten der Schadensberechnung und Schadensgeltendmachung bestehen, die erfolgsverprechender und zudem für den geschädigten ehemaligen Unternehmensverkäufer weniger einschneidend sind.

Helfen könnte ein Blick auf die Schadensberechnung im Immaterialgüterrecht. Um zu verhindern, daß aufgrund der bestehenden Beweisschwierigkeiten der Schädiger nicht zum Schadensersatz verpflichtet ist, wird dort bei Verletzungen von Urheber-, Patent-, Gebrauchs- und Geschmacksmusterrechten sowie bei Betriebsgeheimnissen und Warenzeichenrechten dem Verletzten zugebilligt, daß er statt seines konkreten Schadens vom Verletzten Gewinnherausgabe oder Zahlung einer Entschädigung verlangen kann, die sich an der angemessenen Lizenzgebühr für den entsprechenden erlaubten Eingriff orientiert (sog. Lizenz-

---

619 BGHZ 77, 16 (19); BGH GRUR 1993, 757 (758); Soergel/ Mertens, § 252 Rn. 14; Larenz, SchuldR AT, § 29 II a); Heil/ Roos, GRUR 1994, 26 (27).

620 MüKo/ Grunsky, § 252 Rn. 9 c; Soergel/ Mertens, § 252 Rn. 12; Staudinger/ Schiemann, § 252 Rn. 18.

621 Assmann, BB 1985, 15 (17).

analogie)[622]. Begründet wird diese spezielle Art der Schadensberechnung mit der besonderen Verletzlichkeit der Immaterialgüterrechte und dem sich daraus ergebenden erhöhtem Schutzbedürfnis des Verletzten[623]. Der Rechtsinhaber könne keine Vorkehrungen gegen Verletzungen treffen, Verletzungen nur schwer feststellen und den ihm entgangenen Gewinn nur schwer nachweisen, da sich die hypothetischen Gefahrensabläufe ohne den Eingriff des Verletzers nicht ohne weiteres rekonstruieren lassen.
Zu überlegen ist, ob die im Immaterialgüterrecht angewandte Art der Schadensberechnung auch auf den Fall paßt, daß von einem Kaufinteressenten eines Unternehmens Informationen, die dieser im Wege der Due Diligence erlangt hat, mißbraucht werden.
Mißbraucht der ehemalige Kaufinteressent Informationen, die er im Wege der Due Diligence erlangt hat, so werden dies oftmals Produktionsweisen, Patente und ähnliches sein. Bei der bei einer Due Diligence regelmäßig vorliegenden Verletzung kann es sich folglich grundsätzlich um Verletzungen von Patent-, Gebrauch- oder Geschmacksmusterrechten und Verletzungen von Betriebsgeheimnissen, also insgesamt um die Verletzung von Immaterialgüterrechten, handeln. Auch besteht sowohl im Fall der Verletzung von Immaterialgüterrechten als auch im Fall des Mißbrauchs der durch die Due Diligence erlangten Informationen dieselbe Beweisproblematik, denn die bei der Schadensberechnung der Immaterialgüter aufgetretenen Beweisprobleme treten ebenfalls im Rahmen der Errechnung des entgangenen Gewinns im Fall der mißbräuchlichen Verwendung von Informationen auf, die der Verletzer im Rahmen einer Due Diligence erlangt hat. Demzufolge kommt auch bei der Berechnung des Schadens im Sinne einer culpa in contrahendo, der infolge der mißbräuchlichen Verwendung von im Rahmen einer Due Diligence erlangter Informationen entstanden ist, eine Anwendung der erläuterten Art der Schadensberechnung in Betracht.

---

[622] Vgl. zum Urheberrecht: BGHZ 61, 88 (90); zum Patentrecht: BGHZ 77, 16 (25); BGH GRUR 1982, 286 (287); zu Betriebsgeheimnissen: BGH GRUR 1977, 539 (541); zum Gebrauchsmusterrecht: BGHZ 68, 90 (100); BGH GRUR 1982, 301 (301); BGH GRUR 1993, 757 (758); zum Geschmacksmusterrecht: BGH GRUR 1963, 640 (642); BGH GRUR 1975, 85 (86); zum Warenzeichenrecht: BGHZ 34, 320 (322 f.)=Herausgabe des Verletzergewinns; BGHZ 44, 372 (374)=Herausgabe nach der üblichen Lizenzgebühr; zur Verletzung von Betriebsgeheimnisse: BGH GRUR 1977, 539 (541 f.); aus der Literatur: MüKo/ Grunsky, § 252 Rn. 16; Soergel/ Mertens, 3 249 Rn. 135; Staudinger/ Schiemann, § 249 Rn. 199; Assmann, BB 1985, 15 (15); Freitag, GRUR 1994, 345 (348); mit eingehender Analyse der Berechnungsfragen bei Verletzergewinn: Lehmann, BB 1988, 1680 (1680 ff.); Pietzcker, GRUR 1975, 55 (55 ff.); Preu, GRUR 1979, 753 (755); Vollrath, GRUR 1983, 52 (52 f.).
[623] BGH GRUR 1977, 539 (541); Freitag, GRUR 1994, 345 (347).

Fraglich ist jedoch, ob diese Überlegungen im Rahmen des Schadensersatzes zu machen sind, d. h. ob der Anspruch auf die angemessene Lizenzgebühr und auf den Verletzergewinn als Form der normativen Schadensberechnung gesehen werden können.

aa) Einordnung der analogen Lizenzgebühr und des Verletzergewinns als eigenständige Ansprüche

Von einigen Stimmen in der Literatur[624] wird vertreten, daß die Ansprüche auf eine angemessene Lizenzgebühr und auf den Verletzergewinn keine Schadensersatzansprüche darstellen, also nicht unter die Schadensberechnung im Sinne der §§ 249 ff. BGB zu fassen seien. Vielmehr sei der Anspruch auf die Lizenzgebühr in der Eingriffskondiktion gemäß § 812 Abs. 1 BGB verwurzelt, der Anspruch auf den Verletzergewinn würde aus § 687 Abs. 2 BGB, also aus der unechten Geschäftsführung ohne Auftrag, resultieren. Es gehe nicht an, diese Ansprüche unter erleichterten Voraussetzungen, also ohne die konkreten Voraussetzungen der betreffenden Normen geprüft zu haben, als Schadensersatz im Sinne der §§ 249 ff. BGB zu gewähren[625].

bb) Statuierung der analogen Lizenzgebühr und dem Verletzergewinn als Form der normativen Schadensberechnung

Die Rechtsprechung[626] und andere Stimmen in der Literatur[627] hingegen stehen auf dem Standpunkt, daß es sich bei der dreifachen Schadensberechnung nur um besondere Berechnungsarten des Schadens handele, nicht aber um gesonderte Anspruchsgrundlagen. Die dreifache Schadensberechnung sei unabhängig von der Rechtsgrundlage des Schadensersatzanspruchs möglich. Lediglich das allgemeine Schadensrecht des BGB werde durch die Methode der dreifachen Schadensberechnung ergänzt. Die Rechtsprechung schließt nicht aus, daß bei Vorliegen der Tatbestandsmerkmale die Lizenzgebühr nach § 812 Abs. 1 BGB oder der Verletzungsgewinn nach § 687 Abs. 2 BGB liquidiert werden kön-

---

[624] MüKo/ Gursky, § 252 Rn. 16; Soergel/ Mertens, § 249 Rn. 139; Staudinger/ Schiemann, § 249 Rn. 201; Larenz, SchuldR AT, § 29 III b); Assmann, BB 1985, 15 (20); Sack, FS für Hubmann, 373 (391 ff.).

[625] Larenz, SR AT, § 29 III b).

[626] BGHZ 34, 320 (322 f.); 44, 372 (374); 61, 88 (90); 68, 90 (100); 77, 16 (25); BGH GRUR 1963, 640 (642); BGH GRUR 1975, 85 (86); BGH GRUR 1977, 539 (541); BGH GRUR 1982, 286 (287); BGH GRUR 1982, 301 (301); BGH GRUR 1993, 757 (758).

[627] Palandt/ Thomas, § 823 Rn. 161; RGRK/ Steffen, § 823 Rn. 467 f.; Soergel/ Zeuner, § 823 Rn. 281; Esser/ Schmidt, SR AT, Teilband 2, § 32 III 2 a); Däubler, JuS 1969, 49 (52f.); Heil/ Roos, GRUR 1994, 26 (28); Lehmann, BB 1988, 1680 (1680 f.); Loewenheim, ZHR 135 (1971), 97 (142); Pietzcker, GRUR 1975, 55 (57); Preu, GRUR 1979, 753 (755 f.); Steinhoff, AcP 158 (1959/ 1960), 439 (451); Vollrath, GRUR 1983, 52 (52 f.).

nen[628]. Dennoch sei diese Art des Schadensersatzes auch nach §§ 249 ff. BGB möglich, soweit es sich um immaterielle und damit besonders schutzbedürftige Rechtsgüter handele. Mittlerweile wird vielfach auch von einer gewohnheitsrechtlichen Verfestigung der Rechtsprechung ausgegangen[629].

cc) Stellungnahme

Der Literaturmeinung ist zuzugeben, daß die Anspruchsbegründung aus dem Recht der ungerechtfertigten Bereicherung und dem Recht der Geschäftsführung ohne Auftrag dogmatisch nicht bestritten werden kann. Auch das Gesetz spricht in den Fällen, in welchen es einen Anspruch auf den Verletzergewinn statuiert, nicht von einem Schadensersatzanspruch[630]. Ebenso unbestreitbar sind jedoch auf der anderen Seite die praktischen Vorzüge der Rechtsprechung, die sich aus dem Nebeneinander von Bereicherungsrecht und Schadensersatzrecht ergeben: Zum einen entfällt bei der Zuordnung auch zum Schadensersatzrecht die bei der Eingriffskondiktion entscheidende Frage nach dem Zuweisungsgehalt des verletzten Rechts. Die Feststellung eines Zuweisungsgehalts ist gerade bei der Verletzung von nicht sonderrechtlich geschützten Leistungspositionen äußerst problematisch und umstritten[631]. Zum anderen ist eine Abschöpfung des Verletzergewinns aufgrund schadensrechtlicher Qualifikation auch schon bei Fahrlässigkeit möglich. § 687 Abs. 2 BGB hingegen erfordert Vorsatz, der, wenn er vorliegt, häufig nicht beweisbar ist. Ein rechtspolitisches und ökonomisches Interesse an der Abschöpfung des Verletzergewinns ist aber auch schon dann zu bejahen, wenn eine fahrlässige Rechtsverletzung vorliegt. Aus diesem Grund sollte die dreifache Schadensberechnung dem Schadensersatzrecht zugeordnet werden.

Ferner ist zu bedenken, daß sich bei Immaterialgüterrechten die erhöhte Verletzlichkeit und Schutzbedürftigkeit aus ihrer unkörperlichen Natur ergibt. Gegenständliche Schutzmaßnahmen wie bei Sachen scheiden aus, die Verletzungshandlung kann praktisch überall erfolgen. Darüber hinaus ist im Gegensatz zu körperlichen Gegenständen auch die sachliche Abgrenzung durch eine relative Unbestimmtheit gekennzeichet. Die Gefährlichkeit von Schutzrechtsverletzungen liegt nicht darin, daß sich der Verletzer des identischen Schutzge-

---

[628] BGHZ 20, 345 (354); BGH GRUR 1982, 286 (289); BGH GRUR 1982, 301 (302); BGH GRUR 1987, 520 (523).

[629] Den gewohnheitsrechtlichen Charakter betonend etwa: BGHZ 57, 116 (119); Esser/ Schmidt, SR AT, Teilband 2, § 32 III 2 a); Steindorff, AcP 158 (1959/ 60), 431 (451).

[630] §§ 97 Abs. 1 S. 2 UrhG, 14 a Abs. 1 S. 2 GeschMG; 139 Abs. 2 S. 2 PatG; 24 Abs. 2 S. 2 GebrMG.

[631] Dazu ausführlich: MüKo/ Lieb, § 812 Rn. 211, insbes. 214.

genstandes bedient, sondern darin, daß er sich im Ähnlichkeitsbereich bewegt und der Schutzrechtsinhaber das Risiko des Nachweises dafür trägt.
Aus den Überlegungen ergibt sich, daß, würde man sich darauf beschränken, vom Verletzer lediglich den Ausgleich der meist nicht bestehenden oder doch nicht nachweisbaren Differenz im Vermögen des Verletzten zu verlangen, man den Schutz der Immaterialgüterrechte in bedenklichem Maß einschränken würde. Aufgrund der besonderen Natur der Immaterialrechtsgüter sollte bei Verletzung von Immaterialgüterrechten daher die Schadensberechnung nach der analogen Lizenzgebühr und die Herausgabe des Verletzergewinns als Schadensberechnungsmöglichkeit zugelassen werden. Somit kann, soweit der Mißbrauch der durch die Due Diligence erlangten Informationen gerade in der Verletzung von Immaterialgüterrechten, also etwa der Übernahme von Produktionsweisen oder in der widerrechtlichen Ausnutzung von Patenten liegt, vom Verletzten Schadensersatz nicht nur in Form des entgangenen Gewinns geltend gemacht werden. Vielmehr kann vom Verletzer auch die Zahlung einer angemessenen Lizenzgebühr, die im Falle der rechtmäßigen Nutzung der Information gezahlt worden wäre, oder die Herausgabe des vom Verletzer unter Ausnutzung der Information erzielten Gewinns gefordert werden.

2. Zwischenergebnis

Festzustellen ist, daß, soweit der ehemalige Kaufinteressent die im Rahmen einer Due Diligence erlangten Informationen mißbraucht und damit die zwischen ihm und dem Verkäufer aufgrund des Vertrauensverhältnisses bestehende Loyalitätspflicht verletzt, ihm ein Anspruch auf Schadensersatz aus culpa in contrahendo zusteht. Der Schadensersatz ist dabei entsprechend der vorstehenden Ausführungen entweder auf entgangenen Gewinn, auf Zahlung einer analogen Lizenzgebühr oder auf Herausgabe des vom Kaufinteressen erlangten Mehrgewinns gerichtet.

IV. Exkurs: Lösung des Problems der mißbräuchlichen Verwendung der im Rahmen der Due Diligence erlangten Informationen nach den Regeln des faktischen Vertragsverhältnisses

Merkt[632] hat bezüglich der Bewältigung des Problems der mißbräuchlichen Verwendung von Informationen vorgeschlagen, eine Art faktisches Vertragsverhältnis anzunehmen und den Parteien aus diesem Grund Pflichten aufzuerlegen.
Nach der von Haupt begründeten[633] Lehre vom faktischen Vertragsverhältnis sollen vertragsähnliche Verhältnisse auch ohne Willenserklärungen der Parteien

---

[632] Merkt, WiB 1996, 145 (149).
[633] Haupt, „Über faktische Vertragsverhältnisse“, FS für Siber, S. 5 ff.

allein durch ein rein tatsächliches Verhalten entstehen können[634]. Trotz fehlenden Rechtsfolgewillens und ohne Vertragsschluß im engeren Sinne könne danach durch sozialtypisches Verhalten ein vertragsähnliches Rechtsverhältnis begründet werden[635].

Auf die vorliegende Problematik übertragen könnte man an dieser Stelle überlegen, ob durch die Due Diligence zwischen den Parteien auch ohne eine auf einen Vertragsschluß gerichtete Willenserklärung ein Vertragsverhältnis zustande kommt und die Weitergabe von Informationen Ansprüche aus eben jenem faktischem Vertragsverhältnis begründen kann.

Gegen eine solche Wertung spricht jedoch zum einen, daß die typischen Fälle, in denen ein faktisches Vertragsverhältnis angenommen wurde[636], etwa der Parkplatzfall[637] oder der Stromversorgungsfall[638], mit den Fällen des Mißbrauchs der im Rahmen der Due Diligence erlangten Informationen gerade nicht vergleichbar sind. In den genannten Fällen hatten die Beteiligten gerade keine Willenserklärung abgegeben -im Gegensatz zu dem Fall der Durchführung einer Due Diligence beim Unternehmenskauf, wenn nach Durchführung einer Due Diligence ein Vertragsverhältnis in Form des Kaufs des Unternehmens abgelehnt wird. In diesem Fall wird gerade eine negative Willenserklärung abgegeben, eine Annahme eines faktischen Vertrages widerspräche eindeutig dem Willen der Beteiligten.

Ferner ist die Lehre vom faktischen Vertragsverhältnis heute nach allgemeiner Ansicht überholt und wird als Irrweg bezeichnet[639]. Auch der BGH hat sie seit 1958 nicht mehr angewandt und 1985 festgestellt, daß die neue Rechtsprechung die früher als faktische Verträge eingestuften Fälle mit rechtsgeschäftlichen Kategorien löse[640]. Die neu aufgetretenen Probleme der Due Diligence bei einem Unternehmenskauf im Falle der Weitergabe der Information mit einem veralteten Institut zu lösen, welches als Irrweg bezeichnet wird, erscheint daher

---

[634] Vgl. Palandt/ Heinrichs, Einf. v. § 145 Rn. 25; ebenfalls eine ausführliche Ausführung zur Begründung eines Schuldverhältnisses durch sozialtypisches Verhalten gibt Larenz, NJW 1956, 1897 ff.

[635] Larenz, NJW 1956, 1897 (1898 f.).

[636] Vgl. Staudinger/ Dilcher, Einl. §§ 104 ff., Rn. 29 f.

[637] BGHZ 21, 319 (334 f.).

[638] BGHZ 23, 175 (177 f.).

[639] Siehe etwa Medicus, AT Rn. 248; Esser/ Schmidt, AT/ Teilband 2, § 10 I 2; Grundlagen des Vertrags- und Schuldrechts/ Wolf, § 8 II 2; Larenz, AT § 28 II.

[640] BGHZ 95, 393 (399 f.); ähnlich NJW-RR 1991, 176 (177); Palandt/ Heinrichs; Einf. v. § 145 Rn. 26; Soergel/ Wolf, Vor. § 145 Rn. 111; Staudinger/ Dilcher, Vor §§ 104 ff. Rn.28 ff; Staudinger/ Bork, Vor §§ 145 ff. Rn. 89.

nicht interessengerecht. Der Vorschlag Merkts, das Problem mit Hilfe der Lehre vom faktischen Vertragsverhältnis zu lösen, ist abzulehnen.

C. Anspruch aus spezialgesetzlichen Normen (§§ 141 PatG, 15 Abs. 3 S. 2 GebrMG, 14 a S. 2 GeschmMG und § 97 Abs. 3 UrhG)

Gesetzt den Fall, daß der Käufer bestimmte, einem besonderen spezialgesetzlichen Schutz unterfallenden Rechtsgüter mißbraucht, die er durch die Due Diligence erlangt hat, kann dem Verkäufer ein Anspruch aus diesen spezialgesetzlichen Normen zustehen. Derartige Normen sind unter anderem §§ 139 Abs. 1 und 2 PatG, 15 Abs. 3 S. 2 GebrMG, 14 a S. 1 GeschmMG und § 97 Abs. I UrhG.

Aufgrund der divergierenden Voraussetzungen und der jeweils geringen Bedeutung der einzelnen Information im Gesamtbild der durch die Due Diligence erlangten Informationen sollen die einzelnen Tatbestände hier nicht in Einzelheiten erörtert werden. Festzuhalten ist nur, daß allen Vorschriften gemeinsam ist, daß dem jeweils Betroffenen im Falle der Verletzung der durch das Spezialgesetz geschützten Position das Recht zugesprochen wird, vom Verletzer die Beseitigung der Beeinträchtigung oder unter bestimmten Voraussetzungen Schadensersatz zu fordern[641].

Bei Mißbrauch der durch die Due Diligence erlangten Informationen kann der ehemalige Verkäufer mithin unter den genannten spezialgesetzlichen Vorschriften einen Anspruch auf Schadensersatz gegen den Kaufinteressenten geltend machen

D. Anspruch aus § 823 Abs. 1 BGB

Als weiterer möglicher Anspruch des ehemaligen Verkäufers im Falle der mißbräuchlichen Verwendung der durch die Due Diligence erlangten Informationen durch den Kaufinteressenten kommt § 823 Abs. 1 BGB in Betracht.

Damit dem Verkäufer ein Schutz durch die Vorschrift des § 823 Abs. 1 BGB zukommt, muß es sich zunächst bei den Informationen, die der Kaufinteressent durch die Due Diligence erlangt, um von § 823 Abs. 1 BGB geschützte Rechte handeln.

Explizit sind „Informationen" bzw. „Unternehmensinterna" in § 823 Abs. 1 BGB nicht aufgeführt. Bei den Unternehmensinformationen kann es sich folglich nur um ein „sonstiges Recht" handeln. Sonstige Rechte sind nach herr-

---

[641] Vgl. zu den Voraussetzungen der Spezialgesetze ferner die Ausführungen in den zu den Gesetzen vorzufindenden Kommentaren, so zum PatG: Benkard und Schulte, zum GebrMG: Bühring, zum GeschmMG: Gerstenberg/ Buddeberg sowie Nirk/ Kurtze, zum UrhG: Schricker.

schender Meinung solche Rechte, die sich gegen jedermann richten, die also absolute Rechte darstellen[642].

Daß sämtliche, im Rahmen der Due Diligence erlangten Informationen sich gegen jedermann richten, erscheint zweifelhaft. So sind etwa die Betriebsorganisation und ähnliches nicht als absolute Rechte im Sinne des § 823 Abs. 1 BGB anzusehen.

Eine andere Beurteilung ergibt sich jedoch bezüglich der Immaterialgüterrechte. Diese entfalten Wirkung gegen jedermann und stellen daher absolute Rechte am Gut geistiger Schöpfung dar[643]. Ein Schutz des § 823 Abs. 1 BGB bezüglich dieser Rechte besteht folglich.

Parallel zur Wertung bezüglich der Immaterialgüterrechte wird vertreten, daß auch Betriebsgeheimnisse wie etwa ein Geheimverfahren ein eigenes Schutzgut im Sinne des § 823 Abs. 1 BGB darstellen können, soweit sie vom Betrieb ablösbar und als solche von Wert sind[644]. Dem ist zuzustimmen. Betriebsgeheimnisse sind -soweit sie einen eigenständigen Wert besitzen und zudem nicht den gesamten Betrieb ausmachen, sie also abtrennbar sind- ebenso wie Immaterialgüterrechte als Rechtspositionen anzusehen, die sich gegen jedermann richten und ferner eines ausgiebigen Schutzes bedürfen. Der Schutz des § 823 Abs. 1 BGB erstreckt sich somit auch auf Betriebsgeheimnisse.

Voraussetzung eines Anspruchs aus § 823 Abs. 1 BGB ist -abgesehen von dem Vorliegen eines schutzfähigen Rechtsguts- ferner, daß die Vorschrift anwendbar ist. Schwierigkeiten ergeben sich insoweit hinsichtlich der spezialgesetzlichen Vorschriften der §§ 139 Abs. 1 und 2 PatG, 15 Abs. 3 S. 2 GebrMG, 14 a S. 1 GeschmMG und 97 Abs. 1 UrhG. Die in diesen Vorschriften geschützten Positionen sind nur subsidiär durch § 823 Abs. 1 BGB geschützt, d.h. nur soweit, als nicht die spezialgesetzlichen Vorschriften abschließende Regelungen treffen[645]. § 823 Abs. 1 BGB darf folglich nicht herangezogen werden, um einen nicht bestehenden Schutz zu ersetzen[646]. Auf § 823 Abs. 1 BGB kann vielmehr bezüglich dieser Rechtspositionen nur dann ergänzend zurückgegriffen werden, soweit dies spezialgesetzlich nicht ausgeschlossen ist[647].

---

642 Palandt/ Thomas, § 823 Rn. 11; Soergel/ Zeuner, § 823 Rn. 46.

643 Palandt/ Thomas, § 823 Rn. 161; RGRK/ Steffen, § 823 Rn.35; Soergel/ Zeuner, § 823 Rn. 61; Staudinger/ Hager, § 823 Rn. B 137.

644 MüKo/Mertens, § 823 Rn. 153; Soergel/ Zeuner, § 823 Rn. 145 m. w. N.; ausführlich: Pfister, Das technische Geheimnis „Know how“ als Vermögensrecht, S. 85 ff.

645 MüKo/ Mertens, § 823 Rn. 153; RGRK/ Steffen, § 823 Rn. 35; Soergel/ Zeuner, § 823 Rn. 62; Staudinger/ Hager, § 823 Rn. B 138;

646 Staudinger/ Hagen, § 823 Rn. B 137.

647 MüKo/ Mertens, § 823 Rn. 153.

Abgesehen von einem schutzfähigem Rechtsgut im Sinne des § 823 Abs. 1 BGB und der Anwendbarkeit der Vorschrift bedarf es für einen Anspruch aus dieser Vorschrift einer Verletzungshandlung. Die Verletzungshandlung sowohl bezüglich der durch § 823 Abs. 1 BGB geschützter Immaterialrechtsgüter als auch bezüglich der Betriebsgeheimnisse liegt im Falle der mißbräuchlichen Verwendung der im Rahmen der durch die Due Diligence erlangten Informationen darin, daß der ursprüngliche Kaufinteressent in die Alleinbenutzungsmöglichkeit der Unternehmensinformationen eingegriffen hat: Dem Kaufinteressenten war die Information nur zum Zwecke der Bewertung des Unternehmens überlassen worden; verwendet er sie später gegen -oder jedenfalls ohne den Willen des Berechtigten- für sich oder einen Dritten, so verstößt er hierdurch gegen die dem Veräußerer zustehende Alleinbenutzungsmöglichkeit -die Verletzungshandlung liegt vor[648].

Weitere Voraussetzungen eines Anspruchs aus § 823 Abs. 1 BGB ist das Vorliegen von Vorsatz oder Fahrlässigkeit und das Vorliegen eines Schadens. Vorsatz und Fahrlässigkeit sind im Sinne von § 276 BGB zu verstehen[649]. Bei der mißbräuchlichen Verwendung der Informationen durch den Kaufinteressenten ist von einem Verschulden seiner Person auszugehen. Denn wer mißachtet, daß im Wege der Due Diligence zur Kenntnis erlangte Unternehmensgeheimnisse nicht mißbraucht werden dürfen, läßt zumindest die im Verkehr erforderliche Sorgfalt außer acht und setzt sich damit einem Fahrlässigkeitsvorwurf aus.

Als Schaden im Sinne des § 823 Abs. 1 BGB, den der ehemalige Verkäufer geltend machen kann, kommt entgangener Gewinn gemäß § 252 BGB in Betracht. Neben diesem konkret entstandenen Schaden kann sich der Geschädigte jedoch auch für die Geltendmachung einer angemessenen Lizenzgebühr oder für die Abschöpfung des vom Verletzer aufgrund seines Eingriffs erzielten Gewinns entscheiden[650].

E. Anspruch aus § 687 Abs. 2 BGB

Für den Fall, daß der Kaufinteressent schuldhaft eine Information weitergegeben hat, welche als Ausschließlichkeitsrecht qualifiziert werden kann, kann dem Verkäufer ein Anspruch aus §§ 687 Abs. 2 BGB zustehen.

---

648 Vgl. hierzu erneut ausführlich: Pfister, Das technische Geheimnis „Know how" als Vermögensrecht, S. 88.

649 Soergel/ Zeuner, § 823 Rn. 267 ff.

650 Vgl. hierzu Ausführungen oben unter 3. Teil, 2. Kapitel, B III 1 b).

Voraussetzung des § 687 Abs. 2 BGB ist, daß jemand ein fremdes Geschäft in Kenntnis des Mangels seiner Berechtigung als sein eigenes behandelt[651]. Die wissenschaftliche Eigenverwertung eines fremden gewerblichen Schutzsrechts, zu dessen Wesen es gehört, wirtschaftlich genutzt zu werden, stellt die Führung eines fremden Geschäfts dar[652]. Nutzt der Kaufinteressent folglich die im Rahmen der Due Diligence erlangten Unternehmensinformationen zur Führung eines eigenen Geschäfts aus, obwohl er das Bewußtsein hat, daß er dazu nicht berechtigt ist, so ist grundsätzlich der Tatbestand der angemaßten Eigengeschäftsführung erfüllt. Allerdings muß es sich bei der Unternehmensinformation, damit ein Anspruch aus § 687 Abs. 2 BGB erfüllt ist, um ein solche Information handeln, die Ausschließlichkeitsrechte darstellen[653]. Als derartige Ausschließlichkeitsrechte anerkannt sind Urheberrechte, Patentrechte, Warenzeichenrechte[654], Geschmacksmuster und Gebrauchsmusterrechte[655].

Die angemaßte Eigengeschäftsführung muß sich somit auf solche Unternehmensinterna beziehen, die ein Ausschließlichkeitsrecht darstellen, um einen Anspruch aus § 687 Abs. 2 BGB auszulösen. Ist dies der Fall, so steht dem Verkäufer gegen den ehemaligen Kaufinteressenten ein Anspruch auf Auskunft, Rechenschaft und vor allem auf Gewinnherausgabe zu[656]. Dies gilt selbst dann, wenn der Berechtigte, also hier der Verkäufer, den Gewinn nicht hätte erzielen können[657]. Voraussetzung ist lediglich, daß ein ursächlicher Zusammenhang zwischen der rechtswidrigen Benutzung des fremden Rechts und dem Gewinn gegeben ist, dessen Herausgabe der Rechtsinhaber verlangt[658].

F. Anspruch aus § 812 Abs. 1 S. 1 2. Alt. BGB

Als weiterer Anspruch des Verkäufers im Falle des Mißbrauchs der durch die Due Diligence erlangten Informationen kommt § 812 Abs. 1 S. 1 2. Alt. BGB in Betracht. Dazu müßte der Kaufinteressent etwas auf Kosten des Verkäufers ohne Rechtsgrund erlangt haben.

---

[651] Ermann/ Ehmann, § 687 Rn. 3; RGRK/ Steffen, § 687 Rn. 17 ff.; Soergel/ Beuthien, § 687 Rn. 5; Staudinger/ Wirrmann, § 687 Rn. 5 f.

[652] RGRK/ Steffen, § 687 Rn. 38.

[653] Ermann/ Ehmann, § 687 Rn. 11; RGRK/ Steffen, § 687 Rn. 38; Soergel/ Beuthien, § 687 Rn. 16; Staudinger/ Wirrmann, § 687 Rn. 21.

[654] BGHZ 34, 320 (320).

[655] Ermann/ Ehmann, § 687 Rn. 11; RGRK/ Steffen, § 687 Rn. 39; Staudinger/ Wirrmann, § 687 Rn. 21.

[656] BGHZ 34, 320 (320); RGRK/ Steffen, § 687 Rn. 38; Staudinger/ Wittmann, § 687 Rn. 21.

[657] RGRK/ Steffen, § 687 Rn. 38; Staudinger/ Wittmann, § 687 Rn. 21.

[658] BGHZ 34, 320 (323); Staudinger/ Wittmann, §687 Rn. 22.

Das nach § 812 BGB durch den Mißbrauch der Information „Erlangte" ist die Nutzung des geschützten Rechtsguts, der Unternehmensinformationen[659]. Diese Nutzung muß zudem „auf Kosten" des Bereicherungsgläubigers erlangt worden sein. Wann eine Nutzung „auf Kosten" des Bereicherungsgläubigers geht, also wann ein Eingriff im Sinne des § 812 Abs. 1 S. 1 2. Alt. BGB gegeben ist, wird unterschiedlich beurteilt.

Die Rechtswidrigkeitstheorie[660] stellt bei der Beurteilung des Eingriffs auf die bereichernde Handlung, den Eingriff als solchen, ab und folgert gegebenenfalls aus dessen Rechtswidrigkeit, daß der Vermögenserwerb des Eingreifenden auf Kosten desjenigen ging, den die betreffende Norm, gegen die der Eingreifer verstoßen hat, schützen wollte.
Die Theorie vom Zuweisungsgehalt[661] hingegen erklärt nicht die Rechtswidrigkeit der Eingriffshandlung, sondern den Schutzbereich des Rechtsguts, in das eingegriffen wurde, für ausschlaggebend für die Beurteilung des Eingriffs. Konditionsansprüche seien zu gewähren, wenn der Schutzbereich des beeinträchtigten Rechtsguts gerade diejenige Nutzungs- oder Verwendungsmöglichkeit umfaßt, die der potentielle Kondiktionsschuldner durch den Eingriff usurpiert hat. Gefragt wird nach der Theorie vom Zuweisungsgehalt folglich danach, ob ein Vermögensvorteil, den der Eingreifende erlangt hat, nach den Regeln der rechtlichen Güterzuordnung einer anderen Person, dem Kondiktionsgläubiger, zugewiesen war.
In weiten Bereichen kommen beide Ansichten zu demselben Ergebnis. In Grenzbereichen jedoch, so etwa bei Verstößen gegen Wettbewerbsvorschriften, wird der Streit relevant. Hier können diejenigen, die in erster Linie auf die Rechtswidrigkeit des Eingriffs abstellen wollen, offensichtlich Bereicherungsansprüche leichter begründen, während der sogenannte Zuweisungsgehalt derartiger Rechtspositionen zweifelhaft sein kann.
Für die erste Ansicht spricht der umfassende Schutz des Gläubigers, der durch das Abstellen auf die Rechtswidrigkeit erreicht wird. Zu bedenken ist jedoch, daß nicht jedes, den Gläubiger irgendwie beeinträchtigende Verhalten -und eben hierauf kommt es im Bereicherungsrecht an- auch vermögensrechtlich in dem Sinne relevant ist, daß Vermögensvorteile des Eingreifenden, die kausal mit seinem rechtswidrigen Verhalten zusammenhängen, zugleich auf Kosten

---

[659] BGHZ 82, 299 (307); RGRK/ Heimann-Trosien, § 812 Rn. 13; Sack, FS für Hubmann, 373 (380).
[660] Schulz, AcP 105 (1909), 1 (31 ff.); dazu: Kleinheyer, JZ 1970, 471 ff.
[661] BGHZ 99, 385 (387 ff.); MüKo/ Lieb, § 812 Rn. 207 ff.; Palandt/ Thomas, § 812 Rn. 12; Medicus, BR Rn. 712; Mestmäcker, JZ 1958, 521 (523); Sack, FS für Hubmann, 373 (380).

des Gläubigers gehen, das heißt diesen auch in vermögensrechtlicher Hinsicht beeinträchtigen. Deutlich wird dies insbesondere an dem bekannten Beispiel des eiligen Geschäftsmannes[662]: Wer jemanden unter Verstoß gegen Vorschriften der Straßenverkehrsordnung überholt, um einen Termin eines gewinnträchtigen Geschäftsabschlusses nicht zu versäumen, bereichert sich nicht auf dessen Kosten, da der erlangte Vorteil nicht mal als Chance im Vermögen des Verletzten vorhanden war. Aus diesem Grund ist die Lehre vom Zuweisungsgehalt vorzuziehen

Im Sinne der Lehre vom Zuweisungsgehalt muß somit für die Beurteilung des Bestehens eines Schadensersatzanspruchs in der vorliegenden Konstellation des Mißbrauchs der Informationen danach gefragt werden, ob die Vermögensvorteile, die der Kaufinteressent durch den Mißbrauch der Informationen erlangt hat, nach den Regeln der rechtlichen Zuordnung dem ehemaligen Verkäufer zugewiesen waren.

Urheber- und Patentrechte haben den Zweck, die daraus fließenden Nutzungsmöglichkeiten ausschließlich dem Rechtsinhaber, also hier dem Unternehmensverkäufer, zuzuweisen. Mißbraucht der Kaufinteressent daher die ihm durch die Due Diligence zur Kenntnis gelangten Patente oder Urheberrechte, so greift der Kaufinteressent in die Zuweisungsordnung dieser Schutzrechte ein, ein Eingriff im Sinne des § 812 Abs. 1 S. 1 2. Alt. BGB liegt vor. Das Bestehen eines Bereicherungsanspruchs in derartigen Konstellationen ist mittlerweile auch allgemein anerkannt[663]. Die vom Reichsgericht vertretene einschränkende Auffassung, Bereicherungsansprüche seien jedenfalls im Bereich der Patent- und Gebrauchsmusterrechte spezialgesetzlich ausgeschlossen[664], ist vom BGH zu Recht aufgegeben worden[665].

Problematisch stellt sich die Beurteilung von Eingriffen bei Verletzungen von Warenzeichenrechten, Verstößen gegen Wettbewerbsvorschriften und ähnlichem dar. So wird etwa der Zuweisungsgehalt des Warenzeichenrechts mit der Begründung abgelehnt, das Warenzeichengesetz (seit 1995: Markenzeichengesetz) gewähre -anders als etwa das Urheber- und das Patentgesetz- keinen echten Leistungsschutz und kein wirtschaftliches Nutzungsrecht, sondern bloß abwehrenden Kennzeichenschutz. Dies ergäbe sich aus § 8 WZG, der keine echte Lizenzvergabe, sondern nur die schuldrechtliche Verpflichtung zulasse, gegen

---

[662] Kleinheyer, JZ 1970, 471 (471) m. w. N.

[663] Ermann/ Westermann, § 812 Rn. 69; MüKo/ Lieb, § 812 Rn. 211 a; RGRK/ Heimann-Trosien, vor § 812 Rn. 32; Staudinger/ Lorenz, vor § 812 Rn. 60, 65.

[664] Vgl. nur: RGZ 121, 258 (261).

[665] BGHZ 99, 244 (246).

den Gebrauch des Zeichens durch andere einzuschreiten[666]. Diese Begründung ist jedoch nicht überzeugend: Das Warenzeichengesetz gibt dem Inhaber eines Warenzeichens eine ausschließliche Benutzungsbefugnis; diese umfaßt auch die Möglichkeit, anderen den Gebrauch des Warenzeichens entgeltlich zu gestatten. Damit besteht eine Verwertungsmöglichkeit, die ausreicht, um das Merkmal auf Kosten auszufüllen[667]. Anhand dieser Wirkung wird deutlich, daß eine Benutzungsbefugnis eines Warenzeichenrechts besteht. Die Ablehnung eines Zuweisungsgehalts eines derartigen Rechts überzeugt daher nicht. Vielmehr ist auch für einen Eingriff in ein Warenzeichenrecht ein Anspruch aus § 812 Abs. 1 S. 1 2. Alt in Betracht zu ziehen.

Auch bezüglich der Verletzung von Wettbewerbsvorschriften ist ein Anspruch aus § 812 Abs. 1 S. 1 2. Alt BGB zu bejahen[668]. Zwar gewähren die Vorschriften des UWG kein Ausschließlichkeitsrecht im eigentlichen Sinne. Die Vorschriften können jedoch trotzdem eine Rechtsposition schaffen, die es dem Berechtigten gestattet, jeden Dritten auszuschließen. Auch der BGH[669] hat anerkannt, daß ihr Schutz dem der Immaterialgüterrechte ähnlich ist. Allerdings muß im Rahmen des UWG eine Entscheidung im Einzelfall getroffen werden. Maßgebend für die Eingriffskondiktion ist, daß es sich um die Zuweisung des betreffenden Gutes an eine bestimmte Person unter Ausschluß aller anderen Beteiligten handelt. Es ist also stets zu fragen, ob die in Betracht kommende Vorschrift des UWG den Einzelnen begünstigen will[670]. Ist dies der Fall, so darf dem Betroffenen der Bereicherungsschutz nicht versagt werden.

Dieselben Wertungen gelten generell für die übrigen im Falle des Mißbrauchs der durch die Due Diligence betroffenen Rechte bzw. Unternehmensinterna. Soweit sie unter dem Schutz einer bestimmten Vorschrift stehen, die den Einzelnen schützen will, soweit also das bestimmte Gut der Verkäuferseite zugewiesen ist und von der Käuferseite in diesen Zuweisungsgehalt eingegriffen wird, ist ein Bereicherungsanspruch anzunehmen. Ist dies nicht der Fall -und dies wird bei einem Großteil der Informationen zutreffen, die der Kaufinteressent im Rahmen der Due Diligence erhält- scheitert der Anspruch des Verkäufers an einem im Rahmen des § 812 Abs. 1 S. 1 2. Alt. BGB erforderlichen Eingriff.

---

666 Mestmäcker, JZ 1958, 521 (526); ihm folgend: Raiser, JZ 1961, 465 (468).
667 So auch: MüKo/ Lieb, § 812 Rn. 212; RGRK/ Heimann-Trosien, Vor § 812 Rn. 32.
668 So auch: MüKo/ Lieb, § 812 Rn. 215 f.; Palandt/ Thomas, Einf. § 812 Rn. 18; RGRK/ Heimann-Trosien, Vor § 812 Rn. 33; Staudinger/ Lorenz, § 812 Rn. 71; Kleinheyer, JZ 1970, 471 (476); einen Bereicherungsanspruch ablehnend: Staudinger/ Seufert, vor § 812 Rn. 19.
669 BGHZ 57, 116 (120).
670 Staudinger/ Lorenz, Vorbem. zu § 812 Rn. 71.

Ist jedoch das verletzte Recht dem Verkäufer zugewiesen, so kommt ein Anspruch des Verkäufers aus § 812 Abs. 1 S. 1 2. Alt. BGB in Betracht. Gerichtet ist dieser Schadensersatzanspruch gemäß § 818 Abs. 2 BGB auf Wertersatz, weil die Herausgabe des Gebrauchs des jeweiligen Schutzrechts dem Kaufinteressenten nicht möglich sein wird. Der Wertersatz orientiert sich dabei an einer fiktiven, angemessenen und üblichen Lizenzgebühr[671].

G. Anspruch aus § 823 Abs. 2 BGB i.V. m. §§ 38 Abs. 1 Nr. 2, 14 Abs. 1 Nr. 2 WpHG

Im Falle der mißbräuchlichen Verwendung von durch die Due Diligence erlangten Informationen könnte dem Verkäufer darüber hinaus ein Anspruch aus § 823 Abs. 2 BGB i.V.m. §§ 38 Abs. 1 Nr. 2, 14 Abs. 1 Nr. 2 WpHG zustehen.

§ 823 Abs. 2 BGB setzt die Verletzung eines Schutzgesetzes voraus. Das WpHG stellt ein nicht nur die Allgemeinheit, sondern auch das Individuum schützendes Gesetz und damit ein Schutzgesetz im Sinne des § 823 Abs. 2 BGB dar. Zu prüfen ist jedoch, ob das Schutzgesetz auch verletzt ist, also ob die Voraussetzungen der §§ 38, 14 WpHG vorliegen.

Voraussetzung der §§ 38 Abs. 1 Nr. 2, 14 Abs. 1 Nr. 2 WpHG ist zunächst, daß es sich bei dem interessierten Käufer um einen Primärinsider handelt, denn die von §§ 38 Abs. 1 Nr. 2, 14 Abs. 1 Nr. 2 WpHG beinhalteten Sanktionen betreffen nur Primärinsider[672].

Primärinsider ist gemäß § 13 Abs. 1 Nr. 3 WpHG, wer aufgrund seines Berufs, seiner Tätigkeit oder seiner Aufgabe bestimmungsgemäß Kenntnis von einer Insidertatsache hat. Der Kaufinteressent hat aufgrund seiner Absicht, das Unternehmen zu kaufen, Kenntnis von den Insidertatsachen[673]; er hat damit weder aufgrund beruflicher, noch aufgrund tätigkeitsbezogener oder aufgabenbezogener Gründe bestimmungsgemäß Kenntnis von den Unternehmensinformationen. Der Kaufinteressent, der durch eine Due Diligence Kenntnis von Unternehmensinterna hat, ist folglich kein Primärinsider im Sinne des § 13 Abs. 1 Nr. 3 WpHG. Der Tatbestand des §§ 14 Abs. 1 Nr. 2, 38 Abs. 1 Nr. 2 WpHG ist nicht erfüllt, eine Schutzgesetzverletzung mithin abzulehnen.

Ebenfalls abzulehnen ist eine Verletzung der §§ 14 Abs. 2, 38 Abs. 1 Nr. 2 WpHG. Diese Vorschriften gelten zwar auch für Dritte, die -auf welche Art auch immer- Kenntnis von Insidertatsachen haben, ohne Primärinsider im Sinne

---

671 BGHZ 99, 244 (248); Ermann/ Westermann, § 818 Rn. 26;Staudinger/ Lorenz, § 812 Rn. 71.

672 Assmann/ Schneider/ Cramer, § 14 Rn. 39.

673 Zum Begriff der Insidertatsachen und der Subsumtion der durch die Due Diligence erlangten Tatsachen unter das Tatbestandsmerkmal der Insidertatsache siehe hierzu oben unter 2. Teil, 2. Kapitel, A I 5 a cc).

des § 13 Abs. 1 WpHG zu sein[674], und damit auch für einen Kaufinteressenten, der aufgrund der Due Diligence Kenntnis von Insidertatsachen hat. Allerdings trifft das in §§ 14 Abs. 2, 38 Abs. 1 Nr. 1 Alt. 2 WpHG beinhaltete Verbot grundsätzlich nicht auf die hier relevante Konstellation zu. Nach §§ 14 Abs. 2, 38 Abs. 1 Nr. 1 Alt. 2 WpHG ist es den Sekundärinsidern verboten, ihre Kenntnis einer Insidertatsache zum Erwerb oder zur Veräußerung von Insiderpapieren für sich in offener oder verdeckter Stellvertretung für andere auszunutzen. Diese Handlung nimmt der Kaufinteressent jedoch gerade nicht vor. Er nutzt zwar die erlangten Informationen aus, nicht jedoch zu einem Erwerb von Insiderpapieren und damit nicht zu dem strafbewährten Zweck.
Mangels geeigneter Tathandlung scheidet daher eine Verletzung der §§ 14 Abs. 2, 38 Abs. 1 Nr. 1 Alt. 2 WpHG und damit eine Schutzgesetzverletzung aus, so daß sich auch aus § 823 Abs. 2 BGB i.V.m. §§ 14 Abs. 2, 38 Abs. 1 Nr. 1 Alt. 2 WpHG kein Schadensersatzanspruch ergibt.

H. Anspruch aus § 823 Abs. 2 BGB i.V.m. § 263 StGB

Der Verkäufer könnte jedoch gesetz den Fall, daß der Käufer dem Verkäufer Interesse an der Akquisition vorspielt, um die Möglichkeit der Durchführung einer Due Diligence zu erhalten und die in diesem Wege erlangten Informationen für eigene Zwecke zu nutzen, einen deliktischen Anspruch aus § 823 Abs. 2 BGB i.V.m. § 263 Abs. 1 StGB haben.
§ 263 Abs. 1 StGB ist eine auch das Individuum schützende Norm und damit ein Schutzgesetz im Sinne des § 823 Abs. 2 BGB[675]. Darüber hinaus müßte das Schutzgesetz verletzt, also der Tatbestand des § 263 Abs. 1 StGB erfüllt sein, wenn eine Person Interesse am Kauf eines Unternehmens vortäuscht, um Informationen über jenes Unternehmen im Wege der Due Diligence zu erhalten.
Durch die Interessensbekundung wirkt der Käufer auf den Verkäufer ein und täuscht den Verkäufer hiermit über sein Interesse am Kauf. Wenn die Verkäuferseite eine Due Diligence zuläßt, so hält sie ein ernsthaftes Interesse des Käufers für gegeben und unterliegt damit einem Irrtum.

Darüber hinaus muß der getäuschte Verkäufer durch den in ihm erregten Irrtum zu einer Verfügung über sein Vermögen oder das eines Dritten veranlaßt worden sein. Vermögensverfügung ist hierbei jedes Handeln, Dulden oder Unterlassen des Getäuschten, das sich unmittelbar vermögensmindernd auswirkt[676].

---

[674] Assmann/ Schneider/ Cramer, § 14 Rn. 74.

[675] Medicus, BR, Rn. 621; vgl. zum Betrug explizit: BGH WM 1992, 1812 (1820); NJW 1993, 2992 (2992); MüKo/ Mertens, § 826 Rn. 194.

[676] BGHSt 14, 170 (170); Lackner/ Kühl/ Kühl, § 263 Rn. 22 ff.; Schönke/ Schröder/ Cramer, § 263 Rn. 55; Tröndle/ Fischer, § 263 Rn. 24.

Im Falle der Zulassung der Due Diligence gibt das geschäftsführungsberechtigte Organ der jeweiligen Gesellschaft Informationen über das Unternehmen an den potentiellen Käufer weiter. Unternehmensinformationen geben Auskunft über die Stellung von Unternehmen im Markt und über die Liquidität des Unternehmens, ferner können mit ihnen Produktionsweisen und ähnliches, unter Umständen auch das Erfolgsrezept einer Gesellschaft, festgestellt werden. Unternehmensinformationen stellen daher -schon lange und speziell in der heutigen Zeit- ein wertvolles Gut mit Vermögenswert dar. Eine Verfügung über Vermögen liegt somit vor. Die Vermögensverfügung muß sich jedoch auch unmittelbar vermögensmindernd ausgewirkt haben[677].

Das irrtumsbedingte Handeln des jeweils geschäftsführungsbefugten Organs, d.h. die Herausgabe der Informationen im Rahmen einer Due Diligence, führt ohne weitere deliktische Handlungen dazu, daß nicht nur das jeweilige Unternehmen die Information besitzt, sondern vielmehr auch eine andere Person bzw. ein anderes Unternehmen in den Besitz der Informationen gelangt. Informationen sind aber nur dann wertvoll, wenn sie nicht öffentlich bekannt, sondern vielmehr geheim oder zumindest nur einer sehr begrenzten Anzahl von Personen zugänglich sind. Durch die Weitergabe an den Kaufinteressenten verliert der Verkäufer somit zwar nicht selbst seine Informationen. Jedoch haben sie zum einen einen geringeren Wert, weil sie einem größeren Personenkreis zugänglich sind. Zum anderen entsteht durch die Weitergabe, zumindest wenn, wie hier angenommen, der Käufer die Informationen von vornherein mißbräuchlich verwenden will, die Gefahr der konkreten Vermögensgefährdung aufgrund des Ausnutzens der Informationen. Auch die Begründung der Gefahr der konkreten Vermögensgefährdung stellt eine Vermögensminderung dar, denn § 263 StGB schützt als Vermögen auch die tatsächlichen Erwerbs- und Gewinnaussichten, wenn ihnen ein wirtschaftlicher Wert zukommt, weil sie mit Wahrscheinlichkeit einen Vermögenszuwachs erwarten lassen[678]. In der gegebenen Konstellation sind die tatsächlichen Gewinnaussichten dadurch gefährdet, daß der Erwerbsinteressent jene Informationen zur Steigerung des eigenen Gewinns ausnutzen kann, die Gefahr einer konkreten Vermögensgefährdung liegt damit vor. Auch aus diesen Erwägungen ist daher hier ein Schaden gegeben.

---

[677] Lackner/ Kühl/ Kühl, § 263 Rn. 22; Schönke/ Schröder/ Cramer, § 263 Rn. 61; Tröndle/ Fischer, § 263 Rn. 24, 26.

[678] BGHSt NJW 1993, 2992 (2993); Lackner/ Kühl/ Kühl, § 263 Rn. 35; Schönke/ Schröder/ Cramer, § 263 Rn. 87; Tröndle/ Fischer, § 263 Rn. 31.

Allerdings verfügt das geschäftsführungsberechtigte Organ mit der Weitergabe von den Informationen nicht über sein eigenes Vermögen, sondern über das Vermögen der Gesellschaft. Jedoch ist die fehlende Identität zwischen Verfügenden und Vermögensinhaber für die Vermögensverfügung dann nicht schädlich, wenn zwischen dem Verfügenden und dem Vermögensinhaber eine besondere Nähebeziehung besteht[679]. Welche Anforderungen an eine derartige Nähebeziehung zu stellen sind, wird unterschiedlich beurteilt. Während die sogenannte Befugnis- oder Ermächtigungstheorie das Näheverhältnis nur bejaht, wenn der Getäuschte zur tatsächlichen Einwirkung auf das fremde Vermögen rechtlich befugt ist, wenn der Verfügende also kraft Gesetz, behördlichen Auftrages oder Rechtsgeschäft befugt ist, Rechtsänderungen oder Anordnungen mit unmittelbarer Wirkung für das fremde Vermögen vorzunehmen, läßt es die sogenannte Lagertheorie ausreichen, daß der Verfügende sich im Machtbereich des Geschädigten befindet, also in dessen Lager steht[680].

Im Falle des hier betroffenen Verhältnisses zwischen einem geschäftsführungsbefugten Organ und einer Gesellschaft ist die erforderliche Nähebeziehung nach beiden Ansichten gegeben: Ein geschäftsführungsbefugtes Organ hat zum einen kraft einzelner rechtsformspezifischer Vorschriften die Befugnis, Rechtsänderungen oder Anordnungen mit unmittelbarer Wirkung für die Gesellschaft vorzunehmen, zum anderen steht es im Lager der betroffenen Gesellschaft. Eine wirksame Vermögensverfügung des geschäftsführungsbefugten Organs für die Gesellschaft liegt mithin bei Weitergabe der Informationen vor, die Vermögensverfügung wirkt sich mithin auch unmittelbar vermögensmindernd aus.

Darüber hinaus muß ein Vermögensschaden der Gesellschaft eingetreten sein. Vermögensschaden ist jede durch die Vermögensverfügung eingetretene Vermögensminderung, die nicht durch ein durch die Verfügung erlangtes Äquivalent kompensiert wird[681].

Fraglich ist, ob im gegebenen Fall dem Verkäufer ein Vermögensschaden entsteht. Durch die unentgeltliche Übergabe der Informationen ist zwar bei dem Verkäuferunternehmen eine Vermögensminderung eingetreten. Diese Vermögensminderung wurde auch nicht durch ein Äquivalent ausgeglichen. Das Verkäuferunternehmen erwartet jedoch für die Hingabe der Informationen auch kein Entgelt; es ist ihm bewußt, daß es aufgrund der einseitigen, unentgeltlichen

---

[679] Lackner/ Kühl/ Kühl, § 263 Rn. 28; Tröndle/ Fischer, § 263 Rn. 24 a.

[680] Vgl. zu den Theorien: Lackner/ Kühl/ Kühl, § 263 Rn. 30; LK/ Lackner, § 263 Rn. 110; Schönke/ Schröder/ Cramer, § 263 Rn. 65 ff., alle mit weiteren Nachweisen.

[681] Lackner/ Kühl/ Kühl, § 263 Rn. 36; LK/ Lackner, § 263 Rn. 106; Schönke/ Schröder/ Cramer, § 263 Rn. 99; Tröndle/ Fischer, § 263 Rn. 30.

Hingabe eines Vermögenswertes mangels Kompensation durch den Käufer eine Vermögenseinbuße erleidet. Es handelt sich daher bei dem vorliegenden Fall um eine Sonderkonstellation des § 263 StGB, da der Betrug seinem Wesen nach nur bei einer unbewußten Selbstschädigung in Betracht kommt[682].

Bei einer solchen Konstellation erscheint es nicht sachgerecht, den Vermögensschaden anhand einer Saldierung der Gesamtvermögensmasse unter wirtschaftlichen Kriterien -wie sonst üblich- zu ermitteln. Im Fall der bewußten Selbstschädigung ist vielmehr zu fragen, welcher Zweck mit der „Schädigung" verfolgt wird und ob dieser erreicht oder verfehlt worden ist. Im Falle der Zweckerreichung liegt kein Schaden im Sinne des § 263 StGB vor; im Falle der Zweckverfehlung ist ein Schaden anzunehmen, da dann das Vermögensopfer unter allen Aspekten zu einer unvernünftigen Ausgabe führt, die auf einer Täuschung basiert[683]. Dabei ist allerdings darauf zu achten, daß der Schutzcharakter dieser Vorschrift nicht völlig entfremdet wird, d.h. nicht jeder auf einer Täuschung basierende Motivirrtum kann strafbarkeitsbegründend sein. Erforderlich ist vielmehr die Verfehlung des Zweckes, der dem Verfügenden in der konkreten Situation notwendig und sinnvoll erscheint, so etwa die Verfehlung eines sozialen Zwecks[684].

Die Verkäuferseite will bei Herausgabe von Informationen im Rahmen der Due Diligence dem interessierten Käufer ermöglichen, sich ein genaues Bild über das Kaufobjekt zu machen, um mit den erlangten Informationen in der Lage zu sein, eine positive Kaufentscheidung zu fällen. Im Falle des Vorspielens des Interesses durch den Kaufinteressenten, also im Falle des Vorsatzes, kann jedoch dieser Zweck nicht erreicht werden, weil es dem „potentiellen Käufer" gar nicht auf eine Kaufentscheidung ankam, er also nie vorhatte, mit den Informationen über den Kauf zu entscheiden. Insoweit liegt eine vermögensschädigende Zweckverfehlung vor.

Auf der anderen Seite ist jedoch zu bedenken, daß das Verkäuferunternehmen die Informationen bewußt ohne das Treffen einer Geheimhaltungsvereinbarung weitergibt. Sie nimmt damit ein bestimmtes Risiko in Kauf, was insbesondere aufgrund der allgemeinen Üblichkeit der Vertraulichkeitsabrede im Falle der Due Diligence als gefährlich erscheint und den Zweck der Leistung als nicht in besonderem Maße schützenswert erscheinen läßt. Ferner ist zu berücksichtigen, daß der verfehlte Zweck im gegebenen Fall nicht im einem solchen Maße sinn-

---

[682] LK/ Lackner, § 263 Rn. 98; Schönke/ Schröder/ Cramer, § 263 Rn. 41.

[683] BGH NJW 1992, 2167 (2167); NJW 1995, 539 (539); Lackner/ Kühl/ Kühl, § 263 Rn. 48 a; LK/ Lackner, § 263 Rn. 167; Schönke/ Schröder/ Cramer, § 263 Rn. 102.

[684] LK/ Lackner, § 263 Rn. 167; Schönke/ Schröder/ Cramer, § 263 Rn. 101 f.

voll[685] erscheint, daß trotz der bewußten Weitergabe ohne Erhaltung eines Äquivalents eine andere Wertung aufgrund des Einzelfalls getroffenen werden kann. Mangels Vermögensschadens ist der Tatbestand des § 263 StGB daher nicht erfüllt. Mangels Schutzgesetzverletzung ist ein Anspruch des Verkäufers aus § 823 Abs. 2 BGB i.V.m. § 263 Abs. 1 StGB abzulehnen.

J. Anspruch aus § 826 BGB

Jedoch steht dem Verkäufer bei Vorspiegelung von Interesse, um eine Due Diligence durchführen zu können, ein Anspruch aus § 826 BGB zu.

§ 826 BGB setzt voraus, daß eine Person einer anderen in einer gegen die guten Sitten verstoßenden Weise vorsätzlich einen Schaden zugefügt hat. Ein Verstoß gegen die guten Sitten liegt hierbei vor, wenn ein Handeln gegen das Anstandsgefühl aller billig und gerecht Denkenden verstößt[686]. Ausschlaggebend ist insoweit die Mittel-Zweck-Relation[687]. Eine unbillig erscheinende Handlung reicht hier folglich unter Umständen nicht aus, um den Vorwurf unbilligen Handelns zu begründen[688].

Anerkannt ist, daß eine Person sittenwidrig handelt, wenn sie eine Vertrauensstellung in Schädigungsabsicht zum ihren eigenen Gunsten mißbraucht[689]. Werden somit jemanden aufgrund einer besonderen Vertrauensbeziehung Informationen anvertraut, so kann deren mißbräuchliche Ausnutzung zu eigenen Zwekken sittenwidrig sein[690].

Wenn jemand Interesse an dem Kauf eines Unternehmens vorspielt und Vertrauen in seine Person weckt, um die Möglichkeit einer Due Diligence zu erhalten, damit er die durch die Due Diligence erlangten Informationen zu eigennützigen Zwecken ausnützen kann, das Interesse am Unternehmen also nur vorgespielt ist, um Vermögensvorteile zu erlangen, so stellt sich sowohl das Mittel als auch der Zweck als sittenwidrig dar. Ein Verstoß gegen das Anstandsgefühl aller billig und gerecht Denkenden ist daher in einem solchen Fall gegeben.

Auch hat der potentielle Käufer in einem derartigen Fall vorsätzlich[691] gehandelt und der Verkäuferseite Vermögensnachteile in Form von entgangenem Gewinn und damit einen Schaden zugefügt. Der Verkäufer kann mithin im Falle

---

685 Sinnvoll in dieser Hinsicht sind etwa wohltätige, soziale Zwecke der Leistung.

686 Ermann/ Schiemann, § 826 Rn. 3; Palandt/ Thomas, § 826 Rn. 2; Staudinger/ Oechsler, § 826 Rn. 4.

687 RGZ 130, 89 (91); Ermann/ Schiemann, § 826 Rn. 8 f.; Palandt/ Thomas, § 826 Rn. 5.

688 MüKo/ Mertens, § 826 Rn. 6; Palandt/ Thomas, § 826 Rn. 2.

689 MüKo/ Mertens, § 826 Rn. 137; Stoll, FS für Flume, 741 (755).

690 Vgl. BGHZ 38, 391(397); BAG BB 1982, 1792 (1794).

691 Zum Erfordernis des Vorsatzes siehe: Ermann/ Schiemann, § 826 Rn.14; MüKo/ Mertens, § 826 Rn. 51 ff.

des vorsätzlichen Mißbrauchs der durch die Due Diligence erlangten Informationen einen Anspruch aus § 826 BGB geltend machen.

K. Ergebnis

Im Ergebnis läßt sich feststellen, daß der ehemalige Verkäufer eines Unternehmens auch ohne vertragliche Vertraulichkeitsvereinbarung Ansprüche gegen den Erwerbsinteressenten geltend machen kann, wenn dieser Informationen mißbraucht, die er im Rahmen der Due Diligence erfahren hat.

Derartige Ansprüche ergeben sich bezüglich bestimmter einzelner, im Rahmen der Due Diligence erlangter Informationen, die aufgrund ihrer Qualifikation als Ausschließlichkeitsrechte einen besonderen Schutz genießen, aus angemaßter Eigengeschäftsführung nach §§ 687 Abs. 2, 666, 667 BGB, aus § 823 Abs. 1 BGB, aus § 812 Abs. 1 S. 1 2. Alt. BGB und aus den diese Rechte besonders schützenden spezialgesetzlichen Normen der §§ 139 Abs. 1 und 2 PatG, 15 Abs. 3 S. 2 GebrMG, 14 a S. 1 GeschmMG und § 97 Abs. 1 UrhG.

Einen umfassenden -und daher bedeutsameren- Schutz gewährt zum einen die culpa in contrahendo, wobei sich der Haftungsgrund hierbei aus zwei Überlegungen ergeben kann: Zum einen kommt eine Haftung für den Fall in Betracht, daß ein Abbruch der Vertragsverhandlungen nach Durchführung der Due Diligence ohne triftigen Grund vorliegt oder besonderes Vertrauen in den Vertragsschluß geweckt wurde, um überhaupt eine Due Diligence und die Erlangung der Informationen zu ermöglichen, obwohl die Aussicht auf den Vertragsschluß von vornherein nicht gegeben war. Zum anderen können sich Ansprüche aus culpa in contrahendo ergeben, wenn die Fallgruppe des Verbots der mißbräuchlichen Verwendung von Unternehmensinterna, die der Erwerbsinteressent innerhalb einer Due Diligence erfahren hat, erfüllt ist.

Darüber hinaus kommt ein Anspruch aus § 826 BGB für den Fall in Betracht, daß der Erwerbsinteressent vorsätzlich Interesse an einem Unternehmenskauf vorgespielt hat, um zu einer Due Diligence zugelassen zu werden und auf diesem Weg Informationen über das betroffene Unternehmen zu erhalten.

Als problematisch stellt sich bei der Geltendmachung der genannten Ansprüche jedoch erneut die Beweisfrage dar. Der Verkäufer hat sowohl die Pflichtverletzung innerhalb der culpa in contrahendo als auch das Bestehen des aus der Pflichtverletzung resultierenden Schadens zu beweisen. Ebenso trägt, wer sich auf § 826 BGB beruft, die Beweislast für alle Anspruchsvoraussetzungen und muß daher sowohl die Sittenwidrigkeit der Schädigungshandlung als auch den durch die Schädigung entstandenen Schaden beweisen[692].

---

[692] MüKo/ Mertens, § 826 Rn. 104.

Die Voraussetzungen der Ansprüche, insbesondere der entstandene Schaden, sind in der Regel schwer verifizierbar, die Beweisführung ist daher außerordentlich schwer. Aus diesem Grund sollte ein Unternehmen, das eine Due Diligence zuläßt, grundsätzlich eine Vertraulichkeitsabrede inklusive einer vom Schadensnachweis unabhängigen Vertragsstrafenregelung treffen. Zwar wird mit dieser vertraglichen Regelung nicht der Nachweis der Verletzungshandlung an sich, zumindest aber der Beweis des Schadens überflüssig.

4. Teil: Anwendbarkeit der Regelungen beim internationalen Unternehmenskauf

Im Folgenden wird nunmehr untersucht, inwieweit die Regelungen der vorstehenden beiden Kapitel anwendbar sind, wenn der Unternehmenskauf internationalen Bezug hat, also wann bei einem internationalen Unternehmenskauf deutsches Recht kollisionsrechtlich berufen ist.

Internationalen Bezug hat ein Unternehmenskauf zum einen, wenn Verkäufer und Käufer ihren Sitz oder gewöhnlichen Aufenthalt in verschiedenen Staaten haben und das zu verkaufende Unternehmen in einem dieser Staaten liegt. Grenzüberschreitend ist der Unternehmenskauf zum anderen, wenn sich nur das Unternehmen in einem anderen Staat befindet als der Sitz des Verkäufers und des Käufers. Darüber hinaus ist ein Kauf international, wenn sich sowohl Parteien als auch das Unternehmen in verschiedenen Staaten befinden.

1. Kapitel: Behandlung von Kollisionen bei stattgefundenen Unternehmenskauf

Bevor zur Beurteilung der Frage der Lösung von Kollisionen im internationalen Recht auf die Vorschriften des EGBGB eingegangen wird, muß zunächst die Anwendbarkeit internationaler Abkommen geprüft werden; denn sollte ein Abkommen für Kollisionen bei einem internationalen Unternehmenskauf zur Anwendung kommen, so ist es gegenüber nationalen Vorschriften gemäß Art. 3 Abs. 2 S. 1 EGBGB vorrangig[693].

A. Anwendbarkeit von UN-Kaufrecht

Von den internationalen Abkommen kommt bezüglich des Unternehmenskaufs nur das Wiener Übereinkommen der Vereinten Nationen über den internationalen Warenkauf vom 11. April 1980 (CISG, UN-Kaufrecht)[694] in Betracht, welches für Deutschland am 01. Januar 1991 in Kraft getreten ist[695].

Vertragsgegenstand des Übereinkommens sind „Waren" . Damit ist im CISG eine andere Bezeichnung für den Gegenstand des Übereinkommens als in der deutschen Fassung des zuvor geltenden EKG[696] gewählt worden[697].

---

[693] Vgl. auch: MüKo/ Martiny, Art. 28 Rn. 108; Merkt, FS für Sandrock, 135 (138).

[694] BGBl. 1989 II, S. 586, 588.

[695] Gleichzeitig ist gemäß Art. 5 Abs. 2 CISG das EKG außer Kraft getreten, BGBl. 1989 II, S. 586.

[696] Einheitliches Gesetz über den internationalen Kauf beweglicher Sachen vom 17. Juli 1973, BGBl. 1973 I 856 ff., 1974 I 358; 1974 II 146.

[697] Vgl. zum im EKG verwandten Begriff der beweglichen Sache: Dölle/ Herber, Einheitl. KaufR, Art. 1 Rn. 8 f.

Der Begriff „Waren“ ist im Übereinkommen nicht bestimmt. Nach allgemeiner Ansicht werden vom Begriff zunächst alle körperlichen Gegenstände erfaßt[698]. Der Anwendungsbereich des Abkommens wird jedoch nicht auf körperliche, bewegliche Gegenstände begrenzt, sondern gerade auch im Hinblick auf die umgangssprachliche Terminologie wirtschaftlich weit gezogen auf alle Gegenstände des Handelsverkehrs, die sich in einem tatsächlich beherrschbaren und nutzungsfähigen Verfahren niedergeschlagen haben, wie zum Beispiel bei Datenverarbeitungsprogrammen[699]. Der Verkauf von unbeweglichen und nicht körperlichen Sachen (Grundstücken, Diensten, Rechten, insbesondere Forderungen, gewerblichen Schutzrechten) ist hingegen von der Anwendung des Übereinkommens ausgeschlossen[700]. Der Unternehmenskauf in Form des Share Deal fällt als Kauf von Rechten somit grundsätzlich nicht unter das UN-Kaufrecht[701].

Etwas anderes könnte sich jedoch bei einem Share Deal ergeben, wenn der Erwerber durch den Kauf alle oder nahezu alle Anteile des Unternehmens erwirbt: Sollte dieser Kauf wie im deutschen materiellen Gewährleistungsrecht als Sachkauf qualifiziert werden, könnte das UN-Kaufrecht Anwendung finden, wenn bei einem Sachkauf, also bei einem Asset Deal, das UN-Kaufrecht maßgebend wäre. Bei dieser Überlegung ist jedoch Art. 7 Abs. 1 CISG zu berücksichtigen. Danach ist bei der Auslegung des Übereinkommens sein internationaler Charakter und das Ziel einer einheitlichen Auslegung zu berücksichtigen. Dies bedeutet, daß das Übereinkommen autonom zu interpretieren ist[702]. Zur Anwendung der jeweilig herrschenden nationalen Rechtsansicht -hier der Gleichbehandlung des Share Deal mit dem Asset Deal, wenn der Erwerber eine

---

[698] V. Caemmerer/ Schlechtriem/ Herber, UN-Kaufrecht, Art. 1 Rn. 20; Enderlein/ Maskow/ Strohbach, Int. KaufR, Art. 1 Rn. 2; Herber/ Czerwenka, Int. KaufR Art. 1 Rn. 7; für das EKG: Soergel/ Lüderitz, Art. 1 EKG Rn. 20; Firsching/ v. Hoffmann, § 10 Rn. 23 a; Merkt, FS für Sandrock, 135 (138); Merkt, ZVglRWiss 93 (1994), 353 (358).

[699] V. Caemmerer/ Schlechtriem/ Herber, UN-Kaufrecht, Art. 1 Rn. 21; Herber/ Czerwenka, Int. KaufR Art. 1 Rn. 7; Soergel/ Lüderitz, Art. 1 UN-KaufAbk., Rn. 16; Karollus, UN-KaufR, S. 21.

[700] Enderlein/ Maskow/ Strohbach, Int. KaufR, Art. 1 Anm. 2; Karollus, UN-KaufR, S. 21; Reithmann/ Martiny/ Merkt, Int. VertragsR, Rn. 763; Reinhart, UN-KaufR, Art. 1 Rn. 3; Merkt, ZVglRWiss 93 (1994), 353 (359).

[701] So auch: MüKo/ Martiny, Art. 28 Rn. 117; Staudinger/ Magnus, Art. 28 Rn. 182; Reithmann/ Martiny/ Merkt, Int. VertragsR, Rn. 763; Merkt, FS für Sandrock, 135 (138); Merkt, ZVglRWiss 93 (1994), 353 (359); ebenfalls ablehnend, jedoch nicht zwischen zwei Arten des Unternehmenskaufs differenzierend: V. Caemmerer/ Schlechtriem/ Herber, UN-Kaufrecht, Art. 1 Rn. 24; Herber/ Czerwenka, Int. KaufR Art. 1 Rn. 7; Mertens/ Rehbinder, Int. KaufR, Art. 1/2 Rn. 23; Meyer-Sprenberg, WiB 1995, 849 (850).

[702] Vgl. für das EKG: Mertens/ Rehbinder, Int. KaufR, Art. 17 Rn. 13.

beherrschende Stellung im Unternehmen erlangt- kommt es daher nicht. Das CISG ist aus diesem Grund auch dann nicht auf den Share Deal anwendbar, wenn alle oder nahezu alle Anteile an dem Unternehmen erworben werden.
Ferner fällt jedoch auch der Asset Deal nach herrschender Meinung nicht in den Anwendungsbereich des CISG[703]. Dieser Ansicht ist zuzustimmen. Zum einen stehen bei einem Unternehmenskauf nicht die vom Abkommen erfaßten, auch zu einem Unternehmen gehörenden beweglichen Sachen, sondern vielmehr die nicht vom CISG erfaßten immateriellen Werte wie die Beziehungen zu Kunden, das Know how und der good-will im Vordergrund. Zum anderen handelt es sich aufgrund der fehlenden Marktgängigkeit eines Unternehmens bei diesem nicht um eine Handelsware[704].
Zwar könnte man überlegen, ob aus dem „merger and acquisition-Boom" der letzten Jahre auf eine Marktgängigkeit von Unternehmen geschlossen werden kann. Das Volumen aller weltweit getätigten Fusionen und Übernahmen von knapp 580 Milliarden US-Dollar bereits allein im Jahre 1994[705] deutet in dieser Hinsicht auf einen großen Markt hin. Daraus aber auf eine leichte und schnelle Austauschbarkeit und damit eine Marktgängigkeit des Unternehmens zu schließen, würde bedeuten, die Due Diligence und die regelmäßig langwierigen und schwierigen Verhandlungen vor Abschluß eines Unternehmenskaufvertrages außer acht zu lassen. Gerade diese für jeden Unternehmenskauf neu und spezifisch auf das Unternehmen durchzuführenden Maßnahmen, an deren Ende detaillierte, auf den Einzelfall bezogene Vertragsklauseln getroffen werden, sind jedoch spezifisch für einen Unternehmenskauf und sprechen daher gegen die Marktgängigkeit von Unternehmen[706]. Unternehmen sind daher trotz des „merger and acquisition-Booms" der letzten Zeit nicht als marktgängig einzustufen.

Darüber hinaus scheidet auch die analoge Anwendung des UN-Kaufrechts auf Unternehmenskaufverträge mangels Vergleichbarkeit des Übereinkommens mit der rechtlichen Situation bei einem internationalen Unternehmenskauf aus. Denn -wie bereits erwähnt- erfordert der grenzüberschreitende Unternehmens-

---

[703] V. Caemmerer/ Schlechtriem/ Herber, UN-Kaufrecht, Art. 1 Rn. 24; Staudinger/ Magnus, Art. 28 Rn. 188; für das EKG: Dölle/ Herber, Einheitl. KaufR, Art. 1 Rn. 9; Mertens/ Rehbinder, Int. KaufR, Art. 1/2 Rn. 23; ohne Begründung: Herber/ Czerwenka, Int. KaufR, Art. 1 Rn. 7; Meyer-Sparenberg, WiB 1995, 849 (850); differenzierend, aber für die meisten Fälle zustimmend: Merkt, ZVglRWiss 93 (1994), 353 (370).
[704] Kritisch hinsichtlich dieses Abgrenzungskriteriums: Merkt, ZVglRWiss 93 (1994), 353 (365 ff.)
[705] Handelsblatt v. 02.11.1995, S. 22.
[706] Ebenso: Mertens/ Rehbinder, Int. KaufR, Art. 1/2 Rn. 23.

kauf detailliertere Regelungen als im CISG enthalten sind und ferner soll trotz des Wechsels in der Terminologie („Ware“ statt „bewegliche Sache“) das CISG ebenso wie bereits das EKG von seinem Zweck her auf Kaufgegenstände Anwendung finden, die leicht und schnell zwischen Verkäufer und Käufer ausgetauscht werden können, was bei einem Unternehmenskauf gerade nicht der Fall ist[707].

Da insgesamt festzustellen ist, daß das Wiener Kaufrechtsübereinkommen auf den grenzüberschreitenden Unternehmenskauf keine Anwendung findet, ist die Bewertung von Kollisionen von internationalen Unternehmen in Deutschland nach den Regeln des EGBGB vorzunehmen.

B. Behandlung von Kollisionen nach dem EGBGB

Wenn ein Unternehmenskauf eine Verbindung zum ausländischen Recht aufweist und daher der Anwendungsbereich des EGBGB gemäß § 3 Abs. 1 S. 1 des Gesetzes eröffnet ist, bestimmt sich das auf Unternehmenskaufverträge anzuwendende materielle Recht nach deutschem Internationalem Privatrecht nach Artt. 27 ff. EGBGB[708]. Danach werden die Beziehungen zwischen den Parteien eines schuldrechtlichen Vertrages grundsätzlich nach dem Recht, also dem Vertragsstatut beurteilt, von dessen Regelungen die Parteien ausgingen[709]. Unterschieden wird in den Vorschriften allerdings zwischen dem Fall, daß die Parteien eine Rechtswahlklausel getroffen haben (Art. 27 EGBGB) und dem Fall, daß eine derartige Klausel nicht vorhanden ist (Art. 28 EGBGB). Da für beide Fälle unterschiedliche Wertungen zu treffen sind, wird im Folgenden bei der Untersuchung zwischen jenen Fällen differenziert.

I. Behandlung von Kollisionen nach dem EGBGB bei Vorliegen einer Rechtswahlklausel

Die Zulässigkeit einer Rechtswahlklausel, die in der Praxis häufig vorliegen wird[710], ergibt sich aus Art. 27 EGBGB. Danach unterliegt der Vertrag dem von den Parteien gewählten Recht, wobei gemäß Art. 27 Abs. 1 S. 2 EGBGB die Rechtswahl ausdrücklich sein kann oder sich mit hinreichender Sicherheit aus den Bestimmungen des Vertrages oder aus den Bestimmungen des Einzelfalls

---

[707] So im Ergebnis auch, allerdings für das EKG: Mertens/ Rehbinder, Int. KaufR, Art. 1/2 Rn. 23; Soergel/ Lüderitz, Art. 1 EGK Rn. 20.

[708] MüKo/ Martiny, Art. 28 Rn. 117; Reithmann/ Martiny/ Merkt, Int. VertragsR, Rn. 766; Merkt, FS für Sandrock, 135 (139); Merkt, RIW 1995, 533 (533); Meyer-Sparenberg, WiB 1995, 849 (849).

[709] Reithmann/ Martiny/ Martiny, Int. VertragsR, Rn. 45. Mit dem Begriff „Statut“ wird insoweit der Inhalt der Rechtnormen bezeichnet, an die angeknüpft werden soll.

[710] Insbesondere werden die an der Abfassung des Vertrags beteiligten Rechtsberater auf eine ausdrückliche Regelung bestehen, weil sie sonst ihre Haftungsrisiken nicht absehen können.

ergeben kann. Der hypothetische Parteiwille, der nach früherem Recht maßgeblich war[711], ist insoweit irrelevant[712].
Indizien, die bei Fehlen einer ausdrücklichen Regelung den Schluß auf eine bestimmte Rechtswahl zulassen können, die jedoch durch andere Bestimmungen des Vertrages widerleglich sind, sind etwa die Bezugnahme auf Vorschriften eines bestimmten Rechts[713] oder auf Vereinbarungen von Formularen[714] oder Geschäftsbedingungen[715], die auf ein bestimmtes Recht aufbauen. Ferner können Verweisungen auf einen anderen Vertrag, für den ein bestimmtes Recht vereinbart ist[716] oder die Vereinbarung eines einheitlichen ausschließlichen Gerichtsstandes für sämtliche Streitigkeiten zwischen den Parteien auf eine bestimmt Rechtswahl hinweisen[717]. Wie erwähnt, stellen die genannten Umstände jedoch nur Indizien dar, und es ist eine Frage des konkreten Einzelfalls, ob die Parteien ein bestimmtes Recht stillschweigend gewählt haben. Nur soweit die Umstände einzeln oder in ihrer Gesamtheit deutlich genug den wirklichen Willen der Parteien belegen, daß für ihren Vertrag ein bestimmtes Recht gelten soll, können sie eine stillschweigende Rechtswahl indizieren[718]. Weisen hingegen mehrere typische Umstände auf verschiedene Rechtsordnungen hin, so heben sich deren Indizwirkungen gegenseitig auf[719].

Da bei der Ermittlung eines stillschweigenden Parteiwillens Unsicherheiten entstehen können, ist den Parteien grundsätzlich eine ausdrückliche und unmißverständliche Regelung zu empfehlen, insbesondere ist auch das staatliche Recht eindeutig zu bezeichnen. Eine Rechtswahlklausel, die diesen Erfordernissen ge-

---

[711] Vgl. nur BGHZ 7, 235 (235).
[712] Ermann/ Hohloch, Art. 27 Rn. 11; MüKo/ Martiny, Art. 27 Rn. 2; Palandt/ Heldrich, Art. 27 Rn. 5; Soergel/ v. Hoffmann, Art. 27 Rn. 43; Staudinger/ Magnus, Art. 27 Rn. 61; Firsching/ v. Hoffmann, IPR, § 10 Rn. 32.
[713] BGH WM 1970, 960 (960); BAG NJW 1970, 2180 (2181); BGH WM 1981, 1110 (1111 a.E.); BGH NJW-RR 1990, 248 (248).
[714] BGH JZ 1963, 167 (167).
[715] BGH JZ 1976, 607 (608); OLG Hamm, NJW 1983, 523 (524); OLG Schleswig, NJW-RR 1988, 283 (284).
[716] BGH WM 1967, 141 (141).
[717] BGH NJW 1969, 1760 (1761); BGH NJW 1971, 323 (323); BGH NJW 1991, 1420 (1420); BGH NJW 1996, 2569 (2569); OLG Celle, NJW-RR 1992, 1126 (1126); vgl. allgemein zu den Indizien: Ermann/ Hohloch, Art. 27 Rn. 14; Palandt/ Heldrich, Art. 27 Rn. 6; Soergel/ v. Hoffmann, Art. 27 Rn. 45 ff.; Staudinger/ Magnus, Art. 27 Rn. 64 ff.; Firsching/ v. Hoffmann, IPR, § 10 Rn. 35; Kegel/ Schurig, IPR, § 18 I 1 c); Kropholler, IPR, § 52 II 1.
[718] Ermann/ Hohloch, Art. 27 Rn. 13 f.; Staudinger/ Magnus, Art. 27 Rn. 60 f.; Firsching/ v. Hoffmann, IPR, § 10 Rn. 36.
[719] Firsching/ v. Hoffmann, IPR, § 10 Rn. 36.

nügt und daher den Parteien zu Rechtssicherheit verhelfen mag, könnte etwa folgenden Wortlaut haben: „Dieser Vertrag einschließlich seiner Anlagen sowie alle zusätzlichen und zukünftigen Vereinbarungen unterliegen ausschließlich dem deutschen Recht".

In zeitlicher Hinsicht kann die Rechtswahl der Parteien sowohl im Augenblick des Vertragsschlusses als auch später erfolgen und kann gemäß Art. 27 Abs. 2 S. 1 EGBGB jederzeit geändert werden[720]. Bei einem Unternehmenskauf können sich die Parteien mithin noch nachträglich, etwa wenn Mängel in bestimmten Bereichen des Unternehmens in Erscheinung treten, die aber gewährleistungsrechtlich nur von einer bestimmten Rechtsordnung erfaßt werden, auf eine andere Rechtsordnung einigen. Da sich in einem solchen Fall der Verkäufer in der Regel jedoch nicht auf die für ihn nachteilige Rechtswahländerung einlassen wird, ist dem Käufer zu raten, nach Durchführung der Due Diligence die gewährleistungsrechtliche Behandlung von einzelnen Mängeln, die im Rahmen der Due Diligence offenbar geworden sind, in den betroffenen Staaten zu überprüfen und eine Rechtswahlklausel bereits im Zeitpunkt des Vertragsschlusses mit dem Verkäufer zu vereinbaren.

II. Behandlung von Kollisionen nach EGBGB bei Fehlen einer Rechtswahlklausel

Haben die Parteien keine Rechtswahlvereinbarung nach Art. 27 Abs. 1 S. 1 EGBGB getroffen, ist das für die Behandlung von Kollisionen relevante Statut des Unternehmenskaufvertrages nach Art. 28 EGBGB objektiv zu bestimmen.
Gemäß Art. 28 Abs. 1 S. 1 EGBGB unterliegt ein Vertrag in diesem Fall dem Recht des Staates, mit dem er die engsten Verbindungen aufweist[721]. Der Begriff der „engsten Verbindung" ist gesetzlich nicht definiert. Die ausschlaggebenden Kriterien für die „engste Verbindung" müssen daher in jedem Einzelfall gesucht und bewertet werden und führen dann zum Recht des Staates, in dem der Vertrag seinen „Schwerpunkt" hat[722]. Allerdings sind zur Konkretisierung des Oberbegriffs „engste Verbindung" in Art. 28 Abs. 2-4 EGBGB gesetzliche

---

[720] MüKo/ Martiny, Art. 27 Rn. 64; Palandt/ Heldrich, Art. 27 Rn. 10; Soergel/ v. Hoffmann, Art. 27 Rn. 66 ff.; Staudinger/ Magnus, Art. 27 Rn. 99; Firsching/ v. Hoffmann, IPR, § 10 Rn. 40; Kegel/ Schurig, § 18 I 1 c); Kropholler, IPR, § 52 I 3.

[721] Ermann/ Hohloch, Art. 28 Rn. 1; MüKo/ Martiny, Art. 28 Rn. 5; Palandt/ Heldrich, Art. 28 Rn. 1; Soergel/ v. Hoffmann, Art. 28 Rn. 12; Staudinger/ Magnus, Art. 28 Rn. 33 f.; Reithmann/ Martiny/ Martiny, Int. VertragsR, Rn. 102; Reithmann/ Martiny/ Merkt, Int. VertragsR, Rn. 769; Merkt, FS für Sandrock, 135 (141).

[722] Ermann/ Hohloch, Art. 28 Rn. 9; MüKo/ Martiny, Art. 28 Rn. 5; Palandt/ Heldrich, Art. 28 Rn. 2; Reithmann/ Martiny/ Martiny, Int. VertragsR, Rn. 103.

Vermutungen aufgestellt, die bezüglich bestimmter Vertragstypen anzuwenden sind. Sind keine der gesetzlichen Vermutungen einschlägig oder werden die Vermutungen widerlegt, in dem sich aus der Gesamtheit der Umstände im Sinne des Art. 28 Abs. 5 EGBGB eine engere Verbindung des Vertrages mit einem anderen Staat als dem durch die Vermutung Berufenen ergibt, erfolgt die Bestimmung der „engsten Verbindung" gemäß Art. 28 Abs. 5 EGBGB nach anderen Kriterien[723].

Um auf den Fall des Unternehmenskaufs die gesetzlichen Vermutungen anwenden zu können, ist es zunächst erforderlich, die konkrete vertragliche Vereinbarung einem bestimmten Vertragstyp zuzuordnen. Die insoweit erforderliche Qualifikation erfolgt dabei grundsätzlich nach deutschem Recht als der lex fori[724].

Die vertragliche Vereinbarung eines Unternehmenskaufvertrages ist wie bereits oben festgestellt ein Kaufvertrag im Sinne des § 433 BGB. Damit kommt bezüglich einer Einordnung des Unternehmenskaufvertrages von den gesetzlichen Vermutungen in Art. 28 Abs. 2-4 EGBGB grundsätzlich nur diejenige des Art. 28 Abs. 2 EGBGB in Betracht. Danach wird vermutet, daß der Vertrag die engste Verbindung mit dem Staat aufweist, in dem die Partei, die die charakteristische Leistung erbringt, ihren gewöhnlichen Aufenthalt, oder wenn es sich um eine Gesellschaft oder eine juristische Person handelt, ihre Hauptverwaltung hat.

1. Objektive Anknüpfung nach Art. 28 Abs. 2 EGBGB

Voraussetzung der Anknüpfung an Art. 28 Abs. 2 EGBGB ist grundsätzlich, daß sich für den Unternehmenskaufvertrag eine charakteristische Leistung bestimmen läßt, vgl. Art. 28 Abs. 2 S. 3 EGBGB. Als charakteristisch gilt für einen Vertrag diejenige Leistung, die ihn von anderen Verträgen unterscheidet[725], wobei bei Zusammentreffen von Geld- und Nichtgeldleistung das Vertragsverhältnis grundsätzlich durch die Nichtgeldleistung charakterisiert wird[726]. Bei

---

[723] MüKo/ Martiny, Art. 28 Rn. 2, 52; Soergel/ v. Hoffmann, Art. 28 Rn. 14; Staudinger/ Magnus, Art. 28 Rn. 29; Kegel/ Schurig, IPR, § 18 I 1 d); Kropholler, IPR, § 52 III; Reithmann/ Martiny/ Martiny, Int. VertragsR, Rn. 105.

[724] MüKo/ Martiny, Art. 28 Rn. 20; Soergel/ v. Hoffmann, Art. 28 Rn. 25.

[725] Ermann/ Hohloch, Art. 28 Rn. 22; MüKo/ Martiny, Art. 28 Rn. 30; Palandt/ Heldrich, Art. 28 Rn. 3; Soergel/ v. Hoffmann, Art. 28 Rn. 23; Staudinger/ Magnus, Art. 28 Rn. 70; Firsching/ v. Hoffmann, IPR, § 10 Rn. 45; Kropholler, IPR, § 52 III 2.; Reithmann/ Martiny/ Martiny, Int. VertragsR, Rn. 111.

[726] Ermann/ Hohloch, Art. 28 Rn. 22; MüKo/ Martiny, Art. 28 Rn. 30; Soergel/ v. Hoffmann, Art. 28 Rn. 22; Staudinger/ Magnus, Art. 28 Rn. 75; Firsching/ v. Hoffmann, IPR, § 10 Rn. 45; Kegel/ Schurig, IPR, § 18 I 1d; Kropholler, IPR, § 52 III 2.; Reithmann/ Martiny/ Martiny, Int. VertragsR, Rn. 111.

Veräußerungsverträgen stellt die Lieferung der Sache oder die Übertragung des Rechts insoweit die charakteristische Leistung dar[727].

Bei einem Unternehmenskaufvertrag ist der Veräußerer im Falle des Share Deals zur Übertragung des Unternehmensrechtsträgers und im Falle des Asset Deals zur Übergabe und Übereignung der einzelnen zum Unternehmen gehörenden Vermögensteile auf den Erwerber sowie zur Zugänglichmachung der immateriellen Geschäftswerte verpflichtet. Im Falle des Unternehmenskaufs erbringt er daher grundsätzlich die charakteristische Leistung[728].

Nach Art. 28 Abs. 2 S. 1 EGBGB wird vermutet, daß ein Vertrag die „engsten Verbindungen" mit dem Staat aufweist, in dem die Partei, welche die charakteristische Leistung erbringt, im Zeitpunkt des Vertragsschlusses ihren gewöhnlichen Aufenthalt oder, bei Gesellschaften, Vereinen oder juristischen Personen, ihre Hauptverwaltung hat. Die objektive Anknüpfung des Art. 28 Abs. 2 EGBGB führt daher grundsätzlich zur Anwendung des Rechts des Staates, in dem der Veräußerer des Unternehmens im Zeitpunkt des Vertragsschlusses seinen gewöhnlichen Aufenthalt hat[729] oder, sollte es sich bei dem Verkäufer um eine Gesellschaft, einen Verein oder eine juristische Person handeln, in dem sich seine Hauptverwaltung befindet[730].

An dieser Beurteilung ändert sich in der Regel auch nichts, wenn Grundstücke im Rahmen des Unternehmenskaufs mit übertragen werden, obgleich vom Wortlaut her bezüglich Grundstücken die spezielle Vermutung des Art. 28 Abs. 3 EGBGB und damit als anwendbares Statut das Recht des Staates, in dem das Grundstück liegt, in Betracht käme. Der Hauptgegenstand des Vertrages ist nämlich die Unternehmensübertragung, nicht die Einräumung von dinglichen oder Nutzungsrechten am Grundstücks. Die Grundstücksübertragung wird nur in seltenen Fällen so stark im Vordergrund stehen, daß sie die Anwendung des Abs. 3 rechtfertigt, so etwa, wenn alleiniger Unternehmenszweck die Verwal-

---

727 MüKo/ Martiny, Art. 28 Rn. 32; Soergel/ v. Hoffmann, Art. 28 Rn. 141; Firsching/ v. Hoffmann, IPR, § 10 Rn. 46; Kropholler, IPR, § 52 III 3 a.; Reithmann/ Martiny/ Martiny, Int. VertragsR, Rn. 122.

728 MüKo/ Martiny, Art. 28 Rn. 117; Soergel/ v. Hoffmann, Art. 28 Rn. 156; Staudinger/ Magnus, Art. 28 Rn. 183, 189; Reithmann/ Martiny/ Merkt, Int. VertragsR, Rn. 769 f.; Merkt, FS für Sandrock, 135 (141).

729 BGH IPRax 1988, 27 (28); MüKo/ Martiny, Art. 28 Rn. 40; Soergel/ v. Hoffmann, Art. 28 Rn. 61; Kropholler, IPR, § 52 II 2 c); Lüderitz, IPR, Rn. 278; Reithmann/ Martiny/ Martiny, Int. VertragsR, Rn. 116; Merkt, FS für Sandrock, 135 (142).

730 MüKo/ Martiny, Art. 28 Rn. 41; Soergel/ v. Hoffmann, Art. 28 Rn. 62, 156; Lüderitz, IPR, Rn. 278; Reithmann/ Martiny/ Martiny, Int. VertragsR Rn. 117; Reithmann/ Martiny/ Merkt, Int. VertragsR, Rn. 805; Merkt, RIW 1995, 533 (533).

tung des Unternehmensgrundstücks ist[731]. Im übrigen findet trotz der Mitübertragung eines Grundstücks im Falle des Unternehmenskaufs Art. 28 Abs. 2 und damit das Recht des Staates Anwendung, in dem der Veräußerer seinen gewöhnlichen Aufenthalt oder seine Hauptverwaltung hat.

2. „Engere" Verbindung des Unternehmenskaufvertrages gemäß Art. 28 Abs. 5 und Anknüpfung nach Art. 28 Abs. 1 EGBGB

Die Anknüpfung des Unternehmenskaufvertrages an den Sitz der Hauptverwaltung oder den gewöhnlichen Aufenthalt des Veräußerers kann jedoch problematisch sein, wenn das zu verkaufende Unternehmen einerseits und der Sitz der Hauptverwaltung oder der gewöhnliche Aufenthalt des Veräußerers sowie des Käufers andererseits in unterschiedlichen Staaten und damit innerhalb verschiedener Rechtsordnungen liegen. Wenn etwa eine französische Muttergesellschaft mit Sitz in Paris eine deutsche Tochter mit Sitz in München und Betriebsstätten in Deutschland, Österreich und Italien an einen japanischen Erwerber verkaufen will, so würde nach Art. 28 Abs. 2 EGBGB der Unternehmenskaufvertrag nach der gesetzlichen Vermutung der „engsten Verbindung" gemäß Art. 28 Abs. S. 2 EGBGB dem Recht am Sitz der Hauptverwaltung der Verkäuferin unterstehen und damit französisches Recht Vertragsstatut des Unternehmenskaufvertrages sein, obwohl das zu veräußernde Unternehmen, die deutsche Gesellschaft, deutschem und mit seinen österreichischen und italienischen Betrieben teilweise auch österreichischem und italienischem Recht (z.B. Arbeits-, Renten- und Umweltschutzrecht) untersteht.

In einem solchen Fall ist zu prüfen, ob nicht die gesetzliche Vermutung der „engsten Verbindung" gemäß Art. 28 Abs. 2 S. 1 EGBGB durch engere Verbindungen des Unternehmenskaufvertrages zu einem anderen Staat im Sinne des Art. 28 Abs. 5 EGBGB mit der Folge außer Kraft gesetzt wird, daß die objektive Anknüpfung des Vertrages nach Art. 28 Abs. 1 EGBGB erfolgt[732].

Für eine Anknüpfung nach Abs. 5 müssen eine Reihe auf den Leistungsgegenstand bezogener Elemente vorliegen, welche auf ein gemeinsames, von den Regelanknüpfungen der Abs. 2-4 verschiedenes Recht hinweisen[733]. Als Elemente in dieser Hinsicht kommen der Sitz der jeweiligen Parteien, die Orte, an denen die Leistungen zu erbringen sind, der Lageort des Vertragsgegenstandes, die

---

[731] Staudinger/ Magnus, Art. 28 Rn. 189.

[732] Ermann/ Hohloch, Art. 28 Rn. 17; Staudinger/ Magnus, Art. 28 Rn. 126; Lüderitz, IPR, Rn. 280.

[733] Ermann/ Hohloch, Art. 28 Rn. 17; Soergel/ v. Hoffmann, Art. 28 Rn. 99; Staudinger/ Magnus, Art. 28 Rn. 127.

Vertragssprache und ähnliches in Betracht[734]. Darüber hinaus kann auch das mit dem Unternehmenskauf beabsichtigte Ziel eine engere Verbindung des Vertrages mit dem Recht am Unternehmenssitz herstellen: Erstrebt der Erwerber die Leitungsmacht des Unternehmens, um dieses nach seinen eigenen unternehmerischen Vorstellungen fortzuführen, stellt diese Absicht ebenso eine engere Verbindung im Sinne des Art. 28 Abs. 5 EGBGB dar, wie es für den Erwerb von Aktien eines belgischen Unternehmens mit dem Ziel, dem Erwerber ein Aufsichtsratsmandat zu verschaffen, anerkannt worden ist[735].

Im gegebenen Beispiel kommt als engere Verbindung im Sinne des Art. 28 Abs. 5 EGBGB der Sitz der Hauptverwaltung des zu veräußernden Unternehmens in Betracht: Das am Sitzort des Unternehmens geltende Recht ist maßgebend für das gesamte Handeln des Unternehmens, das Unternehmen ist gewissermaßen „geprägt“ von der dort geltenden Rechtsordnung. Das Recht am Sitz des Eigentümers des zu veräußernden Unternehmens ist demgegenüber für dieses von lediglich untergeordneter Bedeutung. Der Ort, an dem die Leistung zu erbringen ist und vor allem der Lageort des Vertragsgegenstandes sprechen somit hier für das Vorliegen einer engeren Verbindung des Vertrages mit dem Recht des Sitzes zu verkaufenden Unternehmens. Als weiteres Indiz für eine engere Verbindung des Unternehmenskaufvertrages mit dem Recht am Sitz des Unternehmens kommt der Verhandlungsort in Betracht, denn am Sitz des zu verkaufenden Unternehmens wird zumindest ein Teil der Vertragsverhandlungen geführt werden, damit sich der Erwerber dort ein eigenes Bild von dem Unternehmen machen kann[736]. Ebenso wird die Due Diligence in der Regel am Sitz des zu verkaufenden Unternehmens durchgeführt, was ein weiteres Indiz für eine engere Verbindung darstellt.
Festzustellen ist, daß in Fällen des „räumlichen Auseinanderfallens“ des Sitzes des zu verkaufenden Unternehmens und des gewöhnlichen Aufenthaltes oder des Sitzes der Hauptversammlung des Verkäufers eine engere Verbindung des Unternehmenskaufvertrages mit einem anderen Staat im Sinne des Art. 28

---

[734] Soergel/ v. Hoffmann, Art. 28 Rn. 102 ff.; Staudinger/ Magnus, Art. 28 Rn. 129; Lüderitz, IPR, Rn. 280. Die insoweit anwendbaren Kriterien sind diejenigen, die auch bei der stillschweigenden Rechtswahl Anwendung finden; allerdings weist Lüderitz (IPR, Rn. 280) zu Recht darauf hin, daß die Kriterien zur Annahme des Art. 28 Abs. 5 EGBGB nicht „so gehäuft und nachdrücklich, wie sie zum Beweis stillschweigender Rechtswahl sind, aufzutreten haben“. Denn andernfalls gäbe es nur die Alternative: gewähltes Recht-„vermutetes“ Recht. Die Regelung des Abs. 5 soll jedoch gerade flexible Zwischenlösungen sichern. In dieselbe Richtung: Kropholler, IPR, § 52 II 5.

[735] BGH IPRax 1988, 27 (28).

[736] BGH IPRax 1988, 27 (28 f.) insoweit hinsichtlich des Abschlußortes.

Abs. 5 EGBGB bestehen kann. Das für den Unternehmenskauf relevante Recht richtet sich dann nach dem Recht des Sitzes des zu verkaufenden Unternehmens, weil der Unternehmenskaufvertrag zu diesem Recht die engste Verbindung aufweist.

III. Umfang des Vertragsstatuts

Der Umfang des Statuts des Unternehmenskaufvertrages -unabhängig davon, ob es nach dem Parteiwillen oder der engsten Verbindung bestimmt ist[737]- richtet sich nach Artt. 31 Abs. 1, 32 EGBGB. Danach ist das Vertragsstatut maßgebend für das Zustandekommen und die Wirksamkeit eines Vertrages (Art. 31 Abs. 1 EGBGB), seine Auslegung (Art. 32 Abs. 1 Nr. 1 EGBGB) und die Folgen seiner Nichtigkeit (Art. 32 Abs. 1 Nr. 5 EGBGB)[738]. Ebenfalls maßgebend ist das Vertragsstatut bei einem grenzüberschreitenden Unternehmenskauf für Fragen der Sach- und Rechtsmängelhaftung, Art. 32 Abs. 1 Nr. 3 EGBGB[739]. Die Voraussetzungen und die Folgen von Sach- und Rechtsmängeln für alle Rechte, Mobilien und Immobilien, Forderungen etc. richten sich folglich nach der für den Vertrag insgesamt geltenden Rechtsordnung[740]. Ebenso unterliegt die Beurteilung der Aufklärungs-, Offenlegungs- und Informationspflichten des Verkäufers dem Statut [741] und auch Verkehrssitten werden nach dem jeweiligen Statut bestimmt[742], so daß bei einem internationalen Unternehmenskauf die in Deutschland bei dem Kauf großer Unternehmen bestehende Verkehrssitte der Durchführung einer Due Diligence zum Tragen kommt, soweit das deutsche Recht das im konkreten Fall ausschlaggebende Statut ist. Ist insgesamt bei einem Unternehmenskauf das Vertragsstatut die deutsche Rechtsordnung, so gel-

---

[737] Kegel/ Schurig, IPR, § 18 I 2.

[738] MüKo/ Martiny, Art. 32 Rn. 2; Soergel/ v. Hoffmann, Art. 32 Rn. 1; Staudinger/ Magnus, Art. 32 Rn. 2; Firsching/ v. Hoffmann, IPR, § 10 Rn. 84; Kropholler, IPR, § 52 I 3; Reithmann/ Martiny/ Merkt, Int. VertragsR, Rn. 777; Merkt, FS für Sandrock, 135 (147); Merkt, RIW 1995, 533 (534).

[739] Grundsätzlich sollen alle vertragsrechtlichen Folgen der Vereinbarung dem Vertragsstatut unterstehen. Zwar gilt das Vertragsstatut expressis verbis nur für die Auslegung, die Erfüllung, Fragen der Leistungsstörungen, das Erlöschen der vertraglichen Verpflichtung und die Folgen der Nichtigkeit. Die Aufzählung ist jedoch nur beispielhaft („insbesondere"), so daß nach ganz herrschender Meinung auch alle sonstigen Rechte und Pflichten der Parteien grundsätzlich dem Vertragsstatut unterstellt werden sollen, vgl. MüKo/ Martiny, Art. 32 Rn. 2; Staudinger/ Magnus, Art. 32 Rn. 21. Ausnahmen stellen insoweit lediglich die in Art. 7 EGBGB geregelte Geschäftsfähigkeit, die in Art. 11 EGBGB geregelte Form und das Recht der Stellvertretung (Art. 37 Nr. 3 EGBGB) dar, vgl. hierzu: Lüderitz, IPR, Rn. 285; Merkt, RIW 1995. 533 (535 ff.).

[740] Ermann/ Hohloch, Art. 32 Rn. 9 f.; Kropholler, IPR, § 52 I 3.

[741] Reithmann/ Martiny/ Merkt, Int. VertragsR, Rn. 779; Merkt, FS für Sandrock, 135 (147).

[742] MüKo/ Martiny, Art. 32 Rn. 10 f.

ten mithin bei einem grenzüberschreitenden Unternehmenskauf die oben dargestellten Haftungsregeln[743].

Insgesamt unproblematisch ist eine einheitliche Unterstellung der Sach- und Rechtsmängelhaftung für alle Vermögenswerte unter das Vertragsstatut, wenn es sich um einen Asset Deal bezüglich eines Unternehmens mit Vermögensgegenständen in nur einem Vertragsstaat handelt und die Parteien das Recht am Unternehmenssitz zum Vertragsstatut gewählt haben. Hier entscheiden nicht fremde Rechtsansichten über die Mangelhaftigkeit. Hat hingegen bei einem Asset Deal das Unternehmen Vermögenswerte in einer Vielzahl von Staaten, kann die Unterstellung der Sach- und Rechtsmängelhaftung unter eine Rechtsordnung zu überraschenden, oftmals für den Käufer nachteiligen Ergebnissen führen[744]. Kauft zum Beispiel eine deutsche Gesellschaft im Wege eines Asset Deals von einem japanischen Konzern dessen amerikanisches Tochterunternehmen, das in Deutschland alle Migliedschaftsrechte an einer GmbH besitzt, haftet der Veräußerer für Mängel des sich hinter dem Anteil verborgenen Unternehmens nur nach dem Gewährleistungsrecht für einen Rechtskauf. In einem solchen Fall wird nämlich in der Regel als Vertragsstatut gemäß der oben genannten Anknüpfungsgründe das Recht des US-amerikanischen Staates, unter dem die Gesellschaft organisiert ist, für den gesamten Vertrag und damit auch bezüglich des Kaufs der GmbH-Anteile Anwendung finden. Das US-amerikanische Gewährleistungsrecht Recht wiederum qualifiziert den Erwerb (nahezu) aller Anteile an einer Gesellschaft nicht als Asset Deal, sondern sieht einen derartigen Kauf als reinen Rechtskauf an[745]. Eine Haftung für Mängel des hinter dem Anteil stehenden Unternehmens besteht nicht. Im Gegensatz hierzu steht das deutsche Gewährleistungsrecht, welches den Kauf nahezu aller oder aller Anteile als Sachkauf wertet und damit eine Anwendbarkeit der §§ 459 ff. BGB bejaht[746].

In einem solchen Fall könnte sich die Anwendbarkeit des deutschen Gewährleistungsrechts für den Erwerber als günstiger erweisen, so daß es sich anbietet, den Unternehmenskaufvertrag zwar insgesamt amerikanischem Recht als dem Recht am Unternehmenssitz zu unterstellen, jedoch in einer Klausel für den Kauf der Anteile deutsches Recht nach Art. 27 Abs. 1 S. 3 Alt. 2 EGBGB zu

---

[743] Vgl. zu den konkreten Haftungsregeln die Ausführungen oben im 2. Teil.

[744] Reithmann/ Martiny/ Merkt, Int. VertragsR, Rn. 778.

[745] Lanreth Timber Co. v. Landreth, 471 U.S. 681, 105 S. Ct. 2297, 85 L. Ed. 2d 692 (1985); vgl. hierzu auch: Knepper/ Bailey, Liability of Corporate Officers and Directors, S. 519; Merkt, ZVglRWiss 93 (1994), 353 (360).

[746] Vgl. hierzu Ausführungen oben unter Teil 2, Kapitel 2.

wählen[747]. Um Widersprüche und Unvereinbarkeiten zwischen der primär gewählten Rechtsordnung und dem durch Teilrechtswahl bestimmten Recht zu vermeiden, sollte allerdings die Rechtsmängelhaftung bezüglich der deutschen GmbH insgesamt dem deutschen Recht unterstellt werden.

Des weiteren erweist sich eine gespaltene Rechtswahl auch hinsichtlich des Mitverkaufs von zu der Gesellschaft gehörenden Grundstücken als vorteilhaft. Wird zum Beispiel ein Unternehmen mit Sitz in Deutschland und Betriebsstätten in Lateinamerika im Wege des Asset Deals verkauft, würde deutsches Gewährleistungsrecht auch über die Qualität einer Bodenverunreinigung als Mangel eines Grundstücks entscheiden. Wann eine Bodenverunreinigung einen Mangel darstellt, kann jedoch von Rechtsordnung zu Rechtsordnung unterschiedlich bewertet werden. Allein rein national besteht in Deutschland aufgrund divergierender fachlicher Meinungen und einer einzukalkulierenden Fehlerquote durch Meßunsicherheiten ein hoher Risikofaktor hinsichtlich der im Einzelfall zu tolerierenden Grenzwerte und des Gefährdungspotentials[748]. Im internationalen Raum stellen sich diese Bewertungen noch problematischer dar. Ob eine Bodenverunreinigung zu einer Gebrauchs- oder Wertminderung des betroffenen Grundstücks führt, hängt zudem von der freien Beweiswürdigung des Gerichts ab[749]. Dabei spielen das umweltpolitische Bewußtsein und die Kenntnisse über gesundheitsgefährdende Umwelteinflüsse eine entscheidende Rolle. So kann eine Bodenverunreinigung nach deutschem Gewährleistungsrecht eine Gebrauchs- oder Wertminderung und damit einen Mangel darstellen, während das Gewährleistungsrecht eines lateinamerikanischen oder afrikanischen Staates einen Fehler des Grundstücks verneint. Aus diesem Grund erscheint es sachgerecht, bei einem Unternehmenskaufvertrag in Form des Asset Deal den Erwerb von Grundstücke in Staaten mit einer völlig anderen gewährleistungsrechtlichen Behandlung von Umweltverseuchungen nicht dem Vertragsstatut zu unterstellen, sondern nach Art. 27 Abs. 1 S. 3 EGBGB die lex rei sitae als Gewährleistungsstatut diesbezüglich zu vereinbaren.

---

[747] Vgl. allgemein zur Zulässigkeit einer Teilverweisung durch Rechtswahl: MüKo/ Martiny, Art. 32 Rn. 5; Soergel/ v. Hoffmann, Art. 32 Rn. 2, Art. 27 Rn. 53; Staudinger/ Magnus, Art. 32 Rn. 22; Firsching/ v. Hoffmann, IPR, § 10 Rn. 38.
[748] Knoche, NJW 1995, 1985 (1987, Fn. 18).
[749] Knoche, NJW 1995, 1985 (1987).

2. Kapitel: Behandlung von Kollisionen im Fall des Scheiterns eines Unternehmenskaufs

Im folgenden Kapitel wird nunmehr untersucht, inwieweit im Falle des Scheiterns der Unternehmensakquisition die im dritten Kapitel untersuchten Ansprüche geltend gemacht werden können, inwieweit also deutsches Recht kollisionsrechtlich berufen ist, wenn der grenzüberschreitende Unternehmenskauf gerade nicht stattgefunden hat, sondern nur die Due Diligence durchgeführt wurde und die im Rahmen der Due Diligence erlangten Informationen mißbräuchlich vom Kaufinteressenten verwendet wurden.

A. Vorliegen einer vertraglichen Geheimhaltungsabrede

Haben die Parteien eine Geheimhaltungsvereinbarung getroffen, in denen für den Fall des Zuwiderhandelns eine Vertragsstrafe vorgesehen wird und haben sie hierbei gleichzeitig eine Rechtswahlvereinbarung im Sinne des Art. 27 Abs. 1 S. 1 EGBGB festgelegt, so ist dieses Recht maßgebend.

Ist hingegen im Falle des Scheiterns eines Unternehmenskaufvertrages zwar eine Geheimhaltungsabrede, nicht jedoch eine Rechtswahlvereinbarung gegeben, ist das hypothetische Vertragsstatut[750] des Unternehmenskaufvertrages für die Vorfeldverträge maßgebend. Dieses ist nach Art. 28 EGBGB objektiv zu bestimmen[751]. Zwar fände grundsätzlich -läge keine Rechtswahl vor- nach der gesetzlichen Vermutung der „engsten Verbindung" nach Art. 28 Abs. 2 S. 1 EGBGB entweder die Rechtsordnung des Aufenthalts- oder Hauptverwaltungsortes der einen oder der anderen Partei Anwendung, je nachdem wer die charakteristische Leistung des betreffenden Vertrages im Vorfeld zu erbringen hat. Bei Verträgen, die in Vorbereitung eines anderen getroffen werden, wird jedoch in der Regel die gesetzliche Vermutung des Art. 28 Abs. 2 EGBGB durch engere Verbindungen der Vorfeldverträge zu dem geplanten Unternehmenskauf im Sinne von Art. 28 Abs. 5 EGBGB verdrängt werden. Verträge, die in Vorbereitung eines anderen Vertrages getroffen werden, weisen nämlich regelmäßig eine als „engere" im Sinne des Art. 28 Abs. 5 EGBGB zu qualifizierende Verbindung auf. Es handelt sich dabei um sogenannte „angelehnte Verträge", die nur eine untergeordnete Funktion erfüllen und für die das Recht des Hauptvertrages Anwendung findet[752].

---

[750] Das hypothetische *Vertragsstatut* darf insoweit nicht verwechselt werden mit einer hypothetischen, heute nicht mehr vorgenommenen hypothetischen *Rechtswahl*.

[751] Vgl. hierzu Ausführungen oben unter 4. Teil, 1. Kapitel, C II.

[752] MüKo/ Martiny, Art. 28 Rn. 99; Kegel/Schurig, IPR, § 18 I 1 d.; Reithmann/ Martiny/ Martiny, Int. VertragsR, Rn. 158; Reithmann/ Martiny/ Merkt, Int. VertragsR, Rn. 831.

Die im vorvertraglichen Stadium des Unternehmenskaufvertrages geschlossenen Verträge wie die Geheimhaltungsvereinbarung dienen in der Regel lediglich dessen Vorbereitung und sollen den konkreten Abschluß dieses Vertrages ermöglichen. Daran ändert sich auch dann nichts, wenn der Unternehmenskauf im Ergebnis nicht zustande kommt, weil auch in einem solchen Fall die Vereinbarung in Bezug auf den Unternehmenskaufvertrag geschlossen wurde. Auf die Geheimhaltungsvereinbarung findet folglich in der Regel das für den Unternehmenskaufvertrag maßgebliche Statut Anwendung. Die damit für den Hauptvertrag und die vorvertraglichen Vereinbarungen maßgebende einheitliche Anknüpfung an eine Rechtsordnung ist aufgrund der Überschaubarkeit der Rechtsfolgen der zur Vorbereitung des Unternehmenskaufvertrages geschlossenen Verträge auch im Interesse der Parteien. Vorteil einer Anknüpfung an das hypothetische Vertragsstatut ist ferner die Behandlung aller vertraglichen Ansprüche im Vorfeld des Unternehmenskaufvertrages nach einer einheitlichen Rechtsordnung.

Da jedoch bei Anknüpfung an ein hypothetisches Vertragsstatut unter Umständen eine für die Parteien überraschende oder in Einzelfragen nachteiligen Rechtsordnung zur Anwendung kommen kann, ist den Parteien grundsätzlich zu empfehlen, bereits für die vertraglichen Vereinbarungen im Vorfeld des Unternehmenskaufvertrages eine Rechtswahl zu treffen. Im Interesse der Parteien an überschaubaren Regelungen sollten die Parteien bereits für diese vertraglichen Regelungen die Rechtsordnung wählen, der auch der noch zu schließende Unternehmenskaufvertrag unterliegen soll.

B. Fehlen einer vertraglichen Geheimhaltungsabrede

Haben die Parteien hingegen keine Vorfeldverträge in Form einer Geheimhaltungsvereinbarung getroffen, so stehen dem Käufer keine vertraglichen Ansprüche, sondern Ansprüche aus culpa in contrahendo -zum einen aus dem Gesichtspunkt des Abbruchs der Vertragsverhandlungen ohne triftigen Grund, zum anderen aus dem Gesichtspunkt der Verletzung der ihm obliegenden Loyalitätspflicht- und aus § 826 BGB zu. Sind durch die mißbräuchliche Verwendung Ausschließlichkeitsrechte betroffen, kann der Verkäufer, soweit die jeweiligen Voraussetzungen gegeben sind, darüber hinaus Ansprüche aus angemaßter Eigengeschäftsführung (§§ 687 Abs. 2, 666, 667), § 812 Abs. 1 S. 1, 823 Abs. 1 BGB sowie aus den die Ausschließlichkeitsrechte speziell schützenden Vorschriften geltend machen[753]. Festgestellt wird im Folgenden, wie bei derartigen nicht rein vertraglichen Ansprüchen angeknüpft wird und wann bei diesen Ansprüchen deutsches Recht kollisionsrechtlich berufen ist. Aufgrund der unter-

---

[753] Vgl. hierzu im Einzelnen Ausführungen oben unter Teil 3.

schiedlichen Bewertung wird zwischen den einzelnen Anspruchsgrundlagen differenziert.

I. culpa in contrahendo

Die culpa in contrahendo ist im deutschen Sachrecht ein eigenständiges gesetzliches Schuldverhältnis, das zwischen vertraglicher und deliktischer Haftung anzusiedeln ist. Nach überwiegender Ansicht in Rechtsprechung und Literatur unterliegt der Anspruch aus culpa in contrahendo in vorrangiger Ansiedlung der Haftung an das erste Element entsprechend Artt. 31 Abs. 1, 32 Abs. 1 Nr. 3, 5 EGBGB dem Statut des Vertrages, in dessen Zusammenhang die Haftung aus culpa in contrahendo entstanden ist[754].
Dagegen differenziert eine Mindermeinung in der Literatur zwischen den Ansprüchen wegen Verletzung von Pflichten aus Beratung, Auskunft und Aufklärung, die wegen des inneren Zusammenhangs mit dem Vertrag nach dem Vertragsstatut behandelt werden sollen, und Ansprüchen aus Verletzung von Obhuts- und Erhaltungspflichten, deren Anknüpfung an das Deliktsstatut erfolgen soll[755]. Obhuts- und Fürsorgepflichten weisen nach dieser Ansicht einen deliktischen Charakter auf; internationalprivatrechtlich seien sie daher als unerlaubte Handlungen zu qualifizieren[756].
Gegen eine derartige Differenzierung spricht jedoch, daß beim Verpflichtungsgeschäft, bei dem die culpa in contrahendo insbesondere anzutreffen ist, die Haftung aus einem Versprechen an den Geschäftspartner erfolgt, während sich die Haftung aus unerlaubter Handlung aus einem Versprechen gegenüber jedermann ergibt[757]. Auch wenn das Verpflichtungsgeschäft im Endeffekt unterbleibt, rührt die Haftung für Verschulden bei Vertragsschluß aus der Tatsache, daß sich der Geschäftspartner im Hinblick auf den Geschäftsabschluß dem anderen anvertraut hat und nicht aus einem Versprechen gegenüber jedermann. Eine Anknüpfung an das Deliktsstatut ist daher grundsätzlich nicht geboten. Jedoch sollen die im Falle des Mißbrauchs der durch die Due Diligence erlangten Informationen betroffenen Konstellationen zur Bewertung herangezogen werden, um zu prüfen, ob hier ausnahmsweise eine andere Beurteilung gerechtfertigt ist.

---

754 MüKo/ Spellenberg, Art. 32 Rn. 46; Palandt/ Heldrich, Art. 32 Rn. 8; Soergel/ Kegel, 11. Auflage, Vor Art. 7 Rn. 435; Soergel/ v. Hoffmann, Art. 32 Rn. 32; Kegel/ Schurig, IPR, § 17 V 1;
755 Ermann/ Hohloch, Art. 32 Rn. 21; Firsching/ v. Hoffmann, IPR, § 11 Rn. 18; Kropholler, IPR, § 14 II Fn. 7; Bernstein, RabelsZ 41 (1977), 281 (286); Fischer, JZ 1991, 168 (173); in dieselbe Richtung: Soergel/ Lüderitz, Art. 38 Rn. 85.
756 Bernstein, RabelsZ 41 (1977), 281 (286); Firsching/ v. Hoffmann, IPR, § 11 Rn. 18.
757 MüKo/ Spellenberg, Art. 32 Rn. 46; Kegel/ Schurig, IPR, § 17 V.

Bei der im Rahmen der Due Diligence betroffenen Konstellation der culpa in contrahendo geht es zum einen um die Haftung des Kaufinteressenten wegen der Nutzung oder unbefugten Weitergabe von erlangtem Wissen hinsichtlich des zu verkaufenden Unternehmens. Diese Handlungen stehen in so enger Verbindung mit den vorvertraglichen Verhandlungen, daß es künstlich erscheinen würde, diese Haftung aus culpa in contrahendo dem Deliktsstatut zu unterstellen; denn nur im Vertrauen auf den Abschluß des Unternehmenskaufvertrages hat der Veräußerer den tiefen Einblick in das Unternehmen erlaubt, die Aussicht auf den Abschluß des Unternehmenskaufvertrages war gewissermaßen der Antriebsmotor für die Zulassung der Due Diligence. Im Falle des Anspruch einer culpa in contrahendo wegen der mißbräuchlichen Verwendung von im Rahmen einer Due Diligence erlangten Informationen ist daher an das hypothetische Vertragsstatut anzuknüpfen.

Fraglich ist, ob das Statut des Unternehmenskaufvertrages auch dann für die Haftung aus culpa in contrahendo Anwendung findet, wenn die Haftung aus culpa in contrahendo im Sinne der zweiten hier denkbaren Konstellation wegen des Scheiterns der Vertragsverhandlungen geltend gemacht wird, schließlich kommt der Vertrag gerade nicht zustande und der Käufer wird eben deswegen in Anspruch genommen.
Die überwiegende Ansicht wendet auch in einem derartigen Fall das hypothetische Statut des Unternehmenskaufvertrages an, das nach Art. 28 EGBGB bestimmt werden muß[758]. Im Gegensatz dazu sucht eine Mindermeinung den Schwerpunkt im vorvertraglichen Bereich und knüpft an den Hauptverhandlungsort an[759]. Dabei geht die Ansicht davon aus, daß der Schwerpunkt des in Aussicht genommenen Vertrages und der Schwerpunkt der den Vertrag vorbereitenden Verhandlungen unterschiedlich sein können; aus diesem Grund müsse letzterer separat angeknüpft werden[760].
Bei Unternehmenskaufverträgen haben die Vertragsverhandlungen grundsätzlich ihren Schwerpunkt am Sitz des Unternehmens, wo regelmäßig auch die Due Diligence durchgeführt wird. Damit fände nach dieser Meinung für die Haftung aus culpa in contrahendo das Recht am Unternehmenssitz Anwendung. Da diese Rechtsordnung faktisch auch für das hypothetische Vertragsstatut nach Art. 28 EGBGB maßgebend ist, kommt bei Unternehmenskaufverträgen nach

---

[758] Vgl. nur: MüKo/ Spellenberg, Art. 32 Rn. 46; Staudinger/ v. Hoffmann, Art. 38 Rn. 105.
[759] Fischer, JZ 1991, 168 (172); ebenso noch: Soergel/ Lüderitz, 11. Auflage, Vor. Art. 7 Rn. 287.
[760] Fischer, JZ 1991, 168 (172).

beiden Ansichten die gleiche Rechtsordnung zur Anwendung; es muß folglich nicht entschieden werden, welcher Ansicht zu folgen ist.
Insgesamt richtet sich somit das Statut der Haftung aus culpa in contrahendo im Vorfeld eines geplanten, aber nicht vollzogenen Unternehmenskaufvertrag entweder entsprechend Artt. 31 Abs. 1, 32 Abs. 1 Nr. 3, 5 EGBGB nach dem Statut des hypothetischen Unternehmenskaufvertrages oder nach dem Statut des Unternehmenssitzes.

II. Unerlaubte Handlungen im Zusammenhang mit den Vertragsverhandlungen

Im Zusammenhang mit den Vertragsverhandlungen kann es auch zu unerlaubten Handlungen kommen.
Grundsätzlich wird bei unerlaubten Handlungen gemäß Art. 40 Abs. 1 S. 1 EGBGB an das Recht am Tatort angeknüpft, d.h. am Begehungsort der unerlaubten Handlung[761]. Bei mißbräuchlicher Verwendung von Informationen ist daher die Rechtsordnung für die rechtliche Beurteilung relevant, in deren Geltungskreis der Mißbrauch stattfand. Dieser früher allgemein geltende Rechtsgrundsatz[762] ist durch die letzte Novelle des EGBGB gesetzlich kodifiziert worden[763].
Auch für die Fälle, in denen Handlungs- und Erfolgsort in unterschiedlichen Staaten liegen, ist eine gesetzliche Regelung in Art. 40 Abs. 1 S. 2 EGBGB getroffen worden: Der Verletzte kann verlangen, daß anstelle des Rechts des Handlungsortes das Recht angewandt wird, in dem der Erfolg eingetreten ist. In derartigen Fällen ist somit das dem Verletzten bis vor kurzem allgemein zugebilligte Wahlrecht[764] zwischen dem Recht des Handlungsortes und demjenigen des Erfolgsortes gesetzlich statuiert worden[765].
Allerdings kann die Maßgeblichkeit des für den Verletzten günstigeren Rechts zu einer Aufsplitterung eines einheitlichen Lebenssachverhalts führen. Um diese Aufsplitterung zu vermeiden, unterwarf die überwiegende Meinung früher die deliktischen Ansprüche mittels einer akzessorische Anknüpfung in den Fäl-

---

[761] Palandt/ Heldrich, Art. 40 Rn. 1; Wagner, IPRax 1998, 429 (432).
[762] Vgl. Ermann/ Hohloch, Art. 38 Rn. 16; MüKo/ Kreuzer, Art. 38 Rn. 35; Soergel/ Lüderitz, Art. 38 Rn. 3; Firsching/ v. Hoffmann, IPR, § 11 Rn. 20; Kegel/ Schurig, IPR, § 18 I 1; Lüderitz, IPR, Rn. 299; Bernstein, RabelsZ 41 (1977), 281 (286).
[763] Vgl. zu Art. 40 und allgemein zu den neuen Regelungen des EGBGB: Wagner, IPRax 1998, 429 ff.
[764] BGH NJW 1964, 2012 (2012); BAG NJW 1964, 990 (991); MüKo/ Kreuzer, Art. 38 Rn. 50; Soergel/ Lüderitz, Art. 38 Rn. 24; Staudinger/ v. Hoffmann, Art. 38 Rn. 121; Firsching/ v. Hoffmann, § 11 Rn. 23; Kegel/ Schurig, § 18 IV 1; Lüderitz, IPR, Rn. 301.
[765] Zur Diskussion bezüglich der konkreten Formulierung des Gesetzesentwurfs: Wagner, IPRax 1998, 429 (433).

len, in denen zwischen den Parteien bereits im Zeitpunkt der unerlaubten Handlung eine rechtliche Sonderverbindung wie etwa ein Vertragsverhältnis bestand, dem für den Kaufvertrag geltenden Recht[766]. Diese früher vertretene akzessorische Anknüpfung ist heute ebenso wie die bereits oben erwähnten anderweitigen Probleme im Rahmen des deutschen Internationalen Deliktsrecht in Art. 41 Abs. 1 EGBGB gesetzlich manifestiert worden: Soweit mit dem Recht eines Staates eine wesentlich engere Beziehung besteht, als mit dem Recht, das nach den Artikeln 38 bis 40 Abs. 2 maßgebend wäre, ist nach dieser Vorschrift jenes Recht anzuwenden. Eine in diesem Sinne ausschlaggebende engere Verbindung ergibt sich gemäß Art. 41 Abs. 2 Nr.1 EGBGB wiederum insbesondere aus einer besonderen rechtlichen oder tatsächlichen Beziehung zwischen den Beteiligten im Zusammenhang mit dem Schuldverhältnis.

Im Fall des Mißbrauchs von Informationen im Vorfeld eines Unternehmenskaufs besteht zwar noch kein Vertragsverhältnis. Die Aufzählung in Art. 41 Abs. 2 EGBGB ist jedoch nach dem Wortlaut („insbesondere") nur beispielhaft[767], so daß zur Anwendung des Art. 41 EGBGB nicht zwingend notwendig ein Vertragsverhältnis bestehen muß. Darüber hinaus ist durch die Aufnahme von Vertragsverhandlungen und die Zulassung einer Due Diligence bereits ein rechtliches Sonderverhältnis zwischen den Parteien entstanden, das den Parteien Rechte und Pflichten auferlegt und dieses Sonderrechtsverhältnis steht im Zusammenhang mit einem Schuldverhältnis- dem in Aussicht genommenen Unternehmenskaufvertrag. Zwischen den Beteiligten besteht somit eine engere Beziehung, so daß insgesamt das zwischen den Beteiligten bestehende Sonderverhältnis die Unterstellung der deliktischen Ansprüche unter das Statut, dem die Vertragsverhandlungen unterliegen, rechtfertigt.

Voraussetzung für eine Anknüpfung der unerlaubten Handlung an das Vertragsstatut im Sinne des Art. 41 EGBGB ist aufgrund des Charakters der Vorschrift als Ausnahmebestimmung allerdings darüber hinaus, daß ein besonderer sachlicher Zusammenhang zwischen dem Sonderrechtsverhältnis und dem Schadensereignis besteht, d.h. letzteres darf nicht bei bloßer Gelegenheit der Schadenserfüllung eingetreten sein[768]. Bei der konkreten Konstellation des Miß-

---

[766] Ermann/ Hohloch, Art. 38 Rn. 15; MüKo/ Kreuzer, Art. 38 Rn. 67; Staudinger/ v. Hoffmann, Art. 38 Rn. 137 f.; Firsching/ v. Hoffmann, § 11 Rn. 39; Kropholler, § 53 V 3; ablehnend dagegen: Soergel/ Lüderitz, Art. 38 Rn. 32 sowie die bisherige Rechtsprechung.

[767] Paladt/ Heldrich, Art. 41 Rn. 4.

[768] Dieses Erfordernis soll zudem deshalb als Voraussetzung angesehen werden, weil bei der früher von der Literatur vorgenommenen akzessorischen Anknüpfung, an die der Gesetzeswortlaut erinnert, ein besonderer, sachlicher Zusammenhang ebenfalls Voraussetzung war, vgl. insoweit: MüKo/ Kreuzer, Art. 38 Rn. 67; Staudinger/ v. Hofmann, Art. 38 Rn. 138; Firsching/ v. Hoffmann, IPR, § 11 Rn. 39; Kropholler, IPR, § 53 V 3.

brauchs von im Rahmen einer Due Diligence erlangten Informationen ist dieser sachliche Zusammenhang gegeben: Nur durch das Sonderrechtsverhältnis hatte der Kaufinteressent überhaupt die Möglichkeit, die Informationen zu erlangen, mit denen er dann die unerlaubte Handlung vornimmt, d.h. ohne das Sonderrechtsverhältnis ist das Schadensereignis überhaupt nicht denkbar. Macht mithin der ehemalige Veräußerer Ansprüche gegen den Kaufinteressenten aus Delikt geltend, ist nach Art. 41 EGBGB aufgrund der (akzessorischen) Anknüpfung an das Statut des Unternehmenskaufvertrages grundsätzlich dieses Statut berufen.

Allerdings ist im Rahmen des Internationalen Deliktsrechts bei der Bestimmung des jeweils geltenden Statuts auch ein Blick auf die jeweils betroffenen Schutzgüter zu werfen, weil von der Art des Schutzguts auch die Beurteilung des Statuts abhängen kann. Im Falle der mißbräuchlichen Verwendung von Informationen, die im Rahmen einer Due Diligence erlangt wurden, werden von § 826 BGB sämtliche Informationen, von § 823 Abs. 1 BGB hingegen nur die Immaterialgüterrechte, die als Ausschließlichkeitsrechte qualifiziert werden können, geschützt.
Besondere Bedeutung kommt insoweit bei der Bestimmung des Statuts den Immaterialgüterrechten zu. Diese werden nach herrschender Meinung nicht nach dem Deliktsstatut, sondern vielmehr nach der lex loci protectionis geschützt[769]. Unter lex loci protectionis ist das Recht des Staates zu verstehen in bzw. für dessen Gebiet man das in Frage stehende Immaterialgüterrecht in irgendeiner Form nutzen oder gegen Dritte verteidigen kann, also das Recht des Staates, für dessen Gebiet der Verletzte Schutz in Anspruch nehmen kann[770].
Grund für eine derartige Anknüpfung ist, daß Immaterialgüterrechte im Gegensatz zum Beispiel zum Eigentum in ihrem Bestand räumlich auf das Territorium des Staates begrenzt sind, der sie individuell verleiht oder unter bestimmten Voraussetzungen generell anerkennt[771]. Immaterialgüterrechte sind nur in dem Staat wirksam geschützt, dessen Entstehungsvoraussetzungen sie erfüllen. Eine

---

769 BGHZ 118, 394 (398); 126, 252 (255); BGH NJW 1998, 1395 (1396); Ermann/ Hohloch, Art. 38 Rn. 45; MüKo/ Kreuzer, Nach Art. 38 II Rn. 7; Palandt/ Heldrich, Art. 40 Rn. 13; Soergel/ Kegel, Art. 12 Rn. 16; Staudinger/ v. Hoffmann, Art. 38 Rn. 574; Kropholler, § 53 VII 2; Wagner, IPRax 1998, 429 (437).
770 Vgl. hierzu nur die ausführliche Begründung bei: MüKo/ Kreuzer, Nach Art. 38 Anh. II, Rn. 7 ff.
771 BGHZ 126, 252 (255); MüKo/ Kreuzer, Nach Art. 38 Anh. II Rn. 13; Soergel/ Kegel, Anh. Art. 12 Rn. 16; Staudinger/ v. Hoffmann, Art. 38 Rn. 574, 591; Kropholler, IPR, § 53 VII 2.

autonome Anerkennung fremder, d.h. nach fremdem Sachrecht entstandener Immaterialgüterrechte, findet nicht statt, einen Statutenwechsel gibt es nicht[772]. Da Immaterialgüterrechte nur national existieren, kann bei Verletzungen von Immaterialgüterrechten bei einem internationalen Unternehmenskauf Rechtsschutz für ein bestimmtes Gebiet folglich nur nach dem dort geltenden Recht gewährt werden. Mißbraucht der Kaufinteressent mithin im Rahmen eines grenzüberschreitenden Unternehmenskaufs durch Due Diligence erlangte Informationen, die als Immaterialgüterrechte zu qualifizieren sind, so richtet sich die Haftung bezüglich dieser Rechte nach dem Recht des jeweiligen Schutzstaates. Das Immaterialgüterrechtsstatut ist insoweit nämlich für alle Fragen maßgebend, die die Immaterialgüterrechte als solche betreffen, d.h. auch für Immaterialgüterrechtsverletzungen[773]. Ein Anspruch aus § 823 Abs. 1 BGB hinsichtlich der Verletzung von Immaterialgüterrechten wird daher nur gewährt, wenn Deutschland das Schutzland des betreffenden Immaterialgüterrechts darstellt.

III. Spezialgesetzlicher Schutz der Immaterialgüterrechte

Werden von dem Kaufinteressenten Informationen mißbräuchlich verwendet, die als Immaterialgüterrechte zu qualifizieren sind, so stehen dem Verkäufer ferner im deutschen Recht die diese Rechte speziell schützenden Vorschriften der §§ 139 Abs. 1 und 2 PatG, 15 Abs. 3 S. 2 GebrMG, 14 a S. 1 GeschmMG und § 97 Abs. 1 UrhG zur Seite.

Bei Immaterialgüterrechten wird -wie zuvor erwähnt- international an das Statut des Schutzlandes angeknüpft. Für dasselbe Schutzgut entstehen in jedem Schutzstaat selbständige, grundsätzlich von einander unabhängige Schutzrechte. Das Kollisionsrecht zieht aus der quasi weltweit vorgegebenen Rechtslage somit lediglich die Folgerung für die Anknüpfung[774]. Soweit daher durch die Due Diligence erlangte, als Immaterialgüterrechte zu schützende Informationen mißbraucht werden, kann daher der Verkäufer Ansprüche gegen den Kaufinteressenten wegen der Verletzung dieser Immaterialgüterrechte nur in dem Staat geltend machen, in dem diese entstanden und geschützt sind. Die Ansprüche aus §§ 139 Abs. 1 und 2 PatG, 15 Abs. 3 S. 2 GebrMG, 14 a S. 1 GeschmMG und § 97 Abs. 1 UrhG stehen dem Verkäufer aus diesem Grund nur dann zu, wenn das jeweilige Patent, Gebrauchsmuster etc. in Deutschland nach den spezialgesetzlichen Vorschriften entstanden ist und daher hier geschützt wird.

---

[772] MüKo/ Kreuzer, Nach Art. 38 Anh. II Rn. 13

[773] BGHZ 126, 252 (256); MüKo/ Kreuzer, Nach Art. 38 Anh. II Rn. 16; Soergel/ Kegel, Art. 12 Rn. 16; Kropholler, § 53 VII 2; Wagner, IPRax 1998, 429 (437); Staudinger/ v. Hoffmann, Art. 38 Rn. 574 m. zahlr. w. Nachweisen.

[774] MüKo/ Kreuzer, Nach Art. 38 II Rn. 14.

IV. Geschäftsführung ohne Auftrag

Hat der Kaufinteressent vorsätzlich die im Rahmen der Due Dilgence erlangten Informationen zur Steigerung des Gewinns im eigenen Unternehmen ausgenutzt, so steht dem Veräußerer grundsätzlich ein Anspruch aus §§ 687 Abs. 2, 667, 666 BGB zu. Kollisionsrechtlich ist auf die Geschäftsführung ohne Auftrag neuerdings in Art. 39 EGBGB Bezug genommen worden. Danach unterliegen gesetzliche Ansprüche aus Besorgung eines fremden Geschäfts dem Recht des Staates, in dem das Geschäft vorgenommen worden ist. Diese Anknüpfung entspricht der schon bisher herrschenden Meinung zur kollisionsrechtlichen Behandlung der Fälle der Geschäftsführung ohne Auftrag[775].

Bei der mißbräuchlichen Verwendung von Informationen im eigenen Unternehmen nimmt der Kaufinteressent das in Bezug auf die Geschäftsführung ohne Auftrag relevante Geschäft grundsätzlich in dem Staat vor, in dem sein Unternehmen sich befindet. Der Sitz des Unternehmens ist damit auch Anknüpfungspunkt für die Bestimmung des Statuts: Anzuwenden ist bei einer angemaßten Eigengeschäftsführung in dieser Hinsicht grundsätzlich das Recht des Staates, in dem der Geschäftsführer seinen Unternehmenssitz hat.

Zu beachten ist jedoch, daß die früher als akzessorische Anknüpfung geltende Regel der Anknüpfung an die gegebenenfalls im Rahmen eines Sonderverbindung bestehende engere Verbindung auch im Rahmen des Art. 39 Abs. 1 EGBGB Anwendung findet, vgl. Art. 41 EGBGB[776]. Um eine Aufsplitterung der einzelnen Ansprüche zu verhindern ist daher auch bezüglich der Geschäftsführung ohne Auftrag an das hypothetische Statut des Unternehmenskaufvertrages anzuknüpfen.

Soweit allerdings der Geschäftsführer im Rahmen der angemaßten Eigengeschäftsführung Informationen mißbraucht, die als Immaterialgüterrechte zu qualifizieren sind, richtet sich die anzuwendende Rechtsordnung im Sinne der oben dargestellten besonderen Qualität dieser Rechte nach dem Statut des Schutzlandes

V. Ungerechtfertigte Bereicherung

Gemäß dem neu geregelten Art 38 EGBGB unterliegen Ansprüche aus ungerechtfertigter Bereicherung als Folge einer Eingriffskondiktion grundsätzlich dem Recht des Staates, in dem der Eingriff geschehen ist. Für den Mißbrauch der im Rahmen der Due Diligence erlangten Informationen hieße dies, daß das Recht kollisionsrechtlich berufen wäre, in dem der Mißbrauch stattfand. Aller-

---

[775] Vgl. insoweit nur: Ermann/ Hohloch, Vor Art. 38 Rn. 4; MüKo/ Kreuzer, II Vor Art. 38 Rn. 2; Firsching/ v. Hoffmann, IPR, § 11 Rn. 9 f.; Kegel/ Schurig, IPR, § 18 II; Kropholler, IPR, § 53 II.

[776] Palandt/ Heldrich, Art. 39 Rn. 1.

dings ist an dieser Stelle zu beachten, daß es sich bei den im Fall der Due Diligence betroffenen, von § 812 Abs. 1 S. 1 Alt. 2 BGB geschützten Rechte um Patente, Gebrauchs- und Geschmacksmusterrechte und Urheberrechte, also insgesamt um Immaterialgüterrechte, handelt. Für Eingriffe in Immaterialgüterrechte wiederum gilt Art. 38 Abs. 2 EGBGB nicht[777], sondern vielmehr das Recht des Staates, für dessen Gebiet der Verletzte Schutz in Anspruch nimmt[778]. Der Unternehmensverkäufer kann folglich nur nach dem Recht des Schutzstaates Ansprüche gegen den Kaufinteressenten geltend machen.

---

[777] Vgl. BT-Drucks 14/ 343, S. 9; Palandt/ Heldrich, Art. 38 Rn. 3; Wagner, IPRax 1998, 437 (437).

[778] Vgl. BT-Drucks 14/ 343, S. 10; Palandt/ Heldrich, Art. 38 Rn. 3.

3. Kapitel: Ergebnis

Hat ein Unternehmenskauf stattgefunden und nimmt der Käufer den Verkäufer wegen Mängel des Unternehmens in Anspruch, gilt kollisionsrechtlich Folgendes: Das UN-Kaufrecht findet auf den Unternehmenskaufvertrag keine Anwendung. Dies gilt für den Share Deal, weil der Verkauf von Rechten nicht in den Anwendungsbereich des Übereinkommens fällt und bei dem Asset Deal, weil einem Unternehmen die für die Anwendung des Übereinkommens notwendige Marktgängigkeit fehlt. Die Bewertung von Kollisionen bei grenzüberschreitenden Unternehmenskäufen hat nach Internationalem deutschen Privatrecht daher nach den Vorschriften des EGBGB zu erfolgen.
Liegt eine Rechtswahlklausel im Sinne des Art. 27 EGBGB vor, so richtet sich die Haftung des Verkäufers nach dem in der Rechtswahlklausel bestimmten Statut. Im Gegensatz dazu ist bei Fehlen einer Rechtswahl gemäß Art. 28 Abs. 2 EGBGB das Recht des Staates berufen, in dem der Veräußerer als der Erbringer der charakteristischen Leistung seinen gewöhnlichen Aufenthalt oder Hauptverwaltungssitz hat. Eine Ausnahme liegt dann vor, wenn sich der gewöhnlichen Aufenthalt des Veräußerer oder seine Hauptverwaltung in einem anderen Staat als das zu veräußernde Unternehmen befindet. In einem solchen Fall ist aufgrund einer engeren Verbindung des Vertrages mit dem Sitz des zu veräußernden Unternehmens im Sinne des Art. 28 Abs. 5 EGBGB die Rechtsordnung Vertragsstatut, in deren Geltungsbereich sich der Sitz des betroffenen Unternehmen befindet.

Im Falle des Mißbrauchs von Informationen bestimmt sich das anzuwendende Statut im Falle des Vorliegens einer Rechtswahl nach der in der Klausel bestimmten Rechtsordnung. Liegt hingegen eine Geheimhaltungsvereinbarung ohne die Mitbestimmung einer Rechtswahl vor, so ist an das Statut des hypothetischen Unternehmenskaufvertrages anzuknüpfen.
Richtet sich die Haftung aufgrund des Fehlens einer Geheimhaltungsvereinbarung nach den gesetzlichen Vorschriften, so ist bezüglich der Bestimmung des Statuts zu differenzieren: Hinsichtlich der culpa in contrahendo findet das Statut des hypothetischen Unternehmenskaufvertrages Anwendung. Die Haftung aus unerlaubter Handlung richtet sich grundsätzlich gemäß der neu eingefügten Regelung des Art. 40 Abs. 1 EGBGB nach dem Tatortprinzip, wobei bei Auseinanderfallen von Handlungs- und Erfolgsort der Verletzte gemäß Art. 40 Abs. 1 S. 2 EGBGB das für ihn günstigere Recht wählen kann. Allerdings ist aufgrund der engen Verbindung der unerlaubten Handlung mit dem in Aussicht genommenen Unternehmenskaufvertrag in derartigen Fällen gemäß Art. 41 Abs. 1 EGBGB grundsätzlich an das Statut des hypothetischen Unternehmenskaufver-

trages anzuknüpfen, um eine Aufsplitterung eines einheitlichen Lebenssachverhalts zu verhindern.

Bei unerlaubten Handlungen, die Immaterialgüterrechte betreffen, ist aufgrund des besonderen Charakters dieser Rechte an das Recht des Schutzstaates anzuknüpfen. Dasselbe gilt für Ansprüche aus § 812 Abs. 1 S. 1 Alt. 2 BGB und aus §§ 687 Abs. 2, 667, 666 BGB, soweit sich die Verletzung auf Immaterialgüterrechte bezieht. Ebenfalls nach dem Statut des Schutzstaates richtet sich der etwaig bestehende, spezialgesetzliche Schutz der Immaterialgüterrechte. §§ 139 Abs. 1 und 2 PatG, 15 Abs. 3 S. 2 GebrMG, 14 a S. 1 GeschmMG und § 97 Abs. 1 UrhG, die insoweit die im deutschen Rechtsraum speziell geltenden Vorschriften darstellen, sind daher nur dann anwendbar, wenn Deutschland als Schutzstaat dieser Rechte zu qualifizieren ist.

5. Teil: Haftung externer Berater

1. Kapitel: Einführung

Für die Durchführung der Arbeiten im Rahmen einer Due Diligence sind eine Reihe besonderer Kenntnisse erforderlich[779]. Im Falle des Kaufs des betroffenen Unternehmens oder Unternehmensteils durch ein großes Unternehmen werden einige der für die Due Diligence erforderlichen Kenntnisse im Unternehmen selbst vorhanden sein, so daß die Due Diligence oder Teile von ihr durch das Unternehmen selbst durchgeführt werden können. Dies stellt jedoch den Ausnahmefall dar; in der Regel wird sich der Kaufinteressent eines Dritten bedienen müssen, der die Prüfung für ihn vornimmt[780]. Derartige Dritte sind Wirtschaftsprüfer, Investmentbanken, Steuerberater, Rechtsanwälte, Sachverständige wie Umweltgutachter und ähnliche mit Spezialkenntnissen ausgestattete Personen[781].

Der folgende Teil beschäftigt sich mit der Haftung dieser Dritten, wenn sie für den Kaufinteressenten eine Due Diligence durchführen und ihnen hierbei Fehler unterlaufen.

Abgesehen davon, daß die Haftung des Beraters für den Käufer eine weitere, ihm zur Verfügung stehende Anspruchsgrundlage darstellt, wenn er infolge des Unternehmenskaufs Vermögenseinbußen erlitten hat, ist die Haftung des Beraters für den Käufer insbesondere aus zwei Gründen von Bedeutung: Zum einen kann der Käufer den Berater in den Fällen in Anspruch nehmen, in denen die Haftung des Verkäufers aufgrund eines vertraglichen Haftungsausschlusses oder nach § 460 BGB aufgrund der Kenntnis oder der grob fahrlässigen Unkenntnis des Käufers von Mängeln des Unternehmens ausgeschlossen ist. Zum anderen verjähren die Ansprüche des Käufers gegen den Berater überwiegend später als die Gewährleistungsrechte gegenüber dem Veräußerer[782], so daß der Käufer den Berater auch noch zu einem Zeitpunkt in Anspruch nehmen kann, in dem die Ansprüche gegen den Verkäufer bereits der peremptorischen Einrede der Verjährung unterliegen.

---

779 Ganzert/ Kramer, WPg 1995, 576 (577).

780 Eschenbruch, Konzernhaftung, Rn. 4073; Hölters/ Semler, I Rn. 101; Harrer, DStR 1993, 1673 (1674); Müller, EWiR 1990, 351 (351).

781 Blankenburg, M&A Review 1996, 214 (218); Ganzert/ Kramer, WPg 1995, 576 (577); Harrer/ Erbacher, Schriften zum Kapitalmarkt, Band 2: Die Übernahme börsennotierter Unternehmen, 253 (260); Marten/ Köhler, Finanz Betrieb 1999, 337 (338); Müller, EWiR 1990, 351 (351).

782 Dies gilt zumindest, wenn die Haftung sich nach den Sachgewährleistungsrechten nach §§ 459 ff. BGB richtet.

Vor allem in den USA kommt es häufig vor, daß der Erwerber gegen das von ihm mit der Due Diligence beauftragte Beraterunternehmen im Falle der falschen Einschätzung des Unternehmenswertes einen Prozeß führt. Hauptstreitpunkt bei derartigen Prozessen stellt regelmäßig die Einhaltung des erforderlichen Maßes an Sorgfalt dar (Standard Due of care). Kann der Berater in der jeweiligen Verhandlung nämlich beweisen, daß im Einzelfall die entsprechende Sorgfalt angewandt wurde, gelingt also der Entlastungsbeweis, ist eine Inanspruchnahme des Beraters nicht möglich.

Ob und unter welchen Voraussetzungen ein derartiger Entlastungsbeweis in Deutschland gelingt und welche Bedeutung die Due Diligence in diesem Zusammenhang hat, wird im Folgenden untersucht. Vorher wird jedoch festgestellt, welche Ansprüche dem Käufer gegen die mit der Due Diligence beauftragten Berater überhaupt für den Fall zustehen, daß diese die Due Diligence fehlerhaft durchgeführt haben und dem Käufer dadurch Schäden entstanden sind.

2. Kapitel: Haftungsgrundlagen eines derartigen Vertrages

A. Besondere berufsrechtliche Haftungsnormen

Anders als im österreichischen Recht, wo die §§ 1299, 1300 ABGB die Haftung bei der Berufsausübung regeln, finden sich im deutschen Recht keine speziellen beruflichen Haftungsnormen. So findet sich beispielsweise für den Rechtsanwalt abgesehen von einigen eher deklaratorischen Hinweisen in der BRAO (vgl. §§ 44 S. 2, 51 Abs. 2 BRAO[783]) weder in der Bundesrechtsanwaltsordnung noch in sonstigen Gesetzen eine spezielle Norm, welche die Voraussetzungen der anwaltlichen Haftung bestimmt, die Haftung folgt vielmehr aus allgemeinen Vorschriften[784]. Die allgemeinen Vorschriften sind mangels besonderer Regelungen auch als Anspruchsgrundlagen für die fehlerhafte Durchführung einer Due Diligence und der fehlerhaften Erstellung von Due-Diligence-Berichten heranzuziehen und daraufhin zu überprüfen, welchen Vorschriften ein Due-Diligence-Vertrag zugeordnet werden kann.

B. Allgemeine Vorschriften

Der Erwerbsinteressent erteilt im Falle des Abschlusses eines Vertrages mit einem Berater diesem den Auftrag, für ihn tätig zu werden und für ihn die Due Diligence durchzuführen und in der Regel einen Due-Diligence-Bericht zu erstellen. Grundsätzlich liegt mithin ein Auftrag vor, so daß die den Auftrag betreffenden Vorschriften Anwendung finden. Da der Berater in der Regel für seine Tätigkeit ein Entgelt erhalten wird, richtet sich die Haftung jedoch nicht nach den allgemeinen Auftragsvorschriften der §§ 662 ff. BGB, sondern nach den Vorschriften der entgeltlichen Auftragserteilung, der entgeltlichen Geschäftsbesorgung nach § 675 BGB[785].

---

[783] § 44 BRAO: Der Rechtsanwalt, der in seinem Beruf in Anspruch genommen wird und den Auftrag nicht annehmen will, muß die Ablehnung unverzüglich erklären. Er hat den Schaden zu ersetzen, der aus einer schuldhaften Verzögerung dieser Erklärung entsteht.
§ 51 Abs. 2 BRAO: Der Versicherungsvertrag hat Versicherungsschutz für jede einzelne Pflichtverletzung zu gewähren, die gesetzliche Haftpflichtansprüche privatrechtlichen Inhalts gegen den Rechtsanwalt zur Folge haben können; dabei kann vereinbart werden, daß sämtliche Pflichtverletzungen bei Erledigung eines einheitlichen Auftrags, mögen diese auf dem Verhalten eines Rechtsanwalts oder einer herangezogenen Hilfsperson beruhen, als ein Versicherungsfall gelten.

[784] Junge-Ilges, Haftungsvereinbarungen der rechts- und wirtschaftsberatenden Berufe, S. 21; Rinsche, I Rn. 1; Vollkommer, Rn. 2; Strauch, JuS 1992, 897 (897).

[785] Vgl. insoweit zur demgemäßen Einordnung des Anwalts- und des Steuerberatervertrags: Borgmann, Die Haftung des Rechtsanwalts, 9 (9); Späth, Zivilrechtliche Haftung des Steuerberaters, Rn. 289.

Grundvoraussetzung dieser Vorschrift ist zunächst das Vorliegen einer Geschäftsbesorgung. Die Durchführung einer Due Diligence stellt eine Tätigkeit für einen anderen dar und erfüllt damit die erste Voraussetzung einer Geschäftsbesorgung. Ob abgesehen von diesem Merkmal für die Erfüllung der Eigenschaft der Geschäftsbesorgung im Sinne des § 675 BGB[786] erforderlich ist, daß es sich bei der betreffenden Tätigkeit um eine selbständige Tätigkeit wirtschaftlicher Art handelt[787], kann dahinstehen, weil die Durchführung einer Due Diligence auch dieses Merkmal erfüllt und damit nach beiden Ansichten eine Geschäftsbesorgung im Sinne des § 675 BGB gegeben ist. § 675 BGB findet mithin auf die Beauftragung eines Beraters zur Durchführung einer Due Diligence Anwendung; er ist auf das Bestehen bestimmter Pflichten und die Verletzung dieser Pflichten im Falle der fehlerhaften Durchführung der Due Diligence zu überprüfen.

Gemäß der Vorschrift des § 675 BGB richten sich die Hauptpflichten des entgeltlich tätig werdenden Geschäftsbesorgers nach Dienst- oder Werkvertragsrecht[788]. Darüber hinaus bringt § 675 BGB durch die Verweisung auf das Auftragsrecht zum Ausdruck, daß der Geschäftsbesorger die dort typischen Pflichten zu sorgfältiger und sachkundiger Wahrnehmung des fremden Geschäfts sowie zur Loyalität zu erfüllen hat, soweit sich diese Pflichten nicht schon aus Dienst- oder Werkvertrag ergeben[789]. Um die Pflichten aus Dienst- oder Werkvertrag feststellen zu können, ist zunächst eine Einordnung des Due-Diligence-Vertrages als Dienst- oder Werkvertrag vorzunehmen.

---

[786] Im Gegensatz hierzu steht die Geschäftsbesorgung im Rahmen des § 662 BGB, bei der nach allgemeiner Ansicht ausreicht, daß es sich um ein Tätigwerden für einen anderen handelt, vgl. BGHZ 56, 204 (207); Ermann/ Ehmann, vor § 662 Rn. 6; RGRK/ Steffen, § 675 Rn. 2, 7; Soergel/ Mühl, § 675 Rn. 10; Staudinger/ Seiler, § 675 Rn. 12; Brox, SchuldR BT, Rn. 291.

[787] So die herrschende Meinung, die sogenannte Trennungstheorie, vgl. RGZ 109, 299 (301); BGHZ 45, 223 (229); Ermann/ Ehmann, § 675 Rn. 1; Jauernig/ Vollkommer, § 675 Rn. 4; RGRK/ Steffen, § 675 Rn. 2, 7; Soergel/ Mühl, § 675 Rn. 1; Staudinger/ Martinek, § 675 Rn. 17 ff.; Brox, SchuldR BT, Rn. 308; Fikentscher, § 82 1,2; Larenz, Schuldrecht BT, Band 1, § 56 V; im Gegensatz hierzu steht die Einheitstheorie, die den Begriff der Geschäftsbesorgung im Sinne des § 662 BGB und im Sinne des § 675 BGB gleich definiert und auch bei § 675 BGB ein Tätigwerden für einen anderen zur Bejahung des Tatbestandsmerkmals der Geschäftsbesorgung ausreichen läßt, vgl. MüKo/ Seiler, § 675 Rn. 13; Staudinger/ Nipperdey, 11. Auflage, § 675 Rn. 2 ff.

[788] MüKo/ Seiler, § 675 Rn. 3; RGRK/ Steffen, § 675 Rn. 17; Fikentscher, § 82 II; Larenz, SchuldR BT, Band 1, § 56 VI.

[789] MüKo/ Seiler, § 675 Rn. 3; RGRK/ Steffen, § 675 Rn. 17; Staudinger/ Martinek, § 675 Rn. A 59.

I. Einteilung in Dienst- oder Werkvertrag

Ein Werkvertrag liegt nicht nur vor, wenn eine Sache an sich hergestellt oder ausgebessert wird, sondern auch dann, wenn durch Arbeit oder Dienstleistung ein Erfolg geschuldet wird[790]. Hierin besteht der Unterschied zum Dienstvertrag, bei dem lediglich die Mühe, nicht jedoch der Erfolg geschuldet wird[791].
Bei der Due Diligence prüft der Berater das betreffende Unternehmen und legt seine Resultate in einem Due-Diligence-Bericht fest, welchen der Käufer, der die Due Diligence in Auftrag gegeben hat, erhält[792]. Der Berater erstellt mithin für den Käufer ein Gutachten über das jeweilige Unternehmen.
Es gibt eine Reihe von Verträgen, die darauf gerichtet sind, ein Gutachten zu erstellen, Rat oder Auskunft zu erteilen, etwa die Beratung durch einen Anwalt oder Notar, Steuerberater oder Wirtschaftsprüfer oder auch der Vertrag mit einem Gutachter verschiedener Sparten (z.B. Architekt, Kunstsachverständiger). Um eine Beurteilung des Due-Diligence-Vertrages vornehmen zu können, soll ein kurzer Blick auf die Einordnung dieser anderen gutachterlichen Tätigkeiten geworfen werden.
Die normale anwaltliche Tätigkeit ist -jedenfalls soweit es sich um eine dauernde Beratung handelt- Geschäftsbesorgung in Form des Dienstvertrages[793]. Der Anwalt kann sich nur um einen positiven Prozeßausgang bemühen, ihn aber nicht garantieren. Soll der Anwalt aber eine Auskunft oder ein Gutachten zu einzelnen Rechtsfragen abgeben, so handelt es sich um einen Werkvertrag[794].

---

[790] BGHZ 54, 106 (107); MüKo/ Soergel, § 631 Rn. 12; Soergel/ Mühl, Vor § 631 Rn. 2; Staudinger/ Peters, Vorbem. zu §§ 631 ff. Rn. 22; Esser/ Weyers, BT Teilband 2, § 27 II 3. und § 32 I 1; Larenz, SchuldR BT, Band 1, § 52 I; Späth, Zivilrechtliche Haftung des Steuerberaters, Rn. 292.

[791] MüKo/ Müller-Glöge, § 611 Rn. 23; MüKo/ Soergel, § 631 Rn. 12; RGRK/ Glanzmann, vor § 631 Rn. 2; Staudinger/ Peters, Vorbem. zu §§ 631 ff. Rn. 22; Esser/ Weyers, BT Teilband 2, § 27 II 3; Larenz, SchuldR BT, Band 1, § 52 I; Späth, Zivilrechtliche Haftung des Steuerberaters, Rn. 290.

[792] Harrer/ Erbacher, Schriften zum Kapitalmarkt, Band 2: Die Übernahme börsennotierter Unternehmen, 253 (258 f.).

[793] BGH, NJW 1965, 106 (106); Palandt/ Putzo, Einf. § 611 Rn. 21; Borgmann-Haug, Anwaltshaftung, S. 41, 46 ff.; Meßmer/ Keßler, NVersZ 2000, 110 (113).

[794] BGH NJW 1990, 2127 (2127); Palandt/ Putzo, Einf. § 611 Rn. 21; RGRK/ Glanzmann, § 631 Rn. 189.

Gleiches gilt für einen Detektiv[795] und einen Steuerberater[796], während der Architektenvertrag heute ohne Differenzierung als Werkvertrag behandelt wird[797].

Bei der Due Diligence schließen Erwerbsinteressent und Berater grundsätzlich einen Vertrag über die Durchführung einer Due Diligence insgesamt und nicht über die Vornahme einzelner Unterschritte einer Due Diligence ab. Zu prüfen ist daher, ob die Due Diligence als solche ein Werk oder vielmehr einen Dienst darstellt.

Bei der Due Diligence werden -vereinfacht dargestellt- nach der Festlegung des Umfangs Daten gesammelt, diese wiederum ausgewertet und dann in einem Due-Diligence-Bericht zusammengefaßt. Bei den einzelnen Schritten, die die Due Diligence insgesamt ausmachen, handelt es sich zwar um einzelne Tätigkeiten, die als Dienste angesehen werden könnten. Die Due Diligence an sich hat jedoch für den Erwerbsinteressenten das Ziel, das Prüfungsergebnis, also den Due-Diligence-Bericht, zu erhalten. Der in Anspruch genommene Berater soll mithin nicht für den Erwerbsinteressenten im Sinne eines Dienstes tätig sein, sondern soll für ihn über den Zustand und den Wert des Unternehmens insgesamt ein Gutachten erstellen[798]. Die Erstellung dieses Gutachtens verspricht der Berater mit dem Abschluß des Vertrags und die Verschaffung dieses Gutachtens schuldet er. Er schuldet dabei nicht die Mühe und damit den Dienst, sondern den Erfolg, d. h. die sorgfältige Überprüfung des Unternehmens und den aus diesen Unterlagen erarbeiteten Due-Diligence-Bericht und damit ein Werk. Bei dem Vertrag über die Durchführung einer Due Diligence handelt es sich daher um einen Werkvertrag. Die Anspruchsgrundlagen und die Haftung des Beraters bei einer Fehleinschätzung des zu prüfenden Unternehmens richten sich folglich vorrangig nach werkvertraglichen Vorschriften. Nach diesen Vorschriften ist festzustellen, welche Ansprüche der Auftraggeber geltend machen kann, welche einzelnen Pflichten den Berater bei der Durchführung der Due Diligence treffen und wann eine Verletzung der Pflichten und andere Voraussetzungen zur Bejahung eines Anspruchs erfüllt sind.

---

795 RGZ 115, 122 (125).

796 BGHZ 54, 106 (107); LG München, NJW 1968, 1725 (1725); RGRK/ Glanzmann, § 631 Rn. 201; Späth, Zivilrechtliche Haftung des Steuerberaters, Rn. 290 ff.

797 Vgl. BGHZ 31, 224 (227); 41, 318 (320); 62, 204 (206); 82, 100 (105); Palandt/ Thomas, Einf. § 631 Rn. 7.

798 Der Auftraggeber schließt auch keinen Vertrag über die einzelnen Schritte ab, sondern über die Due Diligence als Ganzes. An welche konkreten Personen das Beratungsunternehmen die Aufgaben weiterleitet, interessiert insoweit auch nicht, als der Auftraggeber einen Anspruch gegen das Unternehmen der Beratungsgesellschaft hat.

II. Anspruchsgrundlagen

1. §§ 633 ff. BGB

Als Anspruchsgrundlage im Falle der fehlerhaften Durchführung einer Due Diligence kommen zunächst die §§ 634, 635 BGB in Betracht. Allerdings wird im Falle einer fehlerhaften Due Diligence grundsätzlich die Geltendmachung des Anspruchs auf Neuherstellung ausgeschlossen sein, weil der Erwerbsinteressent das Werk -den Due -Diligence-Report- in der Regel bereits abgenommen hat.
Nach der Abnahme kann jedoch der Auftraggeber, der mit der Annahme die Leistungsverpflichtung auf das hergestellte Werk konkretisiert hat, Mängelbeseitigung und -falls diese fehlschlägt- Wandelung, Minderung oder den nach § 635 BGB verschuldensabhängigen Schadensersatz verlangen.
Bei Enttäuschungen des Erwerbers über die Bonität/Profitabilität der gekauften Gesellschaft interessiert den Käufer grundsätzlich nur der Schadensersatzanspruch im Sinne des § 635 BGB; nur mit ihm kann er finanzielle Nachteile, die er aufgrund des fehlerhaften Gutachtens erlitten hat, ausgleichen. Sowohl die Mängelbeseitigung als auch die Wandelung und die Minderung helfen dem Käufer in dieser Hinsicht nicht.

a) Fehler im Sinne des § 635 BGB

Erforderlich für einen Schadensersatzanspruch im Sinne des § 635 BGB ist zunächst ein Fehler, der aufgrund des Verschuldens des Beraters zu einem Schaden geführt hat.
Ein Fehler im Sinne des § 635 BGB liegt vor, wenn das erstellte Werk von der normalen Beschaffenheit einer Werkleistung der geschuldeten Art abweicht, also von einer Beschaffenheit, wie sie von den Parteien im Vertrag vereinbart worden ist[799].
Vereinbart ist im Falle des Vertrags über die Durchführung einer Due Diligence die umfassende[800] Untersuchung des Unternehmens und die sorgfältige Umsetzung der Ergebnisse in einen Due-Diligence-Bericht. Ein Mangel der Untersuchung oder des Due-Diligence-Report ist daher gegeben, wenn in der Analyse des Unternehmens negative Faktoren, wie zum Beispiel technisch überlegene Wettbewerbsprodukte oder fehlgeschlagene Produkteinführungen in der Vergangenheit, übersehen oder nicht ausreichend untersucht werden.

---

799 BGHZ 91, 206 (212); MüKo/ Soergel, § 633 Rn. 16; RGRK/ Glanzmann, § 633 Rn. 6; Soergel/ Teichmann, Vor § 633 Rn. 17.

800 Umfassend ist hierbei auf die vom Unternehmenskäufer für relevant erklärten Bereiche zu beziehen, nicht auf das Unternehmen insgesamt. Hält der Kaufinteressent etwa eine Durchführung der Environemental-Due-Diligence nicht für erforderlich, so ist die Due Diligence auch ohne die Prüfung dieses Teilbereichs als umfassend anzusehen.

b) Ersatzfähiger Schaden

Dieser Fehler muß ferner aufgrund des Verschuldens des Beraters zu einem ersatzfähigen Schaden geführt haben. Fraglich ist, wann ein solcher ersatzfähiger Schaden im Sinne des § 635 BGB gegeben ist.

aa) Umfang des ersatzfähigen Schadens im Sinne des § 635 BGB

Der Wortlaut des § 635 BGB ergibt nicht eindeutig, in welchem Umfang nach dieser Vorschrift der durch den Mangel verursachte Schaden auszugleichen ist, also ob nur der Mangel- oder auch der Mangelfolgeschaden zu ersetzen ist. Einerseits läßt die Formulierung „statt der Wandelung oder Minderung Schadensersatz wegen Nichterfüllung verlangen" die Auslegung zu, daß nur der „Schaden am Werk", also nur der Mangelschaden, zu ersetzen ist. Andererseits deutet die Anordnung, daß Schadensersatz wegen „Nichterfüllung" zu leisten ist, darauf hin, daß der gesamte adäquat kausal verursachte Schaden und damit auch etwaige Mangelfolgeschäden auszugleichen sind.

aaa) Ansicht von Teilen der Literatur

In der Literatur[801] wird die Auffassung vertreten, daß nach § 635 BGB der gesamte durch den Mangel verursachte Schaden zu ersetzen sei und dieser Schadensersatzanspruch in der in § 638 Abs. 1 BGB bestimmten Frist verjähre.

bbb) Ansicht der Rechtsprechung und anderen Stimmen der Literatur

Die Rechtsprechung und ein anderer Teil der Literatur hingegen unterscheiden mit Rücksicht auf die besondere Sach- und Interessenlage und die Verjährungsregelung zwischen dem Mangelschaden und unmittelbaren Mangelfolgeschaden einerseits und dem entfernten Mangelfolgeschaden andererseits[802]. Nach § 635 BGB würde nur der Mangel- und unmittelbare Mangelfolgeschaden ersetzt, d. h. der Schaden, der am Werk selbst sowie an den anderen Rechtsgütern entstanden ist, die örtlich eng mit dem Werk verbunden sind, wobei der Schaden hierbei unmittelbar, also ohne Dazwischentreten weiterer Ereignisse, ausgelöst worden sein muß. Von § 635 BGB nicht erfaßt werden nach dieser Ansicht dagegen die entfernten Mangelfolgeschäden, für die die positive Vertragsverletzung mit der dreißigjährigen Verjährung des § 195 BGB gelten soll[803]. Ein der-

---

[801] Brox, SchuldR BT, Rn. 270; Medicus, BR, Rn. 355; ders. FS für Kern, 313 (332); Honsell, Jura 1979, 184 (197 f.); Michalski, NJW 1988, 793 (798).

[802] BGHZ 80, 284 (289); 98, 45 (46); 115, 32 (34); NJW-RR 1996, 1203 (1206); MüKo/ Soergel, § 635 Rn. 21; Palandt/ Sprau, Vorbem v § 633 Rn. 22 ff; RGRK/ Glanzmann, § 635 Rn. 9 ff.; Soergel/ Teichmann, § 635 Rn. 8; Staudinger/ Peters, § 635 Rn. 49 ff.; Larenz, SchuldR BT, Band 1, § 53 II b); Ackmann, JZ 1992, 670 (671 f.); Strauch, JuS 1992, 897 (897 f.).

[803] RGRK/ Glanzmann, § 635 Rn. 32, § 638 Rn. 7 ff.; Staudinger/ Peters, § 635 Rn. 50; Ackmann, JZ 1992, 670 (671).

artiger entfernter Mangelfolgeschaden liegt nach dieser Ansicht vor, wenn der Schaden an einem anderen Rechtsgut des Bestellers entsteht und er nicht mehr eng und unmittelbar mit dem Mangel zusammenhängt[804].

ccc) Stellungnahme

Gegen die erste Auffassung, die sämtliche Schäden eines Werkes unter § 635 BGB faßt, spricht, daß sie keine interessengerechten Ergebnisse zur Folge hat. Die durch eine schuldhafte Pflichtverletzung verursachten Schäden an anderen Rechtsgütern des Bestellers können bereits verjährt sein, bevor sie entstehen, was grundsätzlich und damit zu einseitig zu Lasten des Bestellers geht. Der Besteller ist durch eine derartige Auslegung nicht hinreichend geschützt. Die zweite Ansicht hingegen ermöglicht einen gerechten Interessenausgleich. Einerseits werden die Interessen des Werkerstellers geschützt, weil er für Schäden am Werk selbst nur ein halbes Jahr aufkommen muß; andererseits wird der Besteller geschützt, weil er Schäden an anderen als der Werksache selbst 30 Jahre geltend machen kann. Aus diesem Grund ist der zuletzt genannten Ansicht der Rechtsprechung und Teilen der Literatur zu folgen.

bb) Einordnung des Schadens bei Vorliegen einer fehlerhaften Due Diligence

Im Sinne der zweiten Ansicht ist nunmehr festzustellen, ob der aufgrund der fehlerhaften Due Diligence oder des fehlerhaften Due-Diligence-Berichts entstandene Schaden einen Mangelschaden oder einen engen oder einen weiten Mangelfolgeschaden darstellt.

aaa) Minderwert der Due Diligence

Zunächst kommt als Schaden die Due Diligence selbst bzw. der Due-Diligence-Bericht in Betracht. Der wirkliche Wert des Berichts ist aufgrund der Fehlerhaftigkeit geringer als Berater und Kaufinteressent angenommen haben, d.h. der Bericht ist wegen seiner Fehler weniger wert als der für ihn gezahlte Kaufpreis[805]. Da dieser Schaden einen Schaden des Werkes selbst darstellt, handelt es sich bei dieser Art des Schadens um einen sogenannten Mangelschaden. Dieser wird gemäß der vorgenommenen Einteilung von § 635 BGB erfaßt. Hieraus ergibt sich, daß bezüglich des Minderwerts des Berichts selbst der Käufer den Berater aus § 635 BGB mit der insoweit geltenden Verjährungsvorschrift des

[804] MüKo/ Soergel, § 635 Rn. 53; Soergel/ Teichmann, § 635 Rn. 21.

[805] Vgl. allgemein zu dieser Art des Schadens: RGRK/ Glanzmann, § 635 Rn. 10, § 633 Rn. 9 m.w.N.

§ 638 BGB in Anspruch nehmen kann, soweit den Berater hinsichtlich des Fehlers ein Verschulden trifft[806].

bbb) Zu hoher Kaufpreis des geprüften Unternehmens

Der Schaden, den der Besteller im Falle der fehlerhaften Durchführung einer Due Diligence oder der fehlerhaften Erstellung eines Due-Diligence-Berichts in erster Linie erleidet, ist jedoch der zu hohe Kaufpreis für das Unternehmens, der auf der Grundlage des Berichts gezahlt wurde[807]. Der dem Besteller durch die mangelhafte Due Diligence oder den mangelhaften Due-Diligence-Bericht entstehende Schaden tritt diesbezüglich an dem außerhalb des geschuldeten Werkes liegenden Vermögen und damit an einem anderen Rechtsgut ein. Ein Mangelschaden scheidet somit aus, weil die Due Diligence selbst bzw. der Due-Diligence-Bericht nicht den Schaden darstellt. Bei dem zu hohen Kaufpreis handelt es sich vielmehr um eine Mangelfolgeschaden. Zu entscheiden ist bei einem Mangelfolgeschaden nach der hier vertretenen Ansicht jedoch weiterhin, ob es sich bei dem betreffenden Schaden um einen nahen oder fernen Mangelfolgeschaden handelt.

Ein naher Mangelfolgeschaden liegt vor allem dann vor, wenn das Werk dazu bestimmt ist, in ein anderes Werk umgesetzt zu werden, der Mangel des Werkes sich sozusagen zwangsläufig auf ein anderes Werk überträgt[808], sich dort realisiert[809]. Eine derartige Bestimmung des Werkes des Due-Diligence-Berichts ist zu verneinen. Das nichtkörperliche Werk der Erstellung des Due-Diligence-Berichts setzt sich nicht bestimmungsgemäß in ein anderes Werk um, sondern es bildet die Grundlage für eine noch zu treffende Kaufentscheidung. Der Due-Diligence-Bericht schafft dem Besteller lediglich eine für ihn verwertbare In-

---

806 Bezüglich des für den Anspruch des § 635 BGB erforderlichen Verschuldens sei auf die Ausführungen unten unter Teil 5, Kapitel 2, B II 2 b. hingewiesen. Aufgrund der größeren Bedeutung der positiven Vertragsverletzung -der Kaufpreis des Unternehmens wird grundsätzlich wesentlich höher sein als der Wert der Due Diligence- erfolgt eine ausführliche Darstellung des einzuhaltenden Sorgfaltsmaßstabs an dieser Stelle.

807 Zum einen ergibt sich der zu hohe Kaufpreis, wenn negative Faktoren, etwa bestehende Verbindlichkeiten und ähnliches vom Berater übersehen wurden, zum anderen, wenn aufgrund der dem Käufer nach § 166 BGB zugerechneten Kenntnis bezüglich bestimmter Aspekte die Möglichkeit der Geltendmachung der Gewährleistungsrechte nach § 460 BGB verschlossen ist oder auch wenn für.Risiken falsche Gewährleistungsregeln festgelegt wurden.

808 RGRK/ Glanzmann, § 635 Rn. 45; Soergel/ Teichmann, § 635 Rn. 20; Staudinger/ Peters, § 635 Rn. 56.

809 So etwa im Verhältnis des Architekten zu dem danach errichteten Bauwerk, vgl. BGHZ 58, 225 (228); ebenso im Verhältnis des Statikers zu dem Bauwerk, vgl. BGHZ 80, 284 (287), bei Fehlern eines geologischen Baugrundgutachtens, vgl. BGHZ 72, 257 (259 f.), bei Feuchtigkeitsschäden nach einem fehlerhaften Sanierungsgutachten, BGH JR 1988, 197 (197 f.).

formation und erschöpft sich in diesem Ziel. Als zusätzliches und damit den Schaden auslösendes Element tritt die durch den Due-Diligence-Bericht nur vorbereitete Kaufentscheidung hinzu. Diese stellt ein Ereignis dar, welches zwischen dem Mangel und dem Schadenseintritt steht. Da nahe Mangelfolgeschäden grundsätzlich nur solche sind, welche ohne das Hinzutreten weiterer Ereignisse durch den Mangel ausgelöst werden, ist der zu hohe Kaufpreis für das Unternehmen als ferner Mangelfolgeschaden einzustufen[810]. Die Haftung für den zu hohen Kaufpreis aufgrund der fehlerhaften Due Diligence richtet sich daher nach den Regeln der positiven Vertragsverletzung; eine Haftung nach §§ 675, 635 BGB scheidet aus.

2. Positive Vertragsverletzung

Eine Haftung aus positiver Vertragsverletzung wäre zu bejahen, wenn der Berater durch die mangelhafte Analyse eine sich aus dem mit dem Kaufinteressenten abgeschlossenen Geschäftsbesorgungsvertrag (§§ 675, 631 BGB) ergebende Pflicht im Sinne der positiven Vertragsverletzung verletzt hätte.

a) Pflichtverletzung im Sinne der positiven Vertragsverletzung

Als Pflichtverletzung im Sinne der positiven Vertragsverletzung kommen die Schlechterfüllung der Hauptleistungspflicht, die Vertragsuntreue des Schuldners und die Schutzpflichtverletzung in Betracht[811]. Die erste Pflichtverletzung betrifft den Fall, daß die Hauptleistungspflicht zwar erfüllt wird, dies aber nicht ordnungsgemäß geschieht, die zweite Pflicht den Fall, daß der Schuldner durch sein Verhalten den Vertragzweck in Frage stellt oder gefährdet, die dritte Pflicht schließlich betrifft den Fall, daß der Schuldner im Zusammenhang mit dem Schuldverhältnis andere Rechtsgüter des Schuldners beschädigt oder gefährdet[812].

aa) Mögliche Arten der Pflichtverletzungen

aaa) Haftung für Beratung?

Vorangestellt sei im Rahmen der Untersuchungen der Pflichtverletzungen, daß sich keine Haftung aus einem „Rat" des Prüfers als solchen ergeben kann. Er enthält in erster Linie Meinung, Wertung und Beurteilung. Relevant in haftungsrechtlicher Hinsicht ist jedoch nur die Aufklärung bzw. Nichtaufklärung über Tatsachen. Wird daher lediglich eine Empfehlung ausgesprochen, ein Un-

---

[810] Ähnlich allgemein für die Erstellung eines Gutachtens: MüKo/ Soergel, § 635 Rn. 45; Soergel/Teichmann, § 635 Rn. 20 f.

[811] Jauernig/ Vollkommer, § 276 Rn. 52 ff.; Staudinger/ Schmidt, § 242 Rn. 1453.

[812] Jauernig/ Vollkommer, § 276 Rn. 52 ff.; Staudinger/ Löwisch, Vorbem. zu §§ 275 ff., Rn. 23; Eichler, Vertragsverletzung und Vertragsbruch, S. 33; Vollkommer, Rn. 216.

ternehmen zu kaufen, wird dies in der Regel haftungsfrei sein[813]. Dies gilt auch allein deshalb, weil eine Empfehlung als solche den Beratenden schon aus dem Grund nicht schadensersatzpflichtig machen könnte, weil sie alleine den Beratenen kaum zu einem Tun oder Unterlassen veranlassen dürfte. Zumindest weiß der Empfänger, daß er einer solchen Empfehlung für sich genommen auf eigenes Risiko folgt.
Im Einzelfall ist eine Haftung des Experten jedoch in derartigen Fallkonstellationen davon abhängig, inwieweit, abgesehen von der Durchführung einer Due Diligence, die Beratung zum Gegenstand des geschlossenen Vertrages gemacht wurde. Bei einer gleichzeitig mit der Durchführung der Due Diligence übernommenen Beratung treffen den Experten auch Beratungspflichten, insbesondere die Pflicht zur Beratung gegen eine nicht ratsame Transaktion. Bei Fehlen derartiger Beratungsvereinbarungen ist jedoch ein Rat eines Experten nicht haftungsbegründend.

bbb) Schutzpflichtverletzung

Unabhängig von dem Bestehen von Beratungspflichten kann grundsätzlich bei Durchführung einer Due Diligence ein Anspruch aus positiver Vertragsverletzung aus der Verletzung einer Schutzpflicht resultieren. Schutzpflichten im Sinne der positiven Vertragsverletzung sind insbesondere die Aufklärungspflichten[814]. Der Berater hat den Käufer im Sinne der Aufklärungspflicht über sämtliche bei der Due Diligence entdeckten Probleme und Umstände aufzuklären, die für den Kaufinteressenten von besonderer Bedeutung sind und Einfluß auf seine Kaufentscheidung haben können. Unterläßt er dies, verletzt er die ihm aufgrund des Vertragsverhältnisses obliegende Schutzpflicht, deren Ausprägung die Aufklärungs- und Informationspflicht darstellt. Haftungsbegründend bei Durchführung einer Due Diligence sind folglich die unterlassene oder fehlerhafte Aufklärung des Kaufinteressenten über Informationen, die der Berater im Rahmen der Sammlung und Überprüfung von entscheidungserheblichen Tatsachen erfahren hat[815].

ccc) Schlechterfüllung

Relevant in Bezug auf die durch die fehlerhafte Analyse entstandenen Schäden ist insgesamt jedoch in erster Linie die erwähnte erste Fallgruppe, die Schlechtleistung.

---

[813] Vgl. Holzapfel/ Pöllath, Rn. 432.
[814] MüKo/ Kramer, § 241 Rn. 18 f.; Staudinger/ Löwisch, Vorbem. zu §§ 275 ff. Rn. 35; Eichler, Vertragsverletzung und Vertragsbruch, S. 55;.
[815] Berens/ Brauner, S. 84.

Mit dem Begriff der Schlechtleistung werden diejenigen Fallgruppen erfaßt, in denen eine nicht ordnungsgemäße Erfüllung vorliegt und es dadurch zu Schädigungen des anderen Teils kommt. Als Hauptfall dieser Fallgruppe gilt die Lieferung oder Überlassung mangelhafter Sachen beim Kauf-, Werk- oder Mietvertrag, die zu weiteren Schäden beim Gläubiger, den sogenannten Mangelfolgeschäden, geführt hat und die von den speziellen Gewährleistungvorschriften nicht erfaßt wird[816].

Bei der fehlerhaften Analyse des Unternehmens im Rahmen der Due Diligence sind die Voraussetzungen der soeben genannten Fallgruppe gegeben: Es liegt ein Schaden an einem anderen Rechtsgut des Bestellers und damit ein Mangelfolgeschaden vor[817]. Dieser Mangelfolgeschaden wird nach der hier vertretenen Ansicht aufgrund des Charakters als ferner Mangelfolgeschaden auch nicht von den besonderen Werkmängelvorschriften erfaßt, so daß Subsidiarität zu bejahen ist. Infolgedessen stellt das Übersehen oder die nicht ausreichende Untersuchung von negativen Faktoren, die zu Fehlern in der Analyse des Unternehmens führt, eine nicht ordnungsgemäße Erfüllung der Hauptleistungspflicht dar, die darin bestand, ein umfassendes, alle relevanten Faktoren einbeziehendes Gutachten zu erstellen.

Welche Anforderungen im Einzelfall an einen Berater zu stellen sind, hängt allerdings von dem jeweiligen Rechtsverhältnis, in dem er zu seinem Auftraggeber steht und davon ab, was zum Gegenstand seiner Prüfung erklärt wurde[818]. Hat der Berater etwa erklärt, alle für die Beteiligung des Interessenten an dem Unternehmen relevanten Fragen geprüft zu haben, so liegt eine Schlechterfüllung des Geschäftsbesorgungsvertrages vor, wenn nicht alle zumutbaren Erkenntnismöglichkeiten ausgeschöpft worden sind, die für die Werthaltigkeit der Beteiligung von Bedeutung sind[819]. Ebenso liegt eine Schlechterfüllung des Due-Diligence-Vertrages vor, wenn vertraglich vereinbart wurde, daß der Berater alle für den Kaufinteressenten relevanten Umstände prüfen soll, um die Geeignetheit als Kaufobjekt beurteilen und gleichzeitig Gewährleistungsvereinbarungen treffen zu können, und der Berater einer solchen Prüfung nicht nachkommt und wichtige Aspekte übersieht.

---

816 Palandt/ Heinrichs, § 276 Rn. 110; Staudinger/ Löwisch, Vorbem. zu §§ 275 ff., Rn. 28.

817 Siehe hierzu Ausführungen oben unter 5. Teil, 2. Kapitel, B II 1 b bb bbb.

818 Holzapfel/ Pöllath, Rn. 431.

819 BGH WM 1986, 517 (517); ZIP 1988, 103 (106 f.); Reithmann, EWiR 1985, 293 (293 f.). So müssen beispielsweise vom Berater Nachforschungen über Vermarktungsversuche in der Vergangenheit angestellt werden, wenn das betroffene Unternehmen bestimmte Geräte entwickelt hat und diese in den Markt einführen will; vgl. BGH WM 1993, 295 (295 ff.); dazu Medicus, EWir 1993, 233 (233 f.).

Die Pflichten bestehen sowohl bei der Durchführung der Due Diligence als auch bei der Erstellung des Due-Diligence-Berichts, also bei der Zusammenfassung der Ergebnisse der Due Diligence für den Erwerbsinteressenten. Der Berater hat bei letzterem die Pflicht, sämtliche durch die Due Diligence in Kenntnis erlangte, für den Käufer wichtige Vor- und Nachteile des Unternehmens im Bericht aufzuführen, um dem Auftraggeber ein umfassendes Bild über das Unternehmen zu geben.

bb) Abhängigkeit der Pflichten vom Berufsbild des Beraters

Obwohl generell derartige Pflichten des Beraters statuiert werden können, lassen sich die konkreten Pflichten der Berater nur feststellen, wenn man das Berufsbild des jeweiligen Beraters einbezieht. Grund hierfür ist, daß der einzelne Berater in bestimmten Bereichen besondere Qualifikationen besitzt, also Spezialist ist, und daher andere Pflichtmaßstäbe in diesem Bereich erfüllen kann und zu erfüllen hat als ein Laie in diesem Bereich[820]. Um einen Überblick über die Pflichten des jeweiligen Beraters zu haben, werden die den Berater der einzelnen Berufssparten treffenden Pflichten im Folgenden kurz erläutert.

aaa) Wirtschaftsprüfer

Der Wirtschaftsprüfer wird vor allem zur Durchführung der Financial Due Diligence eingesetzt[821]. Hierbei hat er die Aufgabe, betriebswirtschaftliche Prüfungen durchzuführen (§ 2 Abs. 1 WPO) sowie seinen Auftraggeber in steuerlichen und wirtschaftlichen Angelegenheiten zu beraten und auf den Gebieten der wirtschaftlichen Betriebsführung als Sachverständiger aufzutreten (§ 2 Abs. 2 und 3 WPO)[822]. Die Prüfungen im Sinne des § 2 Abs. 1 WPO sind Ordnungsmäßigkeitsprüfungen und Sonderprüfungen. Im Mittelpunkt der Ordnungsmäßigkeitsprüfung steht die Prüfung des Jahres- bzw. Zwischenabschlusses, insbesondere wenn die Bilanz zur Grundlage der Kaufpreisabstimmung gemacht wurde. Sonderprüfungen sind Organisationsprüfungen, Kosten- und Preisprüfungen sowie Wirtschaftlichkeits- und Rentabilitätsprüfungen, wobei die Er-

---

[820] BGH WM 1985, 1530 (1531); DB 1987, 1292 (1292); DB 1987, 1293 (1294 f.); ZIP 1988, 103 (107); Berens/ Brauner, S. 84; Holzapfel/ Pöllath, Rn. 432; Larenz, SchuldR BT, Band 1, § 56 VI 1.; Picot, Teil I Rn. 105 ; Grunewald, JZ 1988, 627 (628); Müller, EWiR 1990, 352 (353).

[821] Ganzert/ Kramer, WPg 1995, 576 (577 ff.).

[822] Aus diesem Grund nimmt der Wirtschaftsprüfer bei Unternehmensakquisitionen neben Rechtsanwälten und Unternehmensberatern eine bedeutende Stellung ein; denn er ist in der Lage, durch seine traditionellen Aufgabenfelder und seine berufliche Qualifikation auf den Gebieten des Handels-, Gesellschafts- und Steuerrechts, umfassendes Know-How anzubieten, vgl. Gellert, S. 130.

kennung von Schwachstellen, Risiken und Fehlern im operativen Geschäft im Vordergrund steht[823].

Anhand der genannten Aufgaben wird klar, daß der Wirtschaftsprüfers besondere Pflichten innerhalb der wirtschaftlichen Prüfungsfelder, in denen er Spezialist ist und besondere Kenntnis hat, besitzt[824]. In diesen Bereichen treffen ihn gesteigerte Sorgfaltspflichten, und er muß bei der Durchführung der Due Diligence beachten, daß er in diesen Bereichen, in denen er Spezialist ist, sein vollständiges Know-How anzuwenden und sämtliche mit seinem Wissen erkennbaren Risiken aufzudecken hat.

bbb) Steuerberater

Mit Hilfe des Steuerberaters wird die Tax Due Diligence durchgeführt, der Steuerberater befaßt sich folglich vorrangig mit steuerlichen Aspekten einer in Aussicht genommenen Transaktion. Er überprüft vergangene Wirtschaftsjahre und die damit verbundenen steuerlichen Sachverhalte, wobei Ziel seiner Prüfung ist, Risiken aufzudecken, die zu finanziellen Verpflichtungen gegenüber dem Fiskus führen können.

Gesteigerte Pflichten des Steuerberaters entstehen entsprechend seinem Berufsbild vor allem in dem steuerlichem Bereich, in dem er Spezialkenntnisse besitzt[825]. Für Steuerberater ist dabei im Rahmen der Due Diligence in besonderem Maße zu beachten, daß das Steuerrecht äußerst kompliziert ist und auch ein wirtschaftlich erfahrener und kenntnisreicher Mandant angesichts der Kompliziertheit des Steuerrechts steuerlich unkundig sein kann. Grundsätzlich muß der Steuerberater daher den Mandanten auch ungefragt über die bei sachgerechter Bearbeitung auftauchenden wesentlichen steuerrechtlichen Fragen belehren[826]. Dagegen trifft den Steuerberater die Verpflichtung, wirtschaftlich zu beraten, nur, wenn er einen dementsprechenden Auftrag erhalten hat oder er von sich aus eine bestimmte Beteiligung empfiehlt[827]. Erst dann darf der Mandant darauf vertrauen, daß der Steuerberater auch die für ihn wesentlichen wirtschaftlichen

---

[823] Berens/ Brauner, S. 127; Gellert, S. 133.

[824] Keine Geltung finden insoweit jedoch die Vorschriften der §§ 316 ff. HGB. Diese sind speziell für die Pflichtprüfungen statuierte Sondervorschriften, bei sonstigen Tätigkeiten der Wirtschaftsprüfer, wie freiwilligen Prüfungen, Gutachter- oder Berateraufgaben, finden sie keine Anwendung. Einschlägig in solchen Fällen -und damit auch bei Durchführung einer Due Diligence- sind vielmehr die allgemeinen Haftungsgrundsätze, vgl. Junge-Ilges, Haftungsvereinbarungen der rechts- und wirtschaftsberatenden Berufe, S. 95.

[825] Vgl. BGH DB 1987, 1292 (1292).

[826] BGH DB 1991, 2029 (2029); NJW 1995, 958 (958); WM 1996, 71 (72); Holzapfel/ Pöllath, Rn. 459; Späth, Zivilrechtliche Haftung des Steuerberaters, Rn. 133.

[827] BGH DB 1991, 2029 (2029).

Umstände berücksichtigt und einen auf seine aktuelle finanzielle Situation zugeschnittenen Rat erteilt hat[828].
Liegt die Verpflichtung zu wirtschaftlicher Beratung vor, hat der Steuerberater den kaufinteressierten Klienten auch darauf hinzuweisen, daß eine ordnungsgemäße Buchhaltung fehlt, die Buchführung schwerwiegende Mängel aufweist oder nur in Auszügen vorhanden ist und von daher ein Schluß auf die wirtschaftliche Lage nicht in zuverlässiger Weise getroffen werden kann[829]. Das gleiche gilt, wenn er feststellt, daß in dem zu beurteilenden Unternehmen kein Eigenkapital vorhanden ist[830].

Ob der Steuerberater einem Klienten aus steuerlichen Gründen raten muß, von dem Unternehmenskauf abzusehen, hängt von den Umständen des Einzelfalls ab. Ist für den Steuerberater aufgrund seiner bisher gewonnenen Kenntnisse der wirtschaftlichen Verhältnisse des Klienten ohne weiteres ersichtlich, daß der Kauf eines Unternehmensanteils als Vermögensanlage den damit beabsichtigten Zweck der Steuerersparnis nicht erreichen wird, so hat er dem Auftraggeber seine Bedenken von sich aus mitzuteilen[831]. In diesem oder ähnlichen Fällen ist daher der Steuerberater im Rahmen seiner Vertragspflicht gebunden, den Mandanten vor Schaden zu bewahren und auf etwaige wirtschaftliche Fehlentscheidungen hinzuweisen, auch wenn diese nicht im Rahmen seines eigentlichen Prüfungsumfangs liegen[832]. Ebenso ist eine Hinweispflicht zu bejahen, wenn das Risiko verdeckter Gewinnausschüttungen bei Belastung der Gesellschaft mit gesellschaftsbezogenen Leistungen besteht[833].

ccc) Rechtsanwalt

Im Mittelpunkt der Aufgaben von Rechtsanwälten steht die Durchführung der Legal Due Diligence.
Bei der Durchführung der Legal Due Diligence hat der Rechtsanwalt die Pflicht, alle ihm vorgelegten Verträge sorgsam zu überprüfen und alle ihm zur Verfügung stehenden Erkenntnisquellen auszuschöpfen. Kenntnis und Ver-

---

[828] BGH WM 1985, 1530 (1531); DB 1991, 2029 (2029).
[829] BGH WM 1984, 465 (466); ZIP 1987, 376 (377).
[830] BGH WM 1984, 465 (466). Der BGH weist in dieser Entscheidung darauf hin, daß ein gewisses Eigenkapital nach Erfahrungsgrundsätzen zum erfolgreichen Betrieb des Unternehmens in der Regel erforderlich ist.
[831] BGH NJW-RR 1991, 1125 (1126).
[832] BGH WM 1987, 661 (662); DB 1991, 2029 (2030).
[833] Holzapfel/ Pöllath, Rn. 460.

ständnis des Gesetzes[834] sowie die Kenntnis der höchstrichterlichen Rechtsprechung[835] und der Literatur[836] muß der Anwalt dabei grundsätzlich haben[837].
In dem rechtlichen Bereich der Due Diligence als seinem Spezialgebiet obliegen dem Anwalt auch besondere Sorgfaltspflichten. Er hat rechtliche Besonderheiten zu beachten und auch für den Fall, daß der ihm gegebene Auftrag eine bestimmte rechtliche Frage nicht umfaßt, auf diese hinzuweisen, wenn er aufgrund der äußeren Umstände oder aufgrund seiner Tätigkeit erkennt, daß sie für den Auftraggeber relevant ist.

ddd) Sachverständiger

Als letzte Berufsgruppe, die an einer Due Diligence mitwirkt, sind die Sachverständigen zu nennen. Diese werden neben Wirtschaftsprüfern, Steuerberatern und Rechtsanwälten herangezogen, um einige besondere Aspekte, die einer eingehenden Beurteilung mit Spezialkenntnis bedürfen, zu untersuchen.
Die Spezialkenntnis des Sachverständigen in einem bestimmten Bereich weist auf seine Pflicht hin. In dem Bereich, in dem der Sachverständige Spezialkenntnis hat, also in dem Bereich, in dem er als Sachverständiger eingesetzt wird, unterliegt er einem erhöhten Pflichtenmaßstab. Verdeutlicht sei dies an dem Beispiel der Environmental-Due-Diligence[838]: Die Environmental-Due-Diligence dient grundsätzlich der Informationsbeschaffung und -verifizierung über die umweltrechtliche Situation des Unternehmens. Hierbei wird überprüft, ob das Unternehmen im Rahmen des momentanen Geschäftsbetriebs die aktuellen und absehbaren zukünftigen umweltrechtlichen Anforderungen erfüllt. Ferner wird eine Analyse der umweltrechtlichen Implikationen der von dem

---

[834] BGH MDR 1958, 496 (496); OLG Hamm, VersR 1981, 936 (936 f.).

[835] BGH NJW 1952, 425 (425); MDR 1958, 496 (496); NJW 1989, 1155 (1156).

[836] OLG Karlsruhe, NJW 1965, 1023 (1023 f.); OLG Celle, NJW 1977, 1350 (1350).

[837] Vgl. Junge-Ilges, Haftungsvereinbarungen der rechts- und wirtschaftsberatenden Berufe, S. 22; Vollkommer, Rn. 144, 146 und 148;

[838] Die Heranziehung von Sachverständigen im umweltrechtlichen Bereich ist wichtig, weil die übrigen mit dem Unternehmenskauf befassten Spezialisten in der Regel nicht über besonderes Fachwissen im Umweltbereich verfügen, so daß die hier möglicherweise vorhandenen Probleme leicht übersehen werden können. Umweltrisiken sind aus der Bilanz nur selten ersichtlich, da Rückstellungen hier nach der Rechtsprechung erst dann gebildet werden können, wenn die zuständige Behörde das Problem erkannt hat und sich das Risiko schon in Form eines Bescheides oder in vergleichbarer Weise konkretesiert und verfestigt hat. Ferner ist es für einen nicht auf diesen Bereich spezialisierten Berater schwer, umweltrechtliche Aspekte wie die Qualität und Aussagekraft eines Altgutachtens zu beurteilen, zumal die Transaktionen in der Regel unter beachtlichen Zeitdruck durchgeführt werden müssen. Vgl. insgesamt zur Aufgabe des Sachverständigen im Umweltbereich und zur Environmental-Due-Diligence: Turiaux/ Knigge, BB 1999, 913 ff.

Erwerb an geplanten Geschäftstätigkeiten vorgenommen. Dieser Inhalt der Umwelt-Due-Diligence deutet auf den Bereich hin, in dem den Sachverständigen eine erhöhte Sorgfaltspflicht trifft: Ihm obliegt die besondere Sorgfaltspflicht, in den umweltrechtlichen Belangen, in denen er besonders ausgebildet wurde und deshalb besondere Kenntnis besitzt. In diesem Bereich muß er alle ihm zur Verfügung stehenden Wissensquellen ausschöpfen und durch Einbeziehung und Untersuchung sämtlicher Unterlagen sicherstellen, daß abgesehen von den im Bericht aufgeführten Belastungen keine weiteren später auftretenden Altlasten oder ähnliches absehbar sind, für die der Käufer in Anspruch genommen werden kann.

Insgesamt lassen sich jeweils berufsbezogen spezifische Pflichten des Beraters feststellen: Dort, wo der Berater seinen Tätigkeitsschwerpunkt besitzt, sind ihm besondere Pflichten zur Wahrnehmung der Interessen des Auftraggebers auferlegt.

cc) Zwischenergebnis

Festzustellen ist, daß der externe Berater aufgrund dreierlei Pflichtverletzungen einer Haftung unterliegen kann: Zum einen kommt eine Haftung für den Fall in Betracht, daß der Berater die Due Diligence nicht ordnungsgemäß durchführt und so eine fehlerhafte Analyse erstellt, weil er negative Faktoren, wie zum Beispiel technisch überlegene Wettbewerbsprodukte, fehlgeschlagene Produkteinführungen in der Vergangenheit und dergleichen, übersieht bzw. nicht ausreichend untersucht hat und dadurch der Auftraggeber das Unternehmen zu einem zu hohen Kaufpreis kauft. Die auf diese Art mangelhafte Due Diligence stellt eine Schlechterfüllung des Geschäftsbesorgungsvertrags dar; die Schlechterfüllung wiederum erfüllt das Tatbestandsmerkmal der Pflichtverletzung im Sinne der positiven Vertragsverletzung.

Zum zweiten kommt eine Haftung aus positiver Vertragsverletzung für den Fall in Betracht, daß der Berater innerhalb der Durchführung der Due Diligence eine ihm obliegende Aufklärungspflicht verletzt. Dies ist der Fall, wenn der Berater den Auftraggeber über bestimmte, ihm aufgrund der Due Diligence bekannt gewordene Umstände nicht aufklärt, die für den Kaufinteressenten bei der Kaufentscheidung jedoch von erheblicher Wichtigkeit gewesen wären.

Die dritte in einem derartigen Fall mögliche Pflichtverletzung schließlich begeht der Berater, wenn die Beratung zwischen ihm und dem Auftraggeber zum Gegenstand des Vertrages gemacht wurde und der Berater dieser ihm obliegenden Beratungspflicht nur unzureichend nachkommt

Festzuhalten ist ferner, daß ein Berater grundsätzlich in dem Bereich einem höheren Pflichtenmaßstab unterliegt, in dem er sein Spezialgebiet hat. Denn hier ist er Fachmann und kann daher andere Pflichtmaßstäbe erfüllen, als ein Laie. Für die bei der Due Diligence eingesetzten Berater existieren somit unterschiedliche, jeweils auf den Fachbereich bezogene gesteigerte Pflichten.

Hat der Berater eine der genannten Pflichten verletzt, so liegt die Grundvoraussetzung der Haftung des Beraters für Schäden in Zusammenhang mit der Zahlung eines zu hohen Kaufpreises aufgrund von Fehlern in der Due Diligence vor. Darüber hinaus sind jedoch noch andere Voraussetzungen zu erfüllen, damit eine Haftung des Beraters greift.

b) Verschulden des Beraters

aa) Allgemeines

Weitere Voraussetzung einer Haftung aus positiver Vertragsverletzung ist das Verschulden des Beraters im Sinne des § 276 BGB: Der jeweilige Experte hat den Pflichtverstoß vorsätzlich oder fahrlässig zu begehen, um einer Haftung zu unterfallen[839]. Hierbei wird für Vorsatz in gleicher Weise gehaftet wie für Fahrlässigkeit[840]. In der Regel scheidet jedoch in Fällen dieser Art Vorsatz aus[841], weil kein Berater seinem Auftraggeber vorsätzlich eine fehlerhafte Analyse präsentieren wird. Zum einen wäre sein Ruf, käme eine solche Verhaltensweise an die Öffentlichkeit, ruiniert. Zum anderen würde er sich durch ein solches Verhalten wissent- und willentlich hohen Haftungsansprüchen aussetzen, schließlich gilt eine oftmals geschlossene Haftungsbeschränkung zwischen Auftraggeber und Berater in der Regel nur für leichte Fahrlässigkeit, Vorsatz hingegen kann wegen § 276 Abs. 2 BGB nie ausgeschlossen werden[842].
Größere Relevanz kommt in den Fällen der Haftung des Beraters der Verschuldensform der Fahrlässigkeit zu. Fahrlässigkeit liegt gemäß der gesetzlichen Definition des § 276 S. 2 BGB vor, wenn die betroffene Person die im Verkehr erforderliche Sorgfalt außer acht läßt. Das im Verkehr Erforderliche ist dabei als eine Art Generalklausel zu verstehen, die im Einzelfall einer Konkretisierung bedarf[843].

---

[839] Helbling, Unternehmensbewertung und Steuern, S. 59; Späth, Zivilrechtliche Haftung des Steuerberaters, Rn. 333; Hopt, FS für Fischer, 237 (253).

[840] Soergel/ Wolf, § 276 Rn. 70; Staudinger/ Löwer, § 276 Rn. 16.

[841] Vollkommer, Rn. 269; Späth, Zivilrechtliche Haftung des Steuerberaters, Rn. 334.

[842] Darüber hinaus greifen bei Vorliegen von Vorsatz weitere Anspruchsgrundlagen, wie etwa § 826 BGB, bei denen eine fahrlässige Begehungsweise nicht ausreicht.

[843] Alternativkommentar/ Dubischar, §§ 276-277 Rn. 19; RGRK/ Alff, § 276 Rn. 15 ff.; Späth, Zivilrechtliche Haftung des Steuerberaters, Rn. 336 ff.

Bei der Konkretisierung in dieser Hinsicht gilt grundsätzlich ein objektiver Sorgfaltsmaßstab, d.h. es sind die durchschnittlichen Anforderungen maßgebend, die an Angehörige der jeweiligen Verkehrskreise in der jeweiligen Situation zu stellen sind[844]. Wenn ein Angehöriger der jeweiligen Verkehrskreise jedoch darüber hinaus aufgrund individueller Fähigkeiten zu größerer Sorgfalt in der Lage ist, muß er diese strengeren Voraussetzungen wahren, weil jeder Teilnehmer am Rechtsverkehr alle ihm möglichen und zumutbaren Maßnahmen ergreifen muß, um andere vor Schäden zu bewahren[845].

Die Pflicht zur Einhaltung größerer Sorgfalt aufgrund individueller Fähigkeiten gilt dabei insbesondere für besondere Bereiche und bestimmte Berufsgruppen, in denen sich der Betroffene befindet[846]. Hier wird ein berufsspezifischer Maßstab angelegt, so daß im Einzelfall die Sorgfalt eines „ordentlichen Kaufmanns", Frachtführers (§§ 347, 408, 429 HGB), Geschäftsmanns (§ 43 Abs. 1 GmbHG), Geschäftsleiters (§ 93 Abs. 1 AktG; § 34 GenG), Gewerbetreibenden[847], Facharztes[848], Operateurs[849] usw. maßgebend ist. Jeder der genannten Berufsangehörigen hat in seinem Berufskreis aufgrund seiner individuellen Fähigkeiten einen besonderen Sorgfaltsmaßstab einzuhalten[850].

bb) Fachspezifische Sorgfaltsanforderungen

Aus den vorstehenden Überlegungen ergibt sich, daß bezüglich der den Berater bei der Durchführung einer Due Diligence treffenden Sorgfaltsanforderungen zwischen der Untersuchung eines Umstands als Fachmann und als Nicht-Fachmann unterschieden werden muß. Soweit der jeweilige Berater in einem bestimmten Gebiet Fachmann ist und er hier besondere Fähigkeiten und Kenntnisse besitzt, so hat er bei der Untersuchung dieses Bereichs einen erhöhten Sorgfaltsmaßstab anzuwenden. Innerhalb dieses Bereichs hat er ferner in besonderer Weise darauf zu achten, daß die Interessen des Klienten beachtet wer-

---

844 BGHZ 17, 69 (70 f.); 87, 27 (30 f.); BGH VersR 1968, 395 (395); NJW 1972, 150 (151); NJW 1983, 676 (678); RGRK/ Alff, § 276 Rn. 19; Soergel/ Wolf, § 276 Rn. 75; Larenz, SchuldR AT, § 20 III; Vollkommer, Rn. 271; Grunewald, JZ 1988, 627 (630).

845 BGH NJW 1987, 1479 (1479 f.); Ermann/ Battes, § 276 Rn. 28 ff.; MüKo/ Hanau, § 276 Rn. 88 ff.; Staudinger/ Löwisch, § 276 Rn. 25; Larenz, SchuldR AT, § 20 III; Vollkommer, Rn. 271; Grunewald, JZ 1988, 627 (630).

846 Vollkommer, Rn. 271; Larenz, SchuldR AT, § 20 III; Strauch, JuS 1992, 897 (989).

847 BGHZ 31, 358 (367).

848 BGH VersR 1960, 909 (910).

849 BGHZ 88, 248 (259).

850 Für Nichtspezialisten ist hiermit zugleich die Sorgfaltsanforderung verbunden ist, solche Tätigkeiten, für die sie nicht ausgebildet sind, im Regelfall zu unterlassen, vgl. BGH ZIP 1988, 103 (107); Soergel/ Wolf, § 276 Rn. 78; Späth, Zivilrechtliche Haftung des Steuerberaters, Rn. 158.

den[851] und muß den Klienten über die seinem Fachgebiet zuzuordnenden Fragen aufzuklären, auch wenn die spezifische Information nicht innerhalb des durch den Auftrag abgesteckten Gebiets liegt.
Prüft daher etwa ein Steuerberater ein Unternehmen, so hat er hinsichtlich der typischen steuerlichen Pflichten erhöhte Sorgfalt anzuwenden, um dem Vorwurf der Fahrlässigkeit zu entgehen. Auch für die anderen nicht typischen steuerlichen Bereiche ist die Anwendung von Sorgfalt erforderlich. Jedoch muß der Steuerberater hier nicht dem erhöhten Sorgfaltsmaßstab gerecht werden; schließlich ist er in jenem Bereich kein Fachmann und kann aus bestimmten Umständen keine derartigen Schlüsse ziehen wie ein Fachmann es könnte.

cc) Art des Verschuldens

In welchem konkreten Maß die im Verkehr erforderliche Sorgfalt verletzt wird, schlägt sich nieder in den verschiedenen Arten der Fahrlässigkeit. Wird die im Verkehr erforderliche Sorgfalt in erheblichem Maße außer acht gelassen, so liegt grobe Fahrlässigkeit vor[852]. Maßgebend für die Außerachtlassung der Sorgfalt in erheblichem Maße ist die Verletzung grundlegender Sorgfaltspflichten, die in der jeweiligen Situation offenkundig erscheinen und deren Einhaltung vom jeweiligen Verletzer allgemein als selbstverständlich erwartet wird[853]. Den Anknüpfungspunkt für die Beurteilung, was als grundlegende Sorgfaltspflicht einzustufen ist, stellt erneut die Spezialkenntnis des jeweiligen Beraters dar[854]. Bei einem Spezialisten stellt die Nichtbeachtung der Sorgfalt in seinem Spezialgebiet eine grobe Fahrlässigkeit dar, bei einem Nichtfachmann hingegen nicht. Die Mißachtung grundlegender steuerlicher Aspekte etwa erfüllt bei einem Steuerberater den Tatbestand der groben Fahrlässigkeit, während bei einem Nichtsteuerfachmann keine derartige Wertung getroffen werden kann.
Für den Umfang der Haftung ist die Art der Fahrlässigkeit unbedeutend. Relevanz erlangt die Differenzierung zwischen den verschiedenen Arten der Fahrlässigkeit jedoch, wenn es um eine zwischen den Parteien vereinbarte Haftungsbeschränkungen geht, weil unter Umständen die leichte Fahrlässigkeit, nicht jedoch die grobe Fahrlässigkeit, ausgeschlossen werden kann. Wann eine

---

[851] Vgl. RGRK/ Alff, § 276 Rn. 381 ff.; Vollkommer, Rn. 271; Grunewald, JZ 1988, 627 (628).
[852] BGH NJW 1982, 874 (874); BAG NJW 1989, 2076 (2076); Soergel/ Wolf, § 276 Rn. 122; Staudinger/ Löwisch, § 276 Rn. 83; Wolf/ Horn/ Lindacher/ Wolf, § 11 Nr. 7 Rn. 13.
[853] Ermann/ Battes, § 276 Rn. 70; Jauernig/ Vollkommer, § 276 Rn. 69; Soergel/ Wolf, § 276 Rn. 123; Ulmer/ Brandner/ Hensen/ Hensen, § 11 Nr. 7 Rn. 14.
[854] Ulmer/ Brandner/ Hensen/ Hensen, § 11 Nr. 7 Rn. 26.

vertragliche Haftungsbeschränkung möglich ist und welche Verschuldensform im Einzelfall ausgeschlossen werden kann, wird im Folgenden untersucht.

dd) Vertraglicher Haftungsausschluß bezüglich Verschuldensform

Voranzustellen ist, daß eine vertragliche Haftungsvereinbarung bezüglich des Verschuldens möglich erscheint, weil § 276 Abs. 1 S. 1 BGB nach dem eindeutigen Wortlaut dispositiven Charakter hat. Den Vertragschließenden ist es freigestellt, den Haftungsmaßstab abweichend von den gesetzlichen Vorschriften zu regeln[855], und zwar in Richtung einer Haftungsverschärfung und einer Haftungserleichterung[856]. Dem Schuldner kann jedoch die Haftung für eigenen Vorsatz nicht im Voraus erlassen werden, § 276 Abs. 2 BGB. Die Freizeichnung für Vorsatz widerspräche dem Wesen des Schuldverhältnisses, da sonst die vertragliche Gebundenheit dem Belieben des Schuldners anheim gestellt würde[857]. Im Gegensatz hierzu sind Individualvereinbarungen, die die Haftung auf grobe Fahrlässigkeit bestehen lassen, sie aber für einfache Fahrlässigkeit ausschließen, grundsätzlich als wirksam anzusehen[858].

Während sowohl über die Unmöglichkeit des Ausschlusses des Vorsatzes als auch über die Möglichkeit des Ausschlusses der leichten Fahrlässigkeit Einigkeit besteht, wird die Frage der Möglichkeit des Ausschlusses der groben Fahrlässigkeit unterschiedlich beurteilt. So wird zum Beispiel im Rahmen der anwaltlichen Tätigkeit teilweise der Ausschluß der Haftung für diese Schuldform zumindest für besondere Fälle oder aus besonderen Gründen für zulässig und wirksam erachtet[859], teilweise wird die Zulässigkeit eines Ausschlusses mit der

---

[855] Gesetzliche Bestimmungen, die etwa die Haftung des Rechtsanwalts ausschließen oder beschränken, fehlen, so daß Haftungsschranken nur rechtsgeschäftlich vereinbart werden können, vgl. Vollkommer, Rn. 426.

[856] Ermann/ Battes, § 276 Rn. 79; Jauernig/ Vollkommer, § 276 Rn. 38 f.; Palandt/ Heinrichs, § 276 Rn. 52 ff.; RGRK/ Alff, § 276 Rn. 88; vgl. zu gebräuchlichen Formulierungen in dieser Hinsicht beim Steuerberater: Späth, Zivilrechtliche Haftung des Steuerberaters, Rn. 353 ff.

[857] Ermann/ Battes, § 276 Rn. 81; Staudinger/ Löwisch, § 276 Rn. 94; Lingenberg/ Hummel/ Zuck/ Eich/ Zuck, § 49 Rn. 2; Deutsch, VersR 1974, 301 (302).

[858] Ermann/ Battes, § 276 Rn. 80; Jauernig/ Vollkommer, § 276 Rn. 39; Junge-Ilges, Haftungsvereinbarungen der rechts- und wirtschaftsberatenden Berufe, S. 61; Späth, Zivilrechtliche Haftung des Steuerberaters, Rn. 379; Vollkommer, Rn. 428; Hopt, FS für Fischer, 237 (255).

[859] Lingenberg/ Hummel/ Zuck/ Eich/ Zuck, § 49 Rn. 9; Borgmann/ Haug, S. 240; Junge-Ilges, Haftungsvereinbarungen der rechts- und wirtschaftsberatenden Berufe, S. 61 ff.

Begründung abgelehnt, ein Haftungsausschluß verstoße gegen Treu und Glauben[860].

Mit parallelen Argumenten ließe sich auch über die Zulässigkeit des Ausschlusses der groben Fahrlässigkeit innerhalb der anderen Tätigkeiten der Due Diligence streiten. Zweifelhaft ist jedoch, ob das Problem des Ausschlusses der groben Fahrlässigkeit bei der Due Diligence große praktische Relevanz hat. Dagegen spricht, daß der Käufer sich in der Regel nicht auf einen derartigen Ausschluß einlassen dürfte. Andernfalls wäre nämlich sein Risiko, aufgrund einer mangelhaften Untersuchung des Beraters Schäden zu erleiden, für die er den Berater nicht in Anspruch nehmen kann, zu groß.

Grundsätzlich -und dies spricht für die zweite Ansicht- dürfte es jedoch mit Treu und Glauben nicht vereinbar sein, wenn sich eine Person gleichzeitig mit der Begründung des Vertrauenstatbestands durch den Vertragsschluß versprechen läßt, für schwere oder offensichtliche Sorgfaltspflichtverstöße nicht haften zu müssen. Eine derartige Vereinbarung würde so sehr von dem von Pflichtenerfüllung geprägten Leitbild des Due-Diligence-Vertrags abweichen, daß sie nicht wirksam getroffen werden kann. Dafür spricht auch, daß sie der beruflichen Stellung des Experten und dem Vertrauen auf seine qualifizierte Berufsausübung widerspricht.

Voraussetzung der Anwendung der vorstehenden Grundsätze ist, daß es sich bei den jeweils vorliegenden Vereinbarungen um Individualvereinbarungen handelt. Die Qualifikation als Indiviualvereinbarung hat deshalb besonderes Gewicht, weil die Anforderungen an die Zulässigkeit einer Klausel grundsätzlich höher sind, wenn sie am Maßstab des AGB-Gesetzes gemessen werden müssen. Obwohl das AGB-Gesetz einen Haftungsausschluß nicht ausdrücklich untersagt, ist nach herrschender Ansicht ein völliger Ausschluß der leichten Fahrlässigkeit durch allgemeine Geschäftsbedingung nicht möglich, da auf diese Weise die Erreichung des Vertragszwecks in Frage gestellt würde[861].

Ein Ausschluß der Haftung für grobe Fahrlässigkeit fällt im nichtkaufmännischen Verkehr unter das Klauselverbot des § 11 Nr. 7 AGBG, ein Ausschluß der groben Fahrlässigkeit durch Allgemeine Geschäftsbedingungen ist folglich

---

[860] Schroeder, AnwBl 1984, 522 (523); zweifelnd auch Rinsche, I Rn. 323; Bunte, NJW 1981, 2657 (2662); für den Steuerberater: Späth, Zivilrechtliche Haftung des Steuerberaters, Rn. 378.1.

[861] Ulmer/ Brandner/ Hensen/ Hensen, § 9 Rn. 150; Borgmann/ Haug, S. 232 ff.; Junge-Ilges, Haftungsvereinbarungen der rechts- und wirtschaftsberatenden Berufe, S. 50; Vollkommer, Rn. 436 m. w. N.; Bunte, NJW 1981, 2657 (2659).

nicht möglich[862]. Im kaufmännischen Verkehr ist § 11 Nr. 7 des AGB-Gesetzes nicht anwendbar (§ 24 Nr. 1 AGBG). Allerdings ergibt sich hier nichts anderes: Was nach § 11 Nr. 7 AGBG im nichtkaufmännischen Verkehr verboten ist, muß wegen des Grundsatzes von Treu und Glauben im kaufmännischen ebenfalls als unangemessene Benachteiligung des Auftraggebers angesehen werden[863]. Ferner verbietet das Vertrauen der Allgemeinheit, das in die Berufsausübung durch Spezialisten gesetzt wird, daß sich ein Spezialist der Verantwortung für schwere Fehler entzieht[864].

Festzustellen ist, daß sowohl innerhalb von Individualvereinbarungen als auch bezüglich AGB-Klauseln nur die Vertragshaftung für leichte Fahrlässigkeit, nicht aber für grobe Fahrlässigkeit abdingbar ist. Liegt eine gültige Haftungsfreizeichnung vor, so kann der Berater, soweit er die ihm obliegende Pflicht nur leicht fahrlässig verletzt hat, einer Haftung entgehen, ein Anspruch des Käufers entfällt. Um sein Haftungsrisiko zu reduzieren, wird der Berater daher regelmäßig versuchen, derartige Haftungsfreizeichnungen zu erreichen. Festzuhalten ist an dieser Stelle ferner, daß Haftungsausschlüsse nicht nur für eine bestimmte Verschuldensform insgesamt vereinbart werden können, sondern sie sich auch für einzelne mögliche Schadensfolgen empfehlen[865]. Der Berater kann insbesondere die Haftung für den wirtschaftlichen Erfolg der Transaktion und für wirtschaftliche Risiken der von ihm für sinnvoll erachteten Schritte ausschließen. Ebenso kann auch einer Haftungsbeschränkung auf einen bestimmten Höchstbetrag nicht die Wirksamkeit versagt werden[866].

---

[862] Staudinger/ Löwisch, § 276 Rn. 100; Ulmer/ Brandner/ Hensen/ Hensen, § 11 Nr. 7 Rn. 7; Wolf/ Horn/ Lindacher/ Wolf, § 11 Nr. 7 Rn. 11; Junge-Ilges, Haftungsvereinbarungen der rechts- und wirtschaftsberatenden Berufe, S. 47; Späth, Zivilrechtliche Haftung des Steuerberaters, Rn. 378.2.

[863] Vgl. auch: Ulmer/ Brandner/ Hensen/ Hensen, § 11 Nr. 7 Rn. 33; Wolf/ Horn/ Lindacher/ Wolf, § 11 Nr. 7 Rn. 45; Borgmann/ Haug, S. 231; Vollkommer, Rn. 435; Bunte, NJW 1981, 2657 (2558); Schroeder, AnwBl 1984, 522 (523).

[864] Späth, Zivilrechtliche Haftung des Steuerberaters, Rn. 378.2.; Deutsch, VersR 1974, 301 (307).

[865] Ermann/ Battes, § 276 Rn. 80; Jauernig/ Vollkommer, § 276 Rn. 39; Vollkommer, Rn. 436 ff.; Deutsch, VersR 1974, 301 (307).

[866] Jauernig/ Vollkommer, § 276 Rn. 62; Wolf/ Horn/ Lindacher/ Wolf, § 11 Nr. 7 Rn. 55 f.; Lingenberg/ Hummel/ Zuck/ Eich/ Zuck, § 49 Rn. 6; Junge-Ilges, Haftungsvereinbarungen der rechts- und wirtschaftsberatenden Berufe, S. 54; Rinsche, I Rn. 325; Vollkommer, Rn. 430; Späth, Zivilrechtliche Haftung des Steuerberaters, Rn. 384, weist insoweit zutreffend darauf hin, daß wenn schon für Pflichtprüfungen, die in den Befugnisbereich des Wirtschaftsprüfers fallen, eine Haftungsbegrenzung auf DM 500.000 für gerechtfertigt gehalten wird (§ 323 Abs. 2 S. 1 HGB), die Vereinbarung einer solchen Begrenzung für den freiwilligen

ee) Haftpflichtversicherung

Große Bedeutung im Rahmen der Haftung der zur Durchführung einer Due Diligence eingesetzten Experten kommt Berufshaftpflichtversicherungen zu. Diese decken die aus der fehlerhaften Durchführung der Due Diligence entstandenen Schäden bis zu der im Einzelfall vereinbarten Haftungssumme ab.

Der Abschluß einer Berufshaftpflichtversicherung ist bei Rechtsanwälten, Steuerberatern und Wirtschaftsprüfern gesetzlich vorgeschrieben. Ebenso wird die Mindestversicherungssumme mittlerweile gesetzlich in den betreffenden Berufsordnungen auf DM 500.000 festgelegt, vgl. § 51 Abs. 1 BRAO, §§ 67, 158 Nr. 6 StBG, § 52 WPO und die dazu erlassenen Durchführungsverordnungen[867]. Anzumerken ist, daß die Versicherungsgesellschaften sogenannte Einzelobjektsversicherungen für die Fälle anbieten, in denen zum Beispiel der Anwalt die Betreuung eines ungewöhnlich hohen Gegenstandswertes übernimmt[868]. Dadurch besteht die Möglichkeit, die Deckung für das konkrete Mandat aufzustocken. Da im Falle der Durchführung einer Due Diligence der Gegenstandswert grundsätzlich hoch anzusiedeln ist, ist dem Berater, der mit der Durchführung einer Due Diligence beauftragt ist, zu empfehlen, eine derartige Einzelobjektversicherung abzuschließen; auf diese Weise kann das Risiko, daß der durch die Due Diligence verursachte Schaden die Versicherungssumme übersteigt, abgesichert werden.

Abschlußprüfer -und mit einem solchen ist der die Tax Due Diligence durchführende Steuerberater vergleichbar- generell keinen Bedenken unterliegen kann. Weil jedoch eine Haftunsbegrenzungsvereinbarung grundsätzlich nach Inhalt und Form so abgefaßt sein muß, daß die gerechtfertigten Interessen beider Vertragspartner angemessen berücksichtigt werden, kann in besonders gelagerten Fällen trotz der gesetzlichen Regelung für den Pflichtprüfer beim freiwilligen Prüfer ausnahmsweise nur eine höhere Begrenzungssumme als angemessen anzusehen sein.

Anzumerken ist, daß die Zulässigkeit einer vertraglichen Haftungsbeschränkung auf einen Höchstbetrag sich bei einem Steuerberater bereits aus § 67 a StBerG ergibt. Nach dieser Vorschrift kann der Anspruch des Auftraggebers bei einem fahrlässig verursachten Schaden gemäß Nr. 1 durch schriftliche Vereinbarung im Einzelfall bis zur Höhe der Mindestversicherungssumme (vgl. hierzu unten unter 5. Teil, 2. Kapitel, B II 2 b ee.) und gemäß Nr. 2 durch vorformulierte Vertragsbedingungen auf den vierfachen Betrag der Mindestversicherungssumme reduziert werden; vgl. zu § 67 a StBerG: Gehre, § 67 a Rn. 2 ff.

[867] Für den Rechtsanwalt: der geänderte § 51 BRAO und die entsprechende Durchführungsverordnung (BGBl I, 1994, 2281), für den Steuerberater: § 52 der Durchführungsverordnung vom 27.04.1990 (BGBl I, S. 847) und für den Wirtschaftsprüfer: Verordnung über die Haftpflichtversicherung der Wirtschaftsprüfer und vereidigter Buchprüfer vom 08.12.1967 (BGBl. I, S. 1212).

[868] Junge-Ilges, Haftungsvereinbarungen der rechts- und wirtschaftsberatenden Berufe, S. 29; Rinsche, I Rn. 321; Meßmer/ Keßler, NVersZ 2000, 110 (115).

c) Ersatzfähiger Schaden

Weitere Voraussetzung eines gegen den jeweiligen Berater gerichteten Schadensersatzanspruches aus positiver Vertragsverletzung ist das Vorliegen eines Schadens[869]. Wie bereits oben[870] erwähnt ist der Schaden, den der Auftraggeber im Falle der fehlerhaften Durchführung einer Due Diligence oder der fehlerhaften Erstellung eines Due-Diligence-Berichts erleidet, der zu hohe Kaufpreis des Unternehmens, der auf der Grundlage des Berichts gezahlt wurde. Der Differenzbetrag zwischen dem wirklichen Wert des Unternehmens und dem gezahlten Kaufpreis stellt einen ersatzfähigen Schaden im Sinne der p.V.V. dar.

d) Einwand der Einhaltung der im Verkehr erforderlichen Sorgfalt

Das Bestehen oder Nichtbestehen eines Anspruchs ist oftmals davon abhängig, wer das Vorliegen des Verschuldens der in Anspruch genommenen Person zu beweisen hat. Haftungen lassen sich in der Regel leichter begründen, wenn der Anspruchsteller nicht die Beweislast für das Verschulden trägt. Umgekehrt scheitern Haftungen vielfach am fehlenden Nachweis des Verschuldens, wenn der Gläubiger die Beweislast trägt[871].

Im Folgenden wird untersucht, wer im Falle der Inanspruchnahme eines Beraters durch den Kaufinteressenten die Beweislast für das Verschulden des Beraters trägt und inwieweit der Berater -soweit er für die Einhaltung des Verschuldens beweispflichtig ist- durch einen Entlastungsbeweis einer Haftung entgehen kann.

aa) Grundsätzliche Überlegungen zum Entlastungsbeweis des Beraters

Grundsätzlich liegt die Darlegungs- und Beweislast bezüglich der Anspruchsvoraussetzungen bei der Geltendmachung eines Anspruchs bei dem Geschädigten[872]. Bei vertraglichen Schadensersatzansprüchen jedoch wird das Verschulden zugunsten des Gläubigers vermutet und der Schuldner trägt die Beweislast dafür, daß ihn kein Verschulden trifft[873]. Dies ergibt sich für die Unmöglichkeit aus § 282 BGB, für den Verzug aus § 285 BGB.

Bei dem gegen einen Berater geltend gemachten Anspruch handelt es sich um einen Anspruch aus positiver Vertragsverletzung und damit weder um einen Anspruch aus Unmöglichkeit noch aus Verzug. Auch bei der positiven Ver-

---

869 BGH WM 1993, 1677 (1678 f.); Staudinger/ Löwische, Vorbem zu §§ 275 ff. Rn. 46; Hopt, FS für Fischer, 237 (254).

870 Vgl. hierzu Ausführungen oben unter 5. Teil, 2. Kapitel, B II 1 b bb bbb.

871 Soergel/ Wolf, § 276 Rn. 14.

872 BGH WM 1985, 319 (319); Reithmann, EWiR 1985, 293 (294); WM 1986, 517 (518); NJW-RR 1987, 869 (869); WM 1987, 1520 (1521 f.); WM 1988, 95 (95); Heinrichs, EWiR 1995, 433 (434); Müller, EWiR 1990, 351 (352).

873 Soergel/ Wolf, § 276 Rn. 14; Hopt, FS für Fischer, 237 (255).

tragsverletzung wird jedoch das Verschulden in entsprechender Anwendung der §§ 282, 285 BGB vermutet, wenn die Schadensursache im Gefahr- und Risikobereich des Schuldners liegt[874].

Für den Berater, der für den Kaufinteressenten die Durchführung der Due Diligence übernimmt und aufgrund dieses Vertrags aus positiver Vertragsverletzung in Anspruch genommen wird, bedeutet dies, daß ein Verschulden seiner Seite grundsätzlich in entsprechender Anwendung der §§ 282, 285 BGB vermutet wird, schließlich ist die Schadensursache ist die fehlerhafte Due Diligence und damit dem Risiko- und Gefahrenbereich jenes Beraters zuzuordnen.

Die einzige Entlastungsmöglichkeit des in Anspruch genommenen Beraters liegt darin, daß er beweist, daß er die im Verkehr erforderliche Sorgfalt eingehalten hat und die von ihm vorgenommene Bewertung des Unternehmens nur in der Weise, wie er sie getroffen hat, getroffen werden konnte. Die Beweisführung hat mithin außerordentliche Relevanz. Gelingt es dem Berater, zu beweisen, daß er die im Verkehr erforderliche Sorgfalt eingehalten hat, so fehlt es an dem für den Anspruch des Käufers erforderlichen Merkmal des Verschuldens und eine Inanspruchnahme des Beraters ist nicht möglich. Geht seine Beweisführung hingegen fehl, so kann der Berater in Anspruch genommen werden.

Wann und unter welchen Voraussetzungen ein Entlastungsbeweis des Beraters bezüglich der Durchführung der Due Diligence gelingt, wird im Folgenden untersucht.

bb) Voraussetzungen eines Entlastungsbeweises

Um einen Entlastungsbeweis erfolgreich zu führen, muß der in Anspruch genommene Berater -wie bereits erwähnt- geltend machen, daß er im Einzelfall bei der Durchführung der Due Diligence die ihm obliegende Sorgfalt eingehalten hat, also alles getan hat, um in den vom Auftraggeber für relevant erklärten Bereichen eine richtige Beurteilung vorzunehmen. Insbesondere muß er darlegen, daß er alle ihm zur Verfügung stehenden Erkenntnisquellen zur Beurteilung herangezogen und unter Ausnutzung dieser Erkenntnisquellen und im Rahmen einer richtigen Beurteilung das vorgelegte Ergebnis erhalten hat. Zu beachten ist bei der Führung des Entlastungsbeweises, daß hier erneut die auf die jeweilige Beraterperson zugeschnittenen Sorgfaltsmaßstäbe Anwendung finden und der Berater mithin beweisen muß, daß er die Sorgfaltsmaßstäbe einer Person mit seinen Spezialkenntnissen eingehalten hat.

---

[874] BGH 8, 239 (241); 28, 251 (254); 48, 310 (312); WM 1982, 849 (850); Ermann/ Battes, § 282 Rn. 6; Soergel/ Wolf, § 276 Rn. 14; Staudinger/ Löwisch, § 282 Rn. 17 ff.; Rinsche, I Rn. 306; Vollkommer, Rn. 495.

Ein Entlastungsbeweis wird grundsätzlich gelingen, wenn der Berater durch die vorgelegten Unterlagen beweisen kann, daß eine andere Person in der Stellung des jeweiligen in Anspruch genommenen Beraters und mit dem ihm zur Seite stehenden Sonderwissen keine andere Bewertung des Unternehmens hätte treffen können, sondern vielmehr zu demselben Ergebnis gelangt wäre. Größere Erfolgsaussichten hat ein Entlastungsbeweis folglich regelmäßig, wenn mit den zur Verfügung stehenden Unterlagen nur eine bestimmte Werteinschätzung des Unternehmens getroffen werden kann, dieser eine Schluß auf den Wert des Unternehmens also zwingend ist.

Im Gegensatz dazu wird der Entlastungsbeweis in der Regel mißlingen, wenn durch die Unterlagen unter Anwendung der erforderlichen Sorgfalt hätte deutlich werden können, daß bestimmte vom Prüfer übersehene Verbindlichkeiten des Unternehmens bestehen und das Unternehmen aus diesem Grund einen geringeren Wert aufweist, als vom jeweiligen Berater für den Auftraggeber errechnet wurde, wenn also insgesamt bei Einhaltung der erfoderlichen Sorgfalt ein anderer Wert des Unternehmens errechnet worden wäre.

cc) Bedeutung der Due Diligence innerhalb des Entlastungsbeweises

Zu prüfen ist, welche Bedeutung die Due Diligence selbst innerhalb des Entlastungbeweises des Beraters hat. Zwar klingt eine derartige Überlegung im ersten Augenblick merkwürdig, weil es bei dem betroffenen Entlastungsbeweis ja um einen Beweis der Einhaltung der erforderlichen Sorgfalt bei eben jenem Vorgang geht und es abwegig erscheint, dem Vorgang selbst bei der Beweisführung Bedeutung zuzusprechen. Zu bedenken ist jedoch, daß bei der Durchführung der Due Diligence in der Regel das jeweilige Zwischenergebnis schriftlich festgehalten wird, um den bisherigen Stand der Prüfung zu ermitteln und diese schriftliche Fixierung der einzelnen Arbeitsschritte hat für den Entlastungsbeweis erhebliche Bedeutung. Anhand der auf diese Weise nachvollziehbaren Einzelschritte des Prüfers wird nämlich deutlich, ob er alle ihm zur Verfügung stehenden Erkenntnisquellen in richtiger Weise in seine Überlegungen einbezogen hat und mit den ihm vorliegenden Komponenten den richtigen Wert des Unternehmens errechnet hat.

Die einzelnen Stufen einer Due Diligence -oder genauer ihre schriftliche Fixierung- besitzen mithin eine Exkulpationsfunktion. Diese Funktion greift in den Sachverhalten, in denen der zur Rechenschaft gezogene Berater mit Hilfe der im Rahmen der Due Diligence durchgeführten Arbeiten einschließlich ihrer Dokumentation den Entlastungsbeweis antritt und offenlegt, daß er alle für die Transaktion relevanten Aspekte aufgedeckt und beurteilt richtig hat und damit die ihm obliegende Sorgfalt eingehalten hat.

Deutlich wird, daß nicht die Due Diligence selbst direkt Auswirkungen auf die Führung des Entlastungsbeweises hat. Große Bedeutung im Rahmen des Entlastungsbeweises ist jedoch der regelmäßigen Dokumentation der Zwischenergebnisse der Due Diligence zuzusprechen. Mit Hilfe einer Niederlegung der Zwischenergebnisse der Due Diligence ist es möglich, innerhalb des Beweisverfahrens nachzuvollziehen, ob der Berater im Einzelfall die ihm obliegende Sorgfalt eingehalten hat und seine Bewertung des Unternehmens mit den Ergebnissen übereinstimmt, die eine andere Person in seiner Situation mit seinem Sonderwissen getroffen hätte.

Um das Gebot der Dokumentation der Teilschritte der Due Diligence erfüllen zu können, sollte bei der Durchführung einer Due Diligence eine bestimmte Stelle für die Koordination der anfallenden Aufgaben für verantwortlich erklärt und mit entsprechender Autorität ausgestattet werden, so daß sie auch bei Nichtvornahme einer Dokumentation eine solche fordern, die Ergebnisse würdigen und gegebenenfalls den Arbeitsumfang ausdehnen oder verringern kann. Denn die Dokumentation der einzelnen Ergebnisse der Due Diligence erleichtert -wie gezeigt- die Führung des Entlastungsbeweises in erheblichem Maße und hilft, das Gelingen des Beweises zu gewährleisten. Insgesamt ist die Dokumentation der Zwischenergebnisse als äußerst wichtiges Entlastungsmittel anzusehen.

dd) Führung des Entlastungsbeweises unter Berufung auf US-amerikanische Due-Diligence-Defense

Zu überlegen ist, ob noch andere Mittel einem Berater zur Führung des Entlastungsbeweises zur Verfügung stehen und welche von den zur Verfügung stehenden Beweismitteln erfolgsgeeignet erscheinen.

Als ein für die Führung des Entlastungsbeweis geeignetes Mittel kommt die Berufung des Beraters auf dieselbe Bewertung des Unternehmens in US-Amerika durch die dort für die Erstemission von Aktien zuständige Securities and Exchange Commission in Betracht. Im Speziellen könnte ein in US-Amerika erfolgreich geführter Prozeß, in dem die Einhaltung der erforderlichen Sorgfalt bei gleicher Einschätzung des Unternehmens wie in Deutschland bewiesen wurde, ein geeignetes Entlastungsmittel darstellen. In welchem Einzelfall, also bei welcher Ausgangssituation, auf diese Weise ein Entlastungsbeweis geführt werden kann und ob eine derartige Wertung zulässig ist, wird im Folgenden untersucht.

aaa) Ausgangskonstellation: Erstemission von Aktien in US-Amerika

Ausgangsfall eines derartigen Entlastungsbeweises ist, daß ein deutsches Unternehmen von einer amerikanischen Gesellschaft gekauft wird und die ameri-

kanische „Mutter"-Gesellschaft das gekaufte deutsche Unternehmen in Amerika an die Börse bringen will.
Ausgangspunkt der Qualifizierung der Börseneinführung als Mittel des Entlastungsbeweises in Deutschland ist die Tatsache, daß in den Vereinigten Staaten bei der Erstemission von Aktien eine Bewertung des Unternehmens durch eine bestimmte staatliche Stelle erforderlich ist. Geregelt ist dies in dem Securities Act von 1933[875]. Danach dürfen Kapitalbeteiligungen („securities") im „interstate commerce" nur veräußert werden, wenn ein sogenanntes „registration statement" für diese Beteiligungen bei der zuständigen Bundesbehörde, der Securities and Exchange Commission (SEC), eingereicht worden ist[876].
Das „registration statement" enthält alle wesentlichen Angaben über die ausgebende Gesellschaft und die an dieser Gesellschaft auszugebenden Beteiligungen[877]. Vom Inhalt her ähnelt die Liste der in dem „statement" enthaltenen Informationen den Due-Diligence-Listen, die üblicherweise im Rahmen eines Unternehmenskaufs -abgestimmt auf den jeweiligen Einzelfall- zur Grundlage der Wertentwicklung und der Gewährleistungsvereinbarungen gemacht werden. Ob die Angaben im „registration statement" -entsprechend den Erfordernissen- vollständig und richtig sind, wird im Wege einer Prüfung, des sogenannten „due-diligence-inquiri" und gegebenenfalls im Rahmen eines „due-diligence-meetings", festgestellt[878]. Bei dieser Prüfung stellt der einzuhaltende Sorgfaltsmaßstab die Due Diligence dar, d.h. es ist die „erforderliche" Sorgfalt einzuhalten. Wird diesem Erfordernis nicht genügt, so liegt ein Pflichtverstoß vor und der Verletzer haftet für den daraus entstandenen Schaden[879]. Schaden in einem derartigen Fall ist in der Regel der zu hohe Kaufpreis der Aktien des Unternehmens, der nicht dem reellen Wert der Aktien entspricht, da das Unternehmen, an dem die Aktie einen Anteil darstellt, aufgrund des fehlerhaften „registration statements" weniger wert ist, als ursprünglich angenommen.
Liegen die genannten Voraussetzungen vor, so steht dem Aktienerwerber grundsätzlich ein Haftungsanspruch zu: Außer dem Emittenten, dem sogenannten „issuer", haften dem Käufer in einem solchen Fall alle weiteren für die Emission verantwortlichen Personen, darunter jeder, der namentlich das

---

[875] 15 USC §§ 77 a - 77 z (1992).
[876] Section 5 Securities Change Act von 1933.
[877] Schedule of Information Required in Registration Statement, Schedule A, im Anhang vom Securities Exchange Act von 1933.
[878] Umfassend hierzu Federal Seurities Law Reports (CCH), Band 2, Seurities Act of 1933, Liabilities, S. 4001 ff., 4053 ff.
[879] Section 11 des Securities Act.

„registration statement" unterzeichnet hat, sowie ferner jedes Mitglied des „board of directors" und jeder Anwalt oder Buchprüfer, der mit seiner Zustimmung als Verfasser oder Prüfer des „registration statements" genannt wird.

bbb) Bedeutung der Due-Diligence-Defense innerhalb dieses Vorgangs

Bei einer auf die Verletzung der erforderlichen Sorgfalt gestützten Klage steht dem Beklagten in US-Amerika -außer dem issuer- neben dem Einwand der Bösgläubigkeit des Klägers die Due-Diligence-Defense, d.h. die Einrede des sorgfaltsgerechten Verhaltens zu Gebote[880]. Der Beklagte muß, um einer Haftung auf diese Weise zu entgehen, beweisen, daß er die im Einzelfall erforderliche Sorgfalt bei der Prüfung eingehalten und damit seiner Pflicht zu sorgfaltsgemäßen Verhalten genüge getan hat. Dabei gelten für unterschiedliche Gruppen unterschiedliche Sorgfaltsmaßstäbe, je nachdem, ob sie in ihrer Eigenschaft als Fachmann („expert"), etwa als Buchprüfer, oder als Nichtfachmann („nonexpert") an der Emission mitgewirkt haben[881]. Kann der Beklagte die Einhaltung der ihn im Einzelfall treffenden Sorgfalt im Prozeß beweisen, so unterliegt er keiner Haftung.

ccc) Relevanz der amerikanischen Grundsätze für die Entlastung des Beraters in Deutschland

Der erfolgreiche Beweis der Einhaltung der erforderlichen Sorgfalt innerhalb der due-diligence-inquiri bei einem Prozeß in US-Amerika könnte ein geeignetes Beweismittel hinsichtlich der Einhaltung der erforderlichen Sorgfalt in Deutschland darstellen. So könnte, wenn zu dem Zeitpunkt der Führung des Entlastungsbeweises in Deutschland in US-Amerika ein Prozeß geführt wurde und dort die Due-Diligence-Defense gelungen ist, also die Einhaltung der erforderlichen Sorgfalt von den Prüfern bewiesen werden konnte und das Unternehmen in Deutschland und in US-Amerika gleich bewertet wurde, der deutsche Berater sich aufgrund des positiven Prozeßausgangs in US-Amerika darauf berufen, daß die Bewertung des Unternehmens in der Weise, wie er sie getroffen hat, richtig ist und er daher die erforderliche Sorgfalt eingehalten hat.

Damit eine derartige Wertung jedoch getroffen werden kann, müßten die Haftungsvoraussetzungen und die Due-Diligence-Defense in Deutschland und US-Amerika zunächst grundsätzlich vergleichbar sein.

---

880 Grundsätzlich gilt die Due-Diligence-Defense für die Personen, die aus prospekthaftungsrechtlichen Regelungen im Zusammenhang mit der Erstemission von Aktien in Anspruch genommen werden, vgl. auch allgemein: Knepper/ Bailey, Liability of Corporate Officers and Directors, S. 522.

881 Grundlegend Escott v. Bar Chris Construktion Corporation, 283 F. Supp. 643 (S.D.N.Y. 1968); Knepper/ Bailey, Liability of Corporate Officers and Directors, S. 522.

Die Grundsätze des US-amerikanischen Schadensersatzanspruchs weisen generell Nähe zu den im deutschen Recht einschlägigen Erfordernissen und Wertungen innerhalb eines Schadensersatzanspruchs wegen unsorgfältiger Durchführung einer Due Diligence im Vorfeld eines Unternehmenskaufs und daraus entstandenen Schäden auf. So können auch im deutschen Recht die Experten, die die Due Diligence durchgeführt haben, in Anspruch genommen werden, wenn sie die ihnen obliegende Sorgfaltspflicht bei der Durchführung der Due Diligence verletzen und dadurch demjenigen, der auf die Richtigkeit der Angaben innerhalb der Due Diligence vertraut, ein Schaden entsteht. Einzige Entlastungsmöglichkeit des in Anspruch genommenen Beraters ist in einem derartigen Fall ebenfalls der Beweis der Einhaltung der dem Berater im Einzelfall obliegenden Sorgfalt, also die Due-Diligence-Defense, die somit in beiden Rechtsgebieten den gleichen Inhalt hat.
Eine Parallelwertung ist auch bezüglich des dem einzelnen Prüfer obliegenden Sorgfaltsmaßstabs zu erkennen. Handelt es sich bei dem betroffenen Prüfer um einen Fachmann auf seinem Gebiet, so obliegt dem Prüfer ein höherer Sorgfaltsmaßstab als einer Person, die auf diesem Gebiet kein Spezialwissen besitzt.
Festzustellen ist, daß die Due-Diligence-Defense und die Haftungsvoraussetzungen für eine nicht unter Einhaltung der erforderlichen Sorgfalt durchgeführte Due Diligence in Deutschland und US-Amerika in sachlicher und terminologischer Hinsicht vergleichbar sind. Wegen dieser sachlichen und terminologischen Nähe könnte man überlegen, dem deutschen Berater als Entlastungsmittel die Berufung auf eine im Rahmen eines US-amerikanischen Prozesses erfolgreich durchgeführte Due-Diligence-Defense zuzubilligen.
Zweifelhaft ist jedoch, ob dies richtig erscheint. Zu bedenken ist bei der Bewertung, daß an sich grundsätzlich von einer Einhaltung der erforderlichen Sorgfalt in einem bestimmten Fall in US-Amerika nicht darauf geschlossen werden kann, daß auch in Deutschland von dem eingesetzten Prüfer der ihm obliegende Sorgfaltsmaßstab eingehalten wurde. Schließlich kann der deutsche Prüfer bestimmte Aspekte unberücksichtigt gelassen haben und nicht die Nachforschungen angestellt haben, die ihm aufgrund der ihn treffenden Sorgfalt oblagen, so daß bei dem deutschen Prüfer, obwohl ein gleicher Wert des Unternehmens festgestellt wurde, ein Sorgfaltsverstoß festgestellt werden kann. Ein pauschaler Schluß, daß das Gelingen einer Due-Diligence-Defense in US-Amerika bei dem gleichen ermittelten Wert ein Mittel des Entlastungsbeweises des deutschen Prüfers darstellt, ist somit unzulässig. Daß eine Due-Diligence-Defense bei einem Prozeß in US-Amerika gelungen ist, ist mithin für den Entlastungsbeweis in Deutschland irrelevant.

Ferner darf ein weiterer Umstand, der gegen eine Gleichsetzung der US-amerikanischen Due-Diligence-Defense und der Due Diligence beim deutschen Unternehmenskauf spricht, nicht außer acht gelassen werden. Die Due-Diligence-Defense des US-amerikanischen Bundeskapitalmarktrechts ist systematisch der Prospekthaftung im Zusammenhang mit der Erstemission von Anteilen zuzuordnen, während der Securities Exchange Act, der den weiteren Handel mit Anteilen nach der Erstemission regelt -und allein um diesen geht es beim Unternehmenskauf im Sinne des Share Deals- die Due-Diligence-Defense nicht kennt[882].

Auf der anderen Seite ist bei der Beurteilung dieses Aspekts allerdings zu bedenken, daß im Zusammenhang mit dem Entlastungsbeweis im Rahmen der Due Diligence nicht die Herkunft und auch nicht die Zuordnung der Due-Diligence-Defense zählt, sondern allein die inhaltliche Vergleichbarkeit von US-amerikanischer kapitalmarktrechtlicher Due-Diligence-Defense und der im deutschen Unternehmenskaufrecht relevanten „Due-Diligence-Defense“ im Rahmen des Entlastungbeweises. Diese inhaltliche Vergleichbarkeit ist -wie bereits oben festgestellt- gegeben: Das von den Beratern zu überprüfende „registration statement“ enthält alle wesentlichen Informationen über das Unternehmen oder die auszugebenden Beteiligungen; auch bei den Due-Diligence-Listen, die der Berater in Deutschland im Rahmen der Due Diligence einer Prüfung unterzieht, handelt es sich in der Regel um die Kerndaten des Unternehmens.

In vielen Fällen variiert zwar der Inhalt, weil der Unternehmenskäufer in Deutschland selbst bestimmen muß, was er einer Prüfung unterziehen will; will der Unternehmenkäufer jedoch eine umfassende, gänzliche Prüfung des Unternehmens durchführen, so überschneidet sich der Inhalt seiner Prüfung mit dem Inhalt der Prüfung des Unternehmens nach US-amerikanischen Kapitalmarktrecht.

In diesem Fall muß unter der weiteren Voraussetzung der Identität der zur Verfügung stehenden Unternehmensunterlagen dieselbe Bewertung des Unternehmens durch die das „registration statement“ bewertenden Prüfer in US-Amerika als effektives Entlastungsmittel gelten.

Dies gilt insbesondere deshalb, weil durch dieselbe Bewertung zutage tritt, daß eine andere Person mit dem für die Durchführung einer Due Diligence erforderlichen Fachwissen[883] keine andere Bewertung des Unternehmens vornehmen

---

[882] Merkt, WiB 1996, 145 (146).

[883] Von einem derartigen Fachwissen ist bei den Personen, die das „registration statement“ auf Richtigkeit prüfen, auszugehen.

konnte und daher den Berater im Einzelfall nicht der Vorwurf der Außerachtlassung der im Verkehr erforderlichen Sorgfalt treffen kann.

ee) Zwischenergebnis

Festzustellen ist, daß deutsche Berater, die eine Due Diligence an einem Unternehmen durchgeführt haben und einem Schadensersatzanspruch ausgesetzt sind, sich innerhalb ihres Entlastungsbeweises auf die gleiche Bewertung desselben Unternehmens durch die das „registration statement" prüfenden Berater in US-Amerika berufen können, soweit der Spezialfall gegeben ist, daß ein deutsches von einem US-amerikanischen Unternehmen gekauft und von diesem in US-Amerika an die Börse gebracht wird. Voraussetzung hierfür ist allerdings zum einen, daß der Inhalt der beiden durchgeführten Due Diligences derselbe ist und zum anderen, daß den beiden verschiedenen Prüfungsteams dieselben oder zumindest gleichwertige Unterlagen zur Verfügung gestellt worden sind. Liegen diese Voraussetzungen vor, so daß dem Entlastungsbeweis dieses Beweismittel zugänglich ist, so ist die Chance des Gelingens des Beweises groß. Denn unter der Voraussetzung, daß der Berater die ihm obliegende Sorgfalt nicht anderweitig außer acht gelassen hat und auf das gleiche Ergebnis gekommen ist, wird an demselben Prüfergebnis deutlich, daß eine andere Person mit demselben Spezialwissen in der Situation des Beraters nicht auf ein anderes Ergebnis hätte kommen können und daher die im Verkehr erforderliche Sorgfalt, also die dem Berater im Einzelfall obliegende Sorgfalt, eingehalten wurde.

Insgesamt -dies sei an dieser Stelle festgehalten- stellen somit eine genaue Dokumentation der Zwischenergebnisse der Due Diligence sowie -im Einzelfall- eine gleiche Werteinschätzung des Unternehmens durch die für die Erstemission von Aktien zuständige Stelle in US-Amerika geeignete Entlastungsmittel dar.

e) Verjährung der Ansprüche

Da bei einem Unternehmenskauf die Ansprüche -zumindest wenn sich die Haftung nach §§ 459 ff. BGB richtet- gemäß § 477 Abs. 1 BGB nach sechs Monaten verjähren, die Verjährung der Ansprüche gegen den zur Durchführung der Due Diligence eingesetztem Berater hingegen in der Regel entsprechend der Berufsordnungen erst nach drei bis fünf Jahren eintritt[884], ist die Haftung des Beraters für den Käufer oftmals interessanter als die Haftung des Verkäufers.

---

884 Schadensersatzansprüche gegenüber einem Rechtsanwalt aus dem Beratungsvertrag verjähren gemäß § 51 BRAO erst in drei Jahren vom Zeitpunkt des Entstehens, spätestens jedoch drei Jahre nach Beendigung des Auftrages, vgl.: BGH ZIP 1992, 1744 (1744); Holzapfel/Pöllath, Rn. 469; Picot, Teil I, Rn. 105; Borgmann, Die Haftung des Rechtsanwalts, 9 (25 f.).

Abgesehen von dieser grundsätzlich längeren Verjährungsfrist beginnen diese Verjährungsfristen unter Umständen erst später zu laufen als die Gewährleistungsfrist des Veräußerers, die schon mit der Übergabe des Unternehmens anläuft. Ferner müssen Rechtsanwälte und Steuerberater den Mandanten über ihre eigene Schadensersatzpflicht und über die Verjährungsfrist belehren; tun sie das nicht, so macht das Unterlassen seinerseits schadensersatzpflichtig, so daß die Verjährung von neuem beginnt[885].

f) Ergebnis

Durch die vorstehenden Ausführungen wird deutlich, daß innerhalb eines Unternehmenskauf zur Durchführung der Due Diligence eingesetzte Spezialisten grundsätzlich intensiv in die Pflicht genommen werden können und sie daher bei Durchführung einer Due Diligence ein großes Haftungsrisiko tragen[886]. Jedoch ist für sie dieses Risiko zum einen kalkulierbar[887] und zum anderen versicherbar[888]. Der Laie, also in diesem Fall der Unternehmenskäufer, hingegen kannmangels entsprechender Kenntnisse im Gegensatz zu den von ihm eingesetzten Spezialisten die Wahrscheinlichkeit, daß ein Schaden eintritt, weder abschätzen noch sachgerecht versichern.

Ferner ist zu bedenken, daß der Spezialist im Regelfall dann eingeschaltet wird, wenn im Unternehmen die für die Durchführung der Due Diligence erforderlichen Fachkräfte nicht vorhanden sind, die eigene Sachkunde des Unternehmens mithin nicht ausreicht. Der Fachmann soll das Gefälle zwischen den eigenen Kenntnissen und denen, die für die Bewertung des Unternehmens erforderlich sind, ausgleichen. Die Delegation dieser Aufgaben ist von beiden Seiten gewollt. Sie ist der wesentliche Grund für die Kontaktaufnahme zu den Spezialisten. Wenn daher der Spezialist seine Fachkenntnisse nicht ausreichend einsetzt

---

Ebenfalls nach drei Jahren verjähren gemäß § 68 StBerG Schadensersatzansprüche gegenüber einem Steuerberater, vgl.: Späth, Zivilrechtliche Haftung des Steuerberaters, Rn. 417 ff. Gemäß § 51 a WPO verjähren hingegen Ansprüche gegen einen Wirtschaftsprüfer erst nach fünf Jahren, vgl. Borgmann, Die Haftung des Rechtsanwalts, 9 (26)

885 Holzapfel/ Pöllath, Rn. 471; nicht jedoch bei rechtzeitiger anderweitiger Beratung, vgl. BGH WM 1985, 1038 (1038, 2. Urteilssatz).

886 Merkt, Rn. 1056; Ganzert/ Kramer, WPg 1995, 576 (579); Krüger/ Kalbfleisch, DStR 1999, 174 (180).

887 Hermann, Ökonomische Analyse der Haftung des Wirtschaftsprüfers, S. 148; Koller, Risikozurechnung bei Vertragsstörungen in Austauschverträgen, S. 80; Posner, Economic Analysis of Law, S. 75; Hopt, FS für Robert Fischer, 237 (252).

888 Koller, Risikozurechnung bei Vertragsstörungen in Austauschverträgen, S. 91; Posner, Economic Analysis of Law, S. 75 ff.; Mertens, AcP 178, (1978), 227 (240); Schroeder, AnwBl 1984, 522 (524); ausführlich zur Versicherung des Wirtschaftsprüfers auch: Hermann, Ökonomische Analyse der Haftung des Wirtschaftsprüfers, S. 146 f.

und dadurch demjenigen, der den Experten aufgrund seiner Spezialkenntnisse herangezogen hat, ein Schaden entsteht, so erscheint eine intensive Inanspruchnahme des Spezialisten gerechtfertigt. Dies gilt insbesondere auch deshalb, weil er eine seiner Ansicht nach risikoreiche Due Diligence ablehnen kann, um dem Risiko der Haftung zu entgehen. Weiterhin kann er, um sein Haftungsrisiko zu verringern, einen vertraglichen Haftungsausschluß vereinbaren und dadurch seine Haftung etwa auf den Fall der groben Fahrlässigkeit und des Vorsatzes beschränken.

Werden Experten aufgrund fehlerhafter Durchführung einer Due Diligence in Anspruch genommen, so haben sie ferner die Möglichkeit, einen Entlastungsbeweis zu führen, innerhalb dessen sie beweisen können, daß sie im Einzelfall die ihnen obliegende Sorgfalt eingehalten haben. Als Entlastungsmittel kommt zum einen die fortlaufend durchgeführte Dokumentation der Ergebnisse der Due Diligence in Betracht, anhand derer die Spezialisten beweisen können, daß im Einzelfall nur der eine bestimmte Schluß auf den Wert des Unternehmens gezogen werden konnte und dieser Schluß aus einer im Rahmen der im Verkehr erforderlichen Sorgfalt durchgeführten Prüfung resultierte.
Zum anderen kommt in der Sonderkonstellation der gleichzeitig mit dem Unternehmenskauf erfolgenden Erstemission der deutschen Gesellschaft an der Börse in US-Amerika als Beweismittel der Einhaltung der erforderlichen Sorgfalt dieselbe Bewertung des Unternehmens durch die das „exchange statement" prüfenden Berater in US-Amerika in Betracht; allerdings gilt dies nur, soweit der Prüfungsinhalt und die zur Verfügung gestellten Unterlagen weitestgehend übereinstimmen.

6. Teil: Haftung der Manager im Falle der unberechtigten Bewilligung einer Due Diligence

In fünften Teils wird nunmehr untersucht, welche Ansprüche unter dem Gesichtspunkt der Sorgfaltspflichtverletzung gegen das Management des Verkäuferunternehmens, welches die Due Diligence zugelassen hat, geltend gemacht werden können, wenn dieses die Due Diligence unberechtigterweise bewilligt hat und dem Inhaber des Unternehmens hierdurch Schäden entstanden sind. Im Rahmen dieser Untersuchung wird erneut die Berufung auf die Einhaltung der im Verkehr erforderlichen Sorgfalt, die Due-Diligence-Defense[889] eine entscheidende Rolle spielen. Kann das geschäftsführungsbefugte Organ nämlich beweisen, daß es bei der Entscheidung der Zulassung der Due Diligence die im Verkehr erforderliche Sorgfalt eingehalten hat, so ist eine Entlastung seiner Person möglich, eine Haftung ausgeschlossen.

1. Kapitel: Allgemeines

Die Haftung des geschäftsführungsbefugten Organs für die unberechtigte Zulassung einer Due Diligence ist in die Kategorie der Innenhaftung einzuordnen. Innenhaftung bedeutet nach der üblicherweise vorgenommenen Einteilung Haftung für Pflichtverletzungen des Vertretungsorgans einer Gesellschaft gegenüber seinem Unternehmen[890]. Neben der begangenen Pflichtverletzung ist Voraussetzung eines Haftungsanspruch des Unternehmens, daß die Pflichtverletzung kausal für einen Schaden war und das Organ schuldhaft gehandelt hat. Dies folgt für die Aktiengesellschaft aus § 93 Abs. 2 AktG und für die GmbH aus § 43 Abs. 2 AktG.

Im Folgenden soll zunächst dem Tatbestandsmerkmal der Pflichtverletzung näher nachgegangen werden. Die Feststellung einer Pflichtverletzung ist nur möglich, wenn Klarheit darüber besteht, welche Verhaltenspflichten Unternehmensleiter ihrem eigenem Unternehmen gegenüber haben. Ferner werden die übrigen Voraussetzungen einer Haftung untersucht. Insgesamt wird die Untersuchung rechtsformspezifisch erfolgen, weil sich innerhalb der verschiedenen Gesellschaftsformen erhebliche Unterschiede bezüglich einzelner Voraussetzungen der Haftung zeigen.

---

[889] Es soll diesbezüglich auch für den deutschen Vorgang des Beweises der Einhaltung der im Verkehr erforderlichen Sorgfalt der US-amerikanischen Begriff aus dem Kapitalmarktrecht verwandt werden.

[890] Meyke, Die Haftung des GmbH-Geschäftsführers, Rn. 12; Thümmel, Rn. 69; Thümmel/Sparberg, DB 1995, 1013 (1017).

2. Kapitel: Haftung des Vorstands einer Aktiengesellschaft bei pflichtwidriger Zulassung einer Due Diligence

A. Pflichtverletzung

Um einer Haftung zu unterfallen, müßte der Vorstand einer Aktiengesellschaft - wie bereits erwähnt- zunächst durch die Zulassung einer Due Diligence eine Pflicht verletzen, deren Verletzung als Rechtsfolge eine Haftung auslöst.

Das Aktiengesetz nennt in § 93 Abs. 3 neun Einzeltatbestände, deren Erfüllung „namentlich" eine Schadensersatzpflicht des Vorstands auslöst. Die Aufzählung ist keineswegs abschließend, wie sich schon aus der gewählten Formulierung und daraus ergibt, daß die Regelung neben dem allgemeinen Haftungstatbestand des § 93 Abs. 2 S. 1 AktG steht. Die neun Tatbestände des § 93 Abs. 3 AktG unterscheiden sich jedoch von dem allgemeinen Haftungstatbestand des § 93 Abs. 2 S. 1 AktG dadurch, daß auf entsprechende Schadensersatzansprüche nicht zu Lasten von Gläubigern der Gesellschaft verzichtet werden kann und Gläubiger selbst zur Geltendmachung der Ansprüche befugt sind, wenn sie von der Gesellschaft auf ihre Forderungen keine Befriedigung erlangen können[891]. Ein weiterer haftungsverschärfender Umstand liegt darin, daß die Gesellschaft keinen Schaden nachweisen muß, sondern das Gesetz vielmehr an das pflichtwidrige Verhalten des Vorstandes die Vermutung knüpft, daß ein entsprechender Schaden entstanden ist[892].

Bei der unberechtigten Zulassung einer Due Diligence ist die dem Vorstand nach § 93 Abs. 1 S. 2 AktG obliegende Schweigepflicht betroffen. Diese ist nicht in § 93 Abs. 3 AktG aufgezählt, so daß die vorgenannten Haftungsverschärfungen nicht, wohl aber die allgemeinen Haftungsvoraussetzungen des Vorstands gelten.

Gemäß der in § 93 Abs. 1 S. 2 AktG geregelten Verschwiegenheitspflicht hat der Vorstand über vertrauliche Angaben sowie Betriebs- und Geschäftsgeheimnisse der Gesellschaft, die ihm durch die Tätigkeit als Vorstand bekannt geworden sind, Stillschweigen zu bewahren. Die Verschwiegenheitspflicht bezieht sich dabei auf sämtliche Informationen, deren Geheimhaltung im Interesse der Gesellschaft liegt, unabhängig davon, ob sie als vertraulich bezeichnet worden sind[893]. Als Geschäftsgeheimnisse in Betracht kommen technische Daten der Produkte oder verwendete Herstellungsverfahren, Unternehmensplanungen, fi-

---

[891] Geßler/ Hefermehl, § 93 Rn. 78; Kölner Kommentar/ Mertens, § 93 Rn. 1; Henn, Handbuch des Aktienrechts, Rn. 598; Münch Hdb. IV/ Wiesner, § 26 Rn. 20.

[892] Geßler/ Hefermehl, § 93 Rn. 35; Kölner Kommentar/ Mertens, § 93 Rn. 96; Kübler, § 15 III, 4 a) in Fußnote 24; Thümmel, Rn. 72; Schaefer/ Missling, NZG 1998, 441 (442).

[893] Hüffer, § 93 Rn. 7; Kölner Kommentar/ Mertens, § 93 Rn. 76, § 116 Rn. 43; hierzu sehr ausführlich: v. Stebut, S. 7 ff.

nanzielle Daten der Gesellschaft, soweit sie nicht öffentlich bekannt sind, Vertriebsdaten (Kundenstamm etc.), Personaldaten und ähnliches[894].
Bei der Due Diligence erhält der potentielle Erwerber vom Vorstand derartige Informationen[895]. Ein Verstoß gegen die nach § 93 Abs. 1 S. 2 AktG bestehende Schweigepflicht des Vorstandes kann daher grundsätzlich gegeben sein, wenn dieser Informationen im Rahmen der Due Diligence an einen potentiellen Erwerber des Unternehmens bzw. eines Unternehmensteils weitergibt.
Jedoch ist an dieser Stelle zu beachten, daß § 93 Abs. 1 S. 2 AktG die Verhaltensanforderungen an den Unternehmensleiter nicht abschließend beschreibt [896]. Vielmehr ist die generelle Bestimmung des § 93 Abs. 1 S. 1 AktG Quelle weiterer allgemeiner Pflichten des Leitungsorgans der Aktiengesellschaft. Die genannte Vorschrift normiert zwar einen Sorgfaltsmaßstab („Sorgfalt eines ordentlichen und gewissenhaften Geschäftsleiters") und scheint damit auf den ersten Blick nur den anwendbaren Verschuldensmaßstab zu regeln. Es ist aber im wesentlichen anerkannt, daß sie ebenso wie § 43 Abs. 1 GmbHG eine Doppelfunktion hat und neben dem Verschuldensmaßstab die allgemeinen Verhaltenspflichten der Unternehmensleiter in Form einer Generalklausel umschreibt[897]. Wesentliche Kontur erhält die Regelung erst, wenn man in die Pflichtumschreibung die Aufgabe einbezieht, welche ein Manager zu erfüllen hat. Diese wird für die Aktiengesellschaft in § 76 Abs. 1 AktG normiert. Danach hat der Vorstand die Gesellschaft unter eigener Verantwortung zu leiten. Inhalt und Umfang hängen zwar von der Art des Geschäfts, der Größe des betroffenen Unternehmens und seiner jeweiligen konkreten Situation ab[898]. Die allgemeinen Pflichten des Unternehmensleiters können aber dahin zusammengefaßt werden, daß er wie ein Treuhänder die Interessen des Unternehmens zu wahren und alles zu unterlassen hat, was das Unternehmen schädigen könnte[899].

---

[894] BGHZ 64, 325 (332); Geßler/ Hefermehl, § 93 Rn. 16; Hüffer, § 93 Rn. 7; Großkommentar/ Schilling, § 93 Rn. 11; Kölner Kommentar/ Mertens, § 116 Rn. 44; Müller, Frankfurter Allgemeine Zeitung v. 30.05.2001, S. 30.

[895] Siehe eine ausführliche Behandlung der Qualifizierung von Unternehmensdaten im Rahmen der Due Diligence unter das Merkmal der vertraulichen Angaben und Geheimnisse oben unter 2. Teil, 2. Kapitel, A I 5 a).

[896] Vgl. hierzu die ausführlichen Ausführungen oben unter 2. Teil, 2. Kapitel, A I 1 5 a).

[897] Geßler/ Hefermehl, § 93 Rn. 9; Hüffer, § 93 Rn. 3; Kölner Kommentar/ Mertens, § 93 Rn. 6; Münch Hdb. IV/ Wiesner, § 26 Rn. 5; Hübner, S. 8; Raiser, Recht der Kapitalgesellschaften, § 14 Rn. 52; Ebenroth/ Lange, GmbHR 1992, 69 (70); a.A.: Baumbach/ Hueck/ Zöllner, § 43 Rn. 11 f.

[898] Großkommentar/ Schilling, § 93 Rn. 9; Henn, Handbuch des Aktienrechts, Rn. 595; Thümmel, Rn. 130.

[899] Hüffer, § 93 Rn. 4; Kölner Kommentar/ Mertens, § 93 Rn. 27 ff.; Kübler, § 15 III 5 a); Münch Hdb. IV/ Wiesner, § 26 Rn. 6; Schmidt, GesR, § 28 II 4a); Thümmel, Rn. 131.

Hiervon ausgehend ergeben sich zwei zentrale Pflichtenkreise, denen ein Vorstand bei der Wahrnehmung seiner Aufgaben unterliegt: Einerseits die Pflicht des Organs zur ordnungsgemäßen Wahrnehmung der Organfunktion[900] und andererseits die Treuepflicht, d.h. die Pflicht zum loyalen Einsatz für die Gesellschaft[901]. Auf diese beiden Säulen können die verschiedenen Verhaltensanforderungen, die im Einzelfall zur Anwendung kommen, zurückgeführt werden.

Bei der Bejahung der Rechtfertigung des Bruchs der Schweigepflicht zur Durchführung einer Due Diligence kommen jene beiden Säulen der Verhaltensanforderungen zum Ausdruck: Auf der einen Seite unterliegt der Vorstand der Schweigepflicht, welche eine Ausprägung der Treuepflicht darstellt und welche eine Weitergabe der Informationen an einen Erwerbsinteressenten an sich verbietet; auf der anderen Seite hat der Vorstand zur ordnungsgemäßen Wahrnehmung der Organfunktion unter Umständen die Pflicht, eine Due Diligence aufgrund des vorhandenen Unternehmensinteresses an der Transaktion zuzulassen. Welcher „Säule" im Einzelfall Vorzug zu geben ist und ob aufgrund des Gewichts der zweiten Säule im Einzelfall eine Durchbrechung der Schweigepflicht möglich erscheint, ist vom Vorstand anhand bestimmter Kriterien zu entscheiden. Betriebswirtschaftliche Regeln allein helfen insoweit nicht weiter. Sie geben im allgemeinen keine verbindliche Handlungsanweisung vor, die bei mehreren Handlungsalternativen immer nur eine Maßnahme als zulässig erscheinen läßt[902]. Vielmehr stecken sie -zusammen mit den rechtlichen Vorgaben- einen Rahmen ab, innerhalb dessen der Unternehmensleiter einen Gestaltungsspielraum hat. Wie weit dieser Gestaltungsspielraum im Einzelnen jedoch ist und welche Kriterien den Rahmen der Durchbrechung der Schweigepflicht genau bilden, ist in der diesbezüglich vorzufindenden Literatur umstritten[903].
Nach der hier vertretenen Ansicht ist eine Weitergabe von Unternehmensinterna möglich, soweit die Verhandlungen fortgeschrittener Natur sind, eine Geheim-

---

900 Wesentlicher Schwerpunkt der Pflicht zur ordnungsgemäßen Wahrnehmung der Organfunktion ist die Leitung des Unternehmens unter Berücksichtigung des Unternehmensziels sowie gesicherter und bewährter betriebswirtschaftlicher Erkenntnisse, vgl. zur GmbH, für die aber im Rahmen des § 43 Abs. 1 GmbHG eine parallele Wertung zu treffen ist: Ebenroth/ Lange, GmbHR 1992, 69 (71); Scholz/ Schneider, § 43 Rn. 44 ff..

901 Baumbach/ Hueck/ Zöllner, § 35 Rn. 16 ff.; Großkommentar/ Schilling, § 93 Rn. 9; Kölner Kommentar/ Mertens, § 93 Rn. 27 ff., 45, 49 ff.; Scholz/ Schneider, § 43 Rn. 59 ff.; Thümmel, Rn. 131; Thümmel/ Sparenberg, DB 1995, 1013 (1014); Müller, Frankfurter Allgemeine Zeitung v. 30.05.2001, S. 30.

902 Thümmel, Rn. 132.

903 Siehe zur ausführlichen Darstellung dieses Meinungsstreit oben unter 2. Teil, 2. Kapitel, A I 5 a)

haltungsvereinbarung für den Fall des Scheiterns der Akquisition vorliegt und darüber hinaus der Vorstand nach Abwägung des konkreten Einzelfalls und unter Beachtung des für die Durchbrechung der Geheimhaltungspflicht erforderlichen überwiegenden Unternehmensinteresses über die Weitergabe beschlossen hat[904].

Dadurch, daß dem Vorstand eine Beurteilung des Bestehens eines Unternehmensinteresses an der beabsichtigten Transaktion im Rahmen der rechtlichen Vorgaben zugestanden wird, ist der Gestaltungsspielraum des Vorstands im Rahmen der Durchbrechung der Schweigepflicht verhältnismäßig groß. Ein derartiger Gestaltungsspielraum des Vorstands ist jedoch erforderlich, um dem Vorstand eine an den Unternehmensinteressen ausgerichtete Unternehmenspolitik zu ermöglichen.

Das Gewähren eines unternehmerischen Gestaltungsspielraums hat zur Folge, daß Maßnahmen der Geschäftsführung, die sich im Rahmen dieses Gestaltungsspielraums halten, nicht zu einer Haftung des Vorstands führen, auch wenn dadurch der Gesellschaft Vermögensnachteile entstanden sind[905]. Der lediglich „glücklose“ Unternehmensleiter ist folglich niemals haftpflichtig.

Sind hingegen die Grenzen des Ermessens überschritten, liegt Mißmanagement vor, das die Haftungsvoraussetzung der Pflichtverletzung des Vorstands begründet. Mißmanagement ist etwa zu bejahen, wenn die Due Diligence ohne die Sicherstellung der Geheimhaltung zugelassen wird oder der Nutzen der Transaktion in Bezug auf vom Erwerber in Aussicht gestellte Investitionen zweifelhaft erscheint.

Festzustellen ist: Hat der Vorstand die nach der hier vertretenen Ansicht geforderten Voraussetzungen, unter denen eine Weitergabe der Unternehmensinterna trotz § 93 Abs. 1 S. 2 AktG möglich ist, nicht eingehalten und die Informationen trotz dieses Mangels an Voraussetzungen für eine Rechtfertigung weitergegeben, so hat er die ihm obliegende Pflicht zur ordentlichen und gewissenhaften Geschäftsführung verletzt. Eigentlich lautet der Grundsatz: Wo das Unternehmensinteresse es gebietet zu reden, endet die Schweigepflicht. Im Fall des Vorliegens von Mißmanagement ist der Grundsatz jedoch gegenteilig anzuwenden: Wo das Unternehmensinteresse es nicht gebietet zu reden, beginnt die Schweigepflicht.

---

[904] Vgl. hierzu Ausführungen oben unter 2. Teil, 2. Kapitel, A I 5 a aa ccc).

[905] Eschenbruch, Konzernhaftung, Rn. 4024; Raiser, Recht der Kapitalgesellschaften, § 14 Rn. 11; Thümmel, Rn. 134.

B. Verschulden des Vorstands

Haftung dem eigenen Unternehmen gegenüber fordert unabhängig von dem konkreten Haftungstatbestand Verschulden auf Seiten des Vorstands[906]. Eine verschuldensunabhängige Gefährdungshaftung ist an keiner Stelle des Aktiengesetzes vorgesehen.

I. Allgemeine Überlegungen zum Verschuldensmaßstab des Vorstands

Der Verschuldensmaßstab ergibt sich ebenso wie die Verhaltenspflicht des Vorstands aus § 93 Abs. 1 S. 1 AktG. Der Vorstand handelt danach schuldhaft, wenn er -Verschuldensfähigkeit und Zumutbarkeit pflichtgemäßen Handelns vorausgesetzt- vorsätzlich oder fahrlässig die Sorgfalt eines ordentlichen und gewissenhaften Geschäftsleiters nicht beachtet[907].

Bei der Beurteilung des Verschuldens gilt ein normativer, weitgehend objektiv zu fassender Verschuldensmaßstab[908]. Dies bedeutet, daß sich der Verschuldensmaßstab nicht an den Kenntnissen und Fähigkeiten des konkret betroffenen Unternehmensleiters orientiert, sondern an seiner Aufgabe als treuhänderischer Verwalter der Vermögensinteressen der Gesellschaft[909]. Daher haben Vorstandsmitglieder stets für die Fähigkeiten und Kenntnisse einzustehen, die erforderlich sind, um diesem Sorgfaltsmaßstab in Bezug auf ihre Leistungsaufgabe zu genügen[910]. Mangelnde Fähigkeiten und Kenntnisse, die dem verlangten Standard nicht genügen, stellen keinen Entschuldigungsgrund dar. Das schuldhaft pflichtwidrige Verhalten liegt dann darin, daß das Vorstandsmitglied das Vorstandsamt oder den ihm zugewiesenen Geschäftsbereich, dem er nicht ge-

---

[906] Geßler/ Hefermehl, § 93 Rn. 29; Großkommentar/ Schilling, § 93 Rn. 15; Hüffer, § 93 Rn. 14; Kölner Kommentar/ Mertens, § 93 Rn. 98; Münch Hdb. IV/ Wiesner, § 26 Rn. 11; Wollny, D&O-Versicherungen in den Vereinigten Staaten von Amerika, S. 375.

[907] Geßler/ Hefermehl, § 93 Rn. 29; Großkommentar/ Schilling, § 93 Rn. 14; Kölner Kommentar/ Mertens, § 93 Rn. 98 f.; Bastuck, Enthaftung des Managements, S. 66; Eschenbruch, Konzernhaftung, Rn. 4014; Henn, Handbuch des Aktienrechts, Rn. 593; Kübler, § 15 III 5 b); Münch Hdb. IV/ Wiesner, § 26 Rn. 11 f.; Thümmel, Rn. 153; Kust, WM 1980, 758 (758 f.).

[908] Geßler/ Hefermehl, § 93 Rn. 29; Großkommentar/ Schilling, § 93 Rn. 9; Kölner Kommentar/ Mertens, § 93 Rn. 98; Eschenbruch, Konzernhaftung, Rn. 4014; Münch Hdb. IV/ Wiesner, § 26 Rn. 11; Raiser, Recht der Kapitalgesellschaften, § 14 Rn. 64; Wollny, D&O-Versicherungen in den Vereinigten Staaten von Amerika, S. 375; Kust, WM 1980, 758 (760).

[909] OLG Bremen, GmbHR 1964, 8 (9); Hüffer, § 93 Rn. 4; Kölner Kommentar/ Mertens, § 93 Rn. 6; Kust, WM 1980, 758 (759); Kiethe, NZG 1999, 976 (976); Thümmel, Rn. 154.

[910] BGH WM 1971, 1548 (1549); Geßler/ Hefermehl, § 93 Rn. 29; Kölner Kommentar/ Mertens, § 93 Rn. 99; Großkommentar/ Schilling, § 93 Rn. 9; Fleck, WM-Sonderbeilage III/ 1981, 8; Kust, WM 1980, 758 (760).

wachsen ist, übernommen hat[911]. Bei auftretenden Rechtsfragen muß das Vorstandsmitglied ferner sachkundige Beratung einholen, um sich sorgfaltsgerecht zu verhalten[912].
Abgesehen von der grundsätzlichen Sorgfaltsanforderungen richten sich die konkreten Anforderungen an die Sorgfaltspflicht nach Art und Größe des Unternehmens, der Zahl der Beschäftigten, der Konjunkturlage, den Zeitverhältnissen sowie den besonderen Aufgaben des einzelnen Mitglieds; die Sorgfaltsanforderungen sind daher stets auch nach den konkreten Umständen des Einzelfalls zu beurteilen[913]. Die Sorgfaltspflicht des Vorstandsmitglieds eines Bankunternehmens ist naturgemäß eine andere als die eines Industrie- oder Versorgungsunternehmens. Einen einheitlichen Geschäftsleitertyp gibt es demgemäß nicht. Unter der Sorgfalt eines ordentlichen und gewissenhaften Geschäftsleiters im Sinne des § 93 Abs. 1 S. 1 AktG ist daher die Sorgfalt zu verstehen, die ein Geschäftsleiter, der ein Unternehmen von bestimmter Art und Größe unter eigener Verantwortung leitet, anzuwenden hat.
Die Befreiung des Vorstands einer Aktiengesellschaft von der Einmischung des Aufsichtsrats und Hauptversammlung durch § 76 und § 119 Abs. 1 AktG entspricht die Aufgabe des Vorstands, die Leitung der Aktiengesellschaft allein zu besorgen. Mit dieser höheren Aufgabe muß auch eine höhere Verantwortlichkeit verbunden sein[914]. Die Sorgfaltspflicht eines Vorstandsmitglieds, dem die Leitung einer Aktiengesellschaft anvertraut ist, ist mithin grundsätzlich umfassender als die eines gewöhnlichen Geschäftsmannes. Insgesamt trifft das Vorstandsmitglied daher eine erhöhte Sorgfaltspflicht[915].

Fehlt einem Vorstandsmitglied das Bewußtsein, pflichtwidrig und damit rechtswidrig zu handeln, so trifft ihn nicht der Verschuldensvorwurf des Vorsatzes. Wohl aber trifft ihn der Vorwurf der Fahrlässigkeit, wenn er nicht die Sorgfalt eines ordentlichen und gewissenhaften Geschäftsleiters eingehalten hat[916].

---

[911] RGZ 163, 200 (208); Geßler/ Hefermehl, § 93 Rn. 29; Großkommentar/ Schilling, § 93 Rn. 9; Esser, SchuldR AT Bd. 1, § 38 IV (1970); Kust, WM 1980, 758 (760); allg.: Löwisch, AcP 165, 421 (424).
[912] Geßler/ Hefermehl, § 93 Rn. 29; Großkommentar/ Schilling, § 93 Rn. 16.
[913] Großkommentar/ Schilling, § 93 Rn. 9; Bastuck, Enthaftung des Managements, S. 72; Berens/ Brauner, S. 82; Raiser, Recht der Kapitalgesellschaftern, § 14 Rn. 64; Wollny, D&O-Versicherungen in den Vereinigten Staaten von Amerika, S. 374; Kust, WM 1980, 758 (760).
[914] Großkommentar/ Schilling, § 93 Rn. 9.
[915] Baumbach/ Hueck, § 93 Rn. 6; Geßler/ Hefermehl, § 93 Rn. 12; Großkommentar/ Schilling, § 93 Rn. 9; Eschenbruch, Konzernhaftung, Rn. 4014.
[916] Münch Hdb. IV/ Wiesner, § 26 Rn. 12.

Das Bewußtsein des Vorstandsmitglieds, seine Gesellschaft zu schädigen, setzt die Ersatzpflicht ebenfalls nicht voraus. Sein Verschulden in typisierter Form bezieht sich allein auf die Pflichtwidrigkeit seines Verhaltens. Der Nachweis, man habe die schädlichen Folgen nicht voraussehen können, kann jedenfalls wissentlich pflichtwidrige Handlungen nicht entschuldigen. Der Fahrlässigkeitsvorwurf wird sich mit dieser Begründung gewöhnlich nicht ausräumen lassen.

II. Beurteilung des Verschuldens bei Zulassung einer Due Diligence

Der dargestellte Verschuldensmaßstab bedeutet in Bezug auf die Zulassung einer Due Diligence für den Vorstandsbeschluß, daß der Vorstand bei der Entscheidungsfindung den im Rahmen der Due-Diligence-Entscheidung erforderlichen Kenntnissen und Fähigkeiten zu genügen hat. Er muß fähig sein, das objektive Unternehmensinteresse an der Transaktion, welches eine Durchbrechung der Schweigepflicht rechtfertigen kann, zu definieren, und er muß entscheiden können, ob ein Unternehmensinteresse im Einzelfall vorliegt und als höherwertig gegenüber der Schweigepflicht einzuschätzen ist. Bei seiner Entscheidungsfindung muß der Vorstand sämtliche Vor- und Nachteile der Zulassung einer Due Diligence abzuwägen und darf keine der in Betracht kommenden Erwägungen außer Betracht lassen, die ihm in seiner Stellung als Vorstand eröffnet sind. Übersieht der Vorstand innerhalb seiner Entscheidung Erwägungen, die einem Vorstandsmitglied in seiner Stellung zugänglich sind, so stellt dies folglich ein Außerachtlassen der dem Vorstand obliegenden Sorgfalt dar. Ist das Risiko der Weitergabe der Informationen ferner unverhältnismäßig oder für das Unternehmen unangemessen oder ist im Falle der Realisierung des Risikos aufgrund der Art der Informationen (geheime Produktionsweisen, Patente o.ä.) der Bestand des Unternehmens gefährdet, so darf der Vorstand als ordentlicher und gewissenhafter Geschäftsleiter dieses Risiko nicht eingehen und muß daher die Due Diligence ablehnen.

Darüber hinaus darf der Vorstand keinen Beschluß über die Zulassung einer Due Diligence treffen, wenn die übrigen Voraussetzungen, die für eine Rechtfertigung der Durchbrechung der Geheimhaltungspflicht erforderlich sind, also der fortgeschrittene Verhandlungszeitpunkt, ein Letter of Intent und eine Geheimhaltungsvereinbarung, nicht vorliegen. Der Vorstand muß hierbei grundsätzlich bedenken, daß Gegenstand der Entscheidung das wertvolle Gut der Information ist und daher höchste Anforderungen an die Weitergabe zu stellen sind, um das Gut zu schützen.

Hat der Vorstand von gewissen Problemen im Rahmen der Due Diligence keine umfassende Kenntnis, so unterläßt er die ihm obliegende Sorgfalt, wenn bezüglich der Probleme keine fachkundige Beratung einholt. Die Bedeutung der

Kenntnis der Due Diligence selbst und ihre eventuellen Folgen muß das einzelne Vorstandsmitglied jedoch haben. Schließlich ist für ein Vorstandsmitglied nach objektiver Sichtweise in heutiger Zeit ein solches Wissen erforderlich, insbesondere, wenn die Due Diligence zu den Tagesgeschäften des Unternehmens gehört.

Der Vorstand muß insgesamt mithin bei der Entscheidung sämtliche einem Vorstand in der konkreten Situation zugänglichen Erwägungen für und gegen eine Zulassung einer Due Diligence in seine Überlegungen einbeziehen. Er hat anhand der Prüfung des Vorliegens der anderweitigen Voraussetzungen sicherzugehen, daß das Risiko des Mißbrauchs der Informationen minimiert ist und darf im Falle der Bejahung eines Risikos eine Due Diligence nicht zulassen bzw. darf diese nur in der Hinsicht genehmigen, daß ein Dritter die Prüfung vornimmt und der potentielle Erwerber nur die Ergebnisse der Prüfung erhält. Hält sich der Vorstand nicht an diese Vorgaben, so verletzt er die ihm im Einzelfall obliegende Sorgfalt, ein Verschulden seinerseits ist zu bejahen, eine weitere Voraussetzung eines Schadensersatzanspruches der Gesellschaft gegen den Vorstand liegt vor.

C. Schaden der Gesellschaft als Voraussetzung der Ersatzpflicht

Die Ersatzpflicht des Vorstands nach § 93 AktG setzt ferner voraus, daß der Gesellschaft infolge der Pflichtverletzung des Vorstandsmitglieds ein Schaden entstanden ist.

I. Allgemeines

Als Schaden im Sinne des § 93 Abs. 2 AktG kommt nicht jede Vermögensminderung in Betracht. Vielmehr ist Vermögensschaden im Sinne dieser Vorschrift nur jede dem Unternehmenszweck widersprechende Beeinträchtigung des Gesellschaftsvermögens[917]. Die Gegenansicht[918], die als Schaden jede Differenz des Gesellschaftsvermögens ausreichen läßt, ohne darüber hinaus einen Widerspruch der Differenz zum Unternehmenszweck zu fordern, wird der Eigenart unternehmerischer Betätigung nicht gerecht. Sie würde Entscheidungen sanktionieren, die sich im Rahmen pflichtgemäßer unternehmerischer Ermessensausübung halten. Die Gewährung von unternehmerischem Ermessen kann jedoch nur dann sinnvoll gegeben sein, wenn auch bei der Beurteilung des Schadens diesem unternehmerischen Ermessen Rechnung getragen wird. Ferner ist

---

[917] Vgl. Geßler/ Hefermehl, § 93 Rn. 28; Kölner Kommentar/ Mertens, § 93 Rn. 23; Soergel/ Hefermehl, Vorbem. § 249 Rn. 48; Münch Hdb/ Wiesner, § 26 Rn. 10.

[918] Meyer-Landrut/ Miller/ Niebus, § 43 Rn. 13; Rowedder/ Koppensteiner, § 43 Rn. 20; Scholz/ Schneider, § 43 Rn. 160; Thümmel, Rn. 156.

die Gegenansicht nicht mit der Umkehr der Beweislast hinsichtlich der Pflichtwidrigkeit der Geschäftsführung in Abs. 2 Satz 2 zu vereinbaren. Diese Umkehr kann nämlich nur auf der Basis eines Schadensbegriffs gerechtfertigt sein, der nicht jede Vermögensdifferenz erfaßt, sondern nur solche negativen Entwicklungen, die typischerweise auf ein pflichtwidriges Verhalten hindeuten.

Der Zurechnungszusammenhang zwischen Schaden und Pflichtverletzung bestimmt sich nach allgemeinen Grundsätzen, insbesondere findet die Adäquanztheorie Anwendung[919]. Zu prüfen ist also im Einzelfall, ob die Pflichtverletzung nach dem gewöhnlichen Lauf der Dinge geeignet war, eine Beeinträchtigung der eingetretenen Art herbeizuführen und ob diese Beeinträchtigung noch unter den Schutzzweck der Innenhaftungsnorm fällt[920].

II. Schaden im Falle der unberechtigten Zulassung einer Due Diligence

1. Entgangener Gewinn

Als Schadensposition bei der unberechtigten Zulassung einer Due Diligence durch den Vorstand kommt vor allem entgangener Gewinn in Betracht, der gemäß § 252 BGB als Schadensposition angesehen wird.
Entgangener Gewinn stellt grundsätzlich den Wert dar, den der Geschädigte zwar noch nicht effektiv zur Verfügung gehabt hat, der ihm aber ohne das schädigende Ereignis zugeflossen wäre[921], also der Wert, der sich im Vergleich der reellen Vermögensentwicklung zur hypothetischen Vermögensentwicklung der Gesellschaft bei ordnungsgemäßem Verhalten der Vorstandsmitglieder ergibt[922].
Bei der Zulassung der Due Diligence erhält der Kaufinteressent Informationen, die er zur Steigerung des Umsatzes eines etwaigen Konkurrenzbetriebes ausnutzen kann. Hierdurch kann der Umsatz des Unternehmens, das die Due Diligence zugelassen hat, zurückgehen. Zwar hatte das Unternehmen den Umsatz noch nicht effektiv erzielt, der Umsatz wäre ihm aber ohne die Weitergabe der Informationen zugeflossen. Der Umsatzrückgang kann folglich den entgangenen Gewinn und damit den Schaden ausmachen, der nicht eingetreten wäre, wenn die Vorstandsmitglieder sich im betreffenden Fall ordnungsgemäß verhalten und die Informationsweitergabe nicht ermöglicht hätten. Erforderlich ist jedoch grundsätzlich eine Beurteilung der Umstände des Einzelfalls.

---

919 Hüffer, § 93 Rn. 15; Kölner Kommentar/ Mertens, § 93 Rn. 23; zur Adäquanztheorie allgemein: Soergel/ Mertens, Vorbem. § 249 Rn. 120 ff.
920 Thümmel, Rn. 156.
921 Ermann/ Kuckuk, § 252 Rn. 1; Palandt/ Heinrichs, § 252 Rn. 1; RGRK/ Alff, § 252 Rn. 1; Soergel/ Mertens, § 252 Rn. 12 ff.; Staudinger/ Schiemann, § 252 Rn. 1.
922 Kölner Kommentar/ Mertens, § 93 Rn. 24; Thümmel/ Sparberg, DB 1995, 1013 (1015).

2. Wertverlust der Information

Darüber hinaus tritt durch die Weitergabe der Informationen im Rahmen der Due Diligence ein Wertverlust der Informationen ein. Je größer nämlich der Personenkreis ist, dem die Informationen zugänglich ist, um so geringer ist der Wert der Information, weil jeder auf sie zurückgreifen kann[923]. Im Gegensatz dazu ist der Wert der Information um so höher einzustufen, je weniger Personen von der Information Kenntnis haben. Voraussetzung dieser Überlegung ist allerdings, daß die durch die Due Diligence erlangte Information für die Allgemeinheit bzw. für die spezifischen Fachkreise von Bedeutung ist; andernfalls ist der Wert der Information von vorn herein gering, eine Wertminderung würde nicht sehr ins Gewicht fallen und würde auch im Sinne des Bestehens eines Schadens irrelevant sein.

3. Zurechnung des Schadens bei der Due Diligence

Hinsichtlich des Zurechnungszusammenhangs ergibt sich bezüglich der Zulassung der Due Diligence keine Einschränkung der Haftung. Das Verhalten der Geschäftsleitung im Fall der Zulassung der Due Diligence ist grundsätzlich geeignet, Vermögensschäden bei dem Unternehmen herbeizuführen, und es ist auch Zweck der Innenhaftung, diese möglichen Schädigungen aufzufangen.

D. Gesamtschuldnerische Haftung der Vorstandsmitglieder

Stimmen mehrere Vorstandsmitglieder pflichtwidrig der Durchführung einer Due Diligence zu[924] und verletzen sie auf diese Weise ihre Sorgfaltspflichten, so haften sie der Gesellschaft nach § 93 Abs. 2 S. 1 für den daraus entstandenen Schaden als Gesamtschuldner[925]. Dies setzt allerdings voraus, daß jedes Vorstandsmitglied für sich die Haftungsvoraussetzungen erfüllt.

Erfüllt sind die Haftungsvoraussetzungen von sämtlichen Vorstandsmitgliedern, wenn ein einstimmiger Vorstandsbeschluß vorliegt. Hingegen besteht bei einem mehrheitlichen Beschluß der Zulassung der Due Diligence eine gesamtschuldnerische Haftung nur zwischen jenen Vorstandsmitgliedern, die der Zulassung zugestimmt haben.

---

[923] Vgl. v. Stebut, S. 11, nach dem offenkundige Tatsachen als wertlos anzusehen sind.

[924] Wie oben unter 2. Teil, 2. Kapitel, A I 5 a aa ccc) bereits dargestellt, muß über die Zulassung einer Due Diligence per Vorstandsbeschluß befunden werden; insoweit kommt die gesamtschuldnerische Haftung der Vorstandsmitglieder überhaupt in Betracht.

[925] Geßler/ Hefermehl, § 93 Rn. 24; Großkommentar/ Schilling, § 93 Rn. 23; Hüffer, § 93 Rn. 18; Henn, Handbuch des Aktienrechts, Rn. 597; Münch. Hdb. IV/ Wiesner, § 26 Rn. 14; Wollny, V&O-Versicherung in den Vereinigten Staaten von Amerika, S. 374; Lattwein/ Krüger, Vw 1997, 1366 (1367); Müller, Vw 1997, 1718 (1719); Schaefer/ Missling, NZG 1998, 441 (445).

Wird ein Vorstandsmitglied von der Mehrheit der übrigen Vorstandsmitglieder überstimmt, so entfällt jedoch nicht stets seine Verantwortlichkeit[926]. Handelt es sich vielmehr bei dem Beschluß über die Zulassung der Due Diligence um einen gesellschaftsschädlichen oder leichtfertig ohne genaue Prüfung und Abwägung gefaßten Beschluß, so ist das überstimmte Mitglied aufgrund seiner allgemeinen Sorgfaltspflicht gehalten, die nötigen Schritte zu ergreifen, um die Ausführung des Beschlusses zu verhindern[927]. Welche Maßnahmen einem überstimmten Vorstandsmitglied zugemutet werden können, läßt sich nicht allgemein sagen, sondern ist nach dem Einzelfall zu beurteilen. Ausschlaggebend sind die Bedeutung der Angelegenheit und die Stärke der Bedenken, die das jeweilige Vorstandsmitglied hat.

Bei der Zulassung einer Due Diligence handelt es sich aufgrund der Sensibilität der Informationen um eine Angelegenheit von erheblicher Bedeutung. Woraus sich die Bedenken gegen die Zulassung einer Due Diligence ergeben und wie bedeutsam diese Bedenken im Einzelnen sind, läßt sich hingegen nicht pauschal feststellen, sondern muß anhand der Umstände des Einzelfalls beurteilt werden. Ein überstimmtes Vorstandsmitglied muß sich jedoch, falls es im Einzelfall große Bedenken gegen die Durchführung einer Due Diligence hat, unverzüglich[928] an den Aufsichtsrat wenden und eine weitere Verfolgung der Angelegenheit dem Aufsichtsrat als Kontrollorgan überlassen. Der Aufsichtsrat wiederum kann dann alle Mittel im Rahmen seiner Zuständigkeit ergreifen und gegebenenfalls Vorstandsmitglieder aus wichtigem Grund nach § 84 Abs. 3 AktG abberufen[929].

Das einzelne Vorstandsmitglied, das die Due Diligence ablehnt, kann sich insgesamt mithin nicht hinter der Entscheidung der Mehrheit verschanzen. Eine Berufung auf mitwirkendes Verschulden nach § 254 BGB ist dem Vorstandsmitglied gegenüber der Gesellschaft versagt, da ihn eine eigene Verantwortung trifft, die er mit der Sorgfalt eines ordentlichen und gewissenhaften Geschäftsmanns zu erfüllen hat. Diese Verantwortung entfällt, wenn das Mitglied die ihm nach Lage und Sache zu Gebote stehenden Mittel eingesetzt hat, um die Ausführung des Beschlusses zu verhindern. Andernfalls unterliegt auch dieses Vorstandsmitglied einer Haftung, obwohl es nicht an dem Beschluß, der die Due

---

[926] Geßler/ Hefermehl, § 93 Rn. 27; Henn, Handbuch des Aktienrechts, Rn. 597; Schaefer/ Missling, NZG 1998, 441 (445).

[927] Geßler/ Hefermehl, § 93 Rn. 27; Schaefer/ Missling, NZG 1998, 441 (445).

[928] Ein zügiges Handeln des Vorstandsmitglieds ist erforderlich, weil eine Due Diligence in der Regel in kürzester Zeit nach dem Beschluß vorgenommen wird, um den potentiellen Akquisitionsprozeß nicht zu lange Zeit hinauszuzögern und auf diese Weise Rechtsunsicherheit zu schaffen.

[929] Geßler/ Hefermehl, § 93 Rn. 27.

Diligence an sich ermöglicht hat, mitgewirkt hat. Allerdings haftet er dann nicht wie die anderen Vorstandsmitglieder, die einer Due Diligence zugestimmt haben, gesamtschuldnerisch.

Die gesamtschuldnerische Haftung der übrigen Vorstandsmitglieder hat zur Folge, daß die Vorstandsmitglieder im Zweifel nach § 426 Abs. 1 BGB zu gleichen Teilen ausgleichspflichtig sind, soweit kein anderer Verteilungsmaßstab zur Anwendung gelangt. Ein solcher abweichender Verteilungsmaßstab kann sich normalerweise etwa aus dem unterschiedlichen Grund des vorwerfbaren Verschuldens ergeben[930]. Bei der Entscheidung über die Zulassung einer Due Diligence ist der Grund des vorwerfbaren Verschuldens, daß das jeweilige Vorstandsmitglied im Rahmen seiner Entscheidungsbefugnis nicht die ihm obliegende Sorgfalt eingehalten hat. Diesen Vorwurf trifft jedes einzelne Vorstandsmitglied, das zugestimmt hat; ein anderer Verteilungsmaßstab zwischen einzelnen Vorstandsmitgliedern kommt daher bei pflichtwidriger Zulassung einer Due Diligence nicht in Betracht. Die eine Due Diligence befürwortenden Vorstandsmitglieder haften mithin in der Regel zu gleichen Teilen.

E. Verjährung des Anspruchs aus § 93 Abs. 6 AktG

Der Innenanspruch der Gesellschaft gegen die Vorstandsmitglieder verjährt gemäß § 93 Abs. 6 AktG nach fünf Jahren. Die Verjährung beginnt gemäß § 198 S. 1 BGB i.V.m. § 187 Abs. 1 BGB im Zeitpunkt der Entstehung des Schadensersatzanspruchs[931], also in dem Zeitpunkt, in dem der Schaden eingetreten ist, weil erst zu diesem Zeitpunkt alle Voraussetzungen eines Schadensersatzanspruchs vorliegen[932].

Für den Anspruch wegen der unberechtigten Zulassung einer Due Diligence bedeutet dies, daß eine Geltendmachung erst möglich ist, wenn aufgrund der mißbräuchlichen Verwendung der Information der Gesellschaft ein Schaden entstanden ist, also der Gewinn des Unternehmens tatsächlich zurückgegangen ist. Vorher ist zwar die Pflichtverletzung gegeben; ein Schaden liegt jedoch noch nicht vor.

---

930 Großkommentar/ Schilling, § 93 Rn. 23; Münch Hdb. / Wiesner, § 26 Rn. 14.

931 Geßler/ Hefermehl, § 93 Rn. 84; Hüffer, § 93 Rn. 37; Kölner Kommentar/ Mertens, § 93 Rn. 161; Münch Hdb. IV/ Wiesner, § 26 Rn. 22.

932 BHG WM 1971, 1548 (1549); Großkommentar/ Schilling, § 93 Rn. 59; Hüffer, § 93 Rn. 37; Kölner Kommentar/ Mertens, § 93 Rn. 161; Henn, Handbuch des Aktienrechts, Rn. 604; Münch Hdb. IV/ Wiesner, § 26 Rn. 22; Fleck, WM-Sonderbeilage III/ 1981, 9.

F. Darlegungs- und Beweislast, § 93 Abs. 2 Satz 2 AktG

I. Grundsätze der Beweisverteilung

Grundsätzlich hat die Gesellschaft als Klägerin, vertreten durch den Aufsichtsrat, die anspruchsbegründenden Voraussetzungen der Haftung des Vorstands darzulegen und zu beweisen[933]. Im Rahmen der Vorstands-Innenhaftung aufgrund der unberechtigten Zulassung der Due Diligence müßte die Gesellschaft folglich die Pflichtverletzung, das Verschulden, den Schaden und den Kausalzusammenhang zwischen Pflichtverletzung und Schaden konkret darlegen und beweisen.

Gerade für die Darlegung und den Beweis der Pflichtverletzung und des Sorgfaltsverstoßes stellt sich dies aufgrund des fehlenden Materials und der fehlenden Unterrichtung des Rechtsträgers über die den Schaden begründenden Umstände als schwierig dar[934]. Das Gesetz verhilft der Gesellschaft in dieser Hinsicht jedoch zu einer Erleichterung: Ist streitig, ob die Vorstandsmitglieder die ihnen gegenüber der Gesellschaft obliegenden Pflichten eingehalten haben, so trifft sie nach § 93 Abs. 2 Satz 2 AktG die Beweislast[935].

Zu Begründung ihres Schadensersatzanspruchs braucht die Gesellschaft daher nur darzulegen, daß sie einen Vermögensschaden erlitten hat und daß die Möglichkeit eines Zurechnungszusammenhangs zwischen der Vermögensminderung und einer Handlung oder Unterlassung des Vorstandsmitglieds besteht. Das pflichtwidrige Verhalten des Vorstandsmitglieds wird vermutet[936]. Um eine Ersatzpflicht abzuwenden, muß das Vorstandsmitglied dann darlegen und beweisen, daß es die Sorgfalt eines ordentlichen und gewissenhaften Geschäftsleiters

---

933 Großkommentar/ Schilling, § 93 Rn. 17; Hüffer, § 93 Rn. 16; Münch. Hdb. IV/ Wiesner, § 26 Rn. 13; Thümmel, Rn. 161; Fleck, WM-Sonderbeilage III/ 1981, 8; Schaefer/ Missling, NZG 1998, 441 (444 f.).

934 Geßler/ Hefermehl, § 93 Rn. 32; Großkommentar/ Schilling, § 93 Rn. 17; Eschenbruch, Konzernhaftung, Rn. 4015.

935 Dem gegebenen Beweisnotstand des Vorstandsmitglieds half die Rechtsprechung früher dadurch ab, daß sie dem in Anspruch genommenen Vorstandsmitglied den Nachweis auferlegte, daß er seine Pflichten erfüllt habe, vgl. RG JW 1931 40 (41 f.); JW 1936, 2313 (2313). In Anlehnung an diese Grundsätze sah § 84 Abs. 2 Satz 2 AktG 1937 schließlich die gesetzliche Umkehr der Beweislast vor, um die Haftung des Vorstands zu verschärfen. An dieser Regelung hält der heutige § 93 Abs. 2 AktG fest, vgl. auch Geßler/ Hefermehl, § 93 Rn. 2, 32; Hüffer, § 93 Rn. 16; Kust, WM 1980, 758 (762); Müller, Vw 1997, 1718 (1719).

936 BGH BB 1974, 994 (994); NJW 1986 54 (55); Geßler/ Hefermehl, § 93 Rn. 32; Hüffer, § 93 Rn. 16; Berens/ Brauner, S. 82; Eschenbruch, Konzernhaftung, Rn. 4015; Thümmel, Rn. 161; Fleck, WM-Sonderbeilage III/ 1981, S. 8; Kust, WM 1980, 758 (759 f.); Lattwein/ Krüger, Vw 1997, 1366 (1371); Thümmel/ Sparberg, DB 1995, 1013 (1015 f.).

angewandt hat[937]. Da es der Vorstand ist, der die Geschäfte führt und von daher die für die Exkulpation erforderlichen Unterlagen zur Verfügung hat, ist ihm die Führung des Entlastungsbeweises auch möglich und zumutbar.

II. Beurteilung der Due-Diligence-Defense innerhalb der Beweisführung

Innerhalb des Entlastungsbeweises gewinnt die sogenannte Due-Diligence-Defense erneut an Bedeutung. Das Vorstandsmitglied muß beweisen, daß es die im Einzelfall erforderliche Sorgfalt, die „Due Diligence“, eingehalten hat. Festzustellen ist, wann das Vorstandsmitglied bei der Zulassung einer Due Diligence jene Sorgfalt eingehalten hat und der Entlastungsbeweis daher Aussicht auf Erfolg hat.

Anknüpfungspunkt für den Beweis der Einhaltung der dem Vorstand obliegenden Sorgfalt ist der vorstehend aufgezeigte Aspekt, daß dem Vorstand bei der Entscheidung über die Zulassung der Due Diligence regelmäßig ein Ermessensspielraum zusteht. Kann der Vorstand nämlich darlegen und beweisen, daß die konkrete Entscheidung im wirtschaftlichen Interesse des Unternehmens lag und als Entscheidung des Vorstands innerhalb seines Ermessenskreises einzuordnen ist, die im Einzelfall lediglich aufgrund der vom Vorstand nicht voraussehbaren, äußeren unglücklichen Entwicklung zum Schaden geführt hat, so ist der Entlastungsbeweis erfolgsgeeignet. Bei Vorliegen eines derartigen Falls ist eine Inanspruchnahme des Vorstands -wie bereits erwähnt- nicht möglich. Dies erscheint auch gerecht, denn es kann nicht sein, daß ein Vorstand für eine risikoreiche, aber erfolgsversprechende Maßnahme in Anspruch genommen wird, wenn diese Maßnahme abgesichert war und sich im Rahmen des erlaubten Risikos hielt. Andernfalls wäre es für den Vorstand praktisch nicht möglich, ein Unternehmen selbständig unter eigener Verantwortung zu leiten. Eben dies ist jedoch gemäß § 76 Abs. 1 AktG Aufgabe des Vorstands. Wenn also der Vorstand eine Due Diligence zuläßt, bei der das Risiko der mißbräuchlichen Verwendung der Informationen gering und das Interesse der Gesellschaft an der Durchführung der Due Diligence aufgrund des Interesses des Unternehmens an der Akquisition groß war, so wird der Exkulpationsbeweis in aller Regel gelingen.

Klar ist andererseits, daß eine Exkulpation des Vorstands nicht gelingt, wenn abgesehen von der Voraussetzung der Entscheidung des Vorstands im Rahmen seines Ermessens, eine oder mehrere der übrigen Voraussetzungen der Rechtfertigung einer Durchbrechung der Geheimhaltungspflicht -fortgeschrittener Verhandlungszeitpunkt, Vorliegen eines Letter of Intents und einer Geheim-

---

[937] Geßler/ Hefermehl, § 93 Rn. 32; Kölner Kommentar/ Mertens, § 93 Rn. 101; Münch Hdb. IV/ Wiesner, § 26 Rn. 13; Wollny, D&O-Versicherungen in den Vereinigten Staaten von Amerika, S. 376; Kiethe, NZG 1999, 976 (976); Thümmel/ Sparberg, DB 1995, 1013 (1015).

haltungsvereinbarung- nicht vorliegen. Denn in dem Fall des Außerachtlassens der übrigen Voraussetzungen hätte der Vorstand erkennen können und müssen, daß bei Zulassung der Due Diligence wegen nicht ausreichend getroffener Sicherheitsvorkehrungen das Risiko des Eintritts eines Schadens groß ist und daher die Zulassung der Due Diligence nicht im Interesse der Gesellschaft sein kann. Ferner ist klar, daß ein Entlastungsbeweis nicht erfolgsgeeignet ist, wenn die eingetretene Entwicklung voraussehbar ist und daher das Risiko im Verhältnis zu dem Interesse an der Akquisition groß ist.

G. Nichteintritt der Haftung

Festzustellen ist im Rahmen der Untersuchung der Haftung der Vorstandsmitglieder einer Aktiengesellschaft schließlich noch, unter welchen Umständen eine bestehende Haftung der Vorstandsmitglieder nicht eintritt, inwieweit also eine Beschränkung der Haftung möglich ist und wann die Gesellschaft auf ihre Einstandspflicht verzichten kann. Zu unterscheiden sind hierbei drei Problemkreise. Die erste Frage ist, ob sich ein Haftungsausschluß daraus ergeben kann, daß das betroffene Organ sich Rückendeckung bei einem anderen Gesellschaftsorgan holt, bevor es die potentiell risikobehaftete Maßnahme, die Due Diligence, ergreift. Die zweite Frage ist, ob die Gesellschaft auf bereits entstandene Innenhaftungsansprüche verzichten kann und welches Organ hierfür zuständig ist. Schließlich bleibt zu überlegen, inwieweit das Organ sich durch haftungsbeschränkende Vereinbarungen Entlastung verschaffen kann.

I. Billigung des Verhaltens des Vorstands im Vorfeld

1. Billigung durch Beschluß des Aufsichtsrats

Die Möglichkeit einer Haftungsbefreiung des Vorstandes durch Billigung seines Verhaltens im Vorfeld ist in § 93 Abs. 4 Satz 1 und 2 AktG ausdrücklich angesprochen. Satz 2 stellt insoweit jedoch auch klar, daß Beschlüsse des Aufsichtsrats keinen Einfluß auf die Pflichtwidrigkeit von Vorstandsmaßnahmen haben, also nicht geeignet sind, einem gesellschaftsschädlichen Handeln des Vorstands die Pflichtwidrigkeit zu nehmen[938]. Dies erscheint folgerichtig vor dem Hintergrund, daß der Aufsichtsrat ohnehin dem Vorstand keine bindenden Weisungen erteilen kann, vgl. § 111 Abs. 4 AktG. Auch soweit Zustimmungsvorbehalte im Sinne des § 111 Abs. 4 AktG vereinbart worden sind, entlastet die Genehmigung des Geschäfts durch den Aufsichtsrat den Vorstand nicht. Vielmehr bleibt in einem solchen Fall eine Verantwortlichkeit des Vorstands

---

[938] Großkommentar/ Schilling, § 93 Rn. 30; Kölner Kommentar/ Mertens, § 93 Rn. 140; Henn, Handbuch des Aktienrechts, Rn. 602; Münch Hdb. IV/ Wiesner, § 26 Rn. 18.

bestehen, die jedoch durch eine Mitverantwortung des Aufsichtsrates ergänzt wird[939]. War das Geschäft pflichtwidrig, haften beide.
Aus den Überlegungen ergibt sich, daß der Vorstand sich nicht dadurch seiner Verantwortlichkeit für die pflichtwidrige Durchführung einer Due Diligence befreien kann, daß er die Genehmigung des Aufsichtsrates zu bestimmten Aktionen einholt.

2. Billigung durch Beschluß der Hauptversammlung

Eine andere Bewertung ist für den Fall zu treffen, daß die Hauptversammlung die potentiell pflichtwidrige Maßnahme billigt, bevor der Vorstand sie vornimmt. In diesem Fall tritt grundsätzlich die in § 93 Abs. 4 Satz 1 AktG geregelte Haftungsbefreiung ein. Voraussetzung hierfür ist allerdings, daß die Billigung durch einen gesetzmäßigen Hauptversammlungsbeschluß erfolgt[940]. Ein gesetzmäßiger Beschluß setzt voraus, daß die Hauptversammlung im Rahmen ihrer organschaftlichen Zuständigkeit gehandelt hat[941]. Bei Maßnahmen der Geschäftsführung -und um eine solche geht es hier- ist eine Zuständigkeit der Hauptversammlung gemäß § 119 Abs. 2 AktG nur gegeben, wenn ihre Entscheidung vom Vorstand verlangt wurde[942]. Der Vorstand kann sich folglich bei pflichtwidriger Zulassung einer Due Diligence nur dann auf den Hauptversammlungsbeschluß berufen, wenn der Beschluß vor der Zulassung der Due Diligence durch den Vorstand erfolgte und zudem die Hauptversammlung auf Verlangen des Vorstands entschieden hat[943]. Ein billigender Beschluß aus eigenem Antrieb oder auf Antrag Dritter ist insoweit wirkungslos[944].

---

[939] Thümmel, Rn 226.

[940] Geßler/ Hefermehl, § 93 Rn. 47; Kölner Kommentar/ Mertens § 93 Rn. 110; Münch Hdb./ Wiesner, § 26 Rn. 15,18; Bastuck, Enthaftung des Managements, S. 88 f.; Thümmel, Rn. 227.

[941] Geßler/ Hefermehl, § 93 Rn. 49; Großkommentar/ Schilling, § 93 Rn. 32; Münch Hdb. IV/ Wiesner, § 26 Rn. 15; Hefermehl, FS für Schilling, 159 (169); Thümmel, Rn. 227.

[942] Zwar ist auch in anderen Fällen eine Zuständigkeit der Hauptversammlung gegeben, so etwa bei der Bestellung der Aufsichtsratsmitglieder, der Abschluß- und Sonderprüfer, bei der Verwendung des Bilanzgewinns sowie bei dem Beschluß über den satzungsmäßigen Aufbau oder die Kapitalgrundlage der Gesellschaft (vgl. hierzu im Einzelnen: Hefermehl, FS für Schilling, 159 (169)). Jedoch entsprechen diese Fälle nicht der im vorliegenden Fall betroffenen Konstellation, weil diese eine Maßnahme der Geschäftsführung betrifft.

[943] Vgl. allgemein bezüglich des Erfordernis der Entscheidung der Hauptversammlung auf Verlangen des Vorstands: Geßler/ Hefermehl, § 93 Rn. 49; Großkommentar/ Schilling, § 93 Rn. 33; Hüffer, § 93 Rn. 25; Münch Hdb. IV/ Wiesner, § 26 Rn. 15; Hefermehl, FS für Schilling, 159 (169).

[944] Großkommentar/ Schilling, § 93 Rn. 32; Thümmel, Rn. 227.

Im übrigen wirken nichtige und anfechtbare Hauptversammlungsbeschlüsse nicht haftungsbefreiend, es sei denn, es tritt Unanfechtbarkeit wegen Fristablaufs (§ 246 AktG) oder Heilung (§ 242 AktG) ein[945].

Theoretisch besteht somit für den Vorstand die Möglichkeit, einer Haftung aus pflichtwidriger Zulassung einer Due Diligence zu entgehen, indem er sich zuvor die Zustimmung der Hauptversammlung zur Durchführung der Due Diligence einholt. Zweifelhaft erscheint jedoch, ob dieses Verfahren bei der Due Diligence eine große Praktikabilität aufweist: Zunächst muß der Vorstand für eine Haftungsbefreiung dieser Art die Hauptversammlung einberufen, was nicht von heute auf morgen geschehen kann, weil die Einberufungsfrist gemäß § 123 Abs. 1 AktG einen Monat beträgt. Insbesondere wegen der in der Regel bei Unternehmensakquisitionen erforderlichen Schnelligkeit der Durchführung erscheint diese Frist problematisch. Ferner erfordert die Einberufung einer Hauptversammlung einen nicht unerheblichen bürokratischen Aufwand und ist zudem mit einer Signalwirkung an die Öffentlichkeit verbunden, was bei in Aussicht genommenen Unternehmensakquisitionen ebenfalls oftmals unerwünscht ist. Hinzu kommt, daß die haftungsbefreiende Wirkung des Beschlusses entfällt, wenn er pflichtwidrig, insbesondere durch unrichtige oder unvollständige Information des Vorstands herbeigeführt wurde[946]. Dies hat zur Folge, daß der Vorstand, um sicherzugehen, aus diesem Grund keiner Haftung zu unterliegen, sämtliche auch nur denkbaren Risiken des Geschäfts vor der Hauptversammlung ausbreiten muß, was weder seinem eigenen Ansehen noch dem der Gesellschaft dienlich ist und vor allem am Ende den positiven Beschluß gefährdet, insbesondere, wenn der Großteil der Aktionäre dem Hinzutreten des potentiellen, die Due Diligence beanspruchenden Aktionärs kritisch gegenübersteht.

Festzustellen ist somit, daß die Praktikabilität des Verfahrens insgesamt beschränkt ist. Es ist wenig geeignet, dem Vorstand im Hinblick auf eine Haftungsbeschränkung zu helfen, und wird gerade aufgrund der innerhalb der Durchführung einer Unternehmensakquisition erforderten Schnelligkeit der Entscheidung über die Zulassung der Due Diligence, wenn überhaupt, selten Anwendung finden.

3. Billigung durch Vereinbarung zwischen Vorstand und Gesellschaft

Als anderweitigen Grund des Nichteintritts der Haftung könnte man eine Haftungsbeschränkung durch Vereinbarung zwischen Vorstand und Gesellschaft in

---

[945] Geßler/ Hefermehl, § 93 Rn. 48; Großkommentar/ Schilling, § 93 Rn. 33; Hüffer, § 93 Rn. 25; Kölner Kommentar/ Mertens, § 93 Rn. 117 ff.; Henn, Handbuch des Aktienrechts, Rn. 599; Münch Hdb. IV/ Wiesner, § 26 Rn. 16; Thümmel, Rn. 227.

[946] Geßler/ Hefermehl, 3 93 Rn. 52; Hüffer, § 93 Rn. 26; Kölner Kommentar/ Mertens, § 93 Rn. 116; Thümmel, Rn. 228.

der Satzung oder im Anstellungsvertrag in Erwägung ziehen. So könnte eine Haftung des Vorstandsmitglieds von vornherein entfallen, wenn seine Haftung für leichte Fahrlässigkeit ausgeschlossen oder eine bestimmte Höchstsumme seiner Haftung vereinbart worden ist.
Das Greifen einer derartigen Haftungsbeschränkung setzt allerdings voraus, daß der Ausschluß oder die Beschränkung der Innenhaftung des Vorstandsmitglieds überhaupt möglich, also rechtlich zulässig ist. Inwieweit dies der Fall ist, erscheint zweifelhaft.
Ausgangspunkt für eine sachgerechte Analyse ist die Überlegung, wessen Schutz die gesetzliche Haftungsregelung beabsichtigt und unter welchen Voraussetzungen ein gesetzlicher Haftungsverzicht möglich ist[947]. Soweit bei der gesetzlichen Regelung Gläubigergesichtspunkte im Vordergrund stehen oder ein Verzicht auf die Haftung des Vorstandsmitglieds nur unter erschwerten Voraussetzungen möglich ist, sollte für eine vertragliche Haftungsbeschränkung kein Raum sein.

Die für die Aktiengesellschaft geltende Haftungsregelung dient gemäß dem Wortlaut des § 93 Abs. 2 AktG grundsätzlich dem Schutz der Gesellschaft. Folglich käme eine Haftungsbeschränkungsvereinbarung mit der Gesellschaft in Betracht, weil diese grundsätzlich über den sie selbst betreffenden Schutz disponieren kann. Jedoch ist an dieser Stelle § 93 Abs. 5 S. 1 AktG zu beachten. Danach kann ein Gläubiger der Gesellschaft auch selbst Ansprüche gegen das Vorstandsmitglied geltend machen, soweit er keine Befriedigung von der Gesellschaft erlangen kann. Dies gilt jedoch gemäß § 93 Abs. 5 S. 2 AktG in anderen Fällen als in denen des Abs. 3 nur dann, wenn das Vorstandsmitglied die ihm obliegende Sorgfalt eines ordentlichen und gewissenhaften Geschäftsmannes gröblich verletzt hat. Hieraus ist zu schließen, daß mit der Regelung des § 93 Abs. 2 S. 1 AktG zwar ein Schutz des Gläubigers bezweckt ist; dieser Schutz ist jedoch nur relativ, nicht absolut. Eine Haftungsbeschränkung auf leichte Fahrlässigkeit[948] könnte mithin für die Fälle, die nicht explizit im § 93 Abs. 3 AktG geregelt sind, in Erwägung zu ziehen sein.

---

[947] In den gesetzlichen Regelungen finden sich -wie oben festgestellt- zwar Aussagen über den Inhalt der den Organmitgliedern auferlegten Pflichten, die Beweislast, die Verjährung des Anspruch, nicht jedoch über die Zulässigkeit einer vertraglichen Haftungsminderung, was die folgende Untersuchung erforderlich macht.

[948] Ein Ausschluß der groben Fahrlässigkeit erscheint auch abgesehen von der gesetzlichen Regelung von vornherein nicht möglich; denn das Vorstandsmitglied verspricht ja gerade mit der Unterzeichnung des Vertrags, besondere, überdurchschnittliche Pflichten bei der Ausübung des Amtes zu beachten. Ihm dann den Ausschluß von grober Fahrlässigkeit zuzubilligen, widerspricht dem Grundsatz von Treu und Glauben.

Hierfür spricht auch die Regelung des § 93 Abs. 5 S. 3 AktG. Danach wird Gläubigern gegenüber die Haftung nicht durch einen Verzicht oder Vergleich der Gesellschaft auf die Ansprüche aufgehoben. Im Umkehrschluß könnte man hieraus folgern, daß zwar nicht bei Gläubigern, jedoch bei der Gesellschaft die Möglichkeit einer vertraglichen Haftungsbeschränkung besteht und daher die Haftung des Vorstands per vertraglicher Vereinbarung beschränkt oder aufgehoben werden kann.

Auf der anderen Seite ist zu bedenken, daß der in § 93 Abs. 4 S. 3 AktG geregelte Verzicht oder Vergleich nur unter erschwerten Voraussetzungen möglich ist. So ist ein Verzicht erst drei Jahre nach Entstehung des Anspruchs möglich, die Hauptversammlung muß dem Verzicht zustimmen und ferner darf keine Minderheit, deren Anteile zusammen den zehnten Teil des Grundkapitals erreichen, zur Niederschrift Widerspruch eingereicht haben. Würde man dem Vorstand von vornherein eine Haftungsbeschränkungs- oder Haftungsausschlußvereinbarung zugestehen, die den Nichteintritt der Haftung zur Folge hätte, so würden jene erschwerten, vom Gesetzgeber gewollten Voraussetzungen umgangen. Insbesondere gilt dies in Bezug auf die in § 93 Abs. 4 S. 3 AktG geregelte Wartefrist von drei Jahren vor Beschluß des Verzichts oder Vergleichs. Diese Frist soll verhindern, daß über einen Verzicht oder Vergleich zu einem Zeitpunkt entschieden wird, in dem sich die Auswirkungen der schädigenden Handlung noch nicht klar übersehen lassen[949]. Eine Haftungsentlassung vor Vornahme der schädigenden Handlung zuzulassen, wo weder die Art der schädigenden Handlung noch denn deren Auswirkungen ersichtlich sind, erscheint daher unangebracht.
Im Ergebnis kann somit der Vorstand auch nicht von vornherein aufgrund einer zwischen ihm und der Gesellschaft vereinbarten Haftungsbeschränkung oder eines Haftungsausschlusses von einer Haftung aufgrund pflichtwidriger Zulassung einer Due Diligence befreit werden, weil eine derartige Vereinbarung dem Willen des Gesetzgebers widerspräche, der eine Haftungsbefreiung nur im Nachhinein und unter erschwerten Voraussetzungen zulassen will.

4. Haftungsmilderung nach den arbeitsrechtlichen Haftungsgrundsätzen über gefahrgeneigte Tätigkeiten

Zu überlegen ist, ob die uneingeschränkte Organhaftung die Organmitglieder nicht übermäßig belastet und daher der Rechtsgedanke, der zur Entwicklung der Regeln über die schadensgeneigte Arbeit bei Arbeitnehmern geführt hat, deren

---

[949] Geßler/ Hefermehl, § 93 Rn. 59; Großkommentar/ Schilling, § 93 Rn. 39; Hüffer, § 93 Rn. 28; Thümmel, Rn. 238.

Übertragung auf Organmitglieder gebietet. In einem solchen Fall bedürfte es keiner besonderen vertraglichen Haftungsmilderung, soweit der Schaden fahrlässig[950] verursacht wurde.

Ob eine derartige Wertung möglich und geboten ist, soll im Folgenden untersucht werden. Zunächst müssen hierzu die Überlegungen vergegenwärtigt werden, die zu einer Haftungsmilderung des Arbeitnehmers bei schadensgeneigter Arbeit geführt haben.

a) Darstellung der arbeitsrechtlichen Haftungsgrundsätze der gefahrgeneigten Arbeit

Ausgangspunkt der Überlegung der Anwendung von besonderen Haftungsmaßstäben bei Arbeitnehmern ist, daß im Falle der Anwendung der allgemeinen Verschuldensregeln bei Ansprüchen innerhalb des Arbeitsverhältnisses, der Arbeitnehmer dem Arbeitgeber grundsätzlich für jeden Schaden haften würde, den er bei der Ausführung der Arbeit schuldhaft verursacht hat, diese unbeschränkte Haftung den Arbeitnehmer aber unverhältnismäßig belasten würde, wenn das schädigende Verhalten im Zusammenhang mit einer Arbeit erfolgte, bei der nach aller Erfahrung auch einem sorgfältigen Arbeitnehmer Fehler unterlaufen. Basierend auf dieser Überlegung hat die Rechtsprechung im Laufe der Zeit bei schadensgeneigter Arbeit im Rahmen einer abgestuften dreigeteilten Wertung eine Haftungsmilderung zugunsten des Arbeitnehmers entwickelt. Bei Vorsatz und grober Fahrlässigkeit haftete der Arbeitnehmer danach dem Arbeitgeber voll, bei mittlerer Fahrlässigkeit wurde die Haftung entsprechend § 254 BGB quotisiert und bei leichtester Fahrlässigkeit in Ausübung eines gefahrgeneigten Tätigkeit haftete der Arbeitnehmer danach dem Arbeitgeber überhaupt nicht mehr[951].

Im Laufe der Zeit sind die Regelungen über die schadensgeneigte Tätigkeit in zwei Richtungen ausgeweitet worden: Zum einen findet keine Differenzierung mehr zwischen leichtester und leichter Fahrlässigkeit statt[952] und auch wenn der Arbeitnehmer den Schaden infolge grober Fahrlässigkeit verursacht hat, muß er in einigen Fällen nicht gänzlich für den Schaden aufkommen, wenn im Einzelfall der Verdienst des Arbeitnehmers in einem deutlichen Mißverhältnis zum Schadensrisiko der Tätigkeit steht[953].

---

[950] Welche Art der Fahrlässigkeit insoweit greift, wird an späterer Stelle erörtert.

[951] BGH NJW 1955, 458 (459); BAG NJW 1958, 235 (237 f.); Haas, Geschäftsführerhaftung und Gläubigerschutz, S. 289 m .w. N.

[952] Vgl. hierzu die ausschlaggebende Entscheidung: BAG NJW 1983, 1693 (1694).

[953] BAG JuS 1990, 508 (508); BAG NJW 1990, 468 (468); BAG NZA 1998, 310 (310 f.); Bastuck, Enthaftung des Managements, S. 78; Löwisch, Arbeitsrecht, Rn. 1188; Ahrens, DB 1996, 934 (934); Schnauder, JuS 1995, 594 (596).

Zum anderen kann mittlerweile bei nahezu jeder Tätigkeit im Rahmen des Arbeitsverhältnisses der genannte Haftungsmaßstab unter der Voraussetzung angewendet werden, daß die Tätigkeit betriebsbedingt ist[954]. Eine Gefahrgeneigtheit der Tätigkeit ist zur Anwendung der Grundsätze nicht mehr erforderlich.

Eine Haftungsmilderung des Vorstandsmitglieds scheitert aufgrund der letzten Modifizierung der Grundsätze nicht schon von vornherein daran, daß die Unternehmensleitung keine schadensgeneigte Tätigkeit ist. Insoweit stünde der Anwendung der dargestellten Haftungsmaßstäbe auf Vorstandsmitglieder nichts entgegen. Zweifelhaft ist jedoch, ob eine Anwendung auf Vorstandsmitglieder in Bezug auf die Herleitung der Grundsätze geboten erscheint. Um dies zu klären, ist die konkrete Herleitung der Haftungsgrundsätze heranzuziehen.

b) Vergleich der Herleitung der arbeitsrechtlichen Grundsätze mit der Stellung des Vorstandsmitglieds

Sofern man die Grundsätze aus dem besonderen Schutzbedürfnis der Arbeitnehmer ableitet, scheint die Anwendung für Vorstandsmitglieder einer Aktiengesellschaft nicht zu passen. Vergleicht man die Pflichten des Arbeitnehmers mit der Stellung und den Pflichten des Vorstandsmitglieds, zeigen sich erhebliche Unterschiede: Der normale Arbeitnehmer ist abhängig vom Arbeitgeber und dem Inhaber der Gesellschaft gegenüber untergeordnet. Aufgrund des Weisungsrechts bestimmt der Arbeitgeber die arbeitsvertraglich geschuldete Leistung. Er kann die Modalitäten der Arbeitsleistung gestalten, sei es durch organisatorische oder durch technische Maßnahmen. Auch den Umfang und die Lage der Arbeitszeit kann er im Rahmen der rechtlichen Grenzen vorgeben. Schließlich kann er auch den Ort der Arbeitsleistung nach Maßgabe der arbeitsvertraglichen Regelung festlegen. Insgesamt prägt die vom Arbeitgeber gesetzte Organisation des Betriebs das Haftungsrisiko für den Arbeitnehmer[955].

Der Vorstand hat nicht die Stellung eines Arbeitnehmers, sondern ist der personifizierte Arbeitgeber einer Aktiengesellschaft: Er führt eigenständig die Geschäfte für die Gesellschaft, bestimmt über die Geschicke des jeweiligen Unter-

---

[954] BAG JuS 1990, 508 (508); BAG 1990, 472 (472); BAG DB 1990, 47 (47 f.); BAG DB 1993, 939 (939 f.); BGH NZA 1994, 210 (210); BGH NZA 1994, 1083 (1084); BAG NJW 1995, 210 (210); BAG 1998, 310 (311); Haas, Geschäftsführerhaftung und Gläubigerschutz, S. 290; Löwisch, Arbeitsrecht, Rn. 1185; Schmidt, GesR, § 24 III 2 d); Ahrens, DB 1996, 934 (934); Mayer-Maly, FS für Hilger/ Stumpf, 467 (467 ff.); Richardi, NZA 1994, 241 (243); Schneider, FS für Werner, 795 (805).

[955] BAG DB 1993, 939 (940); BAG NZA 1994, 1083 (1085); Eschenbruch, Konzernhaftung, Rn. 4017; Haas, Geschäftsführerhaftung und Gläubigerschutz, S. 294; Ahrens, DB 1996, 934 (936 f.).

nehmens, ist nicht wie ein Arbeitnehmer abhängig, sondern vielmehr für die Delegation der Arbeitnehmer zuständig. Die Herleitung der arbeitsrechtlichen Haftungsgrundsätze aus der schutzbedürftigen, untergeordneten Stellung des Arbeitnehmers spricht somit gegen die Übertragung der Grundsätze der betriebsbedingten Arbeit auf Vorstandsmitglieder.

Stellt man bei der Herleitung der Haftungsgrundsätze hingegen auf ein allgemeines Prinzip der Risikoübertragung im fremden Interesse ab[956], dann besteht auch für Vorstandsmitglieder ein systematischer Ansatz für die Berücksichtigung dieses Haftungsprivilegs. Denn Vorstandsmitglieder handeln ebenso wie Arbeitnehmer im fremden Interesse, sie sind Fremdverwalter und haften weder gegenüber Dritten für Verbindlichkeiten der Gesellschaft, noch haben sie der Gesellschaft die Verluste zu ersetzen, die in der Zeit entstanden, als sie die Organfunktion ausübten. Das Unternehmensrisiko trägt allein die Gesellschaft. Den Gläubigern gegenüber haftet allein die Gesellschaft.

Nicht zu vergessen ist jedoch auch bei dieser Herleitung, selbst wenn auf den ersten Blick ein Ansatzpunkt für eine Gleichbehandlung von Arbeitnehmer und Vorstandsmitglied besteht, daß vom Gesetzgeber für Vorstandsmitglieder eine spezielle Verschuldensvorschrift in § 93 Abs. 1 AktG vorgesehen worden ist. Danach obliegt Mitgliedern eines Vorstands einer Aktiengesellschaft ein erhöhter Sorgfaltsmaßstab; sie haben aufgrund ihrer besonderen leitenden Funktion für mehr einzustehen als das Gesetz in § 276 BGB fordert. Eine solche, das Verschulden speziell regelnde Vorschrift existiert für Arbeitnehmer nicht, ihnen obliegt vielmehr der allgemeine Sorgfaltsmaßstab des § 276 BGB. Wenn auf der einen Seite vom Gesetz mehr für Vorstandsmitglieder gefordert wird, als normal üblich, kann es nicht sein, daß auf der anderen Seite durch Anwendung der Grundsätze der betriebsbedingten Arbeit die Vorstandsmitglieder für weniger haften, als ihnen gesetzlich auferlegt ist; denn dadurch würde die gesetzliche Wertung umgangen. Ferner erwarten die Gesellschafter, daß ihr Vermögen, und die Gläubiger vertrauen darauf, daß die Haftungsmasse der Gesellschaft nur mit der Sorgfalt eines ordentlichen Geschäftsmannes und nicht lediglich mit der eigenüblichen Sorgfalt unternehmerisch eingesetzt wird.

Im Anschluß an die herrschende Ansicht[957] ist daher eine Übertragung der arbeitsrechtlichen Grundsätze über Haftungsmilderungen bei gefahrgeneigter Arbeit auf Vorstandsmitglieder abzulehnen.

---

956 So etwa: Bastuck, Enthaftung des Managements, S. 79; Ahrens, DB 1996, 934 (935 f.); Schnauder, JuS 1995, 594 (595).

957 BGH WM 1975, 467 (469); Kölner Kommentar/ Mertens, § 93 Rn. 4; Schlegelberger/ Martens, § 114 Rn. 35; Bastuck, Enthaftung des Managements, S. 80 f.; Eschenbruch, Konzernhaftung, Rn. 4017; Haas, Geschäftsführerhaftung und Gläubigerschutz, S. 294 f.; Fleck,

In differenzierter Überlegung will Bastuck[958] in Übereinstimmung mit Schneider[959] allerdings lediglich die Erfüllung von Aufgaben vom normalen Haftungsmaßstab des § 93 Abs. 1 AktG bzw. des § 43 Abs. 1 GmbHG ausnehmen und der Haftungsregel der gefahrgeneigten Arbeit unterwerfen, die normalerweise zum Pflichtenbereich eines Arbeitsnehmers gehören. Gegen eine derartige Wertung spricht jedoch zum einen, daß Vorstandsmitglieder oder Geschäftsführer -wie bereits erwähnt- von vornherein einen anderen objektiven Sorgfaltsmaßstab erfüllen müssen als normale Arbeitnehmer und sie daher aufgrund ihrer besonderen Fähigkeiten grundsätzlich und in jedem Tätigkeitsbereich höhere Sorgfalt aufzubringen haben als ein normaler Arbeitnehmer. Zum anderen führt die Differenzierung zwischen den eigentlichen Organpflichten und arbeitnehmerähnlichen Pflichten zu einer unerwünschten Komplizierung der Rechtslage, insbesondere, weil der Grenzbereich der Pflichten schwierig zu beurteilen ist. Aus eben jenem Grund sollte auch nicht Kust[960] in seiner Sichtweise gefolgt werden, daß Entscheidungen unter Zeitdruck oder gesteigerter Unsicherheit von dem normalen Haftungsmaßstab des ordentlichen Geschäftsleiters ausgenommen werden. Die konsequente Unterstellung der Haftung der Organmitglieder unter den normalen Sorgfaltsmaßstab schafft vielmehr die erforderliche Rechtssicherheit und ist daher ohne Ausnahmen vorzunehmen.

5. Zwischenergebnis

Die Haftungsbefreiung des Vorstands im Vorfeld durch Billigung wird realistisch gesehen äußerst selten vorzufinden sein, weil sie erstens durch den Aufsichtsrat nicht möglich, weil sie zweitens durch die Hauptversammlung zwar von der Sache her zwar möglich, aber aufgrund der Dauer des Verfahrens und des sensiblen Gegenstands der Abstimmung völlig unpraktikabel ist, weil drittens ein vertraglicher Haftungsausschluß zwischen Vorstandsmitglied und Gesellschaft contra legem wäre und viertens eine Haftungsmilderung nach den arbeitsrechtlichen Grundsätzen über gefahrgeneigte Tätigkeiten aufgrund der Unanwendbarkeit der Grundsätze auf Vorstandsmitglieder nicht möglich ist.

FS für Hilger/ Stumpf, 197 (215 f.); ders. WM-Sonderbeilage III/ 1981, 8; Kust, WM 1980, 758 (762); Schaefer/ Missling, NZG 1998, 441 (442); a.A. Höhn, Geschäftsleitung der GmbH, S. 199.

[958] Bastuck, Enthaftung des Managements, S. 81 f.

[959] Scholz/ Schneider, § 43 Rn. 185 ff.

[960] Kust, WM 1980, 758 (762).

II. Nachträgliche Billigung des Verhaltens des Vorstands

Als Alternative zur Haftungsbefreiung im Vorfeld ist die nachträgliche Haftungsbefreiung des Vorstands für die ordnungswidrige Zulassung der Due Diligence zu untersuchen[961].

1. Billigung durch Entlastungsbeschluß der Hauptversammlung

Als eine, in dieser Hinsicht möglicherweise bestehende Haftungsbefreiungsmöglichkeit des Vorstands ist zunächst ein Entlastungsbeschluß der Hauptversammlung nach § 120 Abs. 1 AktG nennen. Gemäß § 120 Abs. 1 AktG beschließt die Hauptversammlung alljährlich über die Entlastung des Vorstands und des Aufsichtsrats. Mit dem Entlastungsbeschluß billigt die Hauptversammlung die Tätigkeit der Verwaltung im abgelaufenen Geschäftsjahr als im großen und ganzen gesetzes- und satzungsgemäß[962]. Jedoch -und das ist hier relevant- beinhaltet der Entlastungsbeschluß nach ausdrücklicher gesetzlicher Anordnung in § 120 Abs. 2 S. 2 AktG keinen Verzicht auf etwaige Innenhaftungsansprüche. Ersatzansprüche gegen die Vorstandsmitglieder können vielmehr auch bei erteilter Entlastung geltend gemacht werden[963]. Eine nachträgliche Haftungsbefreiung ist daher in dem Entlastungsbeschluß nach § 120 Abs. 1 AktG nicht zu sehen. Eine derartige Wertung wäre auch nicht mit der Regelung des § 93 Abs. 4 AktG vereinbar, der gewisse Verzichtsbeschränkungen enthält[964].

2. Billigung durch Verzicht oder Vergleich

Der Grund für den Nichteintritt der Haftung kann jedoch sein, daß die Gesellschaft auf gegen Vorstandsmitglieder entstandene Ansprüche verzichtet oder sich über solche Ansprüche mit ihnen vergleicht, § 93 Abs. 4 Satz 3, 4 AktG. Erforderlich für einen auf diese Weise erfolgenden Erlaß von Innenhaftungsansprüchen ist eine entsprechende Vereinbarung zwischen der Gesellschaft, vertreten durch den Aufsichtsrat, und dem Vorstand, § 397 BGB[965]. Allerdings ist

---

961 Ein nachträglicher, die Handlung des Vorstands billigender Beschluß der Hauptversammlung nach § 93 Abs. 4 AktG kann die Ersatzpflicht des Vorstandsmitglieds insoweit nicht ausschließen. Das ist nach § 93 Abs. 4 AktG vielmehr nur möglich, wenn der Handlung ein gesetzmäßiger Beschluß vorausgegangen ist, vgl. auch Geßler/ Hefermehl, § 93 Rn. 58. Ein solcher Beschluß ist jedoch bezüglich einer Due Diligence -wie oben festgestellt- in der Realität unpraktikabel.

962 Geßler/ Eckardt, § 120 Rn. 34; Hüffer, § 93 Rn. 11; Henn, Handbuch des Aktienrechts, Rn. 600.

963 Geßler/ Eckardt, § 120 Rn. 43; Henn, Handbuch des Aktienrechts, Rn. 600; Hüffer, § 120 Rn. 13; Bastuck, Enthaftung des Managements, S. 96; Thümmel, Rn. 235; Fleck, WM-Sonderbeilage III/ 1981, 9.

964 Großkommentar/ Schilling, § 93 Rn. 39; Thümmel, Rn. 235.

965 Geßler/ Hefermehl, § 93 Rn. 58; Hüffer, § 93 Rn. 28; Thümmel, Rn. 23..

der Aufsichtsrat, obwohl er grundsätzlich nach § 112 AktG gegenüber Vorstandsmitgliedern gegenüber zur Vertretung befugt ist, gemäß § 93 Abs. 4 Satz 3 AktG in seiner Handlungsfreiheit diesbezüglich eingeschränkt. Die Vorschrift will verhindern, daß sich Vorstand und Aufsichtsrat wechselseitig[966] schonen und ist daher vor allem zum Schutz der Aktionäre und zum Schutz eines Mindestkapitals an bestimmte Voraussetzungen geknüpft[967]. So müssen seit der Entstehung des Anspruchs drei Jahre verstrichen sein, um die Gefahr zu reduzieren, daß über einen Verzicht oder Vergleich zu einem Zeitpunkt entschieden wird, in dem sich die Auswirkungen der schädigenden Handlung noch nicht klar übersehen lassen[968]. Ferner muß die Hauptversammlung dem Verzicht oder Vergleich zustimmen, wobei für diesen Zustimmungsbeschluß allerdings, soweit die Satzung nichts anderes bestimmt, die einfache Mehrheit, § 133 AktG, genügt[969]. Darüber hinaus darf -als eine Art negatives Tatbestandsmerkmal- eine Minderheit, deren Anteile zusammen den zehnten Teil des Grundkapitals erreichen, keinen Widerspruch zu notariellem Protokoll erklärt haben[970].

Liegen diese Voraussetzungen vor und ist eine Verzichts- oder Vergleichsvereinbarung zwischen dem Aufsichtsrat und dem Vorstandsmitglied getroffen worden, so kann die Haftung des betroffenen Vorstandsmitglieds nachträglich beseitigt werden; eine Inanspruchnahme seiner Person wegen pflichtwidriger Zulassung einer Due Diligence scheidet aus.

3. Zwischenergebnis

Festzustellen ist, daß nur unter engen Voraussetzungen die Haftung des Vorstandsmitglieds bei pflichtwidriger Zulassung einer Due Diligence nicht eintritt. Im Vorfeld ist die Beschränkung der Haftung nach derzeitiger Gesetzeslage und Praktikabilitätserwägungen selten möglich.

---

[966] Der Vorstand ist gemäß § 78 Abs. 1 AktG für eine Geltendmachung der Ansprüche der Gesellschaft aus Pflichtverletzungen des Aufsichtsrats verantwortlich.

[967] Geßler/ Hefermehl, § 93 Rn. 58; Hüffer, § 93 Rn. 28 f.; Kölner Kommentar/ Mertens, § 93 Rn. 123 ff.

[968] Geßler/ Hefermehl, § 93 Rn. 59; Großkommentar/ Schilling, § 93 Rn. 39; Hüffer, § 93 Rn. 28; Kölner Kommentar/ Mertens, § 93 Rn. 27; Bastuck, Enthaftung des Managements, S. 96; Thümmel, Rn. 238.

[969] Ist das ersatzpflichtige Vorstandsmitglied, mit dem ein Verzichts- oder Vergleichsvertrag geschlossen werden soll, hierbei zugleich Aktionär der Gesellschaft, so ist es nach § 136 Abs. 1 AktG nicht stimmberechtigt. Ferner sind die Vorstandsmitglieder nicht stimmberechtigt, die für denselben Ersatzanspruch in Anspruch genommen werden können, vgl. auch Geßler/ Hefermehl, § 93 Rn. 60; Kölner Kommentar/ Mertens, § 93 Rn. 125.

[970] Großkommentar/ Schilling, § 93 Rn. 39; Hüffer, § 93 Rn. 29; Kölner Kommentar/ Mertens, § 93 Rn. 123; Henn, Handbuch des Aktienrechts, Rn. 599; Münch Hdb. IV/ Wiesner, § 26 Rn. 19.

Eine nachträgliche Haftungsbeseitigung hingegen ist zwar nicht durch Entlastungsbeschluß der Hauptversammlung nach § 120 Abs. 1 AktG möglich, kann jedoch nach § 93 Abs. 4 S. 3, 4 AktG durch Verzicht oder Vergleich mit der Gesellschaft mit dem Vorstandsmitglied erfolgen. Allerdings werden an einen derartigen Haftungsausschluß nach Satz 4 strenge Voraussetzungen gestellt, so daß auch in dieser Hinsicht der Nichteintritt der Haftung nicht allzu häufig stattfinden wird.

Für ein Vorstandsmitglied ist es mithin schwer, sich einer einmal bestehenden Haftung aus pflichtwidriger Zulassung einer Due Diligence zu entziehen; die Einhaltung der Sorgfalt innerhalb des Beschlusses über die Zulassung der Due Diligence besitzt aus diesem Grund große Bedeutung.

H. Übernahme der Haftung des Vorstands durch Versicherungen - Möglichkeit des Versicherungsschutzes für Unternehmensleiter

I. Geschichtliche Entwicklung

Vor dem Hintergrund der eben dargestellten wenigen Möglichkeiten des Nichteintritts der Haftung stellt sich die Frage, ob das Vorstandsmitglied nicht noch auf andere Weise einer potentiellen Inanspruchnahme entgehen kann, also ob es nicht auf andere Weise verhindern kann, daß es selbst für den Schaden aufkommen muß. Als Möglichkeit in dieser Hinsicht in Betracht kommt eine Haftpflichtversicherung für Organmitglieder, die das Risiko, wegen fehlerhafter Unternehmensleitung in Anspruch genommen zu werden, abdeckt.

1. Vereinigte Staaten von Amerika

Ausgangspunkt dieser Überlegung ist, daß sich in den Vereinigten Staaten, wo schon in der Vergangenheit sehr viel häufiger als in Deutschland Organmitglieder in Anspruch genommen wurden, die „directors' and officers liability insurance“[971] ab Anfang der siebziger Jahre durchgesetzt hat[972]. Bereits im Jahre 1978 hatten dort 93 % aller Gesellschaften, deren Aktien an der New Yorker Exchange notiert waren, eine solche Versicherung[973]. Auch heute haben in den

---

[971] Im Folgenden soll der anglo-amerikanischen Ausdrucksweise folgend eine derartige Versicherung für Manager als D&O-Versicherung bezeichnet werden; denn jener Ausdruck hat sich auch in Deutschland für diese Art der Versicherung eingebürgert, vgl. nur Scholz/ Schneider, § 43 Rn. 296; Hucke, DB 1996, 2267 (2268); Lattwein/ Krüger, Vw 1997, 1366 (1366); Müller, Vw 1997, 1718 (1719); Schneider/ Ihlas, DB 1994, 1123 (1125); Thümmel/ Sparberg, DB 1995, 1013 (1013); Walter/ Kunze, Handelsblatt v. 27.09.1999, S. 31.

[972] Scholz/ Schneider, § 43 Rn. 296; Müller, Vw 1997, 1718 (1719); Schneider/ Ihlas, DB 1994, 1123 (1125); Thümmel/ Sparberg, DB 1995, 1013 (1013); Frankfurter Allgemeine Zeitung v. 29.10.1999, S. 23; allgemein auch zu der „director's and officers insurance“: Wollny, D&O-Versicherung in den Vereinigten Staaten von Amerika.

[973] Schneider, FS für Werner, 795 (797) m. w. N.

Vereinigten Staaten 92 % aller Gesellschaften mit einer Bilanzsumme über eine Milliarde US-Dollar und 96 % aller Gesellschaften mit mehr als 500 Aktionären für ihre Organe eine derartige Versicherung abgeschlossen[974]. Ebenso ist bei Organmitgliedern deutscher Unternehmen, die in den USA eine Tochtergesellschaft haben, eine entsprechende Haftpflichtversicherung früh üblich geworden. Deutlich wird die Selbstverständlichkeit der D&O-Versicherungen in US-Amerika auch daran, daß sich im Model Business Corporation Act in der Fassung vom 20. Juni 1980 und einer Reihe von einzelstaatlichen Gesetzen nicht nur umfassende Vorschriften über Freistellung- und Erstattungsansprüche von „corporate agents" gegenüber ihrer Gesellschaft finden, sondern auch darüber, in welchem Umfang die Gesellschaft die Zahlung der Versicherungsprämie übernehmen darf[975].

2. Deutschland

Die deutsche Versicherungswirtschaft hat es früher abgelehnt, einen entsprechenden Versicherungsschutz anzubieten. Zwar entstand die erste Idee einer Haftpflichtversicherung für Gesellschaftsorgane in Deutschland bereits Ende des letzten Jahrhunderts, als vom damaligen Gesetzgeber ein Aktien-, Genossenschafts- und GmbH-Gesetz verabschiedet wurde[976]. Jedoch scheiterte dieser Versuch letztlich an dem preußischen Innenministerium und wurde für Jahrzehnte nicht mehr aufgenommen[977]. So wurde in der versicherungsrechtlichen Szene der „Grundsatz der Unversicherbarkeit des Unternehmerrisikos" und der „Nichtversicherbarkeit von Pfuscharbeit" vertreten[978].

Auch das Bundesaufsichtsamt hat erhebliche Bedenken gegen eine Organhaftpflichtversicherung geäußert[979]. Das typische Unternehmensrisiko könne nicht übernommen werden. Es sei zu befürchten, daß mit der Versicherung der Organmitglieder auch die Ansprüche gegen diese wachsen würden. In § 4 Ziff. 7 der Allgemeinen Ansprüche für Vermögensschäden (AVB) waren daher bisher Haftpflichtanprüche „aus der Tätigkeit des Versicherungsnehmers als Leiter,

---

[974] Schneider/ Ihlas, DB 1994, 1123 (1125).

[975] Schneider, FS für Werner, 795 (797) m. w. N.; vgl. insoweit auch Müller, GenG, § 34 Rn. 9, nach dem sich die Genossenschaft im Anstellungsvertrag verpflichten kann, zu dessen Gunsten eine Versicherung abzuschließen, die das Haftungsrisiko für fahrlässige Pflichtverletzungen abdeckt.

[976] Wollny, D&O-Versicherung in den Vereinigten Staaten von Amerika, S. 382; Lattwein/ Krüger, Vw 1997, 1366 (1366); Frankfurter Allgemeine Zeitung v. 29.10.1999, S. 23.

[977] Lattwein/ Krüger, Vw 1997, 1366 (1366).

[978] BGH VersR 1956, 637 (638); NJW 1964, 1025 (1026); Höhn, Geschäftsleitung der GmbH, S. 190 f.; Wilcke, VersR 1964, 107 (112).

[979] Höhn, Geschäftsleitung der GmbH, S. 190; Meyke, Die Haftung des GmbH-Geschäftsführers, Rn. 79.

Vorstands- oder Aufsichtsratsmitglied privater Unternehmungen, Vereine, Verbände oder als Syndikus" vom Versicherungsschutz ausgenommen[980].

Die grundsätzliche Ablehnung einer derartigen Versicherung stellt vermutlich den Grund dafür dar, daß die D&O-Versicherung von den USA zunächst in alle Wirtschaftsnationen mit anglo-amerikanischen Rechtssystem ausstrahlte und auch heute noch in den anderen europäischen Ländern üblicher ist als in Deutschland[981].

Zwar wurden letztlich auch in Deutschland die ersten D&O-Versicherung bereits in den achtziger Jahren von der deutschen Tochter der CHUBB Versicherung und der AIG Europe angeboten[982]. Jedoch konnten sich diese Versicherungen nur mühsam am Versicherungsmarkt durchsetzen. Erst im Zuge der zunehmenden internationalen Verflechtungen, dem Zusammenwachsen der Märkte und dem Publikwerden von Wirtschaftsskandalen[983] kam auch in Deutschland eine ernsthafte Diskussion dazu auf, ob eine derartige Versicherung zulässig sei[984].

II. Zulässigkeit einer D&O-Versicherung in Deutschland

Für die Zulässigkeit der Möglichkeit des Abschlusses einer D&O-Versicherung in Deutschland spricht, daß im Falle des Bestehens einer angemessenen Versicherungssumme dem Kläger eine zusätzliche Zugriffsmasse zur Verfügung steht, die das Vermögen des Organmitglieds häufig mehrfach übersteigt und somit ausreichend Bilanzschutz bietet[985]. Ferner gehört das Eingehen von Risiken zur originären Aufgabe von Vorständen; ohne Versicherungsschutz können sie geneigt sein, vorsichtig zu agieren, was gerade jener Bestimmung widerspricht.

Andererseits könnte jedoch ein zu unvorsichtiges Agieren als Folge des Abschlusses einer Versicherung gegen die Zulässigkeit einer Haftpflichtversicherung für Manager sprechen. So könnte es keinen speziellen Anreiz mehr für den versicherten Geschäftsführer darstellen, sich bei der Ausübung seiner Lei-

---

[980] Scholz/ Schneider, § 43 Rn. 297; Wollny, D&O-Versicherung in den Vereinigten Staaten von Amerika, S. 398; Schneider, FS für Werner, 795 (796 f.).

[981] Lattwein/ Krüger, Vw 1997, 1366 (1366); Thümmel/ Sparberg, DB 1994, 1123 (1125).

[982] Wollny, D&O-Versicherung in den Vereinigten Staaten von Amerika, S. 393; Lattwein/ Krüger, Vw 1997, 1366 (1366); Müller, Vw 1997, 1718 (1718 f.); Schneider/ Ihlas, DB 1994, 1123 (1125); Walter/ Kunze, Handelsblatt v. 27.09.1999, S. 31.

[983] Metallgesellschaft, Lopez, Balsam AG, Schneider, vgl. auch Lattwein/ Krüger, Vw 1997, 1366 (1366).

[984] Thümmel, Rn. 313; Thümmel/ Sparberg, DB 1995, 1013 (1017).

[985] Hucke, DB 1996, 2267 (2269); Müller, Vw 1997, 1718 (1719).

tungsmacht sorgfältig zu verhalten und so der Schadensvermeidung zu dienen, wenn er selbst keinen Ansprüchen ausgesetzt ist, sondern diese vielmehr von der Versicherung übernommen werden[986]. Zu bedenken ist bei der Bewertung dieses Gedankens jedoch auf der anderen Seite, daß auch wenn das einzelne Organmitglied im Einzelfall aufgrund der Übernahme der Haftung durch eine D&O-Versicherung keine Schadensersatzpflicht trifft, der Imageverlust des einzelnen Organmitglieds bestehen bleibt[987] und ferner Sanktionen nicht nur in der Zahlung einer Geldsumme, sondern auch in personellen Entscheidungen[988] liegen können und diese potentiellen personellen Konsequenzen in der Regel in größerem Maße geeignet sind, das Verhalten des Vorstandsmitglieds zu bestimmen.

Gegen die Zulässigkeit einer Vermögenshaftpflichtversicherung von Organen wird ferner vorgebracht, daß soweit Bedenken gegen eine vertragliche Haftungsmilderung bestehen -und dies ist bei der Rechtsform der Aktiengesellschaft der Fall[989]- sich diese Bedenken fortsetzen, wenn die Gesellschaft die Versicherungsbeiträge für die entsprechende Haftpflichtversicherung ersetzt oder eine Haftpflichtversicherung zugunsten des Geschäftsführers abschließt[990]. Auch dieses Argument vermag jedoch nicht zu überzeugen, da bei der Übernahme einer Versicherung für ein Vorstandsmitglied nicht wie bei einer vertraglichen Haftungsmilderung der Gläubigerschutz entgegensteht -und eben jener Gläubigerschutz ist das Hauptargument gegen die Möglichkeit einer vertraglichen Haftungsmilderung. Denn während bei einer vertraglichen Haftungsmilderung die Ansprüche des Gläubiger gefährdet erscheinen, besteht diese Gefahr bei einer Haftpflichtversicherung des Vorstands gerade nicht, weil die Haftung -und dies stellt einen erheblichen Vorteil für den Gläubiger dar- von der zumeist solventeren Versicherung übernommen wird.
Darüber hinaus spricht für die Zulässigkeit einer Managerversicherung, daß, würde man die Möglichkeit des Abschlusses einer Vermögenshaftpflichtversicherung des Vorstands negieren, das Vorstandsamt unattraktiv würde und fähige Manager sich überlegen würden, ein Amt wahrzunehmen[991]. Denn in der

---

986 Vgl. Hucke, DB 1996, 2267 (2269); Koller, ZIP 1986, 1089 (1095).
987 Schneider/ Ihlas, DB 1994, 1123 (1126).
988 Wie etwa in dem Widerruf der Bestellung als Vorstandsmitglied, vgl. § 84 Abs. 3 S. 1 AktG.
989 Vgl. hierzu Ausführungen oben unter 6. Teil, 2. Kapitel, G I 3.
990 Schneider/ Ihlas, DB 1994, 1123 (1124).
991 Umfragen belegen, daß in den Vereinigten Staaten 90 % der befragten Top-Manager der 500 größten Unternehmen das Nichtvorhandensein eines Versicherungsschutzes als ernsthaftes Kriterium betrachten würden, den Job nicht anzunehmen, vgl. Hucke, DB 1997, 2267

heutigen Zeit ist das Risiko der Inanspruchnahme von geschäftsführenden Organen erheblich gestiegen[992] und eine Übernahme eines Vorstandsamtes ist mit erheblichen Risiken behaftet, die in keinem Verhältnis zum Gehalt eines Vorstandsmitglieds stehen, mag dieses auch sehr hoch sein. Die zunehmende Gefahr der Inanspruchnahme muß daher durch risikokompensierende Maßnahmen ausgeglichen werden können, um die Qualität des Managements in der deutschen Wirtschaft zu erhalten.

Nicht außer acht zu lassen ist ferner der hinter einer Versicherung stehende positive Wink des Inhabers des Unternehmens gegenüber dem Organ. Der Abschluß der Versicherung zugunsten der Manager spiegelt die Absicht der Gesellschafter wider, nicht nur Vorteile aus der Unternehmensleitung durch spezialisierte und qualifizierte Geschäftsführer zu ziehen, sondern diese auch in gewissen Umfang vor den möglichen Nachteilen der Leitungstätigkeit zu bewahren. Dieser Absicherungsmechanismus kann dazu beitragen, das Vertrauensverhältnis zwischen den Parteien zu stärken und dadurch die systematische Verfolgung von Eigeninteresse seitens des Managers einzuschränken. Ein vertrauensvolles Verhältnis zwischen Gesellschaftern und Managern ist für letztere schließlich ein wichtiger Anreiz, die Unternehmung im Interesse der Eigner zu führen.

Von der Zulässigkeit einer D&O-Versicherung in Deutschland ist daher auszugehen, eine D&O-Versicherung ist zu befürworten. Grundsätzlich besteht mithin die Möglichkeit, Organmitglieder für das Risiko der Inanspruchnahme fehlerhafter Unternehmensleitung zu versichern[993].

(2267); Thümmel/ Sparberg, DB 1995, 1013 (1016) m. w. N. oder auch zur deutschen Entwicklung : Wollny, D&O-Versicherungen in den Vereinigten Staaten, S. 380.

992 Wollny, D&O-Versicherungen in den Vereinigten Staaten von Amerika, S. 378; Hucke, DB 1996, 2267 (2267); Lattwein/ Krüger, Vw 1997, 1366 (1367); Müller, Vw 1997, 1718 (1719) m.w.N.

993 Der D&O-Versicherer übernimmt auch die Kosten der vorgerichtlichen und der gerichtlichen Abwehr. Insbesondere der Einschluß der Rechtsverteidigungskosten ist hierbei kostenintensiv. Denn jeder in Anspruch genommene Vorstand wird sofort seinen Rechtsbeistand einschalten. Die sich häufig jahrelang hinziehenden, zumeist hinter verschlossenen Türen stattfindenden Verhandlungen mit der anspruchstellenden Partei sind -jedenfalls in den USA wegen der dort üblichen Abrechnung der Anwälte nach Zeitaufwand- sehr kostenträchtig. Dies gilt insbesondere deshalb, weil 90 % aller D&O-Ansprüche vergleichsweise geregelt werden. Durchschnittlich 60 % der Deckungssumme werden für Rechtskosten verbraucht, vgl. Hucke, DB 1996, 2267 (2268); Lattwein/ Krüger, Vw 1997, 1366 (1367); Thümmel/ Sparberg, DB 1995, 1013 (1017).

Im Folgenden soll nun untersucht werden, inwieweit Ansprüche wegen pflichtwidriger Zulassung einer Due Diligence von einer derartigen Versicherung abgedeckt sind.

III. Deckungsumfang von D&O-Versicherungen: Erfassung der pflichtwidrig zugelassenen Due Diligence?

Allgemein werden bei D&O-Versicherungen die Mitglieder der Organe der Versicherungsnehmerin für die Tätigkeit innerhalb des jeweiligen Unternehmens versichert. Zu unterscheiden ist bei der D&O-Versicherung allerdings zwischen Dritt- und Innenhaftungsansprüchen.

Als Innenhaftungsanspruch wird der Anspruch der Gesellschaft gegen das Organ verstanden, letztlich die Inanspruchnahme der versicherten Person durch die Versicherungsnehmerin[994]. Bei der Inanspruchnahme eines Vorstandsmitglieds wegen unberechtigter Zulassung einer Due Diligence durch die Gesellschaft handelt es sich um einen Anspruch der Gesellschaft gegen Mitglieder ihres Organs und damit um einen Innenhaftungsanspruch.

Während die Abdeckung von Drittansprüchen als haftpflichttypisch und damit kalkulierbar angesehen werden, bestehen gegen die Mitversicherung der Innenansprüche Bedenken[995]. Diese ergeben sich zum einen daraus, daß es sich bei Innenhaftungsansprüchen um den klassischen Eigenschadenbereich und mithin um das eigene unternehmerische Risiko handelt und zum anderen daraus, daß in derartigen Konstellationen erhöhte Manipulations- und Kollusionsgefahren bestehen. Die Gefahr von Mißbräuchen in derartigen Verhältnissen -so wird vorgebracht- sei in der Regel groß, weil hier oftmals das jeweiligen Unternehmen als Versicherungsnehmerin bei der Versicherung für fremde Rechnung[996] die

---

[994] Lattwein/ Sparberg, Vw 1997, 1366 (1366); Thümmel/ Sparberg, DB 1995, 1013 (1013).

[995] Historisch war dieser Ausschluß auch in den US-amerikanischen D&O-Policen durchaus nicht üblich. Erst als 1985 in einem aufsehenerregenden Fall die Bank of America als Versicherungsnehmerin ihre eigenen Directors and Officers wegen Pflichtverletzungen im Zusammenhang mit Kreditvergaben in beträchtlicher Höhe in Anspruch nahm, wurde der Ausschluß eingeführt. Die betroffenen D&O-Versicherer waren damals in ihrer Argumentation vor Gericht unterlegen, daß eine derartige Mitversicherung von Ansprüchen der eigenen Gesellschaft dem Wesen der Haftpflichtversicherung zuwiderlaufe und daß es nicht die Intention der D&O-Versicherung sei, die Organe gegen eine Inanspruchnahme ihrer Gesellschaft wegen der bei dieser eingetretenen Schäden zu schützen. Seitdem ist ein Ausschluß derartiger Ansprüche oft vorzufinden.

[996] Inwieweit die Übernahme der Versicherungsprämie durch die Gesellschaft zulässig und zugleich die Regel ist, wird unterschiedlich beurteilt. Während einige Stimmen in der Literatur allein eine Beitragszahlung durch das Organmitglied als zulässig ansehen, wird überwiegend vertreten, daß ein Abschluß der Versicherung durch die Gesellschaft für das Organmit-

Prämie zugunsten des Organmitglieds zahlt und daher geneigt sein könnte, diese dann auch zu Lasten des Versicherers in Anspruch zu nehmen, unter Umständen auch durch Vortäuschung eines nicht eingetretenen Versicherungsfalls[997]. Wirkten in einem Schadensfall die versicherten Personen und die Versicherungsnehmerin zusammen, läge also eine Kollusion vor, so werde ferner die Anspruchsabwehr durch den Versicherer erschwert[998]. Insbesondere gelte dies, weil aufgrund der Beweislastumkehr der Versicherer auf ein kooperatives Verhalten der versicherten Person angewiesen ist. Denn Umstände, die ein pflichtgemäßes Verhalten der in Anspruch genommenen Person indizieren, sind schwer und nur mit Hilfe des Organmitglieds aufklärbar. Ferner wird vorgebracht, daß durch das Bestehen einer Haftpflichtversicherung die Geltendmachung von Ansprüchen provoziert werden könne[999]. Eine gänzliche Erfassung der Innenhaftungsansprüche sei daher insgesamt nicht geboten.
Als Folge der vorgenannten Gefahren wird in der Regel von den D&O-Versicherungen versucht, die Übernahme der Haftung für Innenhaftungsansprüche zurückzuschrauben. Die konkreten Versicherungslösungen sind hierbei allerdings unterschiedlich ausgestaltet[1000].

1. Absoluter Ausschluß der Deckung im Innenverhältnis

Einige Versicherer arbeiten im Blick auf die beschriebene Kollusionsgefahr mit einem pauschalen Ausschluß der Ansprüche der Gesellschaft und ihrer Tochterunternehmen[1001]. Dieser umfassende Ausschluß ist allerdings weltweit in der D&O-Sparte unüblich.

2. Modifizierte Deckung im Innenverhältnis

Üblich ist weltweit[1002] vielmehr, die beschriebene Kollusionsgefahr im Sinne eines Mittelweges mit einer modifizierten Innenverhältnisdeckung zu begegnen. Hiernach besteht im Innenverhältnis Versicherungsschutz nur für solche Schadensersatzansprüche, die ohne Beteiligung, Weisung oder Veranlassung der

---

glied auf fremde Rechnung möglich sei, vgl. Hucke, DB 1996, 2267 (2268); Lattwein/ Krüger, Vw 1997, 1366 (1366, 1369); Schneider/ Ihlas, DB 1994, 1123 (1124).

997 Thümmel, Rn. 315; Lattwein/ Krüger, Vw 1997, 1366 (1368); Thümmel/ Sparberg, DB 1995, 1013 (1018).

998 Thümmel, Rn. 315; Schneider/ Ihlas, DB 1994, 1123 (1127).

999 Scholz/ Schneider, § 43 Rn. 297.

1000 Vgl. zu Musterpolicen einigen Versicherungsgruppen: Thümmel, Rn. 323 ff.; Wollny, D&O-Versicherung in den Vereinigten Staaten von Amerika, S. 479 ff.

1001 Thümmel, Rn. 316; Lattwein/ Krüger, Vw 1997, 1366 (1372); Schneider/ Ihlas, DB 1994, 1123 (1127).

1002 Insbesondere in US-Amerika, woher dieser Ansatz kommt, vgl. Schneider/ Ihlas, DB 1994, 1123 (1127); Thümmel/ Sparberg, DB 1995, 1013 (1018).

Versicherungsnehmerin, Tochterunternehmen oder versicherten Personen von ihren Gesellschaftern, also bei der Aktiengesellschaft von der Hauptversammlung, geltend gemacht werden[1003].

Anknüpfungspunkt und Existenzgrund einer in dieser Weise differenzierten Regelung sind die US-amerikanischen Bedingungen, welche ausdrücklich die Aktionärsklage, die sogenannte „derivative suit", im Blick haben. Die „derivative suit"[1004] wird von einem Aktionär im eigenen Namen auf Zahlung an die Gesellschaft erhoben.

Im deutschen Recht kommt diese Klageart nicht vor. Zwar mögen Anteilseigner aus eigenem Recht Ansprüche erheben, die dann aus Gründen der Schadensberechnung auf Zahlung an die Gesellschaft zielen. Dies sind jedoch seltene Fälle. Der Regelfall der Ansprüche der Gesellschaft gegen das Vorstandsmitglied erlaubt keine Geltendmachung durch Anteilseigner. Von daher hat der US-amerikanische Ansatz im deutschen Kontext keine modifizierte Deckung zur Folge, sondern führt zu einem generellen Ausschluß der Deckung von bei einem Unternehmen selbst entstandenen Schäden; zu dem ersten Ansatz besteht daher insofern kein Unterschied.

3. Deckung im Innenverhältnis mit vielen Ausschlüssen

Als dritter Ansatz kommt die Versicherungsvariante in Betracht, daß zwar kein Ausschluß von Ansprüchen der Versicherungsnehmerin gegen die versicherte Person vorgesehen wird, jedoch Beschränkungen der Innenhaftung durch eine Vielzahl sonstiger Ausschlüsse vorgenommen werden[1005]. Derartige Ausschlüsse sind in der Regel der Ausschluß von Haftpflichtansprüchen wegen wissentlicher Pflichtverletzung und vorsätzlicher Herbeiführung eines Vermögensschadens, wegen eines Schadens ausschließlich aufgrund des Unternehmensrisikos, wegen Beleidigung, übler Nachrede, Gesundheitsschädigung, Kreditgefährdung, unlauteren Wettbewerbs und ähnlichem[1006].

Explizit ist in keiner der in Betracht kommenden Ausschlußvarianten die Nichthaftung für eine unberechtigte Zulassung einer Due Diligence aufgezählt. Die

---

[1003] Etwa § 5 Ziff. 3 AVB OLA der CHUBB Police; vgl. auch: Thümmel, Rn. 316; Wollny, D&O-Versicherung in den Vereinigten Staaten von Amerika, S. 323; Schneider/ Ihlas, DB 1994, 1123 (1127); Thümmel/ Sparberg, DB 1995, 1013 (1018); Frankfurter Allgemeine Zeitung v. 29.10.1999, S. 23.

[1004] Vgl. zur Fortentwicklung dieser Aktionärsklage im amerikanischen Recht: Buxbaum/ Schneider, ZGR 1982, 199 ff.

[1005] Lattwein/ Krüger, Vw 1997, 1366 (1369); Schneider/ Ihlas, DB 1994, 1123 (1127); Thümmel/ Sparberg, DB 1995, 1013 (1018).

[1006] Wollny, D&O-Versicherung in den Vereinigten Staaten von Amerika, S. 395; Lattwein/ Krüger, Vw 1997, 1366 (1373); Schneider/ Ihlas, DB 1994, 1123 (1127); Frankfurter Allgemeine Zeitung v. 29.10.1999, S. 23.

Haftung für eine fehlerhafte Zulassung einer Due Diligence fällt auch nicht in den Bereich eines der aufgezählten Ausschlüsse[1007]. Bei derartigen Versicherungspolicen kann folglich der Anspruch der Gesellschaft gegen die Vorstandsmitglieder aus § 93 Abs. 1 S. 2 AktG durch eine D&O-Versicherung abgedeckt sein.

4. Zwischenergebnis

Nach den drei Versicherungsvarianten zur Behandlung problematischer Innenhaftungsansprüche ergeben sich somit unterschiedliche Lösungen. Während nach dem ersten Ansatz eine Erfassung von Innenhaftungsansprüchen grundsätzlich nicht vorgesehen ist, ist theoretisch nach der zweiten Ansicht eine Übernahme der Haftung durch die Versicherung denkbar -jedoch nur theoretisch, weil die von der zweiten Lösung gemachte Ausnahme der „derivative suit" in Deutschland nicht in der Form existiert. Folglich ist nur nach der dritten Variante die Abdeckung des Anspruch durch eine Versicherung denkbar, wenn auch nur unter den bestehenden Einschränkungen etwaiger in den Bedingungen des Einzelfalls geregelter Ausschlüsse. Ob im Einzelfall die Haftung des Vorstandsmitglieds von der Versicherung abgedeckt wird, kann daher nicht pauschal festgestellt werden, sondern muß nach den Versicherungsbedingungen im Einzelfall beurteilt werden.

5. Vorschlag: Differenzierte Lösung

Anzumerken ist an dieser Stelle, daß in Deutschland ein völliger Ausschluß der Innenhaftung zu einer weitgehenden Entkernung des Versicherungsschutzes führt. Dies gilt insbesondere -wie bereits erwähnt- deshalb, weil in Deutschland im Gegensatz zu den Vereinigten Staaten, aus denen die Deckungsstandards kommen, die sogenannte „derivative suit", die die Möglichkeit der ausnahmsweisen Inanspruchnahme der Versicherung für Innenhaftungsansprüche gibt, nicht bekannt ist.

Wünschenswert wäre eine differenzierte Lösung, auf deren Möglichkeit Thümmel[1008] hinweist. Diese könnte so gestaltet sein, daß Innenhaftungsansprüche

[1007] Man könnte annehmen, die fehlerhafte Zulassung einer Due Diligence sei ein nicht versicherbares Unternehmensrisiko. Jedoch stellt die Verwirklichung des Tatbestands des § 93 Abs. 1 AktG durch unberechtigte Zulassung einer Due Diligence eine eindeutige Pflichtverletzung dar und ist daher nicht als nicht versicherbares Unternehmensrisiko einzustufen. Ein solches wäre lediglich gegeben, wenn man die Versicherung für Entscheidungen der Vorstände heranziehen würde, die sich im Rahmen des ihnen zustehenden Ermessens halten, aber unerwartete negative Entwicklungen mit sich bringen; vgl. auch Wollny, D&O-Versicherungen in den Vereinigten Staaten von Amerika, S. 399 f.

[1008] Thümmel, Rn. 317.

nicht grundsätzlich gedeckt werden, sondern in Abhängigkeit von der Rechtsform des im Einzelfall betroffenen Unternehmens.
Der Hauptgrund der grundsätzlichen Ablehnung der Deckung von Innenhaftungsansprüchen, das Mißbrauchsrisiko, ist bei kleineren Unternehmen, die in der Rechtsform der GmbH oder Kommanditgesellschaft betrieben werden, wegen der engen Verzahnung von Eigentümer- und Managementebene und der weniger formal ausgestalteten Entscheidungswege tendenziell höher als bei Aktiengesellschaften, insbesondere wenn diese börsennotiert sind[1009]. Umgekehrt ist das Schutzbedürfnis eines Managers bei diesen Unternehmensformen geringer, weil er sich durch Vereinbarung von Haftungseinschränkungen in seinem Anstellungsvertrag bzw. in der Satzung weitgehend selbst schützen kann[1010]. Derartige Haftungsbefreiungsmöglichkeiten stehen dem Vorstand, wie zuvor festgestellt[1011], nicht zu. Aus diesem Grund könnte man überlegen, bei der Aktiengesellschaft die Innenhaftung unter bestimmten Voraussetzungen in die D&O-Versicherung mit einzubeziehen, bei der GmbH und den Personengesellschaften hingegen hierauf zu verzichten.
Durch eine derartig differenzierte Lösung wäre auf der einen Seite die Mißbrauchsgefahr der D&O-Versicherungen eingeschränkt, auf der anderen Seite wäre das Vorstandsmitglied einer Aktiengesellschaft vor den mit der Ausübung des Vorstandsamtes verbundenen Risiken hinreichend geschützt, so daß sich ein fähiger Manager nicht von diesen Haftungsrisiken abschrecken ließe. Eine differenzierte Lösung scheint daher den Bedürfnissen des Wirtschaftsverkehrs am besten gerecht zu werden. Bis jetzt ist eine derartige Lösung allerdings noch nicht in den Versicherungsbedingungen vorzufinden; sie kann daher an dieser Stelle nur empfohlen werden.

IV. Zwischenergebnis

Festzustellen ist, daß ein Vorstandsmitglied einer Aktiengesellschaft grundsätzlich einer Inanspruchnahme entgehen kann, wenn bezüglich seiner Person eine D&O-Versicherung abgeschlossen wurde -sei es durch ihn selbst oder die Gesellschaft, bei der er das Vorstandsamt innehat. Allerdings ist abgesehen von dem grundsätzlich erforderlichen Abschluß einer Versicherung hierfür notwen-

---

[1009] Insbesondere gilt dies, weil die Vorstandsmitglieder einer Aktiengesellschaft bei der Unternehmensleitung einen weiten Ermessensspielraum haben und nicht, wie dies häufig bei anderen Rechtsformen der Fall ist, an einen umfangreichen Katalog zustimmungstimmungsbedürftiger Maßnahmen gebunden sind.
[1010] Vgl. hierzu Ausführungen zur Möglichkeit der vertraglichen haftungseinschränkenden Regelungen unten unter 6. Teil, 3. Kapitel, H I 2. und 6. Teil, 4. Kapitel F I 2.
[1011] Vgl. hierzu Ausführungen oben unter 6. Teil, 2. Kapitel, G I 3.

dig, daß in den im konkreten Fall gegebenen Versicherungsbedingungen kein Ausschluß bezüglich Innenhaftungsansprüchen statuiert ist.

J. Ergebnis

Insgesamt ist festzuhalten, daß der Vorstand bei der Zulassung einer Due Diligence besondere Vorsicht walten zu lassen hat, um keiner Haftung aus § 93 Abs. 2 S. 1 AktG zu unterliegen. Er hat sämtliche einem gewissenhaften und ordentlichen Geschäftsmann in den Sinn kommende Erwägungen bei der Entscheidung über die Zulassung einer Due Diligence heranzuziehen und das Interesse der Gesellschaft an der Due Diligence[1012] mit der an die Offenbarung gebundenen Gefahr des Mißbrauchs der Informationen gründlich gegeneinander abzuwägen. Ferner müssen die übrigen formellen Voraussetzungen einer Durchbrechung der Schweigepflicht -fortgeschrittener Verhandlungszeitpunkt, Vorhandensein einer Geheimhaltungsvereinbarung sowie Beschluß des Vorstands über die Durchbrechung der Geheimhaltungspflicht- gegeben sein, damit der Vorstand ordnungsgemäß handelt.

Die Einhaltung der dem Vorstand obliegenden Sorgfalt ist insbesondere deshalb wichtig, weil eine Haftungsbefreiung von vornherein so gut wie gar nicht, im nachhinein nur unter erschwerten Voraussetzungen, insbesondere nach Ablauf einer dreijährigen Frist, möglich ist und eine gegebenenfalls bestehende D&O-Versicherung zur Zeit nur im Ausnahmefall Innenhaftungsansprüche erfaßt.

[1012] Das Interesse der Gesellschaft bezieht sich insoweit -wie bereits erwähnt- auf die durch die Due Diligence ermöglichter Unternehmensakquisition.

3. Kapitel: Haftung des Geschäftsführers einer GmbH bei pflichtwidriger Zulassung einer Due Diligence

Im Folgenden wird untersucht, wie die Haftung des Geschäftsführers einer GmbH bei pflichtwidriger Zulassung einer Due Diligence ausgestaltet ist.

A. Allgemeines

In ähnlicher Weise wie im Aktienrecht in § 93 Abs. 3 AktG ist in § 43 Abs. 3 GmbHG eine gesonderte Schadensersatzpflicht des Geschäftsführers einer GmbH für die Fälle des Verstoßes gegen die auch im GmbH-Recht geltende Pflicht zur Kapitalerhaltung geregelt. Die Haftung ist auch hier dadurch gegenüber der Generalklausel des § 43 Abs. 2 GmbHG verschärft, daß der Verzicht der Gesellschaft auf Schadensersatzansprüche durch den Verweis auf § 9 b Abs. 1 GmbHG beschränkt ist[1013].

Der bei einer Due Diligence in Betracht kommende Verstoß des Geschäftsführers, die Durchbrechung der ihm obliegenden Schweigepflicht, ist in § 43 Abs. 3 GmbHG nicht geregelt, so daß bei der GmbH ebenso wie bei der Aktiengesellschaft die verschärften Grundsätze nicht zur Anwendung kommen. Als Grundlage für eine Haftung des Geschäftsführers wegen pflichtwidriger Zulassung einer Due Diligence kommt jedoch die allgemeine Norm des § 43 Abs. 2 GmbHG in Betracht.
Nach dieser Norm haftet ein Geschäftsführer der Gesellschaft, wenn er durch positives Tun oder Unterlassen eine Pflicht, die ihm persönlich als Geschäftsführer obliegt, verletzt hat, wenn durch diese Pflichtverletzung ein Schaden entstanden ist und der Geschäftsführer ferner schuldhaft gehandelt hat[1014].
§ 43 Abs. 2 GmbHG setzt somit als allgemeine Anspruchsvoraussetzung zunächst das Vorliegen einer Pflichtverletzung voraus. Der Geschäftsführer einer GmbH müßte daher -damit er von der Gesellschaft in Anspruch genommen werden kann- bei Zulassung einer Due Diligence gegen eine ihm obliegende Pflicht verstoßen.

B. Pflichtverletzung des Geschäftsführers

Als verletzte Pflicht im Falle der pflichtwidrigen Zulassung einer Due Diligence kommt die dem Geschäftsführer obliegende Geheimhaltungspflicht in Betracht. Im Gegensatz zum Aktienrecht enthält das GmbHG zwar an keiner Stelle ein explizites Geheimhaltungsgebot. Jedoch enthält § 85 GmbHG eine Strafvor-

---

[1013] Espey/ v. Bitter, Haftungsrisiken des GmbH-Geschäftsführers, S. 74.
[1014] Scholz/ Schneider, § 43 Rn. 21 ff.; Espey/ v. Bitter, Haftungsrisiken des GmbH-Geschäftsführers, S. 16; Höhn, Geschäftsleitung der GmbH, S. 182; Meyke, Die Haftung des GmbH-Geschäftsführers, Rn. 13; Schneider/ Ihlas, DB 1994, 1123 (1123).

schrift, die das Offenbaren von Geschäftsgeheimnissen pönalisiert und damit vom Bestand einer entsprechenden Verpflichtung ausgeht. Es ist daher einhellige Meinung, daß der GmbH-Geschäftsführer einer umfassenden Geheimhaltungsverpflichtung unterliegt, wobei dies zum Teil aus § 93 Abs. 1 S. 2 AktG analog[1015], zum Teil hingegen aus der dem Geschäftsführer einer GmbH obliegenden Treuepflicht hergeleitet wird[1016]. Inhalt der Geheimhaltungspflicht ist jedoch -unabhängig von ihrer Herleitung-, daß der Geschäftsführer keine Informationen, an denen ein Geheimhaltungsbedürfnis besteht, weitergeben darf[1017]

Die Daten, die ein potentieller Erwerber im Rahmen einer Due Diligence erhält, sind grundsätzlich als geheimhaltungsbedürftige Tatsachen anzusehen[1018]; bei Weitergabe der Daten zwecks Durchführung einer Due Diligence kommt daher ein Verstoß des Geschäftsführers gegen die Geheimhaltungspflicht in Betracht. Auf der anderen Seite ist bei der Bewertung des Verstoßes gegen die Schweigepflicht nicht außer acht zu lassen, daß den Geschäftsführer einer GmbH gemäß § 35 GmbHG neben der Geheimhaltungspflicht die Pflicht zur eigenständigen Wahrnehmung der Interessen der Gesellschaft trifft[1019]. Beide Pflichten stehen sich gegenüber und sind miteinander in Einklang zu bringen. Wie genau dieses ambivalente Pflichtenverhältnis zu lösen ist und unter welchen Voraussetzungen die Durchbrechung der Schweigepflicht möglich ist, ist umstritten und wurde bereits oben dargestellt[1020]. Nach der hier vertretenen Meinung ist für die rechtmäßige Durchbrechung der Schweigepflicht erforderlich, daß die Gesellschafterversammlung über die Zulassung der Due Diligence positiv beschlossen hat und zudem ein fortgeschrittener Verhandlungszeitpunkt, ein Letter of Intent, eine Geheimhaltungsabrede sowie ein überwiegendes Interesse der Gesellschaft

---

[1015] Lutter/ Hommelhoff, § 43 Rn. 8; 85 Rn. 1; Münch Hdb. III/ Marsch-Barner/ Diekmann, § 45 Rn. 4; Meincke, WM 1998, 749 (752).

[1016] BGH WM 1975, 678 (678); Baumbach/ Hueck/ Zöllner, § 35 Rn. 21; Hachenburg/ Mertens, § 43 Rn. 46; Rowedder/ Koppensteiner, § 43 Rn. 19; Scholz/ Schneider, § 43 Rn. 115 ff.; Espey/ v. Bitter, Haftungsrisiken des GmbH-Geschäftsführers, S. 26; Raiser, Recht der Kapitalgesellschaften, § 32 Rn. 60.

[1017] Hachenburg/ Mertens, § 43 Rn. 46; Rowedder/ Koppensteiner, § 43 Rn. 26; Scholz/ Schneider, § 43 Rn. 115.

[1018] Siehe zur ausführlichen Subsumtion der im Rahmen der Due Diligence bedeutenden Tatsachen oben unter 2. Teil, 2. Kapitel, A I 5 a). Die dortigen Ausführungen gelten auch bezüglich des Geschäftsführers einer GmbH, weil dessen Geheimhaltungspflicht, wie bereits erwähnt aus § 93 Abs. 1 S. 2 AktG analog bzw. aus der dem Geschäftsführer obliegenden Treuepflicht, die der des Vorstands der Aktiengesellschaft zumindest in dieser Hinsicht entspricht, hergeleitet wird.

[1019] Hachenburg/ Mertens, § 43 Rn. 50; Thümmel, Rn. 130.

[1020] Siehe hierzu Ausführungen oben unter 2. Teil, 2. Kapitel A I 5 b aa bbb).

an der durch die Due Diligence ermöglichten Unternehmensakquisition gegeben sind. Liegen diese Voraussetzungen vor, so ist ein Verstoß des Geschäftsführers gegen ihm obliegende Pflichten zu verneinen, wenn der Geschäftsführer die Due Diligence zuläßt. Sind hingegen die erwähnten Voraussetzungen nicht vollständig gegeben, liegt etwa bei Zulassung der Due Diligence durch den Geschäftsführer keine Geheimhaltungsvereinbarung vor, so ist grundsätzlich ein Pflichtverstoß anzunehmen und ein Schadensersatzanspruch der Gesellschaft gegen den Geschäftsführer kommt in Betracht.

C. Verschulden des Geschäftsführers als Voraussetzung des Schadensersatzanspruchs

Kann eine Pflichtverletzung bejaht werden, so ist an nächster Stelle das Verschulden des Geschäftsführers zu prüfen.

I. Allgemeines

Bezüglich des anzuwendenden Verschuldensmaßstabs kann grundsätzlich auf die obigen Ausführungen zum Verschuldensmaßstab des Vorstands einer Aktiengesellschaft verwiesen werden[1021]. Der Geschäftsführer einer GmbH hat nach § 43 Abs. 1 GmbHG wie der Vorstand einer Aktiengesellschaft gemäß § 93 Abs. 1 AktG in den Angelegenheiten der Gesellschaft die Sorgfalt eines ordentlichen Geschäftsleiters einzuhalten[1022]. Die Sorgfalt eines ordentlichen und gewissenhaften Geschäftsleiters, die vom Geschäftsführer verlangt wird, ist dabei ein normativer, weitgehend objektiv zu fassender Verschuldensmaßstab[1023]. Allerdings bildet die Sorgfalt eines ordentlichen Geschäftsmanns nur einen objektiven Mindeststandard. Verfügt der Geschäftsführer über besondere individuelle Fähigkeiten, so sind diese besonderen Fähigkeiten bei der Bewertung des Sorgfaltsmaßstabs einzubeziehen[1024]. Bei der Beurteilung des Sorgfaltsmaßstabs ferner zu beachten sind die Art und Größe des Unternehmens[1025]. Zudem hat der

---

[1021] Der Sorgfaltsmaßstab des § 43 Abs. 1 GmbHG ist bei der GmbH ebenfalls Verschuldensmaßstab, vgl. nur Baumbach/ Hueck/ Zöllner, § 43 Rn. 11; Hachenburg/ Mertens, § 43 Rn. 55; Münch Hdb. III/ Marsch-Barner/ Diekmann, § 46 Rn. 10; Raiser, Recht der Kapitalgesellschaften, § 32 Rn. 65.

[1022] Vgl. zur Übereinstimmung des Sorgfaltsmaßstabes des Vorstands der Aktiengesellschaft und dem Geschäftsführers einer GmbH: BGH BB 1974, 994 (994); NJW 1986, 54 (55); OLG Koblenz, GmbHR 1991, 416 (417); Rowedder/ Koppensteiner, § 43 Rn. 6 m.w.N.; Brandmüller, Der GmbH-Geschäftsführer, Rn. 307; Eschenbruch, Konzernhaftung, Rn. 4014; Höhn, Geschäftsleitung der GmbH, S. 191; Meyke, Die Haftung des GmbH-Geschäftsführers, Rn.13.

[1023] Hachenburg/ Mertens, § 43 Rn. 55; Rowedder/ Koppensteiner, § 43 Rn. 7; Bastuck, Enthaftung des Managements, S. 66; Sudhoff, Gesellschaftsvertrag der GmbH, S. 245; Fleck, WM-Sonderbeilage III/ 1981, 8.

[1024] Scholz/ Schneider, § 43 Rn. 165.

Geschäftsführer grundsätzlich für die für sein Amt geforderten Kenntnisse und Fähigkeiten einzustehen, d.h. er kann sich daher nicht darauf berufen, daß er seinem Amt nicht gewachsen war[1026]. Sollte er in bestimmten Bereichen -etwa bei auftretenden Rechtsfragen- im Einzelfall überfordert sein, so hat er fachkundigen Rat einzuholen[1027].
Insgesamt hat der Geschäftsführer einer GmbH nicht nur die Sorgfalt eines ordentlichen Geschäftsmanns, sondern die weitergehende Sorgfalt eines selbständigen, treuhänderischen Verwalters fremder Vermögensinteressen in verantwortlich leitender Position zu beachten[1028].

II. Sorgfaltsverletzung bei der Entscheidung über die Due Diligence

Festzustellen ist, wie sich dieser Sorgfaltsmaßstab auf die Due Diligence auswirkt, also wann ein Geschäftsführer einer GmbH gegen diesen ihm obliegenden Sorgfaltsmaßstab verstößt, wenn er eine Due Diligence zuläßt.
Grundsätzlich könnte man an dieser Stelle -parallel zu der Wertung im Aktienrecht- annehmen, daß ein Sorgfaltsverstoß und damit Verschulden des Geschäftsführers gegeben ist, wenn eine Due Diligence gestattet wird, ohne daß der Geschäftsführer alle ihm als verantwortlichem Leiter eines Unternehmens zugänglichen Erwägungen für und gegen die Due Diligence abgewogen und das Interesse der Gesellschaft an der Akquisition und damit auch der Due Diligence als höherwertig beurteilt hat, weil er dann ein Risiko für die Gesellschaft zuläßt und damit die ihm obliegende Sorgfalt außer acht läßt.
Im Unterschied zur Aktiengesellschaft ist jedoch bei der Gesellschaft mit beschränkter Haftung nach der hier vertretenen Ansicht nicht der Geschäftsführer als das geschäftsführende Organ der Gesellschaft zur Entscheidung über die Zulassung der Due Diligence, also zur Abwägung des Interesses der Gesellschaft an der mit der Due Diligence verbundenen Unternehmensakquisition mit dem Interesse der Gesellschaft an der Geheimhaltung der Unternehmensinterna,

---

[1025] Lutter/ Hommelhoff, § 43 Rn. 21; Rowedder/ Koppensteiner, § 43 Rn. 5; Scholz/ Schneider, § 43 Rn. 76; Bastuck, Enthaftung des Managements, S. 72; Espey/ v. Bitter, Haftungsrisiken des GmbH-Geschäftsführers, S. 19; Höhn, Geschäftsleitung der GmbH, S. 191; Münch Hdb. III/ Marsch-Barner/ Diekmann, § 46 Rn. 11.

[1026] BGH WM 1971, 1548 (1549); BGH GmbHR 1981, 191 (192); Hachenburg/ Mertens, § 43 Rn. 55; Lutter/ Hommelhoff, § 43 Rn. 21; Espey/ v. Bitter, Haftungsrisiken des GmbH-Geschäftsführers, S. 21; Höhn, Geschäftsleitung der GmbH, S. 195; Münch Hdb. III/ Marsch-Barner/ Diekmann, § 46 Rn. 13.

[1027] Hachenburg/ Mertens, § 43 Rn. 55.

[1028] So OLG Bremen, GmbHR 1964, 8 (9); Koblenz, GmbHR 1991, 416 (417); Lutter/ Hommelhoff, § 43 Rn. 21; Rowedder/ Koppensteiner, § 43 Rn. 6; Scholz/ Schneider, § 43 Rn. 32; Höhn, Geschäftsleitung der GmbH, S. 191.

befugt[1029]. Vielmehr obliegt diese Entscheidung den für die Willensbildung innerhalb der GmbH zuständigen Gesellschaftern in ihrer Gesamtheit.

Folge hiervon ist, daß die Ausgangslage für die Beurteilung der vom Geschäftsführer einer GmbH einzuhaltenden Sorgfalt bei der Zulassung einer Due Diligence eine andere ist als bei der Aktiengesellschaft, bei der die Vorstandsmitglieder die Entscheidung über die Zulassung der Due Diligence zu treffen haben. Bei der GmbH trifft die Gesellschafter selbst bei der Entscheidungsfindung die Pflicht zur Einhaltung von Sorgfalt, um einem Schaden vorzubeugen. Wenn im Endeffekt die aufgrund der Due Diligence erlangten Informationen durch den potentiellen Käufer mißbräuchlich verwendet werden, so ist eine Inanspruchnahme der Geschäftsführer wegen Verschuldens bei der Entscheidungsfindung nicht möglich.

III. Andere Aspekte eines Sorgfaltsverstoßes bezogen auf die Due Diligence

Wenn an dieser Stelle kein Verschulden des Geschäftsführers innerhalb des Vorgangs der Due Diligence in Betracht kommt, so stellt sich die Frage, ob und gegebenenfalls an welcher anderen Stelle die Einhaltung der Sorgfalt noch Bedeutung haben kann.

Klar ist, daß Verschulden des Geschäftsführers regelmäßig anzunehmen ist, wenn der Geschäftsführer die Due Diligence zuläßt, ohne daß ein fortgeschrittener Verhandlungszeitpunkt, ein Letter of Intent, eine Geheimhaltungsabrede und ein Beschluß der Gesellschafter vorliegen.

Einen weiteren Anknüpfungspunkt für eine Haftung der Geschäftsführer könnte das Vorfeld der Entscheidungsfindung der Gesellschafter darstellen. Die Entscheidung über die Zulassung der Due Diligence obliegt zwar den Gesellschaftern. Die Grundlage für eine Entscheidung der Gesellschafter über die Zulassung der Due Diligence schaffen jedoch die Geschäftsführer. Sie haben den Gesellschaftern die für die Entscheidung notwendigen Informationen zu geben, schließlich besitzen sie als geschäftsführungsberechtigtes Organ der GmbH die zur Informationserteilung erforderliche Kenntnis. Zwar ist bei der GmbH das Informationsgefälle zwischen Inhabern und geschäftsführungsbefugtem Organ nicht so stark wie bei der Aktiengesellschaft, wo die Aktieninhaber selten Kenntnis von den Geschehnissen und momentanen Interessenschwerpunkten der Gesellschaft haben. Aber auch bei der GmbH sind die Geschäftsführer in der Regel wesentlich besser über die Betätigungsfelder und das Unternehmensinteresse informiert als die Gesellschafter. Schließlich ist die Führung der Geschäfte der GmbH ihre Aufgabe.

[1029] Siehe zur Darstellung des Meinungsstands und der hier vertretenen Ansicht oben unter 2. Teil, 2. Kapitel, A II 5 b bb bbb).

Wenn nun die Gesellschafter auf der Grundlage der von den Geschäftsführern im Einzelfall gegebenen Informationen eine Entscheidung über die Zulassung einer Due Diligence treffen, so ist, damit die Entscheidung sämtliche im Einzelfall wichtigen Aspekte erfaßt, erforderlich, daß die Geschäftsführer die Gesellschafter über jene im Einzelfall relevanten Umstände informieren. Denn nur anhand sämtlicher relevanter Informationen ist es möglich, eine dem Einzelfall gerecht werdende Entscheidung zu treffen, die eine Gefahr des Mißbrauchs weitgehend ausschließt. Die Geschäftsführer haben somit grundsätzlich die Pflicht, den Gesellschaftern die für und gegen eine Akquisition sprechenden Tatsachen vor deren Entscheidungsfindung umfassend und neutral zu präsentieren.

Fraglich ist nun, welche Auswirkungen diese Pflicht auf die vom Geschäftsführer bei der Weitergabe der Informationen im Rahmen der Due Diligence einzuhaltende Sorgfalt hat.
Auswirkungen auf die vom Geschäftsführer einzuhaltende Sorgfalt sind unter einem bestimmten Aspekt denkbar: Der Geschäftsführer hat bei der Zulassung der Due Diligence zwar grundsätzlich nur darauf zu achten, daß ein Beschluß der Gesellschafterversammlung sowie die übrigen Voraussetzungen der Durchbrechung der Schweigepflicht vorliegen, um die ihm obliegende Sorgfalt eines gewissenhaften Geschäftsleiters einzuhalten; jedoch ist ein Verstoß des Geschäftsführers gegen die im obliegende Sorgfalt auch dann zu bejahen, wenn der Geschäftsführer eine Due Diligence zuläßt, obwohl er die Gesellschafter vor deren Entscheidung über die Due Diligence nicht umfassend und bezüglich aller für die Entscheidung relevanten Aspekte informiert hat. In einem solchen Fall muß dem Geschäftsführer bewußt sein, daß die Entscheidung nicht in bestmöglicher Art und Weise getroffen wurde, sondern mangels Abwägung sämtlicher Umstände des Einzelfalls ein Gefahrpotential in sich birgt.

Festzustellen ist somit, daß der Geschäftsführer vor Weitergabe der Unternehmensinterna im Rahmen der Due Dilgence zwei Aspekte zu beachten hat, um einem Verschuldensvorwurf im Sinne des § 43 Abs. 1 GmbHG zu entgehen: Zum einen darf der Geschäftsführer keine Informationen weitergeben, wenn nicht alle Voraussetzungen der Durchbrechung einer Schweigepflicht vorliegen. Zum anderen kann zwar kein unsorgfältiger, bestimmte Aspekte außer acht lassende Beschluß über die Zulassung der Due Diligence einen Verschuldensvorwurf begründen. Jedoch kann Ansatzpunkt für die Begründung eines Schadensersatzvorwurfes die unrichtige oder unvollständige Infomierung der Gesellschafter durch die Geschäftsführer im Vorfeld der Due Diligence darstellen: Wenn der Geschäftsführer die Unternehmensgeheimnisse nämlich weitergibt, ohne den Gesellschaftern vorher eine umfassende Information zu geben, so läßt er ein Gefahrpotential zu und damit die ihm obliegende Sorgfalt außer acht.

D. Schaden der Gesellschaft

Haftung dem eigenen Unternehmen gegenüber erfordert unabhängig von einer Pflichtverletzung und einem Verschulden des Unternehmensleiters, daß ein auf seiner Pflichtverletzung beruhender Schaden eingetreten ist[1030]. Schaden im Sinne des § 43 Abs. 2 GmbHG ist jede dem Unternehmenszweck widersprechende und nicht auf eine rechtmäßige Beeinträchtigung zurückführbare Minderung des Vermögens der Gesellschaft[1031].

Bei Pflichtverletzungen der Geschäftsführer ist folglich als Vermögensschaden diejenige Vermögensminderung bzw. der entgangene Gewinn zu ersetzen, der sich aus dem Vergleich zur hypothetischen Vermögensentwicklung der Gesellschaft bei ordnungsgemäßem Verhalten der Geschäftsführer ergibt[1032]. Auf die Due Diligence bezogen heißt dies, daß grundsätzlich der Schaden auszugleichen ist, der nicht eingetreten wäre, wenn die Geschäftsführer sich im betreffenden Fall ordnungsgemäß verhalten hätten und die Informationsweitergabe nicht ermöglicht hätten[1033].

E. Gesamtschuldnerische Haftung der Geschäftsführer

Sind mehrere Geschäftsführer für die pflichtwidrige Zulassung der Due Diligence verantwortlich -sei es, daß sie gemeinsam eine umfassende Informierung der Gesellschafter im Vorfeld der Beschlußfassung unterlassen haben oder sie gemeinsam Informationen weitergegeben haben, obwohl die Voraussetzungen der Durchbrechung der eigentlich bestehenden Geheimhaltungspflicht nicht vorlagen- so haften sie der Gesellschaft als Gesamtschuldner gemäß § 421 ff. BGB[1034]. Jeder der Geschäftsführer, der bei der Weitergabe der Informationen

---

1030 Baumbach/ Hueck/ Zöllner, § 43 Rn. 14; Hachenburg/ Mertens, § 43 Rn. 57; Roth/ Altmeppen, § 43 Rn. 42; Rowedder/ Koppensteiner, § 43 Rn. 21; Scholz/ Schneider, § 43 Rn. 158; Münch Hdb. III/ Marsch-Barner/ Diekmann, § 46 Rn. 15; Thümmel, Rn. 156.

1031 Baumbach/ Hueck/ Zöllner, § 43 Rn. 14; Hachenburg/ Mertens, § 43 Rn. 57; Espey/ v. Bitter, Haftungsrisiken des GmbH-Geschäftsführers, S. 28; Münch Hdb. III/ Marsch-Barner/ Diekmann, § 46 Rn. 15; diese Definition entspricht der Definition des Schadens im Sinne des § 93 Abs. 2 AktG. Die andere Ansicht (Hachenburg/ Koppensteiner, § 43 Rn. 21; Meyer-Landrut/ Miller/ Niebus, § 43 Rn. 13; Scholz/ Schneider, § 43 Rn. 159), die als Schaden jede rechnerische Vermögensminderung ausreichen läßt, ist aus den oben genannten Gründen abzulehnen. Insoweit sei auf die dortigen Ausführungen (6. Teil, 2. Kapitel, C I.) verwiesen.

1032 Baumbach/ Hueck/ Zöllner, § 43 Rn. 14; Thümmel, Rn. 156.

1033 Vgl. hierzu Ausführungen oben unter 3. Teil, 2. Kapitel, C.

1034 Baumbach/ Hueck/ Zöllner, § 43 Rn. 22 f.; Hachenburg/ Mertens, § 43 Rn. 62; Meyer-Landrut/ Miller/ Niebus, § 43 Rn. 14; Roth/ Altmeppen, § 43 rn. 46; Scholz/ Schneider, § 43

im Rahmen Due Diligence mitgewirkt hat, ist daher im Verhältnis zur Gesellschaft zum Ersatz des Schadens verpflichtet und kann sich nicht darauf berufen, daß der Schaden überwiegend von einem der Mitgeschäftsführer verursacht wurde[1035].

F. Verjährung

Schadensersatzansprüche gemäß § 43 Abs. 2 GmbHG verjähren nach ausdrücklicher gesetzlicher Anordnung in § 43 Abs. 4 GmbHG in fünf Jahren, wobei die Verjährungsfrist gemäß § 198 S. 1 BGB mit der Entstehung des Anspruchs beginnt, also in dem Zeitpunkt, in dem die Gesellschaft den Schaden erstmals gerichtlich geltend machen konnte[1036].

G. Beweislast

Nach ständiger Rechtsprechung[1037] und allgemeiner Meinung in der Literatur[1038] richtet sich die Verteilung der Beweislast bei Geltendmachung von Ansprüchen nach § 43 GmbHG nach der Regel des § 93 Abs. 2 S. 2 AktG. Danach muß die Gesellschaft beweisen, daß ihr infolge der Pflichtverletzung durch den Geschäftsführer ein Schaden entstanden ist, wohingegen der Geschäftsführer die ihn entlastenden Umstände zu beweisen hat[1039]. Eine derartige Wertung

---

Rn. 174 ff.; Espey/ v. Bitter, Haftungsrisiken des GmbH-Geschäftsführers, S. 29; Meyke, Die Haftung des GmbH-Geschäftsführers, Rn. 55; Münch Hdb III/ Marsch-Barner/ Diekmann, § 46 Rn. 18; Sudhoff, Gesellschaftsvertrag der GmbH, S. 247; Fleck, GmbHR 1974, 224 (226).

[1035] Hachenburg/ Mertens, § 43 Rn.64; Meyer-Landrut/ Miller/ Niebus, § 43 Rn. 14; Scholz/ Schneider, § 43 Rn. 176.

[1036] Hachenburg/ Mertens, § 43 Rn. 93, 96; Rowedder/ Koppensteiner, § 43 Rn. 52 f.; Scholz/ Schneider, § 43 Rn. 201, 204; Brandmüller, Der GmbH-Geschäftsführer, Rn. 322; Espey/ v. Bitter, Haftungsrisiken des GmbH-Geschäftsführers, S. 41; Meyke, Die Haftung des GmbH-Geschäftsführers, Rn. 62; Sudhoff, Gesellschaftsvertrag der GmbH, S. 246; Thümmel, Rn. 164; Fleck, WM-Sonderbeilage III/ 1981, 9.

[1037] Vgl. nur BGH NJW 1963, 46 (46); ZIP 1985, 1135 (1135); OLG Hamm, NZG 1999, 1221 (1221 f.).

[1038] Baumbach/ Hueck/ Zöllner, § 43 Rn. 30; Hachenburg/ Mertens, § 43 Rn. 66; Meyer-Landrut/ Miller, Niebus, § 43 Rn. 15; Roth/ Altmeppen, § 43 Rn. 44; Rowedder/ Koppensteiner, § 43 Rn. 34; Scholz/ Schneider, § 43 Rn. 168; Eschenbruch, Konzernhaftung, Rn. 4015; Münch Hdb. III/ Marsch-Barner/ Diekmann, § 46 Rn. 25; Sudhoff, Gesellschaftsvertrag der GmbH, S. 245; Wollny, D&O-Versicherung in den Vereinigten Staaten von Amerika, S. 376; Fleck, WM-Sonderbeilage III/ 1981, 8.

[1039] OLG Hamm, NZG 1999, 1221 (1221 f.); Baumbach/ Hueck/ Zöllner, § 43 Rn. 30; Hachenburg/ Mertens, § 43 Rn. 66; Meyer-Landrut/ Miller/ Niebus, § 43 Rn. 15; Roth/ Altmeppen, § 43 Rn. 44; Rowedder/ Koppensteiner, § 43 Rn. 34; Scholz/ Schneider, § 43 Rn. 168; Brandmüller, Der GmbH-Geschäftsführer, Rn. 313, 324; Espey/ v. Bitter, Haftungsrisiken des GmbH-Geschäftsführers, S. 43 f.; Höhn, Geschäftsleitung der GmbH, S. 189 f.; Mey-

folgt aus der Parallelwertung zur Vorstandshaftung im Aktienrecht und insbesondere daraus, daß die Geschäftsführung den besseren Zugang zu den maßgeblichen Tatsachen hat[1040].
Infolge dieser Wertung muß der Geschäftsführer einer GmbH beweisen, daß er im Einzelfall bei der Zulassung der Due Diligence die erforderliche Sorgfalt, die Due Diligence eingehalten hat[1041].

H. Nichteintritt der Haftung

Festzustellen ist schließlich auch bezüglich der GmbH, unter welchen Umständen eine Haftung der Geschäftsführer nicht eintritt, also inwieweit eine Beschränkung der Haftung des Geschäftsführers möglich ist und wann die Gesellschaft auf ihre Einstandspflicht verzichten kann.
Entsprechend der oben bei der Aktiengesellschaft vorgenommenen Einteilung wird zunächst untersucht, inwieweit die Haftung der Geschäftsführer der GmbH von vornherein ausgeschlossen werden kann, bevor letztlich untersucht wird, ob -und gegebenenfalls wie- nachträglich auf einen Haftung verzichtet werden kann.

I. Billigung des Verhaltens des Geschäftsführers im Vorfeld

1. Billigung durch Gesellschafterbeschluß

a) Billigung im Falle eines ordnungsgemäß herbeigeführten Beschlusses

Bezüglich des Ausschlusses der Haftung der Geschäftsführer von Anfang an erlangt zunächst § 37 Abs. 1 GmbHG Bedeutung. Gemäß § 37 Abs. 1 GmbHG sind die Geschäftsführer an die Weisungen der Gesellschafter gebunden. Weisungsgemäßes Verhalten kann wertungsfolgerichtig daher nicht mit einer Schadensersatzdrohung verknüpft werden[1042]. Wird vielmehr eine Weisung erteilt oder ein bestimmtes Verhalten der Geschäftsleitung durch Gesellschafterbeschluß gebilligt, so tritt grundsätzlich eine Haftungsbefreiung auf Seiten der Geschäftsführer ein[1043].

---

ke, Die Haftung des GmbH-Geschäftsführers, Rn. 72; Münch Hdb. III/ Marsch-Barner/ Diekmann, § 46 Rn. 25; Thümmel, Rn. 161; sehr ausführlich zur Beweislastverteilung bei der GmbH: v. Gerkan, ZHR 154 (1990), 38 ff.

[1040] BGH NJW 1963, 46 (46); Hachenburg/ Mertens, § 43 Rn. 66; Rowedder/ Koppensteiner, § 43 Rn. 34.

[1041] Vgl. zu den Erfolgsaussichten eines Entlastungsbeweises Ausführungen oben unter 6. Teil, 2. Kapitel F II.

[1042] Hachenburg/ Mertens, § 43 Rn. 69; Rowedder/ Koppensteiner, § 43 Rn. 26; Ebenroth/ Lange, GmbHR 1992, 69 (72 f.); Fleck, GmbHR 1974, 224 (226).

[1043] BGHZ 122, 333 (336); Baumbach/ Hueck/ Zöllner, § 43 Rn. 28; Hachenburg/ Mertens, § 43 Rn. 69; Meyer-Landrut/ Miller/ Niebus, § 43 Rn. 12; Rowedder/ Koppensteiner, § 43 Rn. 26; Brandmüller, Der GmbH-Geschäftsführer, Rn. 311; Espey/ v. Bitter, Haftungsrisiken

Für die Due Diligence ergibt sich hieraus, daß, soweit ein -nach der hier vertretenen Ansicht zwingend zur Durchbrechung der Geheimhaltungspflicht erforderlicher- Gesellschafterbeschluß gegeben ist, eine Haftung der Geschäftsführer nie in Betracht käme, weil das Verhalten der Geschäftsführer, die Durchbrechung der Schweigepflicht, von vornherein gebilligt wäre[1044].

b) Billigung im Falle eines nicht ordnungsgemäß herbeigeführten Beschlusses

Zweifelhaft ist jedoch, ob eine derartige Annahme auch getroffen werden kann bzw. dem Verhalten der Geschäftsführer gerecht wird, wenn die Geschäftsführer aufgrund mangelhafter oder unvollständiger Informierung der Gesellschafterversammlung den Beschluß der Gesellschafterversammlung bewirkt haben. Zu bedenken ist, daß die Gesellschafter dann keine an objektiven Maßstäben orientierte Entscheidung treffen konnten, weil sie nicht alle für die Entscheidung erforderlichen Informationen besaßen.

Es kann in einem solchen Fall nicht sein, daß die Geschäftsführer aufgrund des Beschlusses der Gesellschafter freigestellt werden, obwohl der Beschluß nur aufgrund ihrer unrichtigen Informierung gefaßt wurde. Andernfalls hätten die Geschäftsführer den Eintritt ihrer Haftung in ihren eigenen Händen. Die Gesellschafter würden zum Werkzeug der Geschäftsführer, die durch bestimmte Fehlinformationen einen Haftungsausschluß ihrer Person bewirken könnten.

Derartige „Möglichkeiten" der Geschäftsführer widersprechen der vom Gesetzgeber gewollten Haftungsordnung. Ferner haben sie zur Folge, daß der Geschäftsführer seine Aufgabe weniger pflichtbewußt erfüllen wird, weil sich ihm die Möglichkeit der eigenen Haftungsbefreiung durch Einholung eines ihn entlastenden Gesellschaftsbeschlusses bietet.

Eine Haftungsbefreiung des Geschäftsführers durch Gesellschafterbeschluß ist aus diesem Grund nur dann anzuerkennen, wenn der Geschäftsführer den Beschluß ordnungsgemäß und unter Mitteilung sämtlicher für die Entscheidung relevanter Informationen herbeigeführt hat. Der Geschäftsführer kann sich daher nicht auf eine Weisung oder Zustimmung der Gesellschafterversammlung berufen, wenn er seinerseits die Entscheidung dieses Organs pflichtwidrig beeinflußt hat, sei es, daß er die Gesellschafter unrichtig oder nicht umfassend informiert, deren Entscheidungsfindung nicht in dem erforderlichen Umfang vor-

---

des GmbH-Geschäftsführers, S. 35; Höhn, Geschäftsleitung der GmbH, S. 200; Meyke, Die Haftung des GmbH-Geschäftsführers, Rn. 32; Münch Hdb. III/ Marsch-Barner/ Diekmann, § 46 Rn. 32; Fleck, WM-Sonderbeilage 1974, 224 (226).

1044 Aus diesem Grund kann die Herbeiführung eines Gesellschafterbeschlusses, wie sie bereits oben als Voraussetzung der pflichtgemäßen Zulassung einer Due Diligence gefordert wurde, nur empfohlen werden.

bereitet oder auf mögliche Risiken oder mögliche nachteilige Folgen nicht hingewiesen hat[1045].

Schneider[1046] will als Folge eines pflichtwidrig herbeigeführten Beschlusses nicht die Haftungsbefreiung entfallen lassen, sondern sieht vielmehr in der mangelhaften Unterrichtung einen selbständigen Verstoß des Geschäftsführers gegen ihm obliegende Pflichten. Folge wäre, daß der eigentlich pflichtwidrig herbeigeführte Gesellschafterbeschluß wirksam bliebe und der Geschäftsführers wegen dieses Pflichtverstoßes von der Haftung befreit wäre; in der pflichtwidrigen Herbeiführung des Gesellschafterbeschlusses wäre lediglich ein neuer Treuepflichtverstoß zu sehen.
Gegen eine derartige Sichtweise der Konsequenzen der pflichtwidrigen Herbeiführung eines Gesellschafterbeschlusses spricht jedoch, daß auf diesem Weg der Geschäftsführer bezüglich des eigentlich von ihm begangenen Pflichtverstoßes ungerechtfertigterweise der Haftung entgeht. Die haftungsbefreiende Wirkung des Gesellschafterbeschlusses bliebe bestehen, was sich nicht mit Treu und Glauben vereinbaren läßt, wenn nur das mißbräuchliche Handeln des Geschäftsführers zu dem Beschluß geführt hat. Eine Rechtsfertigungswirkung des Beschlusses ist daher nicht zu unterstützen.
Weiterhin würde durch die nach Schneider gegebene Haftungsbefreiung mißachtet, daß der Gesellschafterbeschluß und dessen Vorbereitung[1047] eng zusammenhängen und ein Beschluß ohne die Vorbereitung ist nicht denkbar ist. Dem Gesellschafterbeschluß Wirkung zuzusprechen und an die eng verknüpfte Vorbereitung des Beschlusses einen Schadensersatzanspruch zu knüpfen, erscheint daher inkonsequent.
Die pflichtwidrige Herbeiführung eines Beschlusses durch die Geschäftsführer stellt somit entgegen der Ansicht Schneiders keinen Anknüpfungspunkt für einen eigenständigen Schadensersatzanspruch dar, sondern läßt vielmehr die eigentlich durch den Gesellschafterbeschluß bestehende Haftungsbefreiung entfallen. Bei einem nicht ordnungsgemäß herbeigeführter Gesellschafterbeschluß tritt somit trotz des grundsätzlichen Vorliegens eines Gesellschafterbeschlusses keine Haftungsbefreiung ein.

[1045] Vgl. hierzu auch: Hachenburg/ Mertens, § 43 Rn. 74; Rowedder/ Koppensteiner, § 43 Rn. 26; Espey/ v. Bitter, Haftungsrisiken des GmbH-Geschäftsführers, S. 35; Haas, Geschäftsführerhaftung und Gläubigerschutz, S. 298; Hefermehl, FS für Schilling, 159 (172 f.).
[1046] In: Scholz/ Schneider, § 43 Rn. 96.
[1047] Mit „Vorbereitung“ ist insoweit die Einführung der Gesellschafter in die sich bei der Due Diligence stellende Problematik und in die im Einzelfall vorliegenden Umstände und Erwägungen für und gegen die Akquisition gemeint.

c) Zwischenergebnis

Festzustellen ist bezüglich der Möglichkeiten der Haftungsbefreiung eines Geschäftsführers im Vorfeld, daß ein Gesellschafterbeschluß über die Vornahme der Due Diligence weitreichende Konsequenzen haben kann, weil durch einen derartigen Beschluß grundsätzlich eine Haftungsbefreiung eintritt. Voraussetzung hierfür ist allerdings, daß der Beschluß der Gesellschafter über die Zulassung der Due Diligence nicht in pflichtwidriger Art und Weise herbeigeführt wurde; andernfalls tritt die haftungsbefreiende Wirkung nicht ein.

2. Billigung durch Vereinbarung zwischen Gesellschaftern und Geschäftsführer

Als anderweitige Möglichkeit der Haftungsbefreiung im Vorfeld der Zulassung der Due Diligence kommt eine Haftungsbeschränkung oder Haftungsbefreiung durch Vereinbarung zwischen Gesellschaftern und Geschäftsführer in Betracht Das Greifen einer derartigen Haftungsbeschränkung setzt jedoch voraus, daß der Ausschluß oder die Beschränkung der Innenhaftung des Geschäftsführers überhaupt möglich, also rechtlich zulässig, ist. Wie im Aktienrecht bereits erwähnt, ist der Ausgangspunkt für eine sachgerechte Analyse die Überlegung, wessen Schutz die gesetzliche Haftungsregelung beabsichtigt und in welchem Maß ein gesetzlicher Haftungsverzicht möglich ist. Soweit bei der gesetzlichen Regelung Gläubigergesichtspunkte im Vordergrund stehen oder ein Verzicht auf die Haftung des Geschäftsführers nur unter erschwerten Voraussetzungen möglich ist, sollte für eine vertragliche Haftungsbeschränkung kein Raum sein.

Im Aktienrecht folgt -wie oben festgestellt- vor allem aus § 93 Abs. 4 S. 3 AktG, daß die Haftung der Vorstandsmitglieder nicht vertraglich gemindert werden kann. Parallel hierzu könnte man für die ebenfalls in der Rechtsform der Kapitalgesellschaft betriebene GmbH annehmen, daß die Haftung bei Verletzung von organschaftlichen Pflichten weder durch Satzung noch durch den Anstellungsvertrag gemindert, sondern nur verschärft werden kann[1048]. Für eine derartige Sichtweise ließe sich anführen, daß durch die Pflichten der Geschäftsführer die Interessen aller Gesellschafter -insbesondere auch die der Gesellschafterminderheit- gewahrt werden sollen, indem sie den Geschäftsführer zur ordnungsgemäßen und getreuen Wahrnehmung des Unternehmensinteresses unter Beachtung der Gesetze anhalten. Dies wiederum würde durch eine vertragliche Haftungsbefreiung, die den Geschäftsführer in bestimmten Fällen nicht haften ließe, verhindert bzw. abgeschwächt.

[1048] Lutter/ Hommelhoff, § 43 Rn. 2, 21; Rowedder/ Koppensteiner, § 43 Rn. 4; Bastuck, Enthaftung des Managements, S. 90 ff.; Ebenroth/ Lange, GmbHR 1992, 69 (76).

Auf der anderen Seite ist die betreffende Vorschrift selbst -§ 43 GmbHG- und der damit bezweckte Gläubigerschutz zu untersuchen, um beurteilen zu können, ob der Verschuldensmaßstab durch vertragliche Vereinbarung geändert werden kann.

§ 43 Abs. 3 GmbHG enthält einen auf den Gläubigerschutz zugeschnittenen Sondertatbestand. Abgesehen von dieser Schutzrichtung spricht auch der zwingende Charakter der Normverweisung gegen die Zulässigkeit einer vertraglichen Haftungseinschränkung: Soweit dem Geschäftsführer gerade im Interesse Dritter, insbesondere der Gläubiger, Pflichten im Verhältnis zur Gesellschaft auferlegt sind -zu denken ist hierbei an die Pflichten der Kapitalaufbringung und der Kapitalerhaltung-, können diese nicht erlassen und Haftungsbeschränkungen nicht vorgesehen werden. Wenn nicht einmal nachträglich auf den Anspruch verzichtet werden kann, § 43 Abs. 3 S. 3 GmbHG i.V.m. § 9 b Abs. 1 GmbHG, kann die Haftung erst recht nicht von Anfang an gemindert werden.

Zweifelhaft ist jedoch, ob dies ebenfalls für den allgemeinen Haftungsmaßstab des § 43 Abs. 2 GmbHG gilt, also ob aus der Wertung des § 43 Abs. 3 GmbHG entnommen werden kann, daß der allgemeine Haftungstatbestand des § 43 Abs. 2 GmbHG ebenfalls vertraglich nicht gestaltbar ist.

Eine diesbezügliche gesetzliche Regelung findet sich in § 43 Abs. 2 GmbHG nicht. Zwar sind dem Geschäftsführer die Leitungspflichten nicht nur im Interesse der Gesellschaft und der Gesellschafter auferlegt, sondern mittelbar auch im Interesse und zum Schutz der Gläubiger[1049]. Der Grundsatz der Verschuldenshaftung bei fehlerhafter Unternehmensführung ist allerdings außerhalb von § 43 Abs. 3 GmbHG nicht ohne Ausnahmen durchgeführt. So haftet weder der Geschäftsführer noch ein Gesellschafter, wenn eine Weisung der Gesellschafter sich aus betriebswirtschaftlicher Sicht als fehlerhaft erweist. Das GmbHG schützt die Gläubiger vielmehr nur umfassend, wie sich schon aus § 43 Abs. 3 GmbHG ergibt, soweit die sie benachteiligende Geschäftsführungsmaßnahme zu Lasten des Stammkapitals geht[1050]. Außerhalb dieser Fälle ist ein derartig umfassender Schutz nicht vorzufinden. Mithin ist davon auszugehen, daß die Interessen Dritter grundsätzlich auch dann hinreichend gesichert sind, wenn für unternehmensleitende Maßnahmen eine Haftung bei leichter Fahrlässigkeit ausgeschlossen oder die Haftung der Höhe nach begrenzt wird. Dies gilt insbesondere auch deshalb, weil der Geschäftsführer außerhalb der Vorschrift des § 43 Abs. 3 GmbHG durch Gesellschafterbeschluß von der Haftung befreit

---

[1049] Haas, Geschäftsführerhaftung und Gläubigerschutz, S. 297; Scholz/ Schneider, § 43 Rn. 185.

[1050] Fleck, GmbHR 1974, 224 (229).

werden kann. Hieran wird deutlich, daß eine Haftungsbefreiung durch Vereinbarung im Vorfeld bei der GmbH grundsätzlich zulässig ist.
Ferner kann die GmbH auf bereits entstandene Ersatzansprüche gegen den Geschäftsführer ausdrücklich oder im Wege der Entlastung verzichten[1051], auch wenn eine Verfolgung im Interesse der Gläubiger läge. Es ist deshalb nicht einzusehen, warum es der GmbH versagt sein soll, innerhalb der gleichen Grenzen durch ihre Satzung oder im Vertragsweg die Haftung der Geschäftsführer von vorne herein zu beschränken.
Festzustellen ist somit, daß bezüglich eines Ausschlusses der Haftung durch Vereinbarung zwischen Gesellschafter und Geschäftsführer bei der GmbH differenziert werden muß: Die vorrangig dem Gläubigerschutz dienenden Organpflichten des § 43 Abs. 3 GmbHG erlauben keine Haftungsmilderung; hingegen kann bezüglich der allgemeinen Schadensersatzpflicht des § 43 Abs. 2 GmbHG eine Haftungsmilderung vereinbart werden[1052].

Der bei der Due Diligence in Betracht kommende Verstoß ist ein Verstoß gegen die Geheimhaltungspflicht und ist daher nicht als Verstoß gegen die Kapitalerhaltungspflicht zu qualifizieren. Eine Haftungsbeschränkung des Geschäftsführers muß mithin für die Due Diligence grundsätzlich möglich sein. Der Nichteintritt der Haftung durch vertragliche Vereinbarungen ist mithin bei der Rechtsform der GmbH durchaus denkbar.

II. Nachträgliche Billigung des Verhaltens des Geschäftsführers

Als Alternative zur Haftungsbefreiung im Vorfeld ist die Haftungsbefreiung im Nachhinein, also nach Vornahme der schädigenden Handlung -der Due Diligence- zu untersuchen.

1. Billigung durch Entlastung der Gesellschafterversammlung

Als nachträgliche Haftungsbefreiungsmöglichkeit kommt zunächst ein Entlastungsbeschluß der Gesellschafter in Betracht. Entlastung bedeutet Billigung der Geschäftsführung für die Vergangenheit und Ausspruch des Vertrauens für die Zukunft[1053]. § 46 Nr. 5 GmbHG sieht insoweit die regelmäßige Entlastung

---

[1051] Siehe hierzu Ausführungen unten unter 6.Teil, 2. Kapitel II 1.
[1052] So auch: Baumbach/ Hueck/ Zöllner, § 43 Rn. 5; Hachenburg/ Mertens, § 43 Rn. 5; Meyer-Landrut/ Miller/ Niebus, § 43 Rn. 21; Roth/ Altmeppen, § 43 Rn. 50; Scholz/ Schneider, § 43 Rn. 184; Eschenbruch, Konzernhaftung, Rn. 4016; Thümmel, Rn. 245; Fleck, GmbHR 1974, 224 (229); a. A.: Haas, Geschäftsführerhaftung und Gläubigerschutz, S. 295 ff.; offen bei: Meyke, Die Haftung des GmbH-Geschäftsführers, Rn. 65 f.
[1053] BGHZ 94, 324 (327); Höhn, Geschäftsleitung der GmbH, S. 199.

durch die Gesellschafterversammlung vor, wobei der etwaig betroffene Gesellschafter bei der Abstimmung nicht mitstimmen darf[1054].

Die Wirkung der Entlastung geht bei der GmbH deutlich über die aktienrechtliche[1055] hinaus. Nach einem wirksamen Entlastungsbeschluß ist die Gesellschaft mit solchen Ansprüchen präkludiert, die für die Gesellschafter als das entlastende Organ aufgrund der Rechnungslegung und der sonst zugänglich gemachten Unterlagen und Angaben erkennbar waren[1056].

Hat der Geschäftsführer mithin ohne die Einholung eines Gesellschafterbeschlusses eine Due Diligence durchgeführt oder hat er die Entscheidung der Gesellschafter pflichtwidrig herbeigeführt, so kann seine Haftung dennoch entfallen, wenn seine Person bezüglich des Schweigepflichtverstoßes von der Gesellschafterversammlung entlastet wird.

2. Nichteintritt der Haftung wegen Verzicht oder Vergleich

Als weitere Möglichkeit einer nachträglichen Haftungsentlastung kommen ein Vergleich und ein Verzicht der Gesellschafterversammlung auf die Haftung des Geschäftsführers in Betracht. Im Gegensatz zur Aktiengesellschaft, bei der ein Verzicht des Vorstands oder eine Vergleich mit dem Vorstand gemäß § 93 Abs. 4 S. 3 AktG nur unter bestimmten Voraussetzungen zugelassen ist[1057], fehlt eine derartige Vorschrift für die GmbH. Der Verzicht auf und der Vergleich über Ersatzansprüche der Gesellschaft steht den Gesellschaftern daher grundsätzlich frei zu[1058]. Allerdings ist in analoger Anwendung des § 46 Nr. 8 GmbHG ein mit Mehrheit zu fassender Beschluß der Gesellschafter über den Verzicht oder Vergleich notwendig[1059]. Abgesehen davon gibt es jedoch anders

---

1054 Rowedder/ Koppensteiner, § 46 Rn. 23; Scholz/ Schmidt, § 46 Rn. 95; Espey/ v. Bitter, Haftungsrisiken des GmbH-Geschäftsführers, S. 39 f.; Meyke, Die Haftung des GmbH-Geschäftsführers, Rn. 60; Raiser, Recht der Kapitalgesellschaften, § 33 Rn. 7; Ebenroth/ Lange, GmbHR 1992, 69 (75).

1055 Vgl. hierzu § 120 Abs. 2 AktG sowie die Ausführungen oben unter 6. Teil, 2. Kapitel, G II 1.

1056 Baumbach/ Hueck/ Zöllner, § 46 Rn. 28; Hachenburg/ Hüffer, § 46 Rn. 62; Lutter/ Hommelhoff, § 46 Rn. 14; Rowedder/ Koppensteiner, § 46 Rn. 24; Scholz/ Schmidt, § 46 Rn. 93 f; Fleck, GmbHR 1974, 224 (228); ders., WM-Sonderbeilage III/ 1981, S. 9; sehr ausführlich insoweit: Höhn, Geschäftsleitung der GmbH, S. 200.

1057 Vgl. hierzu Ausführungen oben unter 6. Teil, 2. Kapitel, G II 2.

1058 Baumbach/ Hueck/ Zöllner, § 43 Rn. 37; Hachenburg/ Mertens, § 43 Rn. 86; Lutter/ Hommelhoff, § 43 Rn. 28; Roth/ Altmeppen, § 43 Rn. 53; Rowedder/ Koppensteiner, § 43 Rn. 35; Scholz/ Schneider, § 43 Rn. 187; Espey/ v. Bitter, Haftungsrisiken des GmbH-Geschäftsführers, S. 38 f.; Thümmel, Rn. 242; Ebenroth/ Lange, GmbHR 1992, 69 (75); Fleck, GmHR 1974, 224 (228).

1059 Baumbach/ Hueck/ Zöllner, § 43 Rn. 37; Hachenburg/ Mertens, § 43 Rn. 86; Meyer-Landrut/ Miller/ Niebus, § 43 Rn. 19; Rowedder/ Koppensteiner, § 43 Rn. 35; Münch

als in § 93 Abs. 4 S. 3 AktG weder einen ausdrücklichen Minderheitenschutz noch eine Zeitschranke. Lediglich auf Ansprüche nach § 43 Abs. 3 GmbHG kann nicht wirksam verzichtet werden, soweit die Ersatzleistung zur Befriedigung von Gesellschaftsgläubigern erforderlich ist, § 9 b Abs. 1 GmbHG.
Auch durch einen Vergleich und einen Verzicht kann mithin die Haftung des Geschäftsführers nachträglich ausgeschlossen werden, wenn dieser eine Due Diligence pflichtwidrig zugelassen hat.

3. Zwischenergebnis

Festzustellen ist, daß bei Geschäftsführern einer GmbH bezüglich der Haftung für eine pflichtwidrige Zulassung einer Due Diligence mehr Möglichkeiten des Nichteintritts der Haftung bestehen als bei der Aktiengesellschaft, was mit der unterschiedlichen Struktur der Aktiengesellschaft und der GmbH zusammenhängt.
Im Vorfeld tritt eine Haftung schon dann nicht ein, wenn der Geschäftsführer die Informationen im Rahmen der Due Diligence aufgrund eines wirksamen Gesellschafterbeschlusses weitergegeben hat. Ferner kann von vornherein zwischen dem Geschäftsführer und der Gesellschaft eine vertragliche Haftungsbeschränkung -etwa auf grobe Fahrlässigkeit und Vorsatz oder eine bestimmte Haftungssumme- vereinbart werden, um eine Haftung nicht eintreten zu lassen.
Im Nachhinein kann eine Haftungsentlastung des Geschäftsführers für die pflichtwidrige Zulassung einer Due Diligence zum einen dadurch erreicht werden, daß der Geschäftsführer von der Gesellschafterversammlung entlastet wird, zum anderen dadurch, daß die Gesellschafterversammlung auf den Anspruch verzichtet oder über den Anspruch ein Vergleich geschlossen wird.
Im Ganzen sind die Möglichkeiten, einer Haftung zu entgehen, bei der GmbH wesentlich größer als bei der Aktiengesellschaft, bei der nur selten eine einmal begründete Haftung nicht eintritt.

J. Übernahme der Haftung des Geschäftsführers einer GmbH durch D&O-Versicherung

Ferner kann der Geschäftsführer einer GmbH einer Haftung aus pflichtwidriger Zulassung einer Due Diligence entgehen, wenn zugunsten seiner Person eine D&O-Versicherung -entweder von der Gesellschaft oder von ihm selbst- abgeschlossen wurde[1060]. Voraussetzung hierfür ist, daß im Einzelfall die Innenhaf-

---

Hdb. III/ Marsch-Barner/ Diekmann, § 46 Rn. 39; Thümmel, Rn. 242; Fleck, GmbHR 1974, 224 (228).

[1060] Zur Zulässigkeit einer D&O-Versicherung vgl. Ausführungen oben unter 5. Teil, 2. Kapitel, H II. Die Rechtsform der GmbH ändert an sich nichts an der Zulässigkeit, die Argumente gelten für sie in gleichem Maße; vgl. auch Scholz/ Schneider, § 43 Rn. 296 ff.

tung nicht ausgeschlossen wurde, was anhand der jeweiligen Versicherungsbedingungen zu beurteilen ist[1061].

K. Ergebnis

Im Ergebnis ist die Haftung des Geschäftsführers einer GmbH nicht so streng wie bei der Aktiengesellschaft. Zum einen hat der Geschäftsführer einer GmbH die Entscheidung über die Durchbrechung der Schweigepflicht durch Zulassung einer Due Diligence nicht selbst zu treffen. Dies obliegt vielmehr den Gesellschaftern, die innerhalb ihrer Beschlußfassung das Interesse der Gesellschaft an der Due Diligence mit der Gefahr des Mißbrauchs der Informationen abzuwägen und somit eine Fehlentscheidung selbst zu verantworten haben[1062].
Ferner bestehen im Gegensatz zur Aktiengesellschaft bei der GmbH mehr Möglichkeiten des Nichteintritt der Haftung. Sowohl im Vorfeld als auch im Nachhinein kann die Haftung des Geschäftsführers beschränkt werden; zudem besteht auch für den Geschäftsführer einer GmbH die Möglichkeit der Übernahme der Haftung durch eine D&O-Versicherung zugunsten seiner Person. Insgesamt stellen sich damit die Regelungen für den Geschäftsführer gegenüber dem Vorstandsmitglied hinsichtlich einer Haftung günstiger dar, wenn der GmbH-Geschäftsführer pflichtwidrig eine Due Diligence zuläßt und so gegen die ihm obliegende Geheimhaltungspflicht verstößt.

1061 Bei Anwendung des oben dargestellten differenzierten Konzepts wäre bei der Rechtsform der GmbH eine Erfassung der Innenhaftungsansprüche allerdings nicht möglich, weil hier die Gefahr des Mißbrauchs aufgrund der leichten Einflußnahmemöglichkeiten der Gesellschafter auf den Geschäftsführer zu groß wäre. Zudem ist eine Versicherungslösung zugunsten seiner Person nicht in dem Maße wie bei einer Aktiengesellschaft erforderlich, weil eine Beschränkung der Haftung bei der GmbH einfacher möglich ist; vgl. im Einzelnen hierzu Ausführungen oben unter 6. Teil, 2. Kapitel, H.

1062 Jedoch müssen die Geschäftsführer -wie oben erörtert- den Gesellschaftern sämtliche einem gewissenhaften und ordentlichen Geschäftsmann in den Sinn kommende Erwägungen eröffnen, ihnen alle Unterlagen bei ihrer Entscheidung zur Verfügung stellen und auf jede sich stellende Gefahr hinweisen, insgesamt die Gesellschafter also umfassend und richtig informieren, um kein Verschulden ihrerseits zu begründen. Ferner dürfen sie die Due Diligence nur zulassen, wenn sämtliche Voraussetzungen hierfür, ein Gesellschafterbeschluß, ein fortgeschrittenes Verhandlungsstadium, eine Geheimhaltungsvereinbarung und ein Letter of Intent vorliegen, um nicht gegen die ihnen obliegende Geheimhaltungspflicht zu verstoßen.

4. Kapitel: Haftung des Geschäftsführers einer Kommanditgesellschaft bei pflichtwidriger Zulassung einer Due Diligence

Im Folgenden wird schließlich untersucht, welche Ansprüche die Inhaber einer Kommanditgesellschaft für den Fall geltend machen können, daß ihr Geschäftsführer eine Due Diligence unberechtigterweise zugelassen hat und der Gesellschaft hierdurch ein Schaden entstanden ist. Ausgangspunkt dieser Untersuchung ist der auch innerhalb der Rechtsform der Kommanditgesellschaft geltende Grundsatz, daß der geschäftsführende Gesellschafter, wenn er seine Pflichten schuldhaft verletzt, der Gesellschaft auf Schadensersatz haftet[1063]. Zwar ist dies im Gesetz nicht ausdrücklich geregelt, es folgt aber aus den allgemeinen Grundsätzen über die schuldhafte Verletzung von Vertragspflichten[1064].

A. Pflichtverletzung

Voraussetzung eines Anspruchs der Kommanditgesellschaft gegen ihren Geschäftsführer ist zunächst, daß der Geschäftsführer der Kommanditgesellschaft dadurch, daß er eine Due Diligence zugelassen hat, gegen eine ihm obliegende Pflicht verstoßen hat.

Ein spezieller Pflichtenkatalog mit verschärften Anforderungen wie er bei der Aktiengesellschaft für den Vorstand in § 93 Abs. 3 AktG und bei der GmbH für den Geschäftsführer in § 43 Abs. 3 GmbHG vorzufinden ist, existiert bei der Kommanditgesellschaft nicht. Lediglich in der Vorschrift des § 113 HGB ist eine spezielle Haftung der Gesellschafter geregelt; allerdings betrifft diese Vorschrift nur den Fall des in § 112 HGB geregelten wettbewerbswidrigen Verhaltens eines Gesellschafters und ist nicht auf andere Fälle anwendbar[1065]. Mithin ist allgemein zu überprüfen, welche Pflicht der Geschäftsführer einer Kommanditgesellschaft dadurch verletzt hat, daß er eine Due Diligence zugelassen hat.

Als verletzte Pflicht kommt die dem Geschäftsführer als Ausprägung seiner Treue- und Förderpflicht obliegende Schweigepflicht[1066] in Betracht: Gibt der Geschäftsführer interne Unternehmensinformationen im Rahmen einer Due Diligence an einen kaufinteressierten Dritten weiter, so könnte grundsätzlich ein Verstoß gegen diese, dem Geschäftsführer obliegende Pflicht vorliegen[1067].

Zu beachten ist jedoch bei der Kommanditgesellschaft ebenso wie bei Aktiengesellschaft und GmbH, daß die Schweigepflicht nicht absolut gilt, sondern

---

[1063] Vgl. Baumbach/ Hopt, § 114 Rn. 15; Hueck, Recht der OHG, S. 139 f.; Münch Hdb. I/ v. Ditfurth, § 47 Rn. 27; Sudhoff/ Glahs, Personengesellschaften, 2 E 50; Westermann, Personengesellschaftsrecht, Rn. 181.

[1064] Hueck, Recht der OHG, S. 139 f.

[1065] Schlegelberger/ Martens, § 113 Rn. 1; Münch Hdb. I/ Mattfeld, § 53 Rn. 34.

[1066] Vgl. Schlegelberger/ Martens, § 114 Rn. 29; Schmidt, GesR, § 20 II 2.

[1067] Vgl. hierzu Ausführungen oben unter 2. Teil, 2. Kapitel, A I 5 c bb).

vielmehr in Ausgleich zu bringen ist mit der Pflicht des Geschäftsführers, im Interesse der Gesellschaft für diese tätig zu werden und für die Gesellschaft günstige Geschäfte vorzunehmen. Wie dieser Ausgleich im Einzelfall vorzunehmen ist und welche Pflicht vorrangig ist, kann nicht pauschal festgelegt werden, sondern muß durch Beurteilung und Abwägung der Umstände des Einzelfalls festgestellt werden.

Zuständig für diese Beurteilung sind, wie oben[1068] bereits festgestellt, die Gesellschafter der Kommanditgesellschaft in ihrer Gesamtheit. Zwar bestimmt § 115 Abs. 1 HGB als gesetzlichen Regelfall, daß, wenn mehrere Gesellschafter zur Geschäftsführung befugt sind, jeder von ihnen berechtigt ist, alleine zu handeln und weder eine Zustimmung noch eine Mitwirkung eines anderen geschäftsführungsbefugten oder auch nicht geschäftsführungsbefugten Gesellschafters erforderlich ist[1069]. Jedoch gilt dies nur bezüglich der gewöhnlichen Geschäfte der Kommanditgesellschaft, § 116 Abs. 1 HGB. Bezüglich aller außergewöhnlichen Geschäfte ist gemäß § 116 Abs. 2 HGB ein Beschluß sämtlicher Gesellschafter erforderlich[1070].

[1068] Vgl. hierzu Ausführungen oben unter 2. Teil, 2. Kapitel, A I 5 c cc).

[1069] Diese Zuständigkeit gilt jedoch nur, soweit der Gesellschaftsvertrag keine abweichende Regelung enthält. Im Gesellschaftsvertrag kann von der gesetzlichen Regelung in beliebiger Weise abgewichen werden. So können einerseits alle Gesellschafter an die Gesamtgeschäftsführungsbefugnis gebunden werden; es kann aber auch andererseits eine zwischen den geschäftsführenden Gesellschaftern differenzierende Lösung vorgesehen werden, so daß einige Gesellschafter nur gesamtgeschäftsführungsbefugt, andere hingegen einzelgeschäftsführungsbefugt sind. Vgl. im Einzelnen hierzu und zu den weiteren Möglichkeiten der Gestaltung der Geschäftsführungsbefugnis: Heidelberger Kommentar/ Stuhlfelner. § 114 Rn. 25; Schlegelberger/ Martens, § 115 Rn. 22; Westermann, Personengesellschaftsrecht, Rn. 181.

[1070] Der Kommanditist muß hierbei ebenfalls dem Geschäft zustimmen. Zwar könnte man aus der unklaren Fassung des § 164 HGB entnehmen, daß dem Kommanditisten lediglich ein Widerspruchsrecht zusteht. Es ist jedoch allgemein anerkannt, daß ungewöhnliche Geschäfte von vornherein auch von allen Kommanditisten getragen werden müssen, vgl. RGZ 158, 302 (307); Heymann/ Horn, § 164 Rn. 4; Schlegelberger/ Martens, § 164 Rn. 16; Staub/ Schilling, § 164 Rn. 5; Hueck, Recht der OHG, S. 122; Schmidt, GesR, § 53 III 2b); Sudhoff, Gesellschaftsvertrag der Personengesellschaften, S. 178 f.; ders., Rechte und Pflichten des Kommanditisten, S. 42. Das Widerspruchsrecht allein gibt nämlich dem Kommanditisten nicht genügend Sicherheit gegen ein eigenmächtiges Verhalten des persönlich haftenden Gesellschafters und eine Gefährdung seiner Einlage durch Handlungen, die über den gewöhnlichen Betrieb des Unternehmens und den Gesellschaftszweck hinausgehen; denn der persönlich haftende Gesellschafter braucht dem Kommanditisten grundsätzlich von seinem Vorhaben vor dessen Ausführung keine Kenntnis zu geben und kann ihn vor die vollzogene Tatsache stellen.

Was als gewöhnliche und was als außergewöhnliche Geschäftsführungshandlung zu qualifizieren ist, kann im Einzelfall zweifelhaft sein[1071]. Bei der Weitergabe von Informationen im Rahmen einer Due Diligence handelt es sich jedoch grundsätzlich um ein außergewöhnliches Geschäft: Eine Offenbarung von Kerndaten des eigenen Unternehmens wird nicht alltäglich stattfinden, sondern geht vielmehr aufgrund des wertvollen Gutes der geheimen Unternehmensinformation über den Rahmen des bisherigen Geschäftsbetriebs und damit über den Umfang des gewöhnlichen, nicht zustimmungsbedürftigen Geschäfts hinaus. Ferner hat die Due Diligence durch ihre Bedeutung und die mit ihr verbundenen Risiken Ausnahmecharakter.

Aus der Zuständigkeit der Gesellschafter für die Entscheidung über die Zulassung der Due Diligence folgt, daß für die gerechtfertigte Durchbrechung der Schweigepflicht durch den Geschäftsführer nicht erforderlich ist, daß der Geschäftsführer der Kommanditgesellschaft selbst eine ordnungsgemäße Abwägung zwischen den sich im Einzelfall gegenüberstehenden Interessen vorgenommen hat. Vielmehr ist für die rechtmäßige Durchbrechung der Schweigepflicht Voraussetzung, daß ein positiver, ordnungsgemäß zustande gekommener Beschluß der Gesellschaftsversammlung über die Zulassung der Due Diligence und zudem ein fortgeschrittener Verhandlungszeitpunkt sowie ein Letter of Intent und eine Geheimhaltungsabrede vorliegen. Sind bei der Zulassung der Due Diligence im Einzelfall die genannten Anforderungen zur Durchbrechung der Schweigepflicht gegeben, so scheidet ein Verstoß des Geschäftsführers gegen die ihn treffende Geheimhaltungspflicht aus, ein Anspruch der Gesellschaft gegen den Geschäftsführer ist mangels Pflichtverstoßes nicht möglich. Andernfalls, also im Falle des Nichtvorliegens der aufgeführten Voraussetzungen, ist hingegen ein Pflichtverstoß des Geschäftsführers und damit die erste Haftungsvoraussetzung zu bejahen.

B. Verschulden

Abgesehen von der Pflichtverletzung bedarf es eines Verschuldens des Geschäftsführers der Kommanditgesellschaft, um einen Anspruch geltend machen zu können.

[1071] Vgl. zum Begriff des außergewöhnlichen Geschäfts: Baumbach/ Hopt, § 116 Rn. 2; Heymann/ Emmerich, § 116 Rn. 3 f.; Schlegelberger/ Martens, § 116 Rn. 11; Hueck, Recht der OHG, S. 121 f.; Schmidt, GesR, § 47 V 1 c); Sudhoff/ Jäger, Personengesellschaften, II B 9; Westermann, Personengesellschaftsrecht, Rn. 165.

I. Haftungsmaßstab

Bezüglich des Haftungsmaßstabs des Geschäftsführers einer Kommanditgesellschaft kann nicht wie bei der GmbH auf die Ausführungen zum ordentlichen Geschäftsleiter bei der Aktiengesellschaft verwiesen werden. Denn anders als bei Aktiengesellschaft und GmbH ist der bei der Kommanditgesellschaft geltende Sorgfaltsmaßstab nicht im Gesetz als Sorgfaltsmaßstab eines „ordentlichen und gewissenhaften Geschäftsleiters" definiert[1072]. Vielmehr gilt bezüglich des Sorgfaltsmaßstabs des Geschäftsführers der Kommanditgesellschaft gemäß §§ 161 Abs. 2, 105 Abs. 2 HGB die Vorschrift des § 708 BGB[1073]. Danach haftet der Geschäftsführer nur für diejenige Sorgfalt, die er „in eigenen Angelegenheiten anzuwenden pflegt"[1074]. Die eigene Sorgfalt ist in § 277 BGB definiert. Danach ist derjenige, der nur für die Sorgfalt in eigenen Angelegenheiten einzustehen hat, nicht von der Haftung wegen grober Fahrlässigkeit befreit[1075]. Umkehrschluß hiervon ist, daß eine Haftung des Geschäftsführers für leichte Fahrlässigkeit entfällt; der Geschäftsführer ist mithin keiner Haftung ausgesetzt, wenn er den Pflichtverstoß nur leicht fahrlässig begangen hat[1076].

Die Form des Verschuldens hat mithin innerhalb der Haftung des Geschäftsführers einer Kommanditgesellschaft eine andere Bedeutung als bei den beiden anderen hier untersuchten Rechtsformen, bei denen sich die Bedeutung des Grads des Verschuldens in der Möglichkeit der Übernahme der Haftung durch eine

---

1072 Schlegelberger/ Martens, § 114 Rn. 29.

1073 Baumbach/ Hopt, § 114 Rn. 15; Heymann/ Emmerich, § 114 Rn. 17; MüKo/ Ulmer, § 708 Rn. 5; Schlegelberger/ Martens, § 114 Rn. 34; Staub, § 116 Rn. 29; Staudinger/ Keßler, § 708 Rn. 14; Hueck, Recht der OHG, S. 139 f.; Münch Hdb.I/ v. Ditfurth, § 47 Rn. 27; Sudhoff/ Glahs, Personengesellschaften, II E 50; Müller-Graf, AcP 191 (1991), 475 (475 ff.); allerdings, dies sei anzumerken, gilt der § 708 BGB nicht, wenn es sich bei der im Einzelfall betroffenen Kommanditgesellschaft um eine Publikumsgesellschaft handelt. In diesem Ausnahmefall gilt vielmehr uneingeschränkt die verkehrsübliche Sorgfalt nach § 276 BGB, vgl. BGH WM 1977, 1221 (1221); WM 1980, 30 (31); NJW 1980, 1463 (1465); Baumbach/ Hopt, § 109 Rn. 5; Ermann/ Westermann, § 708 Rn. 3; Sudhoff/ Glahs, Personengesellschaften, II E 50; Westermann, Personengesellschaftsrecht, Rn. 181; Hüffer, ZGR 1980, 320 (327) m.w.N.

1074 Grund für diese Haftungsbeschränkung ist die Vorstellung des Gesetzgebers, daß die Parteien des Gesellschaftsvertrags bereit sind, die anderen Gesellschafter „so als Gesellschafter zu nehmen, wie sie einmal sind" und sie damit auch keine größere Sorgfalt erwarten können, als jeder Mitgesellschafter in eigenen Angelegenheiten anwendet, vgl. Baumbach/ Hopt, § 109 Rn. 5; MüKo/ Ulmer, § 708 Rn. 14; RGRK/ v. Gamm, § 708 Rn. 1; Schlegelberger/ Martens, § 114 Rn. 34; Münch Hdb. I/ v. Ditfurth, § 47 Rn. 27; Westermann, Personengesellschaftsrecht, Rn. 181; Müller-Graf, AcP 191 (1991), 475 (479).

1075 Baumbach/ Hopt, § 109 Rn. 5; Ermann/ Westermann, § 708 Rn. 2; MüKo/ Ulmer, § 708 Rn. 14; Staub/ Fischer, § 116 Rn. 18; Westermann, Personengesellschaftsrecht, Rn. 181.

1076 RGRK/ v. Gamm. § 708 Rn. 1; Staub/ Fischer, § 116 Rn. 18.

D&O-Versicherung bzw. bei der GmbH in der Möglichkeit eines Ausschlusses der Haftung durch vertragliche Vereinbarung erschöpft. Bei der Kommanditgesellschaft hängt es von der Verschuldensform ab, ob eine Haftung des Geschäftsführers überhaupt eintritt, denn ohne eine Außerachtlassung der Fahrlässigkeit in groben Maße wird eine Haftung des Geschäftsführers gar nicht erst begründet. Relevant ist somit innerhalb der Anspruchsprüfung bei der Kommanditgesellschaft der Begriff der groben Fahrlässigkeit.

II. Voraussetzungen der groben Fahrlässigkeit

1. Begriff der groben Fahrlässigkeit

Grobe Fahrlässigkeit ist gegeben, wenn die im Verkehr erforderliche Sorgfalt in besonders schwerem Maße mißachtet wird[1077], was der Fall ist, wenn ganz naheliegende Überlegungen nicht angestellt oder beiseite geschoben werden und dasjenige unbeachtet bleibt, was im gegebenen Fall jedem hätte einleuchten müssen[1078].

Neben der Art der verletzten Sorgfaltspflicht kommt es bei der Bewertung grober Fahrlässigkeit auch auf die vom jeweils Handelnden einzuhaltenden Anforderungen an. Bei der Beurteilung müssen deshalb auch individuelle, beim jeweils Handelnden liegende Umstände berücksichtigt werden[1079]. Bei einem Fachmann in einem bestimmten Gebiet kann daher ein für sein Fachgebiet typisches Verhalten leichter eine grobe Fahrlässigkeit begründen als bei einem Laien[1080].

2. Vorliegen von grober Fahrlässigkeit hinsichtlich der Due Diligence

Festzustellen ist nun, in welchen Fällen der Geschäftsführer einer Kommanditgesellschaft die ihm obliegende Sorgfalt in groben Maße mißachtet, wenn er eine Due Diligence zuläßt.

1077 BGHZ 10, 14 (16); BGH VersR 1977, 465 (465); NJW 1982, 874 (874); BB 1985, 697 (697); NJW 1988, 1265 (1266); BAG NJW 1989, 2076 (2076); Jauernig/ Vollkommer, § 276 Rn. 26; Palandt/ Heinrichs, § 276 Rn. 14; Soergel/ Wolf, § 276 Rn. 122; Staudinger/ Löwisch, § 276 Rn. 83.

1078 BGHZ 10, 14 (16); BGH WM 1983, 1009 (1011); NJW-RR 1989, 918 (919); BAG NJW 1989, 2076 (2076); Palandt/ Heinrichs, § 277 Rn. 2; Ermann/ Battes, § 276 Rn. 69; Jauernig/ Vollkommer, § 276 Rn. 69; Soergel/ Wolf, § 276 Rn. 122 f.; Ulmer/ Brandner/ Hensen/ Hensen, § 11 Nr. 7 Rn. 14.

1079 BGHZ 10, 14 (17); BHG NJW 1981, 1952 (1953); Palandt/ Heinrichs, § 277 Rn. 2; Soergel/ Wolf, § 176 Rn. 123.

1080 BHG VersR 1968, 385 (385); VersR 1977, 465 (465 f.); RG JW 1924, 1430 (1430); MüKo/ Hanau, § 277 Rn. 10; Palandt/ Heinrichs, § 277 Rn. 2; Staudinger/ Löwisch, § 276 Rn. 85.

Ebenso wie bei der GmbH kann den Geschäftsführer einer Kommanditgesellschaft kein Verschulden bei der Entscheidungsfindung über die Zulassung der Due Diligence treffen. Denn diese Entscheidung obliegt den innerhalb der Kommanditgesellschaft zuständigen Gesellschaftern in ihrer Gesamtheit[1081].

a) Vorliegen von grober Fahrlässigkeit im Vorfeld der Entscheidung über die Due Diligence

Jedoch kommt ebenso wie bei der GmbH bei dem Geschäftsführer einer Kommanditgesellschaft ein Sorgfaltsverstoß in Betracht, wenn im Vorfeld der Entscheidung der Gesellschafterversammlung der Geschäftsführer gegen die ihm obliegende Informationspflicht verstoßen hat[1082]. Gemäß dieser Pflicht hat der geschäftsführende Gesellschafter die Gesellschafter über sämtliche im Einzelfall für die Entscheidung relevanten Umstände zu informieren; denn nur bei Beachtung sämtlicher Umstände des Einzelfalls ist es möglich, eine ausgewogene Entscheidung zu treffen, die eine Gefahr des Mißbrauchs der Informationen so weit wie möglich eindämmt[1083]. Unterläßt der Geschäftsführer eine derartige Informierung der Gesellschafterversammlung und läßt er dann aufgrund der anhand dieser Informationen getroffenen Entscheidung eine Due Diligence zu, so setzt er sich grundsätzlich einem Verschuldensvorwurf aus[1084]. Ob das im Einzelfall vorliegende Verschulden jedoch als grob fahrlässig qualifiziert werden kann und damit eine Haftung des Geschäftsführers begründen kann, hängt davon ab, ob die Umstände, über die der Geschäftsführer die Gesellschafter nicht informiert hat, von ihm außer acht gelassen wurden, weil er beiseite gelassen hat, was jedem hätte einleuchten müssen. Jedem Geschäftsführer muß insoweit etwa einleuchten, daß die Kenntnis sämtlicher eng mit den Abwägungsfaktoren zusammenhängender Umstände -die Person des Interessenten, die Gründe für den geplanten Kauf, geplante Veränderungen im Unternehmen- für die Entscheidung über die Due Diligence von außerordentlicher Bedeutung ist und daß er daher die Gesellschafter über diese Umstände informieren muß. Beachtet der Geschäftsführer dies nicht und läßt er trotz der Unkenntnis der Gesellschafter von wichtigen Gründen eine Due Diligence zu, so ist dem Geschäftsführer der Vorwurf grober Fahrlässigkeit zu machen, weil er nahestehende Überlegungen außer acht gelassen hat.

1081 Vgl. hierzu Ausführungen oben unter 6. Teil, 3. Kapitel, H I 1 b).

1082 Der Pflichtverstoß liegt hier in der Weitergabe der Informationen trotz des Vorliegens eines nicht ordnungsgemäß zustande gekommenen Beschlusses.

1083 Schlegelberger/ Martens, § 114 Rn. 41; Münch. Hdb. I/ v. Ditfurth, § 47 Rn. 32.

1084 Vgl. zu der fehlerhaften Informierung der Gesellschafter und einem daraus zu folgernden Verschuldensvorwurf die ausführlichen Ausführungen oben unter 6. Teil, 3. Kapitel, H I 1 b).

b) Vorliegen von grober Fahrlässigkeit bei Zulassung der Due Diligence
Außerhalb des Bereichs der Vorbereitung des Gesellschafterbeschlusses kann grundsätzlich grobe Fahrlässigkeit gegeben sein, wenn der Geschäftsführer ein ungewöhnliches, also nicht in seinen Zuständigkeitsbereich fallendes Geschäft durchführt, ohne an sich vorher einen Beschluß der Gesellschafterversammlung einzuholen. Denn ohne einen zustimmenden Gesellschafterbeschluß darf der Geschäftsführer -was ihm in der Regel auch bekannt sein dürfte- die ungewöhnliche Maßnahme grundsätzlich nicht durchführen, weil diese über den Bereich seiner Geschäfsführungsbefugnis hinausgeht. Bezogen auf die Due Diligence ist daher klar, daß der Geschäftsführer schuldhaft handelt, wenn er die Due Diligence zuläßt, ohne vorher den Beschluß sämtlicher Gesellschafter eingeholt zu haben; denn eine Due Diligence stellt ein außergewöhnliches Geschäft dar und macht daher gemäß § 116 Abs. 2 HGB einen Beschluß der Gesellschafterversammlung erforderlich. Darüber hinaus ist grobe Fahrlässigkeit gegeben, wenn der Geschäftsführer die Due Diligence zuläßt, ohne daß ein fortgeschrittener Verhandlungszeitpunkt, eine Geheimhaltungsabrede und ein Letter of Intent vorliegen. Der Geschäftsführer läßt dann außer acht, was jedem ohne weiteres einleuchten dürfte: Daß eine Weitergabe von Unternehmensinterna für die Gesellschaft gefährlich und daher nur in bestimmten Ausnahmefällen und unter hinreichender Absicherung gegen einen Mißbrauch möglich sein kann.

C. Schaden
Hinsichtlich eines Schadens der Gesellschaft, der für die Geltendmachung eines Anpruchs bei der Kommanditgesellschaft erforderlich ist, gilt das gleiche wie für die Aktiengesellschaft und die GmbH: Als Schaden bei der unberechtigten Zulassung einer Due Diligence kommt vor allem der entgangene Gewinn in Betracht, der dadurch entsteht, daß eine andere Gesellschaft im Besitz der geheimen Informationen ist, der betroffenen Gesellschaft Konkurrenz macht und damit deren Gewinn zurückgeht[1085].

D. Gesamtschuldnerische Haftung der Geschäftsführer; Verjährung
Im Rahmen der Haftung der Geschäftsführer einer Kommanditgesellschaft gelten ebenso wie bei der Aktiengesellschaft und bei der GmbH die Vorschriften der §§ 421 ff. BGB[1086].
Die Verjährung eines Anspruchs gegen den Geschäftsführer einer Kommanditgesellschaft wegen von ihm begangener Pflichtverletzung ist im Gegensatz zur Aktiengesellschaft (§ 93 Abs. 6 AktG) und GmbH (§ 43 Abs. 4 GmbHG) ge-

---

[1085] Vgl. hierzu im Einzelnen Ausführungen oben unter 6. Teil, 2. Kapitel, C.
[1086] Staub/ Fischer, § 116 Rn. 26; Hueck, Recht der OHG, S. 140.

setzlich nicht geregelt. Es gilt daher die allgemeine Verjährung von 30 Jahren nach § 195 BGB[1087]; in diesem Punkt ist die Haftung des Kommanditisten mithin weiter als die Haftung der beiden anderen untersuchten Gesellschaftsformen.

E. Beweislast

Die Kommanditgesellschaft trägt grundsätzlich die Darlegungs- und Beweislast für den Eintritt des Schadens und die Ursächlichkeit des Verhaltens des Geschäftsführers für den Schaden[1088]. Wie jedoch auch bei der Aktiengesellschaft und der GmbH hat der Geschäftsführer seinerseits zu beweisen, daß er seinen Geschäftsführer-Pflichten ordnungsgemäß nachgekommen ist, sein Verhalten also pflichtgemäß war[1089]. Abgeleitet wird diese Umkehr der Beweislast auch im Rahmen der Haftung des Geschäftsführers einer Kommanditgesellschaft aus der entsprechenden Anwendung des § 93 Abs. 2 AktG[1090].

In der Fallkonstellation der Zulassung einer Due Diligence hat der Geschäftsführer als Folge dieser Umkehr mithin zu beweisen, daß er sich bei der Weitergabe der Informationen im Rahmen der Due Diligence pflichtgemäß verhalten hat. Im Gegensatz zu den Managern von Aktiengesellschaft und GmbH -und dies macht den Beweis für den Geschäftsführer einer Kommanditgesellschaft einfacher- muß der Geschäftsführer allerdings nur die Vermeidung von grober Fahrlässigkeit unter Beweis stellen, da ihn ja nicht der Sorgfaltsmaßstab des ordentlichen und gewissehaften Geschäftsleiters trifft, sondern er vielmehr nur der diligentia quam in suis des § 708 BGB unterfällt.

F. Nichteintritt der Haftung

Zu untersuchen ist nun auch bezüglich der Kommanditgesellschaft, unter welchen Umständen eine Haftung des Geschäftsführers nicht eintritt. Der oben vorgenommenen Einteilung folgend soll auch hier zunächst festgestellt werden, inwieweit die Haftung des Geschäftsführers der Kommanditgesellschaft im

---

1087 Heidelberger Kommentar/ Stuhlfelner, § 114 Rn. 4; Schlegelberger/ Martens, § 114 Rn. 41; Staub/ Fischer, § 16 Rn. 24; Münch Hdb. I/ v. Ditfurth, § 47 Rn. 31.

1088 BGH BB 1985, 1754 (1755); MüKo/ Ulmer, § 708 Rn. 18; Schlegelberger/ Martens, § 114 Rn. 38; Staudinger/ Keßler, § 708 Rn. 12; Staub/ Fischer, § 116 Rn. 21; Hueck, Recht der OHG, S. 139 f.; Münch. Hdb. I/ v. Ditfurth, § 47 Rn. 32;

1089 BGHZ 75, 321 (327 f.); 76, 160 (166 f.); 76, 326 (337 f.); BGH BB 1985, 1754 (1754); BB 1988, 1205 (1206); Baumbach/ Hopt, § 114 Rn. 15; Heymann/ Emmerich, § 114 Rn. 18; Schlegelberger/ Martens, § 114 Rn. 38; Staub/ Fischer, § 708 Rn.21; Hueck, Recht der OHG, S. 140 f.; Münch Hdb. I/ v. Ditfurth, § 47 Rn. 32.

1090 BGH BB 1954, 143 (143); Hueck, Recht der OHG, S. 141; Westermann, Personengesellschaftsrecht, Rn. 181.

Vorfeld ausgeschlossen werden kann, bevor letztlich untersucht wird, wie nachträglich auf eine Haftung verzichtet werden kann.

I. Billigung des Verhaltens des Geschäftsführers im Vorfeld

1. Billigung durch Gesellschafterbeschluß

Im Rahmen der Möglichkeiten des Nichteintritts der Haftung aufgrund der Billigung des Verhaltens des Geschäftsführers der Kommanditgesellschaft im Vorfeld spielt erneut der nach der hier vertretenen Ansicht zur Zulassung der Due Diligence erforderliche Gesellschafterbeschluß eine entscheidende Rolle. Liegt bei der Kommanditgesellschaft nämlich ein ordnungsgemäßer Gesellschafterbeschluß vor Vornahme der schädigenden Handlung -der Due Diligence- vor, so ist in dem Beschluß die Zustimmung der Gesellschafter zu der von dem Geschäftsführer vorgenommenen Handlung zu sehen. Ein Ersatzanspruch entsteht nicht, weil die Zustimmung der Gesellschafter das Handeln des geschäftsführungsbefugten Gesellschafters rechtfertigt[1091].

Ebenso wie bei der GmbH gilt dieser Grundsatz des Entfallens der Haftung bei Vorliegen eines Gesellschafterbeschlusses jedoch nicht uneingeschränkt. Die rechtfertigende Wirkung des Beschlusses der Gesellschafterversammlung über die Zulassung einer Due Diligence entfällt vielmehr, wenn die Gesellschafter der Kommanditgesellschaft nicht ausreichend über die für die Entscheidung erheblichen Umstände informiert worden sind[1092]. Denn andernfalls hätten die Geschäftsführer den Eintritt einer Haftung selbst in der Hand, weil sie durch unrichtige, unvollständige Informierung einen Gesellschafterbeschluß herbeiführen und damit eine Haftungsbefreiung erreichen könnten. Eine Haftungsbefreiung des Geschäftsführers der Kommanditgesellschaft im Vorfeld durch Gesellschafterbeschluß ist daher nur dann möglich, wenn der Geschäftsführer den Beschluß ordnungsgemäß und unter Aufführung sämtlicher für die Entscheidung relevanter Informationen herbeiführt.

2. Billigung durch Vereinbarung zwischen Gesellschaftern und Geschäftsführer

Als weitere Möglichkeit der Haftungsbefreiung im Vorfeld der Pflichtverletzung ist eine Haftungsbeschränkung oder Haftungsbefreiung durch Vereinbarung zwischen den Gesellschaftern und dem Geschäftsführer denkbar.

[1091] MüKo/ Ulmer, § 708 Rn. 21; Schlegelberger/ Martens, § 114 Rn. 41; Staub/ Fischer, § 116 Rn. 22; Münch Hdb. I/ v. Ditfurth, § 47 Rn. 32; Westermann, Personengesellschaftsrecht, Rn. 181.

[1092] Ermann/ Westermann, § 708 Rn. 9; MüKo/ Ulmer, § 708 Rn. 21; Schlegelberger/ Martens, § 114 Rn. 41; Staub/ Fischer, § 116 Rn. 22; Münch Hdb. I/ v. Ditfurth, § 47 Rn. 32.

Ausgangspunkt dieser Überlegung ist, daß die für den Geschäftsführer einer Kommanditgesellschaft geltende Haftungsregelung des § 708 BGB nachgiebiges Recht enthält, also dispositiv ist[1093]. Es steht den Parteien folglich auf der einen Seite frei, die Haftung vertraglich zu verschärfen und auf die Entlastungsmöglichkeit des § 708 BGB -die Einhaltung der eigenüblichen Sorgfalt- zu verzichten und statt dessen die Einhaltung der im Verkehr erforderlichen Sorgfalt (§ 276 Abs. 1 S. 2 BGB) vorzusehen.

Fraglich ist jedoch, denn nur auf diese Weise kann eine Nichthaftung des Geschäftsführers eintreten, ob die Gesellschaft und der Geschäftsführer überhaupt befugt sind, die gesetzliche Haftungsregelung weiter einzuschränken.

Ausgangspunkt dieser Beurteilung ist -wie auch bei der Aktiengesellschaft und der GmbH- die Überlegung, wessen Schutz die gesetzliche Haftungsregelung beabsichtigt und in welchem Maß ein gesetzlicher Haftungsverzicht möglich ist. Zunächst ist zu bedenken, daß bei der Kommanditgesellschaft von vornherein ein anderer Haftungsmaßstab als bei der Aktiengesellschaft und der GmbH gilt: Den Geschäftsführer einer Kommanditgesellschaft trifft nicht das Verschulden eines ordentlichen und gewissenhaften Geschäftsleiters, sondern lediglich das Verschulden, das er in eigenen Angelegenheiten anzuwenden pflegt. Leichte Fahrlässigkeit begründet aus diesem Grund nie eine Haftung. Hieraus läßt sich schließen, daß der Gesetzgeber an den Geschäftsführer einer Kommanditgesellschaft nicht so hohe Anforderungen stellen wollte wie an das Management von Aktiengesellschaft und GmbH. Grund hierfür ist unter anderem, daß bei den Kapitalgesellschaften grundsätzlich nur das Vermögen der Gesellschaft als Haftungsmasse herangezogen werden kann, bei der Kommanditgesellschaft hingegen eine persönliche unbeschränkte Haftung der Gesellschafter - zumindest des Komplementärs- greift und von daher die Haftung des Geschäftsführers einer Kommanditgesellschaft im Gegensatz zur Haftung des Geschäftsführers einer Kapitalgesellschaft nur den Schutz der anderen Gesellschafter und nicht den Schutz von Gläubigern bezweckt.

Aus diesen Gründen erscheint eine Haftungsbeschränkung des Geschäftsführers einer Kommanditgesellschaft auf Vorsatz möglich[1094]. Im Einzelfall ist jedoch zu bezweifeln, ob die Gesellschafter diese im Hinblick darauf zulassen sollten, daß auch den Geschäftsführer einer Kommanditgesellschaft eine besondere Stellung gegenüber der Kommanditgesellschaft einnimmt und eine gleichzeitige Übernahme einer besonderen Stellung und der Ausschluß der Haftung für die

---

[1093] RGZ 143, 211 (215); BGH BB 1988, 1205 (1206); Ermann/ Westermann, § 708 Rn. 10; MüKo/ Ulmer, § 708 Rn. 3; Soergel/ Hadding, § 708 Rn. 2; Staudinger/ Keßler, § 708 Rn. 13; Westermann, Personengesellschaftsrecht, Rn. 181; Müller-Graf, AcP 191 (1991), 475 (494).

[1094] MüKo/ Ulmer, § 708 Rn. 3.

wenigstens im groben ordnungsgemäße Wahrnehmung der aus dieser Stellung resultierenden Pflichten sich in gewisser Weise widersprechen.

II. Nachträgliche Billigung des Verhaltens des Vorstands

Alternativ zur Haftungsbefreiung im Vorfeld kann der Nichteintritt der Haftung des Geschäftsführers aus einer Haftungsbefreiung im Nachhinein resultieren. Als Möglichkeit in dieser Hinsicht kommen eine Entlastung des Kommanditisten sowie ein Verzicht und ein Vergleich in Betracht.

1. Billigung durch Entlastung des Geschäftsführers

Entlastung ist die einseitige, nichtvertragliche verbindliche Billigung der Art und Weise der Geschäftsführung während der zurückliegenden Entlastungsperiode[1095]. Die Entlastung bei der Kommanditgesellschaft wird durch Beschluß der Gesellschafter ausgesprochen und liegt spätestens in der gemeinsamen Unterzeichnung der Bilanz (§ 245 S. 2 HGB)[1096].

Ebenso wie die Entlastung innerhalb der GmbH geht auch die Entlastung des Geschäftsführers der Kommanditgesellschaft erheblich über die Entlastung innerhalb der Aktiengesellschaft hinaus: Ist die Entlastung erteilt, so ist damit der Verzicht auf Schadensersatz- und sonstige Ansprüche aus der Geschäftsführung des vergangenen Jahres verbunden[1097]. Der sachliche Umfang der Entlastungswirkung erstreckt sich allerdings nur auf die Ansprüche, die innerhalb des für die Entlastung relevanten Zeitraums entstanden sind und reicht nur soweit, wie die Umstände der Gesellschaft bekannt sind oder bei sorgfältiger Prüfung aller Vorlagen und Berichte erkennbar oder sonst sämtlichen Gesellschaftern privat bekannt waren[1098].

Durch eine Entlastung kann ein Geschäftsführer einer Kommanditgesellschaft mithin auch nachträglich einer bereits entstandenen Haftung entgehen[1099].

[1095] Baumbach/ Hopt, § 114 Rn. 16; Heymann/ Emmerich, § 114 Rn. 14.

[1096] Baumbach/ Hopt, § 114 Rn. 16; Schlegelberger/ Martens, § 114 Rn. 45.

[1097] Auch zum Beispiel der Verzicht auf die Entziehung der Geschäftsführung aus wichtigem Grund nach § 117 HGB, vgl. Baumbach/ Hopt, § 114 Rn. 16.

[1098] BGHZ 94, 324 (326); BGH WM 1983, 910 (912); Baumbach/ Hopt, § 114 Rn. 16; Schlegelberger/Martens, § 114 Rn. 45; Hueck, Recht der OHG, S. 191.

[1099] Ob der geschäftsführende Gesellschafter einer Kommanditgesellschaft einen klagbaren Anspruch auf Entlastung hat, erscheint zweifelhaft. Während in der Literatur (vgl. hierzu nur Schlegelberger/ Martens, § 114 Rn. 44 m.w.N.) ein solcher Anspruch zum großen Teil angenommen wird, ließ der Bundesgerichtshof bisher ausdrücklich offen, unter welchen Voraussetzungen die geschäftsführenden Gesellschafter einer handelsrechtlichen Personengesellschaft einen im Klagewege durchsetzbaren Anspruch auf Entlastung haben und welche Wirkungen ein Urteil hat, das die Entlastung ausspricht (vgl. BGH WM 1983, 910 (912)). Für das GmbH-Recht hat der BGH inzwischen in BGHZ 94, 324 (326 ff.) ausdrücklich entschieden, daß der Geschäftsführer einer GmbH keinen mit einer Leistungsklage durchsetzbaren An-

Selbst bei schon durch die unberechtigte Zulassung einer Due Diligence eingetretenen Schäden ist folglich eine Haftung des Geschäftsführers einer Kommanditgesellschaft nicht zwingende Folge.

2. Nichteintritt durch Verzicht und Vergleich

Wie auch bei der Aktiengesellschaft und bei der GmbH können die Geschäftsführer einer Kommanditgesellschaft ferner einer Haftung wegen schuldhafter Pflichtverletzung und daraus bereits entstandenen Schäden entgehen, wenn die Gesellschaft einen Verzicht auf die Haftung des Kommanditisten erklärt oder sich die Gesellschaft mit dem Kommanditisten vergleicht.

Ebenso wie bei der GmbH fehlt im Recht der Kommanditgesellschaft eine dem § 93 Abs. 4 S. 3 AktG ähnliche Vorschrift, nach der ein Verzicht des Vorstands oder eine Vergleich mit dem Vorstand nur unter bestimmten Voraussetzungen möglich ist. Der Verzicht auf und der Vergleich über Ersatzansprüche der Gesellschaft steht den Gesellschaftern daher grundsätzlich frei zu[1100]. Jedoch ist aufgrund der Qualifizierung einer derartigen Handlung als Maßnahme außerhalb des gewöhnlichen Geschäftsbetriebes für den Verzicht oder Vergleich ein Beschluß sämtlicher Gesellschafter erforderlich, wobei der betroffene Gesell-

---

spruch auf Entlastung hat. Soweit die Entlastung einen Verzicht auf etwaige Ersatzansprüche der Gesellschaft gegen den Geschäftsführer bedeute, die den Gesellschaftern zum Zeitpunkt der Entlastung bekannt oder erkennbar seien, folge daraus kein Rechtsanspruch des Geschäftsführers auf Entlastung. Denn habe die Gesellschaft Ersatzansprüche, so sei kein Grund ersichtlich, weshalb sie darauf verzichten solle. Müßten andererseits die Gesellschafter einen Verzicht erklären, weil die Geschäftsführung ordnungsgemäß sei, so gäbe es nichts, worauf sie verzichten könnten. Ein Anspruch auf Verzicht sei daher widersinnig. Dem Interesse des Gesellschafters diene allein die Feststellung, daß -unabhängig von seiner Entlastung- Ersatzansprüche nicht bestünden. Das Mittel hierfür sei nicht eine Entlastungsklage, sondern eine negative Feststellungsklage, vgl. BGHZ 94, 324 (327 f.).

Eben jene Grundsätze sind nach richtiger Ansicht auch im Personengesellschaftsrecht anzuwenden. Zwar mag es zutreffen, daß die bloße Vertrauenserklärung für den geschäftsführenden Gesellschafter einer Personenhandelsgesellschaft ohne Bedeutung ist, weil seine Geschäftsführungsbefugnis Teil seiner Gesellschafterstellung und nicht Ausfluß eines besonderen Vertrauens seiner Mitgesellschafter ist (so Schlegelberger/ Martens, § 114 Rn. 44). Die Entlastung mag daher ihre einzige Funktion in der Anerkennung der Ordnungsmäßigkeit der Geschäftsführung und dem damit verbundenen Verzicht auf Ersatzansprüche haben. Entscheidend ist aber, ob der geschäftsführende Mitgesellschafter durch die Entlastungsklage in die Lage versetzt werden soll, seine Mitgesellschafter zu einem Verzicht auf bestehende Ansprüche zu zwingen. Dies erscheint, wie der Bundesgerichtshof zum GmbH-Geschäftsführer richtig ausgeführt hat, widersinnig; denn ist der geschäftsführende Gesellschafter darüber nicht sicher, ob die Gesellschafter Ersatzansprüche geltend machen, kann er diese Unsicherheit durch negative Feststellungsklage beseitigen (vgl. ebenfalls negierend: Baumbach/ Hopt, § 114 Rn. 16 m.w.N.; Schmidt, GesR § 14 VI 3.)

[1100] Staub/ Fischer, § 116 Rn. 21.

schafter von der Abstimmung ausgeschlossen ist[1101]. Abgesehen davon gibt es anders als in § 93 Abs. 4 S. 3 AktG weder einen ausdrücklichen Minderheitenschutz noch eine Zeitschranke. Mithin stellen Verzicht und Vergleich einen weiteren gangbaren Weg des Nichteintritts der Haftung durch nachträgliche Billigung dar.

G. Übernahme der Haftung des Geschäftsführers einer Kommanditgesellschaft durch D&O-Versicherung

Darüber hinaus kann bei der Kommanditgesellschaft eine zugunsten des Geschäftsführers abgeschlossene D&O-Versicherung den Grund der nicht persönlichen Inanspruchnahme des Geschäftsführers darstellen; allerdings gilt dies ebenso wie bei der Aktiengesellschaft und der GmbH auch hier nur dann, soweit eine Haftung der Versicherung für Innenhaftungsansprüche in den Versicherungsbedingungen nicht ausgeschlossen wurde[1102].

H. Ergebnis

Insgesamt ist bezüglich der Haftung des Geschäftsführers einer Kommanditgesellschaft wegen der unberechtigten Zulassung der Due Diligence festzustellen, daß die Haftung sich nicht so streng darstellt, wie die Haftung bei der Aktiengesellschaft, und eher mit der Haftung des Geschäftsführers der GmbH verglichen werden kann. Ebenso wie der Geschäftsführer einer GmbH hat der Geschäftsführer einer Kommanditgesellschaft auch die Entscheidung über die Durchbrechung der Schweigepflicht nicht selbst zu treffen. Er muß vielmehr den Gesellschaftern, die für jene Entscheidung verantwortlich sind, sämtliche für die Entscheidung relevanten Unterlagen zur Verfügung stellen und ihnen die relevanten Erwägungen für und gegen die Zulassung einer Due Diligence offenbaren. Anders als für den Geschäftsführer einer GmbH gilt bezüglich des Verschuldens für den Geschäftsführer einer Kommanditgesellschaft allerdings nicht die Sorgfalt eines gewissenhaften Geschäftsmanns, sondern vielmehr die Sorgfalt in eigenen Angelegenheiten nach § 708 BGB und damit ein milderer Haftungsmaßstab. Darüber hinaus bestehen für den Geschäftsführer einer Kommanditgesellschaft sowohl im Vorfeld der Zulassung der Due Diligence als auch im

---

[1101] Staub/ Fischer, § 116 Rn. 21.

[1102] Vgl. zu der Möglichkeit des Abschlusses einer Versicherung im Einzelnen Ausführungen oben unter 5. Teil, 2. Kapitel, H.
Auch bei der Rechtsform der Kommanditgesellschaft ergibt sich allerdings bei Anwendung des differenzierten Konzepts, daß eine Übernahme von Innenhaftungsansprüchen aus dem Grund nicht möglich erscheint, als die Kollusionsgefahr größer ist und ferner die alternativen Möglichkeiten des Nichteintritts der Haftung des Gesellschafter einer Kommanditgesellschaft besser schützen; vgl. hierzu auch Ausführungen oben unter 5. Teil, 2. Kapitel, H III 5.

Nachhinein einige Haftungsbeschränkungsmöglichkeiten, die das Risiko, einer Haftung zu unterliegen, reduzieren.

5. Kapitel: Gesamtergebnis zum 6. Teil

Festzuhalten ist unabhängig von der Rechtsform, daß die Manager einer Gesellschaft bei der Zulassung einer Due Diligence vorsichtig agieren müssen, um keiner Haftung ausgesetzt zu sein. Die sorgfältige Prüfung der oben dargestellten, jeweils für die Rechtsform der Gesellschaft differierenden Voraussetzungen der Due Diligence ist hierfür unerläßlich, weil nur bei Einhaltung dieser Voraussetzungen gewährleistet ist, daß die Gefahr des Mißbrauchs effektiv eingedämmt ist. Insbesondere gilt dies, weil die Sorgfaltsanforderungen an Mitglieder des Managements in der letzten Zeit immer mehr gestiegen sind[1103].

Empfehlenswert für Manager ist grundsätzlich der Abschluß einer D&O-Versicherung, allerdings nur, soweit in den Versicherungsbedingungen die Haftung von Innenhaftungsansprüchen nicht ausgeschlossen wurde. In diesem Fall kann der Manager trotz begangener Pflichtverletzung nicht in Anspruch genommen werden, der Anspruch wird vielmehr von der Versicherung übernommen[1104].

[1103] BGH WM 1985, 1530 (1530); DB 1987, 1292 (1292); ZIP 1988, 103 (107); DB 1991, 2029 (2029); WM 1993, 1677 (1677); OLG Karlsruhe, ZIP 1985, 409 (409); Berens/ Brauner, S. 84; Holzapfel/ Pöllath, Rn. 456.

[1104] Allerdings muß der Manager die in der Regel bestehende Selbstbeteiligung aufbringen. Diese beträgt laut Frankfurter Allgemeiner Zeitung vom 29.10.1999, S. 23, DM 10 000 pro Person mit einem Jahresbeitrag von etwa DM 10 000 je Million DM Versicherungssumme.

7. Teil: Ergebnisse

A. -Im Falle des Verkaufs eines mit Mängeln behafteten Unternehmens im Wege des Asset Deals haftet der Verkäufer dem Käufer grundsätzlich nach Sachmängelgewährleistungsrecht analog §§ 459 ff. BGB. Allerdings werden Verkäuferangaben zur Gewinn- und Verlustrechnung und zur Bilanz (Abschlußangaben) aufgrund restriktiver Auslegung nicht vom Gewährleistungsrecht, sondern vielmehr von der in diesem Fall neben den §§ 459 ff. BGB anwendbaren culpa in contrahendo erfaßt. Abgesehen von dieser Modifikation wird das Sachmängelgewährleistungsrecht bei Vorliegen eines Unternehmenskaufs in der Rechtsfolge dahingehend modifiziert, daß eine Wandelung nicht grundsätzlich, sondern nur als ultima ratio geltend gemacht werden kann.

-Neben der Haftung aus Sachmängelgewährleistung und culpa in contrahendo kann der Käufer bei Mängeln des Unternehmens den Unternehmenskaufvertrages nach §§ 119 ff. BGB anfechten oder den Verkäufer nach den Grundsätzen des Wegfall der Geschäftsgrundlage und aus einer vertraglichen Gewährleistungsabrede in Anspruch nehmen. Eine derartige vertragliche Gewwährleistungsabrede ist dem Käufer grundsätzlich zu empfehlen, weil trotz der in der letzten Zeit kontinuierlichen Rechtsprechung des Bundesgerichtshofs noch immer Rechtsunsicherheit bezüglich der rechtlichen Behandlung des Unternehmenskaufs besteht und Gegenstand eines vertraglichen Gewährleistungssystems auch solche Umstände sein können, die nicht von den gesetzlichen Gewährleistungsvorschriften erfaßt werden. Darüber hinaus kann die für den Käufer nachteilige Regelung des § 460 BGB im Rahmen einer vertraglichen Regelung abgeändert werden.

-Die Due Diligence hat sowohl hinsichtlich des gesetzlichen Gewährleistungssystems nach §§ 459 ff. BGB als auch der anderen dem Käufer im Falle der Mangelhaftigkeit des Unternehmens zur Seite stehenden Ansprüche Auswirkungen. Bei dem gesetzlichen Gewährleistungssystem sind die Auswirkungen der Due Diligence vor allem im Rahmen des § 460 BGB gegeben. Soweit der Käufer bei der Durchführung der Due Diligence Mängel des Unternehmens entdeckt, sind gesetzliche Gewährleistungsansprüche bezüglich dieser Mängel aufgrund der durch die Due Diligence begründeten Kenntnis des Käufers gemäß § 460 S. 1 BGB ausgeschlossen. Das gilt auch dann, wenn die Due Diligence von spezialisierten Dritten vorgenommen wird, weil gemäß § 166 BGB diese Kenntnis dem Käufer zugerechnet wird.

Im Gegensatz dazu kann zwar nicht die ordentlich durchgeführte, wohl aber das Unterlassen der Due Diligence im Rahmen des § 460 S. 2 BGB einen Ausschluß bewirken: Die Durchführung einer Due Diligence bei dem Kauf großer

Unternehmen stellt eine im Verkehr übliche Handlungsweise und damit eine Verkehrssitte dar. Wird eine Prüfung, deren Durchführung eine Verkehrssitte darstellt, unterlassen, so stellt dies eine grobe Außerachtlassung der im Verkehr erforderlichen Sorgfalt, also eine grobe Fahrlässigkeit, dar. Die Unkenntnis von Mängeln aufgrund grober Fahrlässigkeit wiederum führt nach § 460 S. 2 BGB zu einem Ausschluß der Gewährleistungsrechte. Das Unterlassen der Due Diligence führt somit gemäß § 460 S. 2 BGB zu einem Ausschluß der Gewährleistungsrechte.

Allerdings gilt diese Wertung nur für große Unternehmen. Bei kleinen Unternehmen hingegen ist die Durchführung einer Due Diligence nicht als Verkehrssitte anzusehen. Die für die Beurteilung des Bestehens einer Verkehrssitte erforderliche Differenzierung zwischen kleinen und großen Unternehmen wird aufgrund der im Rahmen des § 267 Abs. 3 S. 1 HGB verwandten Kriterien vorgenommen.

-Der Annahme einer Verkehrssitte steht nicht entgegen, daß gesetzliche Weitergabeverbote der Unternehmensleiter, die grundsätzlich Adressat des Begehrens der Due Diligence sind, bestehen. Zwar stellen die Tatsachen, die im Rahmen der Due Diligence weitergegeben werden, Geheimnisse dar, so daß theoretisch die Geheimhaltungspflicht greifen würde. Jedoch gilt die Geheimhaltungspflicht der Unternehmensleiter nicht absolut, sondern muß im Zusammenhang mit dem gesamten innerhalb der Gesellschaft bestehenden Regelungsgefüge, insbesondere in Verbindung mit der Pflicht des Managers zur selbständigen und an den Interessen des Unternehmens ausgerichteten Leitung des Unternehmens gesehen werden. Welche Voraussetzungen im Einzelnen gegeben sein müssen, damit das Unternehmensinteresse eine Weitergabe von grundsätzlich geheimhaltungsbedürftigen Informationen rechtfertigen kann, hängt allerdings von der jeweiligen Rechtsform des Unternehmens ab.

Bei der Aktiengesellschaft ist eine Befugnis zur Weitergabe trotz der in § 93 Abs. 1 S. 2 AktG statuierten Schweigepflicht gegeben, wenn die Verhandlungen fortgeschrittener Natur ist, ein Letter of Intent und eine Geheimhaltungsabrede für den Fall des Scheiterns der Akquisition vorliegen und darüber hinaus der Vorstand nach Abwägung der Umstände des konkreten Einzelfalls und unter Bejahung des überwiegenden Unternehmensinteresses an der Akquisition über die Weitergabe der Informationen beschlossen hat.

Ebenso steht § 14 Abs. 1 Nr. 2 WpHG, dessen Weitergabeverbot in Bezug auf die Konstellation der Weitergabe der Informationen im Rahmen einer Due Diligence von den Voraussetzungen her an sich greift, der Annahme einer Verkehrssitte nicht entgegen. Denn das Tatbestandsmerkmal „unbefugt“ im Rahmen des § 14 Abs. 1 Nr. 2 WpHG ist restriktiv auszulegen, und eine Weitergabe

in Wahrnehmung berechtigter überwiegender Interessen, festgestellt durch einen wie zur Durchbrechung des § 93 Abs. 1 S. 2 AktG zu erfolgenden Beschluß, und unter Minimierung des Risikos des Mißbrauchs durch Forderung der im Rahmen des § 93 Abs. 1 S. 2 AktG zur Reduzierung des Mißbrauchs aufgestellten Kriterien, ist als befugt anzusehen und kann daher ebenfalls die Annahme einer Verkehrssitte in rechtlicher Hinsicht nicht hindern.
Auch bei den beiden anderen in dieser Arbeit untersuchten Gesellschaftsformen der GmbH und Kommanditgesellschaft steht der Annahme einer Verkehrssitte kein gesetzliches Weitegabeverbot entgegen. Zwar obliegt den für die Weitergabe der Informationen zuständigen Geschäftsführern ebenso wie dem Vorstand grundsätzlich eine Schweigepflicht; diese kann jedoch rechtmäßig durchbrochen werden, wenn das Mißbrauchsrisiko durch die Forderung der bei der Rechtsform der Aktiengesellschaft benutzten Kriterien -fortgeschrittener Verhandlungszeitpunkt, Letter of Intent, Geheimhaltungsabrede- reduziert wurde und zudem ein positiver Beschluß über Zulassung der Due Diligence nach Abwägung der Vor- und Nachteile der Due Diligence vorliegt. Im Unterschied zur Aktiengesellschaft muß dieser Beschluß jedoch nicht von den Geschäftsführern getroffen werden, sondern von den Gesellschaftern in ihrer Gesamtheit, die sowohl bei der GmbH als auch bei der Kommanditgesellschaft die Dispositionsbefugnis über das Geheimhaltungsinteresse der Gesellschaft besitzen. Insgesamt stehen der Annahme einer Verkehrssitte einer Due Diligence beim Kauf großer Unternehmen bei keiner der untersuchten Rechtsformen absolute gesetzliche Verbote entgegen.

-Der Umfang der Due Diligence ist abhängig von dem Willen des Käufer im Einzelfall, so daß kein einheitlicher Umfang der Prüfungspflicht festgestellt werden kann. Zur Begrenzung des Inhalts der Due Diligence läßt sich jedoch ein Grundschema feststellen, welches der Käufer durchführen muß, um dem Vorwurf unsorgfältiger Prüfung zu entgehen: Der Käufer muß durch schriftliche Festlegung der für ihn wesentlichen und für seine Kaufentscheidung relevanten Gesichtspunkte der Prüfung bestimmen, was den Prüfungsumfang ausmachen soll. Insoweit müssen Wesentlichkeitsgrenzen festgelegt werden, bei deren Überschreitung im Einzelfall eine Prüfungspflicht des Käufers angenommen wird.

-Im Rahmen der culpa in contrahendo hat die Due Diligence zum einen im Bereich der Pflichtverletzungen Auswirkungen: Der Käufer hat für die Richtigkeit sämtlicher Angaben im Rahmen der Due Diligence einzustehen, im Falle ihrer Unrichtigkeit wird eine Haftung des Verkäufers für Falschangaben begründet. Abgesehen von dieser Auswirkung führt die vermehrte Durchführung der Due

Diligence, die der Grund für die Annahme einer Verkehrssitte im Rahmen des § 460 S. 2 BGB war, in Bezug auf die culpa in contrahendo zu einer Reduktion der Offenbarungspflichten des Verkäufers und zu der Begründung eines Mitverschuldens für den Fall, daß der Käufer eine Due Diligence unterläßt. Es wäre es widersprüchlich, auf der einen Seite im Rahmen des § 460 S. 2 BGB dem Unterlassen der Due Diligence anspruchsmindernde Konsequenzen zuzusprechen, eine derartige Wertung aber im Rahmen der culpa in contrahendo zu unterlassen.

-Hinsichtlich des Anfechtungsrechts des Käufers nach §§ 119 Abs. 2 BGB bewirkt die Due Diligence, daß der Käufer in Bezug auf die Umstände, von denen er im Rahmen der Due Diligence Kenntnis erlangt hat, keine Anfechtung geltend machen kann, weil § 119 Abs. 2 BGB voraussetzt, daß der Erklärende die Willenserklärung bei Kenntnis der Sachlage nicht abgegeben hätte und eine solche Kenntnis durch die Due Diligence gerade besteht. Bezüglich § 123 BGB hingegen ist die Bedeutung der Due Diligence ebenso wie bezüglich des Rechtsinstituts des Wegfalls der Geschäftsgrundlage haftungsbegründender Art.

-Die Wirkung der Due Diligence im Rahmen einer vertraglichen Gewährleistungsvereinbarung differiert zu den Wertungen im Rahmen der anderen Ansprüche. Die Due Diligence stellt hier die Grundlage für die Schaffung eines vertraglichen Gewährleistungsregimes dar, d.h. anhand ihr bzw. anhand des Due-Diligence-Berichts werden die Regelungen statuiert, die im konkreten Fall nach Ansicht der Beteiligten zum Ausgleich des Interesses von Verkäufer und Käufer erforderlich sind.

-Der Share Deal richtet sich als Kauf von Rechten grundsätzlich nach §§ 437 ff. BGB. Allerdings finden auch auf den Share Deal die Sachmängelgewährleistungsvorschriften der §§ 459 ff. BGB analog Anwendung, wenn der Käufer durch die Anteilsübernahme eine beherrschende Stellung im Unternehmen erhält und die übrigen am Unternehmen verbleibenden Anteile so geringfügig sind, daß sie die Verfügungsbefugnis des Erwerbers am Unternehmen nicht entscheidend beeinflussen. Insoweit ergeben sich keine anderweitigen Auswirkungen der Due Diligence als beim Asset Deal.
Innerhalb der Vorschrift des § 437 BGB hat die Due Diligence haftungsbegründenden Charakter, wenn aus den im Rahmen der Due Diligence überreichten Unterlagen hervorgeht, ob das Beteiligungsrecht existiert und ob rechtsvernichtende Einwendungen entgegenstehen. Ferner bewirkt die Due Diligence, daß der Käufer hinsichtlich der Rechtsmängel, von deren Existenz er im Rahmen der Due Diligence erfahren hat, wegen des in § 439 BGB beinhalteten

Ausschlusses keine Ansprüche aus § 437 BGB geltend machen kann. Im Unterschied zur Sachmängelhaftung ist jedoch der Anspruch des Käufers bei grober Fahrlässigkeit nicht ausgeschlossen. Das Unterlassen einer Due Diligence bei großen Unternehmen schadet dem Unternehmenskäufer im Rahmen des § 439 BGB genauso wenig wie eine Anwendung des nicht in das System der Rechtsmängelhaftung passenden § 254 BGB eine derartige Wertung begründen kann. Die im übrigen für den Fall des Unternehmenskaufs im Wege des Share Deals anwendbaren Regelungen der culpa in contrahendo, der Anfechtung, des Wegfalls der Geschäftsgrundlage und der vertraglichen Vereinbarung erfahren im Rahmen des Share Deals keine andere Wertung, es gilt insoweit das bezüglich des Asset Deals Gesagte.

B. -Im Falle des Scheiterns des Unternehmenskaufs kann der Veräußerer sowohl bei Bestehen als auch bei Nichtbestehen einer vertraglichen Geheimhaltungsabrede Ansprüche gegen den Kaufinteressenten geltend machen, wenn der Kaufinteressent die im Rahmen der Due Diligence erlangten Informationen unbefugt an Dritte weitergibt oder mißbräuchlich im eigenen Unternehmen verwendet.

-Besteht eine vertragliche Regelung, so richten sich Umfang und Einzelheiten der Haftung nach dieser Regelung. Umfang und Rechtsfolge der gewünschten Vertraulichkeit sollten insoweit genauestens festgelegt werden, weil nur so verhindert werden kann, daß sich im Nachhinein Probleme bezüglich der Reichweite der Regelung ergeben. Ferner ist jedem Unternehmensverkäufer zu empfehlen, eine Vertragsstrafenregelung in eine Geheimhaltungsabrede aufzunehmen, weil auf diese Weise dem Verkäufer der in der Regel schwer zu führende Beweis des durch die Pflichtverletzung entstandenen Schadens abgenommen wird.

-Haben der Verkäufer und der ehemalige Kauinteressent hingegen keine explizite Geheimhaltungsvereinbarung getroffen, ist bezüglich der dem Verkäufer zustehenden Ansprüche zwischen den im Einzelfall betroffenen Rechtsgütern zu differenzieren. Macht der Veräußerer Ansprüche geltend, die den Mißbrauch von Ausschließlichkeitsrechten betreffen, so stehen dem Veräußerer die Anspruchsgrundlagen der angemaßten Eigengeschäftsführung (§§ 687 Abs. 2, 666, 667 BGB), § 823 Abs. 1 BGB, § 812 Abs. 1 S. 1 Alt. 2 BGB sowie die die einzelnen Ausschließlichkeitsrechte speziell schützenden Normen der §§ 141 PatG, 15 Abs. 3 S. 2 GebrMG, 14 a S. 2 GeschmMG, 97 Abs. 3 UrhG zur Seite.

-Bezüglich sämtlicher im Rahmen der Due Diligence erlangten Informationen hingegen kommt zunächst unter dem Aspekt des unzulässigen Abbruchs der Vertragsverhandlungen ein Anspruch aus culpa in contrahendo in Betracht, wenn der Kaufinteressent das Vertrauen in den Vertragsschluß geweckt und damit die Möglichkeit einer Due Diligence erhalten hat, obwohl bei ihm die Aussicht auf den Vertragsschluß nicht oder nicht ausreichend vorhanden war. Ebenso ist der Abbruch der Vertragsverhandlungen anspruchsbegründend im Sinne der culpa in contrahendo, wenn der Käufer nach Durchführung einer Due Diligence den Abschluß des Vertrages aus sachfremden Gründen ablehnt. Darüber hinaus bietet die culpa in contrahendo unter dem Aspekt der mißbräuchlichen Verwendung von Unternehmensinterna einen umfassenden, alle Informationen betreffenden Schutz: Hat der Kaufinteressent im Sinne dieser Fallgruppe Informationen im eigenen Unternehmen mißbräuchlich verwandt oder Informationen an Dritte weitergegeben, so mißachtet er die ihm aufgrund des vorvertraglichen Vertrauensverhältnisses obliegende Loyalitätspflicht und begeht damit eine Pflichtverletzung, die unter der weiteren Voraussetzung eines Verschuldens und eines Schadens haftungsbegründend ist.

C. -Liegt ein grenzüberschreitender Unternehmenskauf vor, so werden Kollisionen mangels Anwendbarkeit des UN-Kaufrechts auf den Unternehmenskauf nicht nach den Regelungen des CISG, sondern vielmehr nach den Vorschriften des EGBGB gelöst.

-Hat ein Unternehmenskauf mit internationalem Aspekt stattgefunden, bei dem der Verkäufer dem Käufer ein mangelhaftes Unternehmen übertragen hat, so richtet sich die Haftung des Verkäufer bei Vorliegen einer Rechtswahlklausel gemäß Art. 27 Abs. 1 S. 1 EGBGB nach dem in der Rechtswahlklausel bestimmten Statut. Fehlt hingegen eine Rechtswahlklausel, so ist grundsätzlich im Sinne des Art. 28 Abs. 2 EGBGB die Rechtsordnung anzuwenden, in der der Verkäufer als Erbringer der charakteristischen Leistung seinen gewöhnlichen Aufenthalt oder Hauptverwaltungssitz hat. Ausnahmsweise kann jedoch in dem Fall, daß sich der gewöhnliche Aufenthaltsort des Veräußerers und das zu verkaufende Unternehmen in anderen Staaten befinden, aufgrund einer engeren Verbindung des Vertrages mit dem Sitz des zu veräußernden Unternehmen nach Art. 28 Abs. 5 EGBGB die Rechtsordnung berufen sein, in deren Geltungsbereich sich der Sitz des verkauften Unternehmens befindet.

-Im Falle des Mißbrauchs der durch die Due Diligence erlangten Informationen wird das anzuwendende Statut bei Vorliegen einer Geheimhaltungsvereinbarung und einer Rechtswahlklausel nach der in der Rechtswahlkausel bestimmten Rechtsordnung, bei alleinigem Vorliegen einer Geheimhaltungsvereinbarung hingegen nach dem Statut des hypothetischen Unternehmenskaufvertrages bestimmt.

Ist die Haftung hingegen gesetzlicher Natur, so ist bei der Bestimmung des anzuwendenden Statuts zwischen den einzelnen Anspruchsgrundlagen zu differenzieren. Bezüglich der Haftung aus culpa in contrahendo findet das Statut des hypothetischen Unternehmenskaufvertrages Anwendung. Das Statut hinsichtlich der Haftung aus unerlaubter Handlung wird hingegen grundsätzlich gemäß Art. 40 Abs. 1 EGBGB nach dem Tatortprinzip bestimmt. Allerdings gilt dies nicht uneingeschränkt: Bei unerlaubten Handlungen, die Immaterialgüterrechte betreffen, ist ebenso wie bei Ansprüchen aus § 812 Abs. 1 S. 1 Alt. 2 und aus §§ 687 Abs. 2, 667, 666 BGB aufgrund des besonderen Charakters von Immaterialgüterrechten an das Recht des Schutzstaates anzuknüpfen. Ebenfalls nach dem Recht des Schutzstaates richtet sich der etwaig bestehende, spezialgesetzliche Schutz der Immaterialgüterrechte. §§ 141 PatG, 15 Abs. 3 S. 2 GebrMG, 14 a S. 2 GeschmMG, 97 Abs. 3 UrhG, die insoweit die im deutschen Rechtsraum speziellen Regelungen darstellen, sind daher nur dann anwendbar, wenn Deutschland als Schutzstaat diese Rechte zu qualifizieren ist.

D. -Der Vertrag zwischen potentiellem Käufer und Drittem über die Durchführung einer Due Diligence stellt einen Werkvertrag dar. Für den Fall, daß die vom Käufer zur Durchführung der Due Diligence eingesetzten Berater die Due Diligence fehlerhaft durchführen, kann der Käufer diese intensiv in Anspruch nehmen. Zum einen hat der Käufer gegen den Berater in einem derartigen Fall einen Anspruch aus § 635 BGB wegen der aufgrund der Fehlerhaftigkeit bestehenden Minderwertigkeit des Due-Diligence-Berichts selbst. Zum anderen -und dies ist wegen der Schadensumme der für den Käufer interessantere Anspruch- kann der Käufer den Berater aus positiver Vertragsverletzung für den aufgrund der fehlerhaften Due Diligence gezahlten zu hohen Kaufpreis des Unternehmens in Anspruch nehmen. Die Pflichtverletzung im Sinne der positiven Vertragsverletzung ist hierbei in erster Linie die Schlechterfüllung der Beratungsvertrags.

Bei der Bewertung der Pflichten ist zu beachten, daß der Berater in dem Bereich, in dem er Fachmann ist und daher Spezialkenntnisse besitzt, einem erhöhten Pflichtenmaßstab unterliegt und einen gesteigerten Verschuldensmaßstab einzuhalten hat.

Die Einhaltung der erforderlichen Sorgfalt durch den Berater ist insbesondere wegen der im Fall der positiven Vertragsverletzung geltenden Beweislastumkehr von Bedeutung. Dem Berater steht zwar grundsätzlich zur Abwendung des Anspruchs der Entlastungsbeweis zur Verfügung; dieser ist jedoch in der Regel nicht einfach zu führen. Der Berater sollte, um sich erfolgreich entlasten zu können, darauf achten, daß eine regelmäßige Dokumentation der Zwischenergebnisse der Due Diligence stattfindet. Eine solche stellt in der Regel ein erfolgsgeeignetes Entlastungsmittel dar. Als weiteres Entlastungsmittel kommt in der Sonderkonstellation der gleichzeitig mit dem Unternehmenskauf erfolgenden Erstemission der Gesellschaft an der US-amerikanischen Börse dieselbe Bewertung des Unternehmens durch die das „exchange statement“ prüfenden Berater in US-Amerika in Betracht. Da jedoch hierfür weitere Voraussetzung ist, daß sowohl der Prüfungsinhalt als auch die zur Verfügung gestellten Unterlagen weitgehend übereinstimmen, wird dieser Fall nur in Ausnahmefällen ein Entlastungsmittel darstellen; die ständige Dokumentation der Zwischenergebnisse der Due Diligence ist deshalb um so wichtiger.

E. -Läßt der Manager eines Unternehmens eine Due Diligence unberechtigterweise zu, so kann das jeweilige Unternehmen ihn für den entstanden Schaden in Anspruch nehmen. Welche Voraussetzungen im Einzelnen an die Haftung gestellt werden, ist von der Rechtsform des Unternehmens abhängig und kann nicht pauschal beantwortet werden. Generell gilt jedoch, daß der Unternehmensleiter, um nicht gegen die ihm obliegende Schweigepflicht zu verstoßen, das Vorliegen bestimmter Voraussetzungen zu prüfen hat und die Due Diligence nur zulassen darf, wenn diese Anforderungen gegeben sind. Bezüglich aller hier untersuchten Unternehmensformen ist insoweit zur Durchbrechung der Schweigepflicht erforderlich, daß zum Zeitpunkt der Durchführung der Due Diligence bereits die Verhandlungen zwischen Kaufinteressenten und Verkäufer ein vorangeschrittenes Stadium erreicht haben und daß sowohl ein Letter of Intent als auch eine Geheimhaltungsabrede gegeben sind. Darüber hinaus ist bei der Aktiengesellschaft erforderlich, daß der Vorstand nach Abwägung des Interesses der Gesellschaft an der mit der Due Diligence verbundenen Akquisition mit dem durch die Due Diligence verbundenen Risiko des Informationsmißbrauchs einen Beschluß über die Zulassung der Due Diligence gefaßt hat. Bei der Rechtsform der GmbH und der Kommanditgesellschaft hingegen ist zwar ebenfalls ein Beschluß über die Zulassung der Due Diligence weitere Voraussetzung einer Rechtfertigung der Durchbrechung der Schweigepflicht -jedoch fällt dieser Beschluß nicht in die Zuständigkeit der geschäftsführungbefugten Organe, sondern obliegt vielmehr den Gesellschaftern, die als Inhaber der Gesellschaft dispositionsbefugt über das Geheimhaltungsinteresse sind. Hält sich der Unternehmensleiter nicht an diese Vorgaben und läßt er die Due Diligence zu, ohne daß die genannten Voraussetzungen gegeben sind, so verstößt er gegen die ihm obliegende Schweigepflicht.

Abgesehen von dem Pflichtverstoß ist Voraussetzung einer Inanspruchnahme des Managers, daß ein Verschulden seiner Person vorliegt. Die Verschuldensmaßstäbe der untersuchten Rechtsformen differieren hierbei. Bei der Aktiengesellschaft und der GmbH haben die Organmitglieder den Verschuldensmaßstab eines ordentlichen und gewissenhaften Geschäftsleiters einzuhalten, während der Geschäftsführer einer Kommanditgesellschaft aufgrund des für ihn geltenden Sorgfaltsmaßstabs des § 708 BGB lediglich für die Außerachtlassung grober Fahrlässigkeit in Anspruch genommen werden kann. Besonders auf die Einhaltung der Sorgfalt zu achten haben die Vorstandsmitglieder einer Aktiengesellschaft bei der Abwägung der Vor- und Nachteile der Zulassung einer Due Diligence. Den Geschäftsführern von der GmbH und der Kommanditgesellschaft hingegen obliegt zwar eine derartige Abwägung nicht, so daß sie bezüglich der Abwägung auch kein Verschulden treffen kann. Jedoch lassen sie die ihnen obliegende Sorgfalt außer acht, wenn sie zunächst den Beschluß der Gesellschafterversammlung durch unzureichende oder unzutreffende Information pflichtwidrig beeinflussen und dann aufgrund dieses pflichtwidrigen Beschlusses eine Due Diligence zulassen. Für alle Organe der untersuchten Unternehmensformen gilt ferner, daß sie sich eines Verschuldensvorwurfs aussetzen, wenn sie die Due Diligence zulassen, ohne daß die genannten Voraussetzungen vorliegen. In einem solchen Fall mißachten sie, daß aufgrund der unzureichenden Sicherung vor einem Mißbrauch ein Risiko für die Gesellschaft besteht.

Liegt abgesehen von dem Verschulden ein Schaden der Gesellschaft vor und können die betreffenden Unternehmensleiter darüber hinaus nicht durch die Due-Diligence-Defense den Verschuldensvorwurf entkräften, so kann die Gesellschaft grundsätzlich den Unternehmensleiter in Anspruch nehmen, soweit nicht aus anderen Gründen die Haftung nicht eintritt. Grund für den Nichteintritt der Haftung kann sowohl die Haftungsbefreiung im Vorfeld der Pflichtverletzung als auch im Nachhinein sein. Bei der Rechtsform der Aktiengesellschaft bieten sich in dieser Hinsicht allerdings wenig Möglichkeiten, einer Haftung zu entgehen. Eine Haftungsbefreiung von vornherein ist realistisch gesehen selten möglich, im Nachhinein kommt sie nur durch Verzicht oder Vergleich in Betracht, wobei hieran strenge Voraussetzungen gestellt werden. Bei Unternehmensleitern einer GmbH und einer Kommanditgesellschaft hingegen kommen sowohl im Vorfeld als auch im Nachhinein eine Reihe von Haftungsbefreiungsmöglichkeiten in Betracht. Insbesondere der nach der hier vertretenen Ansicht zur Durchführung der Due Diligence erforderliche Beschluß der Gesellschafterversammlung stellt diesbezüglich, soweit er ordnungsgemäß herbeigeführt wurde, eine Möglichkeit für den Unternehmensleiter einer GmbH oder Kommanditgesellschaft dar, einer Haftung zu entgehen. Darüber hinaus stellt eine D&O-Versicherung, soweit in ihren Bedingungen Innenhaftungsansprüche nicht ausgeschlossen sind, für Manager aller untersuchten Rechtsformen eine Möglichkeit dar, nicht persönlich zur Zahlung herangezogen zu werden. Der Abschluß einer D&O-Versicherung ist deshalb grundsätzlich zu empfehlen.

Literaturverzeichnis

Ackmann, Hans-Peter	Die Abgrenzung „nächster“ von „weiteren“ Mangelfolgeschäden bei der Verjährung nach § 638 BGB, -eine Malaise ohne Ende?, JZ 1992, S. 670 ff.
Ahrens, Martin	Arbeitnehmerhaftung bei betrieblich veranlaßter Tätigkeit, DB 1996, S. 934 ff.
Assmann, Heinz-Dieter	Das neue deutsche Insiderrecht, ZGR 1994, S. 494 ff.
Assmann, Heinz-Dieter	Das künftige deutsche Insiderrecht II, AG 1994, S.237 ff.
Assmann, Heinz-Dieter	Rechtsanwendungsprobleme des Insiderrechts, AG 1997, S. 50 ff.
Assmann, Heinz-Dieter/ Schneider, Uwe H.	Kommentar zum Wertpapierhandelsgesetz, 2. Auflage, Köln 1999, (zit.: Assmann/ Schneider/ Bearbeiter)
Aubel, Thomas van	Vorstandspflichten bei Übernahmeangeboten, München 1996, (zit.: van Aubel)
Ballerstedt, Kurt	Zur Haftung für culpa in contrahendo bei Geschäftsabschluß durch Stellvertreter, AcP151 (1950/ 51), S. 501 ff.
Bastuck, Burkhard	Enthaftung des Managements, Köln, Berlin, Bonn, München 1985, (zit.: Bastuck, Enthaftung des Managements)
Baumbach, Adolf./ Hopt, Klaus J.	Handelsgesetzbuch mit GmbH&Co, Handelsklauseln, Bank- und Börsenrecht, Transportrecht (ohne Seerecht), Kommentar, 30. Auflage, München 2000, (zit.: Baumbach/ Hopt)
Baumbach, Adolf/ Hueck, Alfred	Kurz-Kommentar zum GmbH-Gesetz, 17. Auflage, München 2000, (zit.: Baumbach/ Hueck/ Bearbeiter)
Baur, Jüren	Die Gewährleistungshaftung des Unternehmensverkäufers, BB 1979, S. 381 ff.
Becker, Joachim	Das neue Wertpapierhandelsgesetz, Berlin 1995, (zit.: Bekker, Das neue Wertpapierhandelsgesetz)
Beisel, Wilhelm/ Klumpp, Hans-Hermann	Der Unternehmenskauf- Gesamtdarstellung der zivil- und steuerlichen Vorgänge einschließlich gesellschafts-, arbeits- und kartellrechtlicher Fragen bei der Übertragung eines Unternehmens, 3. Auflage, München 1996, (zit.: Beisel/ Klumpp)

Benkard, Georg — Patentgesetz, Gebrauchsmustergesetz, 9. Auflage, München 1993, (zit.: Benkard)

Benner-Heinacher, Jella — Kollidiert die Auskunftspflicht des Vorstands mit dem Insidergesetz?, DB 1995, S. 765 f.

Berens, Wolfgang/ Brauner, Hans U. — Due Diligence bei Unternehmensakquisitionen Stuttgart 1998, (zit.: Berens/ Brauner)

Bernstein, Herbert — Kollisionsrechtliche Fragen der culpa in contrahendo, RabelsZ 41 (1977), S. 281 ff.

Bihr, Dietrich — Due Diligence: Geschäftsführungsorgane im Spannungsfeld zwischen Gesellschafts- und Gesellschafterinteressen BB 1998, S. 1198 ff.

Bitter, Christian von — Das Informationsrecht der GmbH-Gesellschafter in §§ 51 a, 51 b GmbHG, ZIP 1981, S. 825 ff

Blaurock, Uwe — Der Letter of Intent, ZHR 147 (1983), S. 334 ff.

Borgmann, Brigitte — Ausgewählte Entscheidungen des Bundesgerichtshofs zur Anwaltshaftung nach deutschem Recht, in: DACH, Die Haftung des Rechtsanwalts, S. 9 ff., Wien 1997

Borgmann, Brigitte/ Haug, Karl H. — Anwaltshaftung: systematische Darstellung der Rechtsgrundlagen für die anwaltliche Berufstätigkeit, 3. Auflage, München 1995, (zit.: Borgmann/ Haug)

Brandmüller, Gerhard — Der GmbH-Geschäftsführer im Gesellschafts-, Steuer- und Sozialversicherungsrecht, 11. Auflage, Bonn, Berlin 1999, (zit.: Brandmüller, Der GmbH-Geschäftsführer)

Bremer, Jürgen — Herausgabe von Informationen im Rahmen einer Due Diligence, GmbHR 2000, S. 176 ff.

Bromberg, Alan R. — Securities Law, Fraud, Sec Rule 10 b-5, New York, San Francisco, Toronto, London, Sydney 1967, (zit.: Bromberg, Securities Law)

Brox, Hans — Besonderes Schuldrecht, 23. Auflage, München 1998, (zit.: Brox, SchuldR BT)

Buchwaldt, Ekkehard — Bilanz und Beteiligungserwerb, NJW 1994, S. 153 ff.

Bühring, Manfred	Gebrauchsmustergesetz, 5. Auflage, Köln, Berlin, Bonn, München 1997, (zit.: Bühring)
Bunte, Hermann-Josef	Mandatsbedingungen der Rechtsanwälte und das AGB-Gesetz, NJW 1981, S. 2657 ff.
Buxbaum, Richardt M./ Schneider, Uwe H.	Die Fortentwicklung der Aktionärsklage und der Konzernklage im amerikanischen Recht, ZGR 1982, S.199 ff.
Caemmerer, Ernst von/ Schlechtriem, Peter	Kommentar zum Einheitlichen UN-Kaufrecht, 2. Auflage, München 1995, (zit.: V. Caemmerer/ Schlechtriem/ Bearbeiter, UN-Kaufrecht)
Canaris, Claus-Wilhelm	Leistungsstörungen beim Unternehmenskauf, ZGR 1982, S. 395 ff.
Caspari, Karl-Burkhard	Die Problematik der erheblichen Kursbeeinflussung einer publizitätspflichtigen Tatsache, in: Insiderrecht und Ad-hoc-Publizität, S. 65 ff., Düsseldorf 1995, (zit.: Capari, Insiderrecht und Ad-hoc-Publizität)
Caspari, Karl-Burkhard	Die geplante Insiderregelung in der Praxis, ZGR 1994, S. 530 ff.
Claussen, Carsten P.	Das neue Insiderrecht, DB 1994, S. 27 ff.
Claussen, Carsten Peter	Insiderhandelsverbot und Ad hoc-Publizität, Köln 1996, (zit.: Claussen, Insiderhandels-verbot und Ad-hoc-Publizität)
Creifelds, Carl	Rechtswörterbuch, 14. Auflage, München 1997, (zit.: Creifelds)
Däubler, Wolfgang/ Derleder, Peter/ Dubischar, Roland/ Joerges, Christian u.a.	Alternativkommentar zum Bürgerlichen Gesetzbuch, Band 3, Besonderes Schuldrecht, §§ 433-853, Neuwied und Darmstadt 1979, (zit.: Alternativkommentar/ Bearbeiter)
Däubler, Wolgang	Anspruch auf Lizenzgebühr und Herausgabe des Verletzergewinns- atypische Formen des Schadensersatzes, JuS 1969, S. 49 ff.
Deutsch, Erwin	Freizeichnung von der Berufshaftung, VersR 1974, S. 301 ff.
Deutsche Börse AG, Frankfurt	Insiderhandelsverbote und Ad hoc-Publizität nach dem Wertpapierhandelsgesetz, Köln 1994, (zit. Deutsche Börse AG, Insiderhandelsverbote)

Dölle, Hans	Kommentar zum Einheitlichen Kaufrecht, München 1976, (zit.: Dölle/ Bearbeiter, Einheitl. KaufR)
Dürig, Markus	Der grenzüberschreitende Unternehmenskauf, Köln 1998, (zit.: Dürig)
Ebenroth, Carsten Thomas/ Lange, Werner Knut	Sorgfaltspflichten und Haftung des Geschäftsführers einer GmbH nach § 43 GmbHG, GmbHR 1992, S. 69 ff.
Eichler, Hermann	Vertragsbruch und Vertragsverletzung, Berlin 1991, (zit.: Eichler, Vertragsbruch und Vertragsverletzung)
Elsing, Siegfried	US-amerikanisches Handels- und Gesellschaftsrecht, 2. Auflage, Heidelberg 1998, (zit.: Elsing)
Emmerich, Volker	Das Recht der Leistungsstörungen, 4. Auflage, München 1997, (zit.: Emmerich, Recht der Leistungsstörungen)
Emmerich, Volker	Anmerkung zum BGH-Urteil NJW 1991, 1041 ff., JuS 1991, S. 600 f.
Emmerich, Volker/ Gerhardt, Walter/ Grunsky, Wolfgang u.a.	Grundlagen des Vertrags- und Schuldrechts, München 1974, (zit.: Grundlagen des Vertrags- und Schuldrechts/ Bearbeiter)
Enderlein, Fritz/ Makow, Dietrich/ Strohbach, Heinz	Internationales Kaufrecht, Kommentar, Berlin 1991, (zit.: Enderlein/ Maskow/ Strohbach, Int. KaufR)
Enneccurrus, Ludwig/ Nipperdey, Hans Carl	Bürgerliches Recht, Allgemeiner Teil, 14. Auflage, Tübingen 1959, (zit.:Enneccerrus/ Nipperdey)
Ermann, Walter	Handkommentar zum Bürgerlichen Gesetzbuch -1. Band, §§ 1-853, AbzG, HausTWG, AGBG, 9. Auflage, Münster 1993 -2. Band, §§ 854-2385, EGBGB, ErbbauRVO, WEG, SchiffsRG, EheG, EheG, HausratsVO, BeurkG, 9. Auflage, Münster 1993 (zit.: Ermann/ Bearbeiter)
Ermann, Walter	Beiträge zur Haftung für das Verhalten bei Vertragsverhandlungen, AcP 139 (1934), S. 273 ff.
Eschenbruch, Klaus	Konzernhaftung, -Haftung der Unternehmen und Manager, Düsseldorf 1996, (zit.: Eschenbruch, Konzernhaftung)

Espey, Günther/ Bitter, Christian von	Haftungsrisiken des GmbH-Geschäftsführers, Düsseldorf 1990, (zit.: Espey/ v. Bitter, Haftungsrisiken des GmbH-Geschäftsführers)
Esser, Josef/ Weyers, Hans-Leo	Schuldrecht, Band II, Besonderer Teil, Teilband 1, Verträge, 8. Auflage, Heidelberg 1998, (zit.: Esser/ Weyers, BT Teilband 2)
Esser, Josef/ Schmidt, Eike	Schuldrecht, Band I, Allgemeiner Teil, Teilband 2, 7. Auflage, Heidelberg 1993, (zit.: Esser/ Schmidt, AT Teilband 2)
Fikentscher, Wolfgang	Schuldrecht, 9. Auflage, Berlin, New York 1997, (zit.: Fikentscher)
Firsching, Karl/ Hoffmann, Bernd von	Internationales Privatrecht, 5. Auflage, München 1997, (zit.: Firsching/ v. Hoffmann)
Fischer, Gerfried	Culpa in Contrahendo im Internationalen Privatrecht, JZ 1991, S. 168 ff.
Fleck, Hans-Joachim	Das Organmitglied -Unternehmer oder Arbeitnehmer?, Festschrift für Marie Luise Hilger und Hermann Sturm, München 1993, S. 197 ff.
Fleck, Hans-Joachim	Das Dienstverhältnis der Vorstandsmitglieder und Geschäftsführer in der Rechtsprechung des BGH, WM-Sonderbeilage III/ 1981
Fleck, Hans-Joachim	Zur Haftung eines GmbH-Geschäftsführers, GmbHR 1974, S. 224 ff.
Flume, Werner	Eigenschaftsirrtum und Kauf, Münster 1975, (zit.: Flume, Eigenschaftsirrtum und Kauf)
Freitag, Andreas	Die Nachahmung bekannter Persönlichkeiten in der Werbung, GRUR 1994, S. 345 ff.
Gadow, W./ Heinichen, E./ Schmidt, Eberhard u.a.	Großkommentar zum Aktiengesetz, 3. Auflage, Berlin, New York 1973, Erster Band, 2. Halbband, §§ 76-147, (zit.: Großkommentar zum AktG/ Bearbeiter)
Ganzert, Siegfried/ Kramer, Lutz	Due Diligence Review -eine Inhaltsbestimmung, WPg 1995, S. 567 ff.
Gaul, Dieter	Information und Vertraulichkeit der Aufsichtsratsmitglieder einer GmbH, GmbHR 1986, S. 296 ff.

Gehre, Horst — Steuerberatergesetz mit Durchführungsverordnungen, 4. Auflage, München 1999, (zit.: Gehre)

Gerkan, Hartwin von — Die Beweislastverteilung beim Schadensersatzanspruch der GmbH gegen ihren Geschäftsführer, ZHR 154 (1990), S. 38 ff.

Gernhuber, Joachim — Das Schuldverhältnis, Tübingen 1991, (zit.: Gernhuber, Das Schuldverhältnis)

Gerstenberg, Ekkehard/ Buddeberg, Michael — Geschmacksmustergesetz, 3. Auflage, Kommentar und Handbuch, Heidelberg 1996, (zit.: Gerstenberg/ Buddeberg)

Geßler, Ernst/ Hefermehl, Wolfgang/ Eckardt, Ulrich/ Kropff, Bruno — Kommentar zum Aktiengesetz, Band II, §§ 76-147, München 1973, 1974, (zit.: Geßler/ Hefermehl/ Eckardt/ Kropf/ Bearbeiter)

Giesen, Dieter — Der große Preis oder über den Anreiz zu großzügigem Umgang mit Schadenspositionen aus entgangenem Gewinn bei Kfz-Totalschäden, VersR 1979, S. 389 ff.

Glanegger, Peter/ Güroff, Georg/ Kusterer, Stefan u.a. — Heidelberger Kommentar zum Handelsgesetzbuch, 5. Auflage, Heidelberg 1999, (zit.: Heidelberger Kommentar/ Bearbeiter)

Goerdeler, Reinhard — Die Zuziehung von Sachverständigen bei der Einsicht in die Bücher, Festschrift für Walter Stimpel, S. 125 ff., Berlin, New York 1985

Götz, Jürgen — Die unbefugte Weitergabe von Insidertatsachen, DB 1995, 1949 ff.

Götze, Cornelius — Auskunftserteilung durch GmbH-Geschäftsführer im Rahmen der Due Diligence beim Beteiligungserwerb, ZGR 1999, S. 202 ff.

Grochla, Erwin/ Wittmann, Waldemar — Handwörterbuch der Betriebswirtschaft, Band I/ 1, 4. Auflage, Stuttgart 1974, (zit.: Handwörterbuch der Betriebswirtschaft I/ 1)

Grunewald, Barbara — Die Grenzziehung zwischen der Rechts- und Sachmängelhaftung beim Kauf, Bonn 1980, (zit.: Grunewald, Grenzziehung)

Grunewald, Barbara — Unerwartete Verbindlichkeiten beim Unternehmenskauf, ZGR 1981, S. 622 ff.

Grunewald, Barbara — Einsichts- und Auskunftsrechte des GmbH-Gesellschafters nach neuem Recht, ZHR 146 (1982), S. 211 ff.

Haas, Ulrich — Geschäftsführerhaftung und Gläubigerschutz, München 1997, (zit.: Haas, Geschäftsführerhaftung und Gläubigerschutz)

Hachenburg, Max — Gesetz betreffend die Gesellschaftern mit beschränkter Haftung (GmbHG), Großkommentar
-Erster Band, §§ 1- 34, 8. Auflage, Berlin, New York 1992
-Zweiter Band, §§ 35-52, 8. Auflage, Berlin, New York 1997
-Dritter Band, §§ 53-85, 8. Auflage, Berlin, New York 1997
(zit.: Hachenburg/ Bearbeiter)

Hagen, Horst — Die neue Rechtsprechung des BGH zum Grundstückskauf, WM 1989, Sonderbeilage VII

Harrer, Herbert — Die Bedeutung der Due Diligence bei der Vorbereitung eines Unternehmenskaufs, DStR 1993, S. 1673 ff.

Harrer, Herbert/ Erbracher, Peter — Die Bedeutung der Due Diligence-Prüfung im Rahmen einer Unternehmensübernahme oder eines Unternehmenskaufs, Schriften zum Kapitalmarkt, Band 2: Die Übernahme börsennotierter Unternehmen, S. 253 ff.

Haupt, Günter — Über faktische Vertragsverhältnisse, Festschrift für Heinrich Siber, Band II, S. 5 ff., Leipzig 1943

Hefermehl, Wolfgang — Zur Haftung der Vorstandsmitglieder bei Ausführung von Hauptversammlungsbeschlüssen, Festschrift für Wolfgang Schilling, Berlin, New York 1973, S. 159 ff.

Heil, Ulf/ Roos, Michael — Zur dreifachen Schadensberechnung bei Übernahme sonderrechtlich nicht geschützter Leistungen, GRUR 1994, S. 26 ff.

Heinrichs, Helmut — Kurzkommentar zum BGH-Urteil IX ZR 15/ 94, EWiR 1995, S. 433 f.

Helbling, Carl — Unternehmensbewertung und Steuern, 7. Auflage, Düsseldorf 1993, (zit.: Helbling, Unternehmensbewertung und Steuern)

Henn, Günter — Handbuch des Aktienrechts, 2.Auflage, Heidelberg 1998 (zit.: Henn, Hdb. des Aktienrechts)

Herber, Rolf/ Czerwenka, Beate — Internationales Kaufrecht, Kommentar zu dem Übereinkommen der Vereinten Nationen vom 11. April 1980 über Verträge über den internationalen Warenkauf, München 1991, (Herber/ Czerwenka, Int. KaufR)

Herrmann, Elisabeth — Ökonomische Analyse der Haftung des Wirtschaftsprüfers, Frankfurt 1997, (zit.: Herrmann, Ökonomische Analyse der Haftung des Wirtschaftsprüfers)

Heymann, Ernst/ Emmerich, Volker — Kommentar zum Handelsgesetzbuch, Band 2, Zweites Buch, §§ 105-237, 2. Auflage, Berlin, New York 1996, (zit.: Heymann/ Bearbeiter)

Hiddemann, Klaus-Joachim — Leistungsstörungen beim Unternehmenskauf aus Sicht der Rechtsprechung, ZGR 1982, S. 435 ff.

Hirte, Heribert — Die Ausübung der Informationsrechte von Gesellschaftern durch Sachverständige, BB 1985, S. 2208 ff.

Hirte, Herribert/ Schander, Albert A. — Organpflichten bei Unternehmensübernahmen, Schriften zum Kapitalmarkt, Band 2: Die Übernahme börsennotierter Unternehmen, S. 341 ff.

Hoffmann-Becking, Michael — Münchener Handbuch des Gesellschaftsrecht, Band 4, Aktiengesellschaft, München 1988, (zit.: Münch Hdb.IV/ Bearbeiter)

Höhn, Reinhard — Die Geschäftsleitung der GmbH, 2. Auflage, Köln 1995, (zit.: Höhn, Geschäftsleitung der GmbH)

Hölters, Wolfgang — Handbuch des Unternehmens- und Beteiligungskaufs, 3. Auflage, Köln 1992, (zit.: Hölters/ Bearbeiter)

Holzapfel, Hans-Joachim/ Pöllath, Reinhard — Unternehmenskauf in Recht und Praxis, 8. Auflage, Köln 1997, (zit.: Holzapfel/ Pöllath)

Hommelhoff, Peter — Der Unternehmenskauf als Gegenstand der Rechtsgestaltung, ZHR 150 (1986), S. 254 ff.

Hommelhoff, Peter — Die Sachmängelhaftung beim Unternehmenskauf, Köln, Berlin, Bonn, München 1975, (zit.: Hommelhoff, Sachmängelhaftung beim Unternehmenskauf)

Hommelhoff, Peter — Anmerkungen zum BGH-Urteil vom 12.11.1975-VIII -ZR 142/ 74, BB 1976, S. 11 ff. und 155 ff.

Hommelhoff, Peter — Unternehmensführung in der mitbestimmenden GmbH, ZGR 1978, S. 119 ff.

Hommelhoff, Peter — Die Sachmängelhaftung beim Unternehmenskauf durch Anteilserwerb, ZHR 140 (1976), S. 271 ff.

Honsell, Heinrich — Die positive Vertragsverletzung und ihr Verhältnis zur Sachmängelhaftung bei Kauf, Miete und Werkvertrag, Jura 1979, S. 184 ff.

Hopt, Klaus — Vertrags- und Formularhandbuch zum Handels-, Gesellschafts-, Bank- und Transportrecht, München 1995, (zit.: Hopt/ Bearbeiter)

Hopt, Klaus J. — Berufshaftung und Berufsrecht der Börsendienste, Anlageberater und Vermögensverwalter, Festschrift für Robert Fischer, Berlin, New York 1979, S. 237 ff.

Hopt, Klaus J. — Ökonomische Theorie und Insiderrecht, AG 1995, S. 353 ff.

Horn, Norbert — Die Haftung des Vorstands der Aktiengesellschaft nach § 93 AktG und die Pflichten des Aufsichtsrats, ZIP 1997, S. 1129 ff.

Huber, Ulrich — Das Auskunftsrecht des Kommanditisten, ZGR 1982, S. 539 ff.

Huber, Ulrich — Mängelhaftung beim Kauf von Gesellschaftsanteilen, ZGR 1972, S. 395 ff.

Hucke, Anja — Managerversicherungen: Ein Ausweg aus den Haftungsrisiken?, DB 1996, S. 2267 ff.

Hueck, Alfred — Das Recht der Offenen Handelsgesellschaft, 4. Auflage, Berlin, New York 1971, (zit.: Hueck, Recht der OHG)

Hüffer, Uwe — Der Aufsichtsrat in der Publikumsgesellschaft, -Pflichten und Verantwortlichkeit der Aufsichtsratsmitglieder-, ZGR 1980, S. 320 ff.

Hüffer, Uwe — Kommentar zum Aktiengesetz, 3. Auflage, München 1997, (zit. : Hüffer)

Hüttermann, Martin Peter — Der Kauf von Unternehmen und Unternehmensanteilen nach dem Recht von New York, Frankfurt 1997, (zit.: Hüttermann)

Immenga, Ulrich	Die Minderheitsrechte des Kommanditisten, ZGR 1974, S. 385 ff.
Jauernig, Othmar	Kommentar zum Bürgerlichen Gesetzbuch sowie dem Gesetz zur Regelung des Rechts der Allgemeinen Geschäftsbedingungen, 8. Auflage, München 1997, (zit.: Jauernig/ Bearbeiter)
Jung, Willi	Praxis des Unternehmenskaufs, 2. Auflage, Stuttgart 1993, (zit.: Jung)
Junge-Ilges, Partrick	Haftungsvereinbarungen der rechts- und wirtschaftsberatenden Berufe, Bonn 1995, (zit.: Junge-Ilges, Haftungsvereinbarungen der rechts- und wirtschaftsberatenden Berufe)
Karollus, Martin	UN-Kaufrecht, Wien, New York 1991, (zit.: Karollus, UN-KaufR)
Kegel, Gerhard/ Schurig, Klaus	Internationales Privatrecht, Auflage, München 2000, (zit.: Kegel/ Schurig, IPR)
Kiethe, Kurt	Vorstandshaftung aufgrund fehlerhafter Due Diligence beim Unternehmenskauf, NZG 1999, S, 976 ff.
Kirchner, Hildebert	Abkürzungsverzeichnis der Rechtssprache, 4. Auflage, Berlin, New York 1993 (zit.: Kirchner, Abkürzungsverzeichnis der Rechtssprache)
Kittner, Michael	Unternehmensverfassung und Information -Die Schweigepflicht von Aufsichtsratsmitgliedern, ZHR 136 (1972), S. 208 ff.
Klein-Blenkers, Friedrich	Rechtsprechungsbericht: Unternehmenskauf (Zivilrecht), NZG 1999, S. 185 ff.
Klein-Blenkers, Friedrich	Rechtsprechungsbericht: Unternehmenskauf, WiB 1997, S. 16 ff.
Knepper, William, E./ Bailey, Dan A.	Liability of Corporate Officers and Directors, 5. Volume 1, Auflage, Charlottsville 1993, (zit.: Knepper/ Bailey, Liability of Corporate Officers and Directors)
Knoche, Joachim	Sachmängelgewährleistung beim Kauf eines Altlastengrundstücks, NJW 1995, S. 1985 ff.

Koch, Ulrich — Die Entwicklung des Gesellschaftsrecht in den Jahren 1987/ 88, NJW 1990, S. 158 ff.

Köhler, Helmut — Zur Funktion und Reichweite der gesetzlichen Gewährleistungsausschlüsse, JZ 1989, S. 761 ff.

Koller, Ingo — Die Wirksamkeit formularmäßiger Haftungsfreizeichnungsklauseln zwischen Schadensausgleich und Schadensprävention, ZIP 1986, S. 1089 ff.

Koller, Ingo — Die Risikozurechnung bei Vertragsstörungen in Austauschverträgen, München 1979, (zit.: Koller, Risikozurechnung bei Austauschverträgen)

Koller, Ingo/ Roth, Hennig-Wulf/ Morck, Winfried — Kommentar zum Handelsgesetzbuch, 2. Auflage, München 1999, (zit.: Koller/ Roth/ Morck/ Bearbeiter)

Koppensteiner, Hans Georg — GmbH-Rechtliche Probleme des Management-Buy-Outt ZHR 155 (1991), S. 97 ff.

Kösters, Friedrich — Letter of Intent -Erscheinungsformen und Gestaltungshinweise-, NZG 1999, S. 623 ff.

Krämer. Lutz/ Baudisch, Matthias — Neues zur Börsenprospekthaftung und zu den Sorgfaltsanforderungen beim Unternehmenskauf, WM 1998, S. 1161 ff.

Kropholler, Jan — Internationales Privatrecht, 3. Auflage, Tübingen 1997, (zit.: Kropholler, IPR)

Krüger, Dirk/ Kalbfleisch, Eberhard — Due Diligence bei Kauf und Verkauf von Unternehmen, DStR 1999, S. 174 ff.

Kümpel, Siegfried — Zum Begriff der Insidertatsache, WM 1994, S. 2137 ff.

Kümpel, Siegried — Bank- und Kapitalmarktrecht, Köln 1995, (zit.: Kümpel)

Kunst, Egon — Zur Sorgfaltspflicht und Verantwortlichkeit eines ordentlichen und gewissenhaften Geschäftsleiters, WM 1980, S. 758 ff.

Lackner, Karl/ Kühl, Kristian — Strafgesetzbuch mit Erläuterungen, 23. Auflage, München 1999, (zit.: Lackner/ Kühl)

Larenz, Karl — Bemerkungen zur Haftung für „culpa in contrahendo“, Festschrift für Kurt Ballerstedt, S. 397 ff., Berlin 1975

Larenz, Karl	Die Begründung von Schuldverhältnissen durch sozialtypisches Verhalten, NJW 1956, S. 1897 ff.
Larenz, Karl	Lehrbuch des Schuldrechts, Erster Band, Allgemeiner Teil, 14. Auflage, München 1987, (zit.: Larenz, SchuldR AT)
Larenz, Karl	Lehrbuch des Schuldrechts, Band II, Halbband 1, Besonderer Teil, 13. Auflage, München 1986, (zit: Larenz, SchuldR BT, Band 1)
Lattwein, Alois/ Krüger,Burkhard	D&O: Von der Ablehnung wegen Unmoral bis zum Verbandskonzept, -Die Entwicklung der Haftpflicht-Versicherung für Manager am deutschen Markt-, Vw 1997, S. 1366 ff.
Lehmann, Michael	Juristisch-ökonomische Kriterien zur Berechnung des Verletzergewinns bzw. des entgangenen Gewinns, BB 1988, S. 1680 ff.
Lieb, Manfred	Gewährleistung beim Unternehmenskauf, Festschrift für Joachim Gernhuber, S. 259 ff., Tübingen 1993
Lingenberg, Joachim/ Hummel, Fritz/ Zuck, Rüdiger/ Eich, Alxander	Kommentar zu den Grundsätzen des anwaltlichen Standesrechts, 2. Auflage, Köln 1988, (zit.: Lingenberg/ Hummel/ Zuck/ Eich/ Bearbeiter)
Loewenheim, Ulrich	Möglichkeiten der dreifachen Berechnung des Schadens im Recht gegen den unlauteren Wettbewerb, ZHR 135 (1971), S. 97 ff.
Loges, Rainer	Der Einfluß der Due Diligence auf die Rechtsstellung des Käufers eines Unternehmens, DB 1997, S. 965 ff.
Löwisch, Manfred	Arbeitsrecht, 4. Auflage, Düsseldorf 1996, (zit.: Löwisch, Arbeitsrecht)
Löwisch, Manfred	Rechtswidrigkeit und Rechtfertigung von Forderungsverletzungen, AcP 165 (1965), S. 421 ff.
Lüderitz, Alexander	Internationales Privatrecht, 2. Auflage, Neuwied, Kriftel, Berlin 1992, (zit.: Lüderitz, IPR)
Lutter, Marcus	Der Letter of Intent, 3. Auflage, Köln, Berlin, Bonn, München 1998, (zit.: Lutter, Letter of Intent)

Lutter, Marcus	Due Diligence des Erwerbers beim Kauf einer Beteiligung, Festschrift für Helmut Schippel, München 1996, S. 455 ff.
Lutter, Marcus	Zum Informationsrecht des Gesellschafters nach GmbH-Recht, ZGR 146 (1982), S. 1 ff.
Lutter, Marcus	Due Diligence des Erwerbers beim Kauf einer Beteiligung, ZIP 1997, S. 613 ff.
Lutter, Marcus	Information und Vertraulichkeit im Aufsichtsrat, 2. Auflage, Berlin, Bonn, München 1984, (zit.: Lutter, Information und Vertraulichkeit im Aufsichtsrat)
Lutter, Marcus/ Hommelhoff, Peter	GmbH-Gesetz, Kommentar, 15. Auflage, Köln 2000, (zit.: Lutter/ Hommelhoff)
Marquardt, Michael	LG Berlin: Gewährleistungsrechte beim Aktienkauf, Anmerkungen zum LG Berlin 85-O 140/ 93, WiB 1994, 687 f.
Marten, Kai-Uwe/ Köhler, Annette	Due Diligence in Deutschland, -Eine empirische Untersuchung-, Finanz Betrieb 1999, S. 337 ff.
Martens, Klaus Peter	Die GmbH und der Minderheitenschutz, GmbHR 1984, S. 265 ff.
Martin, Christopher	Die Ausgestaltung von Gewährleistungsrechten beim Unternehmenskauf durch Anteilserwerb von einer Mehrheit von Veräußerern, NZG 1999, S. 583 ff.
Mayer-Maly, Theo	Plädoyer für einen Abschied von der Gefahrengeneigtheit Festschrift für Marie Luise Hilger und Hermann Sturm, München 1993, S 467 ff.
Medicus, Dieter	Allgemeiner Teil des BGB, 7. Auflage, Heidelberg 1997, (zit.: Medicus, AT)
Medicus, Dieter	Bereicherungsrecht, 18. Auflage, Köln, Berlin, Bonn, München 1999, (zit.: Medicus, BR)
Medicus, Dieter	Anmerkung zum BGH-Urteil II ZR/179/ 91, EwiR 1993, S. 233 f.
Medicus, Dieter	Zum Schutzzweck schadensabwehrender Pflichten oder Obliegenheiten, Festschrift für Hubert Niederländer, S. 329 ff., Heidelberg 1991

Medicus, Dieter | Vertragliche und deliktische Ersatzansprüche für Schäden aus Sachmängeln, Festschrift für Eduard Kern, S. 313 ff., Tübingen 1968

Meincke, Eberhard | Geheimhaltungspflichten im Wirtschaftsrecht, WM 1998, S. 749 ff.

Mennicke, Petra R. | Sanktionen gegen Insiderhandel, Berlin 1996, (zit.: Mennikke)

Merkt, Hanno | Internationaler Unternehmenskauf durch Beteiligungserwerb, Iusto iure, Festschrift für Otto Sandrock, Heidelberg 1995, S. 135 ff.

Merkt, Hanno | Internationaler Unternehmenskauf durch Erwerb der Wirtschaftsgüter, RIW 1995, S. 533 ff.

Merkt, Hanno | Internationaler Unternehmenskauf und Einheitskaufrecht, ZVglRWiss 93 (1994), S. 353 ff.

Merkt, Hanno | US-amerikanisches Gesellschaftsrecht, Heidelberg 1991, (zit.: Merkt, US-amerikanisches Gesellschaftsrecht)

Merkt, Hanno | Internationaler Unternehmenskauf, Köln 1997, (zit.: Merkt)

Merkt, Hanno | Rechtliche Bedeutung der „Due diligence“ beim Unternehmenskauf, WiB 1996, S. 145 ff.

Merkt, Hanno | Due Diligence und Gewährleistung beim Unternehmenskauf, BbG 1995, S. 1041 ff.

Mertens, Hans-Joachim | Deliktsrecht und Sonderprivatrecht- zur Rechtsfortbildung des deliktischen Schutzes von Vermögensinteresse, AcP 178 (1978), S. 227 ff.

Mertens, Hans-Joachim/ Rehbinder, Eckard | Internationales Kaufrecht, Kommentar zu den Einheitlichen Kaufgesetzen, Frankfurt 1975, (zit.: Mertens/ Rehbinder, Int. KaufR)

Mertens, Kai | Die Information des Erwerbers einer wesentlichen Unternehmensbeteiligung an einer Aktiengesellschaft durch deren Vorstand, AG 1997, S. 541 ff.

Meßmer, Daniel/ Keßler, Dirk | Rechtsanwälte und Due Diligence- Zulässigkeit, Haftung und versicherungsrechtliche Betrachtung, NVersZ 2000, S. 110 ff.

Mestmäcker, Ernst-Joachim — Eingriffserwerb und Rechtsverletzung in der ungerechtfertigten Bereicherung, JZ 1958, S. 521 ff.

Meyer-Landrut, Joachim — Die Verschwiegenheitspflicht amtierender und ausscheidender Vorstands- und Aufsichtsratsmitglieder der Aktiengesellschaft, AG 1964, S. 325 ff.

Meyer-Landut, Joachim/ Miller, Georg/ Niehus, Rudolf J. — Kommentar zum Gesetz betreffend die Gesellschaften mit beschränkter Haftung, Berlin, New York 1987, (zit.:Meyer-Landrut/ Miller/ Niehus/ Bearbeiter)

Meyke, Rolf — Die Haftung des GmbH-Geschäftsführers, Köln 1998, (zit.: Meyke, Die Haftung des GmbH-Geschäftsführers)

Michalski, Lutz — Die Systemwidrigkeit der Differenzierung nach Mangel- und Mangelfolgeschäden im werkvertraglichen Sachmängelgewährleistungsrecht, NJW 1988, S. 793 ff.

Mössle, Klaus — Leistungsstörungen beim Unternehmenskauf -neue Tendenzen, BB 1983, S. 2146 ff.

Müller, Gerd — Kaufrechtliche Gewährleistung oder culpa in contrahendo?, ZIP 1993, S. 1045 ff.

Müller, Klaus — Schranken des Informationsrechts nach § 51 a GmbHG, GmbHR 1987, S. 87 ff.

Müller, Klaus — Kommentar betreffend die Erwerbs- und Wirtschaftsgenossenschaften, Zweiter Band, §§ 33 (Forts.)-42, 2. Auflage, Bielefeld 1996, (Müller, GenG)

Müller, Klaus J. — Gestattung der Due Diligence durch den Vorstand der Aktiengesellschaft, NJW 2000, S. 3452 ff.

Müller, Reinhold — D&O-Versicherungen: Eine Frage der Unternehmenskultur, Vw 1997, S. 1718 f.

Müller, Welf — Kurzkommentar zum BGH-Urteil 8 U 239/ 88, EWiR 1990, S. 351 f.

Müller-Graf, Peter-Christian — Der Haftungsmaßtab der „diligentia quam in suis“ für Geschäftsführer in Personengesellschaften, AcP 191 (1991), S. 475 ff.

Nirk, Rudolf	Culpa in Contrahendo-eine richterliche Rechtsfortbildung-in der Rechtsprechung des Bundesgerichtshofs, Festschrift für Philipp Möhring, S. 385 ff., München 1975
Nirk, Rudolf/ Kurtze, Helmut	Kommentar zum Geschmacksmusterrecht, 2. Auflage, Köln, Berlin, Bonn, München 1997, (zit.: Nirk/ Kurtze)
Noll, Bernd	Gewährleistungsrechte wegen falscher Umsatzangaben beim Unternehmenskauf, WM 1985, S. 341 ff.
Oppenländer, Frank	Grenzen der Auskunftserteilung durch Geschäftsführer und Gesellschafter beim Verkauf von GmbH-Geschäftsanteilen, GmbHR 2000, S. 535 ff.
Palandt, Otto	Kurz-Kommentar zum Bürgerlichen Gesetzbuch, 60. Auflage, München 2001, (zit.: Palandt/ Bearbeiter)
Paulusch, Bernd-A.	Die Rechtsprechung des BGH zum Kaufrecht, WM 1995, Sonderbeilage I
Pfister, Bernhard	Das technische Geheimnis „Know how“ als Vermögensrecht, München 1974, (zit.: Pfister, Das technische Geheimnis „Know how“ als Vermögensrecht)
Picot, Gerhard	Unternehmenskauf und Restrukturierung, 2. Auflage, München 1998, (zit.: Picot)
Pietzcker, Rolf	Schadensersatz durch Lizenzberechnung, GRUR 1975, S. 55 ff.
Pollanz, Manfred	Due Diligence als künftiges Instrument einer risikoorientierten Abschlußprüfung?, BB 1997, S. 1351 ff.
Posner, Richard A.	Economic Analysis of Law, 2. Auflage, Boston 1977, (zit.: Posner, Economic Analysis of Law)
Preu, Albert	Richtlinien für die Bemessung von Schadensersatz bei Patenten, GRUR 1979, S. 753 ff.
Priester, Hans-Joachim/ Mayer, Dieter	Münchner Handbuch des Gesellschaftsrecht, Band 3, Gesellschaft mit beschränkter Haftung, München 1996, (zit.: Münch Hdb.III/ Bearbeiter)
Prölss, Jürgen	Die Haftung des Verkäufers von Gesellschaftsanteilen für Unternehmensmängel, ZIP 1981, S. 337 ff.

Quack, Karlheinz — Der Unternehmenskauf und seine Probleme, ZGR 1982, S. 350 ff.

Rädler, Albert J./ Pöllath, Reinhard — Handbuch der Unternehmensakquisitionen, Frankfurt 1982, (zit.: Rädler/ Pöllath)

Raiser, Ludwig — Der Stand de Lehre vom subjektiven Recht im Deutschen Zivilrecht, JZ 1961, S. 465 ff.

Raiser, Thomas — Recht der Kapitalgesellschaften, 2. Auflage, München 1992, (zit.: Raiser, Recht der Kapitalgesellschaften)

Rebmann, Kurt/ Säcker, Franz Jürgen — Münchner Kommentar zum Bürgerlichen Gesetzbuch
-Band 1, Allgemeiner Teil (§§ 1-240), AGB-Gesetz, 3. Auflage, München 1993
-Band 2, Allgemeiner Teil, §§ 241-432, 3. Auflage, München 1994
-Band 3, Schuldrecht, Besonderer Teil I, §§ 433-606, 3. Auflage, München 1995
-Band 4, Schuldrecht, Besonderer Teil II, §§ 607-704, 3. Auflage, München 1997
-Band 10, Einführungsgesetz zum Bürgerlichen Gesetzbuche (Art. 1-38), Internationales Privatrecht, 3. Auflage, München 1998
(zit.: MüKo/ Bearbeiter)

Reimann, Matthias — Einführung in das amerikanische Recht, München 1997, (zit.: Reimann)

Reinhart, Gert — UN-Kaufrecht, Heidelberg 1991, (zit.: Reinhart, UN-KaufR)

Reithmann, Christoph — Kurzkommentar zum BGH-Urteil IX ZR 26/ 84, EWiR 1985, S. 293 f.

Reithmann, Christoph/ Martiny, Dieter — Internationales Vertragsrecht, 5. Auflage, Köln 1996, (zit.: Reithmann/ Martiny/ Bearbeiter, Int. VertragsR)

RGRK — Kommentar zum Bürgerlichen Gesetzbuch mit besonderer Berücksichtigung der Rechtsprechung des Reichsgerichts und des Bundesgerichtshofs
-Band I, §§ 1-240, 12. Auflage, Berlin, New York 1982
-Band II, 1. Teil, §§ 241-413, 12. Auflage, Berlin, New York 1976
-Band II, 2. Teil, §§ 414-610, 12. Auflage, Berlin, New York 1978

-Band II, 4. Teil, §§ 631-811, 12. Auflage, Berlin, New York 1978
-Band II, 5. Teil, §§ 812-831, 12. Auflage, Berlin, New York 1989
(zit.: RGRK/ Bearbeiter)

Richardi, Reinhard — Die Wissensvertretung, AcP 169 (1969), S. 385 ff.

Richardi, Reinhard — Abschied von der gefahrgeneigten Arbeit als Voraussetzung für die Beschränkung der Arbeitnehmerhaftung, NZA 1994, S. 241 ff.

Riegger, Bodo/ Weipert, Lutz — Münchner Handbuch des Gesellschaftsrechts, Band 1, BGB-Gesellschaften, Offene Handelsgesellschaft, Partnerschafts-gesellschaft, Parteireederei, EWIV, München 1995, (zit.: Münch Hdb.I/ Bearbeiter)

Riegger, Bodo/ Weipert, Lutz — Münchner Handbuch des Gesellschaftsrechts, Band 2, Kommanditgesellschaft, Stille Gesellschaft, München 1991, (zit.: Münch Hdb. II/ Bearbeiter)

Rinsche, Franz-Josef — Die Haftung des Rechtsanwalts und des Notars: ein Handbuch für die Praxis, 5. Auflage, Köln 1995, (zit.: Rinsche)

Roschmann, Christian/ Frey, Johannes — Geheimhaltungsverpflichtungen der Vorstandsmitglieder von Aktiengesellschaften bei Unternehmenskäufen, AG 1996, S. 449 ff.

Roth, Günther/ Altmeppen, Karl — Kommentar zum Gesetz betreffend die Gesellschaften mit beschränkter Haftung (GmbHG), 3. Auflage, München 1997, (zit.: Roth/ Altmeppen)

Rowedder, Heinz — Gesetz betreffend die Gesellschaften mit beschränkter Haftung (GmbHG), 3. Auflage, München 1997, (zit.: Rowedder/ Bearbeiter)

Roxin, Claus — Strafrecht, Allgemeiner Teil, Band 1, 2. Auflage, München1994, (zit.: Roxin)

Säcker, Franz Jürgen — Aktuelle Probleme der Verschwiegenheitspflicht der Aufsichtsratsmitglieder, NJW 1986, S. 803 ff.

Schaefer, Hans/ Missling, Patrick J. — Haftung von Vorstand und Aufsichtsrat, NZG 1999, S. 441 ff.

Schäfer, Frank A.	Kommentar zum Wertpapierhandelsgesetz, Börsengesetz mit BörsZulV, Verkaufsprospektgesetz mit VerkProspV, Stuttgart, Berlin, Köln 1999, (zit.: Schäfer/ Bearbeiter)
Schander, Albert A./ Posten, Olaf H.	Zu den Organpflichten bei Unternehmensübernahmen, ZIP 1997, S. 1534 ff.
Schaumburg, Heide	Haftung des Verkäufers für fahrlässige Falschangaben bei Kaufabschluß -zum inneren System der §§ 459 ff. BGB-, MDR 1975, S. 105 ff.
Schiessl, Maximilian	Die Informationsrechte der Personenhandelsgesellschafter im Lichte der GmbH- Novelle 1980, GmbHR 1985, S. 109 ff.
Schilling, Wolfgang	Anmerkung zum BGH-Urteil II, ZR 78/ 53, JZ 1954, S. 162 f.
Schimansky, Herbert/ Bunte, Hermann-Josef/ Lwowski, Hans-Jürgen	Bankrechts-Handbuch, Band 3, München 1997, (zit.: Schimansky/ Bunte/ Lwowski/ Bearbeiter, Bankrechts-Hdb.)
Schlegelberger, Franz	Kommentar zum Handelsgesetzbuch, -Band III, 2. Halbband, §§ 161-177 a, §§ 335-342 (§§ 230-237 n.F.), 5. Auflage, München 1986 -Band IV, §§ 343-372, 5. Auflage, München 1976 -Band V, §§ 373-382, 5. Auflage, München 1982 (zit.: Schlegelberger/ Bearbeiter)
Schmidt, Karsten	Handelsrecht, 5. Auflage, Köln, Berlin, Bonn, München 1999, (zit.: Schmidt, HandelsR)
Schmidt, Karsten	Gesellschaftsrecht, 3. Auflage, Köln, Berlin, Bonn, München 1997, (zit.: Schmidt, GesR)
Schmitz-Diemitz, Rolf	Pakethandel und das Weitergabeverbot von Insiderwissen, DB 1996, S. 1809 ff.
Schnauder, Franz	Die Grundsätze der gefahrgeneigten Arbeit, JuS 1995, S. 594 ff.
Schneider Uwe H./ Ihlas, Horst	Die Vermögensschaden-Haftpflichtversicherung des Geschäftsführers einer GmbH, DB 1994, S. 1123 ff.
Schneider, Uwe H.	Haftungsmilderung für Vorstandsmitglieder und Geschäftsführer bei fehlerhafter Unternehmensleitung?, Festschrift für Winfried Werner, Berlin, New York 1985, S. 795 ff.

Schneider, Uwe H.	Die Personengesellschaft als verbundenes Unternehmen -Prolegomena zu einem Konzernrecht für Personengesellschaften, ZGR 1975, S. 254 ff.
Scholz, Franz	Kommentar zum GmbH-Gesetz, -I. Band, §§ 1-44, 9. Auflage, Köln 2001 -II. Band, §§ 45-85, 8. Auflage, Köln 1993 (zit.: Scholz/Bearbeiter)
Schönke, Adolf/ Schröder, Horst	Kommentar zum Strafgesetzbuch, 25. Auflage, München 1997, (zit.: Schönke/ Schröder/ Bearbeiter)
Schricker, Gerhard	Kommentar zum Urheberrecht, 2. Auflage, München 1999, (zit.: Schricker)
Schroeder, Dirk	Die Berufshaftung des Anwalts- Ausschluß, Beschränkung oder Versicherung?, AnwBl 1984, S. 522 ff.
Schroeder, Ulrich	Darf der Vorstand der Aktiengesellschaft dem Aktienkäufer eine Due Diligence gestatten?, DB 1997, S. 2161 ff.
Schulte, Knut	Rechtliche Due Diligence-Untersuchungen über Internet-Anbieter, DStR 2000, S. 1437 ff.
Schulte, Rainer	Patentgesetz, Kommentar, 4. Auflage, Köln, Berlin, Bonn, München 1987, (zit.: Schulte)
Schultz, Michael	Zur Vertretung im Wissen, NJW 1990, S. 477 ff.
Schütze, Rolf A./ Weipert, Lutz	Münchener Vertragshandbuch, Band 2., Handels- und Wirtschaftsrecht, 4. Auflage, München 1997, (zit.: Münch. Vertragshandbuch II/ Bearbeiter)
Schweizer, Thilo	Insiderverbote, Interessenkonflikte und Compliance, Berlin 1996, (zit.: Schweizer, Insiderverbote)
Sebastian, Karl-Heinz/ Niederdrenk, Ralph/ Tesch, Andreas	Market Due Diligence, WISU 1998, S. 888 ff.
Siebold, Hanss Christoph	Das neue Insiderrecht, Berlin 1994, (zit.: Siebold, Das neue Insiderrecht)

Soergel, Theodor — Kommentar zum Bürgerlichen Gesetzbuch mit Einführungsgesetz und Nebengesetzen
-Band 1, Allgemeiner Teil, §§1-240, 12.Auflage, Stuttgart, Berlin, Köln, Mainz 1987
-Band 2, Schuldrecht I, §§ 241-432, 12. Auflage, Stuttgart, Berlin, Köln 1990
-Band 3, Schuldrecht II, §§ 433-515, AGB-Gesetz, AbzG, EAG, UN-KaufAbk,, 12. Auflage, Stuttgart, Berlin, Köln 1991
-Band 4/ 1, Schuldrecht III/ 1, §§ 516-651, 12. Auflage, Stuttgart, Berlin, Köln 1997
-Band 4/ 2, Schuldrecht III/ 2, §§ 651 a-704, 12. Auflage, Stuttgart, Berlin, Köln 1999
-Band 5/ 2, Schuldrecht IV/ 2, §§ 823-853, ProdHaftG, UmweltHG, 12. Auflage, Stuttgart, Berlin, Köln 1999
-Band 10, Einführungsgesetz, 12. Auflage, Stuttgart, Berlin, Köln 1996, (zit.: Soergel/ Bearbeiter)

Späth, Wolfgang — Die zivilrechtliche Haftung des Steuerberaters, 4. Auflage, Bonn 1994, (zit.: Späth, Zivilrechtliche Haftung des Steuerberaters)

Staub, Hermann — Handelsgesetzbuch, Großkommentar
-Zweiter Band, 2. Halbband, §§ 145-177, §§ 335-342, 3. Auflage, Berlin 1970
-Vierter Band, §§ 373-376, §§ 377-382, 3. Auflage, Berlin 1970
(zit.: Staub/ Bearbeiter)

Staudinger, Julius von — Kommentar zum Bürgerlichen Gesetzbuch mit Einführungsgesetz und Nebengesetzen
-Erstes Buch, Allgemeiner Teil, §§ 90-240, 13. Bearbeitung, Berlin 1980
-Erstes Buch, Allgemeiner Teil, §§ 134-163, 13. Bearbeitung, Berlin 1996
-Erstes Buch, Allgemeiner Teil, §§ 164-240, 13. Bearbeitung, Berlin 1995
-Zweites Buch, Recht der Schuldverhältnisse, Einleitung zu §§ 241 ff; §§ 241-243, 13. Bearbeitung, Berlin 1995
-Zweites Buch, Recht der Schuldverhältnisse, §§ 249-254, 13. Bearbeitung, Berlin 1998
-Zweites Buch, Recht der Schuldverhältnisse, §§ 255-292, 13. Bearbeitung, Berlin 1995
-Zweites Buch, Recht der Schuldverhältnisse, §§ 293-327, 13. Bearbeitung, Berlin 1995

	-Zweites Buch, Recht der Schuldverhältnisse, §§ 433-534, 13. Bearbeitung, Berlin 1995 -Zweites Buch, Recht der Schuldverhältnisse, §§ 631-651, 13. Bearbeitung, Berlin 1994 -Zweites Buch, Recht der Schuldverhältnisse, §§ 652-704, 13. Bearbeitung, Berlin 1999 -Zweites Buch, Recht der Schuldverhältnisse, §§ 823-825, 13. Bearbeitung, Berlin 1999 -Art. 27-37, Art. 10 EGBGB, 12. Auflage, Berlin 1998 (zit.: Staudinger/ Bearbeiter)
Steindorff, Ernst	Abstrakte und konkrete Schadensberechnung, AcP 158 (1959/ 60), S. 431 ff.
Steindorff, Ernst	Abstrakte und konkrete Schadensberechnung, AcP 158 (1959/1960), S. 431 ff.
Stengel, Arndt/ Scholderer, Frank	Aufklärungspflichten beim Beteiligungs- und Unternehmenskauf, NJW 1994, S. 158 ff.
Stoll, Hans	Tatbestände und Funktionen der Haftung für Culpa in Contrahendo, Festschrift für Ernst von Caemmerer, S. 435 ff., Tübingen 1978
Stoll, Hans	Vertrauensschutz bei einseitigen Leistungsversprechen Festschrift für Werner Flume, Band I, S. 741 ff., Köln 1978
Strauch, Dieter	Rechtsgrundlagen für Rat, Auskunft und Gutachten, JuS 1992, S. 897 ff.
Sudhoff, Heinrich	Der Gesellschaftsvertrag der GmbH, 8. Auflage, München 1992, (zit.: Sudhoff, Gesellschaftsvertrag der GmbH)
Sudhoff, Heinrich	Der Gesellschaftsvertrag der Personengesellschaften, 6. Auflage, München 1985, (zit.: Sudhoff, Gesellschaftsvertrag der Personengesellschaften)
Sudhoff, Heinrich	Personengesellschaften, 7. Auflage, München 1999, (zit.: Sudhoff/ Bearbeiter, Personengesellschaften)
Süßmann, Rainer	Die befugte Weitergabe von Insidertatsachen, AG 1999, S. 162 ff.
Thümmel, Roderich	Zu den Pflichten des Aufsichtsrats bei der Verfolgung von Haftungsansprüchen gegenüber dem Vorstand der Aktiengesellschaft, DB 1997, S. 1117 ff.

Thümmel, Roderich C. — Persönliche Haftung von Managern und Aufsichtsräten. Haftungsrisiken bei Managementfehlern, Risikobegrenzung und Versicherbarkeit, Stuttgart, München, Hannover, Berlin, Weimar, Dresden 1996, (zit.: Thümmel)

Thümmel, Roderich C./ Sparberg, Michael — Haftungsrisiken der Vorstände, Geschäftsführer, Aufsichtsräte und Beiräte sowie deren Versicherbarkeit, -Anmerkungen zu Directors` und Offiers` Policen in Deutschland-, DB 1995, S. 1013 ff.

Tiedtke, Klaus — Der Inhalt des Schadensersatzanspruchs aus Verschulden beim Vertragsschluß wegen fehlerhafter Aufklärung, JZ 1989, S. 569 ff.

Tietze, Jörg — Die Informationsrechte des GmbH-Gesellschafters, Köln 1985, (zit.: Tietze)

Tilch, Horst — Deutsches Rechts-Lexikon, Band 3, 2. Auflage, München 1997, (zit.: Deutsches Rechts-Lexikon, Band 3)

Tröndle, Herbert/ Fischer, Thomas — Kurz-Kommentar zum Strafgesetzbuch, 49. Auflage, München 1999, (zit.: Tröndle/ Fischer)

Turcon, Rénne-J./ Zinner, Paule — Grundlagen des US-amerikanischen Gesellschafts-, Wirtschafts- und Fremdenrechts, München 1994, (zit.: Turcon/ Zinner/ Bearbeiter)

Turiaux, André/ Knigge, Dagmar — Umweltrisiken bei M&A-Transaktionen, BB 1999, S. 913 ff.

Ulmer, Peter/ Brandner, Hans Erich/ Hensen, Horst-Dieter — Kommentar zum Gesetz zur Regelung des Rechts der Allgemeinen Geschäftsbedingungen, 8. Auflage, Köln 1997, (zit.: Ulmer/ Brandner/ Hensen/ Bearbeiter)

Venrooy, Gerd J. van — Das strafrechtliche Risiko des Geschäftsführers bei Verletzungen von Geheimhaltungspflichten, GmbHR 1993, S. 609 ff

Vogel, Wolfgang — Gesellschafterbeschlüsse und Gesellschafterversammlung, 2. Auflage, Köln 1986, (zit.: Gesellschafterbeschlüsse und Gesellschafterversammlung)

Volhard, Rüdiger/ Weber, Dolf — Gesellschaftsrechtliche Verschwiegenheits- und Offenbarungspflichten bei der Veräußerung von GmbH-Geschäftsanteilen, Festschrift für Semler, Berlin, New York 1993, S. 387 ff.

Vollkommer, Max — Anwaltshaftungsrecht, München 1989, (zit.: Vollkommer)

Vollrath, Ulrich — Zur Berücksichtigung der Entwicklungs- und Schutzrechtskosten bei der Bemessung der Schadensersatz-Lizenzgebühr für Patentverletzung, GRUR 1983, S. 52 ff.

Wagner, Rolf — Der Regierungsentwurf eines Gesetzes zum Internationalen Privatrecht für außervertragliche Schuldverhältnisse und für Sachen, IPRax 1998, S. 429 ff.

Walter, Gerhard — Handbuch des Schuldrechts/ Kaufrecht, Tübingen 1987, (zit.: Walter)

Weber, Ulf Andreas — Das neue deutsche Insiderrecht, BB 1995, S. 157 ff.

Wegen, Gerhard — Due-Diligence-Checkliste für den Erwerb einer deutschen Gesellschaft, WiB 1994, S. 291 ff.

Wegmann, Jürgen/ Koch, Wolfgang — Due Diligence- Unternehmensanalyse durch externe Gutachter, DStR 2000, S. 1027 ff.

Weimann, Stephan — Insiderrechtliche Aspekte des Anteilserwerbs, DStR 1998, S. 1556 ff.

Wellkamp, Ludger — Vorstand, Aufsichtsrat und Aktionär, Bonn 1998, (zit.: Wellkamp)

Werner, Rüdiger — Haftungsrisiken bei Unternehmensakquisitionen: die Pflicht des Vorstands zur Due Diligence, ZIP 2000, S. 989 ff.

Wessels, Johannes/ Beulke, Werner — Strafrecht, Allgemeiner Teil, 28. Auflage, Heidelberg 1998, (zit.: Wessels/ Beulke)

Wessing, Kurt — Vertragsklauseln beim Unternehmenskauf, ZGR 1982, S. 457 ff.

Westermann, Harm-Peter — Neue Entwicklungen derVerkäuferhaftung beim Kauf von Unternehmensbeteiligungen, ZGR 146 (1982), S. 45 ff.

Westermann, Harry — Personengesellschaftsrecht, BGB-Gesellschaft-OHG-KG, 3. Auflage, Köln 1975, (zit.: Westermann, Personengesellschaftrecht)

Wiedemann, Herbert — Die Haftung des Verkäufers von Gesellschaftsanteilen für Mängel des Unternehmens, Festschrift für Hans Carl Nipperdey, München und Berlin 1965, S. 815 ff.

Wilcke, Walter	Folgeschaden und Unternehmensrisiko in der Haftpflichtversicherung, VersR 1964, S. 107 ff.
Willemsen, Heinz Josef	Zum Verhältnis von Sachmängelhaftung und culpa in contrahendo beim Unternehmenskauf, AcP 182 (1982), S. 515 ff.
Wolf, Manfred/ Horn, Norbert/ Lindacher, Walter F.	Kommentar zum Gesetz zur Regelung des Rechts der Allgemeinen Geschäftsbedingungen, 4. Auflage, München 1999, (zit.: Wolf/ Horn/ Lindacher/ Bearbeiter)
Wollny, Paul	Die directors` and officers` liability insurance in den Vereinigten Staaten von Amerika (D&O-Versicherung) Frankfurt 1993, (zit.: Wollny, D&O-Versicherung in den Vereinigten Staaten von Amerika)
Wollny, Paul M.	Unternehmens- und Praxisübertragungen, 2. Auflage, Herne/ Berlin 1994, (zit.: Wollny, Unternehmens- und Praxisübertragungen)
Zahn, Markus	Die Schadensersatzhaftung des Verkäufers für Falschangaben beim Unternehmenskauf im US-amerikanischen Recht, Bonn 1999, (zit.: Zahn)
Zöllner, Wolfgang	Kölner Kommentar zum Aktiengesetz -Band 1, §§ 1-75, 2. Auflage, Köln, Berlin, Bonn, München 1988 -Band 2, §§ 76- 117, 2. Auflage, Köln, Berlin, Bonn, München 1996 (zit.: Kölner Kommentar/ Bearbeiter)
Zöllner, Wolfgang	GmbH und GmbH&Co.KG in der Mitbestimmung, ZGR 1977, S. 319 ff.

Die in der Arbeit verwandten Abkürzungen richten sich nach Kirchner, Abkürzungsverzeichnis der Rechtssprache.

Friedrich E. Schnapp (Hrsg.)

Finanzierungsfragen der Sozialversicherung

Am Beispiel des Arbeitsförderungsrechts
Tagungsband zum 31. Praktikerseminar des Instituts für Sozialrecht am 28. November 1998 in Bochum

Frankfurt/M., Berlin, Bern, Bruxelles, New York, Wien, 2000. 120 S.
Bochumer Schriften zum Sozialrecht. Herausgegeben von Friedrich E. Schnapp. Bd. 4
ISBN 3-631-35799-0 · br. DM 45.–*

Die aktuelle Situation der Systeme der sozialen Sicherheit ist seit geraumer Zeit durch erhebliche Finanzierungsprobleme gekennzeichnet, die auf die demographische und gesamtwirtschaftliche Entwicklung mit nachlassendem Wirtschaftswachstum und einer zunehmenden Anzahl von Arbeitslosen und Frührentnern zurückzuführen ist. Dem Arbeitsförderungsrecht kommt in diesem Zusammenhang insofern besondere Bedeutung zu, als die anhaltend hohe Arbeitslosigkeit sowohl Einnahmeausfälle als auch Ausgabensteigerungen zur Folge hat. Im Rahmen des 31. Praktikerseminars des Instituts für Sozialrecht haben sich ausgewiesene Fachleute mit dem Problem der Beitragsfinanzierung in der Arbeitslosenversicherung befaßt und alternative Finanzierungsformen vorgestellt.

Aus dem Inhalt: Sozialversicherungsbeitrag und Finanzverfassung · Versicherungsfremde Leistungen und Beitragsfinanzierung · Alternative und ergänzende Finanzierungsformen

FSC
www.fsc.org
MIX
Papier | Fördert gute Waldnutzung
FSC® C083411

Kolibri 360 GmbH
Ferdinand-Jühlke-Straße 7
99095 Erfurt, Deutschland
produktsicherheit@kolibri360.de

Druck:
CPI Druckdienstleistungen GmbH
im Auftrag der
Kolibri 360 GmbH
Ferdinand-Jühlke-Str. 7
99095 Erfurt